위즈덤하우스는

새로운 시대를 이끌어가는

지혜의 전당입니다.

주식투자의 **황금지도**

주식투자의 **황금지도**

스타키안 지음

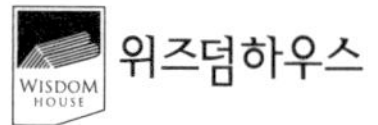

| 서문 |

지도 없이는 금광을 발견할 수 없다

《주식투자의 정석》을 출간한 이후, 수많은 독자들로부터 다양한 종류의 문의를 받았습니다. 그 중에서도 가장 많이 들었던 질문은 다음의 두 가지입니다.

"책을 재미있게 읽었고 큰 자신감도 갖게 되었는데, 혹시 책에서 말하지 않은, 주식을 꼭 찍는 성공비결은 없습니까?"

"에~ 그러니까, 어떤 종목을 사야 돈을 벌 수 있는 겁니까?"

주식투자의 세계에서는, 남들이 모르는 특별한 비결은 있을 수 없다고 생각합니다.

주식시장이 대중적인 투자시장으로 올라선 지 100년이 훌쩍 넘었습니다. 그런 비결이 있었다면 벌써 몇 번이나 시장이 뒤집어졌겠지요. 그런 비책을 전수 받은 사람이 다른 사람들의 돈을 싹쓸이했을 테니까요.

"주가차트 속에 숨어 있는, 주가를 예측하는 비결을 찾아냈다"라고 유혹하는 서적들이 끊임없이 출간되고 있어, 저도 여러 권 훑어봤습니다. 하지만 책 몇 권 읽고서 신(神)도 알 수 없다는 내일의 주가를 맞힐 수 있을까요? 며칠 연속해서 정확하게 맞힐 수 있을까요? 글쎄요!

불가능한 얘기입니다. 차라리 점쟁이를 찾아가는 편이 빠르겠지요.

"실적이 좋은 기업 같은데, 주가가 마침 저렴한 편이니 투자해놓고 조금 기다려보자. 다른 사람들이 관심을 갖기 시작하면 주가는 빠르게 올라갈 것이다."

이런 정도의 상식적인 판단능력을 갖고 있는 사람이라면 누구나 주식투자로 성공할 수 있다고 생각합니다.

실제로 족집게 같은 비결을 찾는 사람보다는 흔들림 없는 상식을 가진 사람이 부자가 될 수 있습니다. 워렌 버핏이 대표적인 사례입니다. 상식에 입각한 주식투자를 통해 45년 만에 1억원을 150조원으로 불려 놓았으니까요.

실적이 좋은 기업인지, 그렇지 않은 기업인지를 가려내는 것은 그리 어려운 일은 아닙니다. 이해하기 어려운 용어나 복잡하기 짝이 없는 수식을 갖다 붙이지 않아도 됩니다. 기업 경영자들이 챙겨 보는 경영지표들을 투자자들도 따져보면 됩니다. 기업 경영자들이 증권사의 리포트에나 등장하는 NOPLAT, WACC 같은 지표들을 기준으로 경영목표를 수립하고, 경영성과를 측정하겠습니까? 절대 아닙니다.

경영자들은 매출액, 영업이익, 순이익, 부채, 자본 등과 같은 기본적인 지표들을 개선하고 강화하는 데 경영활동의 초점을 맞춥니다. 이를 위해 경영자들은 제품 라인업을 확대하고, 판매활동을 강화하고, 조직 생산성을 개선하고, 현금흐름을 확충하는 일에 매달립니다.

경영자들이 세우는 목표 그리고 달성한 성과를 투자자들은 제대로 이해하고 분석할 수 있으면 됩니다. 그렇게만 할 수 있으면 대상기업의 실적과 가치를 정확히 분석할 수 있고, 대상기업의 미래를 확신을 갖고 예측할 수 있습니다.

이 세상에 미래를 예측할 수 있는 기업에 투자하는 것보다 더 확실한, 더 안전한 투자방법이 있을까요?

물론 경영자의 관심사와 투자자의 관심사가 완전히 같을 수는 없습니다.

경영자나 투자자 모두 회사의 실적과 가치가 좋아지고 있는지에 관심을 기울이지만, 경영자가 실적에 집착하는 데 반해 투자자는 가치를 중시하게 됩니다. 경영자 입장에서는 실적을 끌어 올려야만 회사를 키울 수 있지만, 투자자는 기업의 가치가 늘어야만 투자수익을 키울 수 있기 때문입니다. 그런데 실적과 가치는 동전의 양면과 같아서 서로 떼어놓고 분석할 수 없습니다.

어쨌든 경영자와 동일한 시각으로 기업을 들여다보는 것, 이것이 기업분석의 요체입니다. 이런 분석에 충실한 투자자들만이 가장 확실한 투자수익을 획득할 수 있습니다.

앞서도 말했지만, 어려운 용어나 공식은 없습니다. 편한 마음으로 읽어보십시오. 독자 여러분도 쉽게 기업을 분석할 수 있습니다.

물론 대충대충 해서 되는 일은 없습니다. 완벽하게 이해할 수 있을 때까지 이 책을 읽고 또 읽으시고, 확신을 가질 수 있는 기업을 발견할 때까지 조사하고 또 조사하십시오. 그러다보면 어느새 달인의 경지에 올라선 자신을 발견하게 될 것입니다.

이 책은 간단하게 3개의 장으로 구성되어 있습니다.

1장은 도입부입니다.

도입부에서는 기업의 실적과 가치를 분석하는 데 사용되는 14개의 지표들을 하나씩 차례대로 설명했습니다.

"뭐 굳이 그런 지표들까지 알아야 하느냐?" 하고 귀찮아 하시는 분들도 있습니다. 당연히 아셔야 합니다. 알아야 옥석을 가릴 수 있지 않겠습니까?

길을 가다가 광채가 나는 돌을 하나 주웠다고 합시다. 줍자마자 횡재한 것일까요? 아닙니다. 그 돌이 어떤 보석이며, 또한 진짜인지 가짜인지를 구별할 줄 아는 눈을 가진 사람에게만 그 돌은 가치가 있는 것입니다. 그런 눈이 없는 사람에게는 길가에 굴러다니는 다른 돌멩이들과 다를 바 없는 것입니다.

기업도 마찬가지입니다. 기업의 실적과 가치를 제대로 꿰뚫어 볼 줄 아는 투자자들만이 보석 같은 기업들을 발굴할 수 있습니다.

2장은 전개부입니다.

전개부에서는 국내의 1,650개 상장기업들을 대상으로 일정한 실적 기준을 통과한 기업들을 추출하여 우량기업 리스트 형식으로 정리했습니다. 그리고 각 업종의 우량기업들을 대상으로 입체적인 분석을 시도했습니다.

조감도가 없으면 새로 지을 건물의 전체 형태와 구조에 대해 감을 잡을 수 없는 것처럼, 이 리스트가 없으면 1,650개 기업들 사이에서 헤매다 아까운 시간을 낭비할 가능성이 있습니다.

이 리스트와 분석 내용을 꼼꼼히 살펴보시면서 독자 여러분이 이해할 수 있는 업종과 기업들을 선별한 후, 1장에서 배운 지식을 바탕으로 대상기업들을 분석해보시기 바랍니다.

기업분석을 반복하다보면 눈부신 광채를 내는 보석 같은 유망기업을 발견하는 기쁨을 누릴 수 있을 것입니다.

3장은 결론부입니다. 결론부에서는 2장의 리스트에 오른 기업들 중에서 저평가 우량기업들을 선별하여 개별적으로 분석해보았습니다.

직접 분석을 할 수 있는 분들께는 3장이 필요하지 않을 수도 있습니다. 하지만 대부분의 독자들은 기업분석을 해본 적이 없을 것입니다. 그런 분들을 위해 각 업종의 대표적인 우량기업들을 선별하여 '브리프(Brief)' 형태의 기업분석 리포트를 작성했습니다.

각 브리프의 분량은 길지 않으나, 기업의 실적과 가치에 대한 핵심내용을 충실하게 담아내고 있습니다.

분석 브리프를 보고서 투자할 만하다고 판단되는 기업들을 엄선한 후에 해당기업의 홈페이지, 전자공시된 분기별 사업보고서, 경제지의 뉴스 그리고 증권사의 리포트 등을 찾아 분석 대상기업에 대해 자세하게 조사해보시기 바랍니다. 최소 20~30개의 투자 유망기업들을 손에 움켜쥘 수 있을 것입니다.

이 책은 저평가 우량기업을 선별하는 구체적인 툴을 소개한 후, 우량기업이라고 부를 만한 기업들에 대한 조감 리스트를 제시하고, 한 걸음 더 나아가 저평가 우량기업이라 할 만한 기업들을 선별하여 개별 분석 리포트를 제공하는 전개형식을 취하고 있습니다.

국내 최초의 시도라 할 수 있는 이 책을 통해서 독자 여러분도 기업 분석 및 저평가 우량기업 등에 대한 새로운 시야를 얻게 될 것이라 확신합니다.

이 책을 읽지 않고, 또 이 책을 지참하지 않고
주식에 투자하는 것은 해도(海圖)도 없이 머나먼 바다로
무작정 나아가는 것과 같습니다.

이 책이 나오기까지 물심양면으로 지원해준 스타키의 이창원 사장님과 원고 작성에 직접 도움을 준 유지연 대리님께 먼저 감사의 인사를 올립니다.

그리고 《주식투자의 정석》을 출간한 후, 제게 격려와 질책을 아끼지 않았던 독자 여러분께도 진심으로 감사의 말씀을 드립니다.

그리고 항상 제게 힘이 되어주신 가까운 선후배님들께도 깊은 감사를 드립니다.

《주식투자의 정석》과 이 책까지 졸저들의 출판을 맡아 고생하신 위즈덤하우스의 노창현 편집장님, 최수진 팀장님 그리고 편집부원 여러분께도 진심으로 감사 드립니다.

마지막으로 몇 달 내내 주중, 주말 가리지 않고 집필에만 매달렸던 남편과 가장에게 불평 한마디 하지 않고, 오히려 열렬한 응원으로 큰 힘을 실어준 가족들에게 사랑이 듬뿍 담긴 감사를 전합니다.

2007년 9월 10일

스타키안

차례

1장 | 황금주식을 볼 수 있는 눈을 가져라

2장 | 대한민국 주식의 금맥을 뚫어라

3장 | 황금주식을 발굴하라

일러두기

- 1장에서는 주식시장 전반에 대한 조망을 얻기 위해 전체 시장, 거래소 시장, 코스닥 시장 등에 대해 매출액부터 주가순자산배수까지 14개 핵심지표들의 평균치의 추세를 비교하였습니다.
  세 시장을 비교하기 위해 사용된 차트들은 모두 〈스타키www.stocky.co.kr〉의 '순위검색' 메뉴에서 추출, 복사한 것들입니다.
- 2장에서는 각 업종별로 유망한 기업들을 파악하기 위해 1,650개 기업들을 78개 업종별로 세부분류하고, 적정한 실적을 올리는 기업들만 추려서 기업 리스트와 분포도를 정리했습니다.
  각 리스트의 재무 데이터들은 모두 〈스타키〉의 '기업분석' 메뉴에서 추출, 인용한 것들이며, 각 분포도는 이러한 데이터를 〈엑셀〉로 작성한 것들입니다.
- 3장에서는 장기적으로 투자할 만한 저평가 우량기업들을 선정하기 위해 두 가지 접근법을 사용했습니다. 첫째, 7가지 방법론을 바탕으로 우량기업들을 선별했는데, 7개 기업 리스트는 모두 〈스타키〉의 '조건검색' 메뉴를 이용하여 추출했습니다. 둘째, 28개 저평가 우량기업들을 선정하여 각 기업의 실적과 가치, 주가 등을 분석했습니다. 기업분석에 사용된 실적과 가치 차트들은 모두 〈스타키〉의 '기업분석' 메뉴에서 추출, 복사했으며, 주가 차트들은 모두 키움닷컴증권의 HTS인 〈영웅문〉에서 선택, 복사했습니다.
- 매출액, 영업이익, 주당순이익 등과 같은, 책의 전반에 걸쳐 사용되고 있는 재무 데이터나 차트들은 모두 〈스타키〉 사이트에서 인용해 왔습니다만, 그 과정에서 데이터의 표기에 오류가 발생될 수 있다는 점을 알려 드립니다. 이 점을 양해해주시길 바랍니다.
- 3장에서 객관적인 재무지표와 기준에 입각하여 유망기업들을 선정하고 분석했습니다만, 필자의 주관적인 판단이 포함되었습니다. 필자의 의견은 필자의 의견일 뿐이므로 특정기업에 대한 투자 판단과 결정은 독자 본인의 몫임을 명심해주시길 바랍니다.

1장

황금주식을 볼 수 있는 눈을 가져라

1
돈을 벌어주는 전략은 따로 있다

개인투자자는 돈을 벌지 못한다?

개인투자자들은 주식투자로는 좀처럼 돈을 벌지 못한다고 한다.

종합주가지수가 연일 상승행진을 거듭해도, 강세장이 펼쳐져 대부분의 주식들이 앞 다투어 올라도 외국인투자자나 기관투자자들은 큰 이익을 내지만 개인투자자들은 손해를 보는 경우가 많다고 한다.

"개인투자자들은 강세장에서도 돈을 잃으며, 항상 기관이나 외인들의 봉 노릇을 하고 있다"라고 지적하는 전문가들이 많다. 왜 개인투자자들은 시장이 좋아도 손실, 나빠도 손실, 그렇게만 흐르는 것일까? 왜 개인투자자들은 기대와 다른 결과를 얻게 되는 것일까?

그 원인을 멀리서 찾을 필요가 없다. 해답은 투자자들 자신에게 있다. 개인투자자들의 투자행태 속에 이미 필패(必敗)의 원인들이 내포되어 있다.

그러면 참담한 실패를 맛보게 하는 투자행태는 어떤 것들일까?

개인투자자들의 일반적인 투자행태 다섯 가지

일단 개인투자자들의 일반적인 투자행태를 취합해보면, 대략 다섯 가지로 모아진다.

첫째, 유명한 기업의 주식을 산다.

둘째, 낮은 가격의 주식을 산다.

셋째, 루머가 도는 기업의 주식을 산다.

넷째, 상한가를 치는 종목의 주식을 산다.

다섯째, 일정 퍼센트가 떨어지면 손절매를 한다.

이상 다섯 가지의 투자행태들을 하나씩 검증해보기로 하자.

첫째, 잘나가는 기업의 주식을 산다?

첫째, 개인투자자들은 속칭 잘나가는 기업의 주식을 사려고 한다.

유명한 대기업 또는 업종 대표기업이라고 하면, 실적 등을 따져볼 생각도 하지 않고 무턱대고 주식을 산다. 이름 있는 회사의 주식을 사는 것이 우량종목에 투자하는 것이고, 가치투자하는 것이라고 생각한다.

물론 이들은 믿을 만한 기업들이다. 안정성에서 앞서는 기업들이다. 그런데 투자자 입장에서는 좋은 기업보다 투자한 돈을 확실하게 불려주는 기업이 더 소중하다. 아무리 유명하고 훌륭한 기업일지라도 돈이 되지 않으면 무슨 소용이 있겠는가?

사례를 하나 들어보자.

세계 무대를 호령하는 IT 선도기업이자, 한국을 대표하는 초우량기업인

차트 1-1 **2005년부터 2007년 5월까지 삼성전자의 주가 추이**

삼성전자의 경우를 살펴보자. 차트 1-1은 2007년 5월 1일자 삼성전자의 주가차트다. 2005년 1년 동안에 50%나 상승한 삼성전자의 주가를 지켜보다가, 2006년에 들어서자마자 서둘러 주식을 매입했던 투자자들은 결국 손해를 보았을 것이다. 2006년부터 주가가 횡보를 거듭하면서 16개월 동안 20% 이상 빠졌기 때문이다. 최고의 기업에 투자했다고 안심하고 있던 투자자들은 쓴 입맛을 다셨을 것이다.

대기업이라고, 유명기업이라고, 업종 대표기업이라고 해서 무조건 투자자들에게 돈이 되는 것은 아니다. 화려한 이름에 현혹되어선 안 된다. 돈이 되는 기업은 따로 있다. 기업의 실적과 가치에 시선을 둘 때에만 돈 되는 기업이 보이기 시작한다.

참고로 삼성전자와 같은 업종 대표기업의 주가가 약세로 빠질 때에는 두 가지 가능성을 검토해볼 수 있다.

하나는 어떤 기업이 속한 업종의 경기가 악화되어 해당기업의 실적도 약

차트 1-2 **삼성전자의 매출액과 영업이익, 영업이익률의 추이**

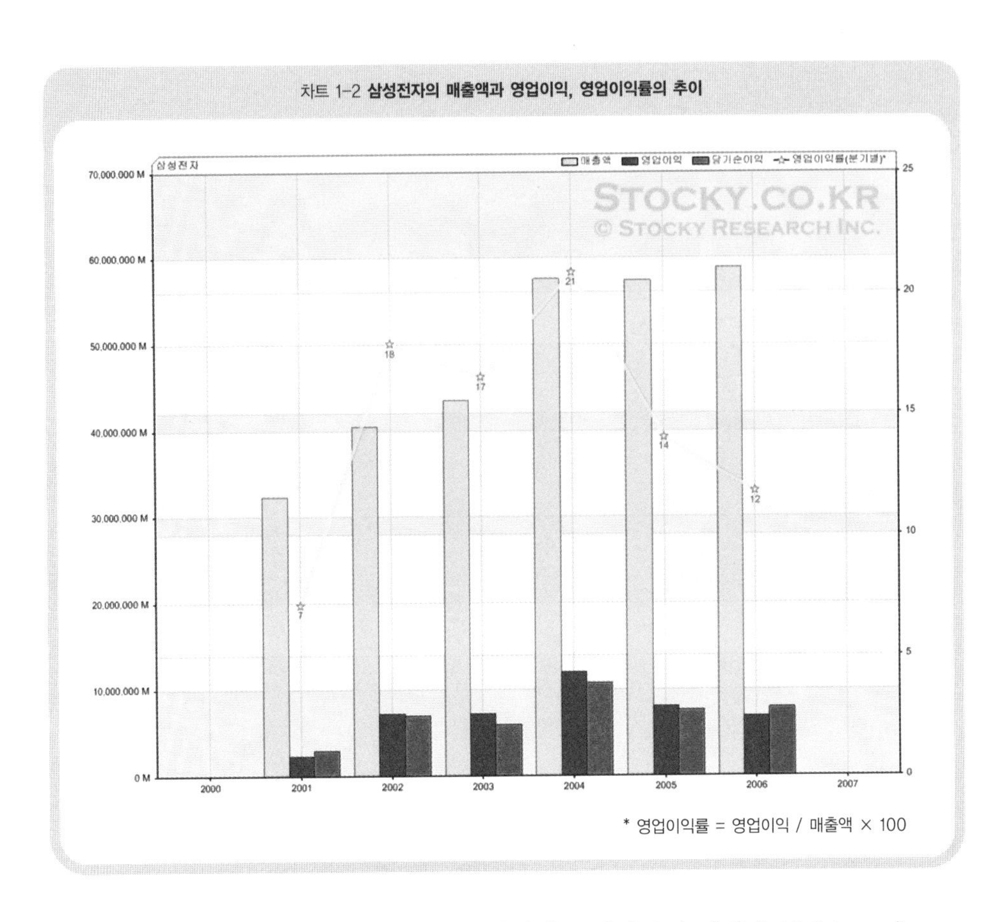

* 영업이익률 = 영업이익 / 매출액 × 100

화되는 경우다. 기업의 실적이 부진해지면 투자자들의 기대가 실망으로 바뀌면서 주가는 힘을 쓰지 못하게 된다.

삼성전자의 경우도 비슷하다. 전 세계적으로 IT 업종의 경기가 위축되면서 삼성전자의 실적도 꺾이게 되었다.

차트 1-2를 통해 삼성전자의 실적 차트를 살펴보자. 2004년은 영업이익률이 21%까지 오르면서 최고의 실적을 올린 한 해가 되었지만, 2005년에 들어서자 영업이익률이 14%로 내려앉았고, 2006년에는 최근 5년 중에서 가장 낮은 수준인 12%까지 떨어지게 되었다.

2006년도에 실적 우량기업들의 평균 영업이익률이 11% 정도였던 것을 감안하면 삼성전자의 실적은 평범한 수준에 머문 것이었다. 투자자들의 기대가 떨어질 수밖에 없었던 이유를 확인할 수 있다.

또 하나는 어떤 기업의 주가가 고평가 상태에 도달하게 되어 주가가 상승탄력을 잃게 되는 경우다.

삼성전자도 비슷한 모습을 보이고 있다. 삼성전자의 주가순자산배수(PBR)의 추이를 나타내는 차트 1-3을 통해 주가가 어떻게 평가되고 있는지 살펴보자.

2005년에 주가가 50%가량 오르자, 주가순자산배수(PBR)는 단숨에 2.4 수준으로 뛰어올랐다. 주식이 순자산가치의 2.4배에 거래되고 있다는 뜻이다. 당시 국내 실적 우량기업들의 PBR이 평균 1.5 수준에 머물러 있던 것을 고려하면, 삼성전자의 주가는 평균보다 60% 이상 고평가되어 있던 셈이다.

기업의 실적이 호조를 띠면 투자자들의 기대가 고조되면서 주가가 계속 고평가 상태에 머물게 되지만, 실적이 정체되면 기대감이 수그러들면서 주가는 더 이상 고평가 상태를 유지할 수 없게 된다.

삼성전자의 경우가 그렇다. 2006년 한 해 동안 주가가 내려앉으면서 PBR은 2.0의 수준으로 떨어졌다. 삼성전자가 실적 우량기업이고 업종 대표기업이므로 프리미엄을 더 얹어준다면, 평균치를 웃도는 2.0의 PBR이 적정한 평가치라고 볼 수도 있다.

사실 개인투자자가 여러 업종의 경기를 예측하기란 쉽지 않은 일이다. 전문적인 지식과 정보를 갖춘 증권사 어낼리스트들조차도 자신이 담당하고 있는 업종의 경기를 제때에 예측하지 못하는 경우가 허다하다. 따라서 해당 업종의 경기를 예측하면서 이른 시점에 주식을 사거나 파는 개인투자자는 소수일 것이다.

차트 1-3 **삼성전자의 주가와 주가순자산배수(PBR)의 추이**

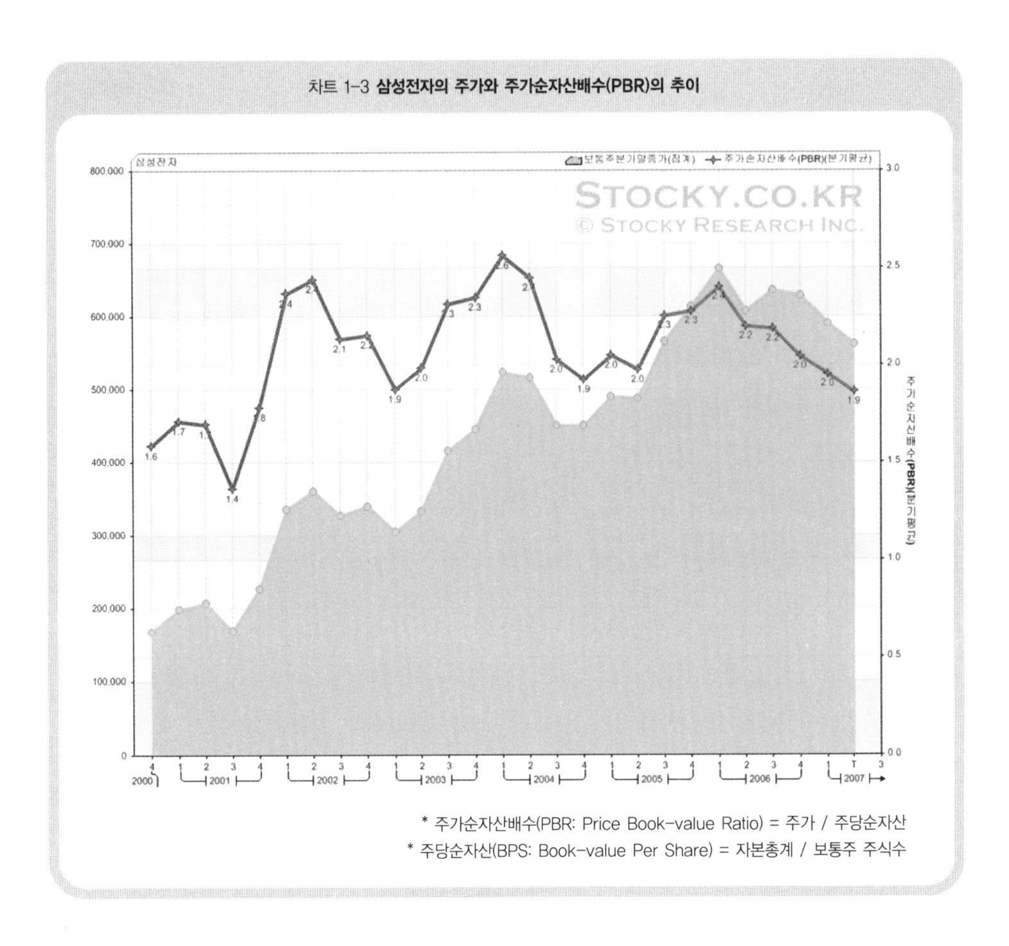

* 주가순자산배수(PBR: Price Book-value Ratio) = 주가 / 주당순자산
* 주당순자산(BPS: Book-value Per Share) = 자본총계 / 보통주 주식수

하지만 전문지식이 부족한 개인투자자들도 특정기업의 주가가 어떤 수준에서 평가되고 있는지는 쉽게 파악할 수 있다. PBR과 같은 지표들 몇 개만 알고 있으면 가능한 일이기 때문이다.

이런 지표들만 알고 있으면, 경기를 정확하게 예측하지는 못하더라도 주가가 중장기적으로 어떤 방향으로 움직일 것인지는 거의 정확하게 예측할 수 있다.

둘째, 값이 싼 주식을 산다?

둘째, 개인투자자들은 값이 싼 주식을 선호하는 경향이 있다.

개인투자자들은 해당기업의 실적이나 가치 등을 따져보지 않고 그냥 값이 싸다는 이유로 주식을 매입하곤 한다. 즉, 10만원짜리 주식보다는 1만원짜리, 1만원짜리보다는 1,000원짜리 주식을 더 선호한다. 개인투자자들은 주가가 싼 것 같은 느낌이 들면, 가격이 바닥에 접근한 것으로 오해하고 충동적으로 주식을 매입하곤 한다.

과연 5,000원짜리 주식이 5만원짜리 주식보다 저렴한 것일까? 그렇지 않을 수도 있다.

주당 가격, 즉 주가란 무엇일까? '기업의 가치에 대한 주식시장의 평가액', 그것이 바로 주가다.

두 개 기업을 예로 들어보자. 2007년 5월 1일자를 기준으로, 제조업체인

차트 1-4 **대한제분의 주가 추이**

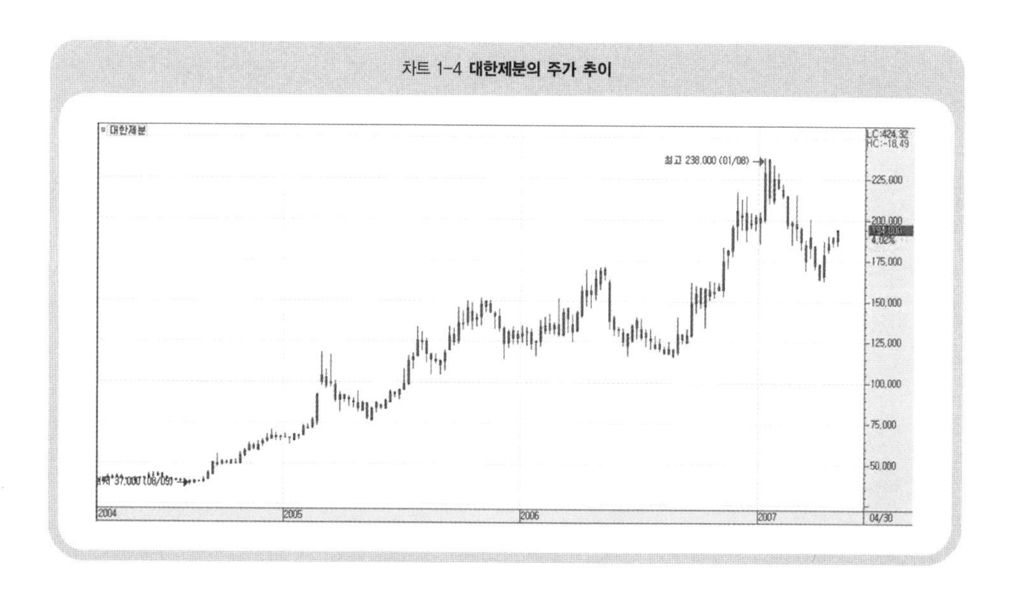

차트 1-5 **디지털대성의 주가 추이**

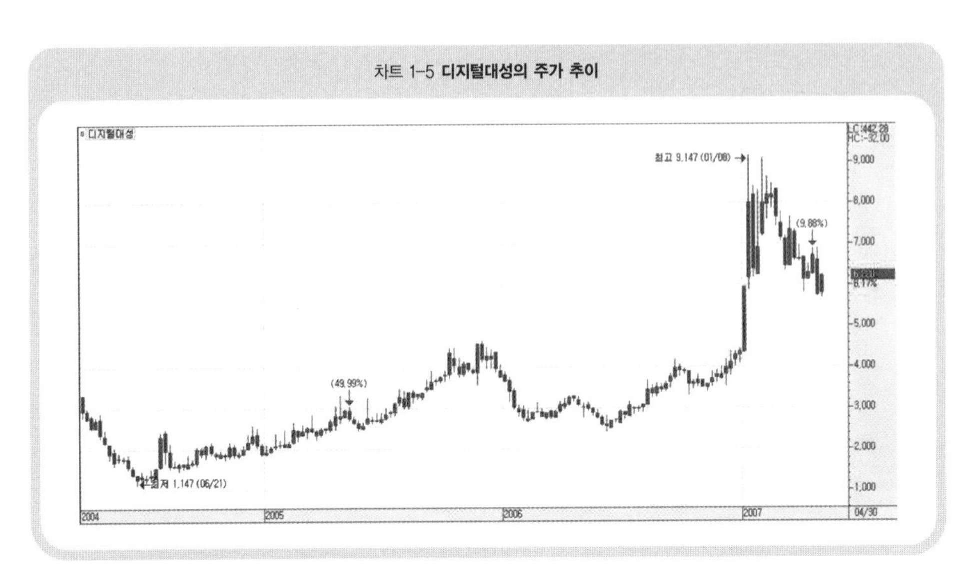

대한제분의 주가는 19만 4,000원을 호가하고 있다. 반면에 교육서비스업체인 디지털대성의 주가는 6,220원에 머물고 있다. 디지털대성의 주가는 대한제분 주가의 1/30에도 미치지 못하는 낮은 금액이다. 대한제분의 주가는 차트 1-4에서, 디지털대성의 주가는 차트 1-5에서 각각 확인할 수 있다.

그러면 두 기업의 주당순자산가치는 어떨까? 2007년 1/4분기 말의 대한제분의 주당순자산(BPS)은 26만 3,802원이고, 디지털대성은 2,087원이었다.

차트 1-6과 차트 1-7을 통해 각각의 주당순자산의 추이를 확인해보자. 차트들을 통해서 대한제분의 주가는 주당순자산에도 미치지 못하는 저평가된 금액인 데 반해, 디지털대성의 주가는 주당순자산보다 3배나 고평가된 금액임을 알 수 있다.

주가만 보면 대한제분이 디지털대성보다 30배나 비싸지만, 기업의 실제가치와 비교한 주가수준은 디지털대성이 대한제분보다 4배 가까이 비싼 상태라는 것을 알 수 있다. 즉, 디지털대성의 주가가 더 비싼 편이라고 말할 수 있다.

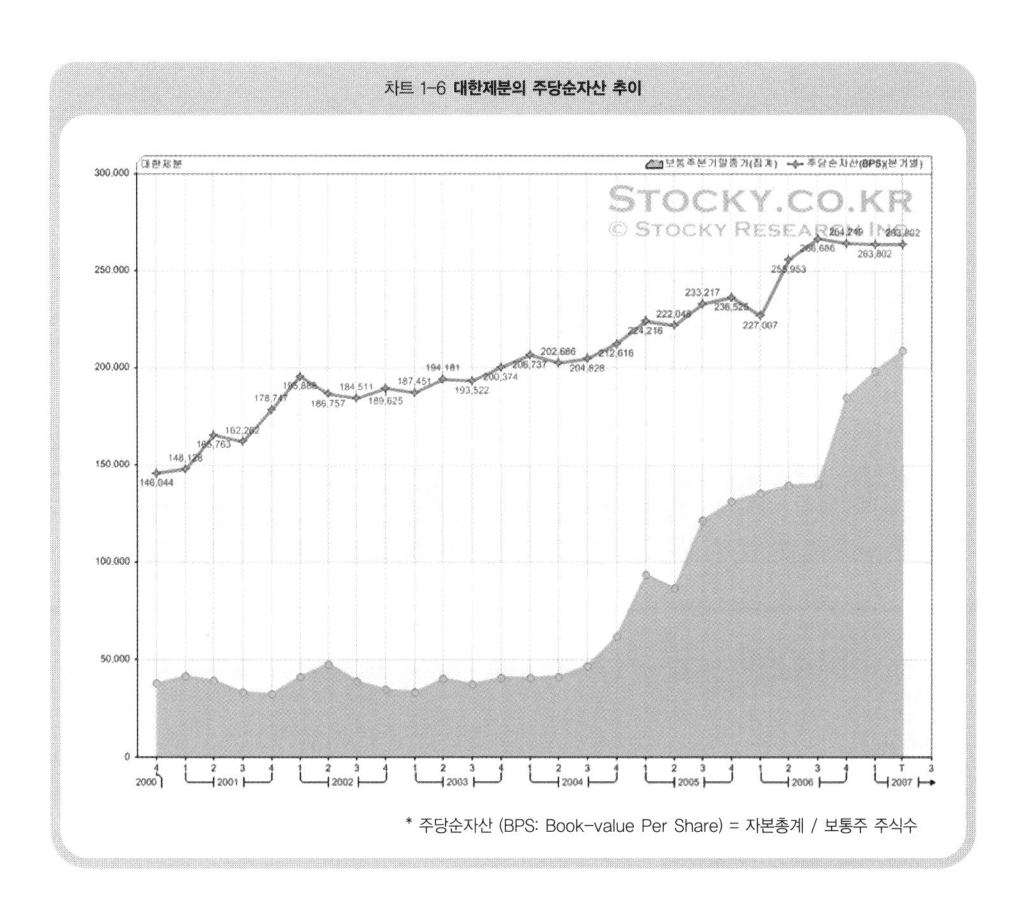

기업의 가치를 계산할 줄 모르는 투자자라면, 주가가 더 저렴해 보이는 디지털대성에 먼저 손을 뻗을 것이다. 주가가 낮은 주식을 구입한다고 안심하겠지만, 실제로는 정반대의 선택을 하는 셈이다.

물론 주가를 주당순자산과 비교하는 것만으로 고평가냐 저평가냐를 논하는 것은 위험할 수도 있다. 다른 지표들도 살펴보아야 한다.

예를 들어, 주가가 주당순자산의 2.5배에 거래되는, 즉 주가순자산배수가 2.5인 회사가 둘이 있다고 하자. 그런데 첫째 회사가 둘째 회사보다 주당순자산의 증가율이 2배가 높다면, 즉 첫째 회사의 성장률이 둘째 회사보다

차트 1-7 **디지털대성의 주당순자산 추이**

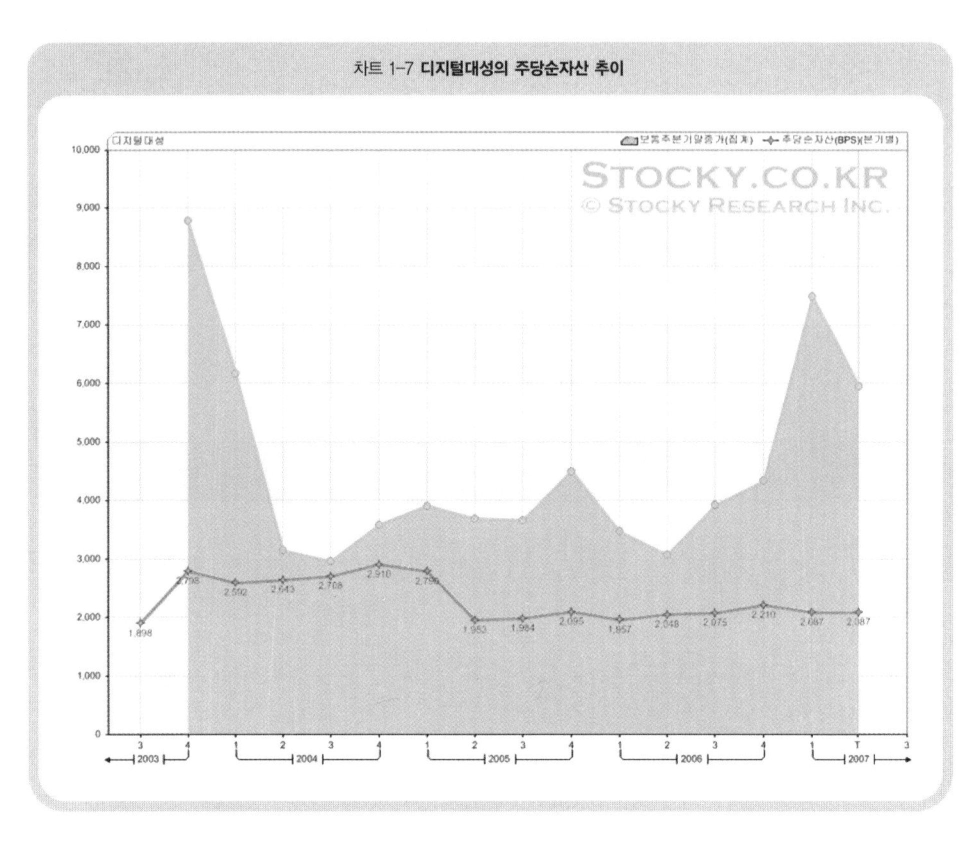

더 높다면 첫째 회사가 더 저평가되어 있는 상태라고 말할 수 있다.

또는 첫째 회사의 주가순자산배수가 3.0이고 둘째 회사는 2.0이라고 하더라도, 성장속도가 더 빠른 첫째 회사의 주가가 여전히 저평가되어 있다고 말할 수도 있다.

어쨌든 주가가 싸다고 저평가된 주식인 것은 아니다. 기업의 가치에 비해 주가가 저렴한 것이 저평가된 것이다. 이걸 잘 구분할 수 있을 때에만 주가가 더 많이 뛰어오를 주식을 집어낼 수 있다.

셋째, 루머가 퍼지는 주식만 찾아다닌다?

셋째, 개인투자자들은 호재성(好材性) 루머가 돌면 해당기업에 대해 자세하게 조사해볼 생각은 하지 않고, 무턱대고 주식부터 사놓는 경향이 있다.

많은 투자자들이 "소문에 사고 뉴스에 팔아라"라는 속언을 입에 달고 다닌다. 이 말은 단기매매에 열중하는 사람들에게는 맞는 말이다. 주가는, 단기적으로는 투자자들의 기대심리에 따라 움직이기 때문에 좋은 일이 일어날지도 모른다는 기대감이 확산되면 오르게 되어 있다. 그러나 '뭘 한대더라'는 소문이 공식적인 사실로 확정되어 버리면 기대감이 흩어져 버리면서 주가가 잦아드는 양상을 보이게 된다.

문제는 루머가 루머로만 그칠 때가 훨씬 많다는 것이다. 인터넷 게시판 등을 통해 확산되는 루머의 대부분은 해당종목을 보유하고 있는 투자자들이 지어낸 것들이거나 작전세력들이 알바를 고용하여 계획적으로 양산해 내는 것들이다. 진실이 담겨 있는 소문은 극소량에 불과하다.

그런데 더 심각한 문제는 개인투자자들이 루머에 쉽게 속아 넘어간다는 사실이다. 개인투자자들의 대부분은 대박을 기대하고 주식투자에 뛰어들기 때문에 자극성이 강한 루머나 테마에 민감하게 반응한다. 따라서 작전세력들 입장에서는 개인투자자들을 강가의 절벽으로 끌고 가는 일은 식은 죽 먹기다. 루머라는 달콤한 소리의 피리만 불면 된다. 도처에 귀를 쫑긋 세우고 있는 개미들이 널려 있어서 루머는 빠른 속도로 확산되고, 금방 커다란 무리를 이루게 된다.

쉽게 무리 짓는 개미들을 조종하기 위해 세력들이 활용하는 수단이 바로 루머다. 대부분의 개미들이 루머에 속아서 귀한 돈을 털리곤 한다.

루머에 의지하는 투자행태로는 성공하기 어렵다. 성공은커녕 패가망신의 길로 직행할 수도 있다. 돈을 확실하게 벌려면 과학적인 분석과 정확한 정보에 의지해야 한다.

넷째, 상한가 치는 종목만 쫓아다닌다?

넷째, 개인투자자들은 서슴없이 추격매수에 나서기도 한다.

앞에서 루머들을 쫓아다니며 투기를 일삼는 개인투자자들의 행태를 비판했는데, 그보다 더 잘못된 투자행태는 상한가 치는 종목들을 추격매수하는 것이다.

루머나 테마를 쫓아다니다보면, 종종 상한가 치는 종목들을 만날 수 있다. 그런데 루머나 테마를 앞세워 상한가 행진을 벌이고 있는 종목들은 대부분 작전세력들이 배후에서 시세를 조종하고 있는 종목들이다.

2~3일간 상한가 칠 때까지만 해도 그냥 지켜보던 개인들은 5~6일 계속 상한가를 치면 '처음부터 왜 따라가지 않았을까?' 하는 후회를 하게 된다. 후회가 밀려들기 시작하면 냉정은 자취를 감추게 된다. 상한가 행진이 계속될지 모른다는 환상에 사로잡히게 되면서 뒤늦게라도 주식을 사겠다고 추격에 나서게 된다.

그러나 아무 때나 살 수 있는 건 아니다. 주식을 매집해놓은 작전세력들은 충분한 숫자의 개인(개미)들이 달려들 때까지 물량을 조절해가면서 주가를 밀어 올린다. 개인들의 매수욕구가 꼭짓점에 이르렀다고 판단되는 순간, 세력들은 태도를 돌변하여 주식을 대량으로 매도하기 시작한다.

참고로 차트 1-8을 보자. 결국 추격매수에 나선 개미들이 주식을 매수하는 시점은 작전세력들이 목표한 가격대에 도달하여 주식을 대량으로 매도

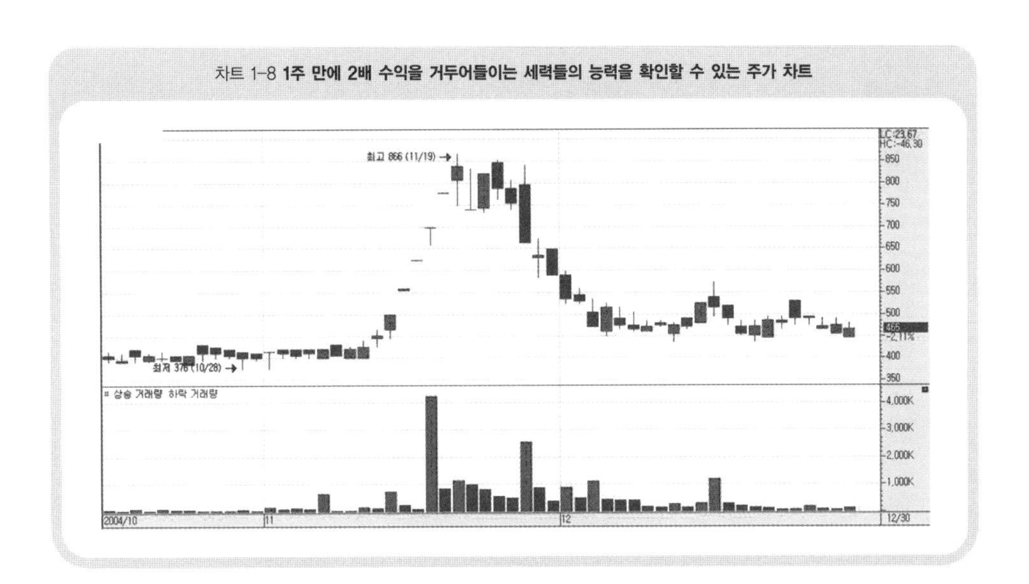

차트 1-8 **1주 만에 2배 수익을 거두어들이는 세력들의 능력을 확인할 수 있는 주가 차트**

하는 시점과 같다.

주식을 사자마자 폭락사태를 접한 개미들은 패닉상태에 빠지게 된다. 속절없이 무너져 내리는 주가를 보면서 비로소 작전에 걸려든 것을 절감한 개미들은 한 푼이라도 더 건져보려고 앞 다투어 투매에 나서게 된다.

주가는 이제 좁은 문으로 먼저 빠져나가려고 한꺼번에 몰려든 개미들 덕분에 연일 추락을 계속하게 된다. 매수세력은 실종되고, 결국 개미들끼리 서로 치고받으며 피를 흘리게 된다.

위의 차트 1-8을 통해 작전세력이 어떻게 개미들을 갖고 노는지 적나라하게 확인할 수 있다. 안타깝게도 이런 일들은 1년에 수백 건씩이나 발생되고 있다.

루머만 믿고 따라나서는 뇌동매수, 상한가 치는 종목에 목을 매는 추격매수, 이런 행태들은 불만 보면 무조건 뛰어드는 불나방의 행동과 다를 바 없는 것이다.

순식간에 깡통을 차고 싶은가? 어렵지 않다. 뇌동매수나 추격매수를 하면 된다.

다섯째, 주가가 떨어지면 손절매한다?

다섯째, 개인투자자들은 빈번하게 손절매(損切賣)라는 것을 한다.

손절매라는 것은 무엇인가? 투자한 원금을 까먹으면서 주식을 팔아 치우는 것이다. 즉, 이익을 남기는 게 아니라 손실을 불러일으키는 게 바로 손절매다.

왜 자발적으로 손실을 발생시키는 것일까?

인터넷 사이트나 케이블 방송에서 보면, 투자전문가들이 종목진단을 하면서 목표가와 손절가를 제시하는 것을 볼 수 있다.

"주식을 사면 얼마까지 오를 것이다"라며 정해주는 것이 목표가고, "(그게 확실치 않으니 만일) 얼마까지 내려가면 팔아라"라는 게 손절가다. 그런데 이를 한마디로 표현하면 "사면 오르겠지만, 내려가면 무조건 팔아라"가 된다. 이 얼마나 무책임한 언동인가?

역사상 가장 위대한 투자자이자 현재까지도 가장 성공한 투자자인 워렌 버핏(Warren Buffett)은 자신의 투자원칙을 간명하게 정의하고 있다.

"규칙 제1조: 돈을 잃지 마라. 규칙 제2조: 규칙 제1조를 잊지 마라."

중요한 문구이므로 원문도 한 번 보자.

"Rule Number One : Never lose money. Rule Number Two : Never forget Rule Number One."

워렌 버핏이 평생을 지켰다는 투자원칙은 이렇게 간단하다. 절대로 원금의 손실이 발생할 일은 하지 않는다는 것이다.

안전하고 확실하게 투자수익을 늘려줄 수 있는 기업만을 선택하고, 혹시라도 투자원금을 까먹을 가능성이 있는, 미래가 확실하지 않은 기업에는 자신의 귀한 돈을 절대로 맡기지 않는다는 것이다. 손절매를 초래할 가능성이 있는 기업은 처음부터 고려에서 제외한다는 것이다.

손절매를 하고도 잘했다고 자위하는 투자자들을 가끔 만나게 된다. 안타까운 일이다. 손절매할 때마다 자신의 피와 땀이 서린 돈이 사라져 버리고 마는데….

대상기업을 잘 모르면서 다른 사람들의 말만 믿고, 즉 루머만 믿고 투자하다보면 결국 손절매를 하지 않을 수 없게 된다. 가랑비도 오래 맞으면 온몸이 흠뻑 젖듯이 손절매도 반복하다보면 어느 사이엔가 빈털터리가 되어 있는 자신을 발견하게 된다.

가장 현명한 행동은 애초에 손절매할 일을 하지 않는 것이다. 투자할 기업들을 제대로 분석하고, 그 기업들의 미래를 확신할 수 있을 때 비로소 투자에 나선다면 손절매할 일은 생기지 않을 것이다.

워렌 버핏은 주식투자에 대해 다음과 같이 정의하고 있다.

"투자란 세밀하게 검토한 후, 원금 상환이 보장되고 만족할 만한 수익이 기대되는 대상에 자금을 투입하는 것이다."

워렌 버핏은 세부적인 검토, 원금의 보장, 만족스런 수익의 획득, 이 세 가지를 주식투자의 요체로 짚어내고 있다. 이러한 요건이 결여된 행동은 투기라고 못 박고 있다.

"당신이 기업의 자산과 수익이 어떻게 될 것인지 살핀다면 투자자고, 기업의 사업과는 관계없이 주가가 어떻게 될 것인지에만 관심을 갖는다면 투기꾼이다."

버핏이 정의한 대로 사업의 현황과 추이 등을 세밀하게 검토하지 않고, 원금을 잃을 가능성이 존재하는지를 확인하지 않고, 오로지 주가의 변동만을 쫓아가면서 자신의 귀한 돈을 투기하고 있는 투자자는 두 눈을 감은 채 다트를 던지는 사람과 다를 바 없다.

감(感)만으로는 절대로 표적을 맞출 수가 없다. 그렇게 해선 돈 퍼다주는 '봉' 역할만 하게 된다. 이 점을 절대로 잊어선 안 된다.

위대한 투자자들의 상식적인 교훈

다른 위대한 투자자들의 말을 더 들어보자.

주식투자로 큰 성공을 거둔 대가들은 하나같이 비슷한 생각을 펼쳐 보이고 있다.

"모든 투자자가 저지르는 가장 큰 실수 중 하나는 너무 짧은 시간에 큰 돈을 벌려는 충동을 억제하지 못하는 것이다. 즉, 500%의 수익을 2~3년에 걸쳐서 얻기보다는 2~3개월 내에 벌려고 시도한다는 점이다."

월스트리트 초창기에 차트 분석기법 등을 창안하면서 선도적인 투자가로 올라섰던 제시 리버모어(Jesse Livermore)가 한 말이다.

"투자자들이 가장 많이 저지르는 실수는 너무 빨리, 너무 쉽게 돈을 벌려고 하는 것이다. 주변의 말이나 루머에 솔깃해서, 혹은 새로운 뉴스나 낙관적인 전망, 속칭 전문가들의 추천을 들었다고 해서 무작정 주식을 매수하는 것이다. 투자자들의 대부분은 적절한 주식 선정기준을 갖고 있지 않아서, 우수기업을 찾아낼 만한 안목을 갖고 있지 않아서 처음부터 제대로 된 주식을 고르지 못하고 있다."

'CANSLIM' 이라는 과학적 투자기법을 창안하여 큰 성공을 거두었으며, 월스트리트 최고의 전략가로 손꼽히는 윌리엄 오닐(William J. O'Neil)이 한 말이다.

"사람들이 부동산에서는 돈을 벌고, 주식에서는 돈을 잃는 이유가 있다. 그들은 집을 선택하는 데는 몇 달을 투자하지만, 주식 선정은 수 분 안에 해 버린다."

마젤란 펀드를 운용하면서 1977년부터 1990년까지 13년 동안 700배의 투자수익을 기록한 위대한 투자자의 한 사람인 피터 린치(Peter Lynch)가 한 말이다. 피터 린치는 한마디를 덧붙이고 있다.

"기업의 재무수치를 보지 않고(연구를 하지 않고), 기업에 투자하는 것은 포커를 치면서 상대방의 카드를 전혀 보지 않는 것과 같다."

상대방의 카드를 보지 않고도 포커 판에서 돈을 딸 수 있을까? 불가능한 일이다.

2
돈을 벌어주는 기업은 따로 있다

주식을 사는 것은 기업을 사는 것이다

주식에 투자한다는 것은 과연 무엇을 의미하는 것일까?

결론적으로 말하면, 주식을 사는 것은 그 회사의 지분을 사는 것이다.

1,000만주를 발행한 기업의 주식을 10만주 매입하면 1%의 지분을 취득하는 것이다.

주식 = 지분 = 지분만큼의 권리와 이익을 향유할 수 있는 증권

그런데 주식을 매입하면 주주로서의 권리, 즉 회사가 창출하는 미래수익을 지분율만큼 나누어 가질 수 있는 권리를 얻게 된다.

만일 회사가 순이익을 100억원 올렸다면 1%에 해당되는 1억원을 받을 권리가 있으며, 회사가 순이익 100억원 중에서 10억원을 현금으로 배당한다면 1%인 1,000만원을 배당금으로 받을 수 있다. 따라서 주주는 한 주당

1,000원을 나누어 가질 수 있는 잠정적인 권리 그리고 100원을 배당금으로 받는 실질적인 이익을 동시에 확보하게 되는 것이다.

주가는 이러한 권리와 경제적 이익에 대한 평가액(Valuation)이다. 이러한 권리와 이익을 보통 '가치(Value)' 라고 부르는데, 주주가 얻을 수 있는 가치를 주식시장에서 얼마로 평가하는가에 따라서 주가는 결정된다.

한 주당 1,000원의 수익을 나누어 가질 수 있는 권리에 다른 투자자가 10배의 웃돈을 얹어주겠다고 하면 주가는 1만원에 거래되는 것이다.

만일 회사의 수익이 계속 늘어날 것으로 예상되면 회사의 가치는 더 높아질 것으로 평가될 것이고, 따라서 주가는 올라갈 것이다. 반대로 회사의 가치를 낮게 평가하면 주가는 내려가게 된다.

그런데 주주들이 얻을 수 있는 경제적인 가치는 매일 바뀌진 않는다. 상장기업들은 분기 단위로 사업실적을 집계하여 발표한다. 따라서 객관적으로 측정할 수 있는 투자기업의 가치는 분기에 한 번 정도만 바뀌게 된다.

그럼에도 불구하고 주가는 매일 오르내린다. 주가는 왜 매일, 매시간 바뀌는 것일까? 단기적으로는 주가가 시장의 심리로부터 가장 큰 영향을 받기 때문이다.

장래의 기업의 실적 또는 다음 분기의 실적을 정확하게 예측할 수 있는 사람은 아무도 없다. 오로지 추측, 추정만이 있을 뿐이다.

따라서 기업의 사업실적이 좋아질 것이라 추정되면 투자자들의 기대가 고조되면서 주가는 상승하게 되고, 기업의 향후 상황이 나빠질 것이라 추측되면 투자자들의 우려가 증폭되면서 주가는 하락하게 된다. 즉, 수많은 투자자들의 심리가 매 순간 교차되는데, 심리의 방향이 어느 한쪽으로 쏠릴 때마다 주가는 상승, 하강을 반복하게 된다.

원래 인간의 심리란 변덕스러운 것이다. 인간의 심리에 의해 결정되는

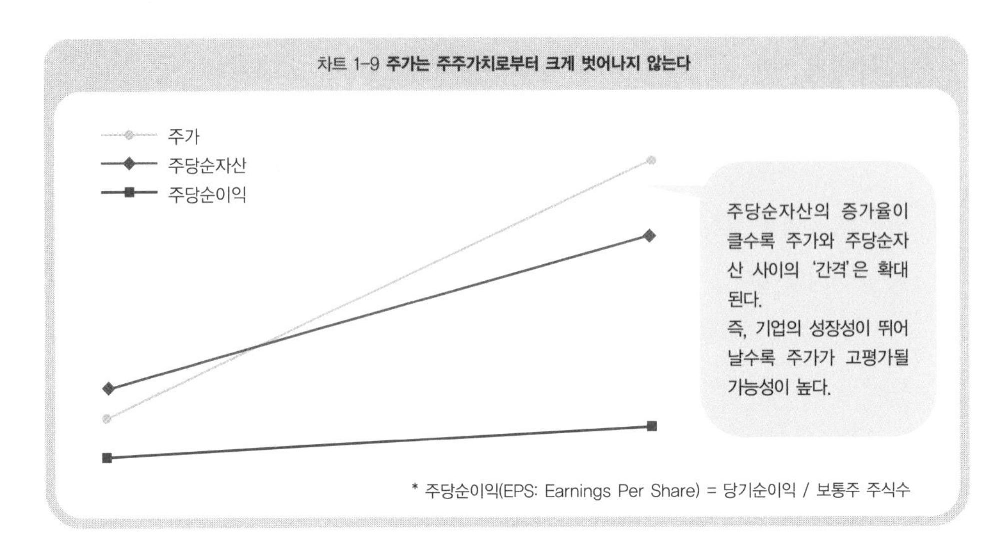

주가도 변덕스러울 수밖에 없다. 변덕스럽다는 말은 도무지 종잡을 수 없다는 말과 같다.

따라서 어느 누구도 주가의 단기적인 움직임을 정확히 예측할 수 없다. 불가능한 일이다.

하지만 길게 보면 주가는 기업의 가치를 반영한다.

주주들이 나누어 가질 수 있는 권리와 이익의 크기를 주식시장 내에서 여러 투자자들이 평가, 결정한 금액이 주식의 가격이다. 따라서 주가는 단기적으로는 투자자들의 기대와 우려에 의해 결정되지만, 근본적으로는 투자자들이 얻을 수 있는 가치에 의해 결정된다. 주가는 기업가치의 독립변수가 아니라 종속변수다.

따라서 기업가치와 주가는 정비례의 관계를 갖는다. 가치가 늘면 주가가 오르고, 가치가 줄면 주가가 내린다.

차트 1-9는 기업가치와 주가 사이의 움직임을 단순한 형태로 표현한 것이다. 차트에서 주당순이익(EPS)은 당기순이익을 주식수로 나눈 금액이다.

즉, 주주들이 주식 한 장당 얼마나 많은 순이익을 나누어 가질 수 있느냐를 나타내는 단위이기 때문에 주당순이익은 기업가치를 측정하는 핵심적인 지표로 활용되고 있다.

주가는 장기적으로는 기업가치의 뒤를 따르되, 실적이 좋은 기업, 성장이 빠른 기업인 경우에는 주가가 기업가치를 뛰어넘어, 앞질러 가기도 한다.

실제로 기업가치와 주가가 어떤 상관관계를 갖고 있는지 국내 대표기업 삼성전자의 사례를 통해 확인해보도록 하자. 차트 1-10은 삼성전자의 기업가치와 주가와의 관계를 표시한 것이다.

차트를 보면, 주가는 장기적으로는 주당순자산(BPS)의 궤적을 따라가고 있다. 그러면서 단기적으로는 분기별 변동이 심한 주당순이익에 연동되어 오르내리고 있다. 주당순이익의 밴드(Bandwidth) 내에서 활달한 움직임도 보여주고 있다. 삼성전자의 차트는 가치와 주가의 관계를 가장 전형적으로 나타내고 있는 차트다.

앞에서 주가는 단기적으로는 알아맞히기 어렵다고 말했다. 단기매매, 즉 단타를 하는 투자자라면 시시각각으로 변하는 주가를 알아맞혀야 하는데, 일주일에 하루 이틀 정도는 맞힐 수 있더라도 5일 연속으로 맞힐 수는 없다. 6개월이나 1년이라는 긴 시간 동안 측정해보면 적중확률은 결코 50%를 넘을 수 없을 것이다.

물론 주가에 대한 적중확률을 높이기 위해 차트분석과 같은 '기술적 분석(Technical Analysis)' 기법이 고도화되고 있다는 사실을 부정하진 않는다. 하지만 기술적 분석은 가격과 거래량이라는 두 가지 데이터에만 의존한다는 한계가 있다. 따라서 기술적 분석만으로는 주가 결정에 가장 큰 영향을 미치는 투자자들의 심리를 정확히 예측할 수 없다.

차트 1-10 **주당순자산과 주당순이익, 주가는 서로 멀리 떨어지지 않는다**

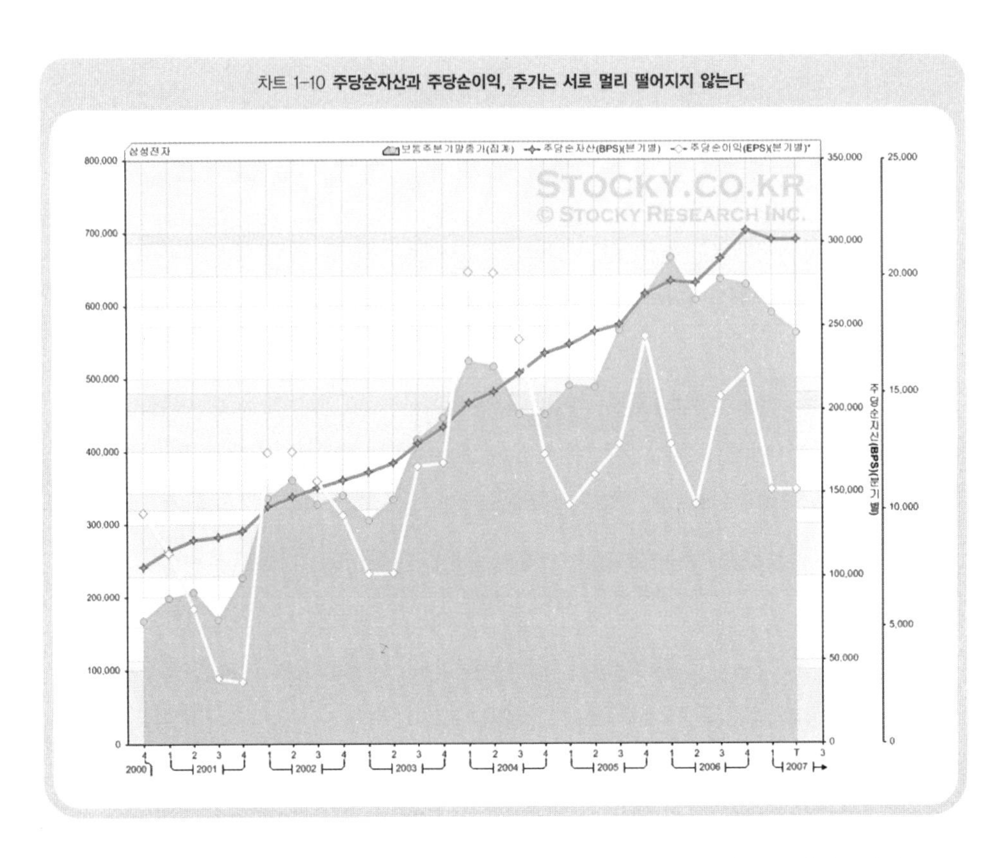

하지만 단기적인 관점을 벗어나면 간단하게 해답을 얻을 수 있다. 앞의 차트에서 본 것처럼 궁극적으로 주가는 주주가치를 따라 움직인다. 따라서 장기적인 관점에 서면 주가의 향배를 80~90% 이상 정확하게 알아맞힐 수 있다.

"오늘 이 종목이 기세가 좋네. 오전에 투자했다가 오후에 팔면, 2~3%는 먹고도 남을 것 같은데…."

이런 유혹을 느껴보지 않은 투자자는 한 사람도 없을 것이다.

"하루에 2~3%씩만 꼬박꼬박 벌면 머지않아 나도 부자가 될 수 있어. 으흐흐…."

이런 유혹을 필자는 '시세의 마력' 또는 '투기의 유혹'이라고 부른다.

기업을 분석할 수 있는 지식도 없고, 효율적인 투자전략을 정립해본 적도 없는 개인투자자들은 투기의 유혹 앞에서 무력할 수밖에 없다.

하지만 투자는 주식의 가격이 아니라 기업의 가치를 대상으로 하는 것이다. 시선을 가격으로부터 가치로 돌리는 순간, 당신은 성공의 길에 첫걸음을 내디딘 것이다.

성공확률이 낮은 투기의 세계로부터 벗어나 성공확률이 높은 투자의 세계로 드디어 올라서게 되는 것이다.

미래는 과거로부터 잉태되는 것이다

장기투자의 성공원리는 아주 간단하다.

기업의 가치가 계속 증가할 기업에 투자하는 것이다. 기업의 가치가 증가하는 한 주가도 계속 상승할 수밖에 없기 때문이다.

이 얼마나 간단한 원리인가?

자, 그러면 과제는 한 가지다. 미래에도 스스로의 가치를 계속 증가시킬 수 있는 기업들을 찾아내는 것이다.

상식적으로 판단해보자.

일단 과거에 뛰어난 실적을 거둔 회사가 미래에도 우수한 실적을 올릴 가능성이 크다.

적자의 늪에 빠져 허우적거리던 회사가 갑자기 날아올라 흑자 행진을 벌일 수 있을까? 그럴 가능성은 거의 없을 것이다.

시장은 전쟁터다. 대충, 적당히 해서 살아남을 수 없다. 어떤 회사든지

자본, 인력, 기술, 생산, 영업, 유통, 판매 등과 관련된 역량을 제대로 투입하지 않고는 사업의 실체를 만들어낼 수 없다. 여기에 경영자의 리더십이 더해지고, 회사 전체를 관통하는 조직문화와 시스템까지 확립되어야만 적절한 사업성과를 거둘 수 있다.

그런데 이런 걸 갖추지 못한 회사 또는 망가뜨린 회사가 1~2년 만에 환골탈태하여 격렬한 경쟁을 뚫고 올라설 수 있을까?

과거와 현재 그리고 미래는 서로 떼어놓을 수 없다. 오늘 이 시점까지의 과거가 있었으므로 오늘 이 시점부터의 미래도 펼쳐질 수 있는 것이다. 과거와 미래는 한줄기로 이어지는 것이다.

그렇기 때문에 다년간 흑자를 내던 회사가 1~2년 뒤에도 계속 흑자를 낼 가능성은 90%를 넘을 것이다. 반대로 매 분기 적자를 기록하던 회사가 1~2년 뒤에 흑자를 낼 가능성은 10%가 채 안 될 것이다. 이런 게 바로 세상의 이치다. 자, 당신이라면 어느 쪽을 선택하겠는가?

투자는 미래를 걸고 하는 것이다. 그런데 미래를 100% 정확하게 예측할 수 있는 사람은 없다. 따라서 투자는 확률에 의존하는 게임이 될 수밖에 없다. 성공확률이 낮은 위험한 대상을 회피하고, 성공확률이 높은 안전한 대상을 선택하는 사람이 게임의 승자가 될 수밖에 없다.

단기매매전략으로는 성공할 확률이 낮기 때문에 확률이 훨씬 높은 장기투자전략을 선택하라고 권유했듯이, 실적이 부진했던 회사가 앞으로 성공할 확률은 지극히 낮기 때문에 과거 실적이 뛰어났던 회사를 선택하라고 주장하는 것이다.

그러므로 간단한 결론을 내릴 수 있다.

미래에도 자신의 가치를 지속적으로 높일 수 있는 기업을 선택하려면, 과거에도 우수한 실적을 기록했던 기업들 중에서 찾아내야 한다. 기업들의 과거 실적을 분석하면 미래를 확신할 수 있는 우량기업들을 찾아낼 수 있다.

미래는 미래이고 과거는 과거인데, 과거의 데이터만 보고 미래를 어떻게 확신할 수 있냐고 반문하는 투자자들도 있다.

그러면 미래를 내다볼 수 있게 해주는 다른 방법이 있을까?

일부 투자자들은 경영자가 갖고 있는 비전이나 계획을 구체적으로 파악하면 미래를 예측할 수 있다고 말하기도 한다.

맞는 말이다. 사업도 사람이 하는 일이므로 경영자의 사업 목표와 계획을 알면 해당기업의 미래를 어느 정도 예측할 수 있다. 따라서 과거의 실적만 보지 말고, 회사의 사업계획이나 영업계획 등을 파악해야 한다. 공시자료나 증권사 리포트를 열심히 찾아야 하는 이유가 여기에 있다.

하지만 미래의 '계획'이 과거의 '실적'을 완전히 대체할 수는 없다.

솔직히 사람의 말을 어디까지 믿을 수 있을까? 경영자와 직접 만날 수 없는 한 회사 홈페이지나 언론매체 등을 통해 경영자의 말을 들을 수밖에 없는데, 공개석상에서 경영자가 자기 기업에 불리한 내용을 솔직하게 말할 수 있을까?

사실 경영자의 대부분은 솔직하지 않다. 그들은 투자자들을 안심시키기 위해, 또한 자신의 자리를 지키기 위해 회사의 목표를 과장하고 계획을 포장하길 좋아한다. 심지어 부실을 감출 요량으로 재무자료를 허위로 발표하기도 한다.

장래계획을 발표한 공시자료나 예상실적을 산출한 증권사 리포트의 적중확률이 30%에도 미치지 못하는 이유가 바로 여기에 있다.

따라서 미래의 계획과 과거의 실적 중에서 어느 쪽을 신뢰해야 하고, 또한 어느 쪽을 의사결정의 기초로 삼아야 하느냐고 묻는다면, 나는 단연코 후자가 우선이라고 대답할 것이다.

한마디 덧붙이자면, 세부적인 사업계획을 대외적으로 공개하는 기업도 별로 없다. 대부분의 경우 사업계획서는 기업 내에서도 열람이 제한되는 대외비 문서로 취급된다. 따라서 개인투자자가 해당기업의 미래 사업계획을 세부적으로 파악한다는 것은 거의 불가능에 가깝다.

과거의 실적을 어떻게 파악할 것인가?

실적이 우수한 기업을 찾는 가장 간단한 방법이 있다. 지속적으로 순이익을 증가시키고 있는 기업을 찾는 것이다. 이런 기업은 시장 내에서 탁월한 경쟁력을 확립한 기업이거나 지속적으로 경쟁력을 강화하고 있는 기업이라고 할 수 있다.

지속적으로 주당순이익을 증가시키는 기업은 탁월한 경쟁력을 확립했거나 지속적으로 경쟁력을 강화하고 있는 기업이다.

그런데 순이익의 추세는 기업마다 다르다. 분기마다 흑자를 내는 기업도 있고, 적자를 벗어나지 못하는 기업도 있다.

2006년 말을 기준으로 1,645개 상장기업들의 주당순이익 추세를 살펴보면 10가지 유형의 기업들로 나누어진다.

10개 유형의 기업들을 3개의 그룹으로 나누어 살펴보자.

차트 1-11은 첫 번째 그룹에 대한 것이다.

차트 1-11 **안정적으로 주당순이익을 올리고 있는 기업들**

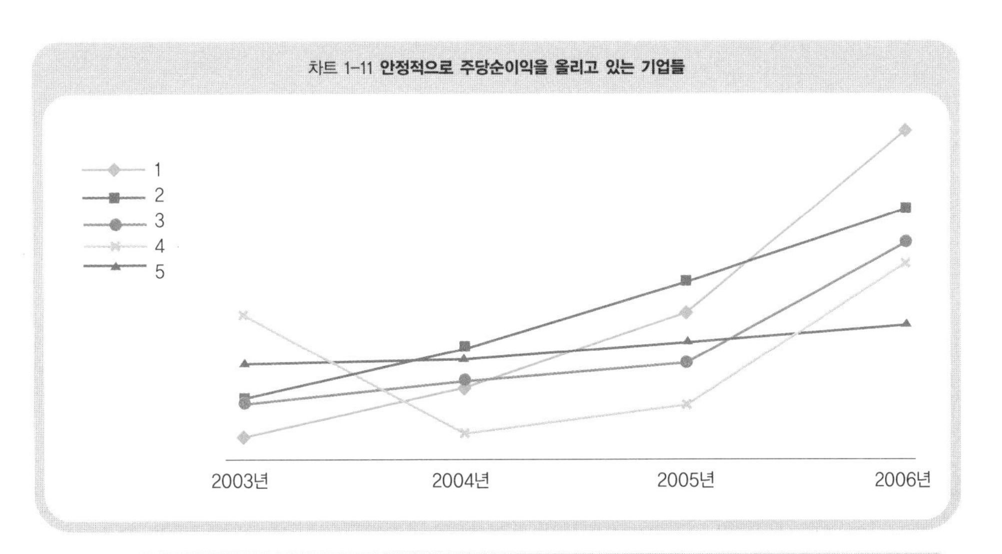

표 1-1 **주당순이익을 안정적으로 거두고 있는 5가지 유형의 기업들**

기업 유형	각 유형에 대한 설명
1	주당순이익이 가속적으로 증가하고 있는 기업들이다.
2	주당순이익이 지속적으로 증가하고 있는 기업들이다.
3	주당순이익이 정체되었다가 증가하고 있는 기업들이다.
4	주당순이익이 감소했다가 다시 증가하고 있는 기업들이다.
5	주당순이익이 꾸준히 유지되고 있는 기업들이다.

차트 1-12는 두 번째 그룹에 대한 차트다.

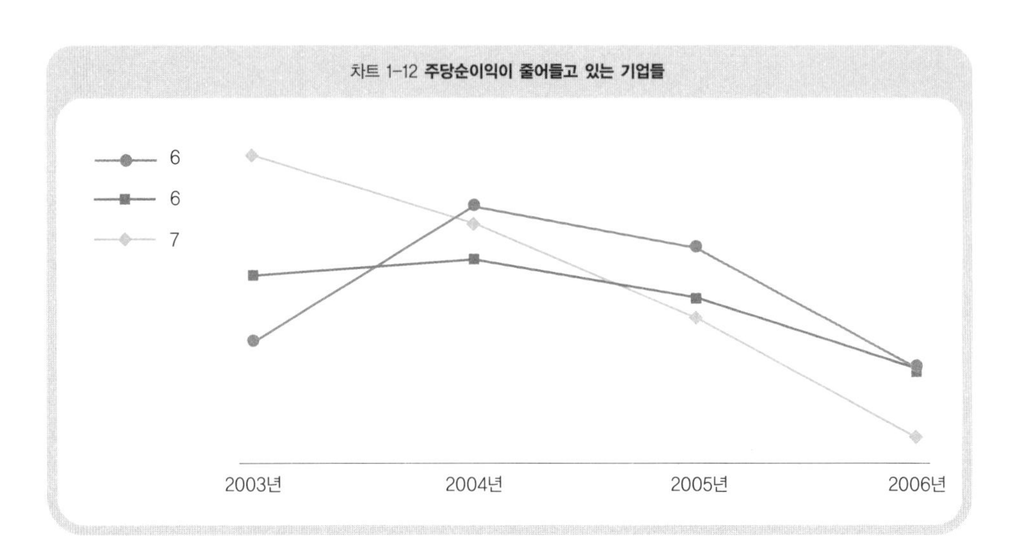

표 1-2 **주당순이익이 감소하고 있는 2가지 유형의 기업들**

기업 유형	각 유형에 대한 설명
6	주당순이익이 유지되거나 증가되다가 감소하고 있는 기업들이다.
7	주당순이익이 지속적으로 축소되고 있는 기업들이다.

차트 1-13은 세 번째 그룹에 대한 설명이다.

당신이라면 유형 1과 같이 무섭게 성장하는 기업을 선택하겠는가, 유형 7과 같이 점진적으로 후퇴하고 있는 기업을 선택하겠는가? 아니면 적자상태를 벗어나지 못하고 있는 유형 10과 같은 기업을 선택하겠는가?

고민하지 않고 곧바로 1번이라고 대답할 것으로 믿는다. 하지만 많은 개인투자자들이 이와 같은 간단한 추세조차 확인해보지 않은 채 따끈따끈한 루머가 돈다는 이유로, 주가가 들썩거리면서 오를 것 같다는 이유로 미래가 지극히 불투명한 9번이나 10번과 같은 기업의 주식을 매수하곤 한다.

"미쳤다고 누가 그런 기업의 주식을 매수하냐?" 하고 손사래를 치는 독

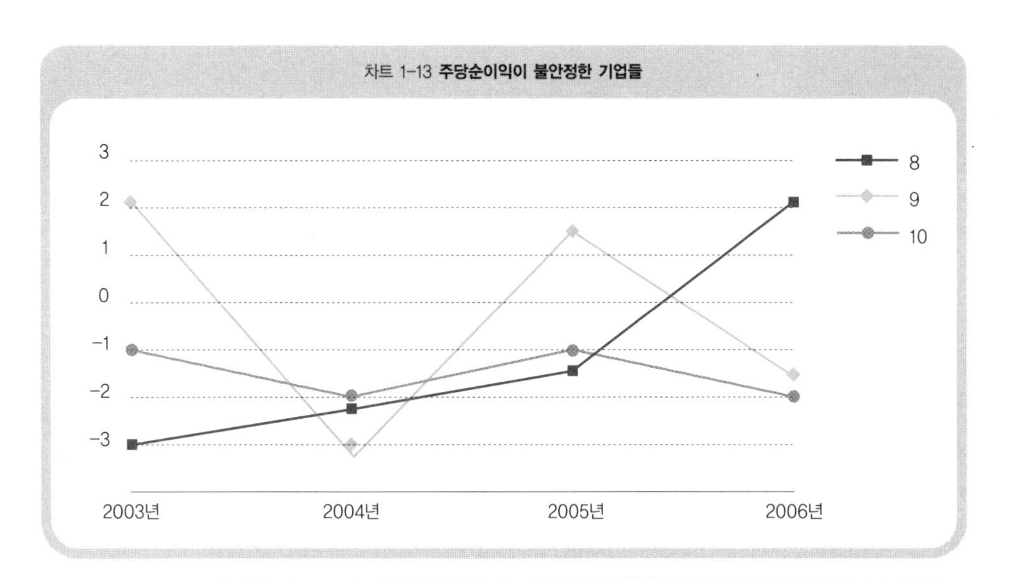

차트 1-13 **주당순이익이 불안정한 기업들**

표 1-3 **주당순이익이 불안정한 3가지 유형의 기업들**

기업 유형	각 유형에 대한 설명
8	장기간 적자상태에 있다가 최근 3분기 이상 흑자를 기록하고 있는 기업들이다. 재기의 희망이 보이는 기업들이다.
9	연도 또는 분기마다 적자와 흑자 사이를 오가고 있는 기업들이다.
10	장기간 적자상태를 벗어나지 못하고 있는 기업들이다.

자들도 있을 것이다. 그러나 기관투자자나 외인투자자들은 9번이나 10번 같은 기업에는 절대로 손을 대지 않는다. 따라서 그런 기업의 주식은 100% 개인투자자들이 보유하고 있다.

추정컨대 개인투자자들의 절반 이상은 자신이 투자한 기업의 주당순이익이 늘고 있는지, 줄고 있는지조차 모르고 있을 것이다.

2003년부터 4년 동안의 주당순이익 추세에 따라 상장기업들을 분류해보니, 표 1-4와 같은 결과를 얻을 수 있었다. 전체 1,645개 상장기업들 중에서

표 1-4 주당순이익의 유형에 따라 기업들을 분류한 목록

EPS 유형	전체 기업		거래소 기업		코스닥 기업	
	개수	비율	개수	비율	개수	비율
1	5	0.3	1	0.2	4	0.4
2	141	8.6	62	9.5	79	7.9
3	23	1.4	7	1.1	16	1.6
4	162	9.8	87	13.4	75	7.5
5	87	5.3	59	9.1	28	2.8
6	241	14.7	116	17.8	125	12.6
7	129	7.8	70	10.8	59	5.9
8	62	3.8	22	3.4	40	4.0
9	332	20.2	119	18.3	213	21.4
10	325	19.8	80	12.3	245	24.6
11	138	8.4	28	4.3	110	11.7
합계	**1,645**		**651**		**994**	

25.4%인 418개 기업이 안정적으로 이익을 창출하고 있는 1부터 5까지의 유형에 포함되고 있다.

거래소에 상장되어 있는 651개 기업들 중에서 216개, 33.2% 그리고 코스닥에 등록되어 있는 기업들 중에서는 202개, 20.3%가 안정적인 기업들이어서 거래소 기업들이 코스닥 기업들보다 더 뛰어난 사업실적을 거두고 있음을 확인할 수 있다.

어쨌든 1/4의 기업들만이 주당가치를 유지하거나 증가시키고 있는 것이다.

특히 1과 2의 유형에 속하는 업체들(1-2그룹이라 하자)은 전체의 10%가

안 되는 146개다. 이들은 강력한 경쟁력을 발휘하고 있고, 탁월한 경영성과를 달성하고 있는 기업들이다.

지속적으로 주당순이익을 증가시키고 있는 이들 기업들은 거래소에서는 9.7%인 63개, 코스닥에서는 8.4%인 83개뿐이다.

> 주당순이익이 지속적으로 증가하고 있는 기업들은 8.9%, 146개에 불과하다.

장기투자자들은 이들 중에서 저평가되어 있는 기업을 찾는 데 최우선적인 노력을 기울여야 한다. 가치투자할 보석 같은 기업들이 바로 그들 속에 숨어 있기 때문이다.

차트 1-14는 주당순이익 유형 1에 속하는, LNG 선박용 단열패널 제조업체인 한국카본의 주당순이익 추세를 보여주는 차트다. 2002년부터 주당순이익이 놀라운 속도로 늘어나고 있는 모습을 확인할 수 있다.

유형 6과 7의 기업들은 주당순이익이 감소하고 있는 기업들(6-7그룹으로 부른다)이다. 여전히 순이익을 내고는 있지만, 감소 추세에 있기 때문에 미래가 밝다고는 말할 수 없다.

전체 기업 중 22.5%인 370개의 기업이 6과 7의 유형에 속한다. 거래소에선 186개로 28.6%를 차지하고 있고, 코스닥에선 184개로 18.5%를 차지하고 있다.

순이익이 감소하는 원인은 일반적으로 두 가지를 상정해볼 수 있다.

하나는 해당업종의 경기가 후퇴하여 해당업종의 기업들이 전반적으로 실적부진을 겪게 되는 상황이다. 또 하나는 해당기업의 경쟁력이 약화되어 시장점유율이 축소되거나 영업이익이 감소되고 있는 상황이다.

차트 1-14 **한국카본의 주당순이익은 가속적으로 증가하고 있다**

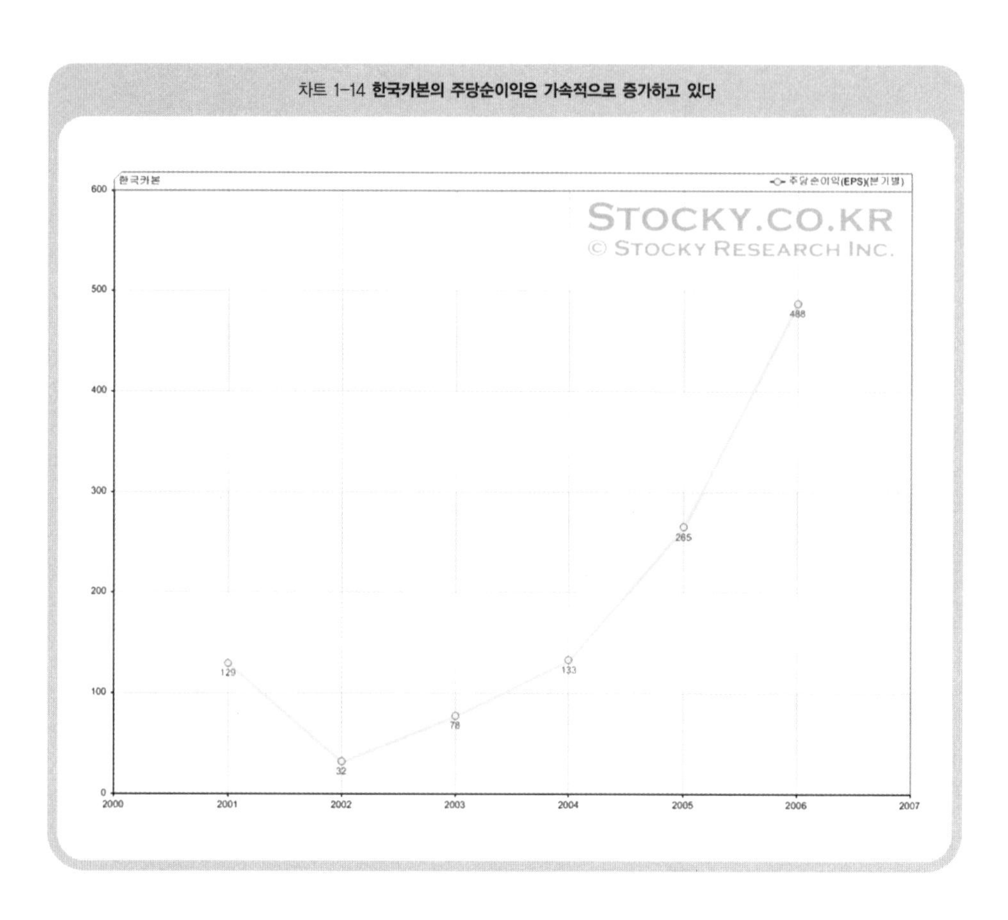

물론 이런 기업들 중에서 추세를 반전시키는 기업들도 등장할 것이다. 실적이 하락하다가 다시 상승곡선을 그리는 경우 주가가 크게 반등할 수 있기 때문에 6과 7의 유형에 속하는 기업들도 눈여겨 살펴볼 필요가 있다.

8부터 10까지는 실적이 불안정한 기업들이다. 물론 8과 같이 최근 들어 흑자상태로 올라서는 기업들도 있으나, 9와 10은 성장할 수 없는 기업들이라고 말할 수 있다.

전체 1,645개 기업들 중 719개 기업이 이 유형에 속하며, 43.7%나 차지하고 있다. 전체 상장기업들 중 절반에 가까운 많은 수의 기업들이 수익을 안정적으로 내지 못하고 있으며, 자신의 기업가치를 유지하지 못하고 있다.

거래소에서는 221개, 33.9%가, 코스닥에서는 절반을 살짝 넘는 498개, 50.1%가 이 유형에 속하고 있다.

8의 유형에 속하는 거래소의 22개, 코스닥의 40개 기업들을 제외하고 9나 10의 유형 기업들만 한다고 하더라도 거래소에서 30.8%인 201개, 코스닥에서 46.1%인 458개 기업이 부실기업에 속하고 있으며, 특히 코스닥 기업들 중 절반에 가까운 숫자가 적자의 늪에 빠져 있다는 점은 투자자 입장에서 유념할 필요가 있다.

사업이 부실하여 제대로 순이익을 내지 못하고 있는 기업들은 무려 40%, 659개에 달하고 있다.

11로 표시된 기업들은 상장된 지 만 2년이 되지 않은 어린 기업들인데, 그 중에서도 분기별로 순이익을 내고 있는 기업들이다. 순이익의 유형을 검증하기에는 아직 충분한 시간을 갖지 못한 기업들이어서 별도로 분류하였다.

138개의 기업이 어린 기업군에 속했으며, 코스닥에서만 110개의 기업들이 포함되어 코스닥의 신규 상장이 거래소보다 활발하다는 것을 보여주고 있다.

기업을 볼 때 주당순이익의 추세부터 보아야 한다

앞서 강조한 대로 투자할 기업을 선정할 때 가장 먼저 확인해야 하는 것은 주당순이익의 추세다.

높은 시장점유율 등을 확보하여 지속적인 경쟁우위(Durable Competitive Advantage)를 발휘하는 회사들은 순이익을 지속적으로 증가시킬 수 있다. 또한 높은 생산성과 효율적인 경영능력을 확보한 회사들도 순이익을 지속적으로 증가시킬 수 있다.

경쟁우위를 확립한 회사들은 자신의 기업가치를 빠르게 증식할 수 있으며, 따라서 미래에 대한 확신을 갖고 투자할 수 있는 회사들이다.

그 반대편에는 가격경쟁형(Price Competitive) 사업을 하는 기업들이 도열해 있다. 흑자와 적자 사이를 넘나들고 있거나, 또는 이익이 가파르게 줄어들고 있으면 가격경쟁형 기업이라고 단언할 수 있다.

그런데 주식시장에는 가격경쟁형 기업들이 훨씬 더 많으며, 전체의 75% 정도를 차지하고 있다.

이들 기업들은 스스로의 기업가치를 떨어뜨릴 가능성이 있기 때문에 장기투자 대상에서 제외해야 하며, 이들 중에서 실적 개선의 기미가 있는 기업을 발견하여 다시 투자를 검토하게 되더라도 신중을 기해야 한다.

주당순이익이 핵심이지만,
그렇다고 전부는 아니다

그런데 주당순이익의 추세만 보고는 투자할 기업을 결정할 수 없다. 주당순이익의 추세가 비슷한 기업들끼리도 수익 창출능력이나 기업가치 등은 서로 다를 수 있기 때문이다.

주당순이익의 추세가 비슷하더라도 수익 창출능력이 더 뛰어난 기업은 더 빠른 성장 추세를 보일 것이다. 주당순이익 추세가 비슷하더라도 주가가 저평가되어 있는 기업의 주가는 향후에 더 빨리 뛰어오를 수 있을 것이다.

그러므로 주당순이익 이외의 다른 지표들까지 검토한 투자자들만이 더 확실한 성공을 보장받을 수 있다.

3

기업을 볼 때 꼭 확인해야 할 지표들이 있다

이제 기업의 실적과 가치를 파악하는 데 도움이 되는 다른 지표들을 하나씩 살펴보도록 하자.

이러한 지표들은 두 가지 영역으로 나누어 살펴볼 수 있다.

가장 먼저 살펴볼 영역은 '회사가 사업(Business)을 잘하고 있는가? 우수한 실적을 거두고 있는가?' 다.

다음으로 살펴볼 영역은 '그래서 회사의 가치(Value)는 늘어나고 있는가?' 다.

'실적과 가치' 라는 두 가지 영역은 기업을 분석할 때 필수적으로 다루어야 할 것들이다. 기본 중의 기본이라 할 수 있는 이 둘을 소홀히 취급하면 투자자는 반드시 응분의 대가를 치르게 된다.

기업의 실적은 우수한가, 실적이 날로 확대되고 있는가?

회사의 실적을 살펴볼 때 반드시 확인해야 할 핵심지표는 네 가지다. '매출액' 과 '영업이익' , '당기순이익' 그리고 '영업이익률' 이다.

매출액

매출액(Sales)은 제품이나 상품, 서비스의 판매총액이다. 즉, 기업이 영업활동을 통해 획득한 수입의 총액이 바로 매출액이다.

매출액 = 국내 매출액 + 수출액

참고로 제조업이나 유통업, 건설업 등에서는 매출액이라 부르지만, 금융업이나 방송통신업 등의 일부 업종에서는 '영업수익' 이라고 표기하기도 한다.

전체 상장기업들의 분기별 매출액 추세를 확인해보자.

차트 1-15를 통해 2003년도 이후 거래소 기업들의 매출액 추세가 더 뛰어나다는 것을 확인할 수 있다.

그리고 거래소 기업들은 연평균 1조 1,186억원을 올리고 있고, 코스닥 기업들은 연평균 754억원을 올리고 있다. 평균 매출액이 15배가량 차이가 나고 있다.

EPS 그룹별로도 2006년도의 매출액 규모를 살펴보면 표 1-5와 같다. 6-7그룹이 가장 크고, 1-2그룹이 가장 작은 것을 알 수 있다.

당연한 말이지만, 매출액이 늘어나는 기업이 더 밝은 미래를 가진 기업

차트 1-15 **전체 상장기업과 거래소 기업, 코스닥 기업들의 평균 매출액 추이**

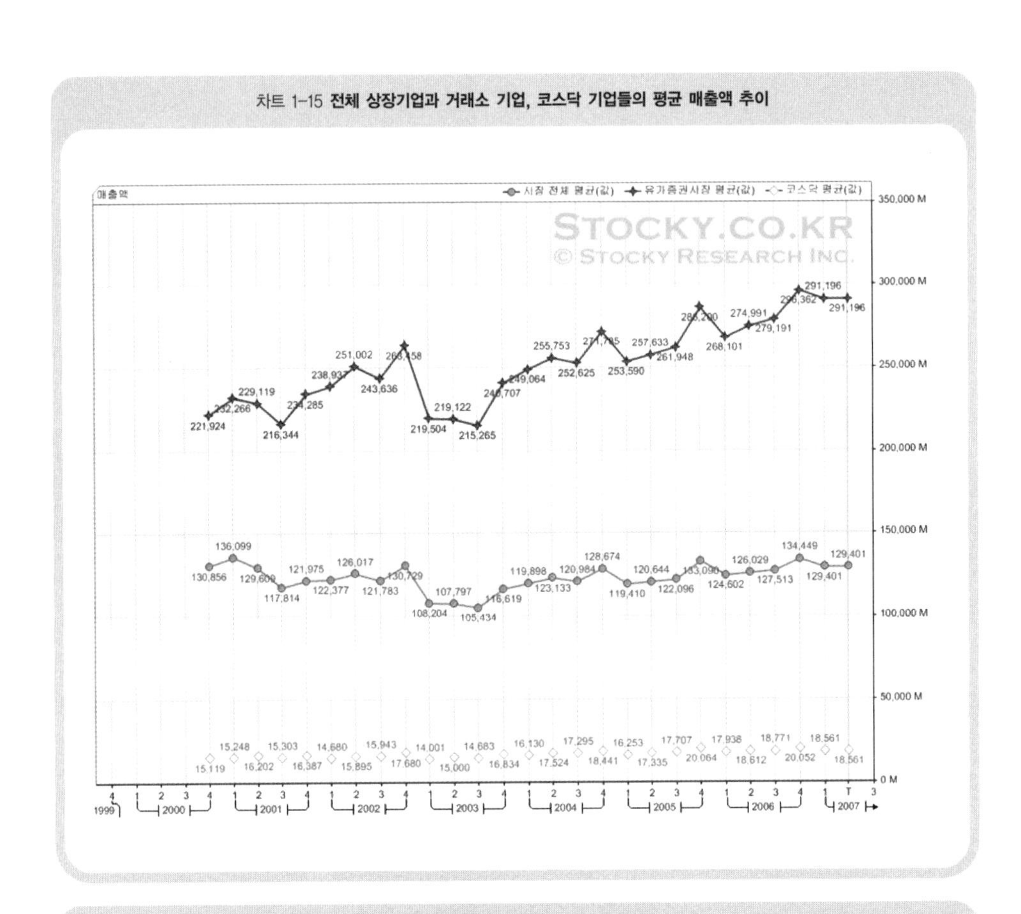

표 1-5 **EPS 그룹별 연평균 매출액 규모**

EPS 그룹	6-7	1-7	1-5	1-2
매출액(백만원)	1,016,777	908,291	814,742	602,174

이다. 매출액이 늘어나는 기업은 성장 잠재력이 큰 기업이기 때문에 투자자들의 관심을 끌어 모을 수 있다. 따라서 매출액이 빠르게 증가하고 있음에도 불구하고 주가가 주춤하고 있는 기업은 향후 주가가 뛰어오를 가능성이 있으므로 주목할 필요가 있다.

미국의 가치투자 대가인 케네스 피셔(Kenneth Fisher)는 매출액이 안정적으로 증가하고 있음에도 불구하고, 순이익이 안정적이지 않거나 부진하다는 이유로 주가가 낮은 종목들을 골라 장기투자한 끝에 큰 투자성과를 거두었다고 한다.

영업이익

영업이익(Operating Income)은 매출액 중에서 매출원가(재료비, 부품비, 생산비, 생산인건비 등)나 판매관리비(광고선전비, 인건비, 연구개발비, 감가상각비 등)와 같은 영업활동에 투입된 모든 비용을 제외하고 남은 이익이다.

영업이익 = 매출액 − 매출원가 − 판매비 및 관리비

전체 상장기업들의 영업이익의 추세를 차트 1-16을 통해 확인해보자.

차트 1-16을 보면, 2004년 이후로 거래소나 코스닥 기업들의 영업이익이 늘어나지 않았다는 사실을 확인할 수 있다. 전반적으로 실적의 둔화 추세가 보이고 있다. 2006년 말에 거래소 기업들의 연평균 영업이익은 864억원에 이르고 있으며, 코스닥 기업들은 31억원에 이르고 있다. 거래소 평균이 코스닥 평균의 28배에 달하고 있다.

영업이익을 많이 남기는 회사가 바로 본업(本業)의 경쟁력이 뛰어난 회사다. 영업이익이 지속적으로 늘어나는 회사는 시장 내에서 강력한 경쟁력을 발휘하고 있고, 회사 내에서 뛰어난 생산성을 달성하고 있는 기업이라고 말할 수 있다.

순이익이 지속적으로 늘어나는 회사는 '지속적 경쟁우위'를 가진 회사라고 말했는데, 순이익의 자리에 영업이익을 대입해도 마찬가지라고 말할

차트 1-16 **전체 상장기업 및 거래소·코스닥 기업들의 평균 영업이익의 추이**

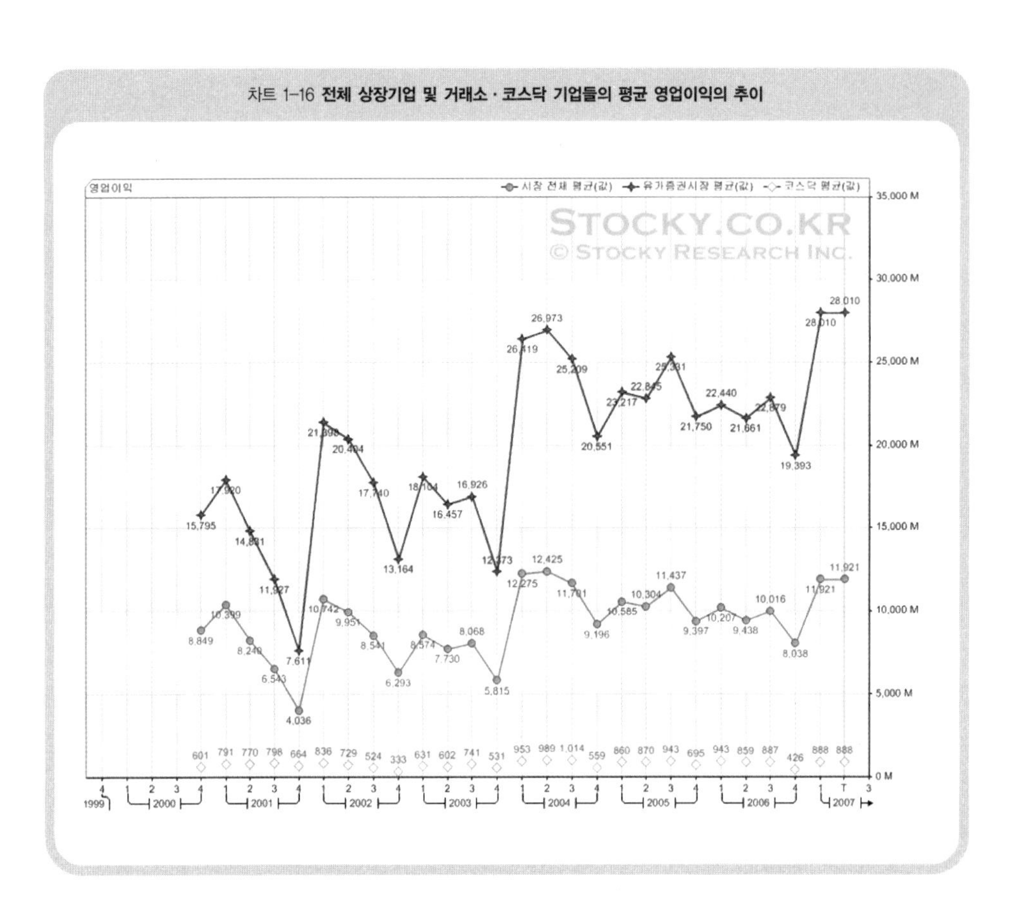

수 있다. 따라서 영업이익이 증가하고 있음에도 불구하고 주가가 낮은 상태에 머물러 있는 기업을 만나면 신속하게 투자를 결정할 필요가 있다.

영업이익률

영업이익을 바탕으로 기업의 수익 창출능력을 평가하는 지표가 있다. 바로 영업이익률(Ratio of Operating Income to Sales)이다.

영업이익률은 매출액 중 영업이익이 차지하는 비중을 백분율로 나타낸 것인데, 판매총액 중에서 영업이익을 얼마나 남기고 있는지를 측정하는 지표다. '매출액 영업이익률' 이라고 부르기도 한다.

$$영업이익률 = 영업이익 / 매출액 \times 100$$

영업이익률이 높을수록 시장 지배력이 강한 회사인데, 특히 30%를 넘는 회사는 독과점적인 지위에 오른 회사라고 말할 수 있다.

차트 1-17을 통해 전체 상장기업들의 영업이익률 추세를 확인해보자.

차트 1-17 **전체 상장기업들의 평균 영업이익률의 추이**

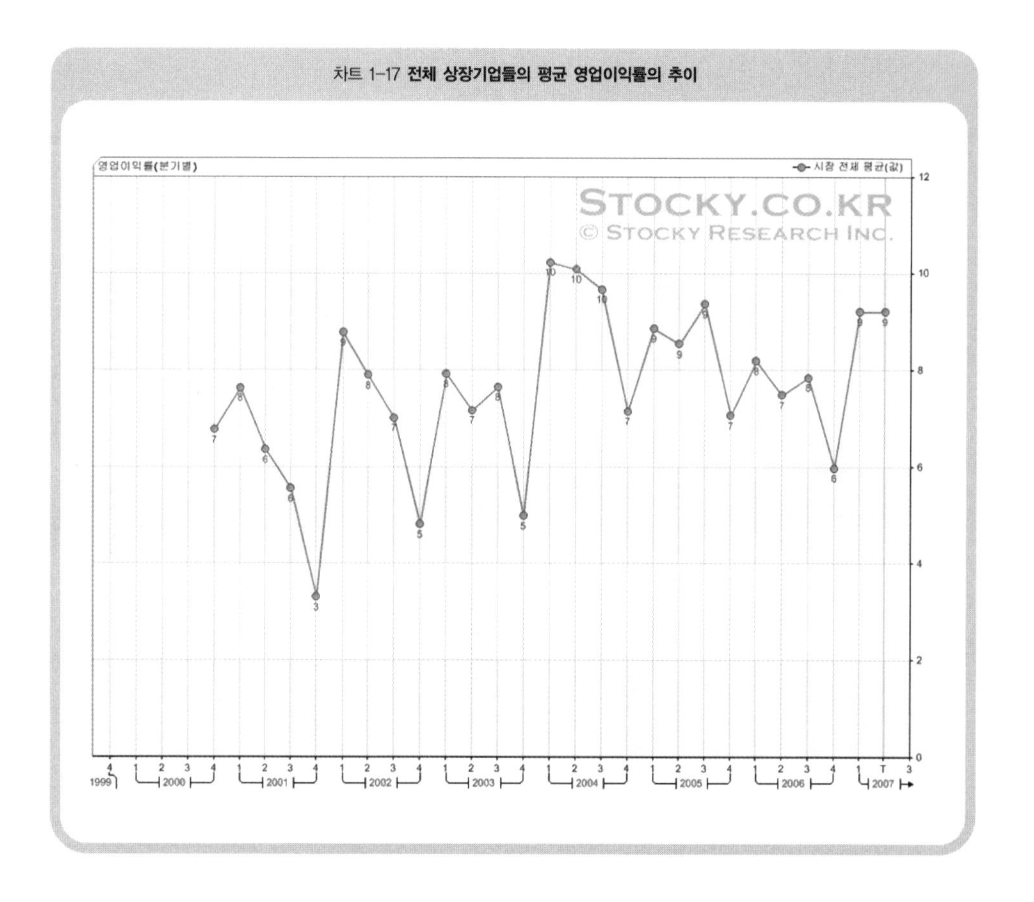

앞의 차트 1-16을 통해 2004년 이후로는 영업이익이 늘지 않았다는 사실을 알게 되었는데, 그러한 추세가 영업이익률에도 그대로 반영되어 차트 1-17을 보면 10%에 이르렀던 영업이익률이 7%대로 미끄러진 것을 확인할 수 있다.

차트 1-18을 통해 거래소와 코스닥 기업들 각각의 평균 영업이익률도 살펴보도록 하자. 거래소 기업들이 코스닥 기업들의 2배에 가까운 수익 창출 능력을 보여주고 있다. 거래소 기업들의 2006년도의 평균 영업이익률은 8%에 이르며, 코스닥은 4%에 머물고 있다.

차트 1-18 **거래소와 코스닥 기업들의 평균 영업이익률의 추이**

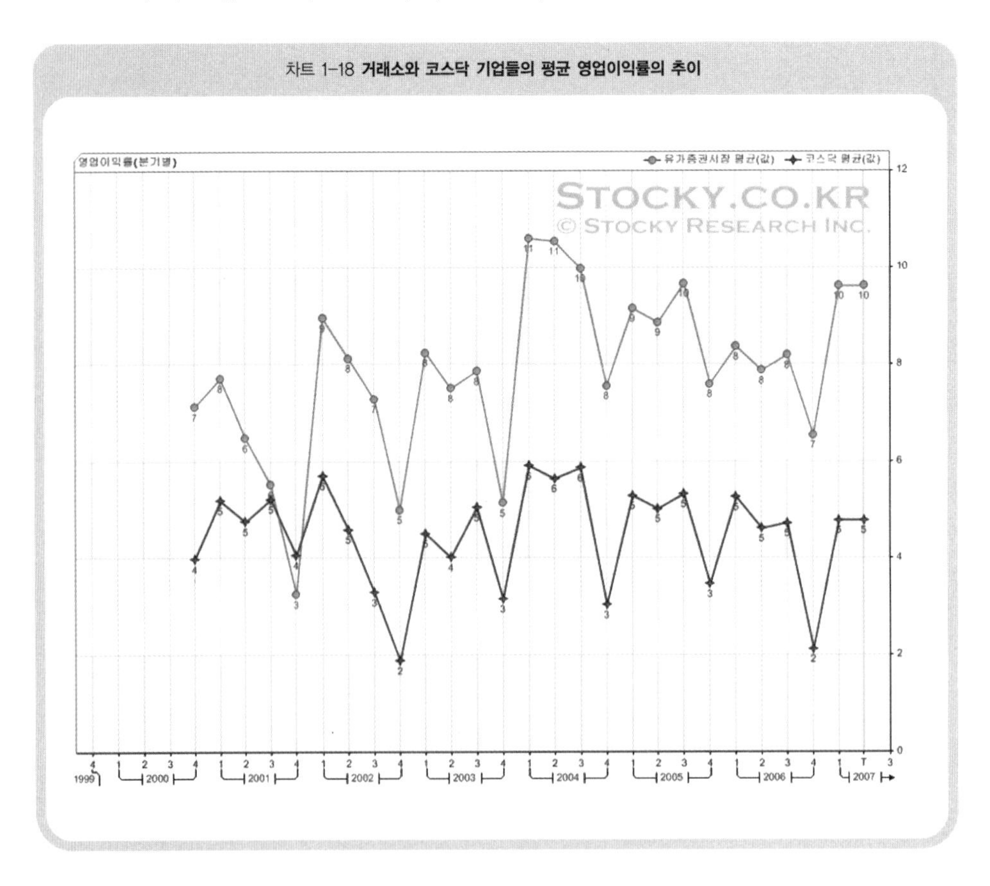

표 1-6 **EPS 그룹별 연평균 영업이익률 수준**

EPS 그룹	1-2	1-5	1-7	6-7
영업이익률(%)	11.9	11.0	9.4	7.5

EPS 그룹별로 2006년도의 영업이익률을 살펴보자. 표 1-6을 보면, 우량기업들인 1-2그룹이 11.9%로 가장 높고, 실적이 감퇴하고 있는 6-7그룹은 7.5%로 가장 낮은 수준에 처져 있는 것을 알 수 있다.

따라서 11.0% 이상의 영업이익률을 달성하는 회사는 우량기업 평균보다 우수한 성과를 내고 있는 회사다.

영업이익률을 살펴볼 때, 첫째 영업이익률이 높은데 매출액이 증가하고 있는 회사, 둘째 매출액은 크게 늘지 않더라도 영업이익률이 상승하고 있는 회사들에 관심을 집중해야 한다. 이런 회사들은 장래에 기업의 가치를 크게 증가시킬 수 있는 회사들이다. 이런 회사들 중에서 주가가 저평가 상태에 있는 회사를 찾아내야 한다.

순이익

당기순이익(Net Income)은 영업이익에서 영업외 수익(이자수익, 배당금수익, 투자자산 처분이익, 지분법 평가이익 등)을 더하고, 영업외 비용(이자비용, 투자자산 처분손실 등)과 법인세 비용을 빼고 남은 최종적인 이익이다.

매출액으로부터 당기순이익이 남게 되는 과정을 정리하면 다음과 같다.

매출액 − 매출원가 − 판매비 및 관리비 = 영업이익

영업이익 − 영업외 비용 + 영업외 수익 − 법인세 비용 = 순이익

순이익은 매출액으로부터 협력업체(재료비, 부품비, 광고비 등), 임직원(인건비), 채권기관(이자비용), 국가(법인세비용) 등의 모든 이해당사자들이 가져야 할 몫을 지불하고 남은, 회사의 주주들에게 최종적으로 돌아오는 이익이다.

순이익 = 매출액 – 협력업체의 몫 – 임직원의 몫
– 채권자의 몫 – 국가의 몫 = 주주의 몫

따라서 많은 순이익을 올리는 회사 또는 순이익을 점점 늘려가는 회사가 주주의 이익을 극대화해주는, 투자한 자산의 가치를 극대화해주는 회사다. 앞에서 투자기업을 고르는 첫 번째 기준으로 주당순이익의 추세를 살펴본 이유가 바로 여기에 있다.

차트 1-19를 보면, 앞서 본 영업이익의 추이와 비슷한 모습을 확인할 수 있다. 전체적으로 2004년 이후에는 순이익이 늘지 않았다. 2007년 1/4분기에 갑작스럽게 순이익이 늘었는데, 증가 추세가 지속될 것인지는 아직 분명치 않다.

적자기업들이 많은 코스닥 시장의 경우에는 평균 순이익마저도 적자와 흑자 사이를 넘나들고 있다. 코스닥 기업들에 투자할 때에는 옥석을 가리는 일에 특히 주의를 기울여야 한다.

어쨌든 거래소 기업들의 2006년도 평균 순이익은 797억원이다. 반면에 코스닥 기업들은 1억 5,000만원의 순손실을 기록하고 있어, 비교조차 할 수 없다.

EPS 그룹별로도 2006년도 순이익의 규모를 비교해보자. 재미있는 건 6-7그룹의 평균 순이익 규모가 1-5그룹의 평균보다 앞선다는 것이다. 이는 6-7그룹에 삼성전자, LG전자와 같은 초대형 기업들이 포함되어 있어 평균치

차트 1-19 **전체 상장기업 및 거래소 · 코스닥 기업 각각의 평균 순이익 추이**

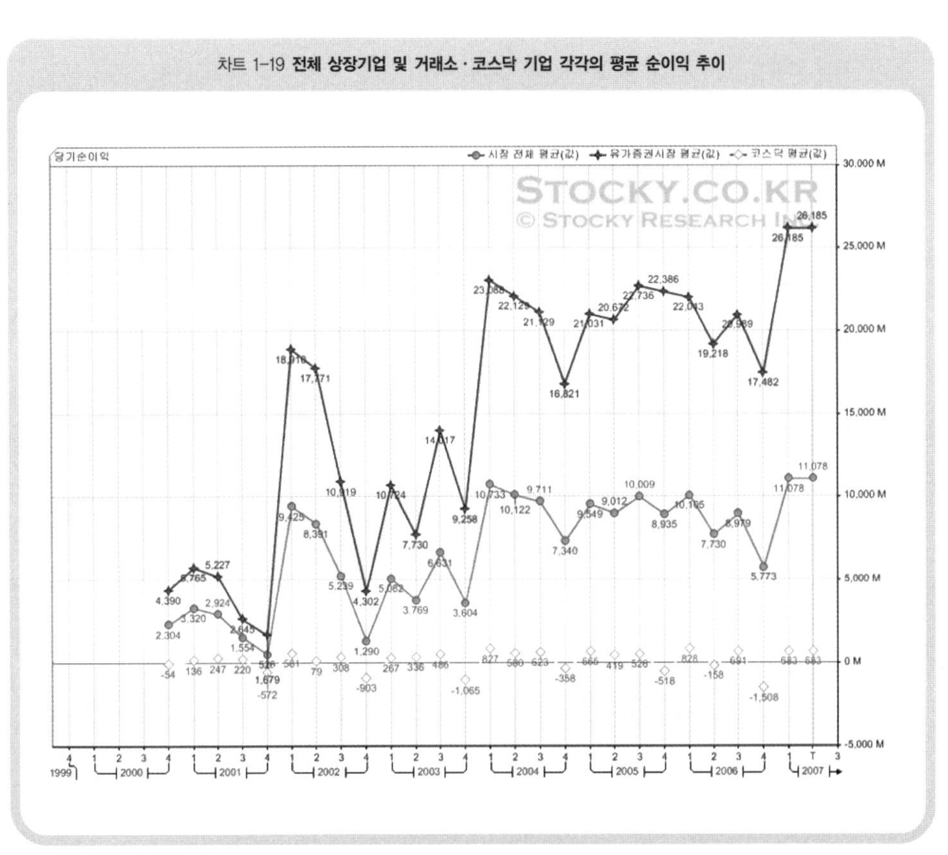

표 1-7 **EPS 그룹별 연평균 순이익 규모**

EPS 그룹	1–2	6–7	1–7	1–5
순이익(백만원)	79,249	76,520	75,947	75,454

가 높아졌기 때문이다.

한편 주주들의 몫으로 남는 순이익은 여러 가지 형태로 배분될 수 있다.

순이익 = 주주 배당금 + 자기주식 매입자금 + 사내 유보금

첫째, 주주들에게 배당금으로 나누어 줄 수 있다.

순이익을 나누어 주주들에게 되돌려 주는 것이므로 배당을 실시하는 회사는 주주의 이익 실현에 충실한 회사라고 말할 수 있다. 그래서 벤저민 그레이엄(Benjamin Graham) 같은 가치투자 대가들은 한 해도 빠짐 없이 배당금을 지급한 회사들을 투자 1순위에 올려놓으라고 충고하고 있다.

둘째, 자사주를 매입하여 소각할 수 있다.

회사가 자기주식을 매입하면 주식시장에서 유통되는 주식수는 줄어들고, 주주들의 지분율은 그만큼 높아지는 것이므로 배당을 실시하는 것과 비슷한 효과를 주주들에게 제공할 수 있다.

국내의 경우 주주들에게 배당금을 지급하면 주주들은 15%의 배당소득세를 내야 한다. 15%면 결코 적은 금액이 아니다. 그래서 워렌 버핏은 자신이 투자한 회사들에 순이익으로 배당하지 말고, 그 금액만큼 자기주식을 매입하여 소각하라고 권한다. 주주 입장에서는 자사주를 매입, 소각하는 쪽이 최소한 세금만큼의 이익을 얻을 수 있다고 판단했기 때문이다.

셋째, 순이익을 사내에 유보시킬 수 있다.

유보된 순이익은 이익잉여금으로 바뀌어 자기자본으로 쌓이게 된다. 순이익이 결국 자기자본으로 전환되는 것이다. 따라서 순이익이 늘어나면 자기자본이 빨리 늘어나는 정비례의 관계가 성립되며, 순이익은 기업 성장의 원천이 된다.

표 1-8은 순이익과 이익잉여금, 자기자본 간의 관계를 명확하게 표시하고 있다.

자기자본이 늘면 새 시장(해외시장 등)을 개척하거나, 신기술과 신제품을

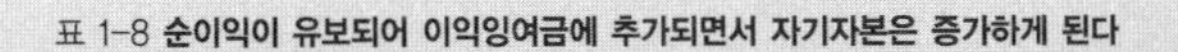

표 1-8 **순이익이 유보되어 이익잉여금에 추가되면서 자기자본은 증가하게 된다**

차트 1-20 **전체 상장기업들의 연평균 매출과 수익의 추이**

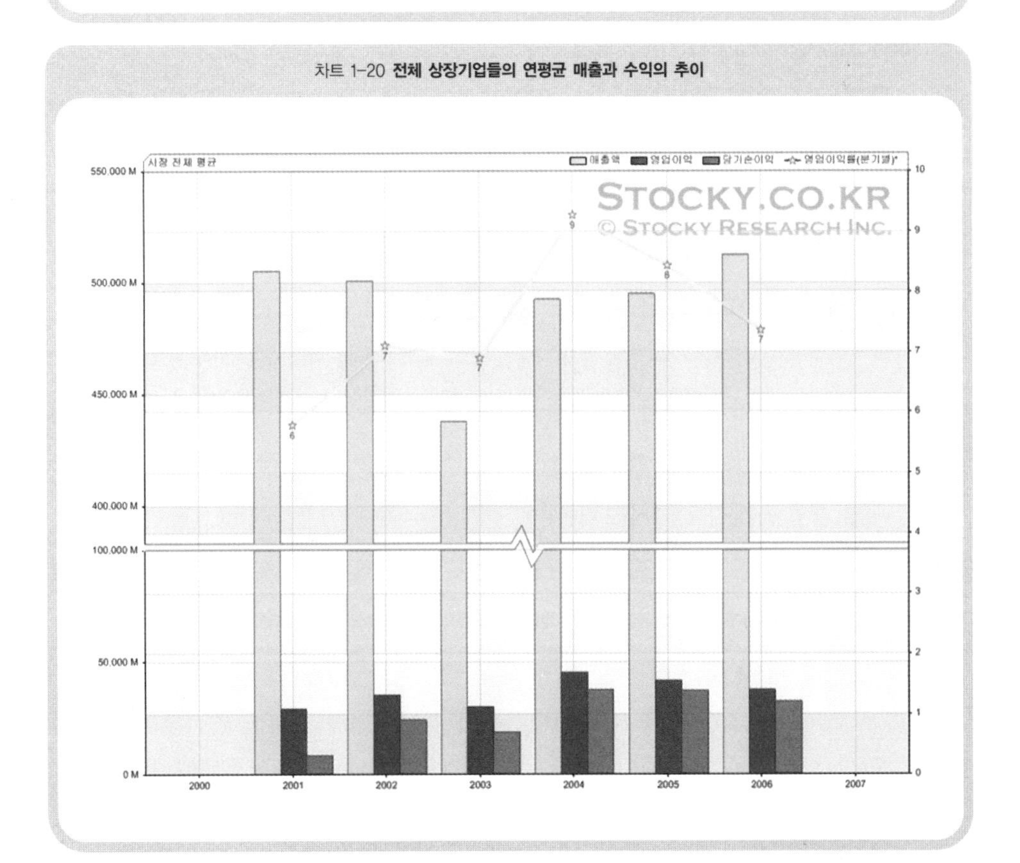

개발하거나, 생산설비를 확장하거나, 신규사업을 추가하거나, 다른 기업을 인수 합병할 수 있어 회사가 지속적으로 성장해나갈 수 있다. 즉, 순이익이 많아지고 자기자본이 늘어야만 수익과 성장이 선순환되는 구조를 확립할 수 있다.

그러면 앞에서 익힌 네 가지 지표를 활용하여 기업을 분석해보자.

먼저 주식회사 대한민국부터 분석해보자. 차트 1-20은 전체 상장기업들의 평균 매출액과 영업이익, 영업이익률, 당기순이익의 추세를 나타낸 것이다.

2003년부터 매출액이 늘기 시작하여 2006년에는 드디어 2002년도의 매출액 수준을 돌파하고 있다. 일단 매출의 증가 추세는 양호한 것으로 파악된다.

반면에 수익지표들인 영업이익, 영업이익률, 순이익은 2004년에 정점을 찍고 2년째 하락하고 있다. 수익을 창출하는 능력이 약화되고 있는 것이다. 이는 내수업종보다는 수출업종의 기업들의 수익성이 부진하기 때문이다. 특히 수출 비중이 가장 큰 IT 업종을 둘러싸고 있는 교역환경이 날로 악화되고 있기 때문인 것으로 해석된다.

중소기업도 하나 분석해보자. 차트 1-21은 금속 관이음새를 생산하는 성광벤드의 연도별 실적 추세를 나타낸 것이다. 매출액과 영업이익, 순이익이 시원스럽게 증가하는 것을 볼 수 있다. 박력 있는 기세로 성장일로를 달리고 있는 모습이다.

한 가지 놀라운 사실은 영업이익률이 4년 동안 3배 가까이 뛰어올랐다는 점이다. 관이음새를 생산, 판매하는 회사들이 적지 않은데, 성광벤드만 영업이익률을 16%까지 끌어올렸다는 것은 경쟁력이 강화되고 있다는 것을 의미한다. 그 경쟁력의 원천이 제품의 기술이나 품질에 있는 것인지, 아니

차트 1-21 성광벤드의 연도별 매출과 수익의 추세

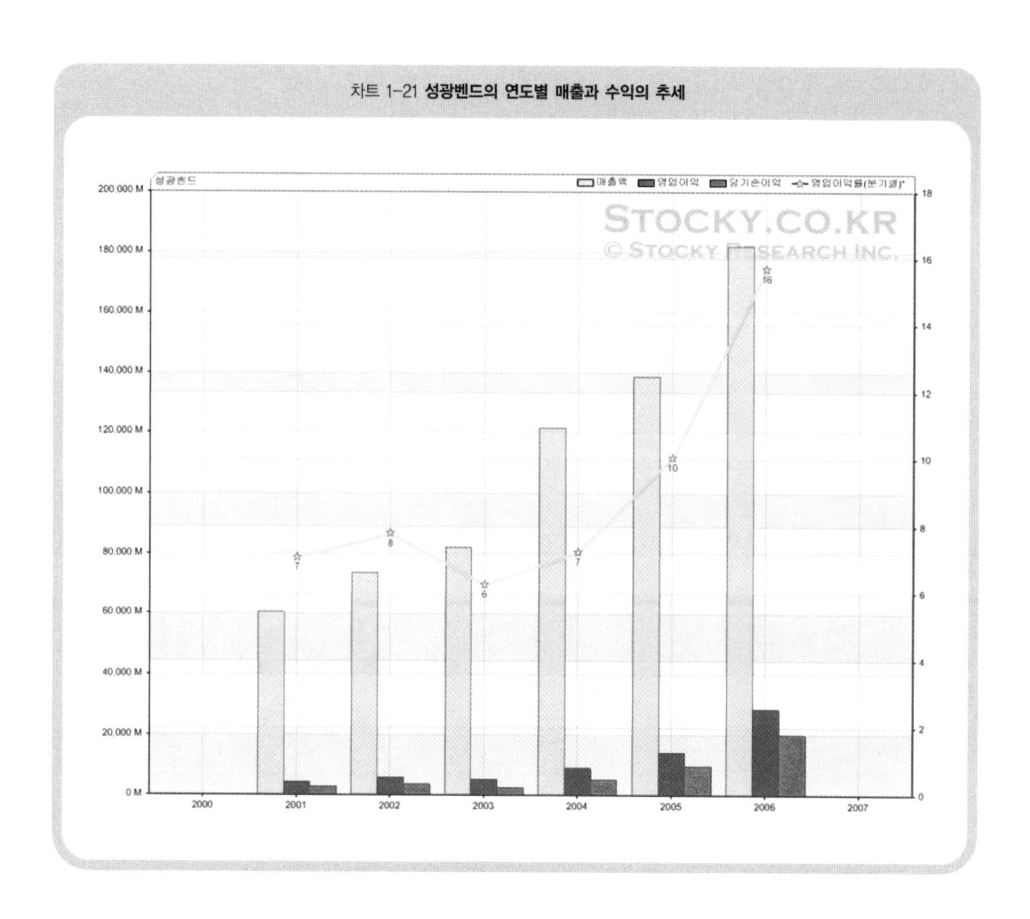

면 영업 능력에 있는 것인지 자세하게 조사해볼 필요가 있다.

성광벤드의 실적이 분기별로도 계속 좋은 추세를 이어가고 있는지 확인해보자. 차트 1-22는 성광벤드의 분기별 실적 차트다. 차트를 보면, 2007년 1/4분기에도 놀라운 실적 신장세를 이어가고 있다. 분기별 영업이익률은 역사상 최고치인 23%까지 뛰어오르고 있다.

이렇게 놀라운 성장세를 달성하고 있는 기업을 투자자들이 가만 놔둘 리가 없다. 주가가 어떻게 움직였는지도 한 번 확인해보도록 하자.

차트 1-23을 보면, 2003년 이후 주가의 상승 추세 또한 시원스럽기 그지

차트 1-22 **성광벤드의 분기별 매출과 수익의 추세**

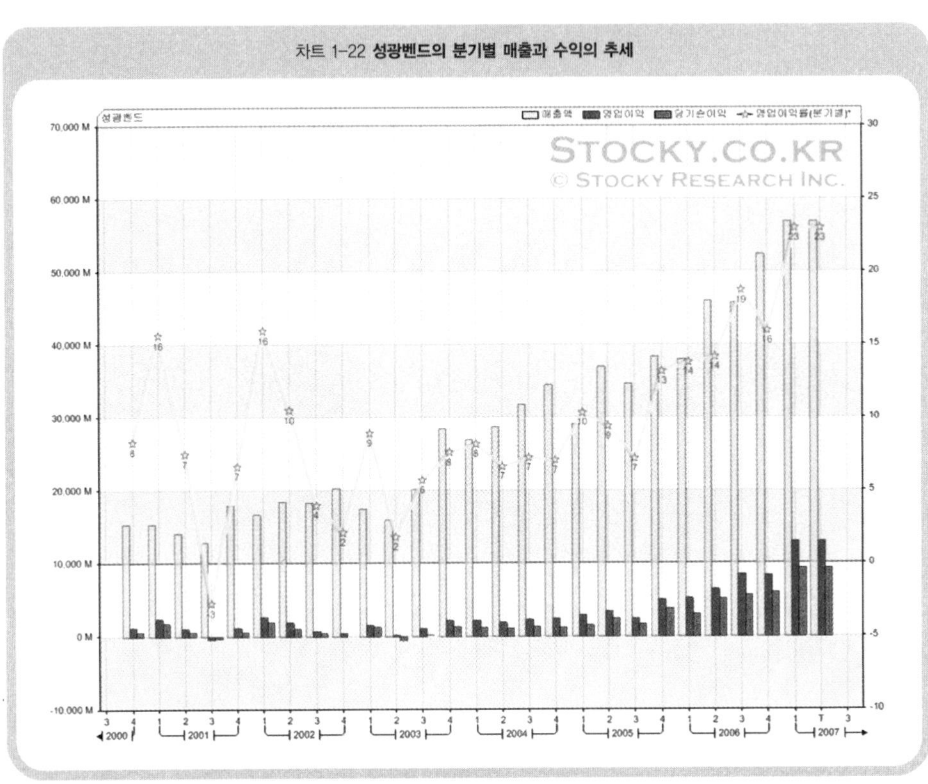

차트 1-23 **단기간에 고평가 상태로 돌입한 성광벤드의 주가의 추세**

없다. 2004년부터 실적이 본격적인 상승 추세로 올라섰지만, 주가는 즉각 반응하지 않고 1년 정도 뒤처져 움직였다.

2006년 들어 순이익의 증가 속도가 더욱 빨라지자 주가가 본격적으로 상승하기 시작했다. 드디어 투자자들의 관심이 폭주하기 시작했고, 2007년 들어서자마자 주가가 로켓처럼 솟아 올라 5개월 동안 3배나 폭등했다.

폭등이 지나쳐 이제는 고평가 상태에까지 도달해 있다고 판단된다. 성광벤드의 미래를 확신하는 투자자들이 다수라면 불시에 폭락할 염려는 없겠지만, 상승세를 탈 때부터 승차한 단기투자자들이 다수라면 폭락의 가능성은 열려 있다고 생각할 수도 있다.

어쨌든 실적이 탁월한 기업은 주가가 급등할 가능성이 있다는 사실을 명심할 필요가 있다. 우량기업 투자에서 얻을 수 있는 일종의 보너스라고 생각해두자.

그런데 매출이나 수익의 추세를 정량적으로 분석하는 것에서 멈추어선 안 된다. 정량적인 분석을 통해 기업을 선별하고 나면, 사업의 정성적인 측면을 세밀하게 조사해보아야 한다. 필수적으로 파악해야 할 영역들을 정리하면 표 1-9와 같다.

매출과 수익의 변화를 초래할 수 있는 이런 사업내용들을 자세하게 조사하고 분석하는 투자자들에게 주식시장은 큰 보상을 가져다준다.

주식시장도 일종의 경쟁시장이다. 투자자들끼리 치열한 경쟁을 벌이는 시장이다. 투자대상들에 대해 더 많이 아는 사람이 그렇지 못한 사람들을 압도할 수 있는 시장이다.

명심하자. 많이 알수록 많이 먹는다.

실적 분석을 마치기 전에 실적의 출발점이라 할 수 있는 매출액에 대해 크로스 체크해볼 필요가 있다. 목표실적을 초과달성하려고 판매성과를 부

표 1-9 사업과 실적을 분석할 때, 정성적으로 파악해야 할 내용들

영역	파악해야 할 내용
시장	어떤 제품이나 서비스를 판매하고 있으며, 대상 고객은 누구인지? 일반 소비자라면 유행에 민감한 젊은 여성인가? 아니면, 가격을 우선시하는 30~40대 주부인가? 기업체라면 대기업인가? 어느 대기업인가? 아니면, 중소기업인가? 아니면, 해외시장 대상인가?
경쟁	경쟁력은 어떠한가? 브랜드는 강력하며, 시장점유율은 높은가? 경쟁관계에 맞서 새로운 기술이나 제품을 준비하고 있는가? 대상시장 내에 참신한 경쟁자들이 새로이 등장하고 있는가?
확장	해당기업이 기존과 다른 새로운 시장에 진출하려고 하는가? 새로운 제품군을 준비하거나 개척하고 있는가?

풀리는 회사들이 적지 않기 때문이다.

따라서 '판매활동이 정상적으로 이루어지고 있는지, 즉 매출실적이 진실된 것인지?'를 확인하려면, 매출액의 추세와 함께 매출채권과 재고자산의 추세도 살펴보아야 한다.

매출채권과 재고자산

매출채권(Trade Receivables)은 외상매출금과 받을 어음으로 이루어지는데, 한마디로 외상으로 판매한 금액이다.

매출채권 = 외상매출금 + 받을 어음

매출채권의 증가 속도가 매출액의 증가 속도보다 더 빠르면, 그 매출은 '밀어내기'일 가능성이 크다. 정상적으로 판매활동이 이루어지고 있다면,

매출채권이 매출액보다 더 빨리 늘어날 리 만무하기 때문이다.

그런데 밀어내기 판매는 공급업체가 일방적으로 도소매업체에 제품이나 상품을 떠맡기는 것이기 때문에 한두 분기가 흐른 뒤에 도소매업체에 재고로 쌓여 있던 물건들이 취소, 반품, 환불 등의 형식으로 되돌아올 가능성이 있다. 심지어 받을 수 없는 부실채권으로 전락하여 손실 처리될 가능성도 존재한다.

따라서 매출채권부터 늘어나는 회사는 의심의 눈초리를 갖고 들여다보아야 한다.

재고자산(Inventories)은 창고에 보관되어 있는 자산이란 뜻으로서 제품, 반제품, 재공품, 원재료 등과 같이 영업활동을 위해 일정기간 동안 보유하고 있는 자산을 지칭하는 것이다.

재고자산 = 제품 + 반제품 + 재공품 + 원재료

매출액이 늘어나는 속도보다 재고자산이 늘어나는 속도가 빠른 회사는 판매활동이 원활하지 못하고, 회사 내부에 현금이 잠기고 있는 회사이므로 유의해야 한다. 이런 회사는 몇 분기가 흐른 뒤에 판매되지 않은 재고자산을 손실 처리할 가능성이 있다.

차트 1-24는 특장 차량이나 앰블런스 차량을 제조하는 오텍의 매출액과 매출채권, 재고자산의 추세를 나타낸 차트다. 매출액이 늘어나면 매출채권이나 재고자산도 함께 늘어나는 것이 일반적인데, 오텍의 경우에는 매출액이 증가하고 있음에도 불구하고 매출채권과 재고자산은 늘어나지 않고 있다. 이는 시장 경쟁력이 강화되고 판매활동이 정상적으로 이루어지고 있다는 것을 의미한다.

차트 1-24 **오텍의 매출채권과 재고자산의 추이**

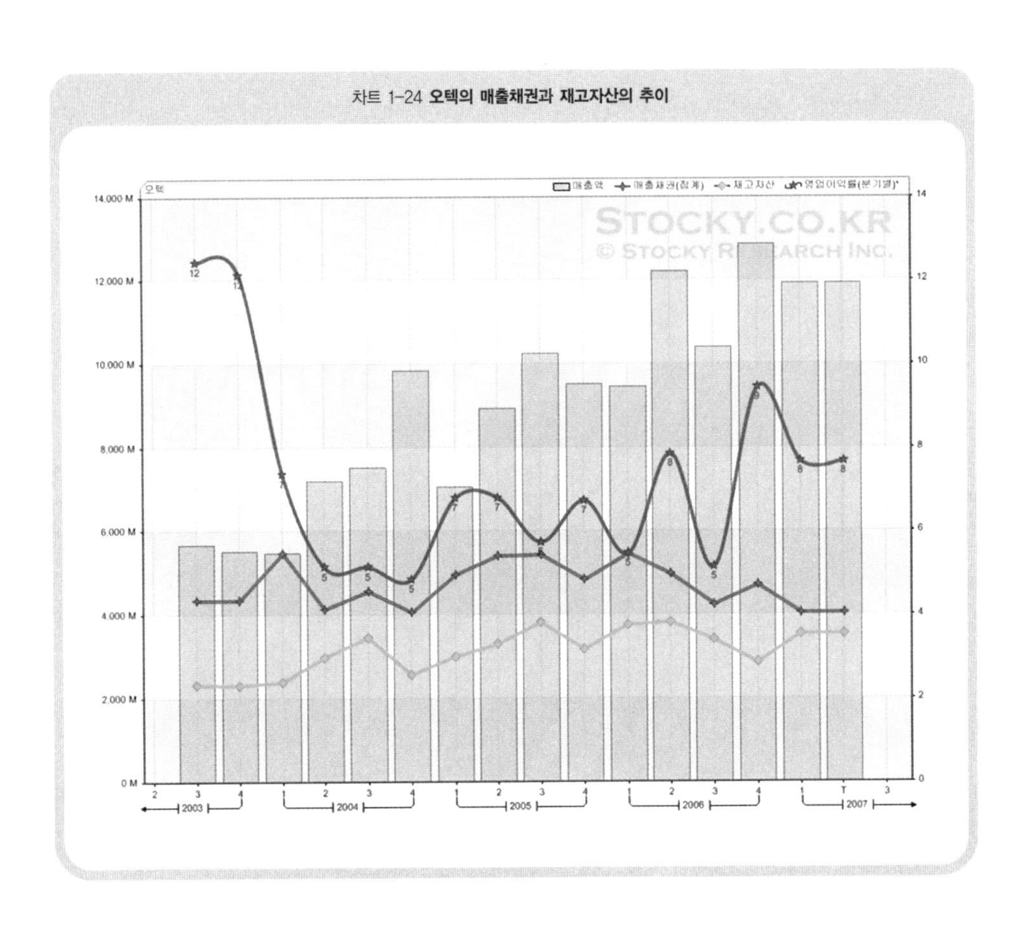

그 결과로 영업이익도 늘어나게 되어 영업이익률이 점차 높아지고 있는 것을 볼 수 있다.

한편 '어떤 기업의 이익 창출능력이 더 뛰어난지?'를 비교할 수 있는 지표들도 살펴볼 필요가 있다.

첫째, 영업활동에 투입된 자산이 이익으로 얼마나 전환되었느냐를 측정하는 지표들이 있는데, 총자산순이익률(ROA)과 자기자본순이익률(ROE)이 그것들이다.

둘째, 영업활동의 결과인 매출액 중에서 이익을 얼마나 남겼느냐를 측정하는 것인데, 영업이익률과 순이익률이 대표적인 지표들이다.

첫 번째 지표들 중에서 자기자본순이익률은 뒤에서 설명하기로 하고, 먼저 총자산순이익률부터 살펴보기로 하자.

총자산순이익률

총자산순이익률(Return On Assets)은 투입된 총자산 대비 산출된 순이익을 나타내는 지표다.

총자산순이익률 = 당기순이익 / 자산총계 × 100

기업이 보유하고 있는 자산을 활용하여 얼마나 많은 수익을 남겼는지를 나타내는, 자산 운용의 효율성 · 수익성을 측정하는 지표다. '총자산수익률'이라고도 한다.

차트 1-25는 상장기업 전체의 ROA의 추이를 나타낸 것이다. 2004년 이후로 ROA가 점차 낮아진 걸 알 수 있다. 2006년에 연간 ROA는 4%로 떨어졌다. 하지만 2006년 4/4분기에 0.7%까지 떨어졌던 수치가 다행히 2007년 1/4분기에는 1.3%까지 치솟아 오르고 있다. 이런 호전이 2007년에 계속 이어지기를 기대해본다.

차트 1-26을 통해 거래소 및 코스닥 시장의 평균 ROA 추세도 살펴보기로 하자. 거래소 기업들은 어느 정도 안정적인 수준을 유지하면서 연평균 4%의 ROA를 기록하고 있는 데 반해, 코스닥 기업들은 적자와 흑자 사이를 오가며 2005년 1.4%에서 2006년 −0.2%로 적자 전환되었다.

특히 금융관련 업종에서는 ROA가 중요하다.

고객의 예탁금이 모두 부채 계정으로 잡히기 때문에 부채가 자기자본보

차트 1-25 **상장기업 평균 총자산순이익률의 추이**

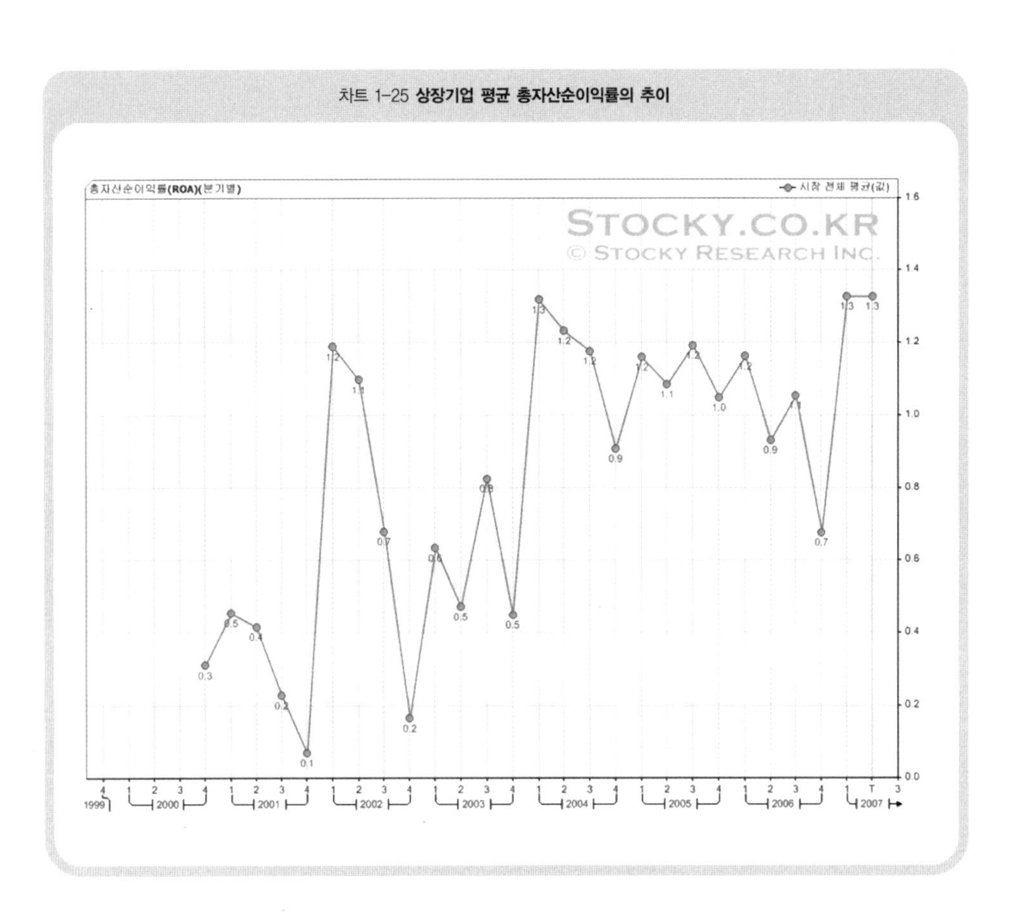

다 훨씬 많을 수밖에 없는, 다른 말로 하면 부채를 많이 끌어다가 영업용 자산으로 활용하여 수익을 극대화해야만 하는 금융업종에서는 기업들의 경영성과를 비교할 때 자기자본순이익률(ROE)뿐만 아니라 총자산순이익률(ROA)도 필수적으로 검토한다.

워렌 버핏은 제조업체에 대해선 ROE만 체크했는데, 은행 등의 금융업체들을 선별할 때는 매년 1%가 넘는 ROA와 12%가 넘는 ROE를 달성한 기업들을 투자대상으로 검토했다.

26개 기업으로 이루어진 '금융 및 보험업종'의 평균 ROA 추세를 차트

차트 1-26 **거래소 및 코스닥 평균 총자산순이익률의 추이**

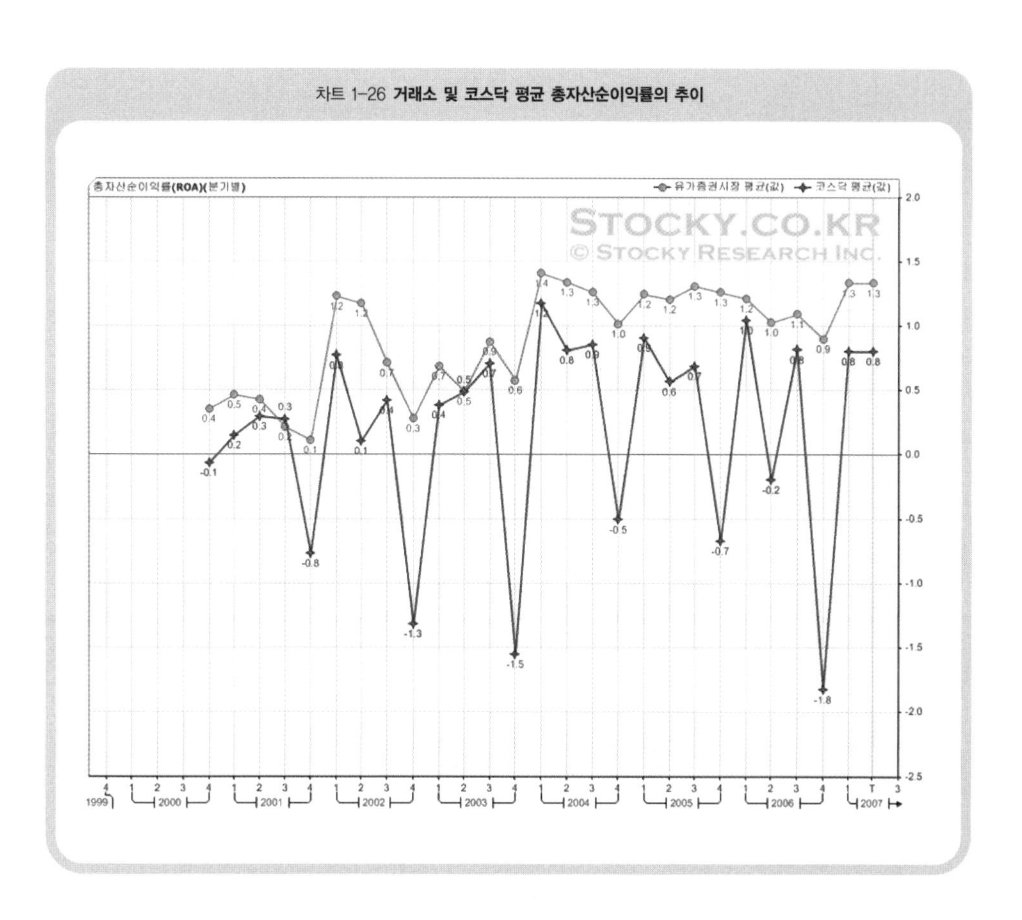

1-27을 통해 확인해보자. 차트에서 2003년도 마지막 분기에 기록된 마이너스 값은 LG카드 때문이다. 그 이후에는 전반적으로 상승세를 보이고 있으며, 연간 2%대의 안정적인 수준을 유지하고 있다. 금융업종이 가지고 있는 영업기반이 안정적이기 때문인 것으로 판단된다.

가치투자 대가인 조엘 그린블라트(Joel Greenblatt)는 《주식시장을 이기는 작은 책》에서 ROA 지표를 이용한 기업 선정방법을 권유하고 있다.

그는 확실한 종목 선정방법으로 ROA가 높은 기업들 중에서 주가순이익배수(PER)가 낮은 기업들을 골라 3년에서 5년간 투자하라고 권한다. 단, 은

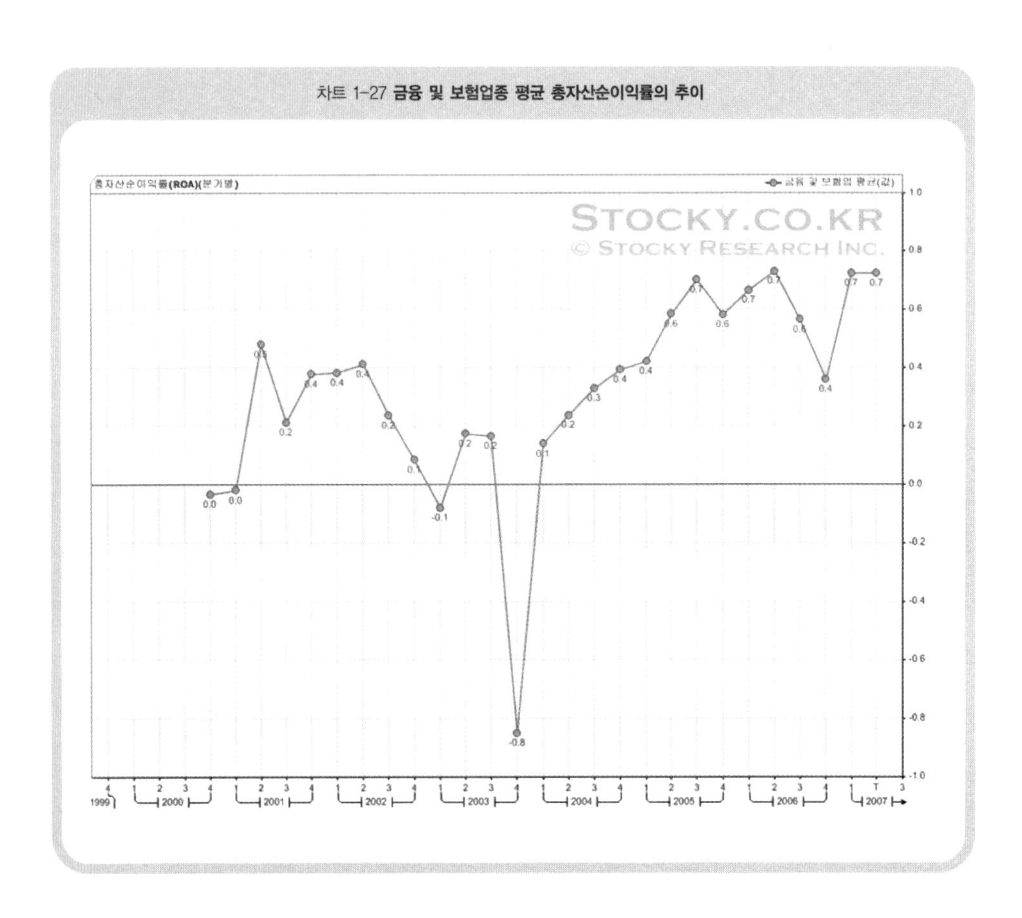

차트 1-27 **금융 및 보험업종 평균 총자산순이익률의 추이**

행 · 보험 등의 금융업종, 전력 · 가스 등의 공공서비스업종의 기업은 대상에서 제외하고, 또한 PER이 지나치게 낮은 5 미만의 기업도 제외하라고 설명하고 있다.

두 번째 지표들 중에서는, 영업이익률은 앞에서 설명했으므로 순이익률만 살펴보기로 하자.

순이익률

순이익률(Ratio of Net Income to Sales)은 '매출액 순이익률' 이라고 부르기

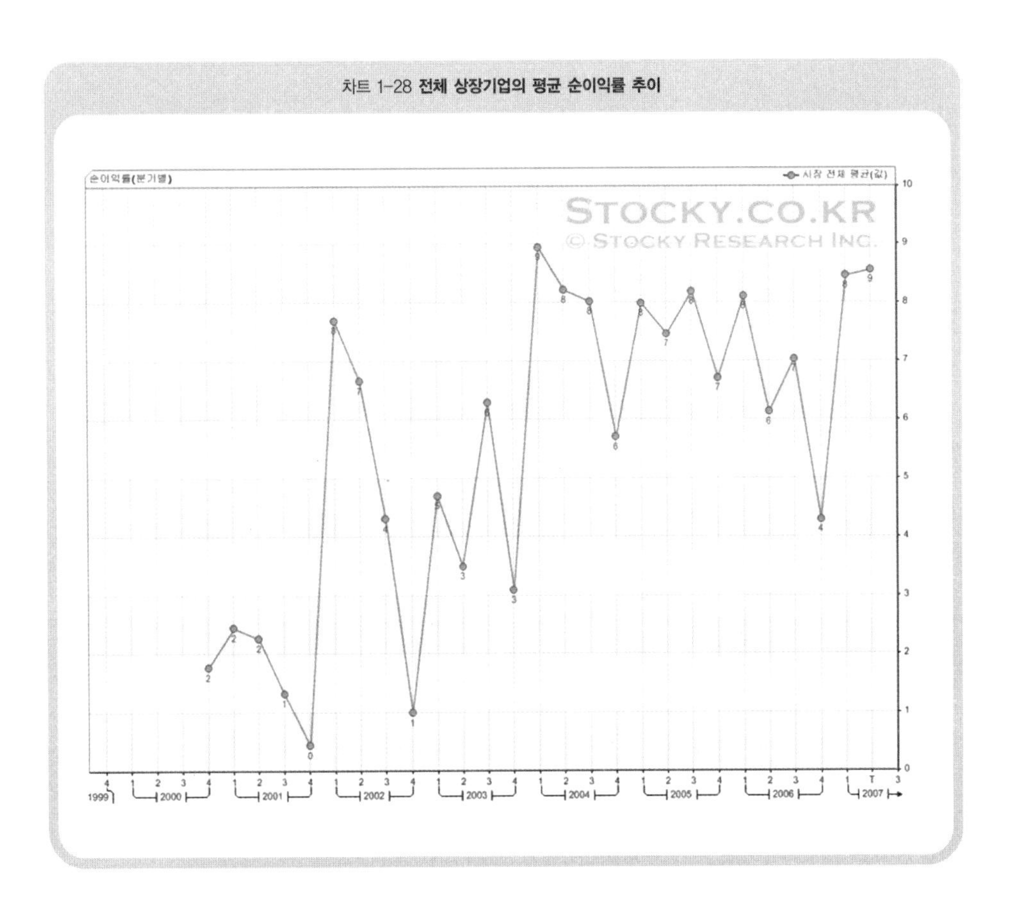

차트 1-28 **전체 상장기업의 평균 순이익률 추이**

도 하는데, 매출액 중에서 순이익을 얼마나 남겼느냐를 측정하는 지표다.

순이익률 = 당기순이익 / 매출액 × 100

순이익률이 높을수록 경쟁력이 강한 회사이며, 특히 20%를 넘는 회사는 시장 지배력이 막강한 회사라고 말할 수 있다.

차트 1-28은 전체 상장기업들의 평균 순이익률 추이를 나타낸 것이다. 2006도에는 전년도보다 떨어진 연간 6%의 순이익률을 기록하고 있다.

차트 1-29 **거래소 및 코스닥 평균 순이익률 추이**

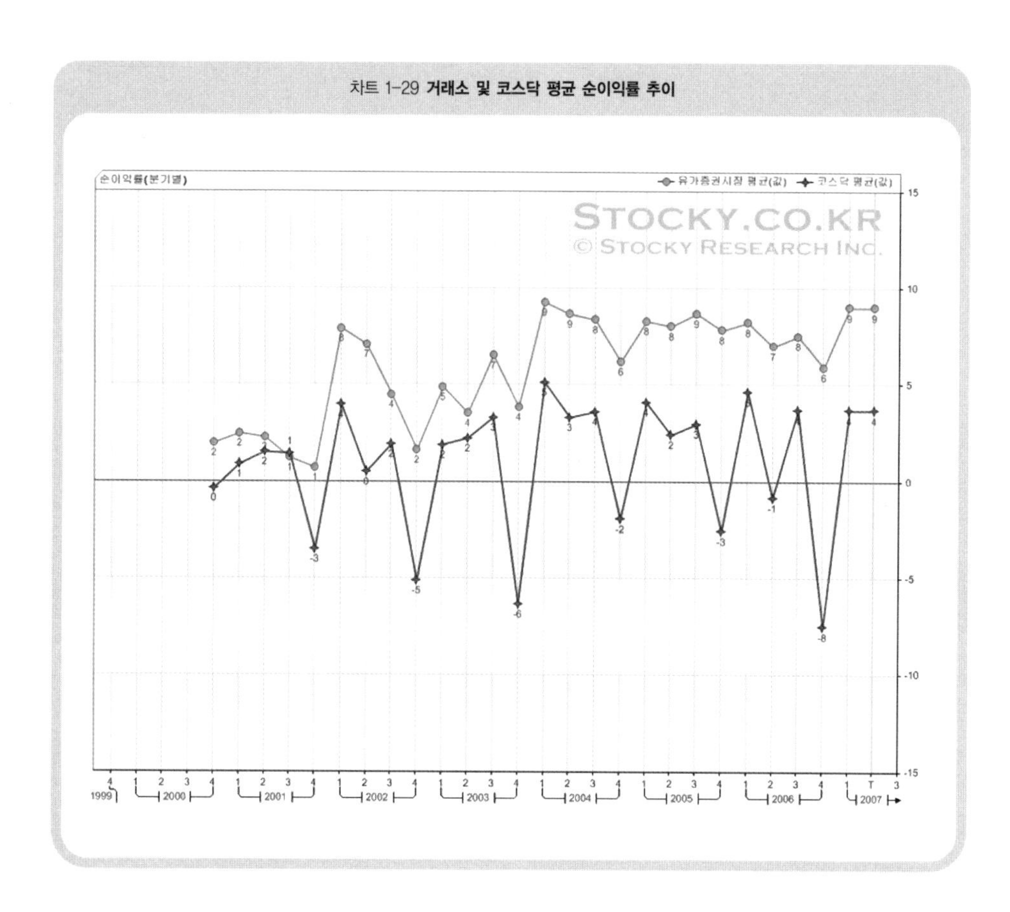

거래소 및 코스닥 기업들의 연평균 순이익률도 차트 1-29를 통해 확인해 보자. 거래소는 연간 7%의 순이익률을 기록하며 어느 정도 안정적인 수준을 유지하는 데 반해, 코스닥은 전년도의 1.5%에서 뚝 떨어진 −0.2%의 순이익률을 기록하며 종잡을 수 없는 모습을 연출하고 있다.

하지만 여러 기업들을 대상으로 이익을 창출하는 능력을 비교할 때에는 순이익률보다는 영업이익률을 많이 활용한다.

순이익 중에는 영업외 수익과 영업외 비용 그리고 계속사업 손익, 중단사업 손익(예전에는 특별손익) 등과 같이 일상적인 영업활동과 무관한 항목들도 포함되기 때문에 영업이익이 순이익보다 기업의 영업력, 시장 경쟁력, 수익 창출력 등을 비교하는 데 더 정확한 관점을 제공해줄 수 있는 것으로 인식되고 있다.

기업가치가 증가하고 있는지 확인해보자

앞 절에서 좋은 실적을 거두는 회사, 실적이 날로 좋아지는 회사를 고르자고 말했다. 어떤 회사가 눈부신 실적을 기록하면, 그 회사의 경영자든 투자자든 너 나 없이 기쁨을 억누르지 못할 것이다. 회사 실적이 좋아지면 기업가치도 높아지기 때문이다.

그런데 경영자의 1차 관심사가 실적이라면, 투자자의 1차 관심사는 가치일 것이다. 투자자 입장에서는 투자자산의 가치가 높아질 때에만 투자수익을 확대할 수 있기 때문에 사업실적이 좋아졌다면 결과적으로 기업가치가 얼마나 더 늘었느냐에 관심을 가질 것이다. 물론 실적과 가치는 동전의 양면과 같은 관계다.

주당순자산

회사가 가진 재산을 자산(Assets)이라고 하는데, 자산은 부채(Liabilities)와 자기자본(Stockholder's Equity)이 합쳐진 것이다. 그래서 자산을 총자산(Total Assets)이라고도 부른다.

그런데 부채는 다시 되돌려 주어야 하기 때문에 회사의 자기자산이라고 할 수 없다. 자기자본만이 회사의 순수한 자기자산이라는 의미에서 이를 순자산(Net Assets or Book-value)이라고 부른다.

총자산 = 타인자본 + 자기자본 = 부채 + 순자산 = 부채총계 + 자본총계 = 자산총계

기업의 가치를 측정할 때 가장 기본적으로 사용하는 단위는 순자산 가치다. 순자산은 기업의 실질적인 자산이므로 순자산이 많은 회사가 가치가 큰 회사다.

이 순자산을 발행주식수로 나눈 것이 주당순자산(Book-value Per Share)이다. 순자산을 주주가 가지고 있는 주식 한 장에 얼마나 나눌 수 있는지를 나타내는 지표다.

주당순자산 = 자본총계 / 보통주 발행주식수

주당순자산을 더 엄격하게 계산하는 방법도 있다. 보수적인 계산법이라고 말할 수 있다.

먼저 자본총계에서 자산가치를 매기기 어려운 무형자산(영업권, 지적재산권 등)을 뺀 나머지만을 순자산으로 인식한다. 그리고 보통주 발행주식수에 우선주 발행주식수도 합산한다.

주당순자산 = (자본총계 − 무형자산) / (보통주 발행주식수 + 우선주 발행주식수)

주식을 사는 것은 그 회사의 순자산의 일부를 사는 것과 같기 때문에 주식의 가격은 근본적으로 주당순자산 가치를 토대로 결정된다. 따라서 주당순자산이 지속적으로 늘어나는 회사만이 주가도 지속적으로 높아질 수

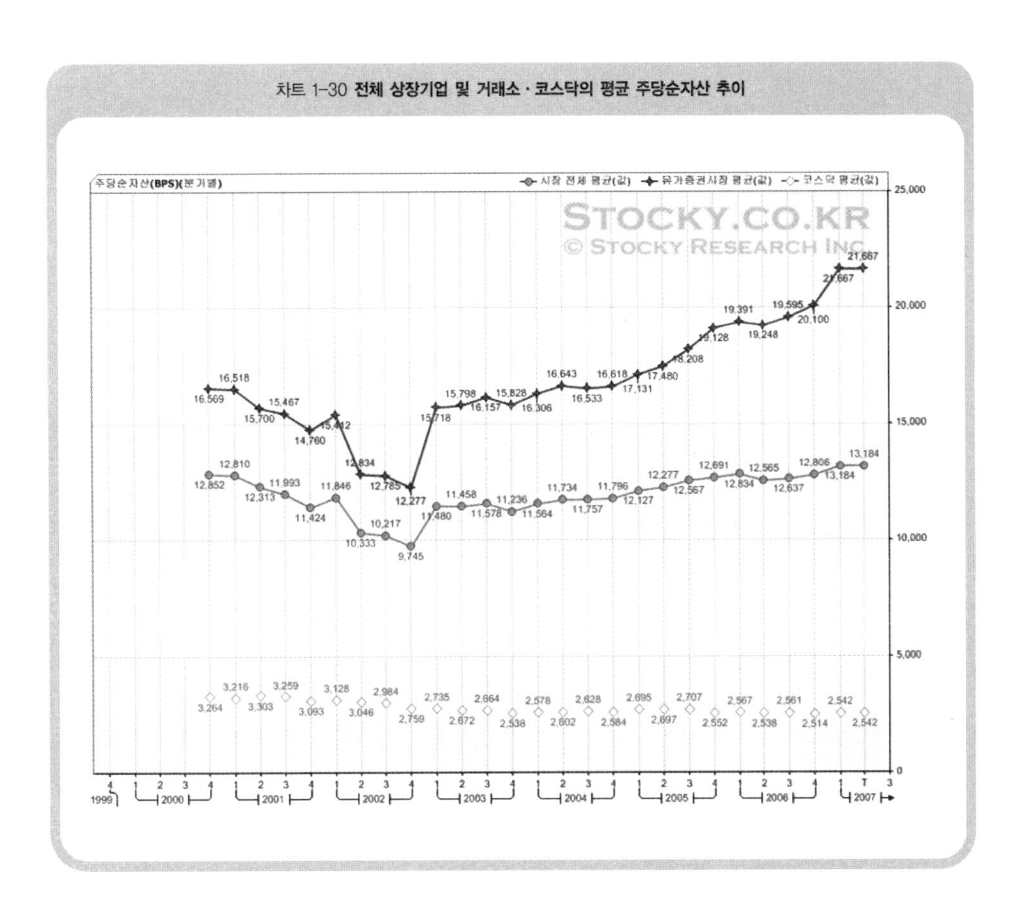

차트 1-30 **전체 상장기업 및 거래소·코스닥의 평균 주당순자산 추이**

있다.

차트 1-30은 전체 상장기업의 평균 주당순자산(BPS)의 추세를 나타낸 것이다. 1,613개 상장기업들의 BPS는 평균 1만 2,806원이다. 2006년도 말의 수치인데, 2007년 1/4분기에 1,612개 상장기업들의 BPS는 평균 1만 3,184원이다. 전분기 대비 3% 정도 증가하였다.

거래소 기업들의 BPS는 지속적으로 늘어나고 있는 데 반해 코스닥 기업들의 BPS는 오히려 줄어드는 추세에 있다. 2007년 1/4분기에 거래소 기업의 평균 BPS는 2만 1,667원인 데 반해 코스닥 기업의 평균 BPS는 2,542원

표 1-10 **EPS 그룹별 평균 주당순자산 규모**

EPS 그룹	1-2	6-7	1-7	1-5
BPS(원)	35,984	27,287	26,085	25,049

이어서 거래소의 11.7%의 규모에 불과하다.

표 1-10을 통해 EPS 그룹별로 평균 BPS가 어느 정도인지 확인해보도록 하자. 표를 보면, 지속적으로 EPS가 증가하고 있는 기업들인 1-2그룹의 BPS가 다른 그룹에 비해 훨씬 큰 것을 알 수 있다.

주당순이익

순자산의 원천은 무엇인가? 바로 순이익이다. 순이익이 사내 유보되면 순자산이 늘어난다. 따라서 순이익을 많이 거두어들이는 회사가 순자산을 빠르게 늘려나갈 수 있다.

반대로 순손실, 즉 적자를 낸 회사는 그만큼 순자산을 깎아 먹는다. 순이익 때문에 기업의 순자산이 늘어나면 주가도 올라가고, 순손실이 생겨 순자산이 줄어들면 주가도 내려간다.

순이익이란 무엇인가? 앞서도 말했듯이 협력업체와 임직원 등의 모든 이해관계자들에게 돌아갈 몫을 제외하고 남은, 주주들에게 최종적으로 귀속되는 이익이다. 배당을 하여 주주의 주머니를 채워주든 사내 유보를 하여 자기자본을 늘려놓든 간에, 순이익은 주주가 향유할 수 있는 이익의 원천이다.

이러한 이유에서 기업의 가치를 측정하는 단위로 주당순이익(Earnings Per Share)도 널리 이용되고 있는데, 회사가 거둔 순이익을 주주들에게 얼마씩 나눌 수 있는지 나타내는 지표 중의 하나다.

주당순이익 = 당기순이익 / 보통주 주식수

더 엄격하게 주당순이익(EPS)을 산출하는 방법도 있다.

당기순이익에서 (의결권이 없는) 우선주 주주들에게 지불된 배당금을 빼서, 보통주 주주들에게 돌아오는 순이익만을 계산한다. 또 분모에는 보통주 주식수에서 회사가 매입하여 보유하고 있는 자사주 주식수를 빼서, 실제로 주주들이 소유하고 있는 보통주 주식수만을 계산한다.

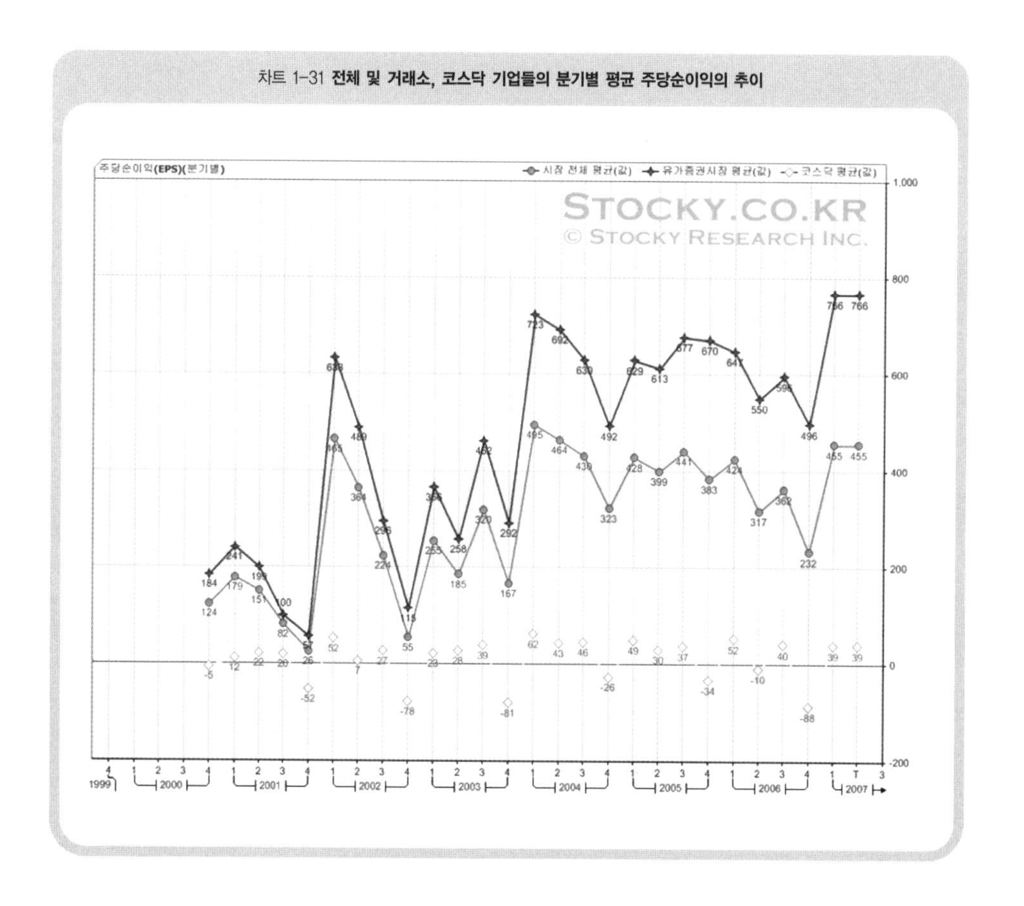

차트 1-31 **전체 및 거래소, 코스닥 기업들의 분기별 평균 주당순이익의 추이**

주당순이익 = (당기순이익 – 우선주 배당금) / (보통주 주식수 – 자기주식수)

앞서 말한 대로 주당순이익은 기업 성장의 원천이기 때문에 투자자들이 가장 민감하게 반응하는 지표다. 주당순이익이 늘면 주가가 더 빨리 올라가고, 주당순이익이 줄면 주가가 더 앞서 내려가는 경향을 띤다.

차트 1-31은 전체 상장기업들의 EPS 추세를 나타낸 것이다. 2006년도 기준으로 1,613개 상장기업들의 연간 EPS는 평균 1,312원이다. 2005년의 1,608원보다 줄어들었다. 2007년 1/4분기에 거둔 1,612개 상장기업들의 분기 EPS는 평균 455원이다. 1/4분기에는 개선된 실적을 거두었다는 것을 알 수 있다.

2006년에 거래소 기업들의 연평균 EPS는 2,264원이고, 코스닥은 –9원이었다.

표 1-11을 통해 EPS 그룹별로 평균 EPS를 확인해보도록 하자.

표 1-11 **EPS 그룹별 평균 주당순이익 규모**

EPS 그룹	1-2	1-5	1-7	6-7
EPS(원)	5,156	3,370	2,838	2,222

평균 EPS에서도 1-2그룹이 월등하게 높은 실적을 거두고 있는 것을 알 수 있다. EPS가 점차적으로 줄어들고 있는 6-7그룹이 가장 낮은 EPS 수치를 기록하고 있다.

자기자본순이익률

자기자본순이익률(Return On Equity)은 투입된 자기자본 대비 산출된 순이익을 백분율로 나타낸 것인데, 주주 소유의 자기자본(Stockholder's Equity)을 운용하여 주주들에게 얼마나 많은 순이익을 남겨주었는지 나타내는 지표다. '자기자본수익률' 이라고도 부르고 있다.

$$자기자본순이익률 = 당기순이익 / 자본총계 \times 100$$

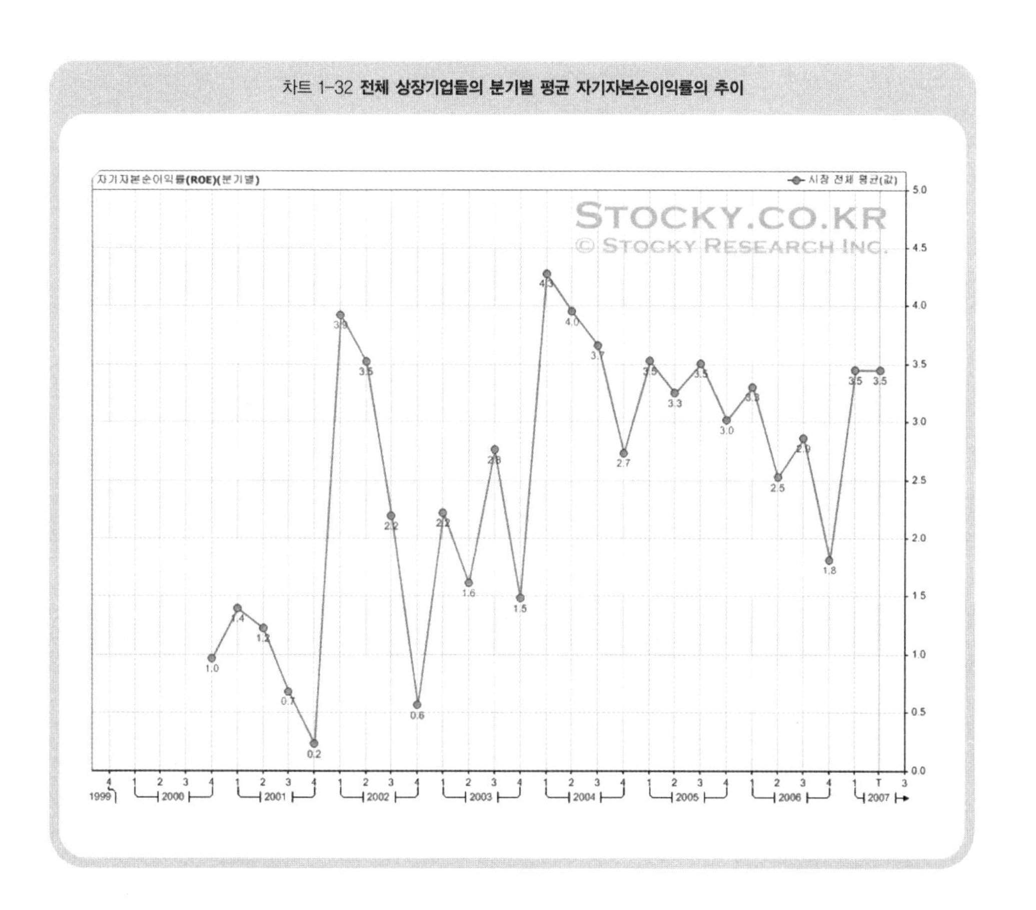

차트 1-32 **전체 상장기업들의 분기별 평균 자기자본순이익률의 추이**

자기자본순이익률(ROE)은 경영의 성과를 측정하는 가장 핵심적인 지표로 널리 활용되고 있다.

차트 1-32는 전체 상장기업들의 평균 ROE를 나타낸 차트다. 2004년부터 분기별 ROE가 많이 줄어들었으나 2007년 1/4분기에 회복되는 모습을 보이고 있다. 2006년도의 상장기업들의 ROE는 연평균 10.3%였다. 즉, 10.3%보다 높은 ROE를 거둔 기업은 평균 이상의 사업능력을 발휘한 셈이 된다.

차트 1-33은 거래소 및 코스닥 기업들의 분기별 평균 ROE 추세를 나타

차트 1-33 **거래소 및 코스닥 기업들의 분기별 평균 자기자본순이익률 추이**

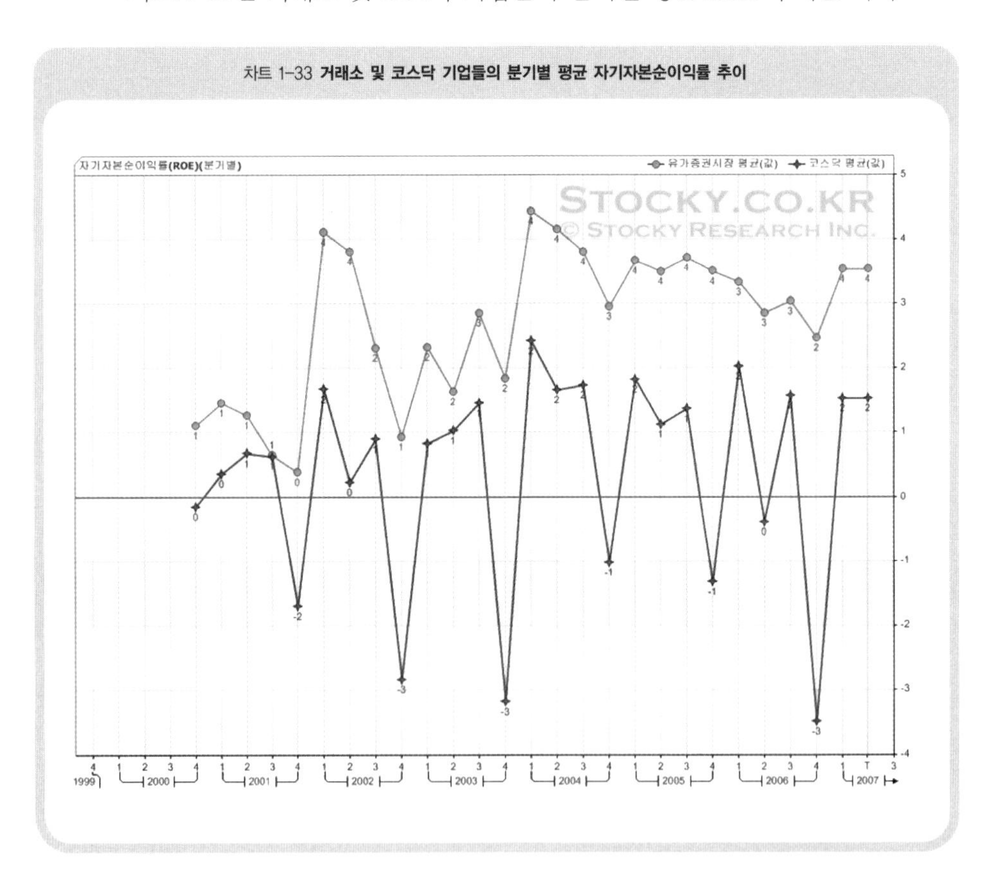

낸 것이다. 거래소는 2006년도에 11%를 기록했으나, 코스닥은 적자 전환되었다.

표 1-12를 통해 EPS 그룹별 평균 ROE를 확인해보자.

표 1-12 **EPS 그룹별 평균 자기자본순이익률 수준**

EPS 그룹	1-2	1-5	1-7	6-7
ROE(%)	15.4	13.2	10.5	7.4

우량기업인 1-2그룹의 ROE는 2006년도에 15.4%를 기록하고 있다. 따라서 15.4% 이상의 ROE를 달성한 회사는 초우량기업이라고 말할 수 있다. 1-7그룹의 ROE는 10.5%를 기록했는데, 10.5%를 넘는 ROE를 달성한 회사라면 우량기업 평균을 상회하는 실적을 거둔 회사라고 말할 수 있다.

기본적으로 ROE는 가장 안전한 투자자산인 국채의 이자율(5~6%)보다 높아야 한다. 그보다 못하면 투자자들에게 기회손실을 안긴 셈이 된다.

워렌 버핏은 ROE가 높은 기업을 선호했는데, 매년 15~20% 이상의 높은 ROE를 실현하는 우량기업들을 투자대상으로 검토했다.

한 가지 재미있는 사실은 주당순자산(BPS)으로 주당순이익(EPS)을 나누어도 자기자본순이익률(ROE)을 얻을 수 있다는 점이다.

자기자본순이익률 = 당기순이익 / 자본총계 × 100
= (당기순이익 / 보통주 주식수) / (자본총계 / 보통주 주식수)
× 100 = 주당순이익 / 주당순자산 × 100

어느 기업의 BPS가 1만원이고, EPS가 2,000원이라면 ROE는 20%가된다.

만일 순이익을 배당금이나 자사주 매입금으로 지출하지 않는다면, 순이익은 통째로 유보되어 자기자본으로 축적될 것이다. 이때는 자기자본순이익률과 주당순자산 증가율이 같아지게 된다. 즉, 15%의 ROE를 거두었다면, BPS를 15% 증가시킬 수 있는 것이다.

따라서 ROE는 성장률을 측정하는 지표로도 활용될 수 있다. ROE가 높아질수록 기업가치는 더욱 빠르게 확대될 수 있다.

EPS와 BPS 그리고 ROE의 관계를 잘 나타내는 사례를 하나 찾아보자.

차트 1-34 **대한해운의 주당순이익과 주당순자산, 그리고 자기자본순이익률의 관계**

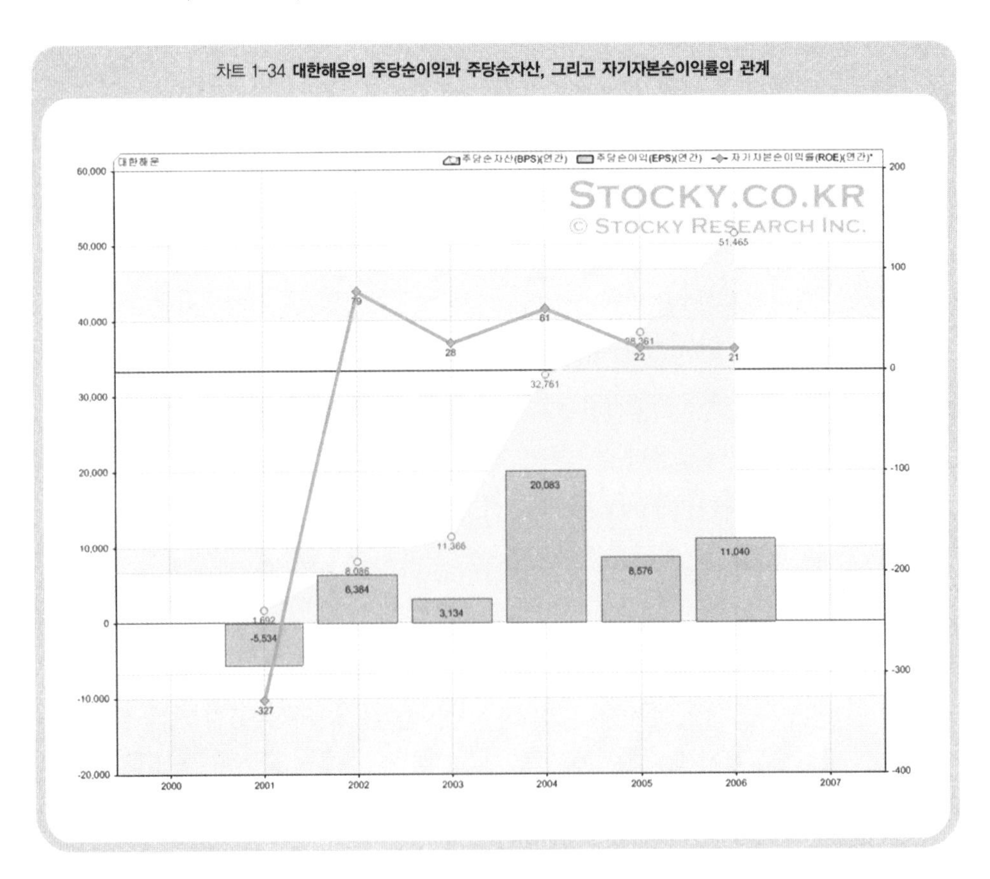

앞의 대한해운의 차트를 통해 EPS가 많을 때, 즉 ROE가 높을 때는 BPS가 빨리 늘어나는 것을 볼 수 있다. 예를 들어, 2003년에는 EPS가 적으니까 BPS는 약간만 늘었고, 2004년에는 EPS가 많아지니까 BPS도 한꺼번에 크게 늘어났다.

차트를 보면서 세 지표 간의 단순 명쾌한 관계를 쉽게 이해할 수 있을 것이다.

주당현금흐름

참고로 기업의 가치를 논할 때 빼놓으면 안 되는 지표 중의 하나는 주당현금흐름(Cash-flow Per Share)이다.

여기서 현금흐름은 현금흐름표상의 '영업활동으로 인한 현금흐름(Cash Flow from Operating Activities)'을 줄여서 부르는 말이다.

여기서 영업활동이란 제품이나 서비스를 구입하고, 생산하고, 판매하는 일련의 활동을 지칭하는데, 투자활동이나 재무활동에는 속하지 않는 모든 종류의 거래를 포괄하는 것이다.

영업활동으로 인한 현금흐름을 구하려면, 당기순이익에 감가상각비나 지분법 (평가)손실 등의 현금의 유출이 없는 비용을 더하고, 지분법 (평가)이익 등과 같이 현금의 유입이 없는 수익을 빼면 된다. 거기에 매출채권, 매입채무, 미수금, 미지급금, 선수금, 선급금, 재고자산 등의 증가 또는 감소, 즉 영업활동으로 인한 자산과 부채의 증감까지를 가감하여 얻은 현금 금액이 바로 영업활동 현금흐름이 된다.

영업활동으로 인한 현금흐름 = 당기순이익(또는 순손실)
+ 현금의 유출이 없는 비용 − 현금의 유입이 없는 수익
+/− 영업활동으로 인한 자산과 부채의 변동

영업부문의 현금 창출능력을 파악할 때, 현금흐름표상의 현금흐름 항목이 손익계산서상의 영업이익 항목보다 더 정확한 수치를 제공해줄 수 있다.

주당현금흐름(CPS)은 회사의 현금 창출능력과 자금 운용능력을 동시에 나타내는 지표라 할 수 있다. 주당현금흐름이 클수록 기업의 재무적인 안정성은 높아진다고 말할 수 있다.

주당현금흐름 = 영업활동으로 인한 현금흐름 / 보통주 발행주식수

차트 1-35는 전체 상장기업들 및 거래소 · 코스닥 기업들의 주당현금흐름을 나타낸 것이다.

2006년 말까지 보면, 전체 상장기업들의 연평균 CPS는 1,965원을 기록했다. 거래소는 3,184원, 코스닥은 244원을 달성하여 거래소 평균이 코스닥 평균의 13배에 이르고 있다.

한편 주당순이익이나 주당순자산을 이용하여 기업의 가치를 측정한 후에는 곧바로 기업가치에 영향을 미칠 만한 다른 요소들도 점검해보아야 한다.

특히 부채(Liabilities)의 증감에 주목할 필요가 있다. 부채는 언제든 기업가치를 훼손할 수 있는 파괴력을 지니고 있기 때문이다.

자기자본이 1,000억원이 있는 회사가 있다고 하자. 주식수가 1,000만주

차트 1-35 **전체 및 거래소·코스닥 기업들의 분기별 평균 주당현금흐름의 추이**

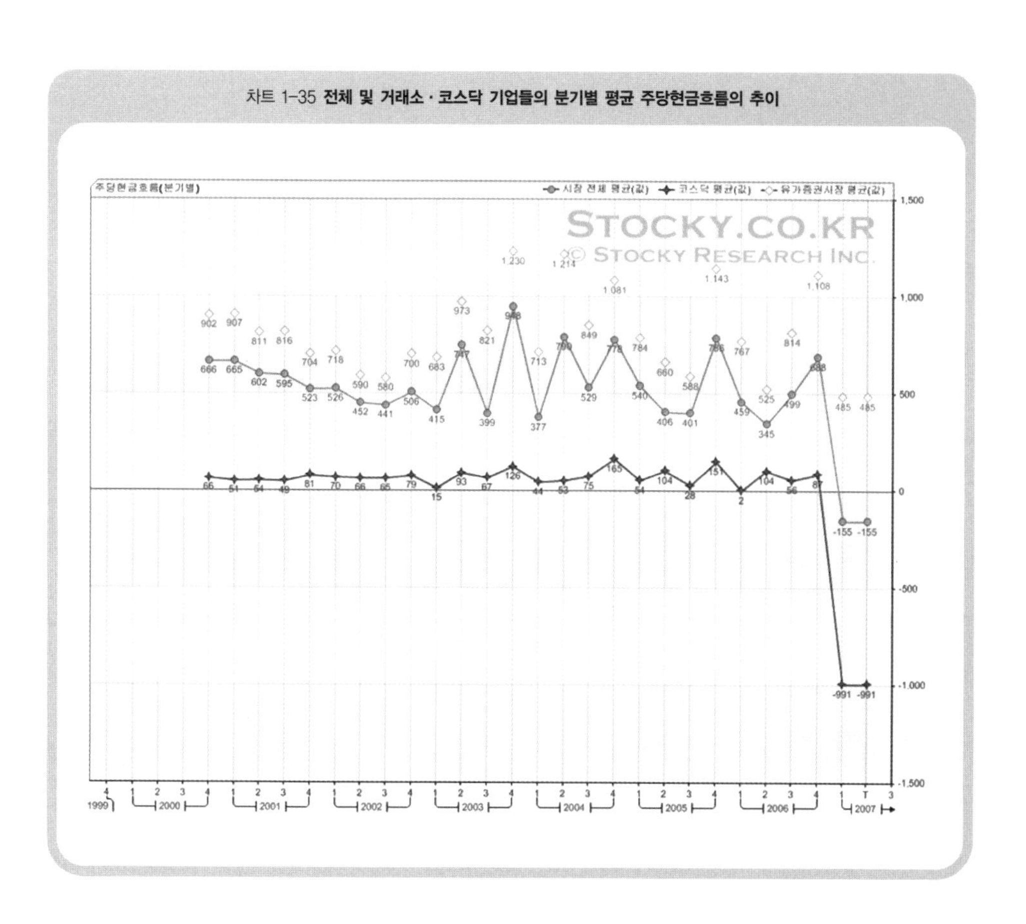

라면 BPS는 1만원이 된다. 그런데 부채가 3,000억원이 있다면 BPS는 1만원의 가치를 유지하지 못할 수 있다.

불경기가 불어 닥치면 금융기관들은 채권 회수에 불안감을 느낀 나머지 대출해준 기업에 갑작스럽게 상환을 요청할 수도 있다. 채무가 많은 기업들 중에서 상환자금을 항상 준비해두고 있는 기업이 몇이나 되겠는가? 아마 없을 것이다. 따라서 상환 요청이 들어오면, 그런 기업의 대부분은 부도를 내지 않으려고 서둘러 회사의 자산을 헐값에 처분하게 된다. 그 결과 기업의 자산가치도 크게 줄어들게 된다. 부채가 결국 기업의 자산가치를 깎아 먹게 되는 것이다.

한 걸음 더 나아가, 부채가 아주 많은 경우에는 자산을 전부 처분하더라도 차입금을 전부 상환하지 못할 수도 있다. 그러면 결국 부도가 난다. 부도가 나면 기업의 자산가치의 대부분은 휴지가 되어버린다.

IMF 외환위기 당시에 부채가 많았던 기업들은 예외 없이 부도를 내고 문을 닫거나 채권자의 손에 넘어가 다른 기업에 헐값에 팔려갔던 일을 상기해보면, 부채가 기업가치를 얼마나 쉽게 훼손할 수 있는지를 잘 알 수 있을 것이다.

전 세계 휴대폰 시장이 경쟁의 소용돌이에 휘말려 들자, 부채가 많은 기업들인 VK와 팬택이 연달아 부도를 냈다가 워크아웃된 사례에서도 부채의 위험성을 실감할 수 있다.

부채비율

회사의 부채가 많은지 적은지는 부채비율(Debt Ratio)을 보면 알 수 있다.

부채비율은 자기자본으로 부채를 얼마나 상환할 수 있는가를 나타내는 지표다.

부채비율 = 부채 / 자기자본 × 100 = 부채총계 / 자본총계 × 100

부채비율은 낮을수록 좋다. 시장 평균보다 낮을수록 좋은 게 아니라 절대적인 비율이 낮을수록 좋다. 100%를 넘지 않아야 하며, 0%에 가까울수록 이상적이다.

차트 1-36은 거래소와 코스닥 기업들의 평균 부채비율의 추세를 나타낸 것이다. 차트를 보면, 거래소 기업들의 부채비율은 빠른 속도로 줄어들고

차트 1-36 **거래소 및 코스닥 기업들의 평균 부채비율의 추이**

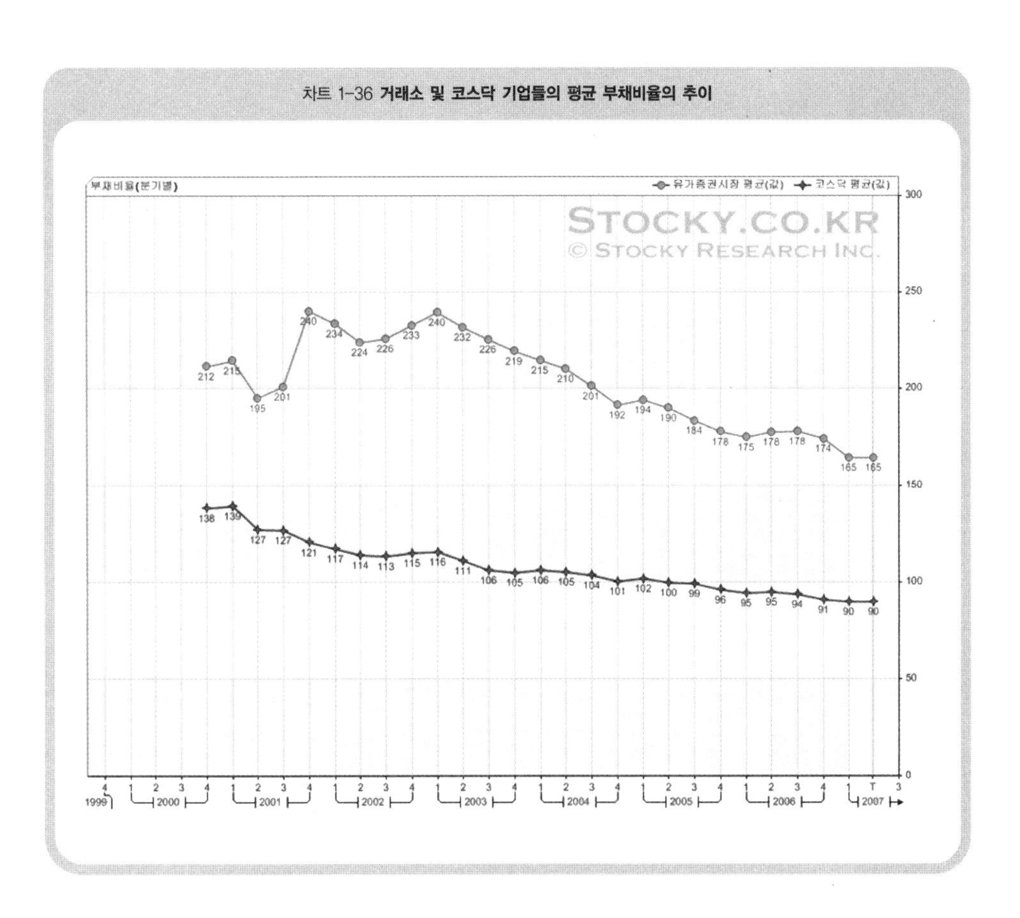

있다. 2003년 말에는 219%를 기록하여 부채가 자기자본의 2배를 넘었으나, 3년 만에 174%로 줄어들었다. 코스닥 기업들도 부채비율이 줄어들고는 있으나 속도는 느린 편이다.

표 1-13을 통해 EPS 그룹별로 부채비율의 수준을 확인해보자.

표 1-13 **EPS 그룹별 평균 부채비율 수준**

EPS 그룹	6-7	1-7	1-5	1-2
부채비율(%)	109.9	112.3	114.3	140.7

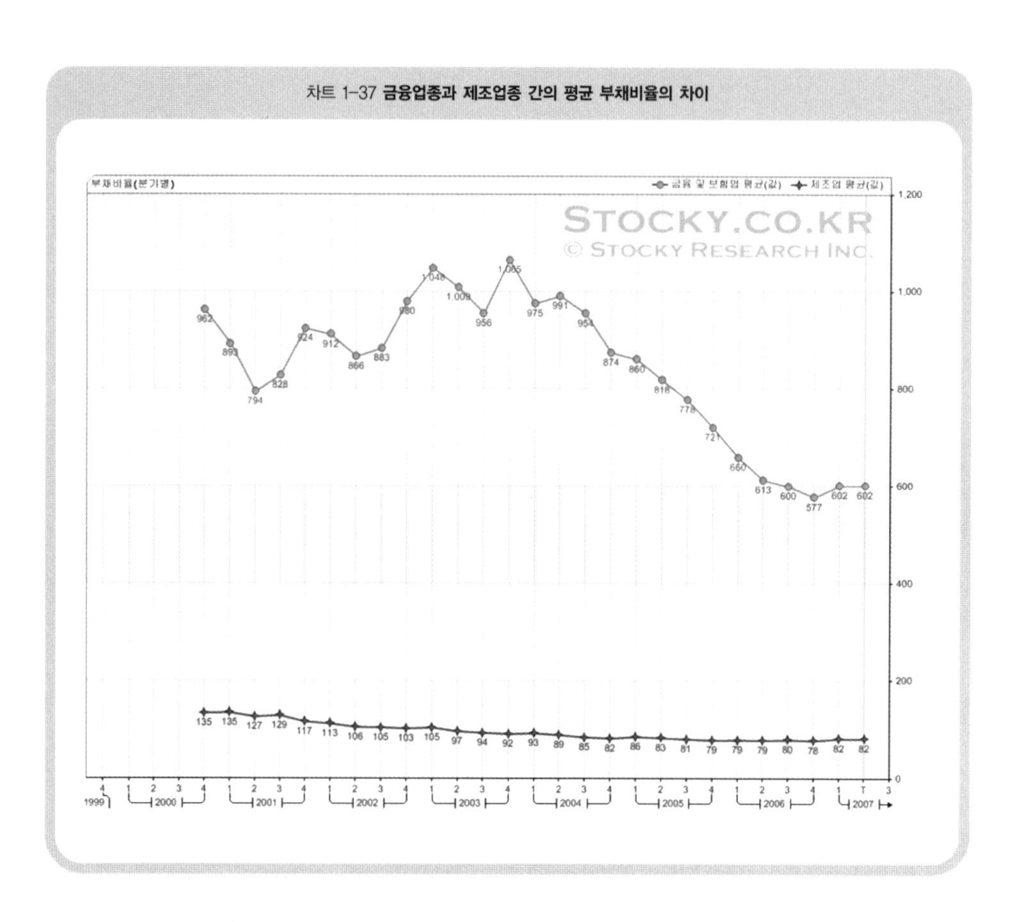

차트 1-37 **금융업종과 제조업종 간의 평균 부채비율의 차이**

의외로 초우량기업들인 1-2그룹의 평균 부채비율이 높게 나온 것은 1-2그룹에 은행 등의 금융업체들이 다수 포함되었기 때문이다. 금융업종의 기업들은 고객의 예탁금(예금, 적금 등)이 모두 부채로 잡히기 때문에 부채비율이 상당히 높게 표시된다.

차트 1-37은 26개 기업으로 이루어진 금융 및 보험업의 부채비율과 1,140개 기업으로 이루어진 제조업의 부채비율을 비교한 것이다. 금융업체들이 제조업체들보다 7.3배 정도 부채비율이 높다는 것을 알 수 있다.

가치투자 대가들은 자기자본으로 부채를 전부 상환할 수 없는 수준인,

부채비율이 100%를 초과하는 기업들은 투자대상에서 제외했다. 워렌 버핏도 부채가 많은 기업은 투자자들을 불안하게 한다면서 부채가 없는 기업을 선호했다.

당좌비율

회사의 자산은 여러 가지 형태로 존재한다. 현금으로도, 예금으로도, 재고상품으로도, 투자주식으로도, 공장 설비로도 존재할 수 있다. 이렇듯 다양한 모습을 한 자산은 크게 두 가지로 나눌 수 있다.

1년 이내에 현금화할 수 있는 자산을 유동(流動)자산이라고 한다. 현금과 예금, 매출채권, 재고(在庫)자산 등이 여기에 해당된다. 이들 중에서 재고자산을 뺀 나머지, 즉 현금과 예금, 매출채권 등만을 모아 당좌(當座)자산이라고 한다. 현금성 자산이라는 뜻이다.

반면, 1년 내에 현금화할 수 없는 장기 보유성 자산을 비유동자산(예전에는 고정자산)이라고 한다. 여기에는 채권, 주식 등의 투자(投資)자산과 토지, 건물, 기계설비 등과 같은 유형(有形)자산 그리고 특허권이나 영업권 등의 무형(無形)자산, 세 가지가 포함된다.

자산 = 유동자산 + 비유동자산 = 당좌자산 + 재고자산 + 투자자산 + 유형자산 + 무형자산

부채도 1년 내에 갚아야 하는 유동부채와 1년 이상 장기간에 걸쳐 갚아야 하는 비유동부채(예전에는 고정부채)로 나누어진다. 단기차입금이나 매입채무 등은 유동부채다. 회사채나 장기차입금 등은 비유동부채에 해당된다.

부채 = 유동부채 + 비유동부채

회사의 단기적인 자금 사정을 파악할 때는 당좌비율(Quick Ratio)을 사용한다. 1년 내에 현금화할 수 있는 당좌자산으로 1년 내에 갚아야 하는 유동부채를 얼마나 상환할 수 있는가를 나타내는 지표다.

당좌비율 = 당좌자산 / 유동부채 × 100

당좌비율 대신 유동비율을 사용하기도 한다. 유동비율과 당좌비율 간의 차이는 재고자산을 더하느냐 빼느냐의 차이밖에는 없다.

유동비율 = 유동자산 / 유동부채 × 100

재고자산은 유동자산 중에서도 가장 현금화하기 어려운 자산이고, 또 보관 기일이 늘어날수록 값어치가 떨어질 가능성도 존재하므로, 필자는 유동비율 대신에 재고자산을 제외한 당좌비율을 사용하여 기업의 단기적인 자금 사정을 측정하는 것이 올바르다고 판단하고 있다.

부채비율과 반대로 당좌비율은 높을수록 좋다. 당좌비율이 높다는 것은 현금성 자산을 많이 보유하고 있기 때문에 단기적으로는 재무상의 위험에 직면할 가능성이 거의 없다는 것을 의미한다. 당좌비율은 100%를 넘어야 안정적이라고 말할 수 있다.

차트 1-38은 거래소와 코스닥 기업들의 평균 당좌비율을 나타낸 것이다. 2006년 말 기준으로, 거래소는 117%를 넘어 안정적인 수준에 올라선 반면, 코스닥은 아직 72% 수준에 머물러 있는 것을 볼 수 있다.

차트 1-38 **거래소와 코스닥 기업들의 평균 당좌비율의 추이**

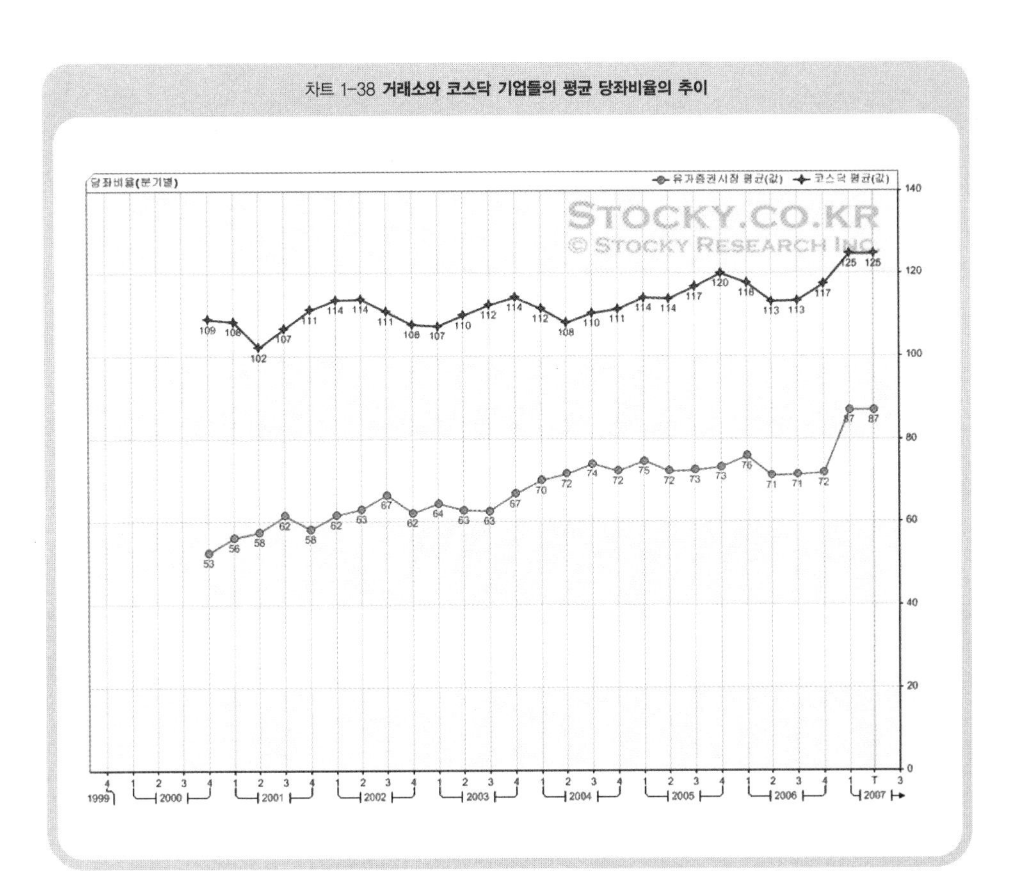

가장 바람직한 모습은 부채비율은 줄어들고 당좌비율은 늘어나는 것이다. 그런 추세를 그리는 기업이라면, 기업가치가 호전되고 있는 기업으로 보아도 무방하다.

차트 1-39는 시공능력 58위의 중견건설업체인 동원개발의 부채비율과 당좌비율에 대한 차트다. 부채비율이 높은 편인 건설업종의 기업임에도 불구하고 부채비율은 33%까지 떨어졌으며, 당좌비율은 282%까지 치솟았다. 이와 같은 재무구조의 변화는 부채와 자본의 관계에도 그대로 반영되어, 자기자본은 빠르게 늘어나고 부채는 급속히 줄어들고 있는 것을 차트를 통해

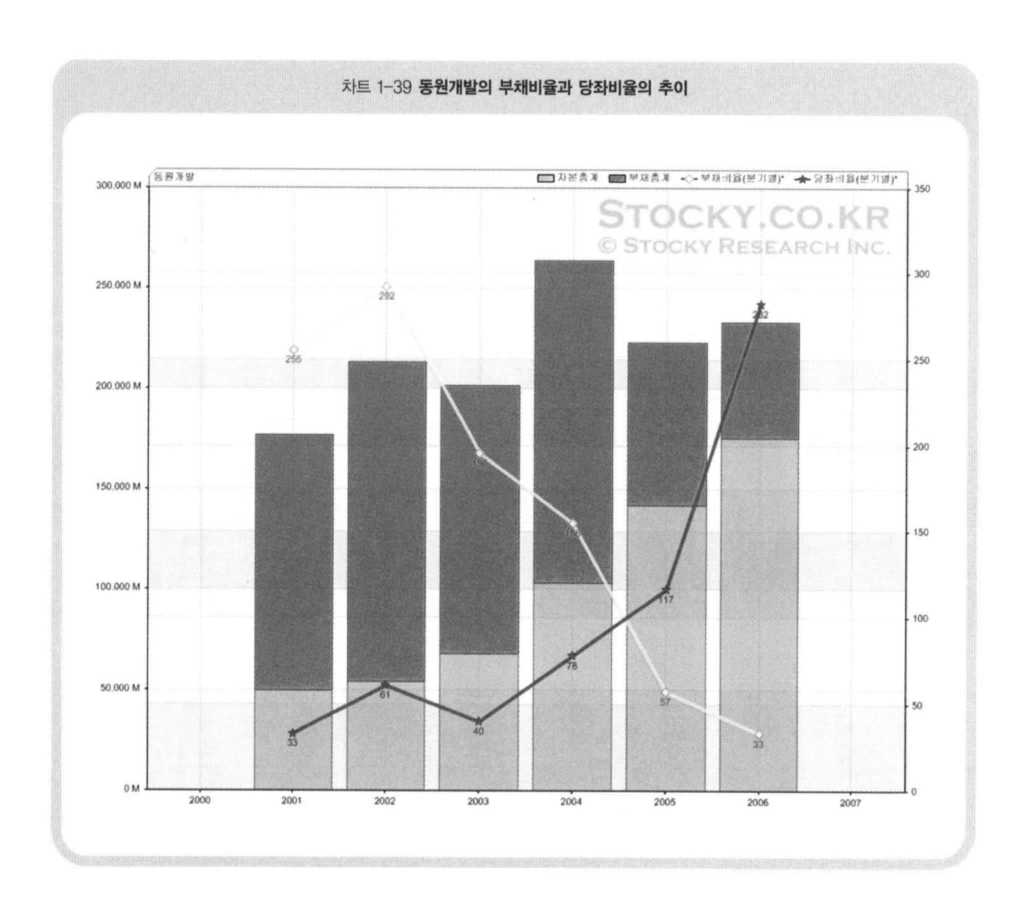

확인할 수 있다. 동원개발은 기업의 재무구조와 기업의 가치가 동시에 개선되고 있는 상태에 있다.

이제까지 살펴본 지표들을 정리하면 표 1-14와 같다.

표 1-14와 같이 5가지 카테고리로 나누어진 14개의 핵심지표들만 파고들어도 기업의 진면목을 파악할 수 있다.

표 1-15에서 각 지표별로 시장 평균치들을 일괄 정리해보자. 2006년 말 기준이다.

표 1-15의 지표들 중에서 EPS와 BPS 지표만을 차트로 구성하여 각 그

표 1-14 **기업을 분석할 때 반드시 확인해야 할 14가지 지표들**

1차 분석 대상	1차 지표 항목	2차 분석 대상	2차 지표 항목
사업 실적이 우수한가? 사업 실적이 지속적으로 확대되고 있는가?	매출액 영업이익 당기순이익 영업이익률	매출은 정상적으로 늘어나고 있는가?	매출채권 재고자산
		수익을 창출하는 능력은 우수한가?	영업이익률 순이익률 총자산순이익률 자기자본순이익률
회사의 가치는 증가하고 있는가? 회사는 지속적으로 성장하고 있는가?	주당순이익(EPS) 주당순자산(BPS) 자기자본순이익률(ROE) 주당현금흐름(CPS)	재무적으로 안정되어 있는가?	부채비율 당좌비율

표 1-15 **핵심 지표항목들의 평균값**

지표명	전체	거래소	코스닥	1~2	1~5	6~7	1~7
매출액(M)	512,593	1,118,645	75,374	602,174	814,742	1,016,777	908,291
순이익(M)	32,586	79,732	-147	79,249	75,454	76,520	75,947
EPS	1,312	2,264	-9	5,156	3,370	2,222	2,838
BPS	12,806	20,100	2,514	35,984	25,049	27,287	26,085
영업이익률	7	8	4	12	11	8	9
ROE	10	11	0	15	13	7	11
부채비율	168	174	91	141	114	110	112

* M: Million, 백만원 단위 표시

룹들의 서열을 확인해보자.

차트 1-40은 각 그룹의 EPS의 위상을 나타낸 것이다. 1-2그룹이 5,156

차트 1-40 **각 그룹의 EPS 값과 위상**

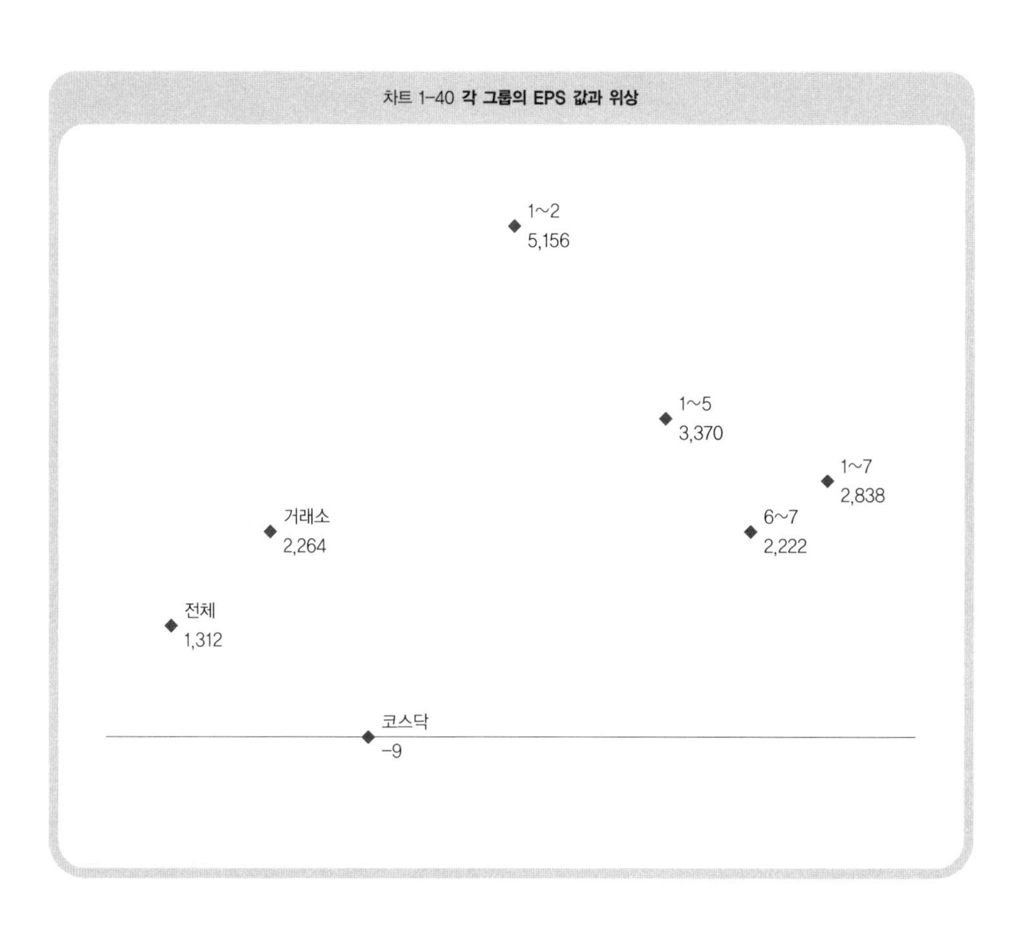

원으로 가장 많고, 코스닥 그룹이 −9원으로 가장 적은 것을 알 수 있다.

결국 1-2그룹 또는 범위를 확대하여 1-5그룹에서 유망기업을 선별하여 투자하는 것이 가장 안전하고 확실한 길이라는 것을 알 수 있다.

차트 1-41은 각 그룹의 BPS 위상을 나타낸 것이다. 앞의 EPS 차트에서와 마찬가지로 1-2그룹이 3만 5,984원으로 가장 크고, 코스닥 그룹이 2,514원으로 가장 작은 것을 알 수 있다. 6-7그룹의 순위가 올라온 것은 6-7그룹에 삼성전자 등과 같은 초대형자산을 가진 기업들이 다수 포함되어 있기 때문이다.

차트 1-41 **각 그룹의 BPS 값과 위상**

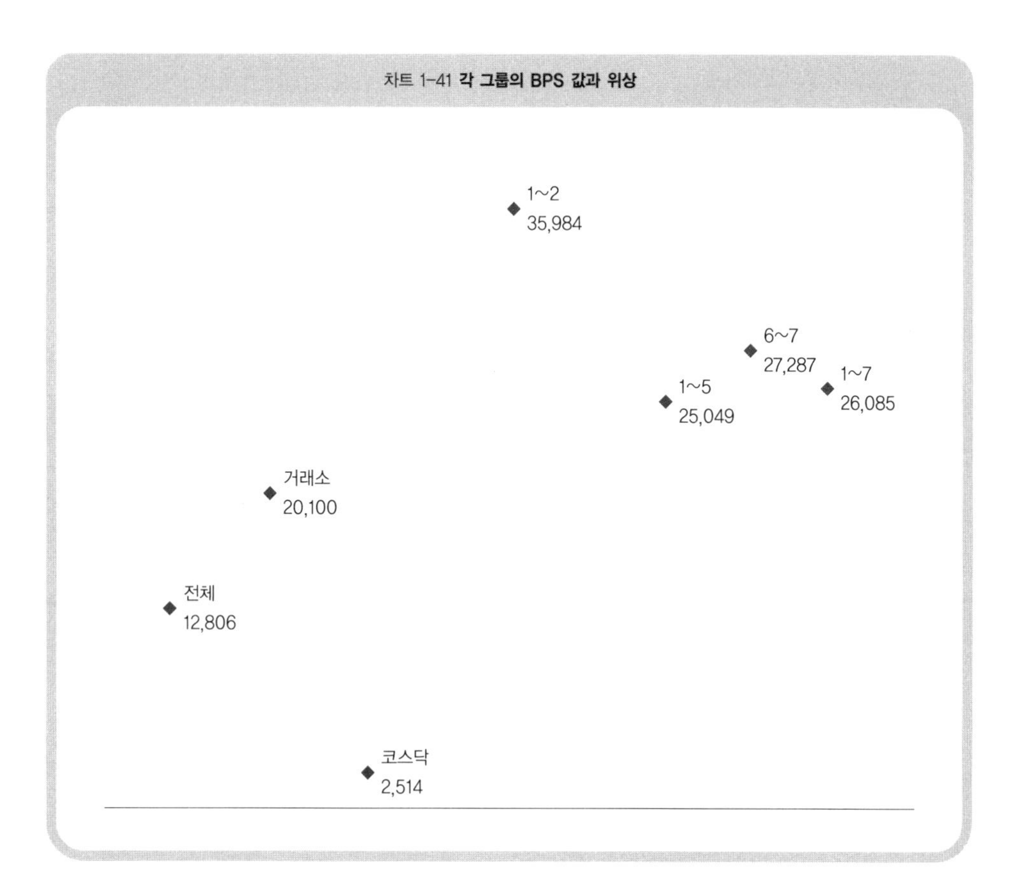

4

돈을 벌어주는 주가 기준은 따로 있다

가치에 비해 주가가 낮은지도 확인해보자

투자자들이 투자수익을 남기는 방법은 간단하다. 싸게 사서 비싸게 파는 것이다.

주식뿐만 아니라 모든 종류의 투자활동에서 반드시 쌀 때 사서 비쌀 때 팔아야 수익을 얻을 수 있다. 그런데 어떤 기준으로 주가가 싼지 비싼지를 판단해야 하는 것일까?

앞에서 주식을 사는 것은 그 회사의 지분을 사는 것이라고 했다. 주식을 매입하면 주주로서의 권리, 즉 회사가 창출하는 미래수익을 지분만큼 나누어 가질 수 있는 권리를 갖게 된다.

이러한 권리와 그로부터 얻게 될 이익을 합쳐 가치(Value)라고 하는데, 주주가 누릴 수 있는 가치를 주식시장에서 어떻게 평가하는가에 따라서 주가는 결정된다. 높이 평가하면 주가는 올라가고, 낮게 평가하면 주가는 내려간다.

기업의 가치에 비해 주가가 어떤 수준에 있는지를 평가하기 위한 지표에는 두 가지가 있다. 물론 이외에도 다양한 지표들이 활용되고 있지만, 다음의 두 가지 지표가 핵심적이고 가장 일반적으로 사용되고 있기 때문에 이 두 가지 지표만 살펴보는 것으로 한다.

주가순자산배수

주당순자산(BPS) 가치에 비해 주가가 얼마인지를 확인하는 지표가 주가순자산배수(Price Book-value Ratio)다. 주식시장에서 그 기업의 순자산가치를 얼마나 높게 평가해주고 있는지를 나타내는 지표인데, 수치가 낮을수록 저평가되어 있는 상태다. '주가순자산비율'이라고도 부른다.

주가순자산배수(PBR) = 주가 / 주당순자산(BPS)

주당순자산이 2만 5,000원인 회사의 주가가 2만 5,000원이라면 PBR은 1이다.

차트 1-42는 국내 상장기업들의 평균 PBR을 나타낸 것이다. 2005년 한 해 동안 전체적인 주가 수준이 많이 올랐음을 알 수 있다. 2007년 4월 말의 상장기업 평균 PBR은 1.36이다. 1.36 미만인 기업은 시장 평균보다 저평가되어 있다고 할 수 있다. 1보다 적은 기업은 기업의 가치보다 저평가되어 있다고 말할 수 있다.

차트 1-43에서 거래소 및 코스닥 기업들의 평균 PBR을 확인해보자. 코스닥이 거래소보다 고평가되어 있는 상태라는 것을 알 수 있다.

차트 1-42 **상장기업들의 평균 PBR 추이**

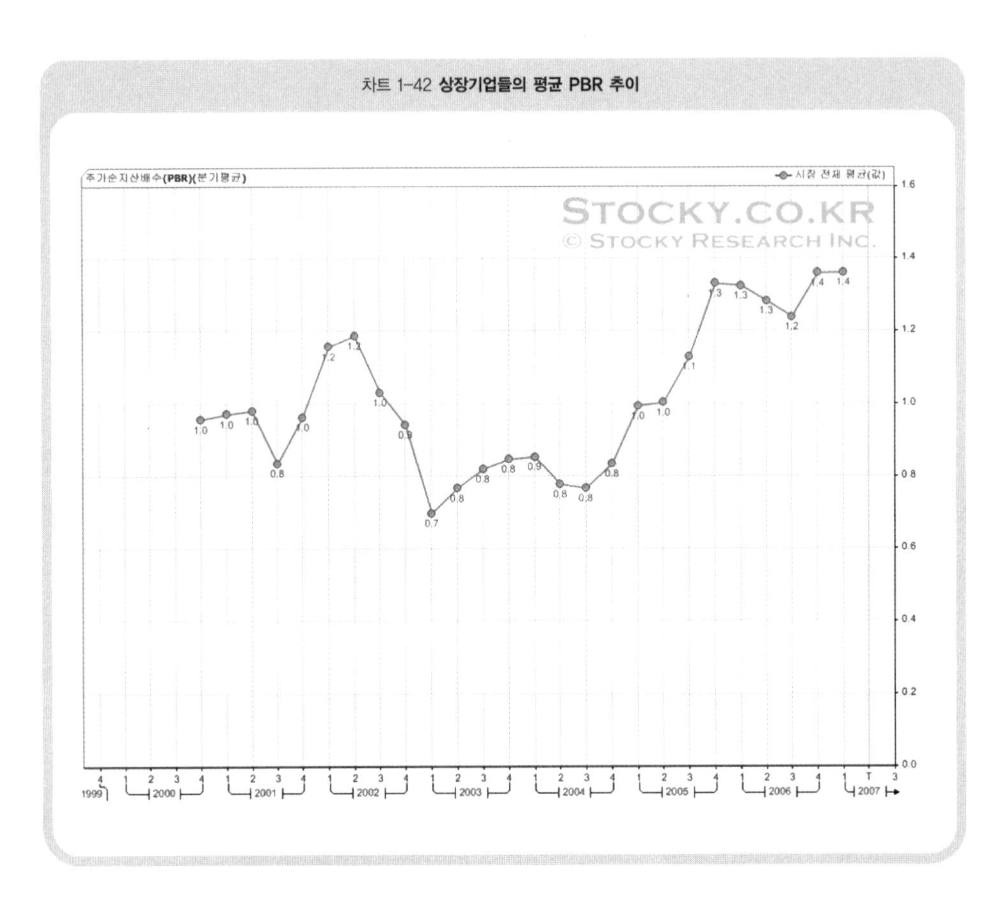

주가순이익배수

다음으로 주당순이익(EPS) 가치에 비해 주가가 얼마에 거래되고 있는지 확인해야 한다. 이때는 주가순이익배수(Price Earnings Ratio)를 사용하는데, '주가수익비율' 이라고 부르며 '퍼' 라고 발음하기도 한다.

주가순이익배수(PER) = 주가 / 주당순이익(EPS)

EPS가 1,000원이고 주가가 1만원이면 PER은 10이다. 즉, 주가가 EPS

차트 1-43 **거래소 및 코스닥 기업들의 평균 PBR 추이**

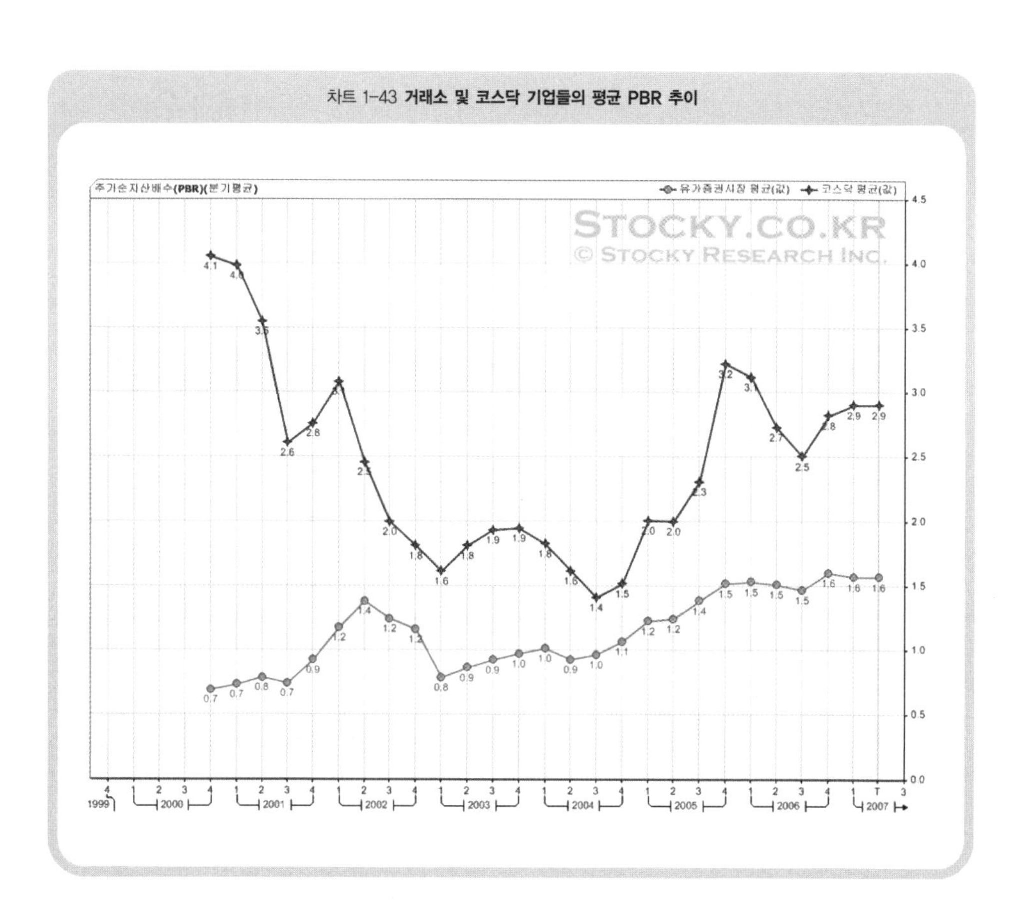

의 10배에 거래되고 있다는 뜻이다.

또한 PER이 10이라는 의미는 투자자가 주당 1만원을 투자하면 매년 주

표 1-15 **주가순이익배수와 투자수익률 간의 상관관계**

PER	원금 회수기간	연 투자수익률
5배	5년	20%
10배	10년	10%
20배	20년	5%

당 1,000원의 순이익을 얻을 수 있으며, 따라서 10년이면 투자원금을 뽑을 수 있다는 뜻이기도 하다.

표 1-15는 PER과 투자수익률의 관계를 도식화해본 것이다. 표에서 알 수 있듯이 PER이 낮을수록 투자자의 투자수익률은 높아질 수 있다. 따라서 PER이 낮을수록 저평가된 것이며, 투자자들에게 유리한 것이다. 단, PER이 낮더라도 순이익을 지속적으로 올리지 못하는 기업이라면 투자 검토대상에서 제외된다.

차트 1-44는 상장기업들의 평균 PER의 추이를 나타낸 것이다. 2004년

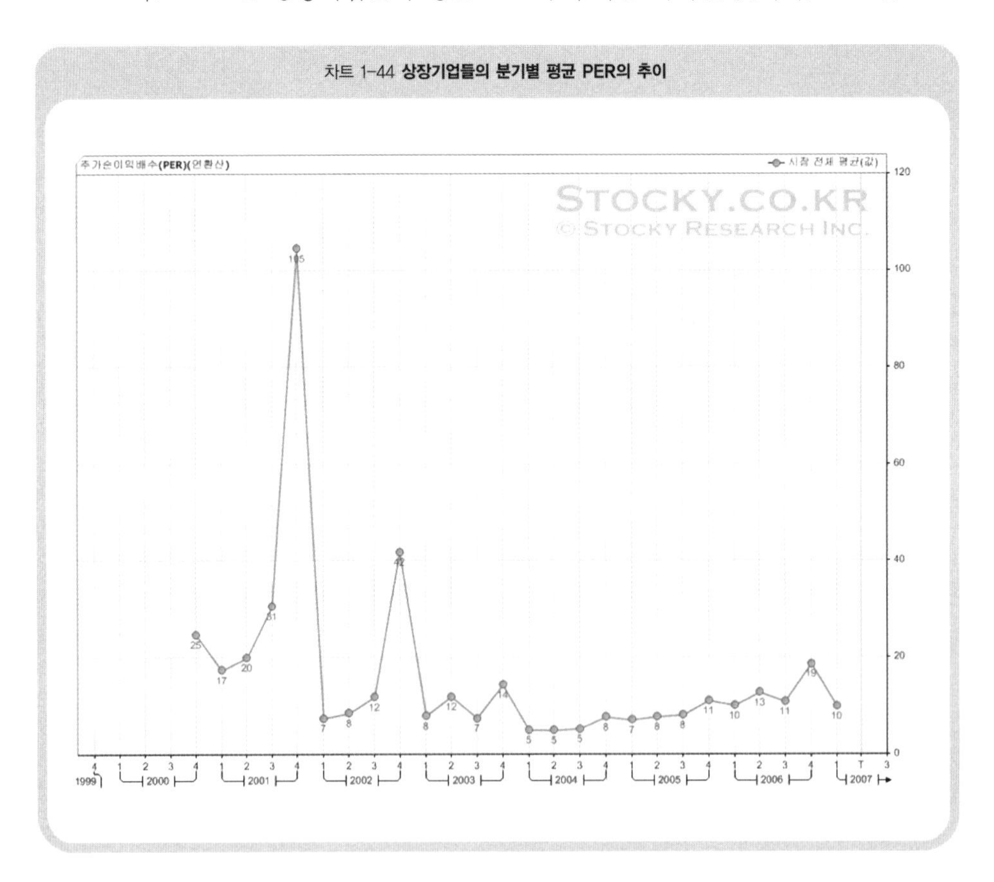

차트 1-44 **상장기업들의 분기별 평균 PER의 추이**

부터 서서히 PER이 높아지고 있음을 알 수 있다. 2007년 4월 말 기준으로 전체 평균은 10 정도에 도달하고 있다. 따라서 10 미만인 기업이라면 시장 평균보다 주가가 낮게 평가되고 있다고 할 수 있다.

차트 1-45를 통해 거래소 및 코스닥 기업들의 평균 PER의 추이도 살펴보자. 거래소 기업들이 일정 수준을 유지해온 데 반해 코스닥 기업들은 들쭉날쭉한 양상을 보이고 있다. 또한 2007년 3월 말 기준으로 거래소 기업들의 평균 PER이 11인 데 반해 코스닥 평균은 47이다. 코스닥 기업들은 순이익 창출능력에 비해서 주가가 과다하게 설정되어 있음을 잘 알 수 있다.

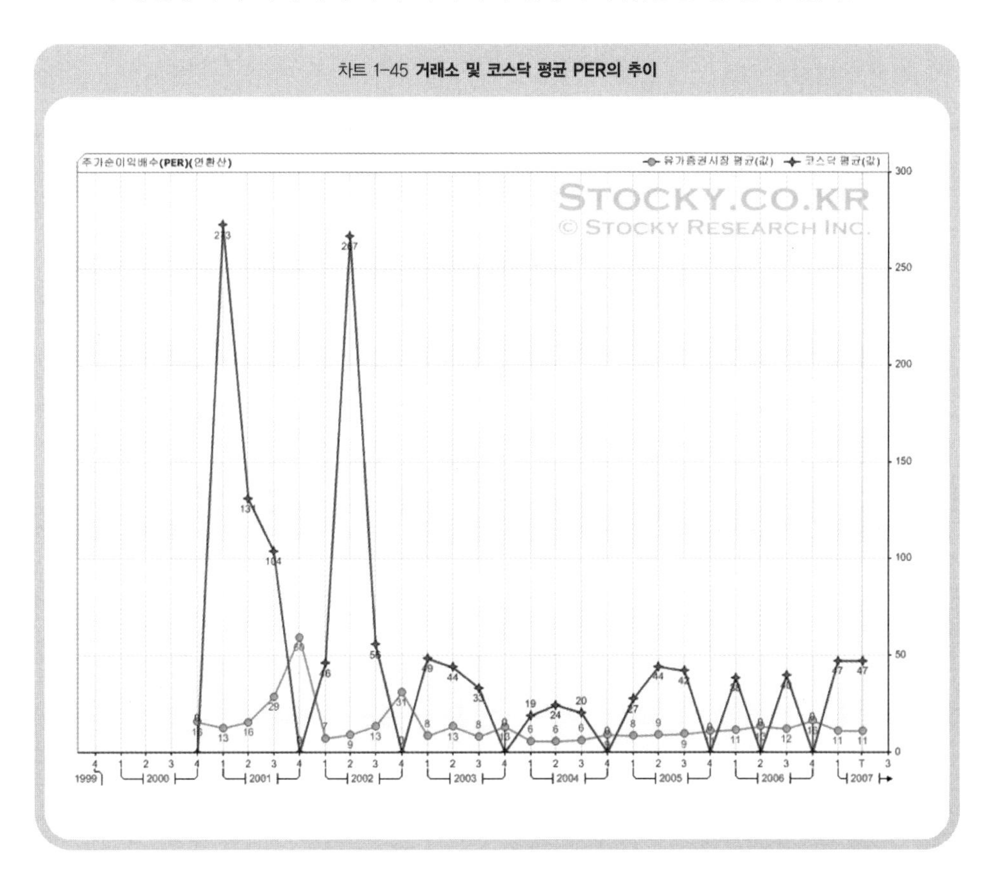

차트 1-45 **거래소 및 코스닥 평균 PER의 추이**

주식시장에서는 일반적으로 PBR보다 PER을 쳐주는 것 같지만, 미국이나 국내에서의 조사 결과에 의하면 PBR이 낮은 종목들로 구성한 포트폴리오가 PER이 낮은 종목들로 구성한 포트폴리오보다 장기투자 시의 투자수익률이 더 월등했다고 한다.

따라서 저평가된 기업을 찾을 때에는 'PBR 먼저 PER 다음'의 순서로 접근하는 것이 바람직할 것 같다.

PER보다 PBR을 기본 평가지표로 사용해야 하는 이유가 두 가지 더 있다.

일단 적자가 난 연도나 분기에서는 PER을 계산할 수 없다. 주당순이익이 마이너스가 되어 PER도 마이너스 값이 되어버리기 때문이다.

PER은 주가가 EPS의 몇 배인지를 계산하는 것인데, 주가가 플러스이고 EPS가 마이너스라면 주가가 엄청나게 고평가되어 있다고 말할 수 있다. 하지만 수학적으로는 분모(EPS) 값이 마이너스이면 결과(PER)도 마이너스 값이 되므로 현실과는 정반대의 값이 나오게 된다. 따라서 마이너스 PER은 사용하지 않는다.

매 분기 500개 가까운 상장기업들이 적자를 기록하는데, 이 기업들에 대해서는 PER로 가치를 평가하거나 비교할 수가 없다. 하지만 PBR은 자기자본을 전액 잠식한 10개 미만의 기업들을 제외하고는 모든 기업들에 적용하여 비교할 수 있다.

또 하나의 문제는 PER의 값이 분기에 따라서 들쭉날쭉한다는 것이다. 많은 기업들이 분기에 따라서 서너 배까지 차이가 나는 순이익을 거두고 있다. 따라서 한 기업만 보더라도 전 분기에는 PER이 5였다가 다음 분기에는 PER이 10이나 15가 되는 일이 비일비재하다. 따라서 PER만 가지고 기업가치를 평가하고 비교하기에는 불확실할 때가 많다. 이에 반해 PBR은 분기별

차트 1-46 **삼성전자의 주가순자산배수(PBR)와 주가순이익배수(PER)의 추이**

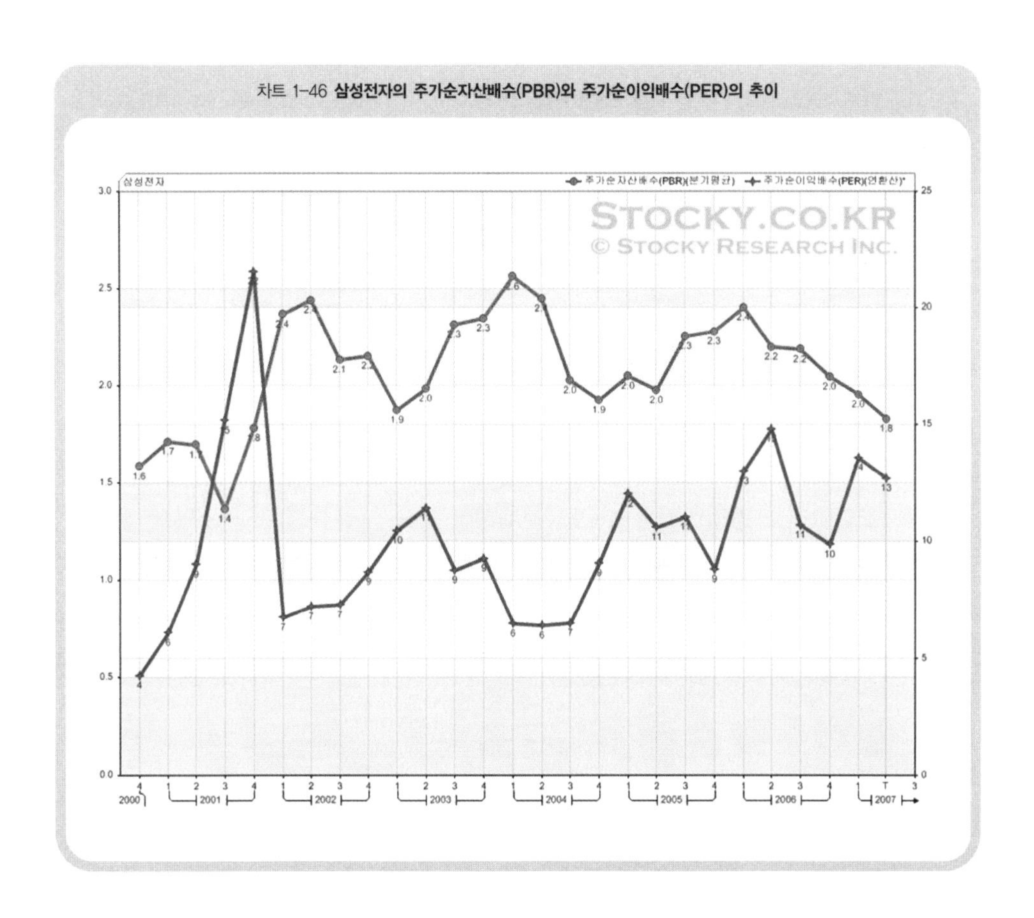

로 등락이 심하지 않고 매우 안정적인 수치를 나타내고 있다.

따라서 PBR을 기본적인 지표로 삼고, 그 다음에 PER을 보조적인 지표로 활용하면 대상기업의 주가수준을 거의 정확하게 평가해낼 수 있다.

차트 1-46은 앞에서도 살펴보았던 삼성전자의 PER과 PBR의 추세를 보여주는 차트다. 2002년부터 PBR은 1.9에서 2.6 사이를 오르내렸음을 알 수 있다. 2006년 1/4분기 이후에는 4분기 연속으로 PBR이 하락했고, 2007년 5월 말의 PBR 1.8은 지난 5년의 기간 중에서 가장 낮은 수치다. 이를 저평가 상태라고 말할 수 있을까?

한편 PER은 약간씩 높아지고 있다. 2006년 이후에도 PER은 10 이하로 내려서지 않았다. PBR은 하락했지만 PER은 높아졌기 때문에 아직은 저평가 상태라고 단언하긴 어렵다.

하긴 삼성전자가 저평가 상태로 내려앉을 가능성은 거의 없을 것이다. 국내의 모든 기관투자자들과 외인투자자들이 매일 모니터링하는, 시가총액 1위의 대형종목이 투자자들의 무관심 속에 방치되어 저평가 상태로 들어설 수 있을까?

그런데 단순히 PBR, PER만 가지고 주가 수준을 논하기는 어렵고, EPS와 BPS 그리고 영업이익률, ROE, 부채비율 등의 다양한 지표들도 함께 살펴보아야 한다. 주가 또는 주가관련 지표들만 살펴보면 안 된다.

'실적과 가치에 비해 주가가 어떤지?'를 살펴보아야만 올바른 판단이 가능하다. 앞에서 14가지 핵심지표들을 자세하게 설명한 이유도 바로 그 때문이다.

실적과 가치에 비해 주가가 어떤지를 파악하는 것,
그게 바로 증권 분석의 핵심이다.

그런데 기업의 실적과 가치를 측정하는 여러 가지 지표들 중에는 더 중요한 지표와 덜 중요한 지표들이 있을 것이다.

그렇다면 어떤 지표들을 우선시하고, 어떤 지표들에 가중치를 둘 것인가? 이는 투자자 각자가 판단해야 할 몫이다.

여러 지표들을 시험해보고, 실제 적용해보고, 투자성과에 따라 조정해가면서 자신만의 '분석 틀(Work Frame)'을 만들어내는 일, 바로 그것이 투자자 스스로가 실행해야 할 핵심과제다.

앞에서 익힌 기업의 실적과 가치, 주가 수준을 측정하는 지표들을 활용해 '미래에도 계속 성장할 수 있는 우수한 기업들을 선택하여 주가가 저평가되었을 때 집중 매입하고, 고평가될 때까지 장기 보유하는 것', 이 한 줄의 문장 속에 누구나 쉽게 돈 벌 수 있는 확실한 방법이 정립되어 있다. 이는 워렌 버핏을 비롯한 모든 투자대가들이 평생을 실천하고 설파했던 방법이기도 하다.

5
투자대가들이 돈 버는 방법은 따로 있다

가치투자 대가들은 투자할 기업을 어떻게 선정했는가?

그러면 위대한 업적을 이룩했던 가치투자의 대가들은 어떤 지표들을 어떻게 활용하여 저평가 우량기업들을 골라냈을까?

수십 명의 투자대가들이 존재하는데, 이들을 모두 다 소개할 수는 없고 투자성과가 남달랐던 네 사람의 방법론을 간략하게 살펴보기로 하자.

피터 린치

피터 린치(Peter Lynch)는 1977년부터 그가 은퇴한 1990년까지 마젤란 펀드(Fidelity Magellan Fund)를 운용하면서 2,703%의 누적 수익률을 달성했다. 연평균 수익률로 환산하면 매년 29.2%의 수익을 거둔 셈인데, 같은 기간 동안 S&P500 지수의 연평균 수익률이 15.8%이었으므로 시장 수익률을 평균 13% 초과하는 대기록을 세운 것이다. 더욱 놀라운 것은 운용하는 기간 동안 단 한 번도 손실을 내지 않았다는 점이다.

피터 린치에 의하면, 고성장주(Fast Growers)란 부채가 거의 없고, 순이익이 매년 20~50%씩 증가하며, 순이익 증가율보다 낮은 PER을 갖고 있는 기업이다. 피터 린치는 특히 20~25%의 순이익 증가율을 기록하는 진취적인 신진기업들을 선호했다. 이들은 3년 이상 보유하면 100배 이상의 엄청난 주가 상승도 기대할 수 있다고 보았다.

대형우량주(Stalwarts)는 연평균 순이익증가율이 10~12%의 안정적인 수준에 도달한 기업인데, 저가에 주식을 매입한다면 2년 동안 30~50% 정도의 주가 상승을 기대할 수 있다고 보았다. 피터 린치는 펀드의 포트폴리오에 항상 대형우량주를 포함시켰는데, 주식시장이 전체적으로 하락해도 이런 종목들로 손해를 막을 수 있기 때문이었다.

표 1-16 **피터 린치의 저평가 우량기업 선정 방법론**

지표 항목	지표 설명
주당순이익(EPS) 증가율	지난 3년 동안 연평균 20% 이상 증가한 기업. 단, 50%를 넘지 않아야 한다.
주가순이익배수(PER)	매출액 10억 달러 넘는 기업 중에서 PER이 40 이하인 기업. 그리고 3년 평균 EPS 증가율로 PER을 나누어 1 이하인 기업.
재고자산 증가율	재고자산 증가율이 매출액 증가율보다 5% 이상 높지 않은 기업.
부채비율	80% 이하인 기업. 단, 금융업종은 제외한다.
주당잉여현금흐름	잉여현금흐름은 '영업이익 + 감가상각비 - 설비투자비용'으로 계산하는데, '주당잉여현금흐름 / 주가'가 0.35보다 큰 기업. 단, 주당잉여현금흐름 지표는 필수조건은 아니다.
주당순현금자산	순현금자산은 '현금과 예금 + 유가증권 - 고정부채'로 계산하는데, '주당순현금자산 / 주가'가 0.3보다 큰 기업. 단, 주당순현금자산 지표도 필수조건은 아니다.

피터 린치가 고성장주를 골라낸 기준들을 간략하게 정리해보면 표 1-16과 같다.

마틴 즈웨이그

마틴 즈웨이그(Martin Zweig)는 미시건 주립대 등에서 재무관리 교수를 역임하였다. 그는 즈웨이그 펀드(Zweig Fund) 등을 결성하여 뉴욕 증권거래소에 상장시켰고, 오랜 기간 우수한 투자수익률을 기록하였다.

즈웨이그는 주당순이익(EPS) 중심의 잣대를 적용하여 성장주를 발굴하

표 1-17 **마틴 즈웨이그의 저평가 우량기업 선정 방법론**

지표 항목	지표 설명
주가순이익배수	5보다 크고 43보다 작은 기업. 그리고 시장 평균의 3배 이내의 기업.
연간 매출액 증가율	3년간의 매출액 증가율이 30% 이상인 기업. 그리고 3년간 매출액 증가율이 주당순이익 증가율보다 85% 이상 큰 기업.
분기 매출액 증가율	지난 4분기 각각의 전년 동기대비 매출액 증가율이 0%보다 큰 기업.
분기 주당순이익 증가율	최근 분기 및 전년 동기의 EPS가 0보다 크고, 지난 4분기 각각의 전년 동기대비 EPS 증가율이 0%보다 크며, 장기 EPS 증가율보다 50% 이상 큰 기업. 그리고 최근 분기의 전년 동기대비 EPS 증가율이 그 이전 3개 분기의 각각의 전년 동기대비 EPS 증가율을 모아 평균 낸 값보다 큰 기업. 평균보다 크지 않다면, 최근 분기의 전년 동기대비 증가율이 30% 이상인 기업.
장기 주당순이익 증가율	최근 5년간 매년 연간 EPS 증가율이 0%보다 큰 기업. 단, 마이너스 증가율을 기록한 해가 한 번쯤 있어도 무방하다. 그리고 최근 3년 이상 장기 EPS 증가율이 15% 이상인 기업.
부채비율	업종 평균보다 작은 기업.
내부자 주식 거래	경영진/대주주의 주식 매도는 없고, 3회 이상 매수만 있는 기업.

고 이를 중장기적으로 보유하는 투자전략을 선호하는데, 피터 린치의 투자전략과 비슷하지만 종목 선정에 있어서는 피터 린치보다 더 신중한 태도를 지니고 있다는 평가를 듣고 있다.

그러나 마틴 즈웨이그의 방법론으로 구성한 포트폴리오가 다른 투자대가들의 포트폴리오보다 3~5년 보유 시 더 월등한 투자수익률을 거두고 있는 것으로 보고되고 있다.

마틴 즈웨이그의 성장주 선정 방법론을 살펴보면 표 1-17과 같다.

조셉 피오트로스키

조셉 피오트로스키(Joseph Piotroski)는 시카고 대학에서 회계학을 가르치고 있는 젊은 교수다. 그는 1976년부터 1996년까지 장기간의 투자수익률을 알아보기 위해 PBR이 하위 20% 이하인 종목들에 초점을 맞추어 주가의 등락을 조사했다. 그 결과 PBR이 낮은 주식들의 수익률이 시장 평균 수익률보다 6% 더 앞선다는 사실을 발견했다. 물론 모든 종목의 주가가 오른 것은 아니었다. 주가가 상승한 종목은 전체 조사종목의 절반도 되지 않았다.

그래서 피오트로스키는 이들 중에서 뛰어난 수익률을 보장해준 종목을 선별해내는 수단을 개발했는데, 그것이 바로 9가지의 지표들로 구성된 '재무안정도(Financial Strength Scale)' 라는 틀이다.

피오트로스키의 재무안정도 점수에서 앞자리에 오른 종목들은 1년 동안 시장 평균 수익률보다 13% 높은 수익률을 달성했으며, 뒤로 처진 종목들은 10% 마이너스의 수익률을 거둔 것으로 조사되었다.

피오트로스키의 재무안정도 방법론을 간략하게 정리해보자.

표 1-18 **조셉 피오트로스키의 저평가 우량기업 선정 방법론**

지표 항목	지표 설명
순이익	12개월간의 순이익이 플러스인 기업.
현금흐름	12개월간의 영업활동에 의한 현금흐름이 플러스인 기업.
현금흐름 대 순이익	12개월간의 영업활동 현금흐름이 순이익보다 많은 기업.
부채비율	최근 연도의 부채비율이 전년도보다 줄어든 기업.
유동비율	유동자산을 유동부채로 나눈, 최근 연도의 유동비율이 전년도보다 높아진 기업.
총자산회전율	매출액을 총자산으로 나눈, 최근 연도의 총자산회전율이 전년도보다 높아진 기업.
총자산순이익률	최근 연도의 ROA가 전년도보다 높아진 기업.
발행주식수	최근 연도의 발행주식수가 전년도보다 많지 않은 기업. 즉, 증자가 없었던 기업.
매출총이익	매출액에서 매출원가를 뺀, 최근 연도의 매출총이익이 전년도보다 커진 기업.

워렌 버핏

워렌 버핏(Warren Buffett)은 너무나 유명해서 여기서 긴 설명을 하지 않아도 될 것 같다.

1957년부터 2003년까지 46년 동안 연평균 26.7%의 수익률을 거둔 워렌 버핏은 버크셔 헤더웨이(Birkshire Hathaway) 등을 운용하면서 51,000배의 투자수익을 기록한, 역사상 가장 큰 성공을 거둔 투자자다.

워렌 버핏은 자신이 직접 자세한 방법론을 기술한 적은 없고, 주변의 전문가나 분석가들이 정리한 것들만 있다. 따라서 《워렌 버핏의 실전 주식투자》라는 책과 워렌 버핏의 여러 언급 등을 종합하여 표 1-19의 방법론을 정리했다.

표 1-19 **워렌 버핏의 저평가 우량기업 선정 방법론**

지표 항목	지표 설명
기업의 유형	쉽게 이해할 수 있는 사업을 하는 기업이어야 하며, 강력한 브랜드를 갖고 있어야 하며, 시장점유율이 50%를 넘는, 강력한 경쟁력 또는 시장지배력을 가진 기업이어야 한다.
주당순이익	지난 10년 동안 주당순이익이 지속적으로 증가해온 기업. 단, 20% 미만의 범위에서 EPS가 감소했던 해가 한 번쯤은 있어도 무방하다. 마지막 해가 감소했어도 관계없다.
고정부채	아예 없거나 거의 없는 기업.
자기자본순이익률	10년 동안 연평균 15% 이상인 기업. 15%를 달성하지 못했던 해가 한 번쯤은 있더라도 10% 이상이었으면 무방하다. 참고로, 미국의 상장기업들은 지난 30년간 연평균 12%의 ROE를 기록했다.
초기 수익률	'EPS / 주가'가 국채 수익률(4~5%)보다 큰 기업.
내재가치	미래(10년)의 EPS와 (지난 7년의) 평균 PER을 곱하여 미래의 주가를 정하고, 현재가와 미래가 간의 수익률이 연 12%를 넘는 기업. (워렌 버핏이 초기 수익률이나 내재가치 수익률을 구하는 방법을 직접 설명한 적은 없으므로 자세한 방법은 《워렌 버핏의 실전 주식투자》(메리 버핏 외)를 참조하라.)

이상 네 명의 투자대가들의 우량기업 선정 방법론을 차례대로 정리해보았다.

투자대가들은 각기 다른 표적지(標的紙)들을 겨냥하고 있는 것처럼 보이지만, 따지고 보면 세 가지 표적에 집중하고 있는 것을 알 수 있다.

첫째 지속적으로 순이익을 증가시키고 있고, 둘째 재무적으로 안정되어 있으며, 셋째 주가가 저평가되어 있는 기업들을 고르는 것이다.

복리수익률이 장기투자를 막대한 성공으로 이끈다

그런데 두 명의 역사상 가장 탁월했던 투자자들을 비교해보면 한 가지 재미있는 사실을 발견할 수 있다.

피터 린치는 13년 동안 연평균 29.2%의 수익률을 기록하였고, 워렌 버핏은 45년 동안 26.7%의 수익률을 기록했는데, 수익률은 피터 린치가 약간 앞섰지만 수익액은 워렌 버핏이 엄청난 크기로 앞지르고 있다. 왜 이런 차이가 발생된 것일까?

두 사람 모두 장기투자를 투자전략으로 삼았지만, 실제 투자기간에는 큰 차이가 있었기 때문이다.

그럼, 투자기간이 어떻게 수익액의 크기를 결정하는지 알아보기 위해 먼저 장기 투자수익률을 산정할 때 사용하는 복리 계산법을 살펴보도록 하자. 다음은 복리 계산공식이다.

$$미래\ 가치 = 현재\ 가치 \times (1 + 수익률)^{기간}$$

이런 장기 투자수익률을 적용하여, 투자원금이 1억원이고 연 수익률이 25%(0.25)라고 할 때 투자기간이 길어지면 투자수익이 어떻게 달라지는 확인해보도록 하자.

표 1-20 **투자기간에 따른 투자수익액의 비교**

기간	1년	3년	5년	10년	20년	30년
수익금	1.25억	1.95억	3억	9.31억	86.74억	807.79억

투자기간이 길어질수록 투자수익이 더욱 빠른 속도로 늘어나는 것을 볼 수 있다. 매년 25%의 수익률만 꾸준히 유지해도 30년 만에 8,000%를 넘는 투자수익을 거둘 수 있다.

이것이 바로 복리수익률이 가져다주는 마력이다. 기간이 길어질수록 수익이 천정부지로 뛰어오르게 된다. 가치투자 대가들이 장기투자 전략을 고집한 이유도 바로 여기에 있다.

워렌 버핏은 예전에 이런 말도 했다.

"난 11세 때 처음 주식을 시작했다. 투자는 언덕 위에서 눈덩이를 굴리는 것과 같다. 나는 56년짜리 언덕에서 눈을 굴렸다."

눈덩이는 구르는 속도보다 더 빠르게 크기가 커진다. 버핏이 한 말은 바로 그런 점을 지적한 것이다.

장기투자를 성공시키는 투자전략의 요체

앞에서 투자에 대한 워렌 버핏의 정의를 인용했었다.

"투자란 세밀하게 검토한 후, 원금 상환이 보장되고, 만족할 만한 수익이 기대되는 대상에 자금을 투입하는 것이다."

이를 더 구체적으로 파고들어 보자.

'세밀하게 검토한 후'는 기업들을 세밀하게 분석하여 기업가치(EPS와 BPS 등)를 지속적으로 증가시킬 수 있는 기업만을 선정하라는 뜻이다.

'원금 상환이 보장되고'는 투자원금을 잃는 일이 발생되지 않도록 기업가치보다 더 낮은 가격, 즉 안전마진(Safety Margin)을 제공해줄 수 있는 가격의 주식만을 매입하라는 뜻이다.

차트 1-47 **장기투자의 성공원리 도해**

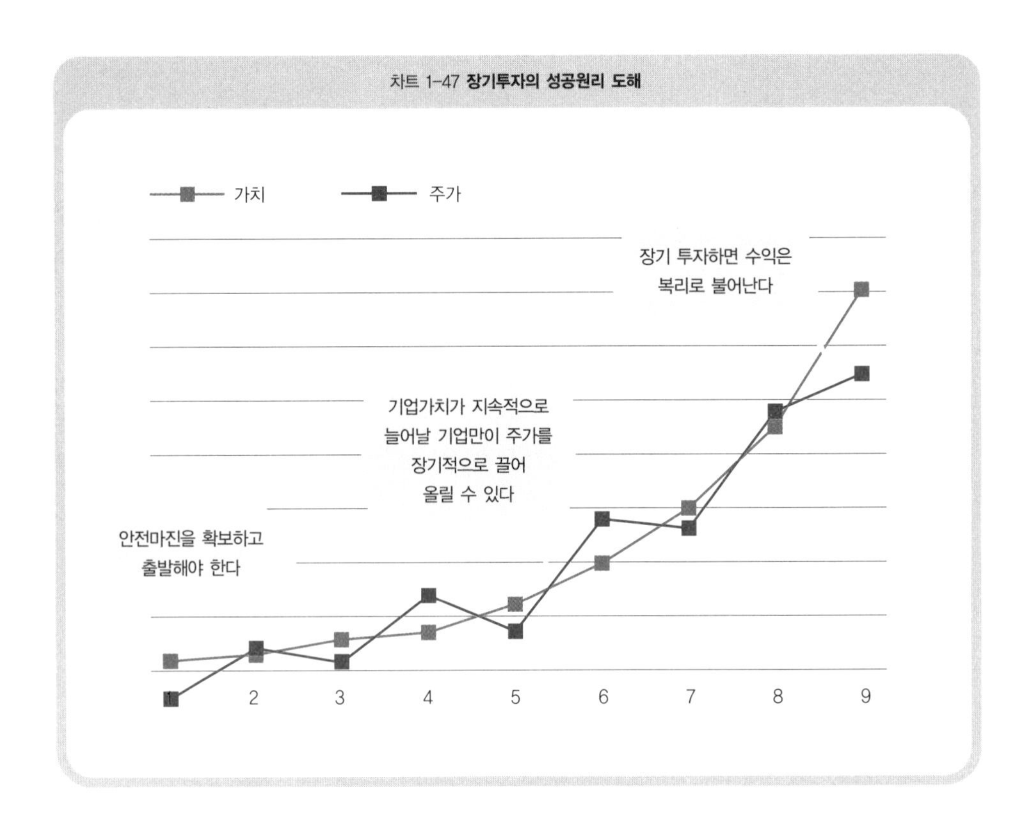

'만족할 만한 수익이 기대되는' 은 그러한 기업의 주식을 매입한 후 충분한 복리수익을 거둘 때까지 장기간 투자를 하라는 뜻이다.

다시 정리해보면 다음과 같다.

"기업가치를 지속적으로 증가시킬 수 있는 기업들 중에서, 현재의 주가가 기업가치보다 낮게 평가되고 있는 주식을 매입하여, 장기간 투자하여 복리수익을 거두어라."

이상과 같은 간단한 투자전략을 그래프로 나타내면 차트 1-47과 같다. 차트 상에 표시된 세 가지 성공의 요체를 머리에 잘 새겨 기억하도록 하자.

그런데 "안전마진을 확보하고 출발하라"는 말은 무엇을 의미하는 것일까?

우선 안전마진(Safety Margin)의 뜻부터 살펴 보자. 안전마진이란 시세보다 싼 가격에, 또는 실제가치보다 낮은 가격에 주식을 매수하여, 주식을 사자마자 확보하는 잠재적인 이익을 의미하는 말이다.

시세에 못 미치는 낮은 가격에 주식을 내놓을 사람이 어디 있겠냐고 반문할 수 있는데, 주식시장에서는 전반적인 약세나 일시적인 악재 등이 덮치면, 다른 표현으로는 비관적 전망이 우세해지면, 너도나도 투매(급매)에 나서면서 가격이 폭락하는 일이 일어나곤 한다.

이처럼 안전마진을 확보하는 일은 선수익(先受益)을 미리 떼어놓는 것과 같다. 이익을 확보하고 시작할 수 있다고 하면 누구나 눈망울을 초롱초롱 빛낼 것 같은데, 실제로는 대부분의 투자자들이 안전마진을 확보하는 일에 관심을 두고 있지 않다. 사람들은 가격이 더 오를 주식을 찾는 데 혈안이 되어 있어서, 가치보다 저렴한 주식에는 눈길을 주지 않는다. 하지만 안전마진은 투자실적에 큰 영향을 미치는 핵심 동인이다.

일단 안전마진을 확보하고 시작하면, 약세장이 도래하더라도 원금까지 날릴 일은 일어나지 않는다. 안전이라는 단어가 붙은 이유가 바로 이것 때문이다. 한편 안전마진이 크면 약세장에서도 초조해 할 필요 없이 주식을 들고 있을 수 있으며, 강세장이 돌아왔을 때 남들보다 더 큰 수익을 실현할 수 있다. 강세장이라고 주식을 사고 약세장이라고 주식을 파는 일을 되풀이하는 사람은 큰 수익을 남길 수 없는 법이다.

그런데 대상주식이 어떤 가격대에 있을 때 안전마진이 존재한다고 판단할 수 있을까?

일단 안전마진의 기준선으로 다음의 세 가지를 검토할 수 있다.

첫째, 제일 보수적인 기준은 벤저민 그레이엄(Benjamin Graham)의 순자산 개념을 적용하는 것이다.

안전마진이란 개념을 처음으로 제창했던 그레이엄은 순자산가치를 엄격한 방식으로 계산하였다. 그는 총자산에서 부채를 제외하고, 거기에 공장, 건물, 기계설비 등으로 이루어진 유형자산과 특허권, 영업권 등으로 이루어진 무형자산을 추가로 제외하여 순자산을 산출했다. 유무형자산은 막상 처분하려고 하면 제값을 받기 어렵다는 이유로 자산가치에서 제외한 것이다. 이렇게 하면 일반적인 순자산과는 다른, 거의 유동성 자산에 가까운 순자산 금액이 산출된다.

이런 순자산을 발행주식수로 나눈 금액을 주당순자산이라 명명하고, 주가가 주당순자산보다 낮은 수준이라면 투자원금은 보장될 것이라고 그레이엄은 판단하였다.

하지만 이런 주식들은 약세장에서는 쉽게 찾을 수 있지만, 강세장에서는 거의 찾기 어렵다. 그러면 무작정 약세장만 기다리고 있어야 할까?

그래서 두 번째 기준은 주당순자산(BPS) 같은 일반적인 지표를 적용하는 것이다.

일정기간 EPS가 플러스였고 PBR이 0.7 이하인 종목, 다음으로는 EPS가 증가세에 있고 PBR이 1 이하인 종목, EPS가 장기간 지속적으로 증가하였고 PBR이 시장 평균인 1.4 이하인 종목 등은 안전마진을 제공하는 종목이라고 판단할 수 있다.

시장이 강세냐, 약세냐에 따라 PBR의 기준선을 약간 올리거나 내릴 수도 있는데, 시장이 강세일 때 낙관적인 분위기에 휩쓸려 기준선을 너무 높이지 않는 게 바람직하다.

셋째 유형은 내재가치를 기준으로 삼는 것이다. 장기간 주당순이익을 안정적으로 증가시켜 온 기업이라면, 향후에도 일정한 성장률을 달성할 것이라 예상할 수 있기 때문에 5년 또는 10년 뒤의 주당순이익을 계산해 볼 수 있다. 이렇게 미래의 주당순이익을 결정하고 나면, 기대수익률을 적용하여 현재 시점의 내재가치를 산정해낸다. 이렇게 얻은 내재가치를 주가로 나눈 배수가 현재의 PER나 PBR보다 낮은 수준이라면 안전마진이 있다고 판단하는 것이다.

어떤 기준을 적용하여 현재의 주가를 평가하고 안전마진을 확인할 지는 사실 기업에 따라, 또는 시장상황에 따라 다를 수 밖에 없다.

각각의 기준을 적용해 보면서 후보 기업군을 좁혀 나가다 보면, 원금이 보장되고 확실한 수익이 기대되는 황금주식들을 발견하게 될 것이다.

이제 성공은 내 손 안에 있다

이제까지 기업의 실적과 가치를 분석하는 방법론을 익혔고, 기업가치에 비해 주가의 수준이 높은지 낮은지를 파악하는 방법도 익혔다. 그리고 마지막으로, 장기투자의 성공원리에 대해서도 알아 보았다.

설명이 길지 않았지만, 독자 여러분은 투자전략을 세우는데 필요한 핵심 지식들을 모두 마스터하였다.

이러한 지식이 여러분을 성공의 목적지로 인도할 것이다.

자, 이제 투자의 세계로 뛰어들어 보자.

2장

대한민국 주식의 금맥을 뚫어라

1

골드 맵을 활용해보자

어떤 기업들을 분석해야 할 것인가?

이제 앞 장에서 익힌 방법론을 활용하여 투자할 기업들을 찾아볼 차례가 되었다.

그런데 어떤 기업에서부터 시작해야 할까? 1,650개 상장기업들을 모두 살펴야 할까? 가나다 순으로 하나씩 분석해보아야 할까? 아니면, 아무 데나 찍어서 일단 들어가 봐야 할까?

하지만 그렇게 해선 하루에 한 기업씩 분석한다고 하더라도 1년 내에 20%도 끝내지 못할 것이다. 좀 더 효율적인 접근방안이 필요하다.

앞 장에서 이미 힌트를 제시하였다.

2003년부터 2006년까지의 주당순이익 추세에 따라 기업의 유형을 분류했던 표가 기억날 것이다. 잠깐 기억을 되살려보자.

1과 2의 유형은 매년 주당순이익을 증가시키고 있는 기업들이다.

3과 4의 유형은 주당순이익이 계속 증가하진 않았더라도 최근에는 증가하는 추세에 있는 기업들이다.

5의 유형은 주당순이익이 일정한 수준을 그대로 유지하고 있는 기업들이다.

6과 7의 유형은 주당순이익이 줄어들고 있는 기업들이다.

8의 유형은 적자 상태에 있다가 최근 들어 흑자로 전환되고 있는 기업들이다.

마지막으로 상장된 지 2년이 지나지 않아 일정한 패턴으로 정의할 수 없으나 분기마다 흑자를 기록하고 있는 기업들은 11이란 패턴으로 분류했다.

유형에 따라 기업들을 분류, 집계한 다음의 표를 다시 한 번 게재한다.

표 2-1 **주당순이익의 추세에 따라 기업들을 분류한 목록**

EPS 유형	전체 기업		거래소 기업		코스닥 기업	
	개수	비율	개수	비율	개수	비율
1	5	0.3	1	0.2	4	0.4
2	141	8.6	62	9.5	79	7.9
3	23	1.4	7	1.1	16	1.6
4	162	9.8	87	13.4	75	7.5
5	87	5.3	59	9.1	28	2.8
6	241	14.7	116	17.8	125	12.6
7	129	7.8	70	10.8	59	5.9
8	62	3.8	22	3.4	40	4.0
9	332	20.2	119	18.3	213	21.4
10	325	19.8	80	12.3	245	24.6
11	138	8.4	28	4.3	110	11.7
합계	**1,645**		**651**		**994**	

기업 분석의 목표가 '저평가된 우량기업들'을 찾아내는 것이므로 제일 먼저 해야 할 일은 비우량 기업들을 솎아내는 것이다. 1,645개 기업 중에서 실적을 안정적으로 올리지 못하고 있는 기업들, 즉 9와 10의 유형에 해당되는 657개의 기업들을 제외하면 988개의 기업이 남는다. 60%가 남은 것이다.

988개 중에서도 실적 검증에 시간이 더 필요한 8과 11에 해당되는 기업 200개도 제외한다면, 788개의 기업이 남는다. 전체의 48%만 남았다. 부담을 절반으로 줄인 셈이다.

지도가 있어야 금맥을 찾아낼 수 있다

분석할 기업 수를 절반으로 줄였어도 여전히 778개나 남았다. 한 사람이 다 다루기엔 무리가 있는 숫자다.

그런데 분석의 목표는 저평가 우량기업을 찾아내는 일 아닌가? 가장 실적이 뛰어나면서도 가장 주가가 저평가되어 있는 유망기업들만 골라내면 되는 일 아닌가?

그렇다면 778개 모두를 일일이 볼 필요는 없지 않을까?

그래서 독자 여러분들이 손쉽게 저평가 우량기업들을 찾을 수 있도록 핵심지표들을 기준으로 778개의 기업들을 분류하여 '리스트(List)'로 정리해 보았다.

해도가 있어야 드넓은 바다에서 표류하지 않고 목적지에 도착할 수 있듯이, 약도가 있어야 골목길에서 헤매지 않고 목적지를 곧바로 찾아갈 수 있듯이 이 리스트를 이용하면 신속하고 정확하게 저평가 우량기업들을 골라

낼 수 있다. 이 리스트를 황금주식을 찾기 위한 지도라는 의미에서 '골드 맵(Gold Map)' 이라고 부르기로 하자.

지도를 읽는 방법

골드 맵은 단순한 리스트의 모습을 띠고 있지만 나름대로의 형식과 기준을 갖추고 있다.

따라서 다음과 같은 순서로 골드 맵을 파고들면 더 효율적인 결과를 얻을 수 있다. 일종의 '독도법(讀圖法)' 이라고 말할 수 있다.

골드 맵을 이용하는 순서

표 2-2와 같이 다섯 단계만 밟으면, 누구나 투자 유망기업을 찾아낼 수 있다.

표 2-2 **골드 맵을 이용하는 순서**

1단계: 사업의 내용을 잘 이해할 수 있는 몇 개의 업종들을 선택한다.

2단계: 주당순이익(EPS)이 지속적으로 증가하고 있는 1~4 유형의 기업들을 선택한다.
(리스트의 가장 왼쪽에 EP[EPS Pattern] 항목을 보라.)

3단계: 영업이익률, ROE 등의 실적 지표가 우수한 기업들을 선택한다.

4단계: PBR, PER이 낮은 기업들을 선택한다.
(3과 4의 단계에서는 업종별 평균값과 비교하여 판단하라.)

5단계: 4단계까지 거치면서 선별된 기업들에 대해 개별적인 분석에 착수한다.
세부적인 분석을 통해 확신을 갖고 장기간 투자할 수 있는 유망기업을 선정한다.

한편 골드 맵을 이용할 때 유의해야 할 사항들을 살펴보도록 하자.

새로운 업종의 분류

골드 맵을 작성하면서 기존의 업종 분류체계를 재정리했다.

국내 대부분의 HTS 프로그램에서 제공되고 있는 업종의 수는 총 56개다. 거래소와 코스닥으로 나누어진 목록에서 중복되는 업종을 제외하면 실제로는 33개다.

이 숫자로는 사업을 세부적으로 분류하기에 충분치 못하다. 그러다보니 일부 정보업체들에서는 '테마'라는 새로운 세부 분류체계를 제공하고 있다. 하지만 테마는 업종도 아니고, 사업영역도 아니며, 또한 이벤트도 아닌 어느 쪽에도 속하지 않는 짬뽕 같은 개념이다. 기업들을 테마로 분류하는 것은 일시적이고 부정확하다.

이와 같이 불충분하고 혼란스러운 기존의 업종 분류체계를 전면적으로 재검토하여 78가지의 업종들로 기업들을 재배열했다.

기존의 업종 분류 목록과 새로 작성한 업종 목록을 표 2-3에 정리했다.

표 2-3 **기존 업종 분류체계와 새로운 업종 분류체계의 비교**

기존 업종 분류		스타키안 업종 분류
거래소	**코스닥**	
음식료업	제조	건설
섬유의복	건설	설계/내장
종이목재	유통	은행
화학	숙박/음식	증권
의약품	운송	보험
비금속광물	금융	창업투자
철강금속	통신방송서비스	기타금융
기계	IT S/W & SVC	신용평가
전기전자	IT H/W	백화점/할인매장

의료정밀	음식료/담배	종합상사
운수장비	섬유/의류	홈쇼핑
유통업	종이/목재	온라인쇼핑
전기가스업	출판/매체복제	온라인포탈
건설업	화학	온라인게임
운수창고	제약	방송/뉴스 미디어
통신업	비금속	광고대행
금융업	금속	모바일 솔루션/서비스
은행	기계/장비	시스템통합(SI)
종합금융	일반전기전자	소프트웨어
증권	의료/정밀 기기	HW/SW 유통
보험	운송장비/부품	영화관
서비스업	기타제조	케이블송출(SO)
제조업	통신서비스	보안경비
	방송서비스	건물관리
	인터넷	인쇄/출판
	디지털컨텐츠	문구/완구
	소프트웨어	교육
	컴퓨터서비스	여행
	통신장비	숙박/레저
	정보기기	항공운수
	반도체	해상운수
	IT 부품	육상운수
	오락/문화	전기/가스
		통신서비스
		네트웍서비스
		통신 장비/부품
		반도체
		반도체 장비/부품
		디스플레이
		디스플레이 장비/부품
		휴대폰
		휴대폰 장비/부품
		가전
		AV정보기기
		컴퓨터/사무기기
		전자부품
		산업전자(FA)
		전선
		자동차
		자동차 장비/부품
		타이어
		조선
		조선 장비/부품
		건설 기계/부품

		일반 기계/부품
		정밀/의료 기기
		산업플랜트
		철강금속
		비철금속
		철강 가공/유통
		비금속
		시멘트
		정유
		유류유통
		도료
		화학
		비료/농약
		합성피혁
		제약
		화장품
		목재/제지
		가구
		섬유/의류
		식품
		제과
		주류담배
		사료
		환경
56개(실제로는 33개)		**78개**

주당순이익의 추세에 따른 기업의 분류

그리고 모든 기업들에 대해 2003년부터 2006년까지 4년 동안의 주당순이익(EPS)의 추세를 일일이 확인하여 1그룹, 2그룹, 3-4그룹, 11그룹 등으로 분류했다.

이미 1장에서 설명한 내용이지만, 다시 한 번 간략하게 정리한다.

골드 맵 리스트의 가장 왼쪽에 있는 'EP(EPS Pattern)' 항목에 숫자들이 표시되어 있다. 리스트를 살펴볼 때 먼저 EP 값부터 체크하기 바란다.

그리고 각 업종의 리스트를 분석할 때, 이 책에서는 1과 2의 유형 기업들

표 2-4 **주당순이익의 추세에 따른 실적 유형의 분류**

EPS 유형	각 유형 그룹에 대한 설명
1	주당순이익이 가속적으로 증가하고 있는 기업들이다. 전체적으로 몇 개 되질 않는다.
2	주당순이익이 지속적으로 증가하고 있는 기업들이다.
3	주당순이익이 정체되었다가 증가하고 있는 기업들이다.
4	주당순이익이 감소했다가 다시 증가하고 있는 기업들이다.
5	주당순이익이 꾸준히 유지되고 있는 기업들이다.
6	주당순이익이 유지되거나 증가되다가 감소하고 있는 기업들이다.
7	주당순이익이 지속적으로 축소되고 있는 기업들이다.
8	장기간 적자상태에 있다가 최근 3분기 이상 연속해서 흑자를 기록하고 있는 기업들이다. 재기의 희망이 보이는 기업들이다.
9	연도 또는 분기마다 적자와 흑자 사이를 오가고 있는 기업들이다. 주당순이익을 잘 유지해왔으나 최근 연도에 적자를 기록한 기업들도 9로 분류되었다.
10	장기간 적자상태를 벗어나지 못하고 있는 기업들이다.
11	상장된 지 2년이 지나지 않아 아직 주당순이익의 추세를 유형화할 수 없으나, 분기별로 흑자를 구현하고 있는 기업들이다. 상장된 지 1년이 되지 않은 기업들, 즉 연간 데이터가 없는 기업들은 11에도 포함시키지 않았다.

을 '1-2그룹' 으로 칭할 것이다. 또한 8의 유형 기업들을 '8그룹' 으로, 아직 검증이 끝나지 않은 11의 유형 기업들은 '11그룹' 으로 지칭할 것이다.

리스트의 표기 사항들

그 외 골드 맵에서 유의해야 할 형식들을 일괄 정리해보면 다음과 같다.

첫째, 리스트에 쓰인 영문 약자들은 표 2-5와 같다.

둘째, 기업 이름이 검은 색이면 거래소에 상장되어 있는 기업이고, 빨간

표 2-5 **골드 맵 리스트 상의 영문 항목명 표기**

약자	영문 이름	한글 이름	계산 공식
ROOI	Ratio Of Operating Income to sales	영업이익률	영업이익 / 매출액 × 100
ROE	Return On Equity	자기자본순이익률	당기순이익 / 자본총계 × 100
DR	Debt Ratio	부채비율	부채총계 / 자본총계 × 100
EPS	Earnings Per Share	주당순이익	당기순이익 / 보통주 발행주식수
BPS	Book-value Per Share	주당순자산	자본총계 / 보통주 발행주식수
PER	Price Earnings Ratio	주가순이익배수	주가 / 주당순이익
PBR	Price Book-value Ratio	주가순자산배수	주가 / 주당순자산

색이면 코스닥에 등록된 기업이다.

셋째, 실적 지표들은 모두 2006년도 말의 연간 수치를 기초로 하고 있다. 그 이후의 새로운 데이터를 확인하려면 팍스넷(www.paxnet.co.kr)이나 스타키(www.stocky.co.kr) 등을 이용하기 바란다.

넷째, 매출액과 순이익 그리고 자기자본의 수치들은 모두 백만원 단위로 표시되어 있다.

다섯째, 주당순이익(EPS)은 '당기순이익/보통주 발행주식수'이며, 주당순자산(BPS)은 '자본총계/보통주 발행주식수'로 계산되었다. 우선주 등을 포함하여 더 엄밀하게 계산하는 방법도 있지만, 여기서는 가장 간명한 계산법을 적용하고 있다.

여섯째, 주가순이익배수(PER) 및 주가순자산배수(PBR)를 계산할 때 적용한 주가는 2007년 5월 2일자 주가다. 독자 여러분이 이 책을 읽는 시점의 주가나 PER, PBR 등을 확인하려면 팍스넷이나 스타키 사이트를 이용하기 바란다.

조감도를 통한 업종 파악

골드 맵은 기업들의 우열을 한눈에 비교할 수 있도록 리스트 형식으로 작성된 것인데, 숫자로만 표기되어 있어서 숫자 보기에 익숙하지 않은 사람들에게는 좀 어렵게 느껴질 수도 있다.

따라서 기업들의 우열을 비주얼(Visual)하게 파악할 수 있도록 분포도 차트 등을 추가했다.

기업의 실적을 나타내는 핵심적인 항목들인 매출액과 순이익 그리고 기업의 가치를 파악하는 데 필수적인 항목들인 주당순이익(EPS)과 주당순자산(BPS), 이상의 네 가지 지표별로 분포도를 구성하여 숫자에 익숙하지 않은 사람일지라도 기업들을 한눈에 비교할 수 있도록 하였다.

단, 기업체의 수가 적은 업종의 경우에는 분포도를 생략했다. 분포도 없이 리스트만 보고도 업체들 간의 우열을 쉽게 비교할 수 있기 때문이다.

2

업종별 골드 리스트를 분석해보자

건설

표 2-6 **건설업종의 우수기업들**

EP	기업	개요	매출액	순이익	자기자본	ROOI	ROE	DR	EPS	BPS	PER	PBR
2	일성건설	시공능력 91위의 건설업체.	152,055	7,480	104,052	4	7	60	1,601	22,274	7.5	0.4
2	삼부토건	시공능력 26위의 건설업체.	617,284	30,119	337,773	8	9	124	3,977	44,596	8.0	0.9
2	한일건설	시공능력 45위의 건설업체.	508,950	34,572	152,224	12	23	135	4,350	19,155	15.7	0.9
2	경남기업	시공능력 16위의 건설업체.	961,712	33,110	360,244	3	9	146	2,305	25,082	18.9	1.1
2	케이씨씨건설 (KCC건설)	시공능력 30위의 건설업체.	713,732	52,211	236,681	9	22	89	9,002	40,807	15.5	1.1
2	계룡건설산업	시공능력 22위의 대전 소재 건설업체.	751,189	54,340	311,932	10	17	80	6,084	34,927	6.0	1.3
2	신세계건설	시공능력 39위의 건설업체.	581,559	24,962	124,337	6	20	138	6,240	31,084	11.6	1.3
2	현대건설	시공능력 3위의 대형 건설업체.	2,084,898	397,604	1,822,645	8	22	213	3,594	16,474	15.5	3.4

EP	기업	개요	매출액	순이익	자기자본	ROOI	ROE	DR	EPS	BPS	PER	PBR
3	화성산업	시공능력 52위의 대구 소재 건설업체.	520,131	39,078	302,028	12	13	122	3,139	24,258	5.4	0.8
3	삼성물산	시공능력 2위의 대형 건설업체.	9,727,981	188,414	4,760,936	3	4	110	1,206	30,476	62.6	1.3
3	지에스건설 (GS건설)	시공능력 4위의 대형 건설업체.	5,745,165	386,953	1,784,467	7	22	166	7,587	34,990	18.0	2.7
4	신일건업	시공능력 74위의 건설업체.	193,181	10,061	119,937	11	8	162	1,677	19,989	4.5	0.6
4	삼일기업공사	관급공사 위주의 건설업체.	43,538	4,100	34,049	9	12	34	3,307	27,459	6.7	0.8
4	풍림산업	시공능력 19위의 건설업체.	1,142,346	20,280	220,428	6	9	345	942	10,243	12.2	0.8
4	동신건설	대구경북지역의 관급 토목공사 위주의 건설업체 가끔 분기적자를 기록함.	45,615	7,486	35,070	19	21	55	891	4,175	1.5	0.9
4	한신공영	시공능력 32위의 건설업체.	801,236	57,793	268,342	8	22	183	5,833	27,082	2.4	1.0
4	고려개발	시공능력 29위의 건설업체.	785,613	46,720	277,975	10	17	159	3,893	23,165	3.9	1.0
4	금호산업	시공능력 10위의 건설업체. 1위 건설사인 대우건설을 인수함.	1,628,632	194,253	1,139,962	8	17	241	4,782	28,062	119.3	1.0
4	동원개발	시공능력 58위의 부산 소재 건설업체 주당순이익이 상승추세임.	183,452	36,934	175,445	27	21	33	4,067	19,320	5.4	1.0
4	서희건설	시공능력 70위의 건설업체.	368,514	15,714	93,423	7	17	184	314	1,868	4.3	1.2
4	코오롱건설	시공능력 20위의 건설업체. 2004년에 대규모 적자를 기록함.	1,155,162	69,826	301,197	10	23	214	3,088	13,318	11.9	1.2
4	쌍용건설	시공능력 13위의 건설업체. 가끔 분기적자를 기록함.	1,476,514	45,876	368,645	7	12	145	1,541	12,383	11.0	1.7

EP	기업	개요	매출액	순이익	자기자본	ROOI	ROE	DR	EPS	BPS	PER	PBR
4	삼호	시공능력 51위의 건설업체.	515,003	31,153	128,483	9	24	215	2,163	8,922	4.4	1.7
4	대우건설	시공능력 1위의 대형 건설업체.	5,729,108	438,298	2,773,767	11	16	119	1,292	8,175	30.7	2.9
5	서광건설산업	경상, 경기 지역의 건설업체. 가끔 분기적자를 기록함.	99,532	787	22,886	2	3	191	152	4,415	15.4	0.9
5	삼호개발	관급 토목공사 위주의 건설업체.	118,087	7,474	39,065	7	19	88	523	2,732	5.9	1.7
6	삼환까뮤	시공능력 100위의 건설업체.	94,930	3,220	105,311	3	3	46	713	23,323	15.3	0.4
6	신성건설	시공능력 37위의 건설업체. 2006년 4/4분기에 적자로 전환됨.	576,928	5,448	113,947	2	5	348	615	12,857	-	0.4
6	울트라건설	시공능력 63위의 건설업체. 2004년에 대규모 적자를 기록함.	244,852	10,445	84,473	6	12	201	1,563	12,643	49.8	0.5
6	중앙건설	시공능력 46위의 전북 소재 건설업체.	306,335	9,013	187,061	6	5	154	1,368	28,387	11.6	0.5
6	신한	시공능력 73위의 건설업체. 2006년 4/4분기에 적자로 전환됨.	110,740	4,491	132,362	3	3	68	288	8,489	-	0.6
6	성지건설	시공능력 50위의 건설업체.	227,627	20,615	182,732	12	11	94	3,436	30,455	5.8	0.6
6	삼환기업	시공능력 23위의 건설업체.	819,202	41,242	474,673	7	9	91	3,488	40,141	4.2	0.6
6	동양건설산업	시공능력 34위의 건설업체. 가끔 분기 적자를 기록하며, 2006년 4/4분기에 적자로 전환됨.	425,678	17,906	158,428	8	11	157	7,193	63,646	-	0.7
6	벽산건설	시공능력 24위의 건설업체.	805,639	18,270	317,529	6	6	188	666	11,584	7.0	0.7
6	특수건설	도로, 철도 등 토목 위주 건설업체.	78,799	4,432	41,120	7	11	92	693	6,425	3.7	0.8

EP	기업	개요	매출액	순이익	자기자본	ROOI	ROE	DR	EPS	BPS	PER	PBR
6	진흥기업	시공능력 59위의 건설업체.	495,235	6,640	130,787	4	5	185	114	2,247	74.6	0.8
6	이화공영	제약업종 수주가 많은 중소 건설업체.	48,474	1,186	18,430	3	6	79	190	2,954	14.0	0.8
6	한라건설	시공능력 28위의 건설업체.	851,016	25,896	246,914	5	10	219	2,687	25,621	8.0	0.9
6	성원건설	시공능력 53위의 건설업체. 가끔 분기 적자를 기록하며, 2006년 4/4분기에 적자로 전환됨.	330,648	14,843	183,661	17	8	144	426	5,271	–	0.9
6	대림산업	시공능력 5위의 대형 건설업체.	4,269,282	253,557	2,535,478	6	10	79	7,286	72,859	32.8	1.5
6	현대산업개발	시공능력 6위의 대형 건설업체.	2,503,264	290,143	1,903,155	15	15	81	3,849	25,246	13.3	2.2
7	동부건설	시공능력 18위의 건설업체.	1,403,035	15,846	449,192	1	4	234	727	20,614	32.3	0.8
7	범양건영	시공능력 67위의 건설업체.	200,070	6,679	127,976	3	5	85	880	16,856	7.5	0.9
8	남광토건	시공능력 47위의 건설업체.	554,305	16,728	114,999	3	15	361	1,063	7,307	1.6	0.8
8	동원시스템즈	동원 계열의 통신장비, 건설 복합업종 업체 건설부문 확대 중.	312,153	21,639	105,861	7	20	118	180	879	5.6	2.1
	46개 평균		**1,115,400**	**65,736**	**519,784**	**7.8**	**12.7**	**147**	**2,630**	**20,723**	**16.9**	**1.1**

건설업종에서는 총 46개 기업이 우수기업 리스트에 포함되었다.

먼저 매출액 순위부터 살펴보기로 하자. 기업의 규모와 실적을 판가름하려면 먼저 매출액부터 살펴보아야 한다.

다음의 차트들은 매출액 분포도들이다. 기업의 수가 많아 네 개의 차트로 분리했다.

건설업계의 1위 업체는 대우건설이다. 대한건설협회에서 발표한 도급순

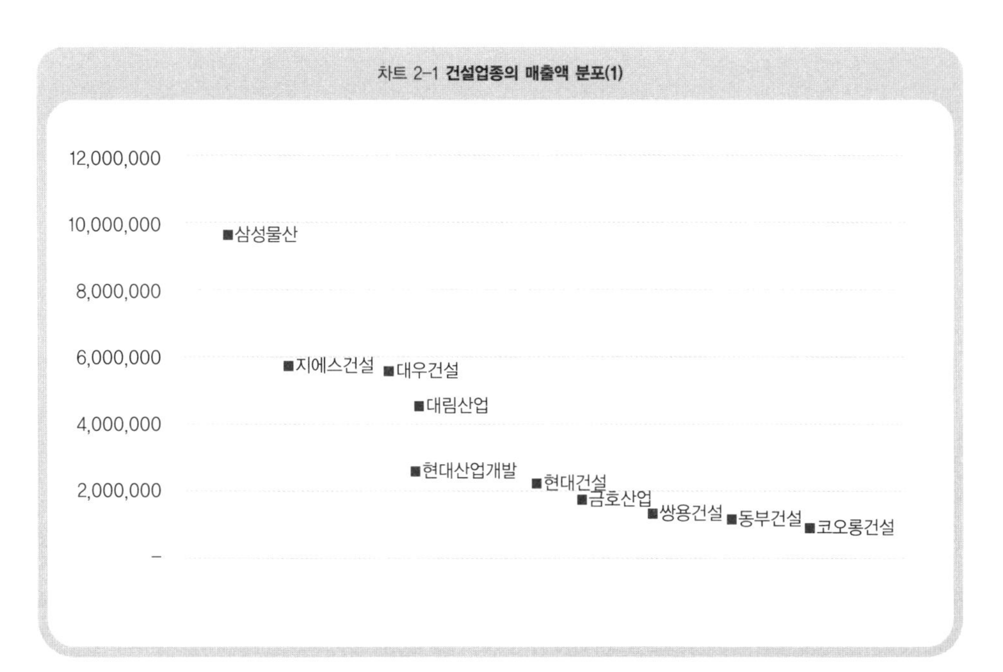

차트 2-1 **건설업종의 매출액 분포(1)**

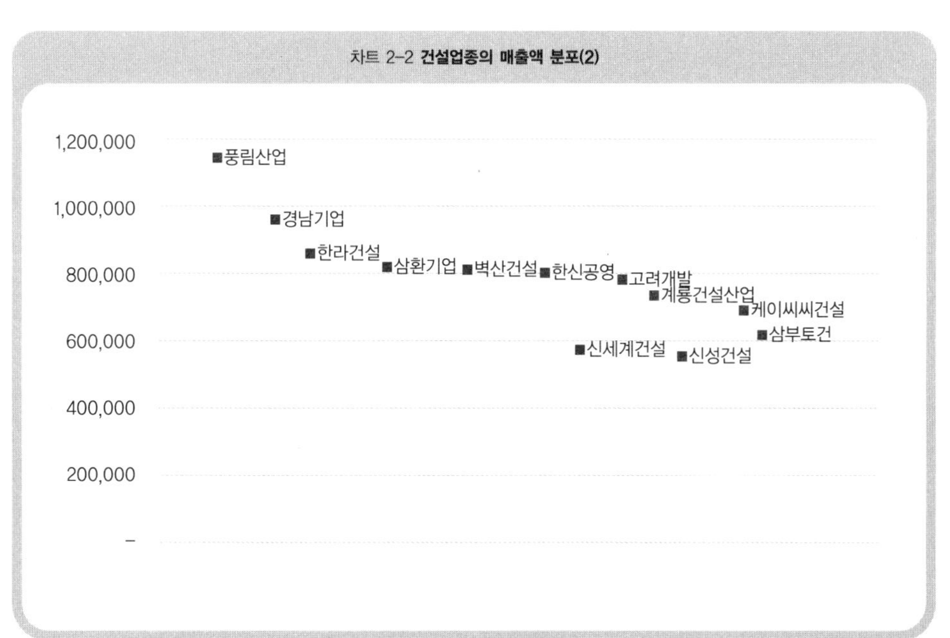

차트 2-2 **건설업종의 매출액 분포(2)**

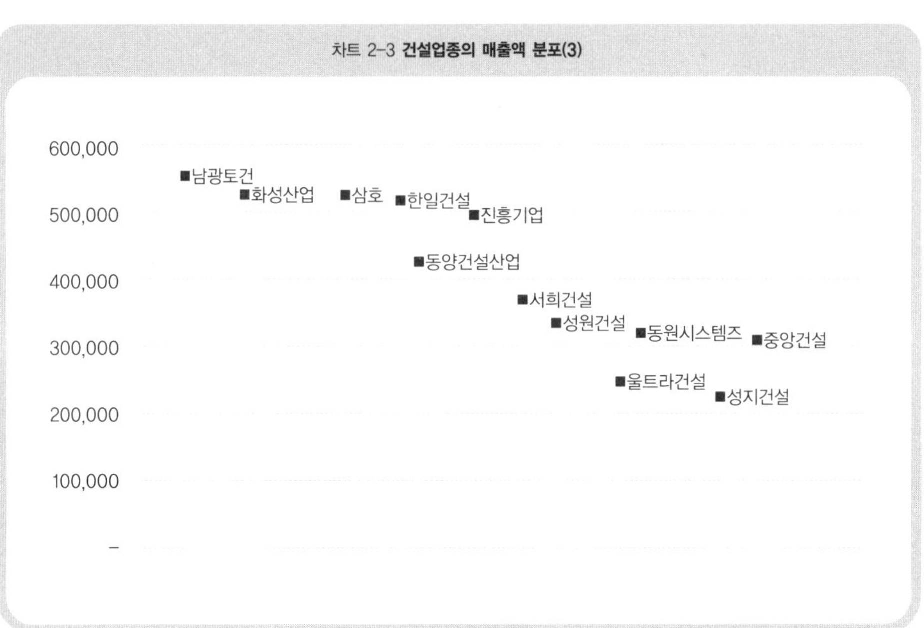

차트 2-3 **건설업종의 매출액 분포(3)**

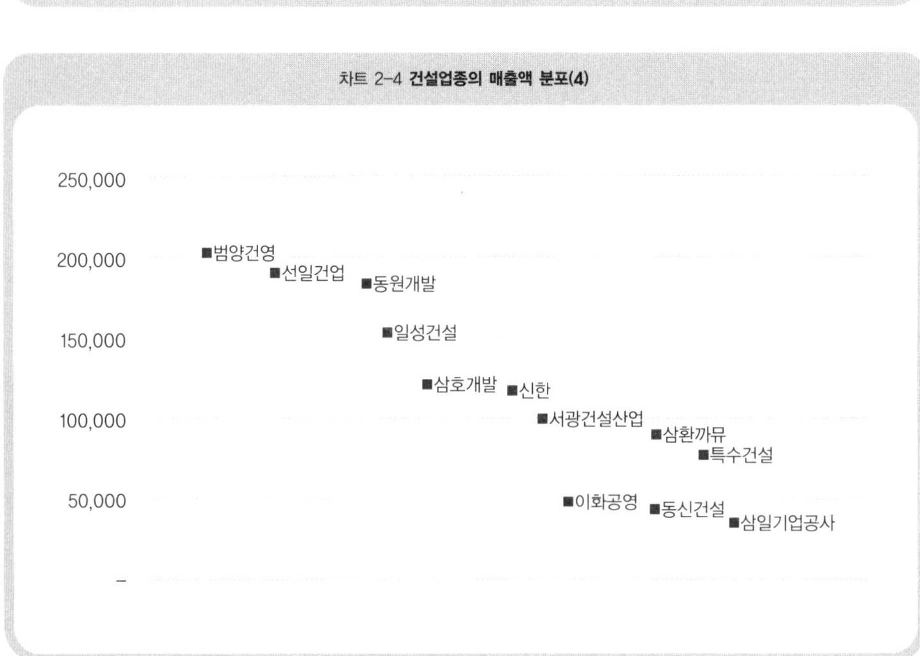

차트 2-4 **건설업종의 매출액 분포(4)**

위에서 1위를 달리고 있다. 매출액은 5조 7,000억을 넘어서고 있다.

재무제표상의 순위로만 보면, 종합상사업을 겸하고 있는 삼성물산이 9조 7,000억원으로 1위고, GS건설과 대우건설이 박빙의 승부를 펼치고 있다. 그 외 대림산업, 현대산업개발, 현대건설, 금호산업 등 매출액이 1조원을 넘는 업체는 건설업계에서만 11개에 이르고 있다.

기업의 최종적인 경영성과라 할 수 있는 당기순이익 실적도 비교해보자. 대우건설이 순이익 실적에서도 4,400억원 가까운 금액으로 1위를 달리고 있다. 4,000억원에 이르는 현대건설부터 1,900억원에 달하는 삼성물산까지 1,000억원 이상의 순이익을 올리고 있는 건설업체는 전부 7개다.

이러한 실적이 기업가치에는 어떻게 반영되고 있는지 확인해보자.

차트 2-9부터 네 차트는 주당순이익(EPS)의 우열을 분포도로 표시한 차트들이다.

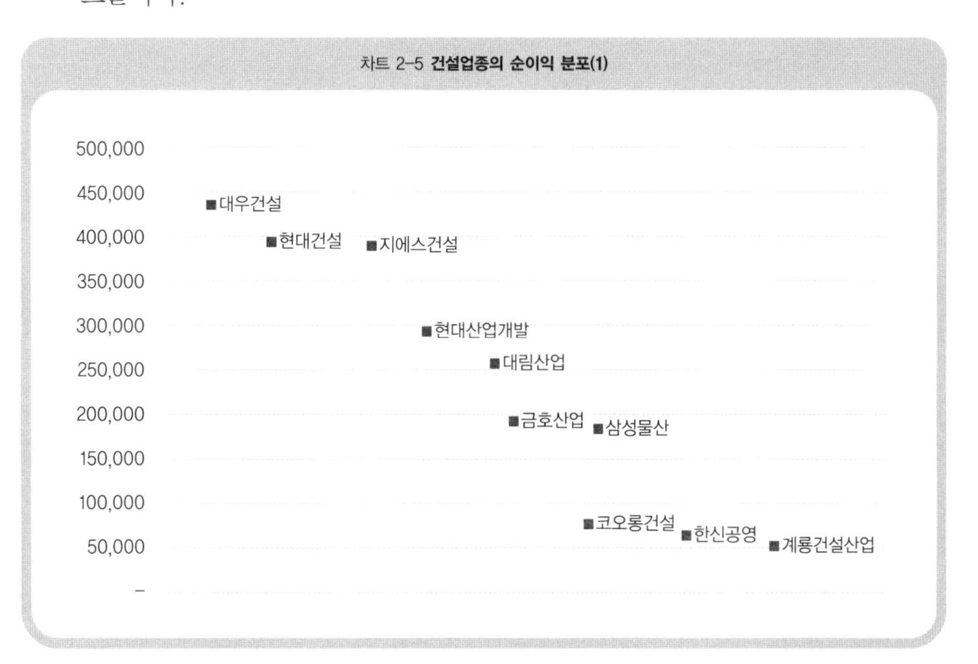

차트 2-6 **건설업종의 순이익 분포(2)**

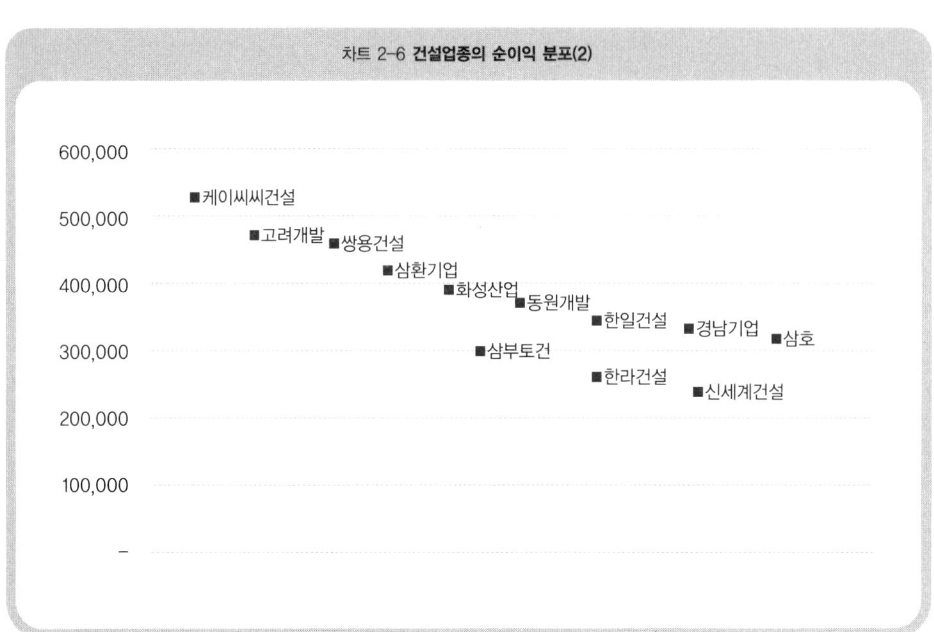

차트 2-7 **건설업종의 순이익 분포(3)**

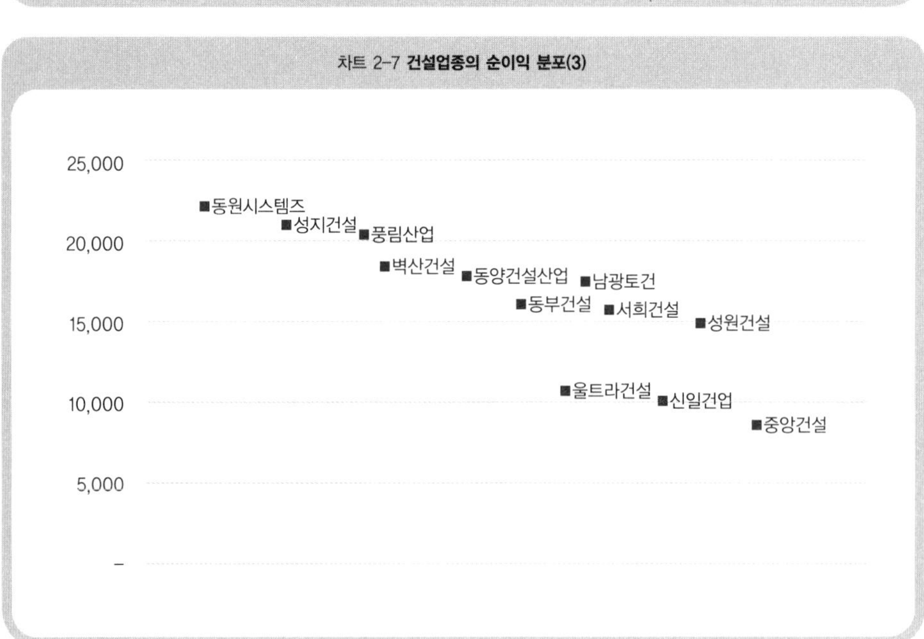

차트 2-8 **건설업종의 순이익 분포(4)**

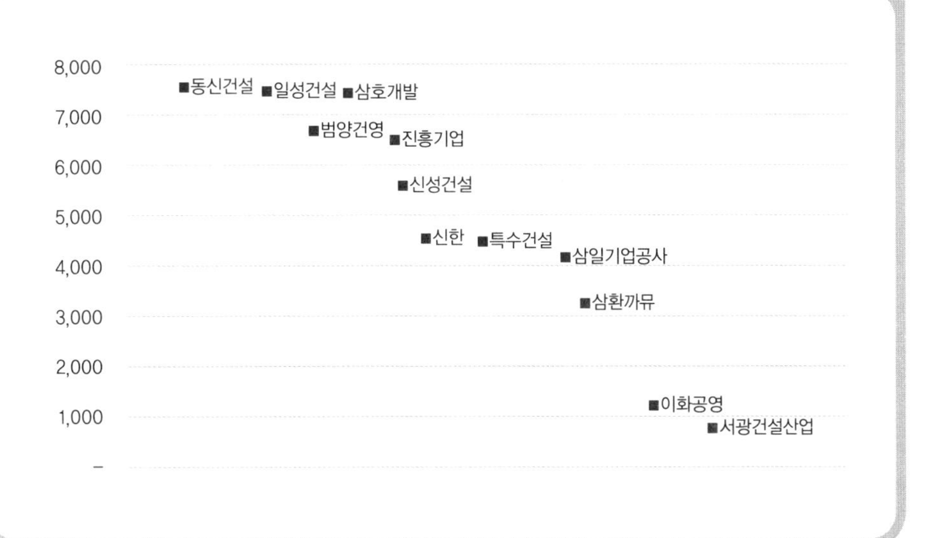

주당 9,000원의 순이익을 달성한 KCC건설이 기업가치 측면에서 수위를 기록했고, GS건설, 대림산업, 동양건설산업이 모두 주당 7,000원대를 넘어서고 있다. 그 외 신세계건설, 계룡건설산업, 한신공영 등도 우수한 실적을 바탕으로 높은 주당순이익(EPS) 가치를 실현하고 있다.

주당 1,000원 이상의 가치를 실현하고 있는 건설업체는 모두 29개로, 전체의 63%를 차지하고 있다.

기업의 실제 가치라 할 수 있는 주당순자산(BPS)의 크기도 알아보도록 하자. 7만 3,000원을 기록한 대림산업이 주당순자산 가치가 가장 큰 기업에 등극했다. 그 뒤를 동양건설산업, 삼부토건, KCC건설, 삼환기업 등이 큰 가치를 실현하고 있다.

1만원 이상의 주당가치를 실현하고 있는 기업체의 수는 모두 33개에 달하고 있다.

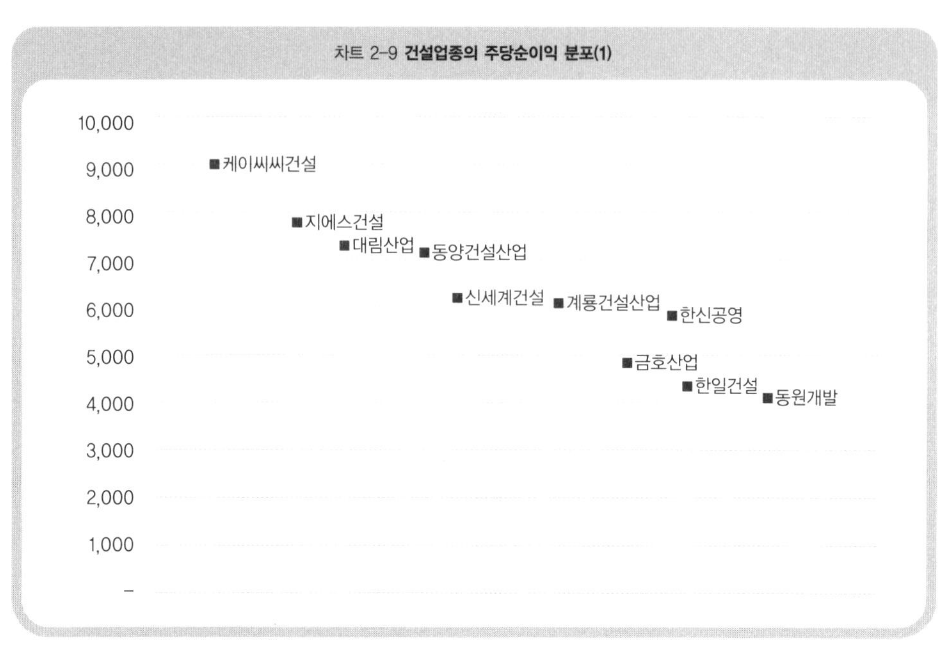
차트 2-9 건설업종의 주당순이익 분포(1)
10,000
9,000
8,000
7,000
6,000
5,000
4,000
3,000
2,000
1,000
-
케이씨씨건설
지에스건설
대림산업
동양건설산업
신세계건설
계룡건설산업
한신공영
금호산업
한일건설
동원개발

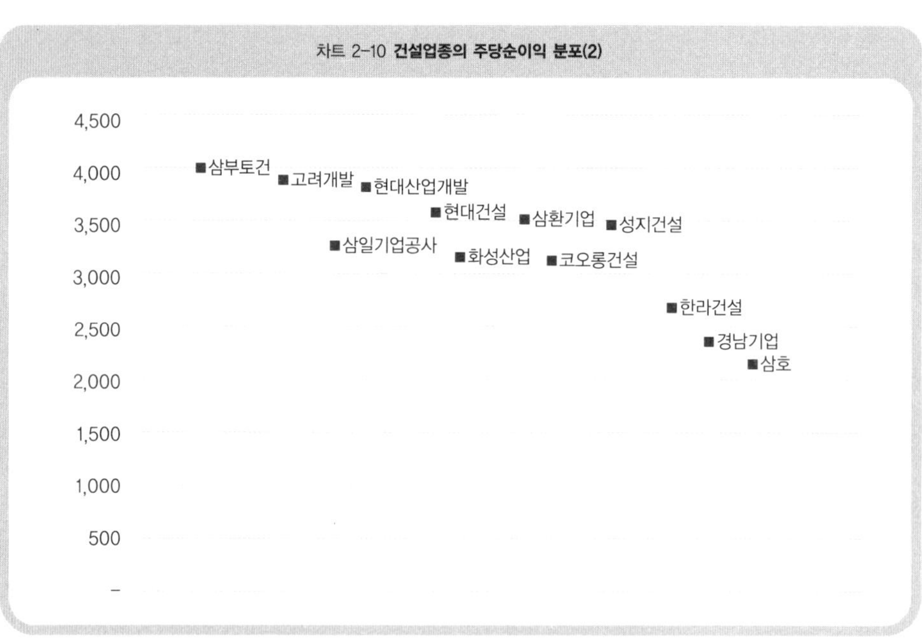
차트 2-10 건설업종의 주당순이익 분포(2)
4,500
4,000
3,500
3,000
2,500
2,000
1,500
1,000
500
-
삼부토건
고려개발
현대산업개발
현대건설
삼환기업
성지건설
삼일기업공사
화성산업
코오롱건설
한라건설
경남기업
삼호

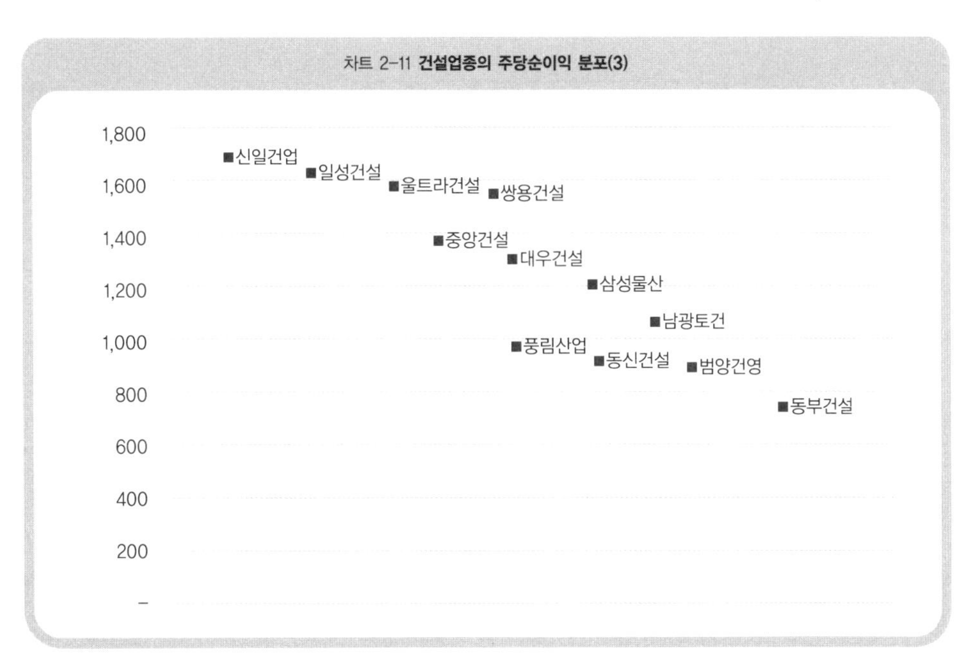

차트 2-11 **건설업종의 주당순이익 분포(3)**

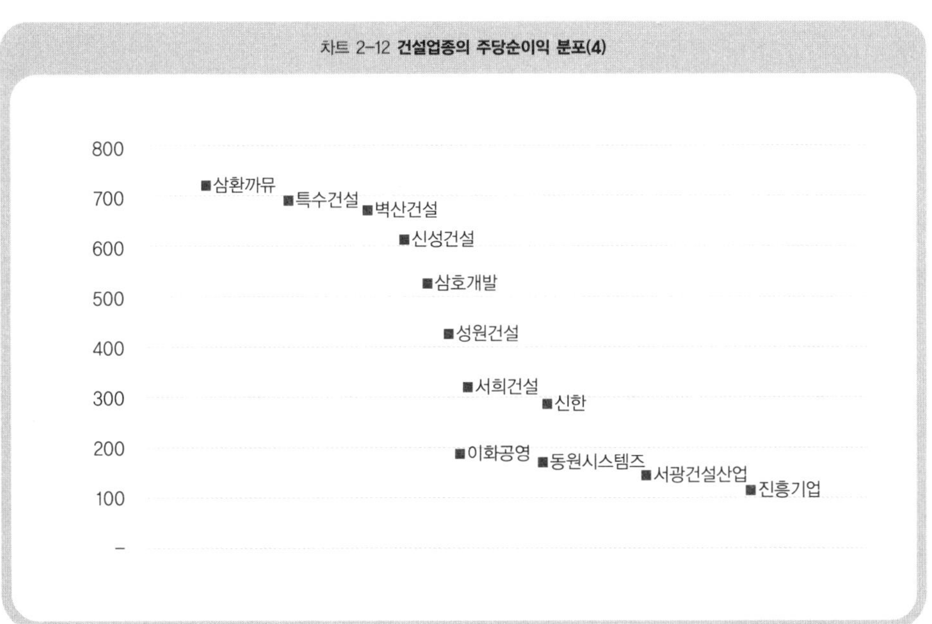

차트 2-12 **건설업종의 주당순이익 분포(4)**

차트 2-13 **건설업종의 주당순자산 분포(1)**

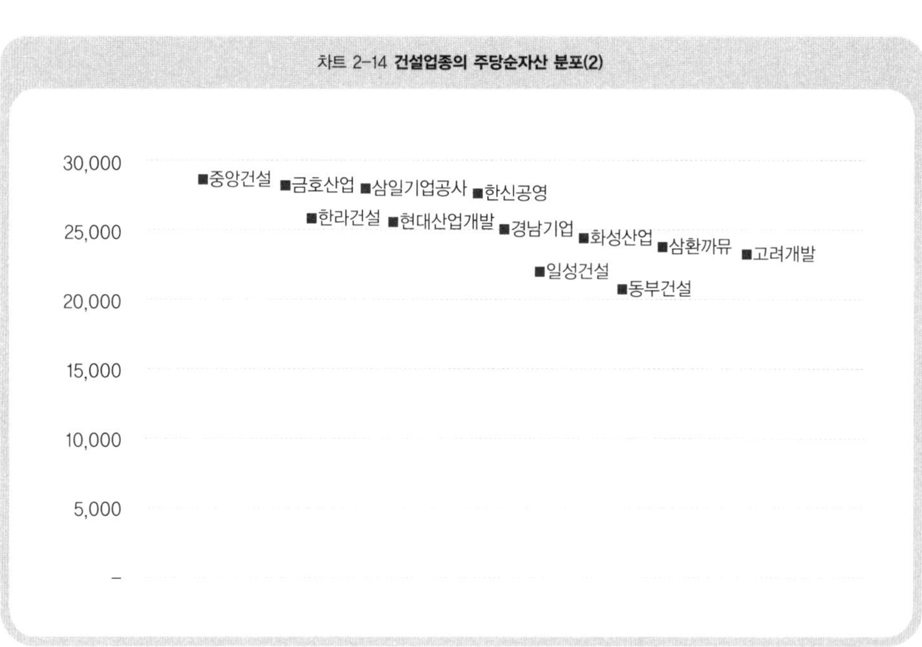

차트 2-14 **건설업종의 주당순자산 분포(2)**

차트 2-15 **건설업종의 주당순자산 분포(3)**

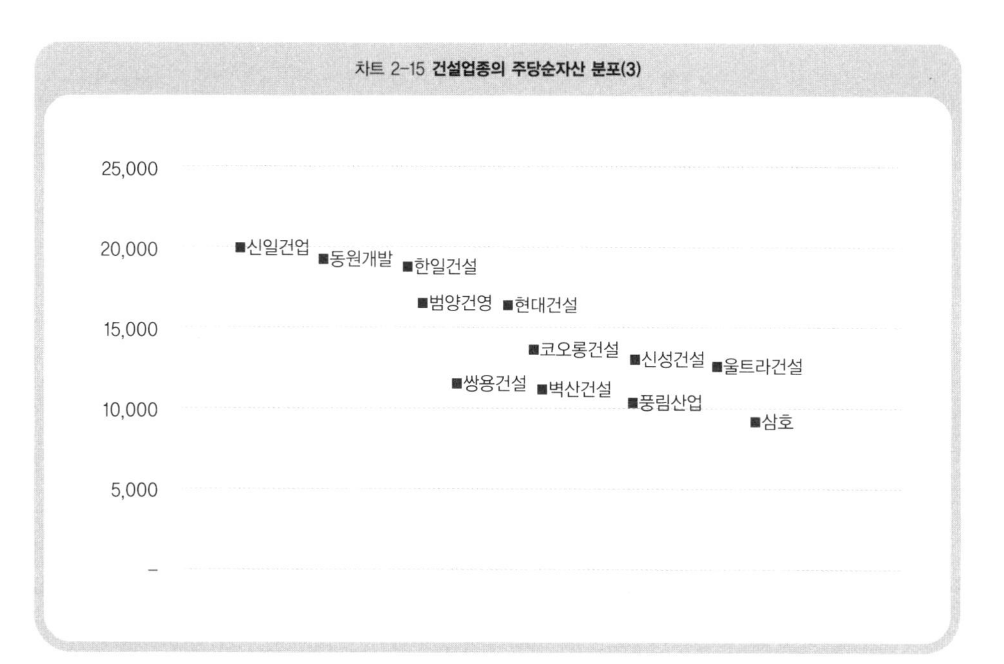

차트 2-16 **건설업종의 주당순자산 분포(4)**

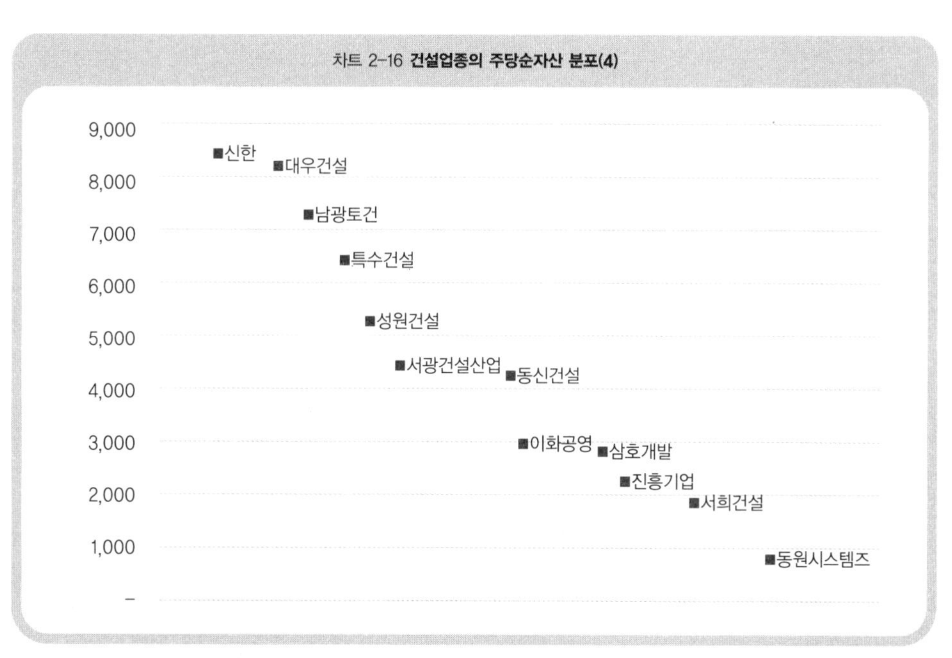

한편 건설업종 내에서 매년 주당순이익이 지속적으로 증가한 2그룹에 8개 기업이 포함되었는데, 일성건설, 삼부토건, 한일건설, 경남기업, 케이씨씨건설, 계룡건설산업, 신세계건설, 현대건설 등과 같은 우량기업들이다.

너무 많은 기업들이 업종 내에 포함되어 있으므로 독자들의 우량기업 선정을 돕기 위해 우량기업 리스트를 따로 추출해보았다. 영업이익률(ROOI)

표 2-7 **건설업종의 우량기업들**

기업	ROOI	ROE	EPS P	EPS R	PBR
한일건설	12	23	2	9	0.94
계룡건설산업	10	17	2	6	1.25
케이씨씨건설	9	22	2	1	1.14
현대건설	8	22	2	14	3.43
신세계건설	6	20	2	5	1.33
화성산업	12	13	3	18	0.76
지에스건설	7	22	3	2	2.69
동원개발	27	21	4	10	1.02
동신건설	19	21	4	30	0.92
성원건설	17	8	6	39	0.95
현대산업개발	15	15	6	13	2.17
성지건설	12	11	6	16	0.62
대우건설	11	16	4	26	2.93
코오롱건설	10	23	4	19	1.18
고려개발	10	17	4	12	1.02
삼호	9	24	4	22	1.73
한신공영	8	22	4	7	0.96

과 자기자본순이익률(ROE)이 모두 두 자릿수이거나 ROOI가 15%를 넘거나 ROE가 20%를 넘는 기업만을 간추린 것이다.

EPS P는 EPS의 유형(Pattern) 중에서 어느 그룹에 속하는지를 나타내고, EPS R은 업종 내에서 EPS의 크기가 어떤 순위(Ranking)에 있는지를 나타낸다.

앞의 기업들 중에서 영업이익률과 자기자본순이익률에서 앞선 실적을 거두고 있지만, PBR은 낮은 기업들을 골라 각 기업들의 EPS 추세를 비교해 보도록 하자.

계룡건설산업이나 KCC건설 모두 EPS 증가 추세를 잘 유지하고 있다. 화성산업 및 동원개발의 EPS 추세가 안정적인 모습을 보이고 있다.

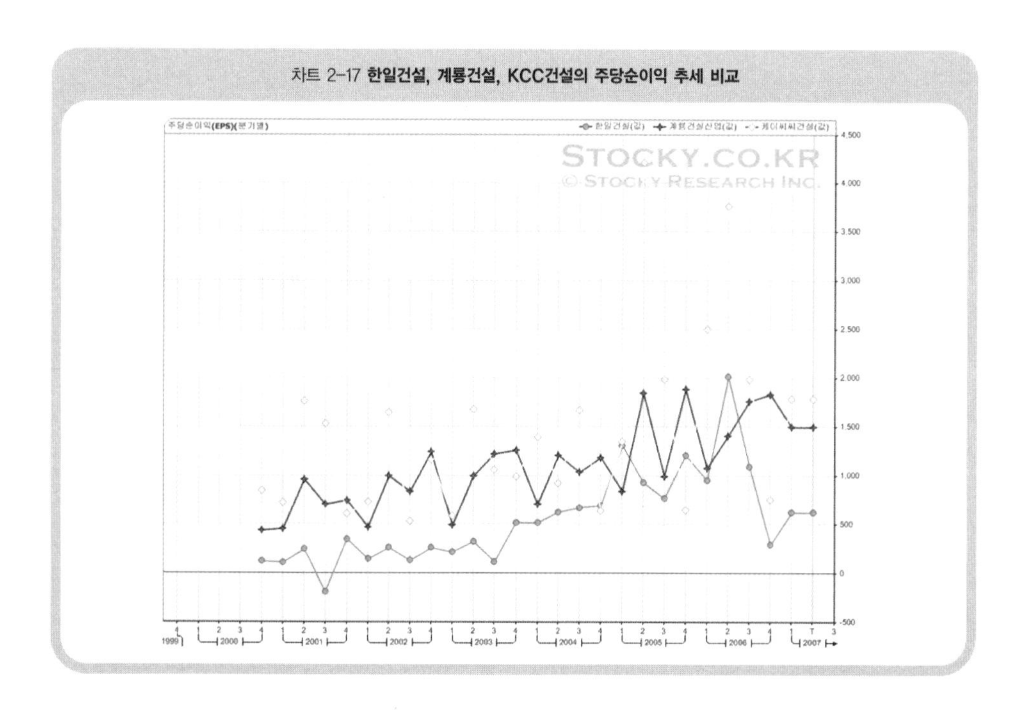

차트 2-17 **한일건설, 계룡건설, KCC건설의 주당순이익 추세 비교**

차트 2-18 **화성산업, 동원개발, 동신건설의 주당순이익 추세 비교**

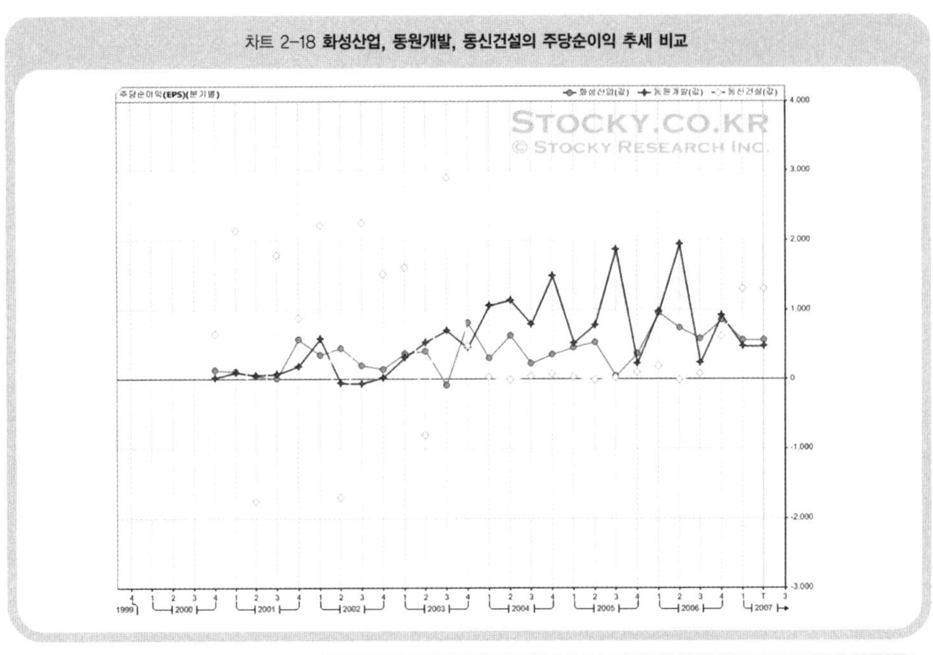

차트 2-19 **고려개발, 코오롱건설, 삼호의 주당순이익 추세 비교**

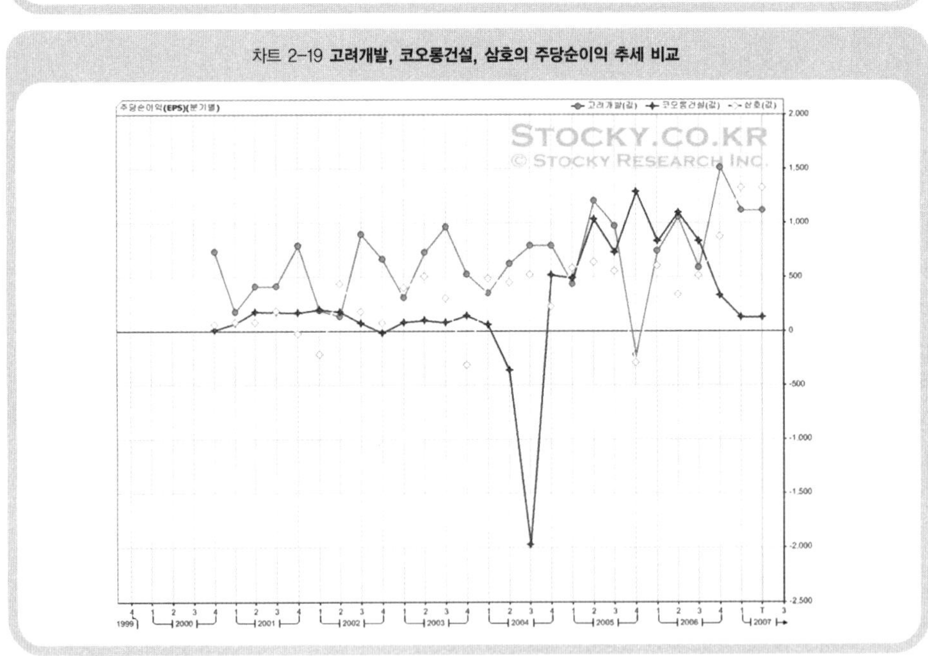

비록 2006년 4/4분기에 적자를 기록하긴 했지만 고려개발, 삼호의 실적 추세가 호조를 띠고 있다.

설계/내장

표 2-8 **설계/내장업종의 우수기업들**

EP	기업	개요	매출액	순이익	자기자본	ROOI	ROE	DR	EPS	BPS	PER	PBR
2	세보엠이씨	삼성전자, 이마트 등 대상 공조 및 냉난방 설비시설 업체. 주당순이익 증가속도가 완만해졌음.	143,998	13,597	46,156	10	29	49	1,291	4,383	2.2	1.2
4	국보디자인	인테리어 시설업체.	73,557	3,272	29,558	4	11	55	436	3,941	5.5	0.9
4	희훈디앤지	인테리어 시공능력 3위 시설업체.	112,194	2,423	33,370	5	7	194	148	2,037	34.4	1.1
6	유신코퍼레이션	토목공사 전문 설계업체.	176,504	4,063	67,850	3	6	43	1,354	22,617	9.0	0.6
6	시공테크	전시관 설계, 시설업체.	60,712	5,007	42,937	6	12	42	255	2,186	6.1	1.4
6	르네코	홈네트워킹 설비 시설업체.	44,712	3,825	21,927	7	17	71	242	1,389	7.5	1.5
6	희림종합건축사사무소	건축 설계 및 감리업체. 2006년 4/4분기에 적자로 전환됨.	91,463	3,454	33,145	5	10	14	633	6,077	-	2.3
7	홈센타	건축자재 유통판매 및 내장설비 시설 업체. 가끔 분기 적자를 기록했음.	57,382	419	22,037	3	2	172	45	2,387	18.4	0.9
7	이건창호시스템	시스템창호 제조업체. 2006년 4/4분기에 적자로 전환됨.	178,964	605	41,412	0	1	261	53	3,610	-	1.3
	9개 평균		**104,387**	**4,074**	**37,599**	**4.8**	**10.6**	**100**	**495**	**5,403**	**11.9**	**1.2**

9개 기업 모두 코스닥 기업들이다.

매출 규모부터 확인해보자. 이건창호시스템이 1,800억원에 가까운 실적으로 1위를 기록 중이고, 바로 뒤에서 유신코퍼레이션이 1위를 맹추격하고 있다. 그 외 세보엠이씨, 희훈디앤지 등도 연간 매출액 1,000억원을 넘는 우수기업들이다.

순수익에서는 130억원을 넘긴 세보엠이씨가 홀로 앞질러 가는 가운데 시공테크, 유신코퍼레이션 등이 한참 뒤처져 있다.

주당순이익 가치에서는 유신코퍼레이션이 세보엠이씨를 간발의 차이로 앞서고 있다. 둘 다 1,300원대의 주당순이익을 획득하고 있다.

유신코퍼레이션은 다른 업체들보다 4배 정도 큰 2만 2,000원의 주당순자산을 보유하고 있다. 그 다음에는 희림건축사사무소로 6,000원이다.

9개 업체 중에서 세보엠이씨 하나만 주당순이익이 계속 증가하고 있는 2

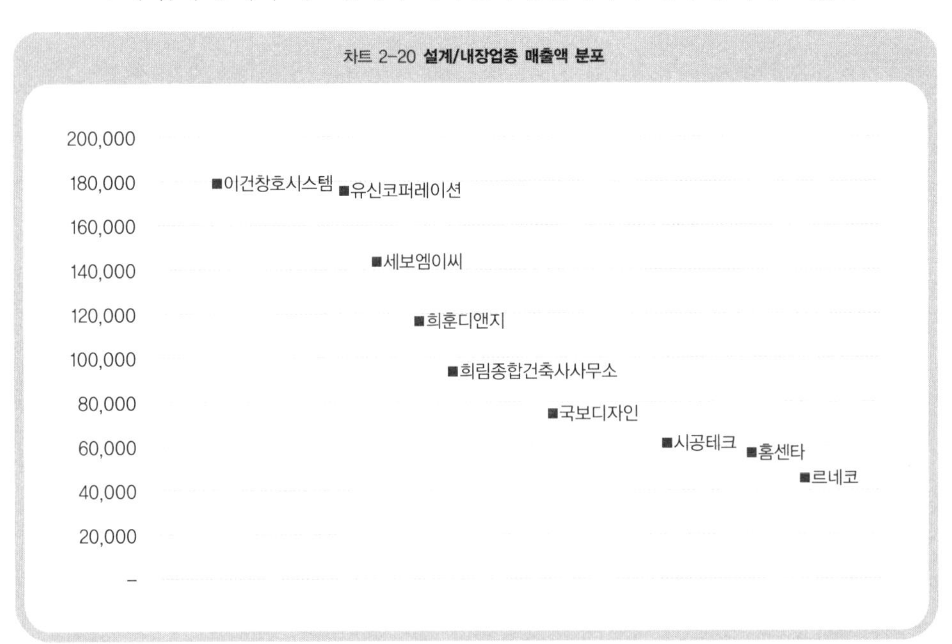

차트 2-21 **설계/내장업종 순이익 분포**

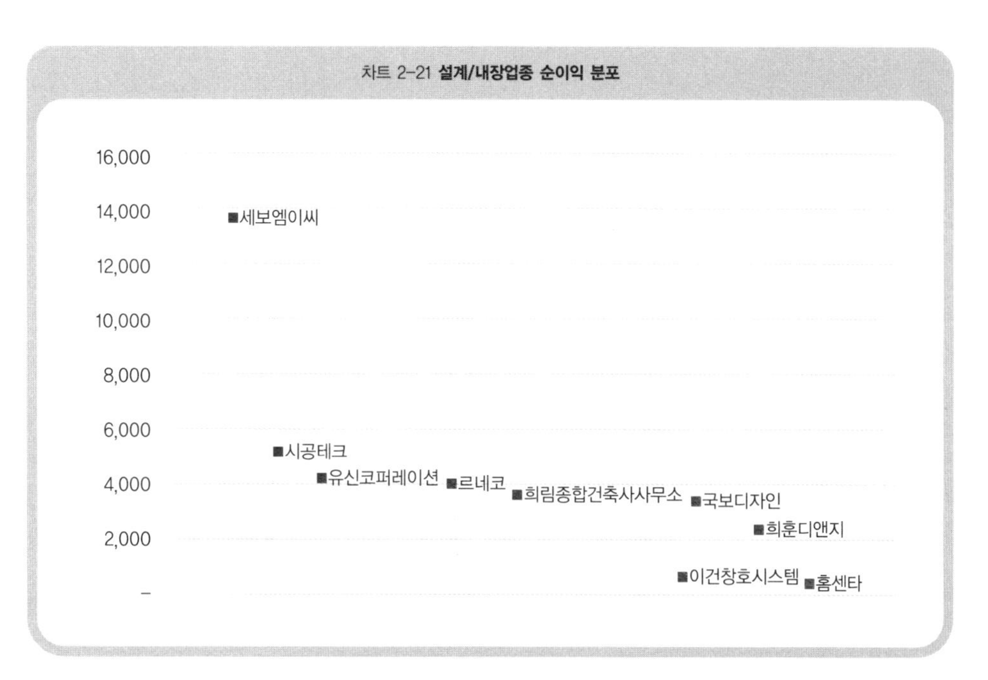

차트 2-22 **설계/내장업종 주당순이익 분포**

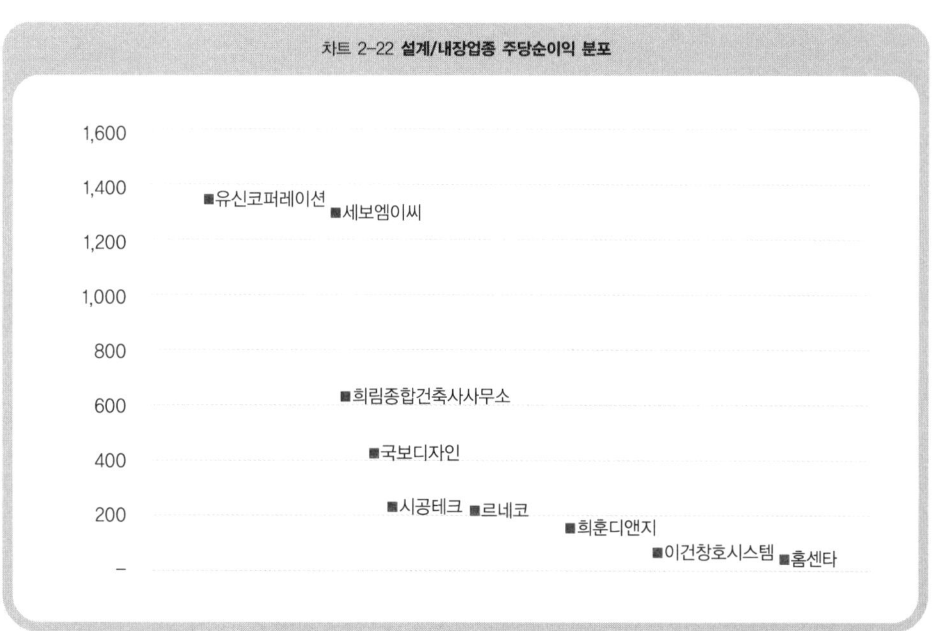

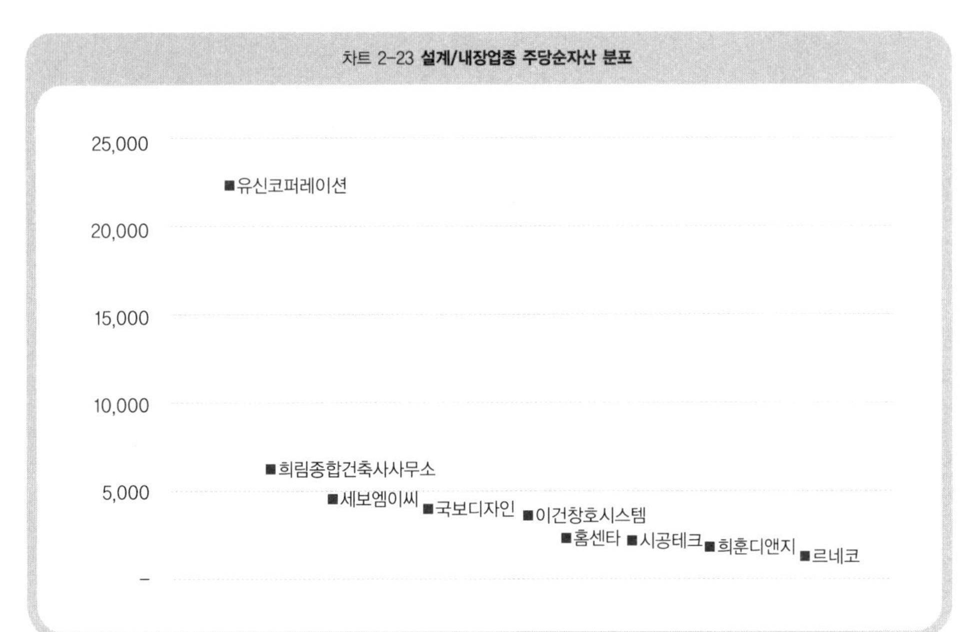

그룹에 포함되었다.

세보엠이씨는 영업이익률과 자기자본순이익률에서 모두 10% 이상의 기록을 달성하며 뛰어난 수익 창출능력까지 보여주고 있다.

차트 2-24를 통해 주당순이익 추세가 가장 좋은 세보엠이씨와 주당순이익 및 주당순자산이 가장 큰 유신코퍼레이션의 주당순이익 가치의 추세를 비교해보기로 하자.

세보가 점차 늘어나는 반면, 분기별 변동이 심한 유신은 점차 줄어드는 추세에 있다.

차트 2-24 **세보엠이씨와 유신코퍼레이션의 주당순이익 추세 비교**

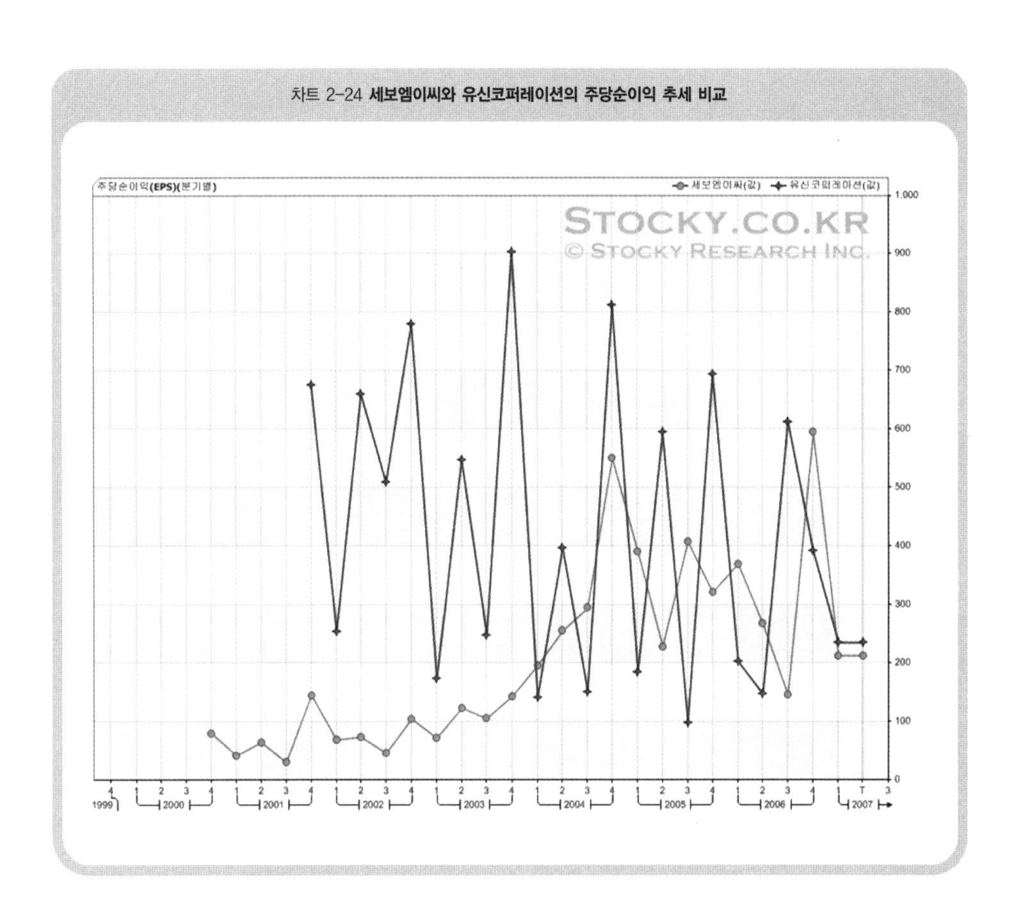

은행

표 2-9 **은행업종의 우수기업들**

EP	기업	개요	매출액	순이익	자기자본	ROOI	ROE	DR	EPS	BPS	PER	PBR
2	제주은행	제주지역 지방은행 2006년 4/4분기에 적자로 전환됨.	147,340	14,155	2,470,751	9	1	1,768	912	8,519	–	1.0

표 2-9 **은행업종의 우수기업들**

EP	기업	개요	매출액	순이익	자기자본	ROOI	ROE	DR	EPS	BPS	PER	PBR
2	중소기업은행	대형 시중은행.	7,920,494	1,053,323	103,435,802	17	1	1,654	2,600	14,556	7.1	1.3
2	우리금융지주	우리은행 중심의 금융지주회사.	2,031,611	2,029,319	13,793,521	93	15	16	2,518	14,805	11.0	1.6
2	부산은행	부산경남지역 지방은행.	1,480,330	183,856	21,710,788	19	1	1,598	1,253	8,718	21.6	1.6
2	대구은행	대구경북지역 지방은행.	1,546,946	240,535	21,857,747	21	1	1,632	1,821	9,549	13.2	1.6
4	하나금융지주	하나은행 중심의 금융지주회사. 하나은행 시기부터 연결하면, 주당순이익이 증가 중임.	1,127,312	1,079,432	7,799,329	98	14	0	5,095	36,815	10.4	1.3
4	신한금융지주회사	신한은행 중심의 금융지주회사.	1,997,914	1,832,718	15,003,631	91	12	32	4,822	28,221	20.2	1.9
4	국민은행	국내 최대의 시중은행.	19,308,604	2,472,111	195,206,481	16	1	1,197	7,349	44,756	33.2	1.9
6	한국외환은행	대형 시중은행.	7,340,883	1,006,167	69,441,466	13	1	989	1,560	9,892	94.3	1.5
7	전북은행	전북지역 지방은행.	343,001	31,266	5,631,995	12	1	2,084	877	7,238	106.2	1.2
	10개 평균		**4,324,444**	**994,288**	**45,635,151**	**38.9**	**4.8**	**1,097**	**2,881**	**18,307**	**35.3**	**1.5**

모두 10개의 시중은행과 지방은행들이 선발되었다.

매출 규모부터 살펴보도록 하자. 일반은행 중에서는 국민은행이 19조 3,000억원으로, 금융지주사에서는 우리금융지주와 신한금융지주가 2조원으로 매출 상위권을 형성하고 있다. 현재 업계 수위를 차지하기 위한 경쟁은 국민은행과 신한은행 간의 2파전 양상으로 전개되고 있다.

순이익 규모에서도 국민은행이 2조 5,000억원으로 1위를 고수하고 있고 우리금융지주, 신한금융지주가 뒤따르고 있다.

국민은행의 주당순이익은 7,300원대를 넘고 있다. 하나금융지주와 신한금융지주도 5,000원대에 도달하고 있다.

역시 국민은행이 4만 5,000원으로 가장 큰 주당순자산을 보유하고 있으

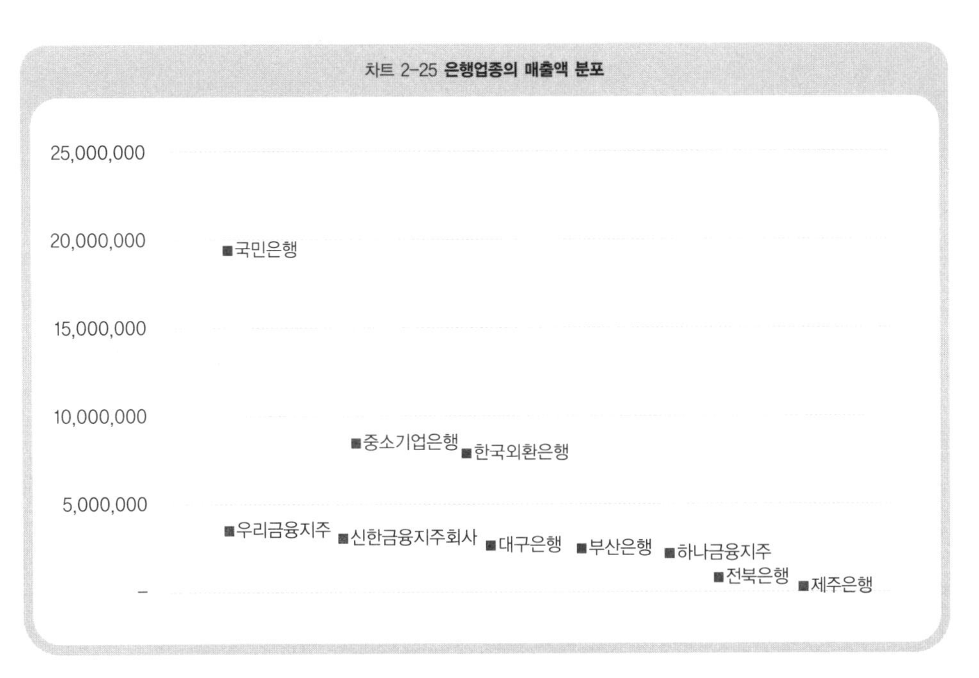
차트 2-25 은행업종의 매출액 분포
25,000,000
20,000,000
15,000,000
10,000,000
5,000,000
–
국민은행
중소기업은행
한국외환은행
우리금융지주
신한금융지주회사
대구은행
부산은행
하나금융지주
전북은행
제주은행

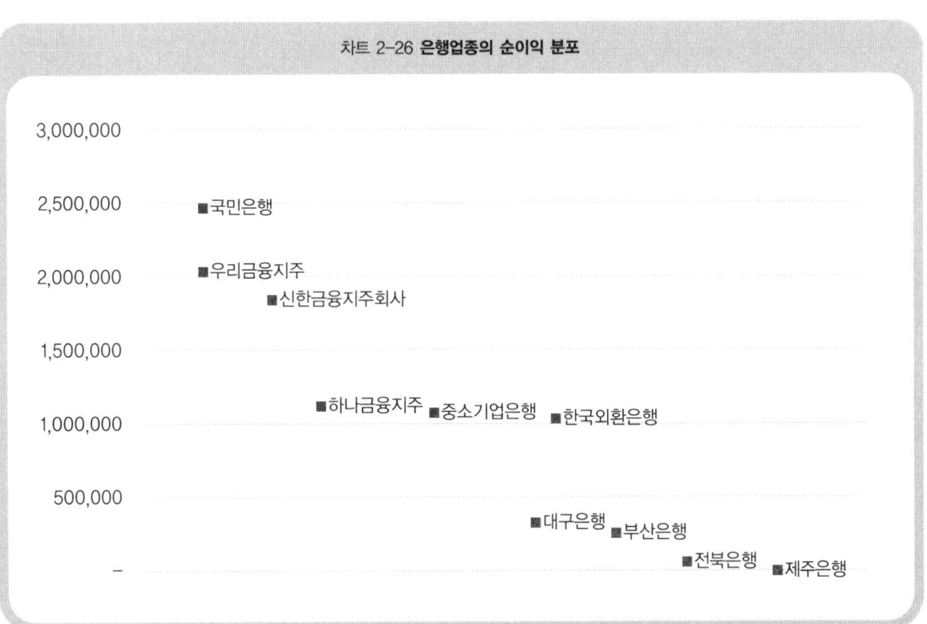
차트 2-26 은행업종의 순이익 분포
3,000,000
2,500,000
2,000,000
1,500,000
1,000,000
500,000
–
국민은행
우리금융지주
신한금융지주회사
하나금융지주
중소기업은행
한국외환은행
대구은행
부산은행
전북은행
제주은행

차트 2-27 은행업종의 주당순이익 분포
8,000
7,000
6,000
5,000
4,000
3,000
2,000
1,000
-
국민은행
하나금융지주
신한금융지주회사
중소기업은행
우리금융지주
대구은행
한국외환은행
부산은행
제주은행
전북은행

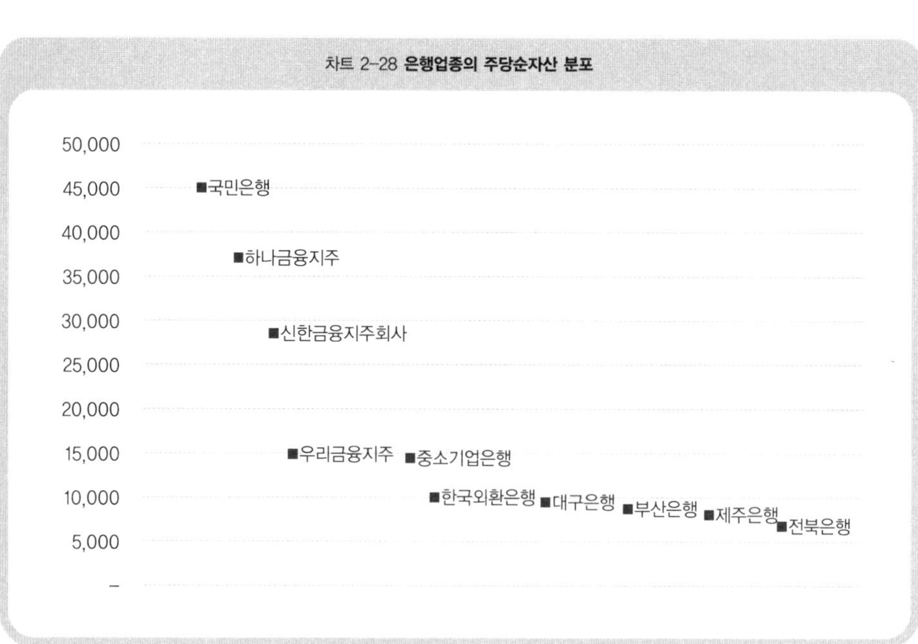
차트 2-28 은행업종의 주당순자산 분포
50,000
45,000
40,000
35,000
30,000
25,000
20,000
15,000
10,000
5,000
-
국민은행
하나금융지주
신한금융지주회사
우리금융지주
중소기업은행
한국외환은행
대구은행
부산은행
제주은행
전북은행

며, 3만 7,000원의 하나금융지주와 2만 8,000원의 신한금융지주가 그 뒤를 따르고 있다.

10개 은행 중에서 2그룹에는 제주은행, 중소기업은행, 우리금융지주, 부산은행, 대구은행 등의 5개 은행이 포함되었는데, 지방은행들의 주당순이익 증가 추세가 두드러진다.

어쨌든 은행업종은 전체적으로 뛰어난 수익 창출능력을 발휘하고 있는데, 금융지주사와 일반은행들 간의 수익성을 동일한 잣대로 비교하기 어렵다. 각각에 대한 세부적인 분석이 요망된다.

차트 2-29 **국민은행과 중소기업은행의 주당순이익 추세 비교**

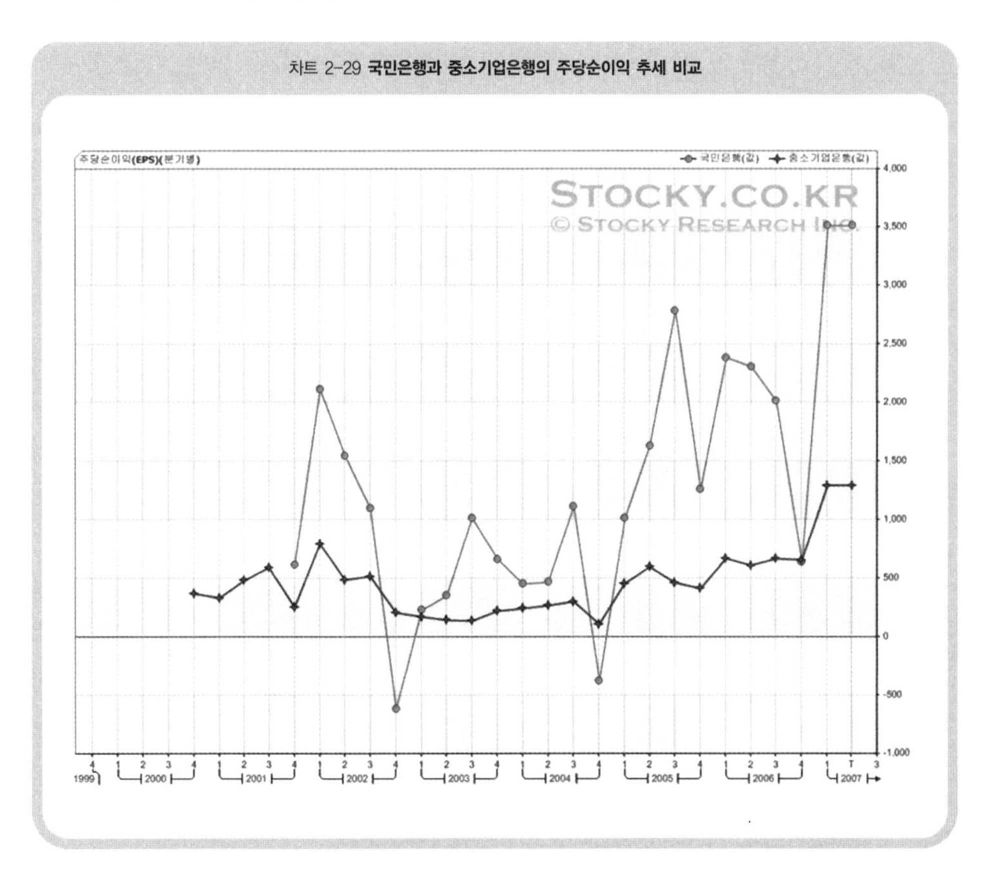

차트 2-29를 통해 업계를 대표하는 국민은행과 주당순이익이 증가하고 있는 중소기업은행의 주당순이익 추세를 비교해보자. 기업은행의 주당순이익이 순조롭게 증가하고 있는 모습을 볼 수 있다.

증권

표 2-10 **증권업종의 우수기업들**

EP	기업	개요	매출액	순이익	자기자본	ROOI	ROE	DR	EPS	BPS	PER	PBR
2	우리투자증권	대형 증권사.	3,691,169	232,409	12,664,500	7	2	501	1,754	15,899	16.4	1.4
2	키움닷컴증권	온라인 증권사.	284,250	49,426	954,753	23	5	523	4,031	12,498	14.1	4.2
3	한국투자 금융지주	한국투자증권, 한국투자신탁운용 등을 자회사로 거느린 지주회사.	424,004	388,927	2,355,206	92	17	34	7,355	33,119	15.5	1.7
4	부국증권	중견 증권사. 2004년에 적자를 기록함.	198,013	15,111	784,003	9	2	245	1,457	21,935	18.3	0.9
4	메리츠증권	중견 증권사. 2004년에는 연속 분기적자를 기록하였음.	308,584	31,020	807,891	8	4	216	890	7,342	5.4	1.3
4	삼성증권	대형 증권사.	1,361,710	244,595	7,145,626	18	3	269	3,660	28,989	28.7	1.9
5	유화증권	중소 증권사.	43,347	14,332	584,461	31	2	71	1,264	30,166	14.2	0.6
5	서울증권	중견 증권사.	195,632	19,719	741,157	14	3	134	73	1,171	36.6	1.0
6	대신증권	대형 증권사.	1,160,396	96,201	4,762,323	12	2	219	1,895	29,370	20.7	0.8
6	신영증권	중견 증권사.	619,515	47,103	2,751,571	7	2	408	5,018	57,720	13.1	0.9
6	한양증권	중견 증권사. 가끔 분기적자를 기록함.	131,131	12,362	479,905	14	3	202	971	12,503	8.9	1.1
6	한화증권	중견 증권사. 2004년에 적자를 기록함.	248,190	55,671	1,936,132	9	3	371	1,490	11,013	46.0	1.1
6	신흥증권	중견 증권사. 2004년까지 실적이 부진했음.	151,960	9,118	372,723	9	2	233	807	9,914	103.0	1.3

EP	기업	개요	매출액	순이익	자기자본	ROOI	ROE	DR	EPS	BPS	PER	PBR
6	동부증권	중견 증권사. 가끔 분기적자를 기록함.	245,148	12,979	683,893	6	2	282	824	11,365	36.3	1.5
6	교보증권	중견 증권사.	284,558	32,307	1,161,711	6	3	270	897	8,714	23.6	1.6
6	SK증권 (에스케이증권)	중견 증권사. 2006년 4/4분기에 적자로 전환됨.	265,502	29,771	1,527,699	10	2	404	93	947	-	1.7
6	동양종합 금융증권	중견 증권사.	897,084	121,872	8,403,222	6	1	1040	1,148	6,944	12.4	1.9
6	대우증권	대형 증권사. 2004년까지 2년 동안 적자 기록함.	2,627,137	331,176	9,200,980	12	4	382	1,742	10,050	15.0	2.1
8	현대증권	대형 증권사. 2004년까지 계속 적자를 기록했으나, 2005년 2/4분기부터 흑자로 전환됨. 최근 분기 실적이 축소됨.	1,709,364	137,870	7,243,647	8	2	379	989	10,851	168.4	1.4
11	미래에셋증권	중견 증권사. 상장된지 2년이 채 되지 않았으나 분기별 실적은 상승세임.	559,580	104,840	583,994	26	18	465	3,885	21,641	13.3	2.9
	20개 평균		**770,314**	**99,340**	**3,257,270**	**16.4**	**4.1**	**332.4**	**2,012**	**17,108**	**32.1**	**1.6**

증권업종에선 20개의 기업이 리스트에 올랐다.

매출 규모부터 살펴보자. 우리투자증권이 3조 7,000억원의 월등한 규모의 매출을 획득하고 있으며, 대우증권, 현대증권, 삼성증권, 대신증권 등도 연 매출 1조원을 넘어서고 있다.

차트 2-32를 보면, 한국투자금융지주가 3,900억원으로 수위를 달리고, 3,300억원의 대우증권을 비롯하여 삼성, 우리, 현대, 동양, 미래, 대신, 한화 등 1,000억원이 넘는 순이익을 거두고 있는 업체가 모두 7개 있다.

차트 2-34에서, 주당 7,400원 가까운 가치를 실현하고 있는 한국투자금

차트 2-30 **증권업종 매출액 분포(1)**

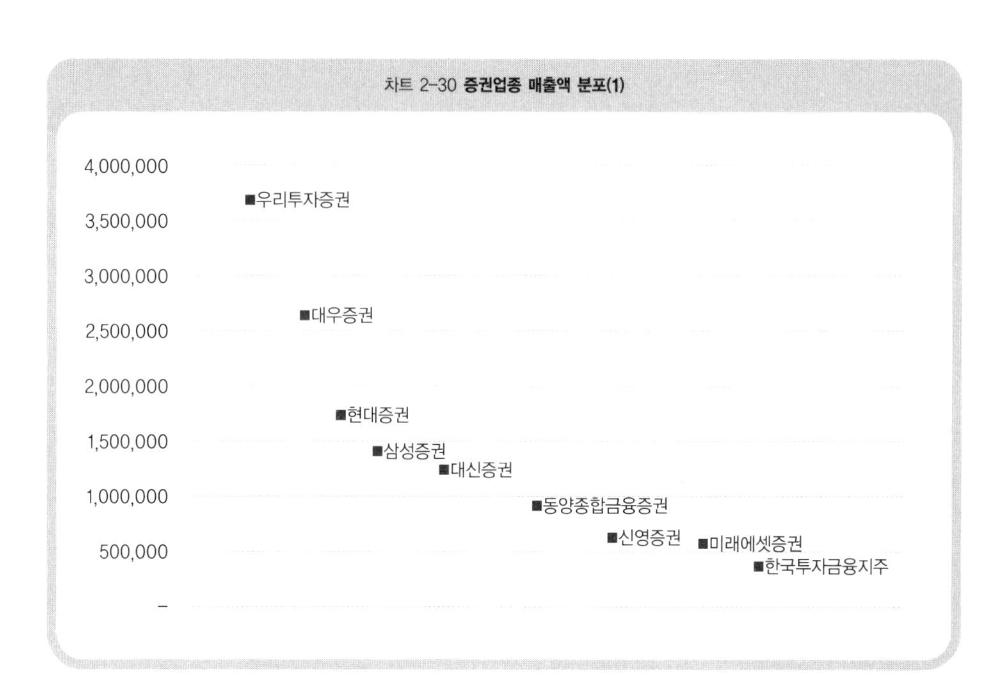

차트 2-31 **증권업종 매출액 분포(2)**

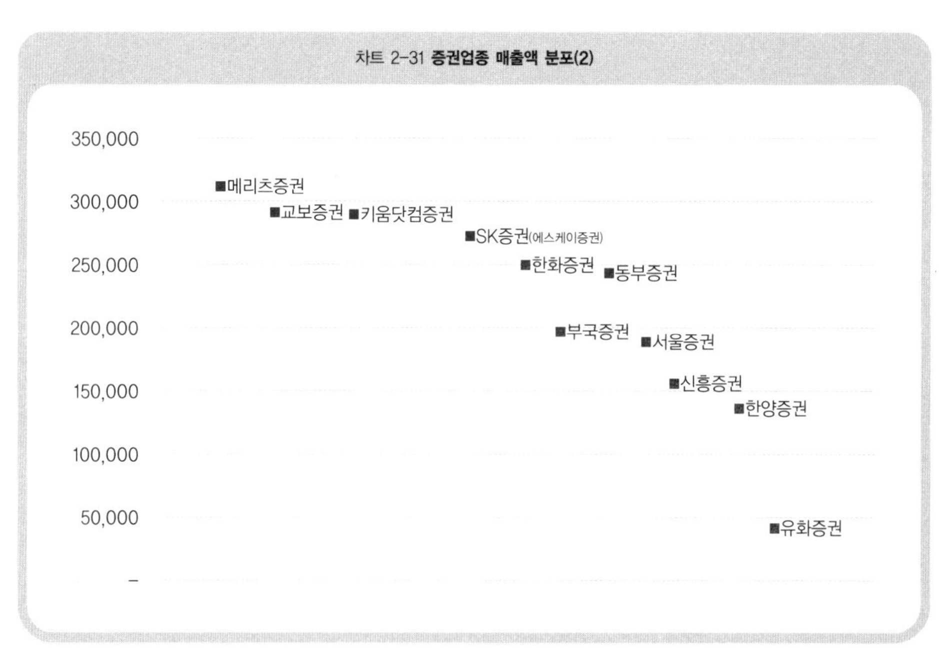

차트 2-32 **증권업종 순이익 분포(1)**

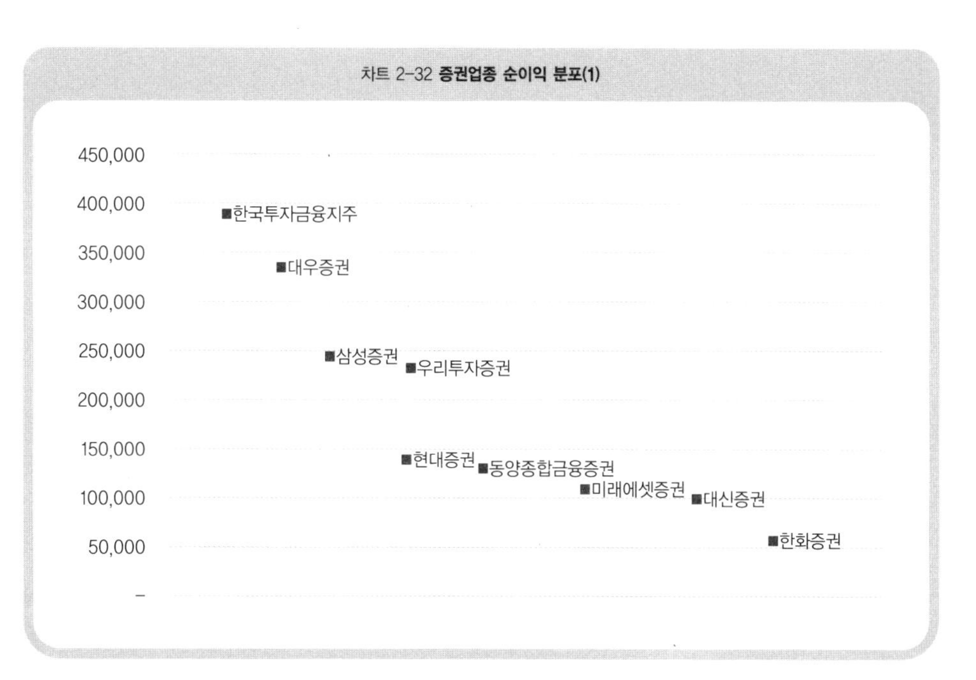

차트 2-33 **증권업종 순이익 분포(2)**

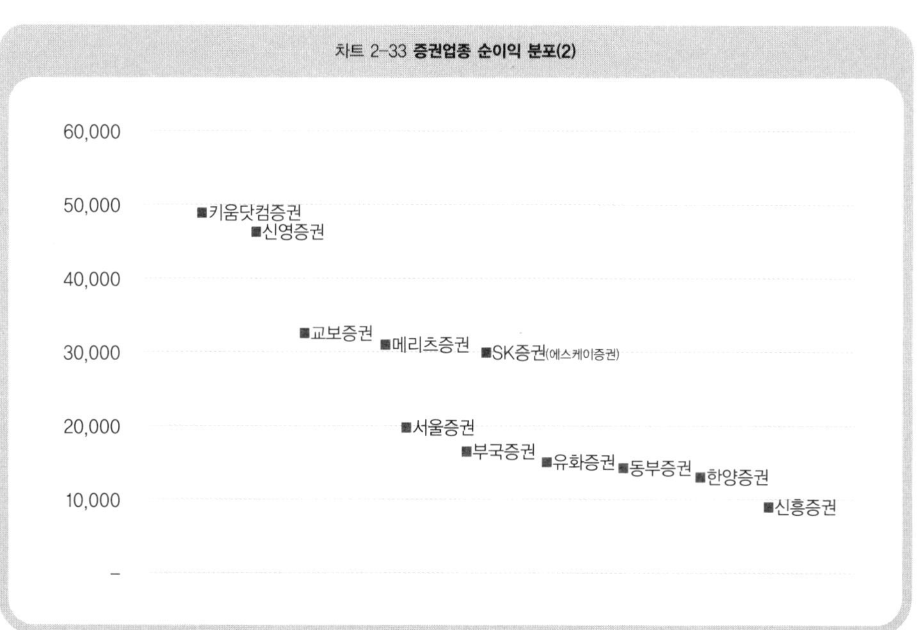

차트 2-34 **증권업종 주당순이익 분포(1)**

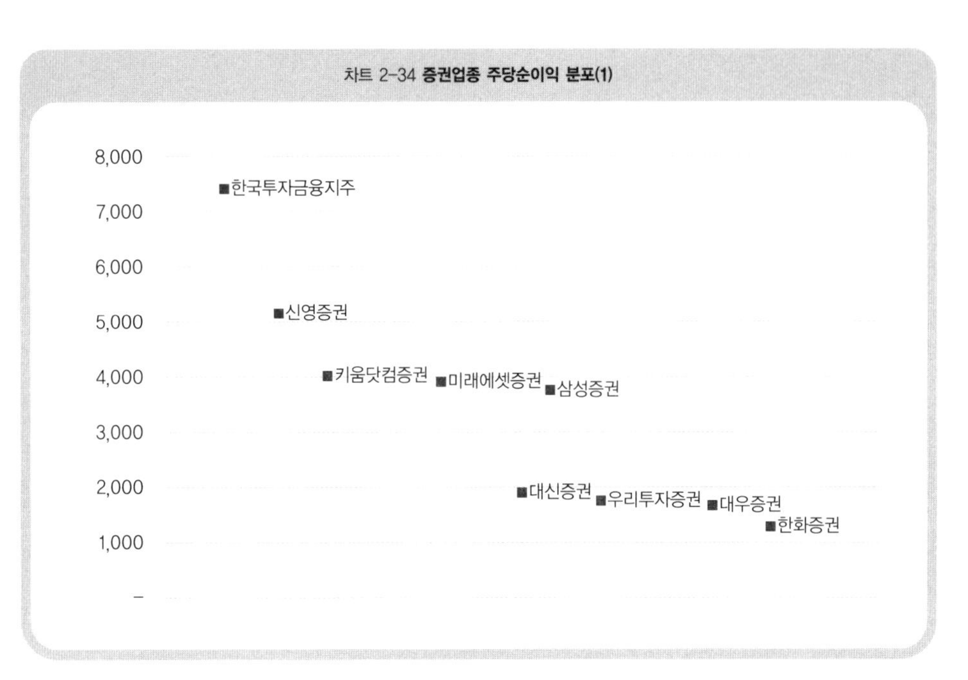

차트 2-35 **증권업종 주당순이익 분포(2)**

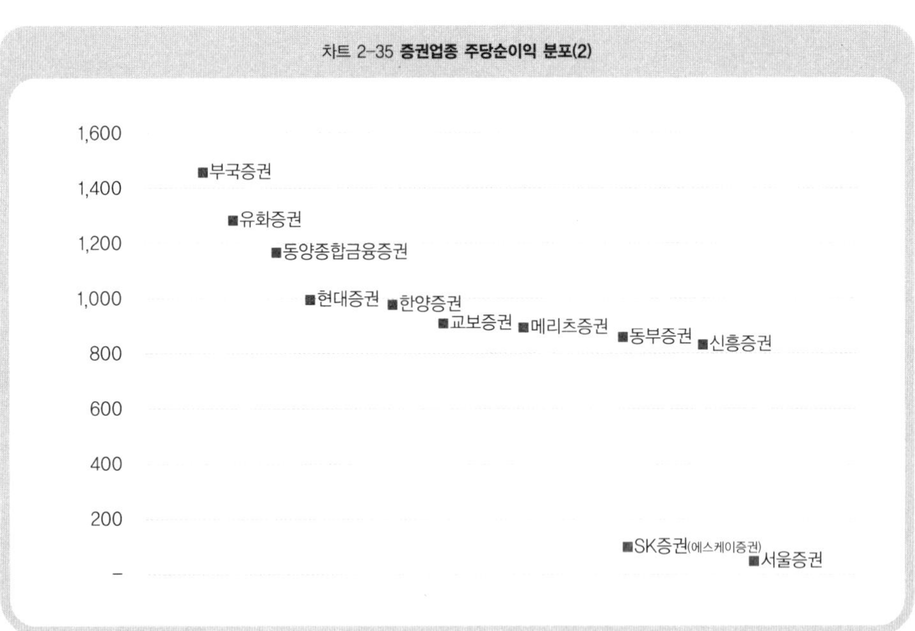

융지주를 비롯하여 동양종합금융증권까지 전부 12개 증권사가 주당 1,000원이 넘는 주당순이익 가치를 달성하고 있다.

주당순자산은 신영증권이 가장 큰데, 5만 8,000원 가까운 가치를 실현하고 있다. 그 뒤로 한국투자금융의 3만 3,000원을 시작으로 대우증권의 1만원까지 13개 업체가 줄지어 있다.

20개 기업 중에서 주당순이익이 지속적으로 증가하고 있는 2그룹에는 우리투자증권과 키움닷컴증권 두 기업만이 포함되었다.

반면에 주당순이익이 증가하다 감소하는 추세로 돌아선 6그룹에 포함되는 증권사가 10개나 된다. 업계 전반적으로 순이익 증가세가 둔화되고 있다는 것을 알 수 있다.

한편 금융지주사인 한국투자 그리고 유화, 미래에셋, 키움닷컴, 삼성, 서

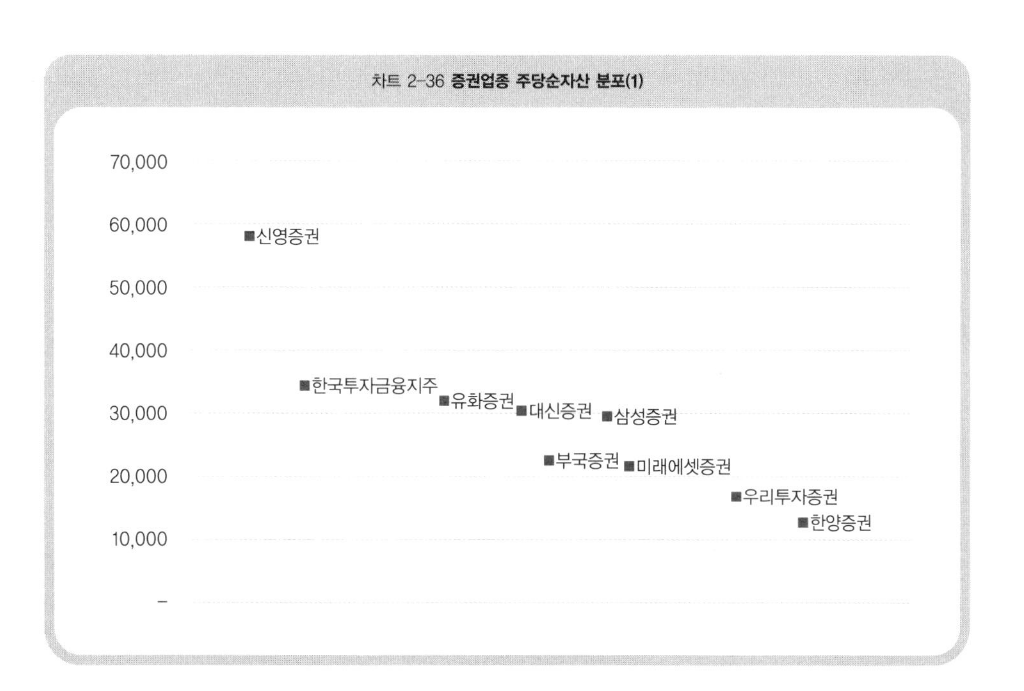

차트 2-37 **증권업종 주당순자산 분포(2)**

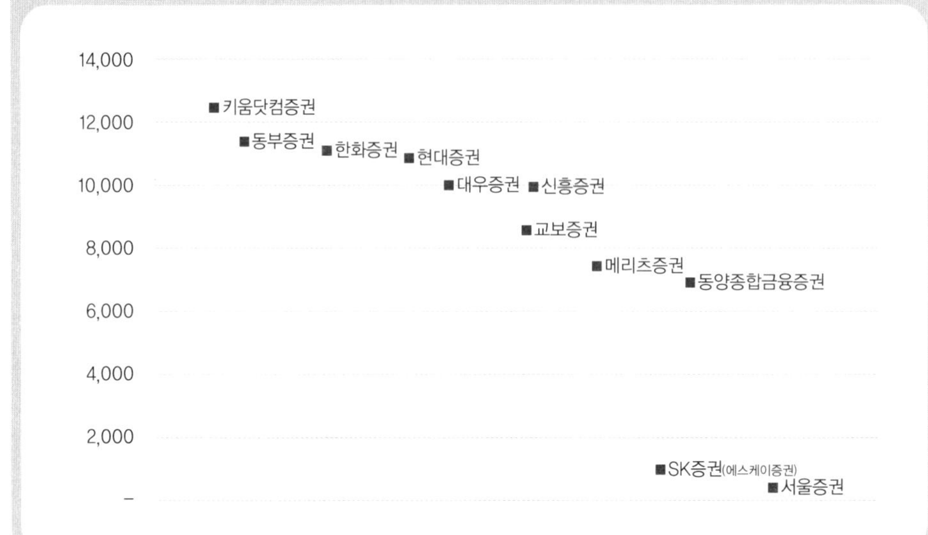

표 2-11 **증권업종의 우량기업들**

기업	ROOI	ROE	EPS P	EPS R	PBR
우리투자증권	7	2	2	7	1.40
키움닷컴증권	23	5	2	3	4.17
한국투자금융지주	92	17	3	1	1.70
유화증권	31	2	5	11	0.63
미래에셋증권	26	18	11	4	2.86
삼성증권	18	3	4	5	1.94
서울증권	14	3	5	22	1.02
한양증권	14	3	6	14	1.07
대우증권	12	4	6	8	2.07
대신증권	12	2	6	6	0.79
SK증권	10	2	6	21	1.66

차트 2-38 **우리투자증권, 미래에셋증권, 키움닷컴증권의 주당순이익 추세의 비교**

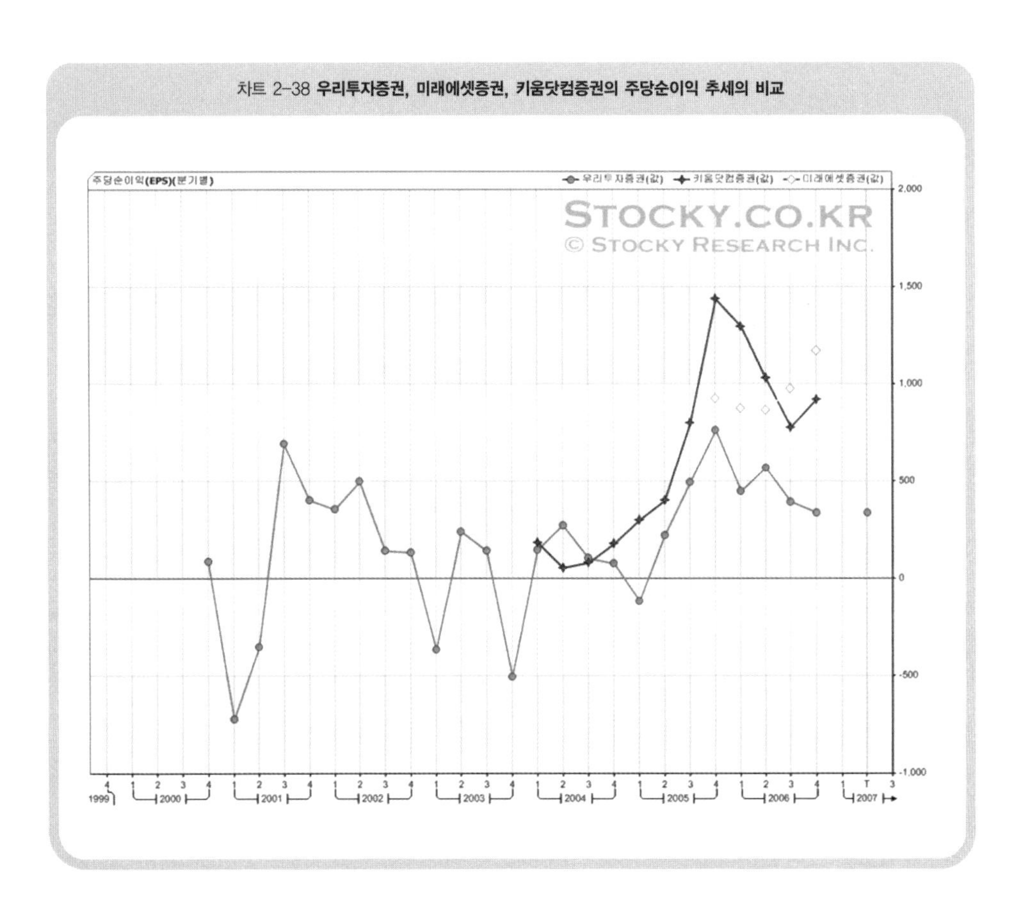

울, 한양 등이 영업이익률 등에서 우수한 수익 창출능력을 발휘하고 있는 것으로 조사되고 있다.

표 2-11에서 'EPS P'는 주당순이익의 패턴을 나타내는 말이고, 'EPS R'은 주당순이익의 랭킹을 지칭하는 말이다.

차트 2-38을 통해 업계 1위 우리투자증권과 증권업계의 기린아 미래에셋증권 그리고 온라인 트레이딩 붐의 주역 키움닷컴증권, 세 회사의 주당순이익 추세를 비교해보자. 세 회사 모두 분기별 추세는 아직까지 시원스러운 인상을 주고 있지 못한 것 같다.

보험

표 2-12 **보험업종의 우수기업들**

EP	기업	개요	매출액	순이익	자기자본	ROOI	ROE	DR	EPS	BPS	PER	PBR
2	삼성화재해상보험	국내 1위의 손해보험사.	9,181,722	274,097	18,289,624	4	1	483	5,608	64,191	52.7	2.6
5	코리안리재보험	재보험사.	3,148,245	51,995	3,817,696	2	2	513	464	4,584	46.1	2.6
6	동부화재해상보험	중견 손해보험사.	4,338,588	78,965	6,542,532	1	1	910	1,115	9,148	14.7	3.0
7	메리츠화재해상보험	중견 손해보험사. 가끔 분기적자 기록함.	2,430,004	33,174	3,629,322	-1	1	1,338	387	2,941	12.3	2.8
	4개 평균		**4,774,640**	**109,558**	**8,069,794**	**1.4**	**1.2**	**811**	**1,894**	**20,216**	**31.5**	**2.8**

4개의 기업이 선별되었는데, 삼성화재해상보험만이 주당순이익을 지속적으로 확대하고 있는 것으로 조사되고 있다.

이익률 측면에서도 삼성화재가 월등하게 앞서고 있다.

기업의 수는 적은데, 삼성화재가 매출액, 순이익, 주당순이익, 주당순자산 전부 다 다른 업체들을 몇 배씩 앞서고 있어 분포도를 생략하기로 한다.

창업투자

5개의 기업 중에서 1-2그룹의 기업은 하나도 없다. 더구나 3개 기업이 8그룹에 포함되어 업종 전체적으로 순이익을 안정적으로 올리지 못하고 있다는 것을 알 수 있다.

표 2-13 **창업투자업종의 우수기업들**

EP	기업	개요	매출액	순이익	자기자본	ROOI	ROE	DR	EPS	BPS	PER	PBR
5	한미창업투자	창업투자사. 가끔 분기적자를 기록함.	8,612	1,907	44,954	24	4	4	45	1,028	25.7	0.9
6	엠벤처투자	창업투자사. 가끔 분기적자를 기록함.	5,679	2,488	18,662	65	13	1	1,077	7,971	6.8	1.2
8	한국기술투자	선발 창업투자사. 2004년까지 적자 기록함.	27,542	10,011	195,592	27	5	38	111	1,569	44.5	1.1
8	케이티비네트워크(KTB네트워크)	국내 최대의 창업투자사. 2004년까지 적자를 기록함.	65,826	21,672	476,021	33	5	53	359	5,145	42.3	1.5
8	넥서스투자	부산 소재 창업투자사. 2006년 들어서부터 분기 흑자를 구현함.	5,864	1,024	37,977	16	3	7	18	614	61.3	2.7
	5개 평균		**22,705**	**7,420**	**154,641**	**33.0**	**6.0**	**21**	**322**	**3,265**	**36.1**	**1.5**

별도의 분포도는 표시하지 않았으나 매출액과 순이익의 규모에서는 케이티비네트워크가 가장 앞서고 있고, 영업이익률이나 주당순이익 등의 이익률에서는 엠벤처투자가 가장 앞서고 있는 것을 확인할 수 있다.

기타금융

표 2-14 **기타금융업종의 우수기업들**

EP	기업	개요	매출액	순이익	자기자본	ROOI	ROE	DR	EPS	BPS	PER	PBR
2	솔로몬상호저축은행	국내 1위의 저축은행.	364,228	59,170	2,959,033	15	2	1,302	4,137	14,754	3.7	1.0
2	푸른상호저축은행	중견 저축은행. 2004년 2/4분기부터 흑자를 기록하며 증가세를 보임.	121,542	36,685	1,073,343	29	3	1,107	2,432	5,895	3.5	1.0

표 2-14 **기타금융업종의 우수기업들**

EP	기업	개요	매출액	순이익	자기자본	ROOI	ROE	DR	EPS	BPS	PER	PBR
2	씨앤에이치캐피탈 (CNH캐피탈)	수입차 리스 운용사. 2003년까지 적자였음.	64,367	10,733	273,325	7	4	152	289	2,915	4.5	1.1
3	진흥상호저축은행	중견 저축은행.	134,328	33,815	1,220,661	3	3	750	1,780	7,557	3.1	0.8
4	한미캐피탈	자동차, 의료기 등 리스 운용사. 2006년 4/4분기에 적자로 전환됨.	91,472	25,869	446,332	31	6	169	1,599	10,258	–	0.9
5	한국캐피탈	자동차, 의료기 등 리스 운용사.	78,580	26,083	803,404	50	3	352	1,497	10,192	4.1	0.9
5	메리츠종합금융	종합금융사. 2006년 4/4분기에 적자로 전환됨.	26,951	24,228	392,808	6	–7	288	404	1,689	–	0.9
6	한국개발금융	리스 운용사.	95,096	55,169	877,372	58	6	92	13,034	108,052	3.2	0.6
6	서울상호저축은행	중소 저축은행. 가끔 분기적자 기록함.	67,010	8,342	799,026	17	1	1,280	3,289	22,835	2.8	0.8
6	한국상호저축은행	국내 3위의 저축은행.	196,855	41,352	1,729,699	16	2	1,027	5,907	21,919	3.1	0.9
6	금호종합금융	전남 소재 종합금융사.	55,756	2,599	804,189	8	0	1,143	259	6,447	62.9	1.2
6	LG카드(엘지카드)	국내 1위의 신용카드사. 2004년까지 적자를 기록함. 신한금융지주가 인수함.	2,703,398	1,193,679	9,645,482	44	12	219	9,521	24,093	5.5	1.8
8	에스엘에스캐피탈(SLS캐피탈)	팩토링 운용사. 2005년 적자를 기록함.	8,227	27,008	77,183	28	35	28	651	1,451	4.5	0.7
8	한국토지신탁	한국토지공사 계열의 부동산 신탁회사. 2005년에 대규모 적자 기록함.	139,467	9,175	819,299	4	1	399	47	845	18.0	1.3
	14개 평균		**296,234**	**110,993**	**1,565,797**	**22.6**	**5.1**	**593**	**3,203**	**17,064**	**9.9**	**1.0**

상호저축은행들이 많이 포함된 가운데 14개 기업들이 리스트에 선정되었다. 일단 LG카드는 분포도에서 제외했다. 다른 업체들과 사업성격도 많이 다르고, 사업규모가 너무 크기 때문이다.

차트 2-39 **기타금융업종의 매출액 분포**

차트 2-40 **기타금융업종의 순이익 분포**

차트 2-41 **기타금융업종의 주당순이익 분포**

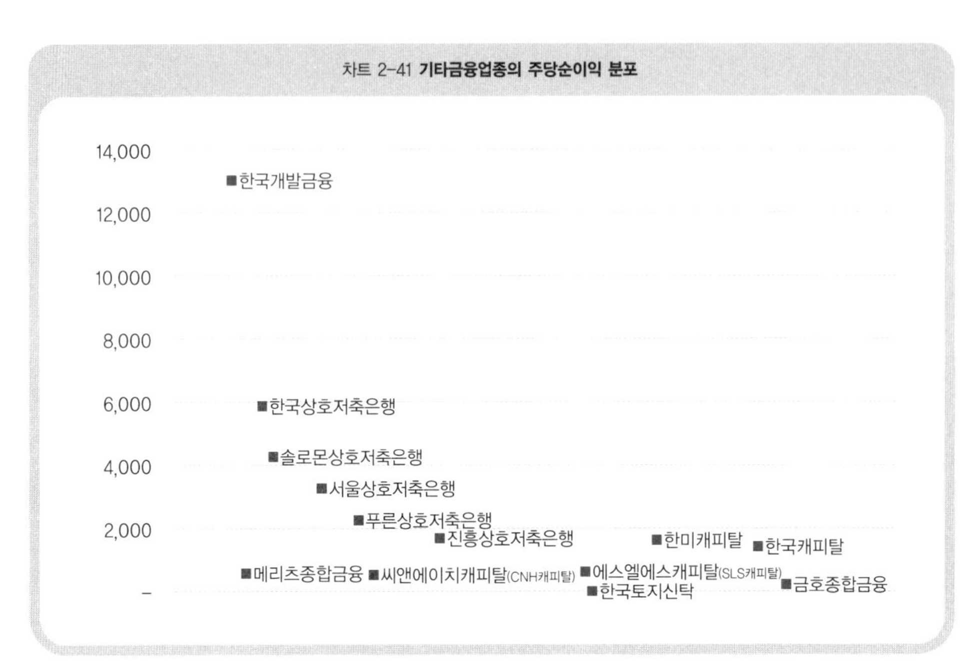

차트 2-42 **기타금융업종의 주당순자산 분포**

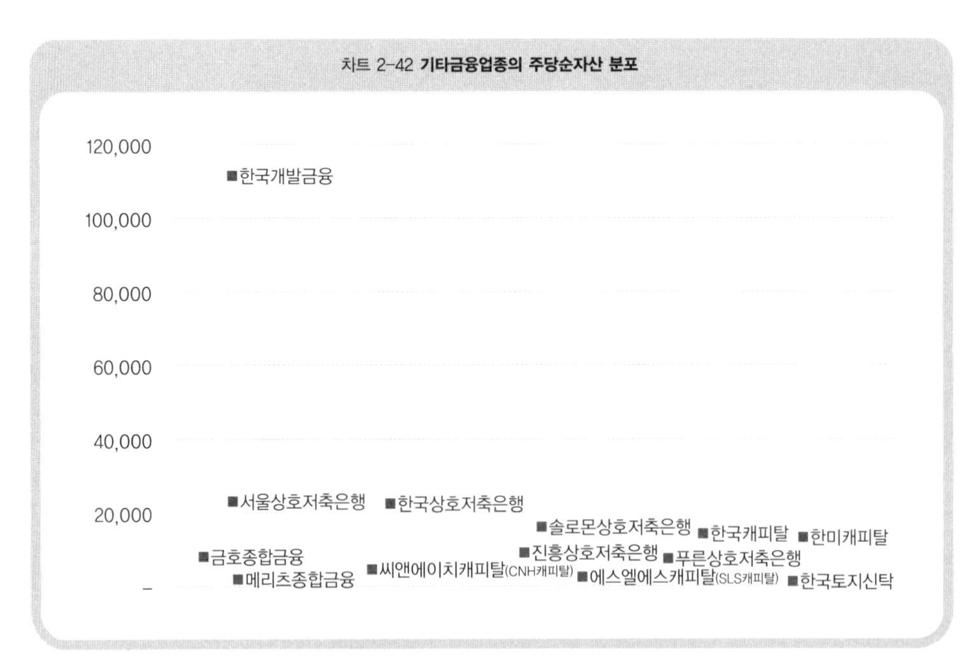

차트 2-43 **솔로몬저축은행, 한국저축은행, 푸른저축은행의 주당순이익 추세 비교**

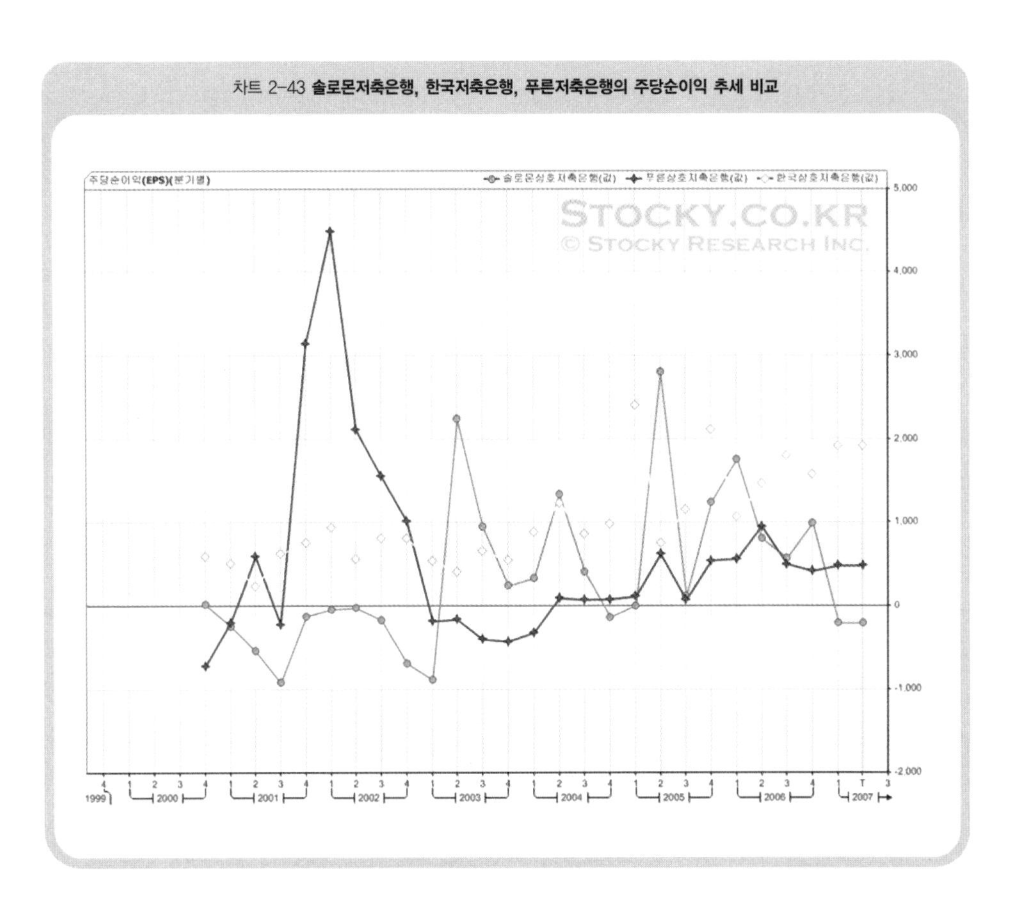

차트 2-39에서, 매출 규모부터 살펴보자. 3,700억원 가까운 매출액을 달성한 솔로몬상호저축은행이 업계 1위 자리를 고수하고 있고, 2,000억원 가까운 한국상호저축은행 그리고 한국토지신탁, 진흥상호저축은행, 푸른상호저축은행 등이 뒤를 잇고 있다.

순이익의 규모에서도 600억원 가까운 실적을 달성한 솔로몬이 가장 앞서고 있다. 한국개발금융, 한국상호저축은행, 푸른상호저축은행 등이 뒤따르고 있다.

점차 순이익이 줄어들고 있지만, 여전히 많은 주당순이익을 벌어들이고 있는 한국개발금융이 주당 1만 3,000원으로 가장 앞서고 있다. 한국개발금융은 주당 1만원을 넘긴 유일한 업체다. 그 뒤를 한국저축은행, 솔로몬저축은행, 서울저축은행 등이 따르고 있다. 주당 1,000원을 넘긴 업체는 모두 8개다.

한국개발금융이 10만 8,000원을 달성하여 월등한 크기의 주당순자산 가치를 자랑하고 있고, 2만원대의 서울상호저축은행, 한국상호저축은행이 뒤를 받치고 있다. 주당순자산이 1만원을 넘는 업체는 총 6개다.

14개 업체 중에서 솔로몬상호저축은행, 푸른상호저축은행, 씨앤에이치캐피탈의 세 기업이 2그룹에 포함되었다.

차트 2-43을 통해 저축은행 삼총사라 불리는 솔로몬, 한국, 푸른 3사의 주당순이익 추세를 비교해보도록 하자.

분기별 주당순이익에서는 한국저축은행, 푸른저축은행이 좋은 흐름을 보여주고 있다.

신용평가

표 2-15 **신용평가업종의 우수기업들**

EP	기업	개요	매출액	순이익	자기자본	ROOI	ROE	DR	EPS	BPS	PER	PBR
2	한국신용정보	신용평가정보업체.	103,093	13,016	99,978	10	13	28	1,943	14,922	21.5	1.2
2	한국기업평가	신용평가정보업체.	31,494	8,132	57,702	21	14	14	1,797	12,708	15.0	1.8
6	한국신용평가정보	국내 1위의 신용평가정보업체.	127,717	9,901	85,494	6	12	12	2,080	17,960	17.4	1.2
8	서울신용평가정보	신용평가정보업체. 2005년 1/4분기부터 흑자 구현.	30,773	4,214	15,179	7	28	28	119	428	2.2	1.5
	4개 평균		**73,269**	**8,816**	**64,588**	**11.0**	**16.8**	**21**	**1,485**	**11,505**	**14.0**	**1.4**

매출 규모로는 한국신용평가정보, 한국신용정보의 두 회사가 1,000억원 대를 넘기고 있다.

주당순이익이나 주당순자산은 모두 한국신용평가정보, 한국신용정보, 한국기업평가의 순서로 어깨를 나란히 하고 있는데, 영업이익률에서는 한국기업평가가 더 뛰어난 실적을 보여주고 있다.

한국신용정보와 한국기업평가, 2개의 기업이 2그룹에 속하고 있는데, 차트 2-44를 통해 한국신용평가정보와 한국신용정보, 한국기업평가 세 회사의 주당순이익 추세를 확인해보자.

차트 2-44 **한국신용평가정보, 한국신용정보, 한국기업평가의 주당순이익 추세 비교**

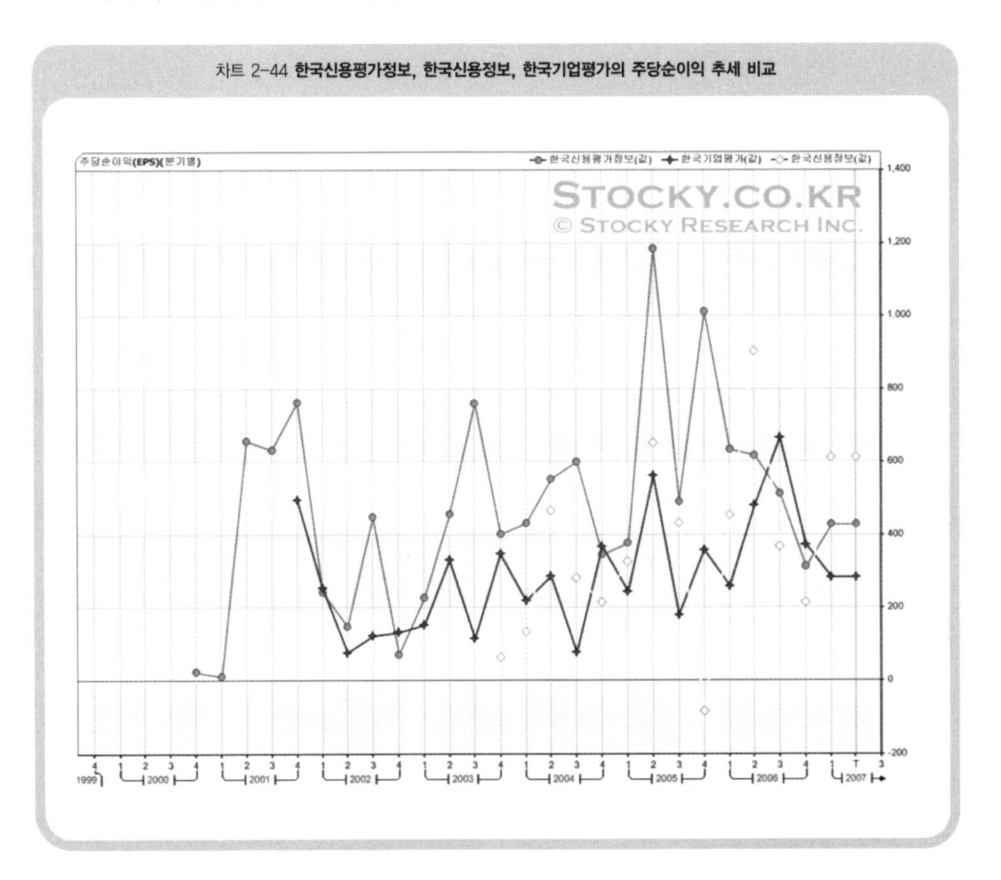

한국기업평가와 한국신용정보의 주당순이익 추세가 좋은 편이다.

백화점/할인매장

표 2-16 **백화점/할인매장 업종의 우수기업들**

EP	기업	개요	매출액	순이익	자기자본	ROOI	ROE	DR	EPS	BPS	PER	PBR
2	현대DSF	현대백화점 계열의 울산 소재 백화점.	88,009	11,445	101,172	20	11	76	1,272	11,241	6.3	0.9
2	롯데쇼핑	국내 1위의 유통업체	9,055,880	739,844	7,515,853	8	10	58	25,474	258,780	10.7	1.4
2	현대백화점	국내 3위의 백화점.	770,087	171,172	1,129,704	22	15	68	7,554	49,858	12.5	1.9
3	롯데미도파	롯데쇼핑 계열의 서울 소재 백화점.	319,187	61,768	377,798	15	16	38	948	5,799	16.6	2.7
4	대구백화점	대구 소재 백화점.	157,186	17,926	264,991	17	7	49	1,657	24,487	6.5	0.7
4	한화타임월드	한화 계열의 대전 소재 백화점.	85,521	15,361	105,171	25	15	117	2,580	17,528	3.7	1.0
4	광주신세계	신세계 계열의 광주 소재 백화점.	145,258	21,221	132,585	20	16	42	13,263	82,866	7.3	1.9
4	신세계	국내 수위의 유통업체.	8,087,476	473,384	2,845,928	9	17	164	25,099	150,894	24.8	4.2
6	세이브존 아이앤씨	백화점, 할인매장 운영업체.	145,388	5,383	126,738	3	4	100	131	3,088	9.2	0.7
6	현대H&S	현대백화점 계열의 법인대상 특수영업회사.	404,812	23,457	428,078	4	5	41	4,147	75,673	16.2	1.2
	10개 평균		**1,925,880**	**154,096**	**1,302,802**	**14.3**	**11.6**	**75**	**8,213**	**68,021**	**11.4**	**1.7**

유통업계를 대표하는 10개의 기업이 리스트에 포함되었다.

매출액과 순이익의 규모부터 살펴보자. 매출 규모에서 9조원을 넘긴 롯데쇼핑과 8조원을 넘긴 신세계가 양강체제를 형성하고 있다. 업계 1위를 차지하기 위한 두 회사 간의 격돌은 매출액, 순이익, 주당가치 등 모든 부문에 걸쳐 계속되고 있다. 순이익 실적에서는 7,400억원을 달성한 롯데쇼핑이 우

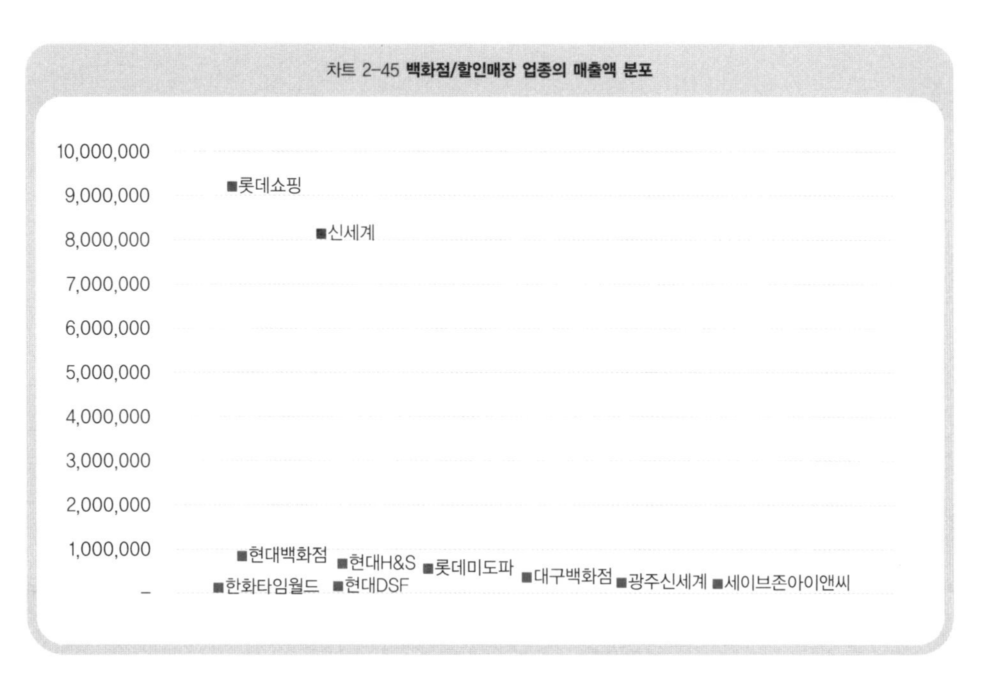
차트 2-45 백화점/할인매장 업종의 매출액 분포
10,000,000
9,000,000
8,000,000
7,000,000
6,000,000
5,000,000
4,000,000
3,000,000
2,000,000
1,000,000
–
롯데쇼핑
신세계
현대백화점
현대H&S
롯데미도파
대구백화점
광주신세계
세이브존아이앤씨
한화타임월드
현대DSF

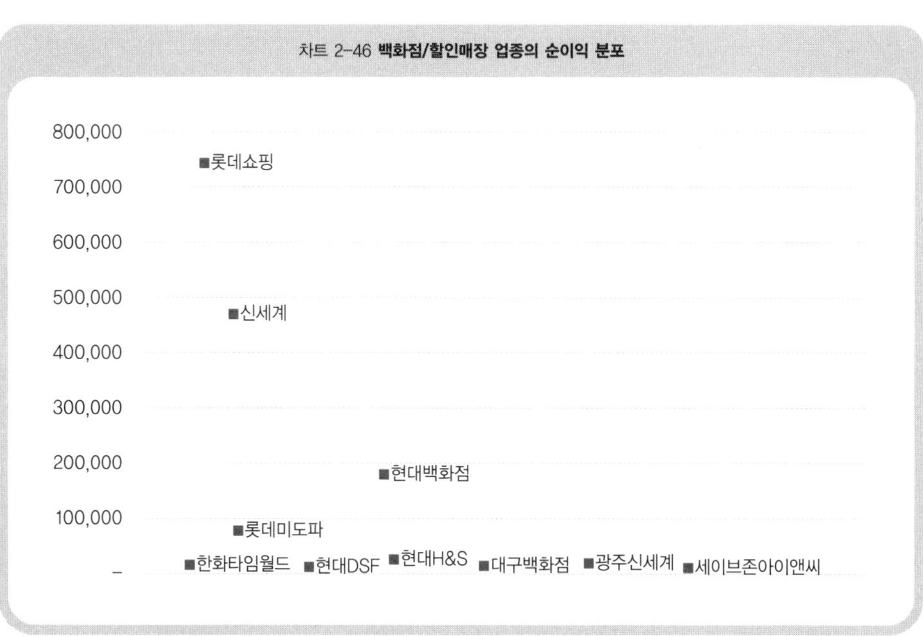
차트 2-46 백화점/할인매장 업종의 순이익 분포
800,000
700,000
600,000
500,000
400,000
300,000
200,000
100,000
–
롯데쇼핑
신세계
현대백화점
롯데미도파
한화타임월드
현대DSF
현대H&S
대구백화점
광주신세계
세이브존아이앤씨

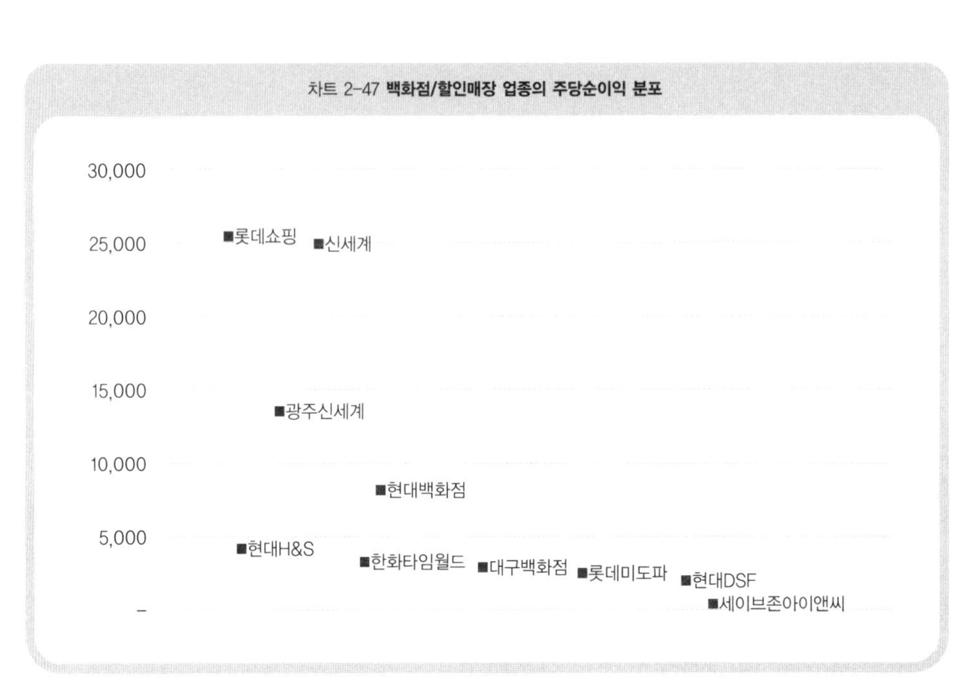
차트 2-47 백화점/할인매장 업종의 주당순이익 분포
30,000
25,000
20,000
15,000
10,000
5,000
-
롯데쇼핑
신세계
광주신세계
현대백화점
현대H&S
한화타임월드
대구백화점
롯데미도파
현대DSF
세이브존아이앤씨

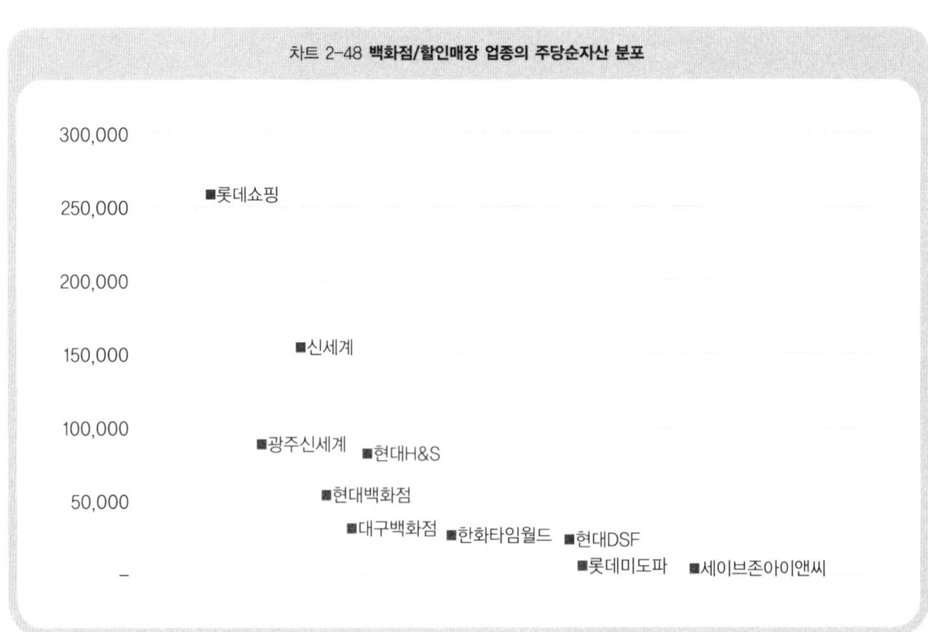
차트 2-48 백화점/할인매장 업종의 주당순자산 분포
300,000
250,000
200,000
150,000
100,000
50,000
-
롯데쇼핑
신세계
광주신세계
현대H&S
현대백화점
대구백화점
한화타임월드
현대DSF
롯데미도파
세이브존아이앤씨

위에 서 있고, 4,700억원의 신세계, 1,700억원의 현대백화점 등이 뒤를 따르고 있다.

주당순이익에서는 2만 5,500원의 롯데쇼핑이 2만 5,100원의 신세계를 근소한 차이로 앞서는 가운데 신세계 계열사인 광주신세계가 주당 1만원을 넘기고 있다.

주당순자산도 롯데쇼핑이 25만 9,000원으로 가장 크며, 15만 1,000원의 신세계를 위시하여 광주신세계, 현대H&S의 순으로 작아지고 있다.

3개의 업체가 2그룹에 포함되었는데, 현대DSF, 롯데쇼핑, 현대백화점

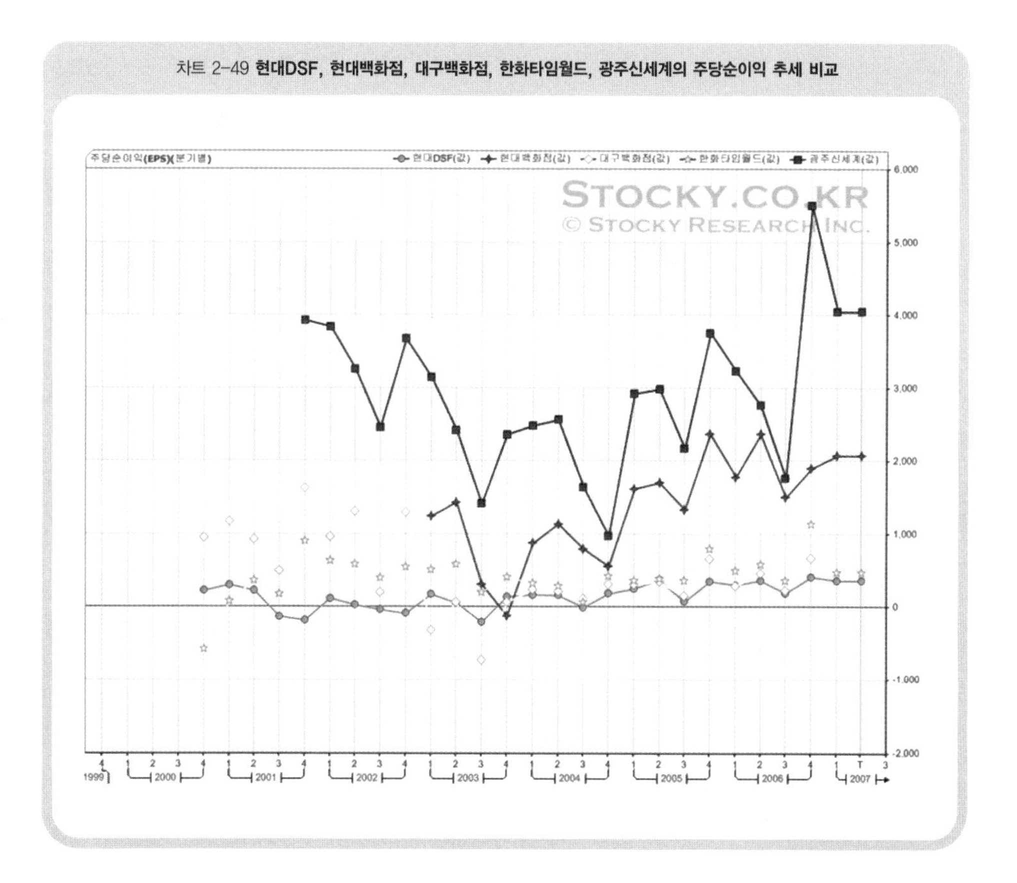

차트 2-49 **현대DSF, 현대백화점, 대구백화점, 한화타임월드, 광주신세계의 주당순이익 추세 비교**

이 바로 그들이다.

유통업종의 이익률이 의외로 높게 나타났는데, 한화타임월드, 현대백화점, 광주신세계, 현대DSF, 대구백화점 등이 높은 수익 창출능력을 발휘하고 있는 것으로 나타나고 있다.

주당순이익 추세가 좋고 영업이익률이 뛰어난 기업들의 주당순이익 추세를 비교해보면, 차트 2-49와 같다. 5개 회사의 주당순이익 추세가 모두 상승세에 있다는 것을 확인할 수 있다.

종합상사

표 2-17 **종합상사업종의 우수기업들**

EP	기업	개요	매출액	순이익	자기자본	ROOI	ROE	DR	EPS	BPS	PER	PBR
3	삼성물산	국내 2위의 건설업체이자 화학제품 등의 종합 무역업체.	9,727,981	188,414	4,760,936	3	4	110	1,206	30,476	62.3	1.3
4	LG상사 (엘지상사)	농산물, 자원에서부터 군수, 화학제품까지 종합 무역하는 업체.	5,577,583	96,592	474,312	2	20	138	2,492	12,237	14.3	2.3
4	현대종합상사	자원개발, 무역, 유통 등의 종합 무역업체.	1,107,963	48,653	143,840	2	34	198	2,179	6,442	8.2	3.5
5	SK네트웍스 (에스케이네트웍스)	에너지, 인터넷전화 등 사업 다각화된 종합 무역업체.	15,784,019	473,936	1,269,099	2	37	360	1,980	2,302	12.6	10.4
6	대우인터내셔널	자원개발, 무역, 제조, 유통 등의 종합 무역업체.	6,383,615	112,808	909,846	1	12	112	1,188	9,578	55.5	4.4
8	효성	무역, 중공업, 화학, 화섬, 건설 등 복합 사업체. 2005년에 큰 적자를 기록했음.	4,784,272	83,550	1,362,127	2	6	178	240	39,135	7.9	1.1
	6개 평균		**7,227,572**	**167,326**	**1,486,693**	**2.1**	**18.8**	**183**	**1,548**	**16,695**	**26.8**	**3.8**

SK네트웍스가 15조 8,000억원으로 가장 큰 매출실적을 달성하고 있으며, 9조 7,000억원의 삼성물산, 6조 4,000억원의 대우인터내셔널 등이 줄을 잇고 있다. 순이익 순위도 동일하다.

전체적으로 영업이익률은 낮으나, SK네트웍스나 현대종합상사, LG상사 등은 뛰어난 자기자본순이익률을 기록하고 있다.

주당순이익 가치에서는 LG상사, 현대종합상사, SK네트웍스가 앞서고 있고, 주당순자산 가치에서는 효성, 삼성물산이 앞서고 있다.

홈쇼핑

표 2-18 **홈쇼핑업종의 우수기업들**

EP	기업	개요	매출액	순이익	자기자본	ROOI	ROE	DR	EPS	BPS	PER	PBR
6	씨제이홈쇼핑 (CJ홈쇼핑)	홈쇼핑, 온라인쇼핑 등 유통업체.	512,829	48,217	459,209	17	11	86	4,386	41,773	27.7	1.6
6	지에스홈쇼핑 (GS홈쇼핑)	국내 1위의 홈쇼핑, 온라인쇼핑 등 유통업체.	575,999	51,192	311,822	12	16	81	7,801	47,516	9.1	1.7
	2개 평균		**544,414**	**49,705**	**385,516**	**14.5**	**13.5**	**84**	**6,094**	**44,645**	**18.4**	**1.7**

국내를 대표하는 두 홈쇼핑업체가 리스트에 포함되었다. 그러나 두 곳 모두 주당순이익은 점진적으로 하락하는 추세에 있다.

영업이익률에선 17%의 CJ홈쇼핑이 앞서고 있으나, 자기자본순이익률에선 GS홈쇼핑이 16%로 앞서고 있다.

5,800억원 가까운 매출액과 500억원을 넘는 순이익, 7,800원의 주당순이익과 4만 8,000원에 달하는 주당순자산까지 모든 기본적인 지표들에서

차트 2-50 **씨제이홈쇼핑과 지에스홈쇼핑의 주당순이익 추세 비교**

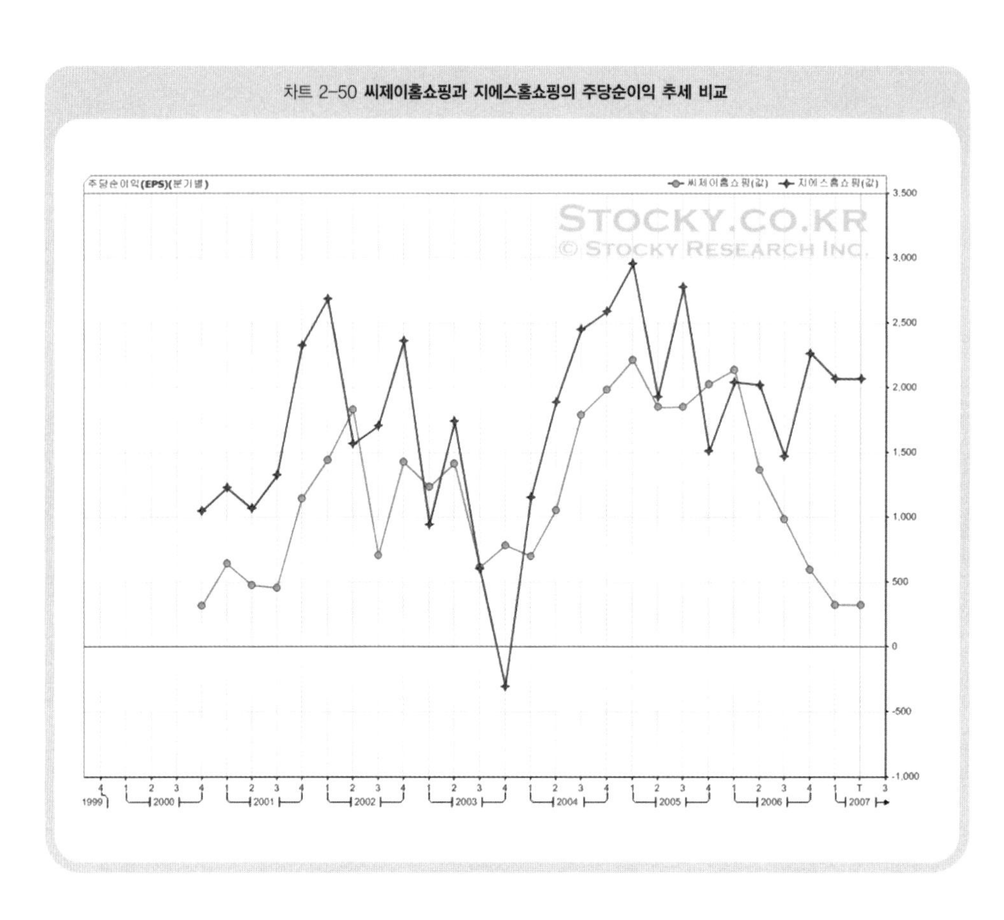

GS홈쇼핑이 더 나은 실적을 거두면서 업계 1위의 자리를 고수하고 있다.

차트 2-50은 두 기업의 주당순이익 추세를 비교한 차트다. 최근 2년간 GS홈쇼핑이 주당순이익 추세도 더 안정적이다.

온라인쇼핑

온라인쇼핑업종에는 인터파크 하나만 추출되었는데, 주당순이익이 점진

표 2-19 **온라인쇼핑업종의 우수기업**

EP	기업	개요	매출액	순이익	자기자본	ROOI	ROE	DR	EPS	BPS	PER	PBR
2	인터파크	국내 1위의 온라인쇼핑, 마켓플레이스 등 유통업체. 2005년부터 흑자 전환됨.	106,040	28,590	67,816	-1	42	146	650	1,542	3.1	3.6
	1개 평균		**106,040**	**28,590**	**67,816**	**-1**	**42**	**146**	**650**	**1,542**	**3.1**	**3.6**

적으로 증가하고 있다.

영업이익률이 마이너스 1%인데도 자기자본순이익률이 42%나 되고, 650원인 주당순이익이 늘어나고 있는 이유는 자회사인 G마켓에 대한 지분법이익이 크게 늘었기 때문인 것으로 파악되고 있다.

온라인포탈

표 2-20 **온라인포탈업종의 우수기업들**

EP	기업	개요	매출액	순이익	자기자본	ROOI	ROE	DR	EPS	BPS	PER	PBR
4	엔에이치엔 (NHN)	국내 1위의 온라인 게임/포탈 업체.	573,398	151,982	374,458	40	41	47	3,279	8,079	36.0	18.5
8	다음 커뮤니케이션	국내 2위의 온라인 포탈업체. 2006년 1/4분기부터 흑자 전환됨.	197,091	15,661	79,439	18	20	183	1,248	6,332	109.4	10.6
	2개 평균		**385,245**	**83,822**	**226,949**	**29.0**	**30.5**	**115**	**2,264**	**7,206**	**72.7**	**14.5**

포탈업종에서는 두 개의 기업이 리스트에 올랐다.

NHN이 V자를 그리며 주당순이익을 증가시키고 있는데, 영업이익률이

차트 2-51 **엔에이치엔과 다음커뮤니케이션의 주당순이익 추세 비교**

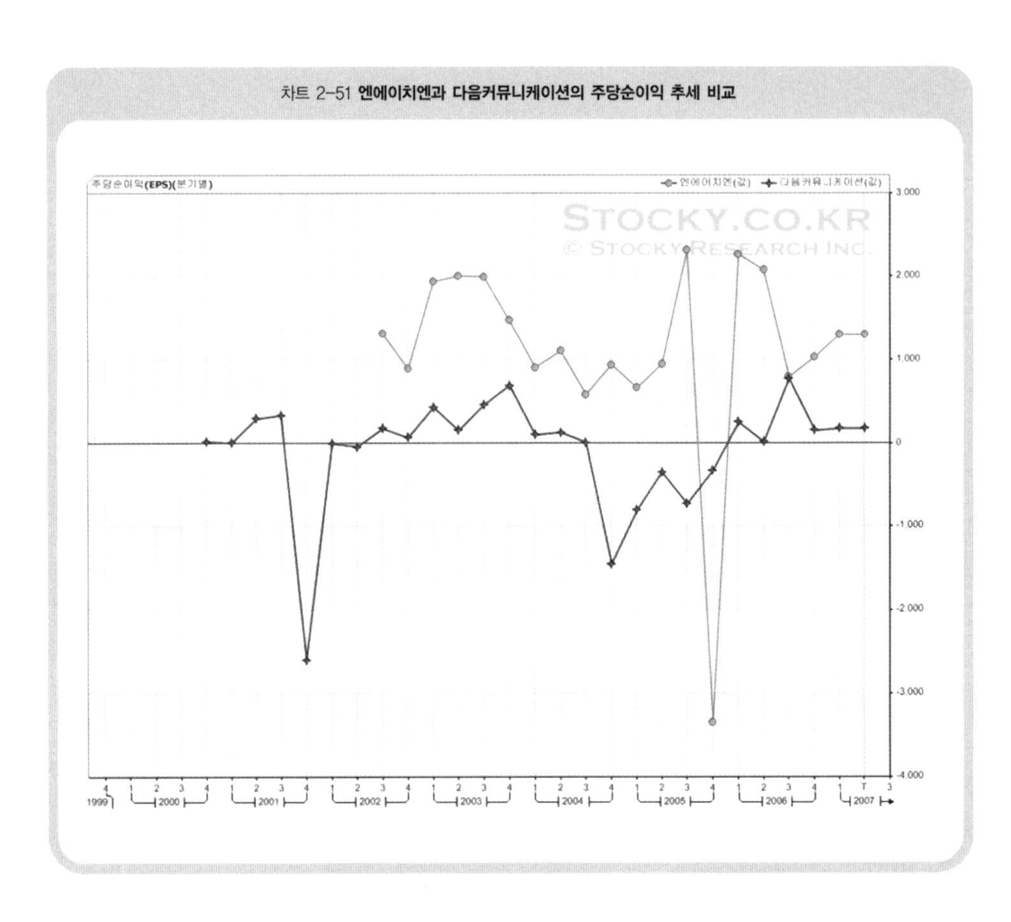

나 자기자본순이익률이 공히 40%대라는 기록적인 실적을 달성하고 있다. 최근 들어 흑자로 전환된 다음도 20%대 가까운 높은 이익률을 실현하고 있다.

5,700억원이 넘는 매출액과 1,500억원이 넘는 순이익 실적, 3,000원대의 주당순이익 가치와 8,000원의 주당순자산까지 모든 측면에서 NHN이 업계를 호령하고 있다.

차트 2-51을 통해 두 기업의 주당순이익 추세를 비교해보자. NHN이 안정적인 흐름을 유지하고 있고, 다음은 적자에서 흑자로 올라서고 있다.

온라인게임

표 2-21 **온라인게임업종의 우수기업들**

EP	기업	개요	매출액	순이익	자기자본	ROOI	ROE	DR	EPS	BPS	PER	PBR
4	엔에이치엔 (NHN)	국내 1위의 온라인 게임/포탈 업체.	573,398	151,982	374,458	40	41	47	3,279	8,079	36.0	18.5
5	네오위즈	온라인 게임포탈업체. 자주 분기적자를 기록했음.	128,081	8,453	101,554	20	8	30	1,046	12,566	149.7	4.4
6	씨제이인터넷 (CJ인터넷)	온라인 게임포탈업체.	105,207	16,608	174,518	27	10	12	731	7,682	34.8	2.8
6	엔씨소프트	국내 1위의 온라인 게임업체.	227,456	38,052	418,305	23	9	11	1,866	20,518	19.0	3.4
8	예당온라인	온라인 게임업체. 2006년 1/4분기부터 흑자 구현.	38,513	5,011	23,592	24	21	130	725	3,416	34.5	7.3
	5개 평균		**214,531**	**44,021**	**218,485**	**26.8**	**17.8**	**46**	**1,529**	**10,452**	**54.8**	**7.3**

모두 다섯 개의 기업이 리스트에 포함되었다.

지속적으로 주당순이익을 높여온 기업은 없으나, 네 업체 모두 20% 이상의 높은 영업이익률을 구현하고 있다.

한게임 사이트를 운영하는 NHN이 매출액이나 순이익 등의 모든 지표에서 다른 회사들을 압도하고 있지만, NHN은 게임 이외의 사업부문의 규모가 더 크므로 게임사업에 전념하는 회사들만 비교해보기로 하자.

네 업체 중에서는 NC소프트가 몇 년째 1위 자리를 고수하고 있다. 매출액은 2,300억원에 이르며, 순이익은 400억원 가까운 실적을 달성하고 있다. 그리고 주당순이익은 1,900원 가까이 되며, 주당순자산은 2만원을 넘

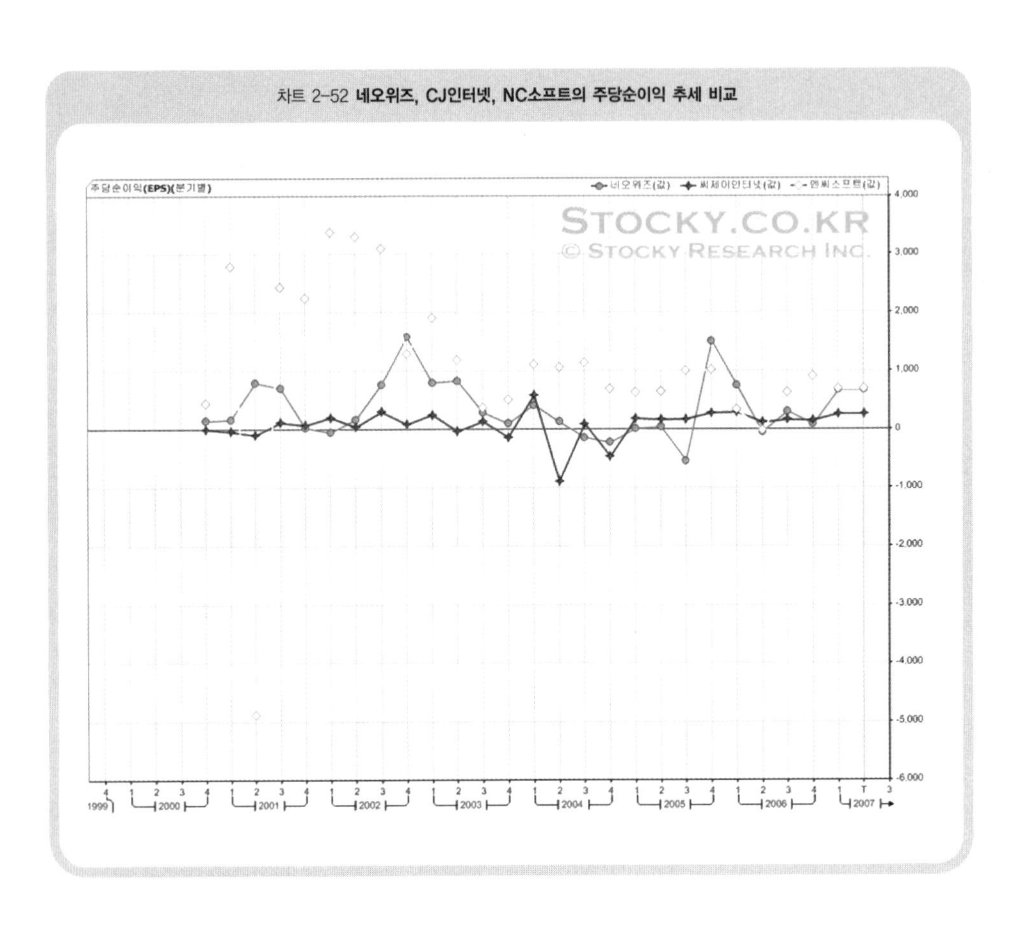

차트 2-52 **네오위즈, CJ인터넷, NC소프트의 주당순이익 추세 비교**

고 있다.

네오위즈가 NC소프트의 뒤를 따르고 있는데, 네오위즈에서 게임사업부문이 네오위즈게임즈로 분할된 뒤 재상장될 예정이다.

차트 2-52를 통해 온라인게임 3사의 주당순이익 추세를 비교해보자. 3사 중에선 CJ인터넷이 가장 안정적인 추세를 유지하고 있다.

방송/뉴스 미디어

표 2-22 **방송/뉴스 미디어업종의 우수기업들**

EP	기업	개요	매출액	순이익	자기자본	ROOI	ROE	DR	EPS	BPS	PER	PBR
2	디지틀조선일보	온라인 뉴스 컨텐츠 서비스업체. 주당순이익 증가세는 미미함.	28,107	5,208	49,227	23	11	14	140	1,326	20.3	1.9
2	아이엠비씨(iMBC)	온라인 방송 컨텐츠 서비스업체. 상장된 지 10분기 경과함.	26,000	6,472	34,441	29	19	14	281	1,497	12.9	3.2
3	와이티엔(YTN)	케이블 뉴스 방송사. 가끔 분기적자를 기록함.	83,185	7,402	124,497	7	6	38	176	2,964	11.0	1.7
4	SBS(에스비에스)	지상파 방송사.	659,514	55,390	622,378	9	9	24	2,124	23,869	82.0	1.9
4	에스비에스아이(SBSi)	온라인 방송 컨텐츠 서비스업체.	30,112	4,530	33,845	19	13	37	400	2,987	29.5	3.9
7	한국경제티브이	케이블 경제뉴스 방송사.	34,306	4,659	33,950	20	14	31	203	1,476	119.9	2.8
	6개 평균		**143,537**	**13,944**	**149,723**	**17.8**	**12.0**	**26**	**554**	**5,687**	**45.9**	**2.6**

여러 종류의 기업들이 하나로 묶였는데, 사업의 성격은 유사한 것 같지만 업체별 위상은 판이하게 달라서 하나의 분포도에 표시하는 것은 적절치 않다.

일단 공중파 방송사인 SBS의 매출액, 순이익, 주당순이익, 주당순자산은 타 업체와 비교가 되지 않는다. 6,600억원의 매출액, 550억원의 순이익은 압도적이며, 주당순자산 가치도 2만 4,000원으로 타 업체들의 10배에 가까운 수치다.

케이블 방송사인 YTN과 한국경제TV의 경우 YTN이 830억원으로 매출액도 더 크고, 주당순이익도 양호한 추세를 보여주고 있다.

차트 2-53 **YTN, SBSi, iMBC의 주당순이익 추세의 비교**

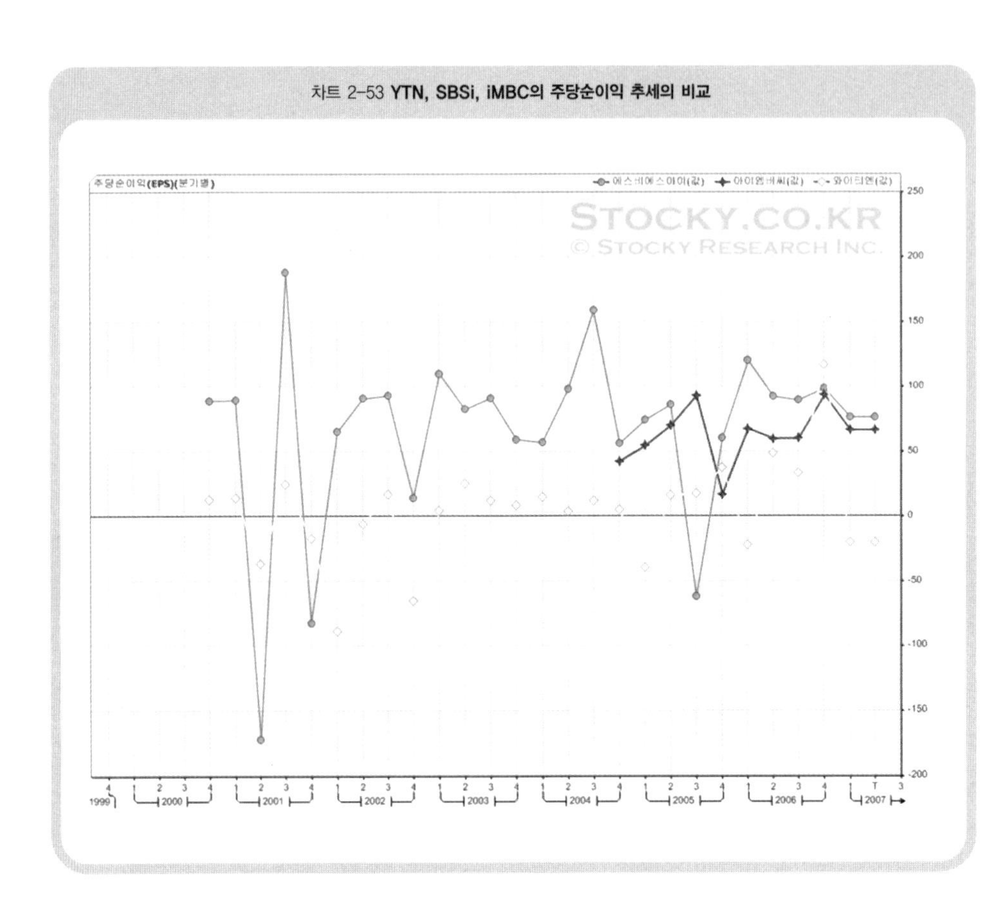

인터넷 재방송사인 SBSi와 iMBC의 경우에는, iMBC가 영업이익률에선 29%로 앞서고 있지만, 300억원의 매출액과 3,000원의 주당순자산 등에서는 SBSi가 앞서고 있다.

6개의 기업 중에서 한국경제TV를 제외한 나머지 5개 기업의 주당순이익은 증가 추세에 있으며, 디지털조선일보와 아이엠비씨는 2그룹에 오르고 있다.

차트 2-53을 통해 주요 기업들의 주당순이익 추세를 확인해보도록 하자. SBSi나 iMBC는 주당순이익 가치를 꾸준하게 유지하고 있다.

광고대행

표 2-23 광고대행업종의 우수기업들

EP	기업	개요	매출액	순이익	자기자본	ROOI	ROE	DR	EPS	BPS	PER	PBR
2	제일기획	국내 1위의 광고 대행사.	552,060	70,387	406,386	11	17	121	15,296	88,313	9.2	2.7
4	휘닉스 커뮤니케이션즈	광고 대행사.	43,445	4,512	40,570	6	11	108	1,900	17,082	13.3	0.3
6	오리콤	광고 대행사. 자주 분기적자를 기록했음.	53,464	458	29,006	2	2	229	220	13,945	157.2	0.7
7	지투알(GIIR)	LG애드를 자회사로 둔 지주회사.	19,194	9,322	91,697	42	10	2	792	7,789	39.1	1.8
	4개 평균		**167,041**	**21,170**	**141,915**	**15.3**	**10.0**	**115**	**4,552**	**31,782**	**54.7**	**1.4**

모두 네 개의 기업이 선발되었는데, 2그룹에는 제일기획 한 회사만 들어갈 수 있었다.

매출액, 순이익, 주당순이익, 주당순자산, 영업이익률 등의 모든 측면에서 제일기획이 압도적인 위상을 유지하고 있다.

제일기획은 5,500억원이 넘는 매출 실적을 올리고 있고, 양 이익률이 두 자릿수를 기록하고 있으며, 주당순이익은 1만 5,000원, 주당순자산은 8만 8,000원을 넘는 가치를 구현하고 있다.

차트 2-54를 통해 제일기획과 휘닉스커뮤니케이션즈의 주당순이익 추세를 확인해보도록 하자.

분기별 실적의 변동 폭이 점차 확대되고 있지만, 제일기획의 주당순이익 추세는 꾸준한 모습을 보이고 있다.

차트 2-54 **제일기획과 휘닉스커뮤니케이션즈의 주당순이익의 추세 비교**

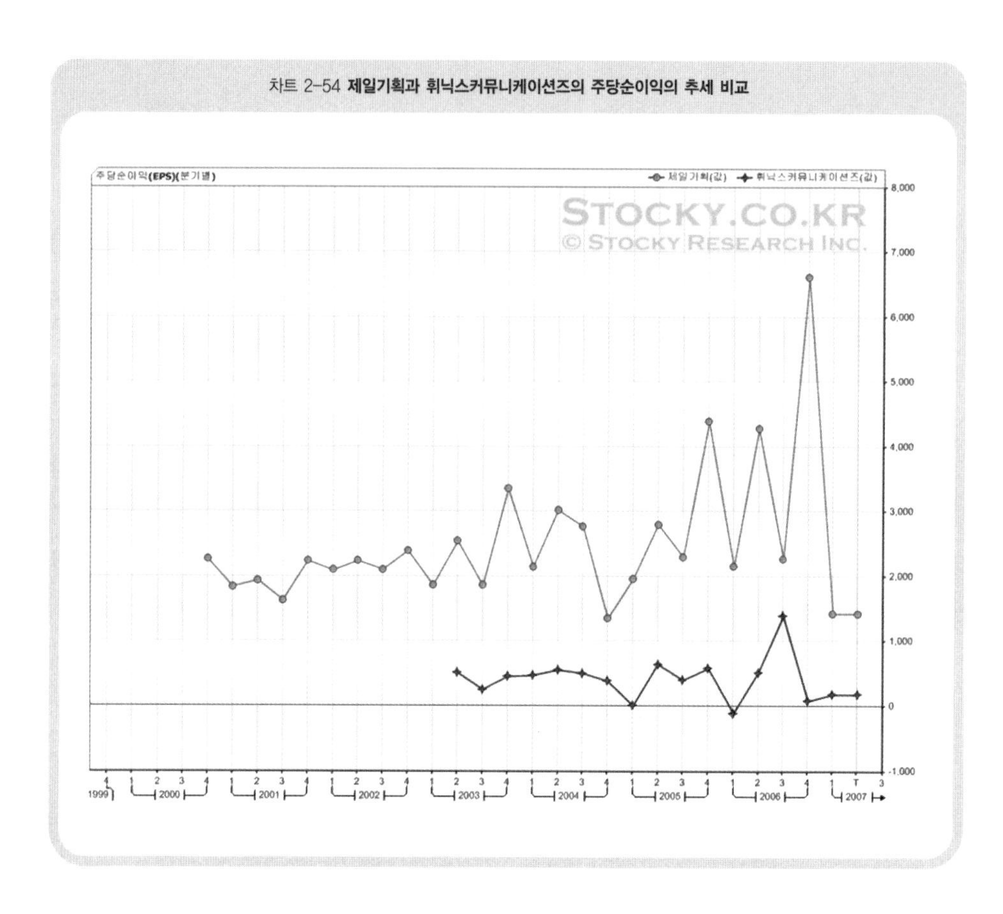

모바일 솔루션/서비스

매출액 서열부터 확인해보자. 390억원을 넘은 모빌리언스와 360억원을 넘긴 유엔젤이 1, 2위를 다투고 있다. 업체들의 매출액 규모를 보면, 모바일 솔루션/서비스 시장이 아직은 작은 편이라는 것을 알 수 있다.

유엔젤이 64억원으로 가장 많은 순이익을 거두고 있으며, 모빌리언스, 위트콤 등이 뒤따르고 있다.

표 2-24 **모바일 솔루션/서비스 업종의 우수기업들**

EP	기업	개요	매출액	순이익	자기자본	ROOI	ROE	DR	EPS	BPS	PER	PBR
4	지어소프트	무선인터넷 솔루션 개발업체.	30,105	2,322	27,531	15	8	44	373	4,418	54.5	1.7
5	유엔젤	무선인터넷 솔루션 개발 및 컬러링/메시징 등의 부가서비스 제공업체.	36,174	6,371	62,645	30	10	17	487	4,789	12.3	1.6
5	모빌리언스	모바일 결제서비스 제공업체. 상장된 지 10분기 경과함.	39,059	4,301	42,788	15	10	70	336	3,341	25.4	2.3
7	신지소프트	무선인터넷 솔루션 개발 및 SI 제공업체. 2006년 4/4분기에 적자로 전환됨.	7,099	675	18,960	7	4	4	199	5,577	-	2.4
11	위트콤	무선인터넷 솔루션 개발 및 컬러링 등의 컨텐츠 제공업체. 분기별 주당 순이익은 증가 추세임.	12,571	2,667	29,274	18	9	20	429	4,709	8.4	1.0
	5개 평균		**25,002**	**3,267**	**36,240**	**17.0**	**8.2**	**31**	**365**	**4,567**	**25.1**	**1.8**

차트 2-55 **모바일 솔루션/서비스 업종의 매출액 분포**

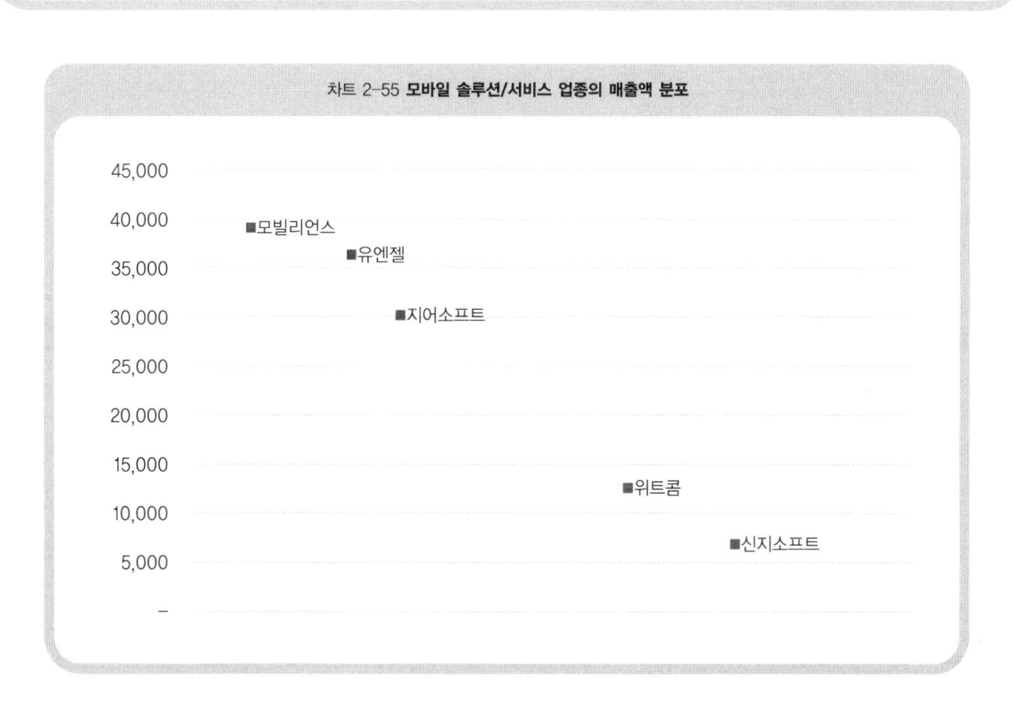

차트 2-56 **모바일 솔루션/서비스 업종의 순이익 분포**

7,000
6,000
5,000
4,000
3,000
2,000
1,000
–

■유엔젤
■모빌리언스
■위트콤
■지어소프트
■신지소프트

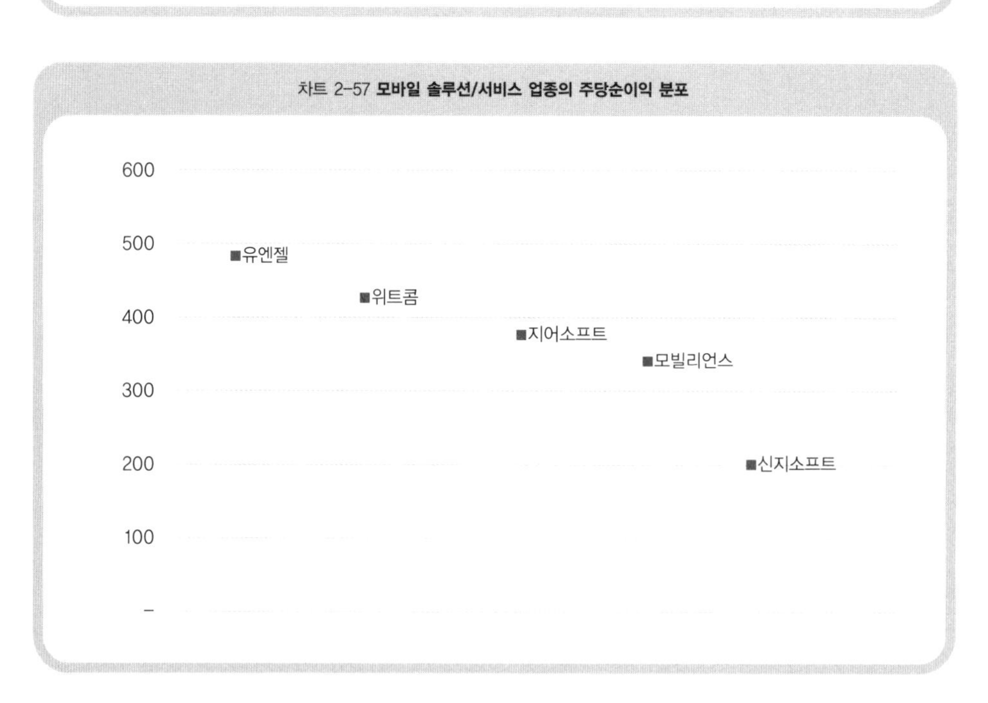

차트 2-57 **모바일 솔루션/서비스 업종의 주당순이익 분포**

유엔젤이 상대적으로 높은 주당순이익 가치를 지니고 있지만 490원에 불과하다. 주당 가치가 1,000원을 돌파하는 회사는 아직은 존재하지 않는다.

주당순자산 가치에서만은 신지소프트가 5,600원을 달성하여 유엔젤을 앞서고 있다.

신지소프트를 제외한 4개 업체의 영업이익률은 양호한 편이다.

영업이익률과 자기자본순이익률 모두 두 자릿수를 기록한 업체들은 유엔젤과 모빌리언스다.

차트 2-59를 통해 상위권을 이루는 세 회사의 주당순이익 추세를 비교해 보자. 모빌리언스는 꾸준한 추세를 유지하고 있고, 지어소프트의 주당순이익은 증가하는 추세에 있다.

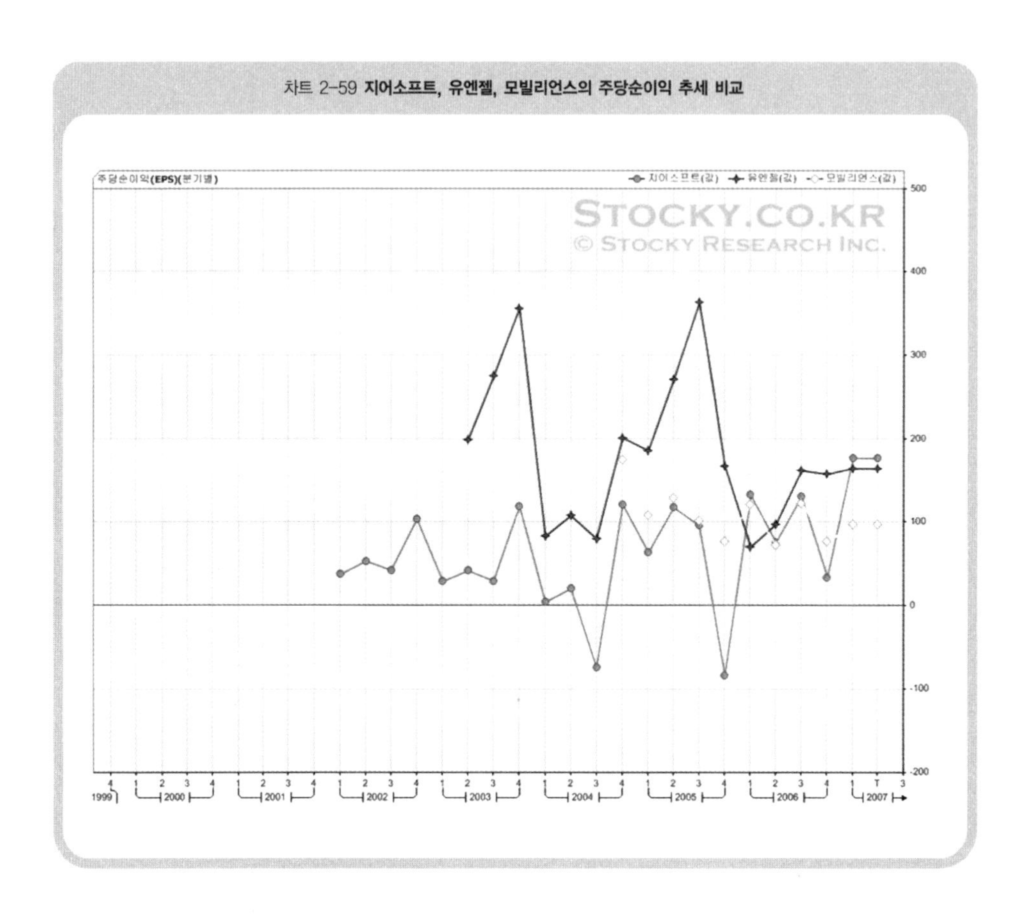

차트 2-59 **지어소프트, 유엔젤, 모빌리언스의 주당순이익 추세 비교**

시스템통합(SI)

소프트웨어 시장 중에서 가장 큰 시장을 확보하고 있는 SI 업종에는 15개 기업이 리스트에 올랐다.

매출액은 3,400억원에 가까운 포스데이타가 수위에 올랐다. 3,200억원에 조금 못 미치는 코오롱아이넷이 2위, 2,000억원이 넘는 신세계I&C가 그 다음을 차지하고 있다.

표 2-25 **시스템통합업종의 우수기업들**

EP	기업	개요	매출액	순이익	자기자본	ROOI	ROE	DR	EPS	BPS	PER	PBR
2	아이크래프트	인터넷코아망관련 솔루션 및 통합 업체. 상장된 지 10분기 경과됨.	50,687	3,605	25,446	9	14	32	895	6,319	7.1	1.0
2	동부씨엔아이 (동부정보기술)	동부 계열 SI업체.	153,484	6,422	42,750	5	15	59	258	1,715	24.4	1.9
2	신세계 아이앤씨	신세계 계열 SI업체.	200,497	13,400	58,186	8	23	108	7,791	33,829	8.0	2.1
3	다우기술	중견 SI업체. 가끔 분기적자 기록함. 자회사인 키움닷컴의 지분평가이익이 증가함.	69,782	28,755	229,366	7	13	19	719	5,734	17.6	1.6
4	선도소프트	공공부문 GIS솔루션 개발업체.	32,991	1,665	11,405	6	15	90	375	2,571	3.8	1.6
4	이수유비케어	의료관련 SI업체. 2005년 1/4분기부터 흑자.	26,357	5,616	17,391	4	32	45	168	520	27.8	3.2
5	자이엘 정보기술	제품수명관리(PLM) 솔루션 등의 SI업체.	27,906	1,964	16,478	4	12	63	294	2,467	14.4	1.0
6	한솔텔레컴	한솔 계열 SI업체. 가끔 분기적자를 기록함.	40,357	1,915	14,712	3	13	127	296	2,274	4.5	1.2
6	링네트	네트웍 장비 및 통합(NI) 업체. 주당순이익은 증가 추세임.	30,965	2,735	15,536	5	18	107	321	1,826	7.2	1.6
6	포스데이타	포스코 계열 SI업체.	337,941	8,030	159,511	3	5	69	68	1,956	34.0	3.1
8	코오롱아이넷	코오롱 계열의 SI업체. 2005년 4/4분기부터 흑자 전환.	317,068	2,056	72,253	2	3	109	353	12,414	45.9	0.7
8	동양시스템즈	동양 계열 SI업체. 2005년부터 흑자이나 순이익이 줄고 있음.	83,674	1,100	29,537	1	4	42	40	1,086	15.0	1.1
8	케이엘넷 (KL-Net)	해운/항만 물류부문 전자문서교환 SI업체. 2006년 2/4분기부터 흑자 전환.	24,339	1,887	18,609	10	10	26	781	7,704	1.8	1.4
8	썬텍인포 메이션 시스템	인터넷전화/네트웍 장비 및 통합(NI) 업체. 2005년 3/4분기부터 흑자로 전환됨.	11,441	529	6,146	5	9	11	106	1,235	21.0	2.3
	14개 평균		**100,535**	**5,691**	**51,238**	**5.1**	**13.3**	**65**	**890**	**5,832**	**16.6**	**1.7**

차트 2-60 **시스템통합업종의 매출액 분포**

차트 2-61 **시스템통합업종의 순이익 분포**

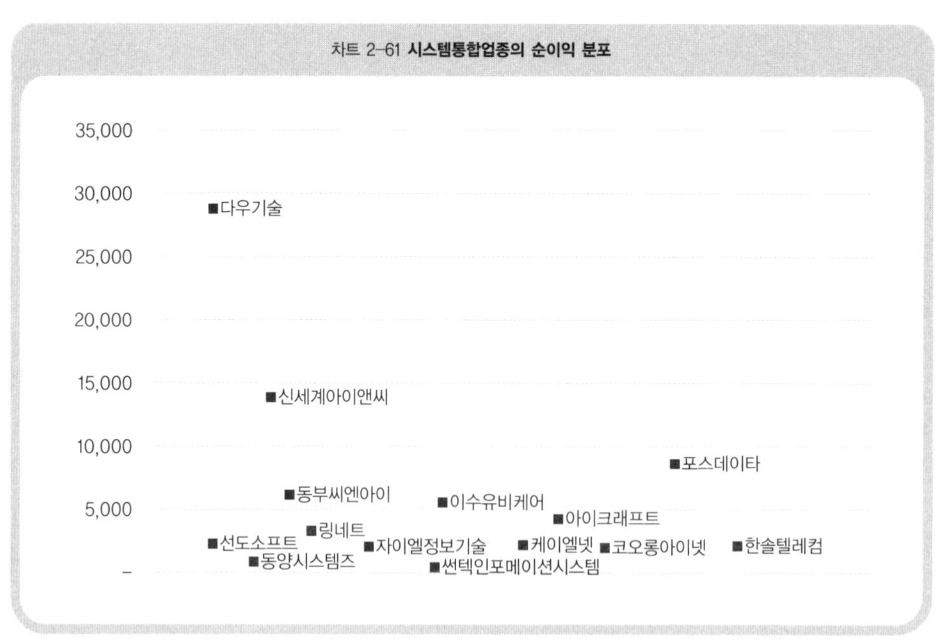

차트 2-62 **시스템통합업종의 주당순이익 분포**

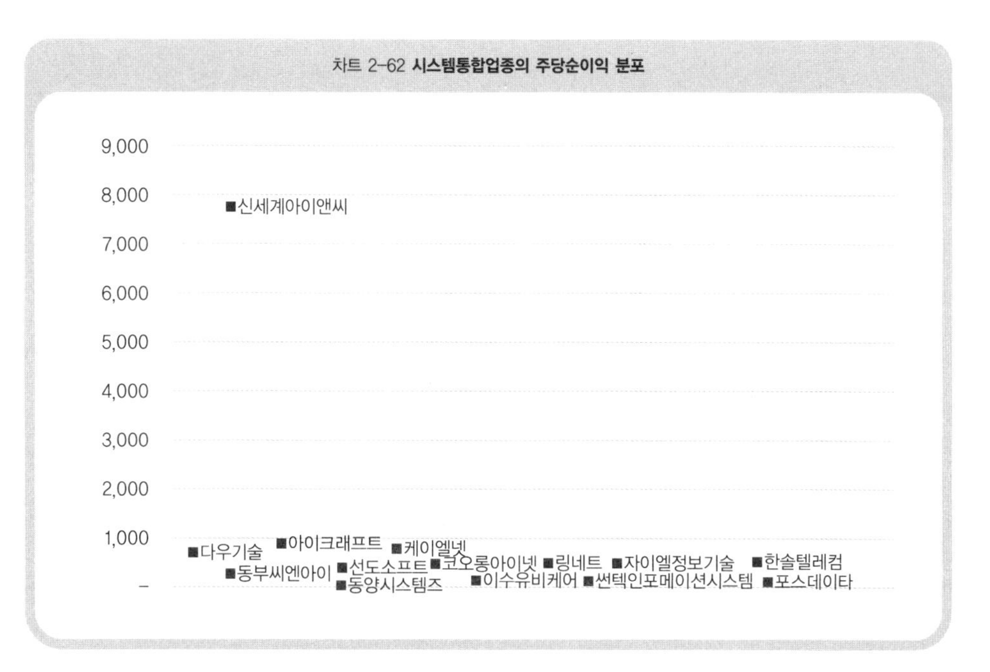

차트 2-63 **시스템통합업종의 주당순자산 분포**

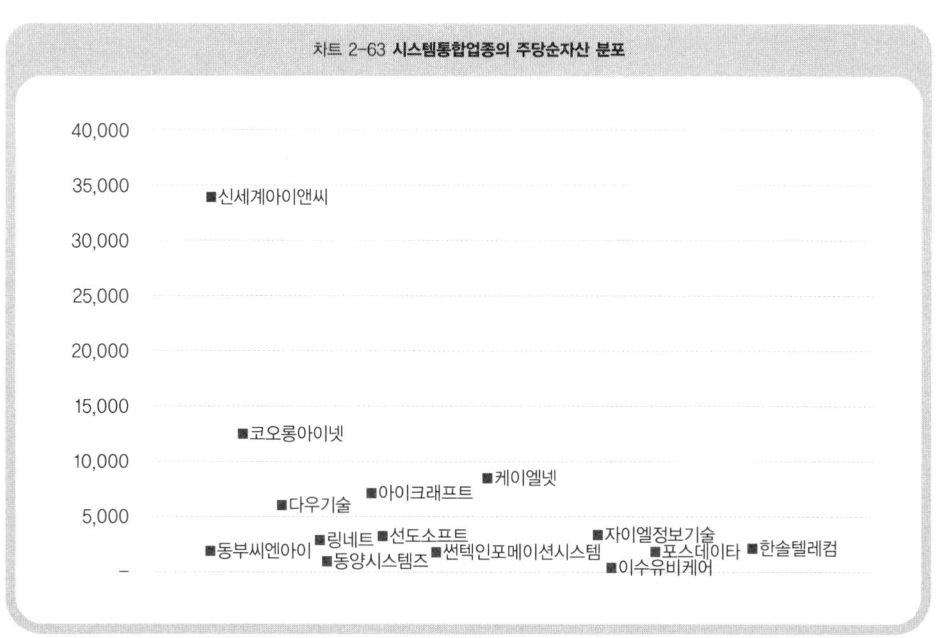

그런데 SI 시장을 논할 때는 업계의 양 거두 삼성 SDS와 LG CNS가 아직 상장되지 않았다는 점을 염두에 두어야 한다. 2006년도에 삼성SDS는 1조 2,500억원, LG CNS는 1조원의 매출 실적을 달성했다.

순이익 규모에서 다우기술의 약진이 눈에 띄는데, 키움닷컴 등의 자회사에 대한 지분법이익이 크게 잡혔기 때문인 것으로 판단된다. 다우는 290억원에 달하는 순이익을 거두고 있다. 영업이익 기반으로는 신세계가 130억원이 넘는 좋은 실적을 보여주고 있다.

주당순이익 가치에서는 신세계I&C가 타 업체들을 압도하고 있다. 주당

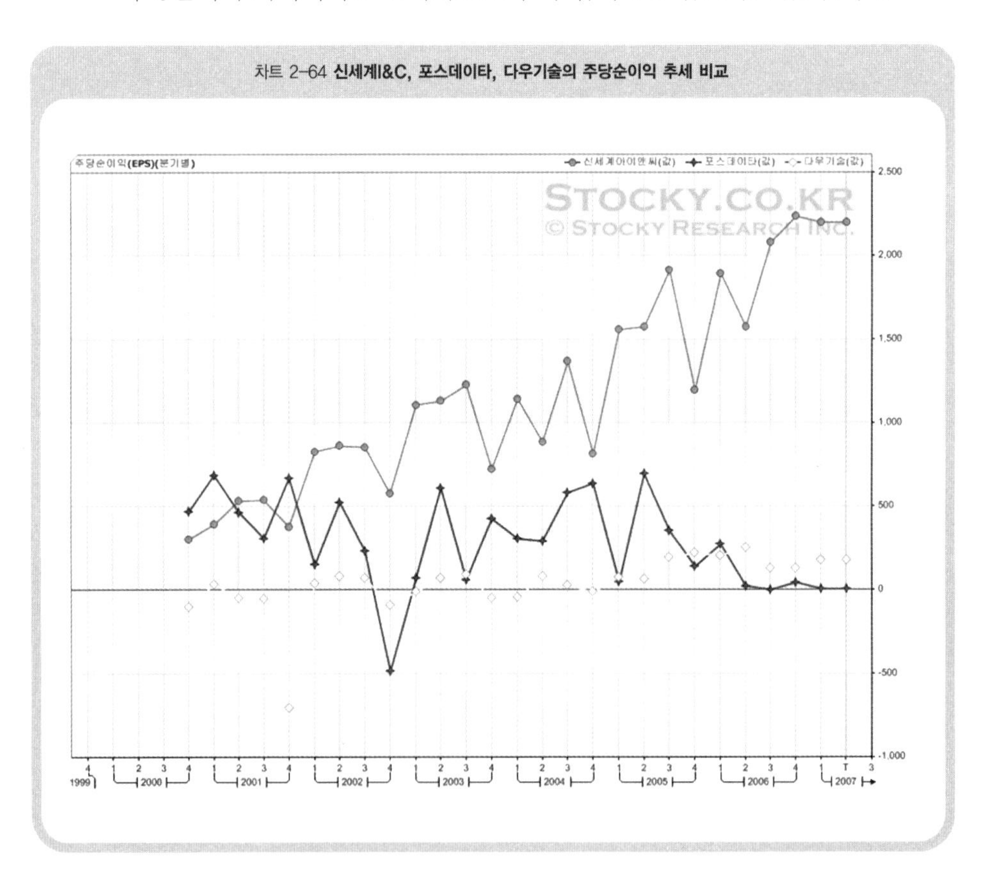

차트 2-64 **신세계I&C, 포스데이타, 다우기술의 주당순이익 추세 비교**

7,800원의 가치를 실현하고 있는데, 아이크래프트, 다우기술 등과의 격차가 거의 10배에 달하고 있다.

분포도에서도 보이듯이 대부분 업체들의 주당순이익이 1,000원 미만으로 바닥에 깔려 있다. 업종 전체의 이익률이 낮은 수준에 머물러 있기 때문인 것으로 판단된다.

주당순자산에서도 신세계의 독주가 눈에 띈다. 주당 3만 4,000원을 실현하고 있으며, 코오롱아이넷이 1만 2,000원, KL넷이 7,700원에 도달하고 있다.

업종 전체적으로 영업이익률이 낮은 편인데, 그 중에서도 수익 창출능력이 우수한 기업들은 KL넷, 아이크래프트, 신세계I&C 등이다.

아이크래프트, 신세계I&C, 동부C&I 등의 3개 기업은 2그룹에 속하고 있다.

차트 2-64를 통해 업계를 대표하는 세 회사의 주당순이익 추세를 비교해 보자. 신세계I&C의 거침없는 증가세가 눈에 두드러진다.

소프트웨어

코스닥 기업들로만 8개 업체가 리스트에 올랐다.

매출액부터 살펴보자. 560억원을 넘은 이니시스를 비롯하여 안철수연구소, 한글과컴퓨터 등이 연 400억원 이상의 매출액을 달성하고 있다.

순이익의 규모에선 150억원에 가까운 안철수연구소 그리고 더존디지털웨어, 한글과컴퓨터의 순이다. 패키지 소프트웨어를 개발, 판매하는 회사들의 이익 창출능력이 더 뛰어나다는 것을 알 수 있다.

표 2-26 **소프트웨어업종의 우수기업들**

EP	기업	개요	매출액	순이익	자기자본	ROOI	ROE	DR	EPS	BPS	PER	PBR
2	윈스테크넷	네트웍침입방지, 침입 탐지 소프트웨어 개발업체.	17,083	2,279	15,271	18	15	37	330	2,212	5.8	1.8
4	이니텍	보안관련 소프트웨어 개발업체.	12,497	3,202	51,162	12	6	8	244	3,891	23.9	0.9
4	한글과컴퓨터	오피스용 소프트웨어 개발업체. 자주 분기 적자를 기록.	43,271	6,219	90,328	12	7	11	269	3,919	7.9	1.7
4	더존디지털웨어	국내 1위의 세무회계 및 경영관리 소프트웨어 개발업체.	19,970	9,872	32,797	60	30	10	1,144	3,801	14.0	4.9
5	안철수연구소	국내 1위의 백신 및 보안 소프트웨어 개발업체.	43,537	14,629	87,653	26	17	22	1,476	8,842	12.2	2.1
6	이니시스	국내 1위의 신용카드 전자결제(PG) 서비스업체.	56,299	2,838	33,309	3	9	105	221	2,595	110.4	1.6
8	케이비테크놀러지	은행, 카드사용 스마트 카드 제조, 운영업체. 2006년 1/4분기부터 흑자 전환.	18,858	1,470	13,489	7	11	79	294	2,698	43.1	3.5
11	플랜티넷	유해사이트 차단서비스 제공업체. 분기별 주당 순이익은 감소 추세임.	6,626	1,783	55,552	24	3	5	777	6,200	20.2	2.6
	8개 평균		**27,268**	**5,287**	**47,445**	**20.3**	**12.3**	**35**	**594**	**4,270**	**29.7**	**2.4**

주당순이익에서는 1,500원 가까운 안철수연구소가 가장 위에 있고, 1,100원을 넘긴 더존디지털웨어가 그 다음에 자리하고 있다.

안철수연구소의 주당순자산이 8,800원을 넘고 있고, 플랜티넷, 한글과컴퓨터가 그 다음을 잇고 있다.

영업이익률에서는 더존디지털웨어가 독보적인 기록을 수립 중이다. 제조업체로서는 최고다.

안철수연구소, 플랜티넷, 윈스테크넷, 한글과컴퓨터, 이니텍 등도 우수

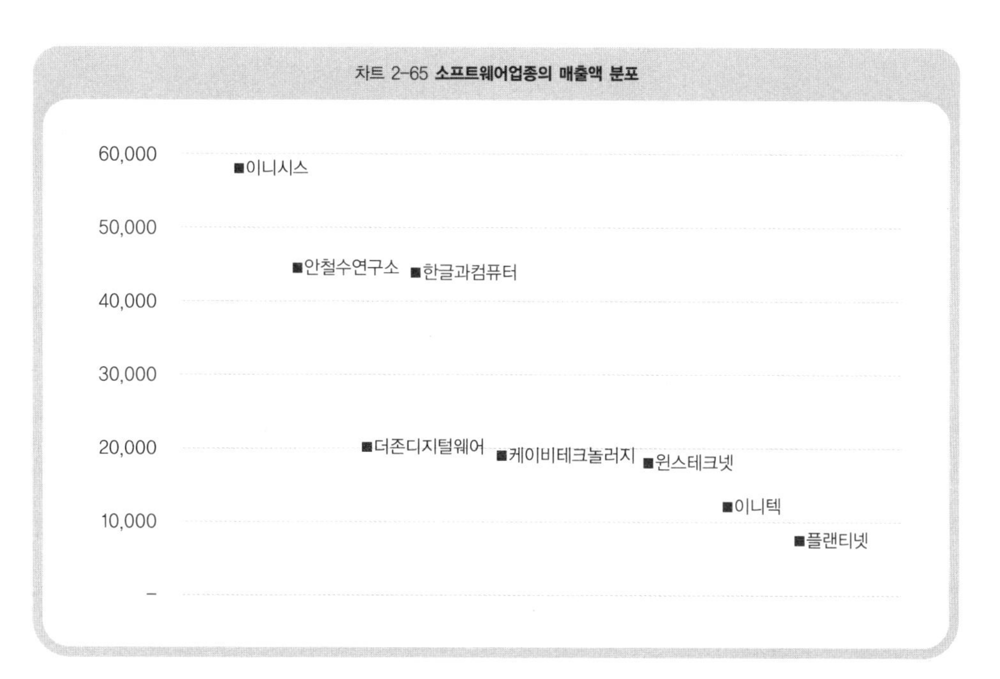
차트 2-65 소프트웨어업종의 매출액 분포
60,000
50,000
40,000
30,000
20,000
10,000
–
이니시스
안철수연구소
한글과컴퓨터
더존디지털웨어
케이비테크놀러지
윈스테크넷
이니텍
플랜티넷

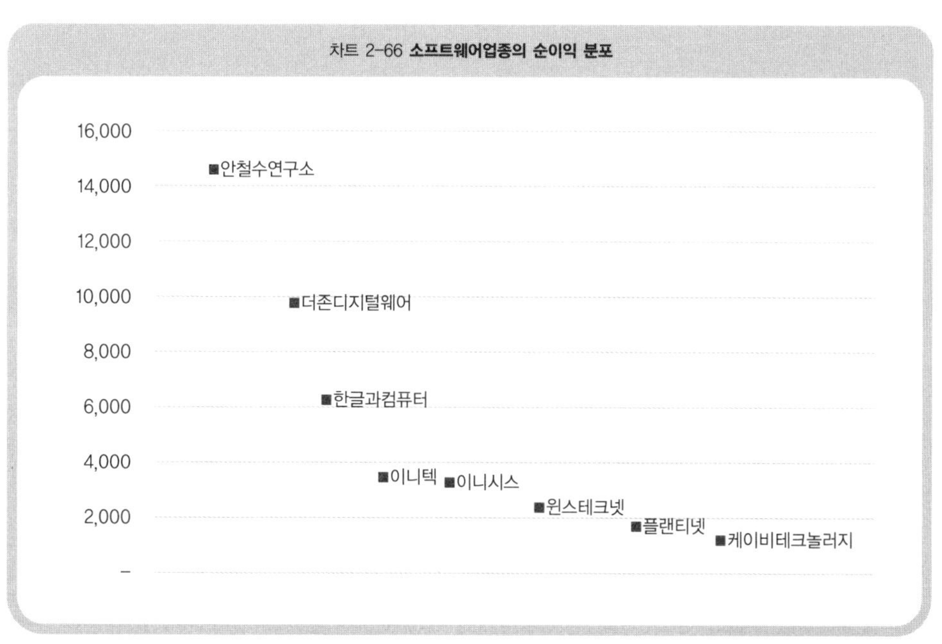
차트 2-66 소프트웨어업종의 순이익 분포
16,000
14,000
12,000
10,000
8,000
6,000
4,000
2,000
–
안철수연구소
더존디지털웨어
한글과컴퓨터
이니텍
이니시스
윈스테크넷
플랜티넷
케이비테크놀러지

차트 2-67 **소프트웨어업종의 주당순이익 분포**

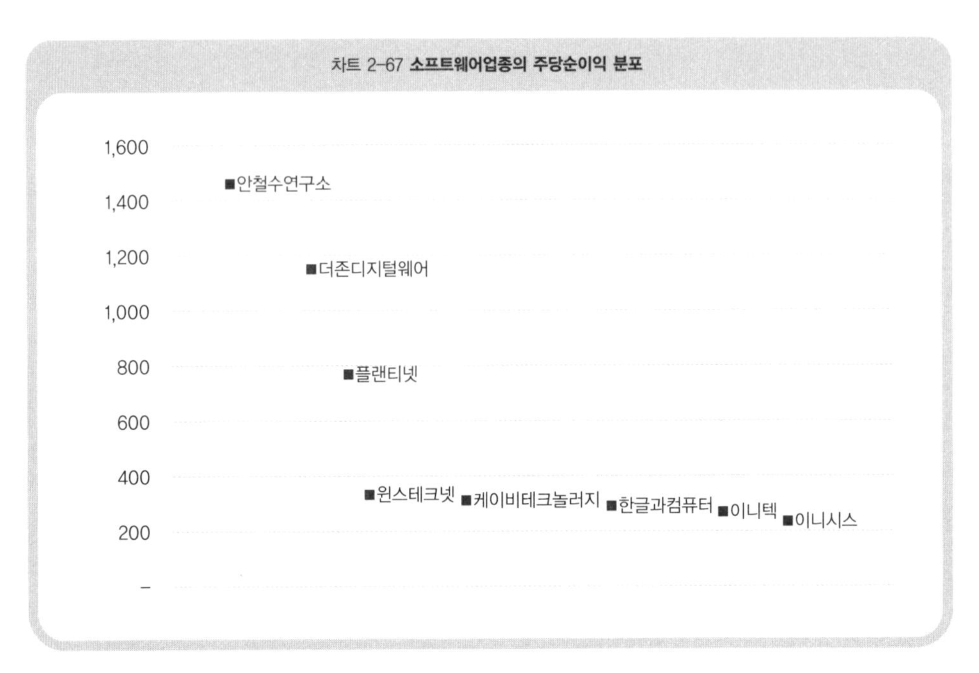

차트 2-68 **소프트웨어업종의 주당순자산 분포**

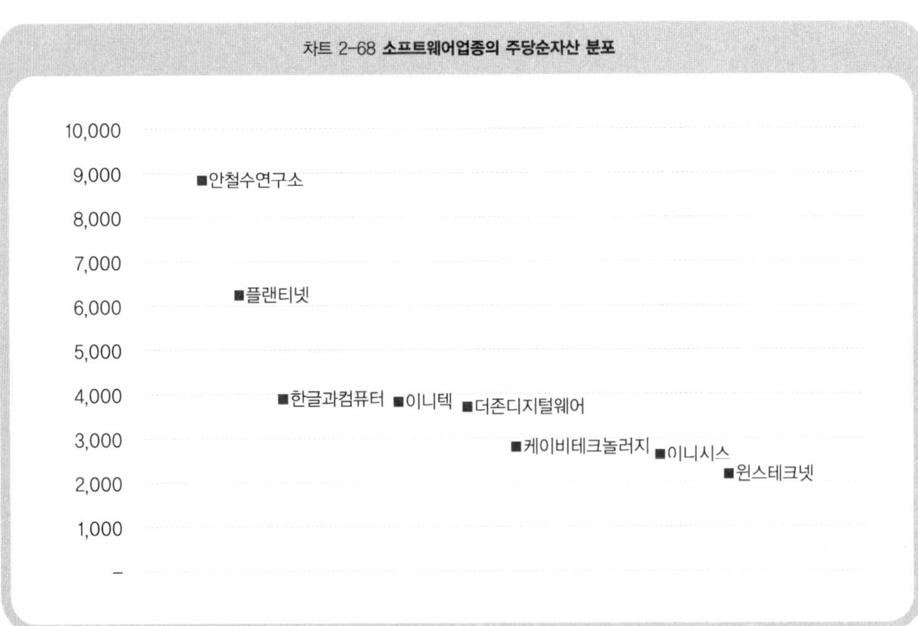

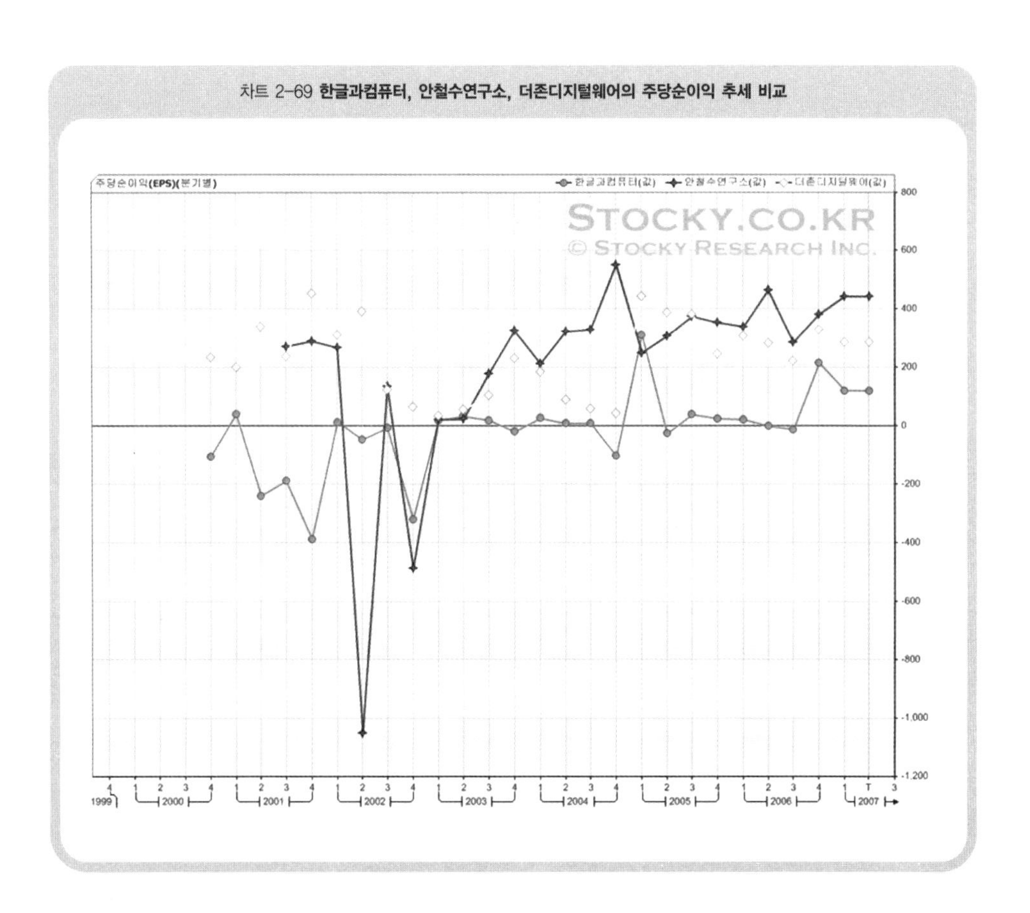

차트 2-69 **한글과컴퓨터, 안철수연구소, 더존디지털웨어의 주당순이익 추세 비교**

한 영업이익률을 거두고 있다.

주당순이익이 지속적으로 늘어난 기업은 윈스테크넷 하나뿐이다.

차트 2-69를 통해 SW 업계를 대표하는 더존디지털웨어, 안철수연구소, 한글과컴퓨터 3사의 주당순이익 추세를 비교해보자. 최근 2~3년 동안 안철수연구소와 더존디지털웨어의 주당순이익이 안정적인 추세에 있었음을 확인할 수 있다.

HW/SW 유통

표 2-27 HW/SW 유통업종의 우수기업들

EP	기업	개요	매출액	순이익	자기자본	ROOI	ROE	DR	EPS	BPS	PER	PBR
4	피씨디렉트 (PC디렉트)	컴퓨터 부품, 스토리지 유통업체. 가끔 분기 적자를 기록했음.	131,004	1,092	14,890	1	7	100	283	3,860	45.8	1.5
4	다우데이타	소프트웨어 유통업체.	112,931	9,258	80,567	3	11	70	288	2,508	6.1	1.8
6	정원엔시스템	서버 유통업체.	257,526	3,744	47,903	2	8	135	187	2,395	5.4	0.6
6	에스에이엠티 (SAMT)	반도체 칩 유통업체.	864,854	8,595	75,879	2	11	111	859	7,588	8.9	0.7
6	제이씨현 시스템	PC관련 부품 및 서버 등 판매업체. 자동차용 A/V업체인 네스티아 전자와 합병.	96,166	1,504	48,265	−1	3	31	82	2,631	67.8	1.1
7	유니퀘스트	반도체 칩 유통업체. 상장된 지 2년 경과됨.	198,361	9,073	52,210	6	17	51	699	4,025	53.4	1.7
	6개 평균		**276,807**	**5,544**	**53,286**	**2.2**	**9.5**	**83**	**400**	**3,835**	**31.2**	**1.2**

업종 전체적으로 영업이익률이 낮은 편이다. 그리고 주당순이익이 증가하는 2그룹에 해당되는 기업도 없다. 가격경쟁형 사업을 하는 기업들로 구성된 업종이라고 볼 수 있다.

매출액은 8,600억원을 넘은 에스에이엠티가 가장 앞서고 있다. SAMT는 주당순이익, 주당순자산에서도 수위를 차지하고 있다.

순이익에서는 93억원에 못 미치는 다우데이타가 유니퀘스트를 근소한 차이로 앞서고 있다.

영화관

표 2-28 **영화관업종의 우수기업들**

EP	기업	개요	매출액	순이익	자기자본	ROOI	ROE	DR	EPS	BPS	PER	PBR
5	세기상사	대한극장 운영업체.	12,646	1,238	14,877	15	8	126	3,367	40,472	17.1	0.9
5	씨제이씨지브이 (CJ CGV)	국내 1위의 영화관 운영업체. 상장된 지 9분기 경과함.	272,016	22,865	176,245	14	13	115	1,109	8,549	35.4	2.0
	2개 평균		**142,331**	**12,052**	**95,561**	**14.5**	**10.5**	**121**	**2,238**	**24,511**	**26.2**	**1.4**

규모 면에서는 CJ CGV가 압도적이다. 연간 매출액이 2,700억원을 넘고 있다.

하지만 주당순이익이나 주당순자산에서는 세기상사가 앞서고 있다. 특히 세기상사는 4만원의 주당순자산 가치를 축적하고 있다.

케이블송출(SO)

표 2-29 **케이블송출업종의 우수기업들**

EP	기업	개요	매출액	순이익	자기자본	ROOI	ROE	DR	EPS	BPS	PER	PBR
2	디씨씨(DCC)	서울 동작지역 CATV SO업체.	19,569	6,651	26,588	37	25	38	377	1,509	10.2	1.7
6	큐릭스	국내 대표적인 CATV MSO업체.	42,623	15,440	74,842	41	21	19	7,275	35,266	7.8	1.8
	2개 평균		**31,096**	**11,046**	**50,715**	**39.0**	**23.0**	**29**	**3,826**	**18,388**	**9.0**	**1.8**

두 업체 모두 영업이익률이나 자기자본순이익률이 매우 높은 수준에 도달해 있다.

큐릭스는 매출액, 순이익, 주당순이익, 주당순자산 등 모든 측면에서 좋은 실적을 거두고 있다. 특히 주당순자산은 3만 5,000원을 넘고 있다.

그런데 국내의 MSO(복수지역 케이블송출사업자)에는 큐릭스를 포함하여 8개 업체가 있는데, 태광산업, C&M커뮤니케이션, CJ케이블넷 등이 주도하고 있다. 태광산업은 2006년도에 4분기 연속 적자를 기록하여 리스트에서 제외되었으며, C&M, CJ케이블넷 등은 아직 상장되지 않아서 리스트에 오

차트 2-70 **큐릭스와 디씨씨의 주당순이익 비교**

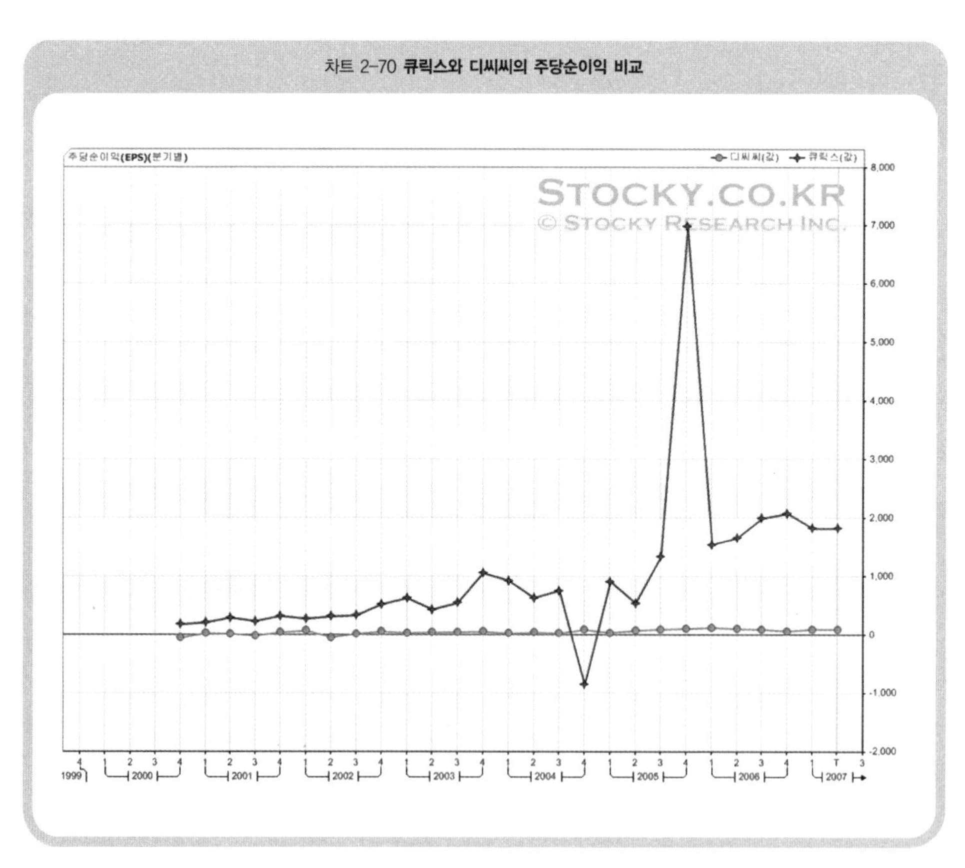

르지 못했다.

차트 2-70을 통해 두 업체의 주당순이익 추세를 비교해보자. 큐릭스의 주당순이익 추세는 연간으로는 6그룹에 해당되지만 분기별로는 2그룹에 가까운 모습을 보이고 있다. 디씨씨도 주당순이익이 조금씩 증가하는 추세에 있다.

보안경비

표 2-30 **보안경비업종의 우수기업**

EP	기업	개요	매출액	순이익	자기자본	ROOI	ROE	DR	EPS	BPS	PER	PBR
2	에스원(S1)	국내 1위의 경비보안 업체.	692,803	82,507	402,544	16	20	47	2,171	10,594	18.6	3.8
	1개 평균		**692,803**	**82,507**	**402,544**	**16**	**20**	**47**	**2,171**	**10,594**	**18.6**	**3.8**

S1은 주당순이익이 지속적으로 증가하고 있는 초우량기업이다. 매출액은 7,000억원에 이르고 있으며, 순이익은 800억원을 넘고 있다. 영업이익률과 자기자본순이익률도 높은 수준에 올라 있다.

주당순이익은 가장 이상적인 기울기로 상승하고 있으며, 주당순자산 가치는 1만원을 웃돌고 있다.

차트 2-71 **에스원의 주당순이익 추세**

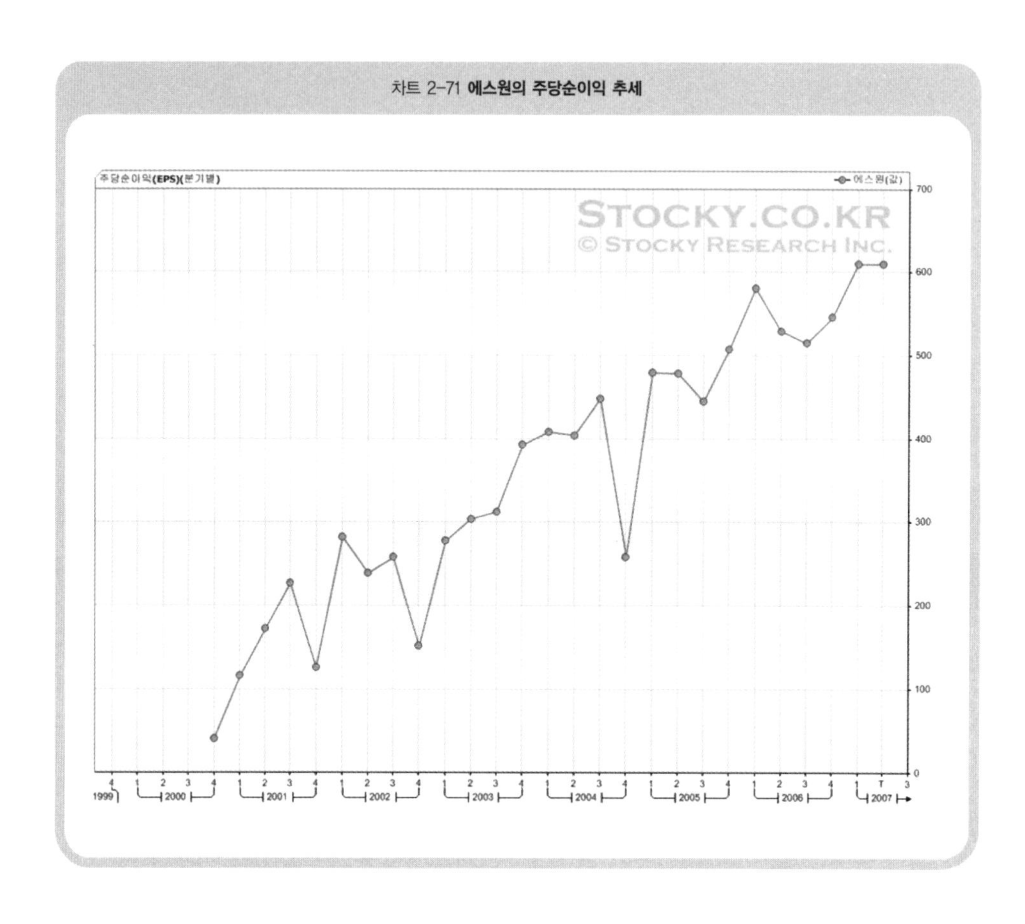

건물관리

표 2-31 **건물관리업종의 우수기업**

EP	기업	개요	매출액	순이익	자기자본	ROOI	ROE	DR	EPS	BPS	PER	PBR
7	해성산업	건물 관리용역 및 임대업체.	10,618	2,230	103,296	21	2	13	228	10,562	241.1	0.5
	1개 평균		**10,618**	**2,230**	**103,296**	**21**	**2**	**13**	**228**	**10,562**	**241.1**	**0.5**

해성산업 하나만 포함되었는데, 영업이익률이나 순이익률 모두 21%라는 높은 수준에 이르고 있다.

하지만 매출액이 100억을 갓 넘는 수준이고, 주당순이익도 감소하는 추세에 있다.

주당순자산 가치는 1만원을 넘기고 있다.

인쇄/출판

표 2-32 **인쇄/출판 업종의 우수기업들**

EP	기업	개요	매출액	순이익	자기자본	ROOI	ROE	DR	EPS	BPS	PER	PBR
4	삼성출판사	대표적인 출판사. 2006년 4/4분기에 적자로 전환.	50,620	3,907	46,330	6	8	50	3,907	46,330	–	0.5
6	케이디미디어 (KD미디어)	상품권 인쇄 및 DVD 생산업체. 2006년 4/4분기에 적자로 전환됨.	29,437	1,114	30,370	0	4	50	111	3,038	–	2.4
7	능률교육	대표적인 어학 출판사. 가끔 분기적자 기록.	27,638	872	20,876	2	4	44	185	4,429	35.5	1.9
8	제이엠아이 (JMI)	마이크로소프트사 소프트웨어 CD 생산업체.	49,779	7,276	52,552	7	14	27	223	1,613	15.4	2.4
	4개 평균		**39,369**	**3,292**	**37,532**	**3.8**	**7.5**	**43**	**1,107**	**13,853**	**25.4**	**1.8**

매출액에선 500억원을 넘긴 삼성출판사와 500억원에 약간 못 미치는 제이엠아이가 수위를 다투고 있다.

순이익에선 JMI가 73억원으로 가장 좋은 실적을 거두고 있다.

주당순이익은 4,000원 가까운 실적을 달성한 삼성출판사가 앞서고 있고, 주당순자산에서는 4만 6,000원이 넘고 있는 삼성출판사가 다른 업체들과 격차를 크게 벌리고 있다.

업종 전체적으로 영업이익률이 높지 않고, 주당순이익의 추세도 들쭉날쭉한 모습을 보이고 있다.

문구/완구

표 2-33 **문구/완구 업종의 우수기업들**

EP	기업	개요	매출액	순이익	자기자본	ROOI	ROE	DR	EPS	BPS	PER	PBR
2	오로라월드	캐릭터 완구 제조업체.	46,759	3,537	30,936	5	11	61	409	3,581	17.1	1.0
4	모나미	종합 문구업체. 2006년 4/4분기에 적자로 전환됨.	168,526	7,622	50,150	3	15	145	2,816	18,528	–	0.7
7	양지사	문구, 다이어리 제조업체. 계절별로 적자를 기록함.	38,029	3,445	33,833	11	10	52	2,093	21,172	1.7	0.8
8	손오공	캐릭터 완구 제조, 온라인 게임 업체.	46,679	151	63,347	2	0	66	15	6,335	7.0	1.3
	4개 평균		**74,998**	**3,689**	**44,567**	**5.3**	**9.0**	**81**	**1,333**	**12,404**	**8.6**	**0.9**

매출은 1,700억원에 가까운 실적을 달성한 모나미가 가장 앞서 있다. 순이익도 모나미가 76억원으로 가장 좋다.

영업이익률은 양지사가 앞서는데, 자기자본순이익률만은 모나미가 앞서고 있다.

모나미의 주당순이익은 2,800원을 넘고 있는데, 주당순자산에선 양지사가 2만 1,000원을 넘기고 있다.

기업가치 측면에서는 모나미와 양지사가 업계 내에서 쌍벽을 이루고 있다.

교육

표 2-34 **교육업종의 우수기업들**

EP	기업	개요	매출액	순이익	자기자본	ROOI	ROE	DR	EPS	BPS	PER	PBR
2	메가스터디	온오프라인 교육업체. 상장된 지 10분기 경과.	101,275	26,467	115,354	32	23	24	4,174	18,193	72.2	8.8
5	디지털대성	온오프라인 교육업체.	19,945	2,403	16,366	8	15	14	324	2,210	12.1	2.8
5	와이비엠시사닷컴(YBM시사닷컴)	기업대상 온라인 교육업체.	42,580	10,325	48,944	30	21	15	920	4,362	25.9	4.8
6	웅진씽크빅	학습지 판매업체.	591,892	31,252	194,468	7	16	88	946	5,889	38.4	2.9
7	대교	학습지 판매업체.	835,005	51,451	609,816	7	8	38	6,074	71,995	30.7	1.2
	5개 평균		**318,139**	**24,380**	**196,990**	**16.8**	**16.6**	**36**	**2,488**	**20,530**	**35.9**	**4.1**

리스트에 오른 5개의 기업들의 매출액을 비교해보자. 매출액은 대교와 웅진씽크빅이 크다. 대교는 8,300억원을 넘어서고 있다.

차트 2-73 교육업종의 순이익 분포
60,000
50,000
40,000
30,000
20,000
10,000
–
대교
웅진씽크빅
메가스터디
와이비엠시사닷컴
디지털대성

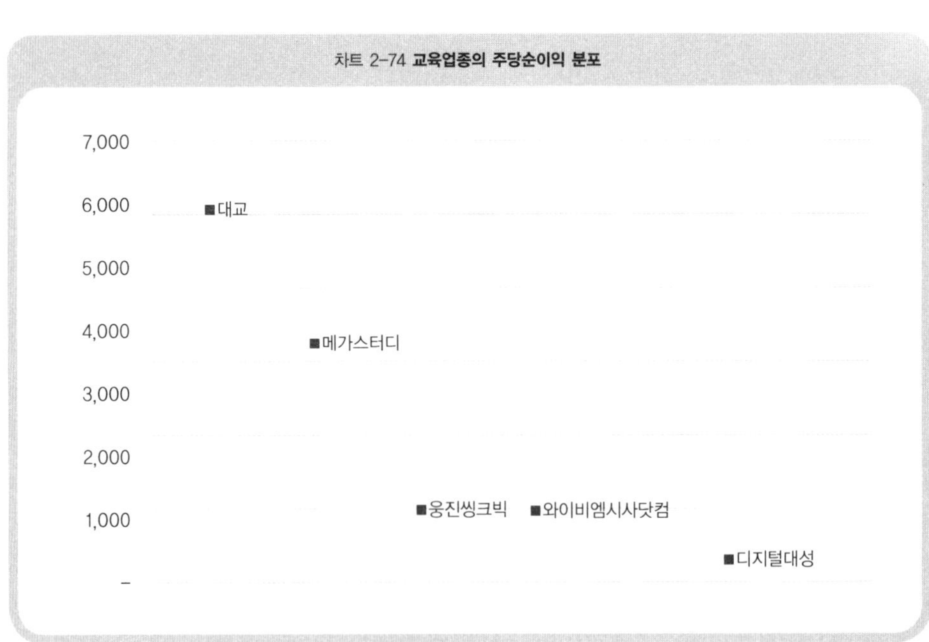
차트 2-74 교육업종의 주당순이익 분포
7,000
6,000
5,000
4,000
3,000
2,000
1,000
–
대교
메가스터디
웅진씽크빅
와이비엠시사닷컴
디지털대성

차트 2-75 **교육업종의 주당순자산 분포**

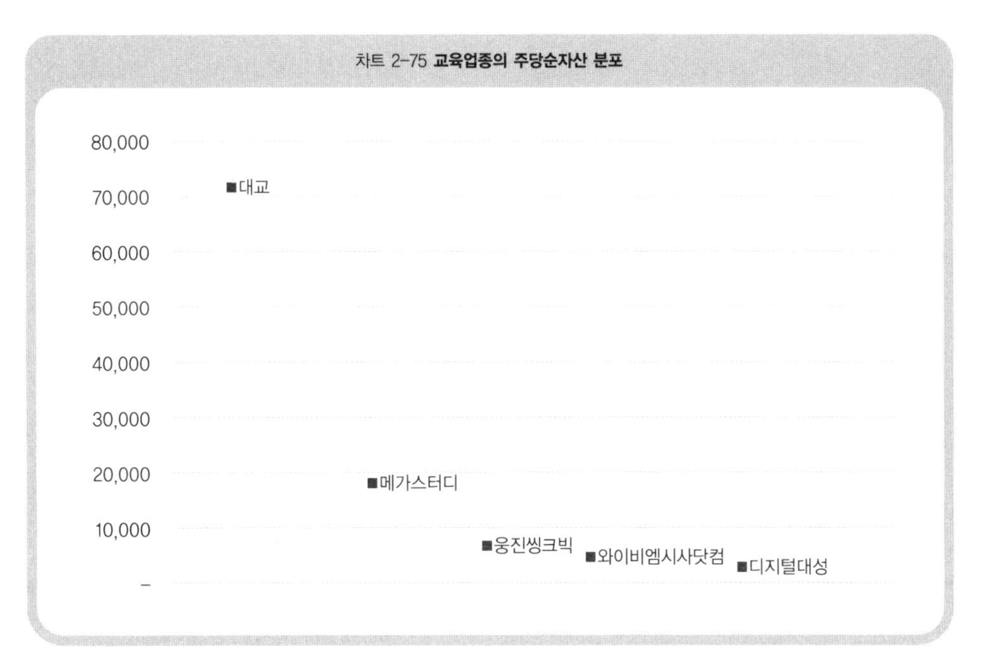

순이익도 대교와 웅진씽크빅이 크다. 대교는 510억원, 웅진은 310억원을 넘기고 있다. 높은 영업이익률을 자랑하는 메가스터디가 웅진의 뒤를 바짝 뒤쫓고 있다.

대교의 주당순이익 가치는 6,000원, 메가스터디는 4,100원으로 타 업체들을 능가하고 있다.

주당순자산에서도 7만 2,000원에 도달한 대교가 타 업체들을 압도하고 있다. 높은 성장률을 구가하고 있는 메가스터디가 2위의 자리로 치고 오르고 있다.

메가스터디, YBM시사, 웅진씽크빅, 디지털대성 등은 모두 15% 이상의 높은 자기자본순이익률을 실현하고 있다. 하지만 높은 영업이익률을 유지하고 있는 메가스터디만이 2그룹에 속하고 있다.

차트 2-76을 통해 주요 업체들의 주당순이익의 추세를 비교해보도록 하자.

차트 2-76 **대교, 웅진씽크빅, 메가스터디의 주당순이익 추세 비교**

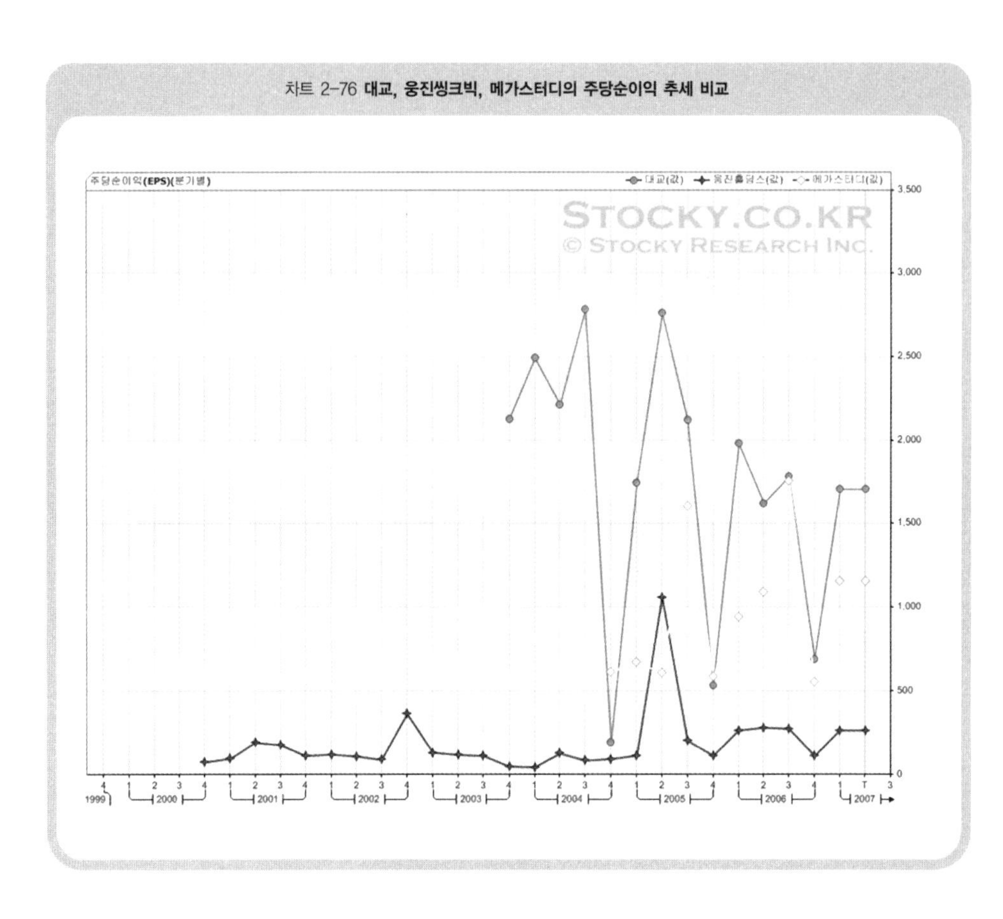

대교는 주당순이익이 줄어드는 반면, 메가스터디는 증가하고 있다.

(웅진씽크빅이 웅진홀딩스로 바뀌었다. 웅진홀딩스는 지주사로 전환하고, 웅진씽크빅 사업부서를 분할하여 재상장시킬 예정이다.)

여행

1,700억원에 가까운 매출액과 230억원이 넘는 순이익을 거둔 하나투어

표 2-35 **여행업종의 우수기업들**

EP	기업	개요	매출액	순이익	자기자본	ROOI	ROE	DR	EPS	BPS	PER	PBR
2	하나투어	국내 1위의 여행 서비스 업체.	166,300	23,303	92,626	18	25	99	2,006	7,974	59.6	8.6
11	모두투어 네트워크	여행 서비스 업체. 계절별로 주당순이익은 오르내리지만 꾸준한 추세임.	66,384	8,174	47,993	15	17	47	973	5,713	44.4	6.7
	2개 평균		**116,342**	**15,739**	**70,310**	**16.5**	**21.0**	**73**	**1,490**	**6,844**	**52.0**	**7.7**

차트 2-77 **하나투어, 모두투어의 주당순이익 추세 비교**

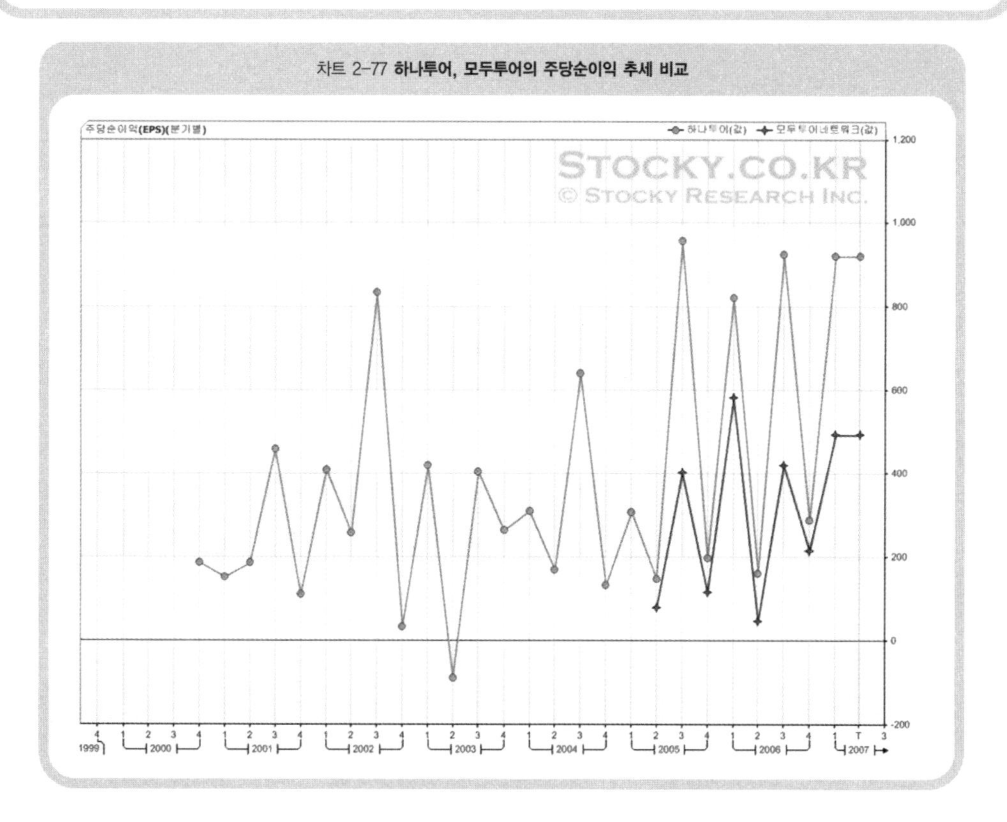

가 선두자리를 차지하고 있으며, 주당순이익과 주당순자산 가치에서도 앞서 나가고 있다.

그런데 하나투어와 모두투어 양사의 수익 창출능력은 뛰어난 편이다. 모두 두 자릿수의 이익률들을 기록하고 있다.

차트 2-77을 통해 두 기업의 주당순이익 추세를 비교해보자. 두 기업 모두 계절적인 변동을 겪긴 하지만 전반적인 추세가 좋다.

숙박/레저

표 2-36 **숙박/레저 업종의 우수기업들**

EP	기업	개요	매출액	순이익	자기자본	ROOI	ROE	DR	EPS	BPS	PER	PBR
5	강원랜드	국내 유일의 내국인 카지노 및 리조트 운영업체.	869,496	247,936	1,383,168	38	18	24	1,159	6,465	17.0	3.0
6	파라다이스	외국인 전용 카지노 운영업체. 2006년 4/4분기에 적자로 전환됨.	236,559	11,441	396,610	6	3	14	126	4,361	–	0.8
6	호텔신라	특급 호텔 운영업체.	448,719	17,819	470,436	5	4	51	454	11,986	25.5	1.4
8	에머슨퍼시픽	골프장, 리조트 운영업체. 2005년에 대규모 적자 기록.	311,409	4,169	12,333	11	34	811	395	1,167	4.9	5.5
	4개 평균		**466,546**	**70,341**	**565,637**	**15.0**	**14.8**	**225**	**534**	**5,995**	**15.8**	**2.7**

이 업종에선 내국인 카지노 독점업체인 강원랜드의 위상이 독보적이다. 38%에 이르는 영업이익률과 18%의 자기자본순이익률은 톱 수준에 이르고 있다.

이익률 면에서는 에머슨퍼시픽도 우수한 편이다.

사업실적에서는 8,700억원에 이르는 매출액과 2,500억원에 가까운 순이

차트 2-78 **강원랜드와 호텔신라의 주당순이익 추세의 비교**

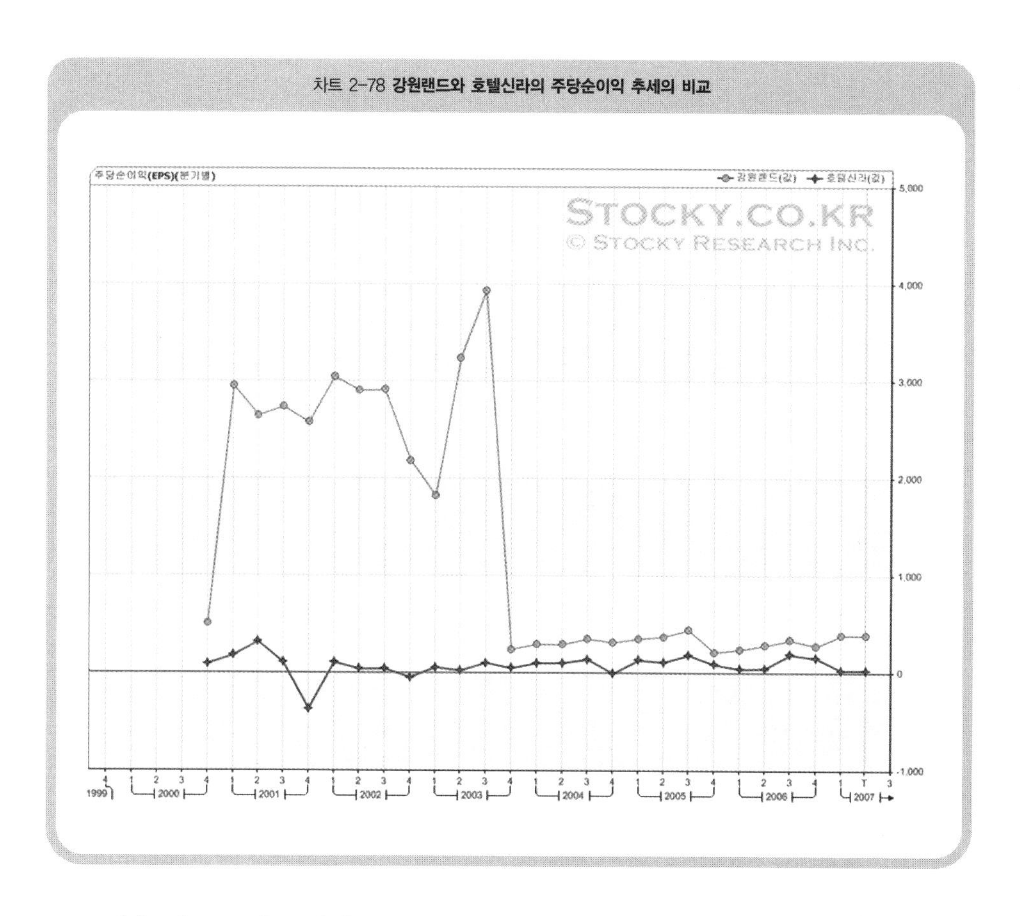

익을 거두고 있는 강원랜드가 탁월한데, 주당순자산 가치에서는 강원랜드의 2배 가까운 1만 2,000원에 도달한 호텔신라가 앞서고 있다.

강원랜드는 주당순이익을 일정한 수준으로 잘 유지하고 있다.

항공운수

대한항공이 거의 모든 면에서 아시아나항공을 앞지르고 있다.

표 2-37 **항공운수업종의 우수기업들**

EP	기업	개요	매출액	순이익	자기자본	ROOI	ROE	DR	EPS	BPS	PER	PBR
4	대한항공	국내 1위의 항공운송업체.	8,077,871	383,012	4,375,446	6	9	210	5,373	61,376	7.1	0.7
4	아시아나항공	항공운송업체. 가끔 분기적자를 기록함.	3,451,528	130,615	1,016,162	4	13	278	746	5,801	11.3	1.3
6	한국공항	한진 계열의 항공기 지상조업업체.	279,529	24,174	202,944	6	12	64	7,634	64,094	4.9	1.0
	3개 평균		**3,936,309**	**179,267**	**1,864,851**	**5.3**	**11.3**	**184**	**4,584**	**43,757**	**7.8**	**1.0**

차트 2-79 **대한항공과 아시아나항공의 주당순이익 추세 비교**

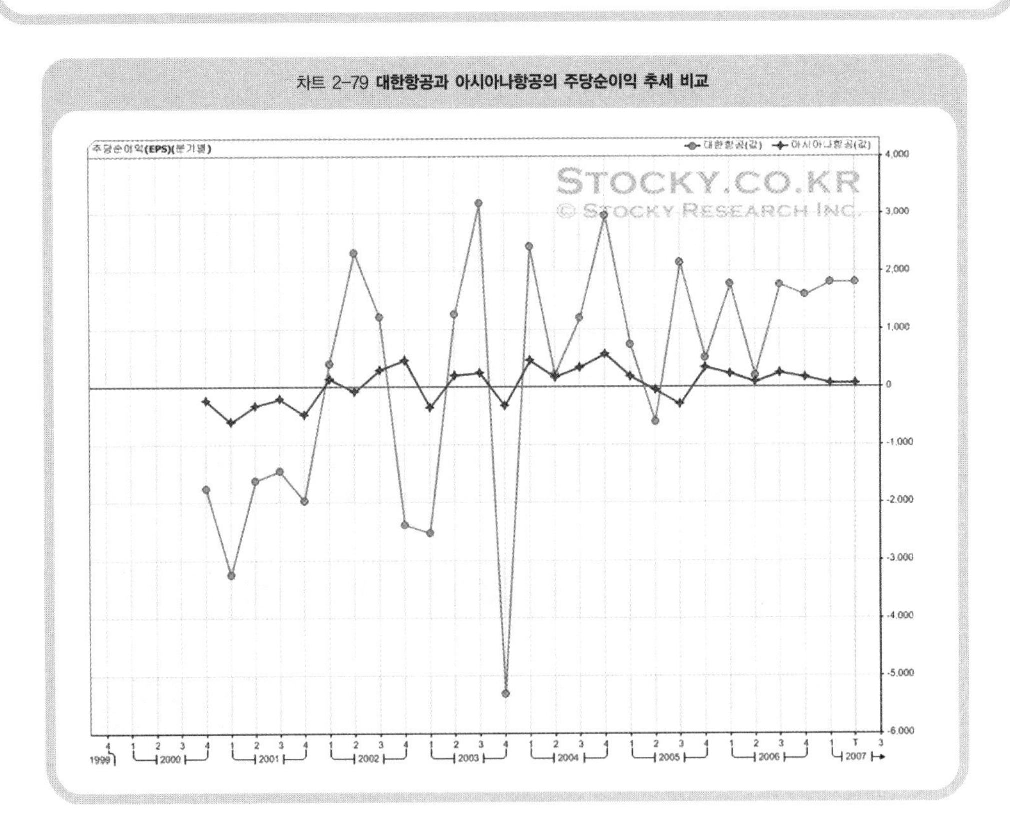

매출액은 8조원으로 아시아나항공을 2배 이상 앞서고 있고, 순이익도 3,800억원으로 3배 가까운 차이를 보이고 있다.

주당순이익과 주당순자산에서도 7~10배 이상의 큰 차이를 보이고 있다.

한편 한국공항은 7,600원의 주당순이익과 6만 4,000원의 주당순자산으로 두 항공사보다 높은 가치를 구현하고 있다.

차트 2-79를 통해 대한항공과 아시아나항공의 주당순이익 추세를 비교해보도록 하자. 2004년 이후로 대한항공의 분기별 순이익은 심한 변동을 겪고 있지만, 전반적인 흐름은 아시아나보다 좋은 모습을 보이고 있다.

해상운수

표 2-38 **해상운수업종의 우수기업들**

EP	기업	개요	매출액	순이익	자기자본	ROOI	ROE	DR	EPS	BPS	PER	PBR
4	대한해운	중견 해상운송업체. 가끔 분기적자를 기록함.	1,150,187	110,404	514,650	8	21	167	11,040	51,465	3.4	1.3
6	선광	인천 소재 해상 운송 및 하역업체. 가끔 분기 적자를 기록함.	112,245	2,099	133,465	5	2	101	318	20,222	26.8	0.8
6	한진해운	국내 1위의 해상운송업체.	6,051,350	460,411	2,442,573	2	19	143	6,420	34,060	2.2	1.2
6	현대상선	컨테이너부문 1위의 해상운송업체. 2006년 4/4분기에 적자로 전환됨.	4,734,160	122,681	2,096,693	2	6	164	922	15,756	–	1.9
	4개 평균		**3,011,986**	**173,899**	**1,296,845**	**4.3**	**12.0**	**144**	**4,675**	**30,376**	**10.8**	**1.3**

매출액과 순이익의 규모에서는 한진해운과 현대상선이 1, 2위를 차지하고 있다.

한진해운이 6조원을 넘는 매출액으로 4조 7,000억원을 거둔 현대상선을 따돌리고 있는데, 한진해운이 4,600억원의 순이익을 올려 현대상선을 4배 가까이 앞지르고 있다.

하지만 주당순이익이나 주당순자산과 같은 기업가치의 측면에서는 매출 1조 1,000억원을 넘어서고 있는 대한해운이 두 거함을 추월하고 있다. 대한해운의 주당순이익은 1만 1,000원으로 한진의 6,400원보다 훨씬 높고, 주당순자산은 5만 1,000원으로 한진의 3만 4,000원보다 훨씬 크다.

대한해운은 영업이익률 등에서도 업계 최고수준을 달성하고 있다.

차트 2-80을 통해 업계 1, 2위를 다투는 한진해운과 현대상선, 알짜기업인 대한해운 3사의 주당순이익 추세를 비교해보자. 한진과 현대 모두 줄어

차트 2-80 **한진해운, 현대상선, 대한해운의 주당순이익 추세 비교**

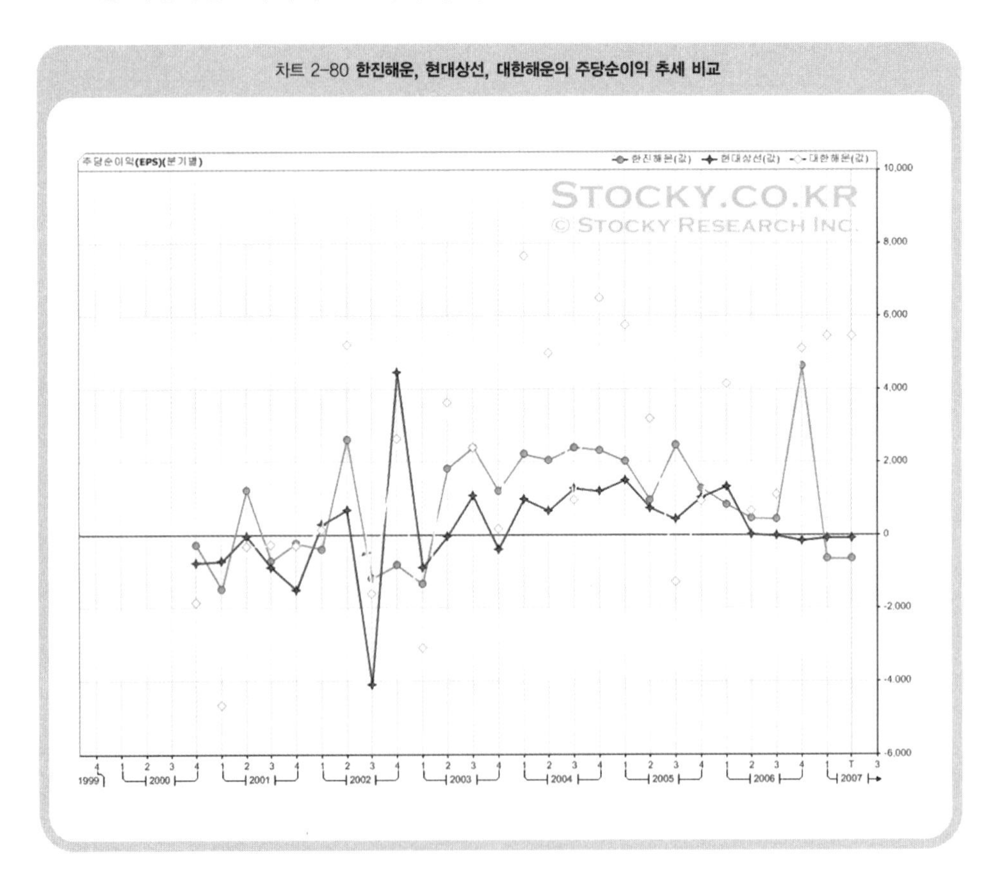

드는 추세이고, 특히 2007년 1/4분기 들어 나란히 적자를 기록하고 있다. 대한해운은 다시 도약하는 흐름을 만들고 있다.

육상운수

표 2-39 **육상운수업의 우수기업들**

EP	기업	개요	매출액	순이익	자기자본	ROOI	ROE	DR	EPS	BPS	PER	PBR
2	한진	국내 2위의 물류업체.	902,509	42,339	503,284	1	8	107	3,536	42,029	22.3	0.9
4	세방	종합 물류 및 건설업체.	410,246	25,378	303,472	6	8	78	1,511	18,064	9.0	0.6
4	동방	항만 하역 및 화물 운송업체.	324,015	8,675	114,035	6	8	216	2,015	26,490	19.1	0.9
4	한익스프레스	유류 등 특수화물전문 운송업체.	115,314	1,861	10,496	2	18	322	1,551	8,747	6.5	1.7
4	천일고속	고속버스 운송업체. 가끔 분기적자를 기록함.	44,771	2,345	21,932	0	11	65	1,844	17,242	29.5	3.1
7	케이씨티시 (KCTC)	컨테이너 운송, 하역, 보관 업체. 2006년 4/4 분기에 적자로 전환됨.	137,357	1,247	99,239	0	1	73	416	33,080	38.0	1.0
11	동양고속운수	국내 2위의 고속버스 운송업체.	84,269	2,881	72,874	6	4	32	1,086	27,479	12.7	0.6
11	글로비스	현대차 계열의 완성차 물류 및 중고차 유통 업체.	1,885,087	66,687	438,466	3	15	73	1,778	11,692	20.6	2.4
	8개 평균		**487,946**	**18,927**	**195,475**	**3.0**	**9.2**	**121**	**1,717**	**23,103**	**19.7**	**1.4**

8개 업체의 매출과 순이익의 규모부터 살펴보도록 하자.

매출 규모에서는 글로비스와 한진이 앞서 나가고, 세방, 동방이 뒤를 따르고 있다. 글로비스는 1조 9,000억원에 달하는 매출액을 거두어 9,000억원에 그친 한진에 2배 차이로 앞서고 있다. 매출액에서는 대한통운이 한진보다 약간 앞서는데, 대한통운은 2006년도에 대규모 적자를 기록하여 리스트

차트 2-81 **육상운수업종의 매출액 분포**

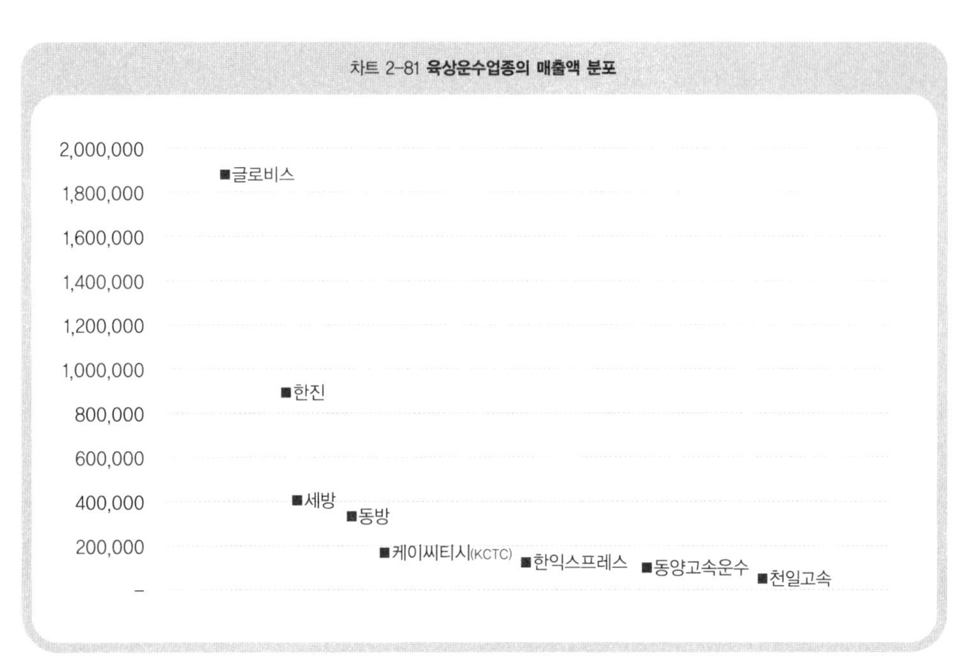

차트 2-82 **육상운수업종의 순이익 분포**

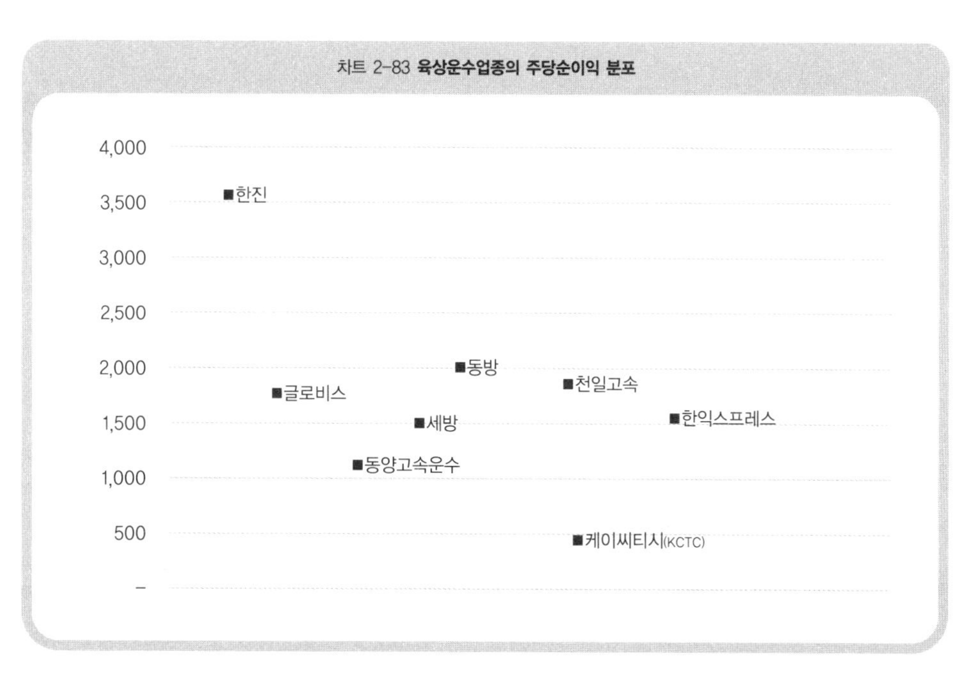
차트 2-83 육상운수업종의 주당순이익 분포
4,000
3,500
3,000
2,500
2,000
1,500
1,000
500
–
한진
동방
천일고속
글로비스
세방
한익스프레스
동양고속운수
케이씨티시(KCTC)

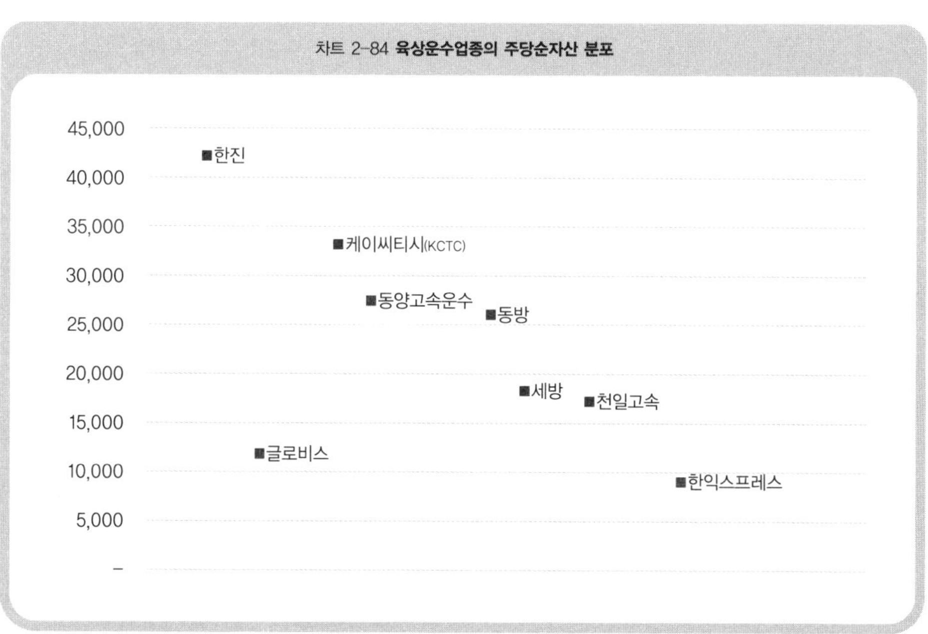
차트 2-84 육상운수업종의 주당순자산 분포
45,000
40,000
35,000
30,000
25,000
20,000
15,000
10,000
5,000
–
한진
케이씨티시(KCTC)
동양고속운수
동방
세방
천일고속
글로비스
한익스프레스

에서 제외되었다.

순이익에서도 같은 양상을 보이고 있다. 글로비스가 6,700억원을 거두고 있고, 4,200억원을 넘긴 한진이 그 뒤를 따르고 있다.

주당순이익 가치에서는 한진이 격차를 벌리고 있고, 동방, 글로비스 등이 뒤를 따르는 모습을 보이고 있다. 한진의 주당순이익은 3,500원을 웃돌고 있는데, 주당 1,000원을 넘긴 업체는 모두 7개에 달하고 있다.

주당순자산에서도 한진이 앞에 오르고, 케이씨티시, 동양고속운수, 동방 등이 뒤를 받치고 있다. 한진의 주당순자산 가치는 4만 2,000원을 살짝 넘

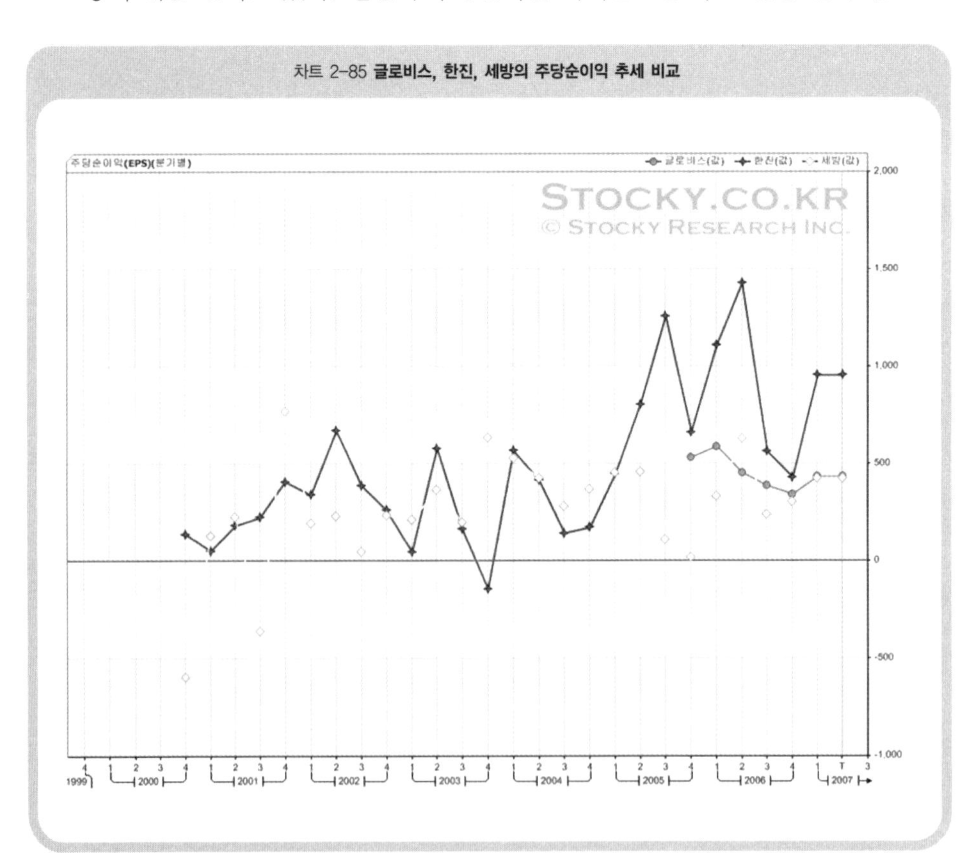

차트 2-85 **글로비스, 한진, 세방의 주당순이익 추세 비교**

고 있는데, KCTC가 3만 3,000원으로 뒤를 쫓고 있다.

사업 규모는 글로비스가 앞서나 기업가치는 한진이 앞서는 두 업체 중심의 구도가 형성되어 있는 것을 알 수 있다.

업계 전반적으로 영업이익률은 낮은 편이다.

또한 한진만이 2그룹에 들면서 실적 호조세를 이어가고 있다.

차트 2-85를 통해 국내 물류산업을 이끌고 있는 글로비스, 한진 등의 주당순이익 추세를 비교해보자. 한진의 주당순이익 흐름이 가장 좋고, 세방도 꾸준히 좋은 흐름을 만들어가고 있는 것을 알 수 있다.

전기/가스

독점적인 위상을 가진 한국전력공사나 한국가스공사는 매출액과 순이익의 규모가 워낙 크기 때문에 분포도를 왜곡시킬 우려가 있어, 일단 차트 2-86과 2-87에서 제외하기로 한다.

전체 매출에서는 한국전력과 한국가스가 엄청난 규모를 자랑하고 있다. 한국전력은 27조원, 한국가스는 13조원에 가까운 매출 실적을 거두고 있다. 가스업종만의 매출 규모에서는 삼천리가 가장 앞에 있고, 서울도시가스, 대한도시가스 등이 그 다음에 있다. 삼천리는 1조 8,000억원, 서울도시가스는 1조 2,000억원 가까이 된다. 두 업체만이 조 단위의 매출액을 올리고 있다.

순이익에서는 삼천리가 선두에 있고, 대도시를 관할지역으로 삼는 서울도시가스와 부산도시가스가 그 다음을 잇고 있다. 삼천리는 530억원을 순이익으로 남기고 있고, 서울가스가 430억원으로 뒤를 쫓고 있다.

삼천리가 주당순이익에서도 가장 큰 가치를 실현하고 있다. 업계 내에서

표 2-40 **전기/가스 업종의 우수기업들**

EP	기업	개요	매출액	순이익	자기자본	ROOI	ROE	DR	EPS	BPS	PER	PBR
2	대한도시가스	서울지역 도시가스 공급업체. 계절별로 적자를 기록함.	835,792	24,717	337,097	3	7	80	2,548	34,752	–	0.8
2	부산도시가스	부산지역 도시가스 공급업체.	596,737	26,381	247,655	6	11	66	2,398	22,514	17.0	1.1
2	서울도시가스	서울, 경기북부지역 도시가스 공급업체. 계절별로 적자를 기록함.	1,155,141	43,067	288,590	2	15	139	8,613	57,718	–	1.2
3	경동도시가스	울산, 양산지역 도시가스 공급업체.	554,604	18,642	192,100	4	10	86	5,885	60,638	9.0	0.7
4	경남에너지	마산, 창원지역의 도시가스 공급업체. 계절별로 적자를 기록함.	357,784	10,799	102,984	4	10	105	362	3,456	17.2	0.9
4	삼천리	경기서부, 인천지역 도시가스 공급업체. 계절별로 적자를 기록함.	1,776,277	53,290	610,703	3	9	101	13,242	150,604	27.8	1.1
5	예스코(YESCO)	서울지역 도시가스 공급업체. 계절별로 적자를 기록함.	788,910	18,160	249,598	4	7	110	3,027	41,600	–	0.8
7	한국전력공사	전력 독점 공급업체. 2006년 4/4분기에 적자로 전환됨.	26,979,033	2,070,543	42,962,024	5	5	48	3,227	66,964	5.2	0.6
7	대구도시가스	대구, 경산지역 도시가스 공급업체. 계절별로 적자를 기록함.	509,025	8,867	169,366	4	5	174	564	10,767	–	0.7
7	한국가스공사	천연가스 도매부문 독점 공급업체. 계절별로 적자를 기록함.	12,894,832	240,456	3,518,707	4	7	248	3,111	45,529	6.6	0.9
	10개 평균		**4,644,814**	**251,492**	**4,867,882**	**3.9**	**8.6**	**116**	**4,298**	**49,454**	**13.8**	**0.9**

유일하게 삼천리만이 주당 1만원을 훌쩍 뛰어넘고 있다. 서울도시가스, 경동도시가스 등도 나름대로 선전을 거듭하고 있다.

주당순자산에서도 무려 주당 15만원을 돌파한 삼천리가 다른 업체들을 2배 이상 앞지르고 있고, 한국전력, 경동도시가스, 서울도시가스 등이 5~6

차트 2-86 **가스업종의 매출액 분포**

2,000,000
1,800,000
1,600,000
1,400,000
1,200,000
1,000,000
800,000
600,000
400,000
200,000
–

■삼천리
■서울도시가스
■대한도시가스
■예스코(YESCO)
■부산도시가스
■경동도시가스
■대구도시가스
■경남에너지

차트 2-87 **전기/가스 업종의 순이익 분포**

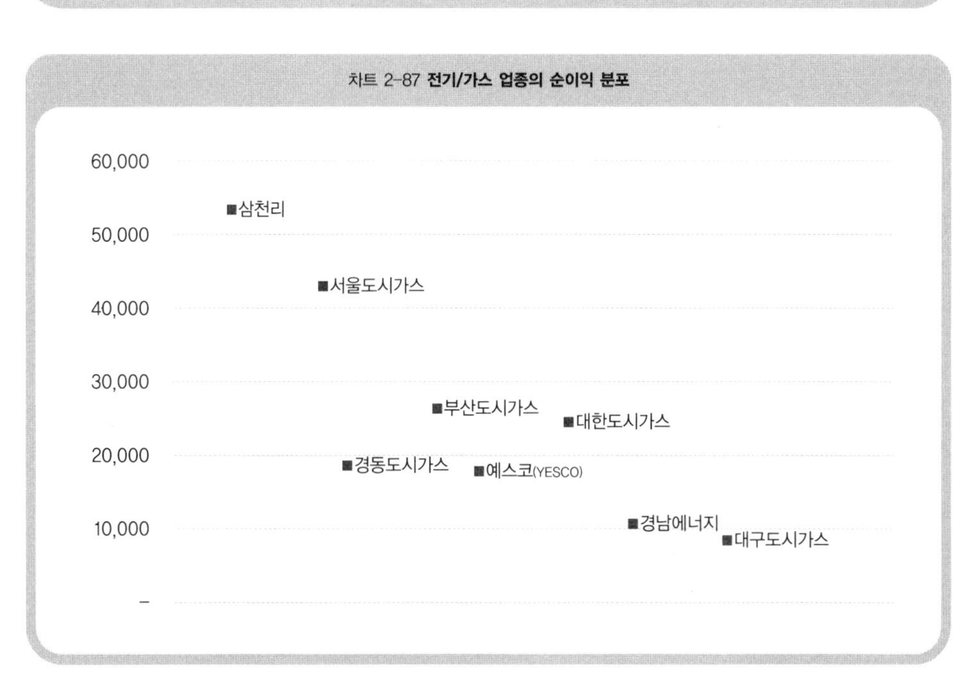

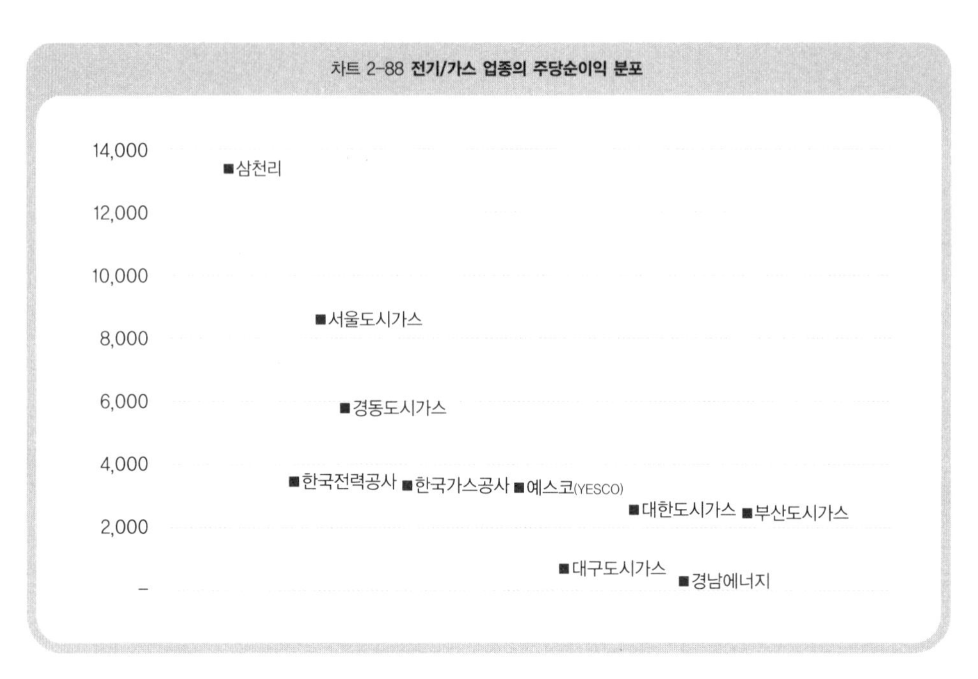
차트 2-88 **전기/가스 업종의 주당순이익 분포**

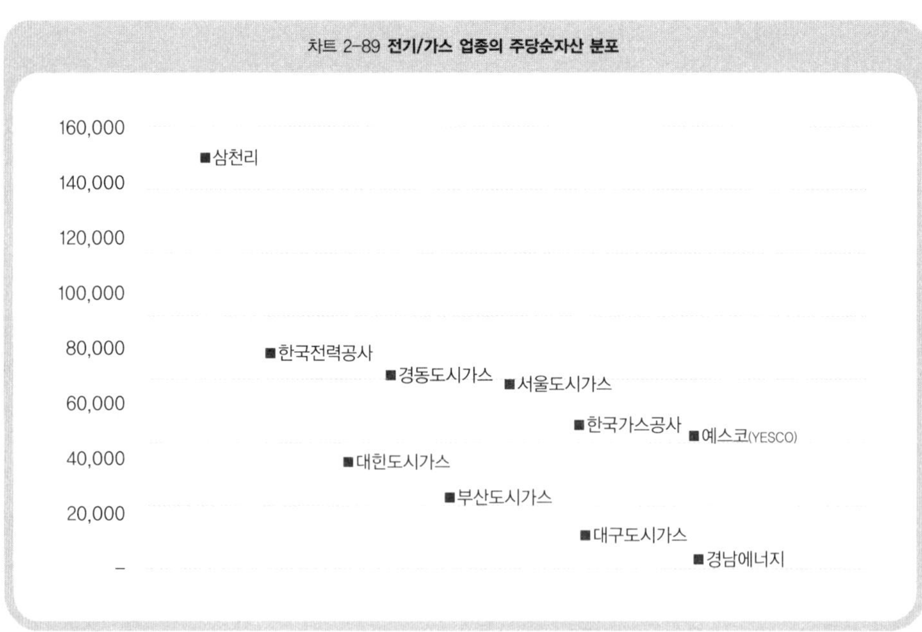
차트 2-89 **전기/가스 업종의 주당순자산 분포**

만원대에 포진하고 있다. 경남에너지만 빼고, 나머지 9개 업체는 모두 1만원 이상의 주당가치를 실현하고 있다.

전체적으로 영업이익률은 그리 높지 않은 편이다.

서울도시가스, 부산도시가스 등은 자기자본순이익률이 좋은 편인데, 대한도시가스와 더불어 2그룹에도 들어가고 있다.

차트 2-90을 통해 지속적으로 주당순이익이 증가하고 있는 세 회사의 추세를 살펴보도록 하자.

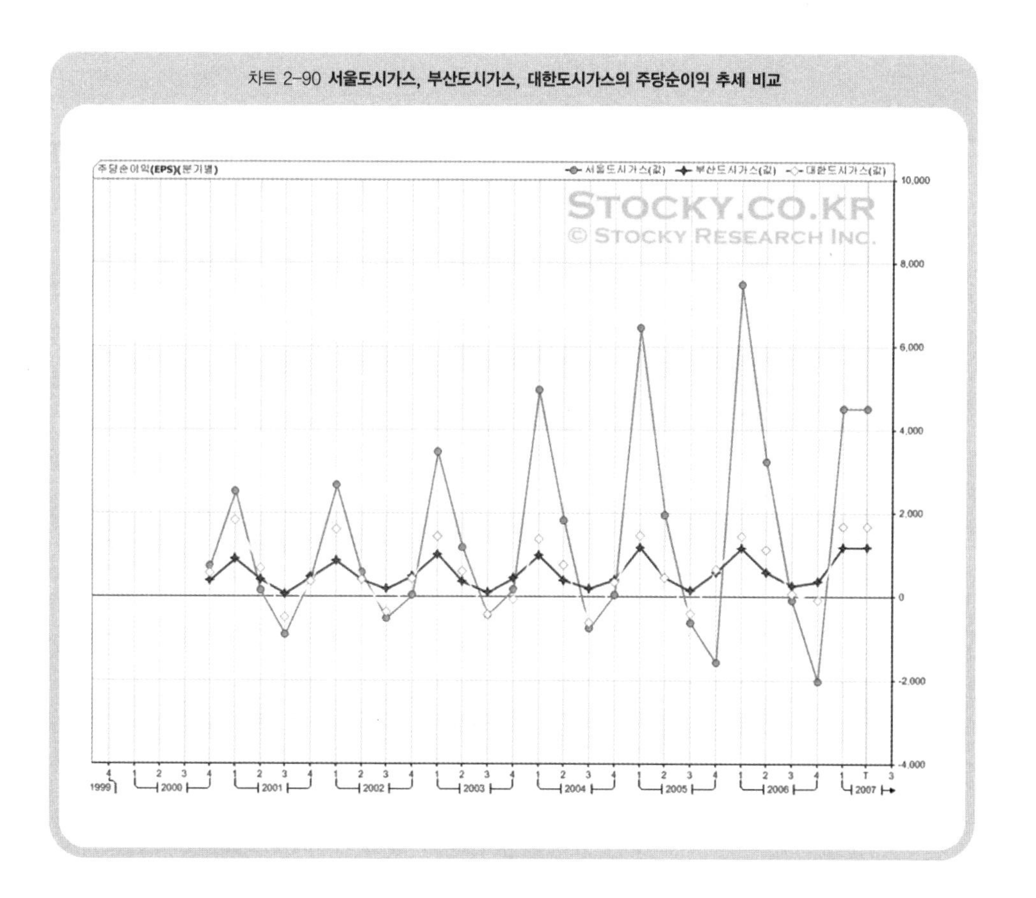

차트 2-90 **서울도시가스, 부산도시가스, 대한도시가스의 주당순이익 추세 비교**

도시가스업체들은 모두 3/4분기에 순이익이 떨어지는 계절적인 변동을 겪고 있음을 알 수 있다. 부산과 대한이 점진적으로 증가하는 반면, 분기별 변동 폭이 큰 서울은 빠른 속도로 주당순이익을 늘리고 있다.

통신서비스

표 2-41 **통신서비스업종의 우수기업들**

EP	기업	개요	매출액	순이익	자기자본	ROOI	ROE	DR	EPS	BPS	PER	PBR
2	엘지데이콤 (LG데이콤)	유선/데이터 통신 서비스업체.	1,236,322	161,777	1,285,233	19	13	66	1,992	15,826	22.8	1.5
5	케이티프리텔 (KTF)	국내 2위의 무선통신 서비스업체.	6,507,350	411,702	4,310,032	10	10	87	2,104	22,024	13.2	1.3
5	케이티(KT)	국내 1위의 유선통신 서비스업체.	11,772,070	1,233,449	8,549,080	15	14	110	4,411	30,573	17.7	1.4
6	SK텔레콤 (에스케이텔레콤)	국내 1위의 무선통신 서비스업체.	10,650,952	1,446,598	9,306,428	24	16	70	17,817	114,620	14.6	1.8
	4개 평균		**7,541,674**	**813,382**	**5,862,693**	**17.0**	**13.3**	**83**	**6,581**	**45,761**	**17.1**	**1.5**

KT와 SKT가 매출액과 순이익에서 어깨를 나란히 하고 있다. KT가 11조 8,000억원 가까운 매출액을 달성하여 10조 7,000억원에 그친 SKT를 앞서고 있는 반면, SKT가 1조 4,000억원을 넘는 순이익을 획득하여 KT를 누르고 있다.

주당순이익에선 1만 8,000원이라는 탁월한 실적을 올린 SKT가 KT를 4배 정도 앞서고 있다.

주당순자산에서도 SKT는 11만 5,000원에 다다른 반면, KT는 3만원에 머물고 있어 4배 정도 격차가 벌어지고 있다.

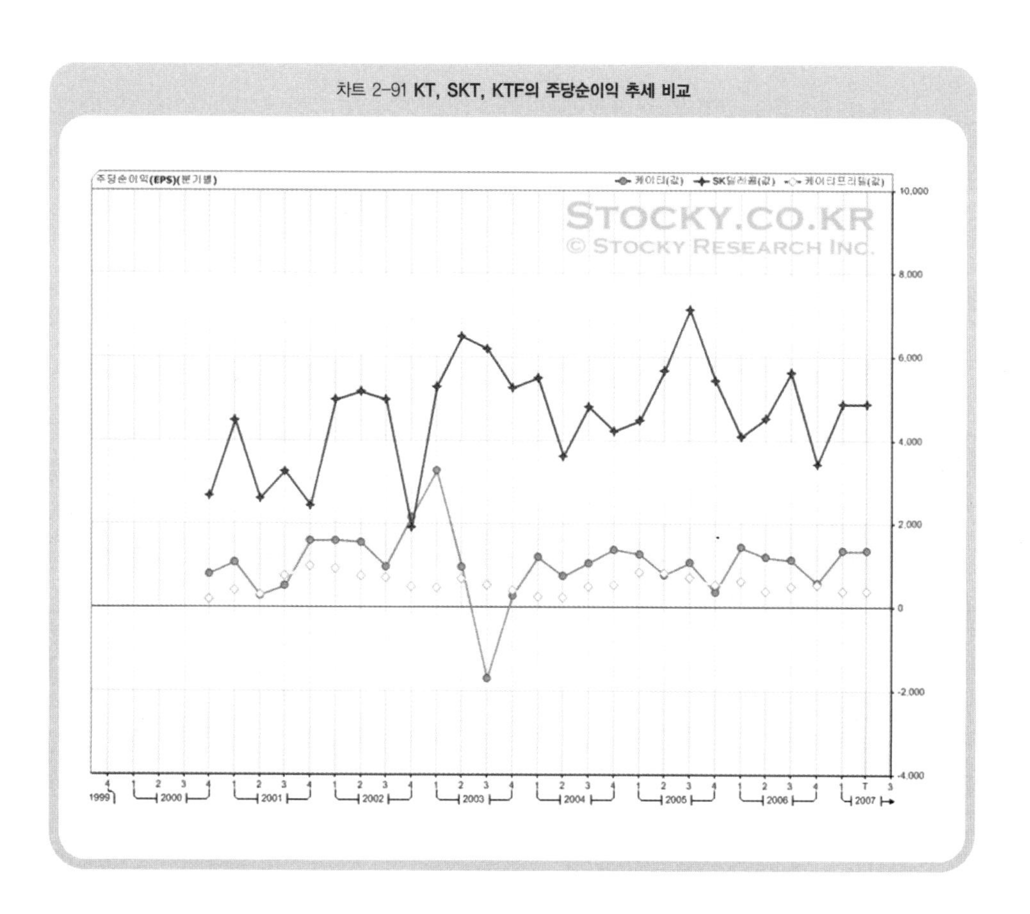

차트 2-91 **KT, SKT, KTF의 주당순이익 추세 비교**

양적인 지표에서는 전통강자 KT가 앞서고 있지만, 질적인 지표에서는 신흥강자 SKT가 빼어난 활약을 펼치고 있다는 것을 확인할 수 있다.

한편 수익 창출능력은 모두 우수한 편인데, 특히 SKT가 영업이익률과 자기자본순이익률 양쪽에서 뛰어난 실적을 기록하고 있다. LG데이콤이 그 뒤를 잇고 있다.

차트 2-91을 통해 유무선 통신 3강의 주당순이익 추세를 비교해보자. 장기적인 주당순이익 추세에서도 SKT, KT, KTF의 서열이 고착되고 있음을 확인할 수 있다.

네트웍서비스

표 2-42 **네트웍서비스업종의 우수기업들**

EP	기업	개요	매출액	순이익	자기자본	ROOI	ROE	DR	EPS	BPS	PER	PBR
2	한네트	현금인출서비스용 부가통신망/기기 운영업체.	34,894	3,955	26,002	17	15	33	343	2,258	15.1	1.2
2	나이스 정보통신	신용카드 결제(가맹) 대행 서비스업체. 주당순이익 증가율 높지 않음.	52,375	4,303	20,969	10	21	56	430	2,097	14.0	1.8
2	오늘과내일	인터넷 데이타센터 서비스 업체. 2006년 4/4분기에 적자로 전환됨.	25,172	1,309	13,977	6	9	51	198	2,116	-	2.6
4	한국전파 기지국	군부대, 놀이공원, 지하철 등지에 공용중계망, 공용 기지국 설치, 운영업체.	93,302	5,976	45,313	7	13	149	1,131	8,572	24.1	1.3
8	솔본	인터넷전화(별정통신) 서비스 업체. 2005년 부터 흑자 추세로 전환됨.	10,128	9,614	146,497	-16	7	2	352	5,360	8.4	1.0
11	가비아	도메인 등록대행, 데이타센터 서비스업체.	15,590	1,994	10,641	15	19	39	332	1,773	17.7	3.4
11	씨디네트웍스 (CD네트웍스)	인터넷 데이타센터 서비스 업체. 분기별 순이익 증가세는 미미함.	35,813	7,777	44,363	26	18	10	863	4,921	34.3	5.6
	7개 평균		**38,182**	**4,990**	**43,966**	**9.3**	**14.6**	**49**	**521**	**3,871**	**18.9**	**2.4**

7개 업체 모두 코스닥 기업들이다.

단일업종으로 묶였지만, 사업 성격이 다른 점들이 눈에 띈다. 한네트, 나이스정보통신 등은 부가통신망 운영업체들이고, 오늘과내일, 가비아, 씨디네트웍스 등은 웹호스팅 등의 운영업체들이며, 전파기지국은 무선공동망 설치 및 운영업체, 솔본은 인터넷전화(별정통신) 사업체다.

매출 규모는 한국전파기지국이 930억원으로 톱을 달리고 있고, 520억의 나이스정보통신, 360억의 씨디네트웍스 등이 뒤를 따르고 있다.

차트 2-92 **네트웍서비스업종의 매출액 분포**

100,000
90,000
80,000
70,000
60,000
50,000
40,000
30,000
20,000
10,000
–

■한국전파기지국
■나이스정보통신
■씨디네트웍스
■한네트
■오늘과내일
■가비아
■솔본

차트 2-93 **네트웍서비스업종의 순이익 분포**

차트 2-94 **네트웍서비스업종의 주당순이익 분포**

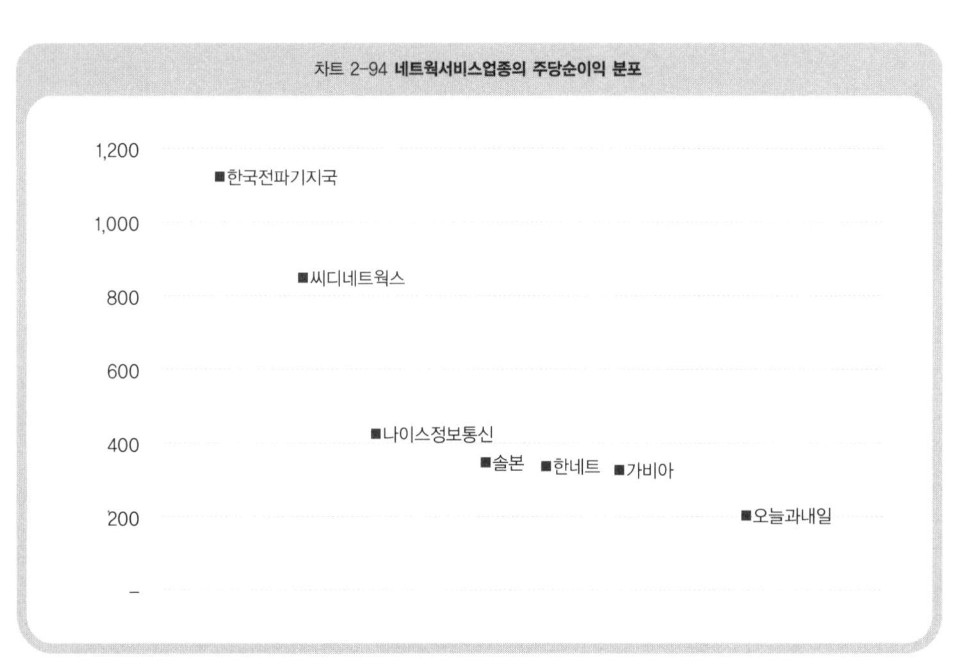

차트 2-95 **네트웍서비스업종의 주당순자산 분포**

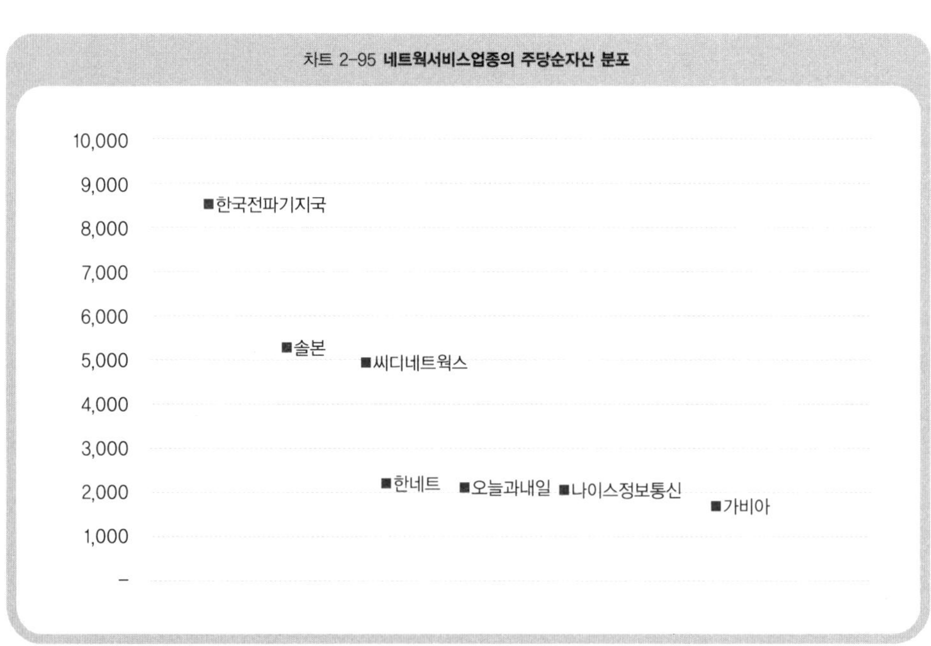

순이익의 규모에서는 솔본이 100억 가까이 되고, 씨디네트웍스 80억, 전파기지국 60억의 순서다. 영업이익이 마이너스를 기록한 솔본이 순이익에서 수위에 오른 것은 자회사 지분법이익이 컸기 때문이다. 효자들 덕분에 호강하고 있는 셈이다.

주당순이익 가치는 한국전파기지국이 가장 높은데, 1,100원 선이다. 씨디네트웍스가 그 다음을 잇고 있지만 주당 1,000원에 못 미치고 있다. 업종 전체적으로 주당순이익 수준이 높지 않다는 것을 알 수 있다.

주당순자산 가치도 한국전파기지국이 가장 크다. 주당 8,600원에 근접

차트 2-96 **한네트, 나이스정보, CD네트웍스의 주당순이익 비교**

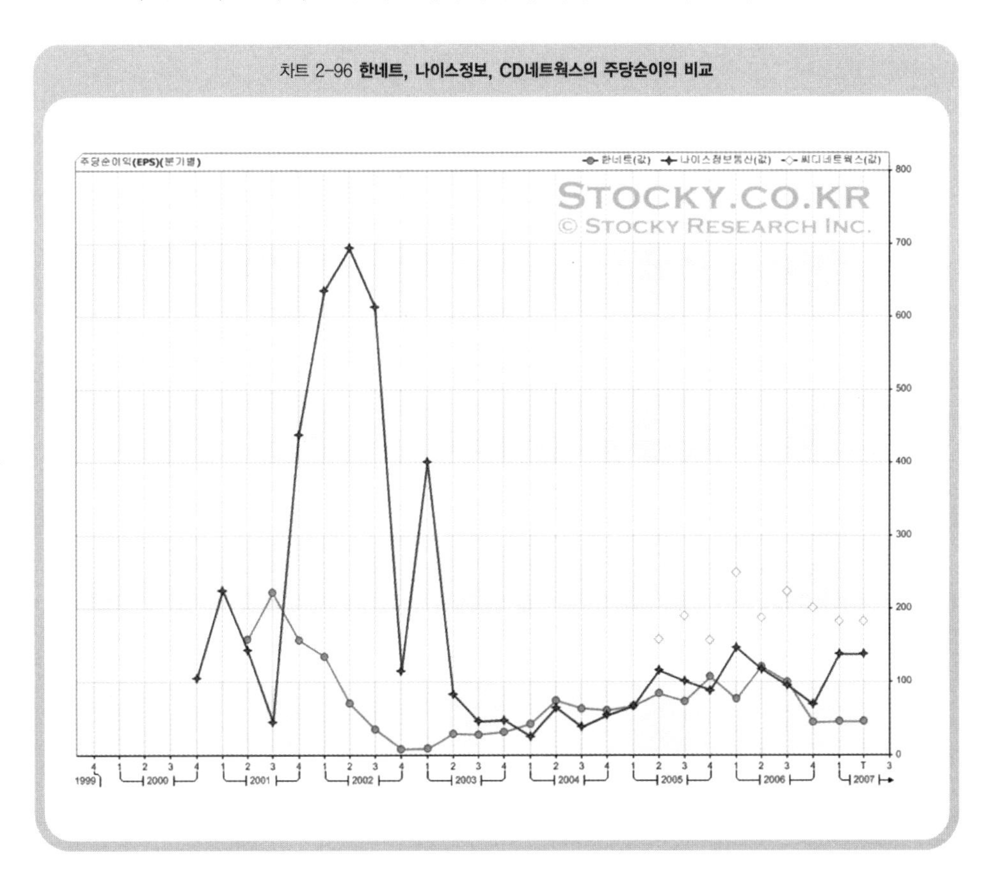

하고 있으며, 솔본이나 씨디네트웍스는 주당 5,000원대에 머물고 있다.

이익률이 좋은 기업들이 여럿 눈에 띄는데, 씨디네트웍스, 한네트, 가비아, 나이스정보통신의 순서로 뛰어난 수익 창출능력을 자랑하고 있다. 씨디네트웍스의 영업이익률은 26%에 이르고 있다.

차트 2-96을 통해 2그룹에 포함된 한네트와 나이스정보통신 그리고 영업이익률이 뛰어난 씨디네트웍스의 주당순이익 추세를 비교해보자.

통신 장비/부품

표 2-43 **통신 장비/부품 업종의 우수기업들**

EP	기업	개요	매출액	순이익	자기자본	ROOI	ROE	DR	EPS	BPS	PER	PBR
4	지티앤티(GT&T)	이동통신 중계기 제조업체.	27,201	2,162	13,857	10	16	60	270	2,732	6.5	1.0
4	우리별텔레콤	광통신 및 초고속데이터 통신장비 제조업체. 자주 분기적자를 기록함.	26,662	1,104	24,156	1	5	55	184	4,026	–	1.1
4	옵토매직	대한전선 계열의 광섬유 제조업체.	33,796	1,939	46,644	8	4	76	192	4,627	41.3	1.5
4	서화정보통신	이동통신 중계기 제조업체. 가끔 분기적자를 기록함.	32,626	3,481	27,364	11	13	37	305	2,398	7.3	2.4
6	에이스테크놀로지	이동통신 중계기 제조업체. 가끔 분기적자를 기록했으며, 2006년 4/4분기에 적자로 전환됨.	103,217	1,995	63,759	2	3	50	166	5,313	–	0.7
6	삼지전자	이동통신 중계기 및 PDA 제조업체. 2006년 4/4분기에 적자로 전환됨.	43,527	3,800	60,671	2	6	12	307	4,898	–	0.8
6	코위버	광통신장비 제조업체.	38,719	5,511	39,443	16	14	24	731	5,234	4.9	1.0
6	네오웨이브	유무선 접속장비 제조업체. 2006년 4/4분기에 적자로 전환됨.	47,012	2,625	36,392	4	7	30	185	2,558	–	1.5

EP	기업	개요	매출액	순이익	자기자본	ROOI	ROE	DR	EPS	BPS	PER	PBR
6	삼영이엔씨	선박용 통신장비 제조업체.	29,246	2,576	29,080	16	9	83	293	3,302	22.1	1.5
6	씨앤드에스 마이크로웨이브 (C&S마이크로)	이동통신 중계기 제조업체.	40,692	5,148	39,873	10	13	9	429	3,323	149.8	1.6
6	영우통신	이동통신 중계기 제조업체.	34,493	880	39,373	4	2	26	77	3,467	14.5	1.7
6	액티패스	이동통신 중계기 제조업체. 가끔 분기적자를 기록함.	9,832	930	14,628	2	6	6	178	2,809	631.6	8.5
7	텔코웨어	무선 음성통신망 및 데이터 통신망 솔루션 개발업체.	63,696	8,263	100,765	14	8	28	822	10,028	14.9	1.2
7	이노와이어리스	이동통신망 계측시스템 및 기기 제조업체.	18,387	2,730	35,254	15	6	8	718	9,277	31.3	2.2
8	에스앤에이치 (SNH)	광통신 전송장비 제조업체.	33,124	8,478	31,005	36	27	29	487	1,782	13.1	1.7
8	다산네트웍스	국내 1위의 네트웍 장비 제조업체. 2005년부터 흑자로 전환됨.	156,410	10,625	88,465	7	12	30	755	6,286	51.5	2.1
8	넷웨이브	2005년부터 흑자로 전환됨.	28,768	2,176	10,225	4	21	129	385	1,809	6.1	2.2
8	위다스	이동통신 중계기 제조업체. 2005년부터 흑자로 전환됨.	61,915	9,560	27,915	16	34	51	503	1,469	18.6	2.7
8	케이엠더블유 (KMW)	기지국 안테나장비부품 제조업체.	97,266	16,035	38,142	15	42	112	996	2,369	4.5	2.8
11	쏠리테크	국내 1위의 이동통신 광중계기 제조업체.	122,497	11,456	53,957	15	21	55	1,359	6,400	10.9	2.2
	20개 평균		**52,454**	**5,074**	**41,048**	**10.4**	**13.5**	**46**	**467**	**4,205**	**64.3**	**2.0**

텔코웨어 한 회사를 제외하고는 19개 기업 모두 코스닥 기업들이다.

매출 실적에서는 다산네트웍스부터 쏠리테크, 에이스테크놀로지, 케이엠더블유 등의 순서로 줄지어 서 있다.

다산이 1,600억 가까운 실적을 올리고 있고, 나머지 세 업체들도 모두 천억원대를 오르내리고 있다.

순이익에선 케이엠더블유가 160억원으로 수위를 달리고 있으며, 쏠리테크, 다산네트웍스, 위다스 등이 그 뒤를 따르고 있다. 4위인 위다스가 거의 100억원에 접근하고 있다.

차트 2-97 **통신 장비/부품 업종의 매출액 분포(1)**

180,000
160,000
140,000
120,000
100,000
80,000
60,000
40,000
20,000
–

■다산네트웍스
■쏠리테크
■에이스테크놀로지
■케이엠더블유
■텔코웨어
■위다스
■네오웨이
■삼지전자
■씨앤드에스마이크로웨이브

차트 2-98 **통신 장비/부품 업종의 매출액 분포(2)**

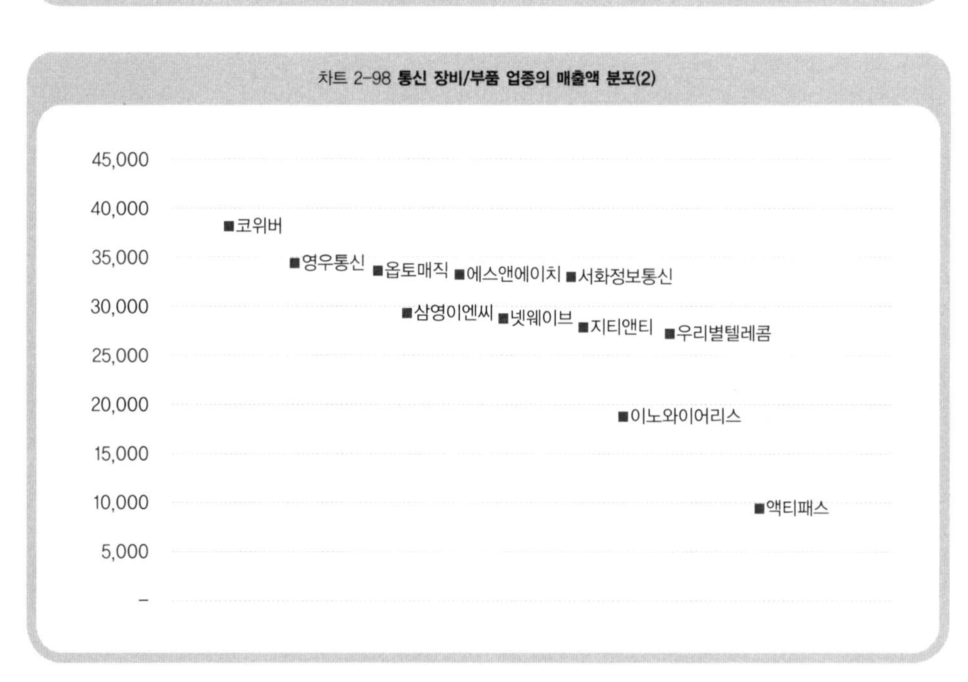

차트 2-99 **통신 장비/부품 업종의 순이익 분포(1)**

18,000
16,000
14,000
12,000
10,000
8,000
6,000
4,000
2,000
–

케이엠더블유
쏠리테크
다산네트웍스
위다스
에스앤에이치
텔코웨어
코위버
씨앤드에스마이크로웨이브
삼지전자

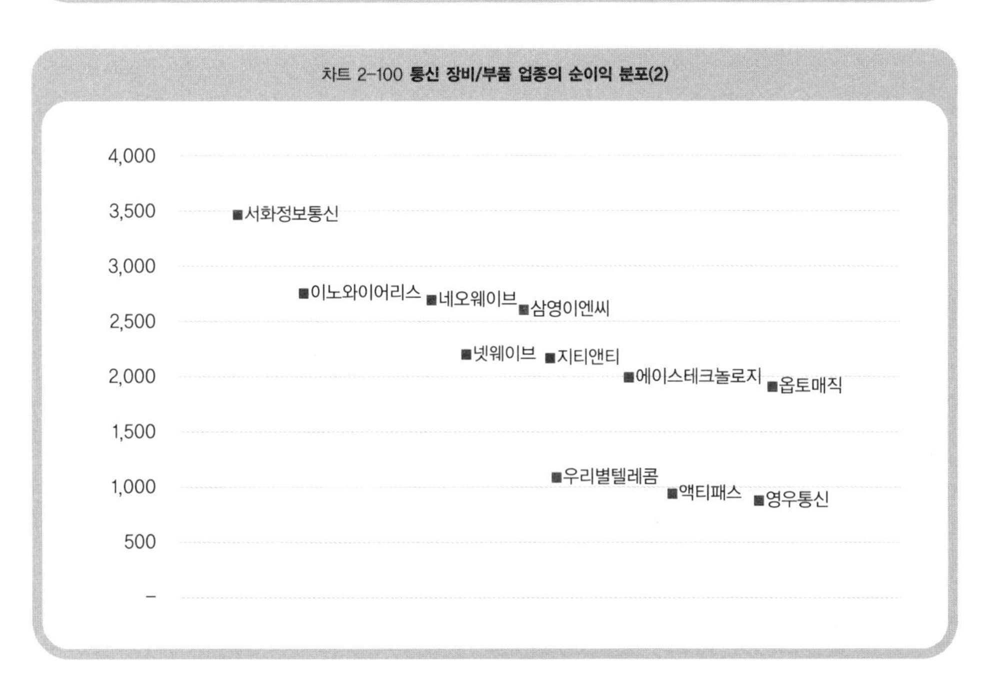

차트 2-100 **통신 장비/부품 업종의 순이익 분포(2)**

차트 2-101 **통신 장비/부품 업종의 주당순이익 분포(1)**

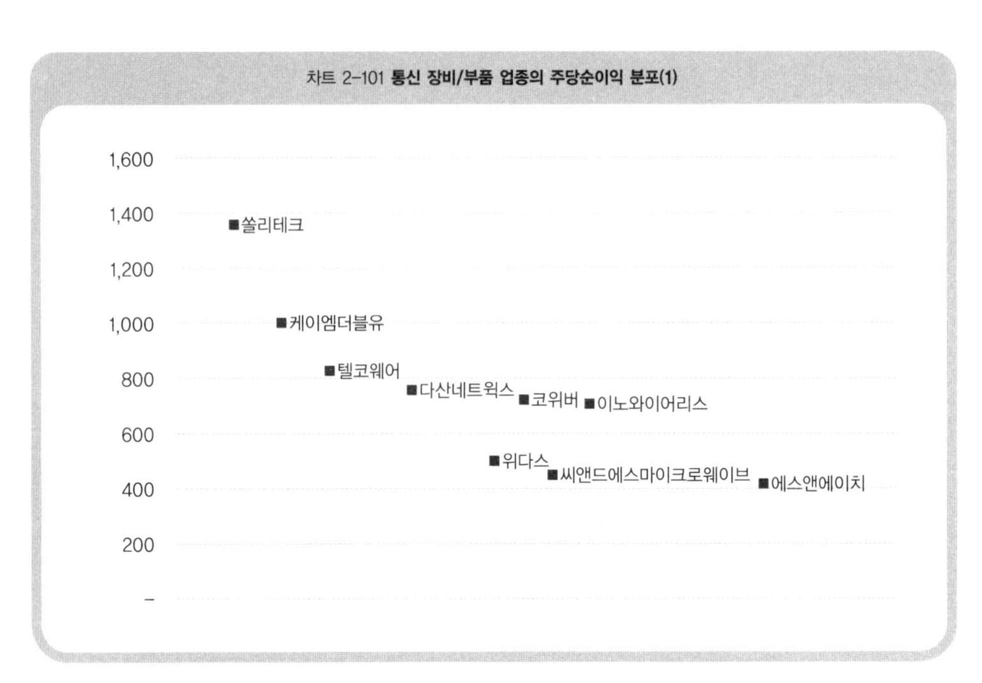

차트 2-102 **통신 장비/부품 업종의 주당순이익 분포(2)**

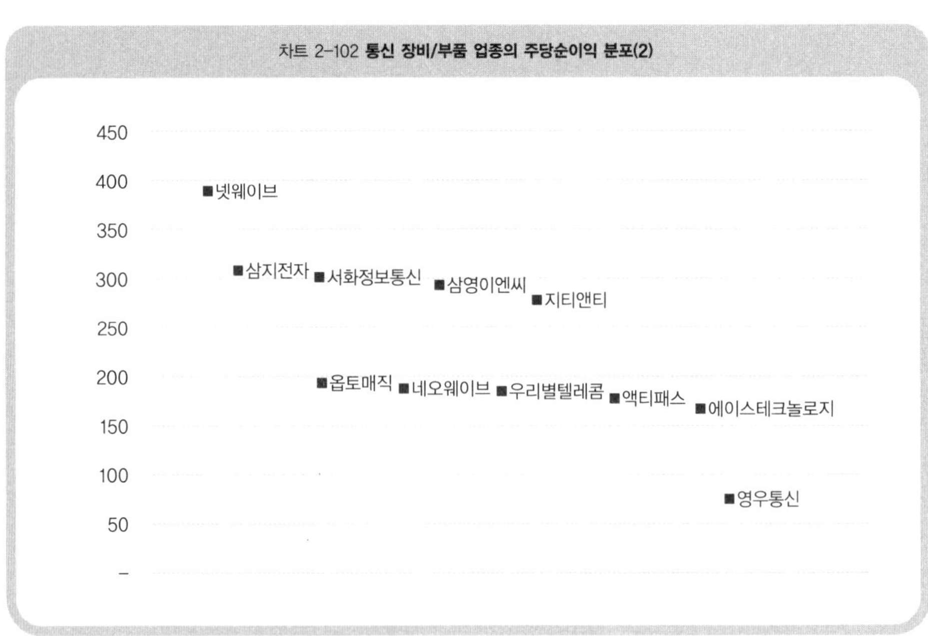

차트 2-103 **통신 장비/부품 업종의 주당순자산 분포(1)**

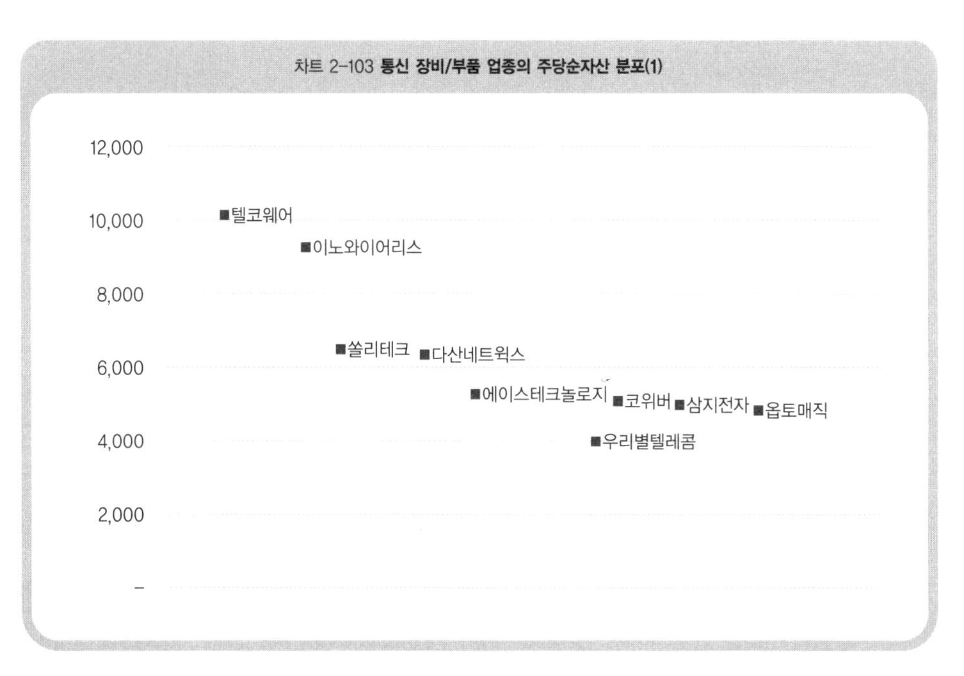

차트 2-104 **통신 장비/부품 업종의 주당순자산 분포(2)**

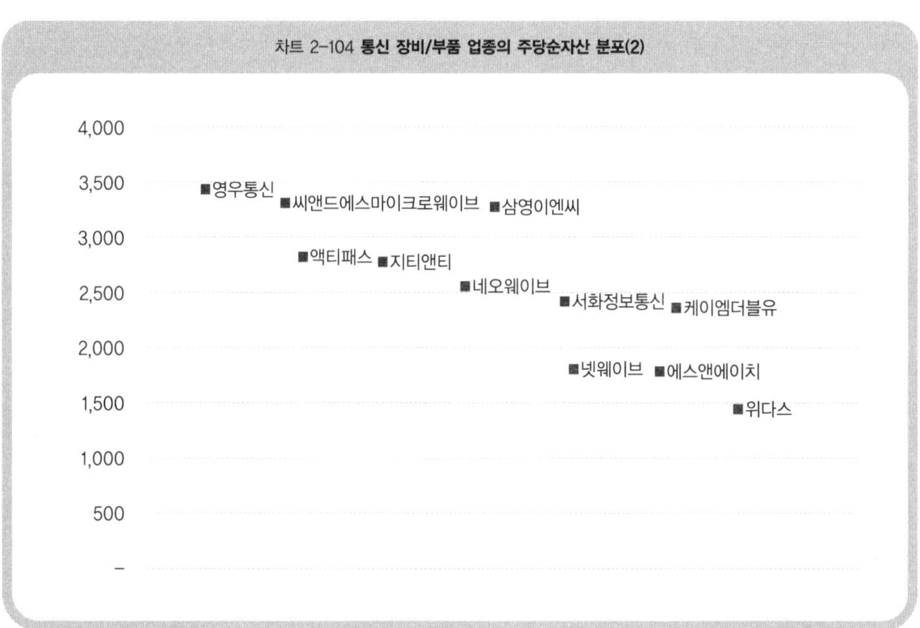

주당순이익 가치는 쏠리테크가 1,400원으로 가장 크고, 거의 1,000원에 육박하는 KMW가 그 다음을 메우고 있다.

주당순자산 가치에서는 텔코웨어만이 주당 1만원을 넘기고 있다. 이노와이어리스는 9,300원으로 바짝 뒤를 쫓고 있으며, 쏠리테크와 다산네트웍스는 6,000원대에 머물러 있다.

영업이익률이 36%에 달하는 SNH를 비롯하여 위다스, 코위버, 삼영이엔씨, KMW, 쏠리테크, 이노와이어리스, 텔코웨어, 서화정보통신, GT&T, C&S마이크로웨이브 등이 10% 이상의 영업이익률을 기록하고 있다.

차트 2-105 **KMW, 쏠리테크, 이노와이어리스의 주당순이익 추세 비교**

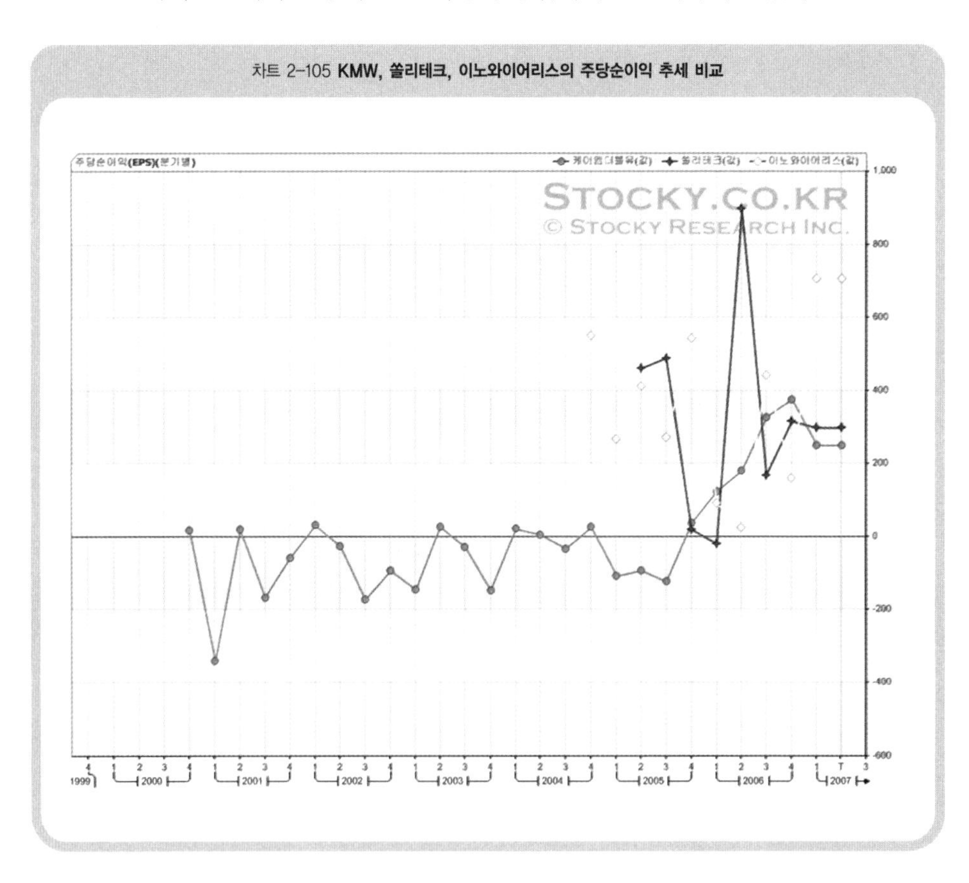

그러나 주당순이익을 지속적으로 증가시키고 있는 업체는 하나도 없다. 최근 들어 순이익 실적에서 돋보이는 모습을 연출하고 있는 KMW, 모든 지표에서 수위권에 머물고 있는 쏠리테크 그리고 주당순자산 가치가 높은 이노와이어리스 등의 주당순이익 추세를 비교한 결과 아직 뚜렷한 추세를 보이는 기업은 없는 것 같다.

다른 기업들의 분기별 주당순이익 추세는 이들보다 더 들쭉날쭉한 상태를 보여주고 있다.

반도체

표 2-44 **반도체업종의 우수기업들**

EP	기업	개요	매출액	순이익	자기자본	ROOI	ROE	DR	EPS	BPS	PER	PBR
2	하이닉스 반도체	메모리 반도체 제조업체.	7,569,202	2,012,390	8,533,422	25	24	60	4,384	18,590	3.6	1.7
6	삼성전자	세계 1위 메모리 반도체 제조업체.	58,972,765	7,926,087	45,260,597	12	18	28	53,809	307,270	9.0	1.9
	2개 평균		**33,270,984**	**4,969,239**	**26,897,010**	**18.5**	**21.0**	**44**	**29,097**	**162,930**	**6.3**	**1.8**

삼성전자는 반도체, 디스플레이, 무선, 가전 등의 다양한 IT 제품영역에서 세계시장을 선도하는 초우량기업이다. 59조원에 이르는 매출액과 8조원에 이르는 순이익 규모는 전체 상장기업 중에서도 단연코 톱이다.

5만 4,000원에 이르는 주당순이익과 31만원에 달하는 주당순자산 등도 국내 톱 10에 들어가는 탁월한 성과라고 말할 수 있다.

하이닉스는 사업 규모 등에서는 삼성전자와 비교할 수 없지만, 영업이익

차트 2-106 **삼성전자와 하이닉스의 주당순이익 추세 비교**

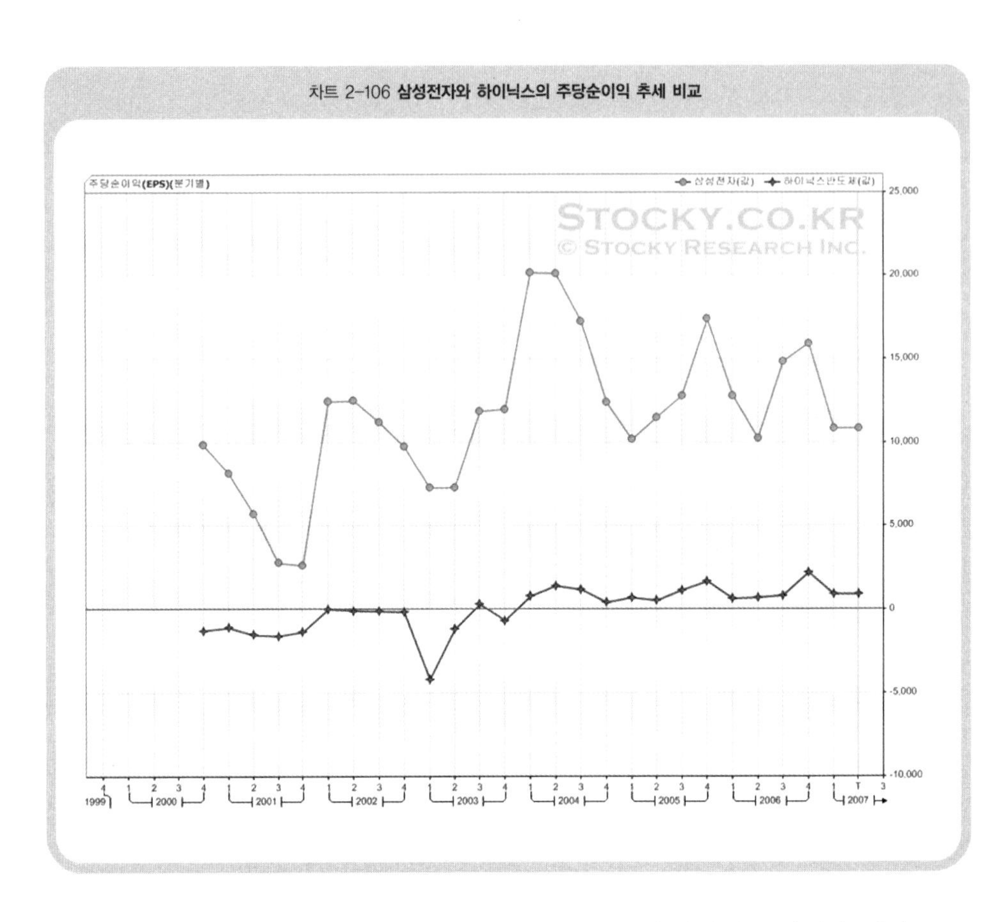

률과 자기자본순이익률 등과 같은 경영의 질적인 측면에서는 삼성을 앞지르는 모습을 연출하고 있다.

차트 2-106을 통해 두 반도체 맹주들의 주당순이익 추세를 비교해보자. 삼성전자의 주당순이익이 잦아드는 반면, 하이닉스의 주당순이익은 조금씩 늘어나고 있다.

반도체 장비/부품

표 2-45 **반도체 장비/부품 업종의 우수기업들**

EP	기업	개요	매출액	순이익	자기자본	ROOI	ROE	DR	EPS	BPS	PER	PBR
1	피에스케이 (PSK)	반도체 감광액 제거장비 제조업체.	128,854	28,619	97,834	26	29	23	2,220	7,590	12.6	1.6
2	유니셈	반도체/LCD 가스처리 공정 장비와 휴대폰 카메라모듈 제조업체.	93,617	4,676	32,450	7	14	50	427	2,966	21.6	1.4
2	비아이이엠티 (BIEMT)	반도체/LCD 세정장비 및 반도체용 세라믹 소재 제조업체. 상장된 지 2년을 경과함.	39,982	1,524	24,756	6	3	40	162	2,634	22.6	1.7
2	국제엘렉트릭코리아	반도체 전공정장비 제조업체.	98,435	12,355	46,791	15	26	61	1,254	4,749	8.6	2.1
2	이오테크닉스 (EO테크닉스)	반도체용 레이저마커 전문업체.	85,900	8,645	74,198	14	12	33	835	7,168	50.6	2.1
2	심텍	반도체용 PCB 제조업체.	291,197	21,502	103,995	11	21	206	791	3,823	14.3	2.6
2	리노공업	반도체 프로브핀, 테스트소켓 제조업체.	40,771	12,895	56,694	38	23	8	1,607	7,067	12.6	2.7
2	솔믹스	반도체/LCD용 실리콘 등 소재부품 제조업체.	36,919	4,817	31,229	18	15	61	616	3,995	26.9	2.9
2	티씨케이(TCK)	반도체용 고순도 흑면부품 제조업체.	24,156	5,460	29,133	28	19	14	468	2,495	20.6	3.7
4	코닉시스템	반도체/LCD 공정장비 제조업체. 자주 분기적자를 기록했음.	60,745	2,973	50,571	8	6	70	231	3,934	3.8	0.8
4	에스티에스반도체통신 (STS반도체)	반도체 패키징장비 제조업체. 가끔 분기적자를 기록함.	177,451	4,083	85,117	2	5	94	271	5,649	8.7	1.3
4	원익쿼츠	반도체용 쿼츠웨어, LCD용 세라믹 재료 제조업체.	47,645	9,973	44,674	22	22	45	787	3,526	16.7	1.9
4	주성엔지니어링	반도체/LCD 공정장비 제조업체. 가끔 분기적자를 기록했음.	121,072	16,892	133,965	10	13	54	527	4,179	16.2	2.8
4	테크노세미켐	반도체 식각/세정 재료 제조업체.	141,670	24,747	117,372	22	21	24	1,734	8,225	10.8	3.1
5	케이씨텍(KC텍)	반도체 및 FPD용 세정장비 등의 전공정장비 제조업체.	148,621	11,996	160,016	9	12	39	442	3,668	17.7	1.1

EP	기업	개요	매출액	순이익	자기자본	ROOI	ROE	DR	EPS	BPS	PER	PBR
6	디아이(DI)	번인테스터 등의 반도체 검사장비 제조업체. 가끔 분기적자를 기록함.	90,530	3,365	95,375	7	4	48	109	3,101	36.2	0.9
6	성우테크론	반도체 리드프레임 검사장비 제조업체.	11,005	1,237	18,018	19	7	28	208	3,025	16.2	0.9
6	성도이엔지	반도체, 디스플레이업체 대상 클린룸, 플랜트 시설업체.	113,019	7,882	45,937	6	17	71	525	3,062	2.4	0.9
6	프로텍	반도체 후공정장비 제조업체. 2006년 4/4분기에 적자로 전환됨.	22,346	1,164	16,183	10	7	38	155	2,158	–	1.1
6	엠케이전자 (MK전자)	반도체 패키지용 본딩와이어 제조업체.	297,890	5,848	59,041	3	10	67	453	4,576	28.2	1.2
6	프롬써어티	반도체 웨이퍼 검사장비 제조업체. 가끔 분기적자를 기록함.	44,052	1,914	54,752	15	3	67	193	5,524	6.7	1.3
6	네패스	LCD 드라이버칩 및 반도체 후공정장비 제조업체. 2006년 4/4분기에 적자로 전환됨.	146,595	7,012	100,607	7	7	82	373	5,355	–	1.5
6	코미코	반도체 부품 및 정밀세정 전문업체. 가끔 분기 적자를 기록했으며, 2006년 4/4 분기에 적자로 전환됨.	54,936	1,430	41,806	4	3	112	95	2,784	–	2.1
6	유원컴텍	반도체/LCD용 엔지니어링 플라스틱부품 제조업체. 2006년 4/4분기에 적자로 전환됨.	34,634	178	29,033	1	1	72	19	3,034	–	2.3
6	소디프신소재	반도체/LCD용 세정가스 제조업체.	62,690	10,183	87,542	24	12	155	1,133	9,743	31.7	3.4
6	에이.에스.이 (ASE)	반도체 고주파 발생장비 제조업체.	13,764	1,462	17,277	8	8	14	399	4,714	150.7	5.6
7	상화 마이크로텍	비메모리반도체 설계 및 코아 개발업체.	23,951	1,881	26,190	–8	7	64	311	4,334	3.7	1.0
8	한양디지텍	메모리모듈 OEM 제조업체.	69,061	4,102	21,407	7	19	91	410	2,141	11.1	2.8
11	하나마이크론	메모리 및 BGA 패키징장비 제조업체. 상장 후 2년 경과되지 않았음.	144,031	5,431	57,253	4	9	125	509	5,361	25.0	1.3
11	엘오티베큠 (LOT베큠)	국내 유일의 반도체용 진공펌프 생산업체.	50,322	4,770	32,904	10	14	31	935	6,352	22.0	1.4

EP	기업	개요	매출액	순이익	자기자본	ROOI	ROE	DR	EPS	BPS	PER	PBR
11	유진테크	반도체 증착 등 전공정장비 제조업체.	16,993	3,514	20,962	23	17	25	721	4,304	3.9	1.4
11	카엘	반도체용 케미칼 에어필터 제조업체. 상장된 지 2년 경과했음.	13,784	3,593	20,989	26	17	6	513	3,000	11.4	1.6
11	덕산하이메탈	반도체 패키지용 솔더볼 제조업체.	18,183	8,155	45,561	37	18	4	1,167	6,522	12.6	1.9
11	한미반도체	반도체 패키징장비 제조업체.	92,844	19,388	97,815	25	20	29	808	4,076	13.4	2.0
11	글로벌스탠다드테크놀로지 (GST)	반도체 및 디스플레이용 가스정화처리 장비, 온/습도 조절 솔루션 제조업체.	30,825	4,773	13,815	16	35	53	1,270	3,674	13.2	2.4
	35개 평균		**82,528**	**7,670**	**56,893**	**13.7**	**13.6**	**57**	**648**	**4,529**	**21.1**	**2.0**

상장된 지 2년이 안 되어 11그룹으로 분류된 7개의 기업들을 포함하여 총 35개 업체가 리스트에 등재되었다.

매출액과 순이익의 규모부터 살펴보기로 하자.

엠케이전자와 심텍이 나란히 3,000억원 가까운 매출 실적을 달성하고 있다. 그 뒤로 1,800억원에 이른 에스티에스반도체통신을 위시하여 케이씨텍, 네패스, 하나마이크론, 테크노세미켐, 피에스케이 등 매출 1,000억원을 넘는 8개의 기업들이 줄지어 서 있다.

순이익의 규모 면에서는 피에스케이와 테크노세미켐이 각축을 벌이고 있다. 각각 290억, 250억원에 달하고 있다. 그 뒤로 심텍, 한미반도체, 주성엔지니어링 등 100억을 넘는 7개 업체들이 선두권을 형성하고 있다.

피에스케이와 테크노세미켐은 주당순이익에서도 공방전을 벌이고 있다. PSK가 주당 2,200원으로 앞서고 있으며, 테크노세미켐이 주당 1,700원을 거두면서 뒤따르고 있다. 리노공업, 글로벌스탠다드테크놀로지, 국제엘렉트릭코리아, 덕산하이메탈, 소디프신소재 등 다섯 개 기업들도 주당 1,000

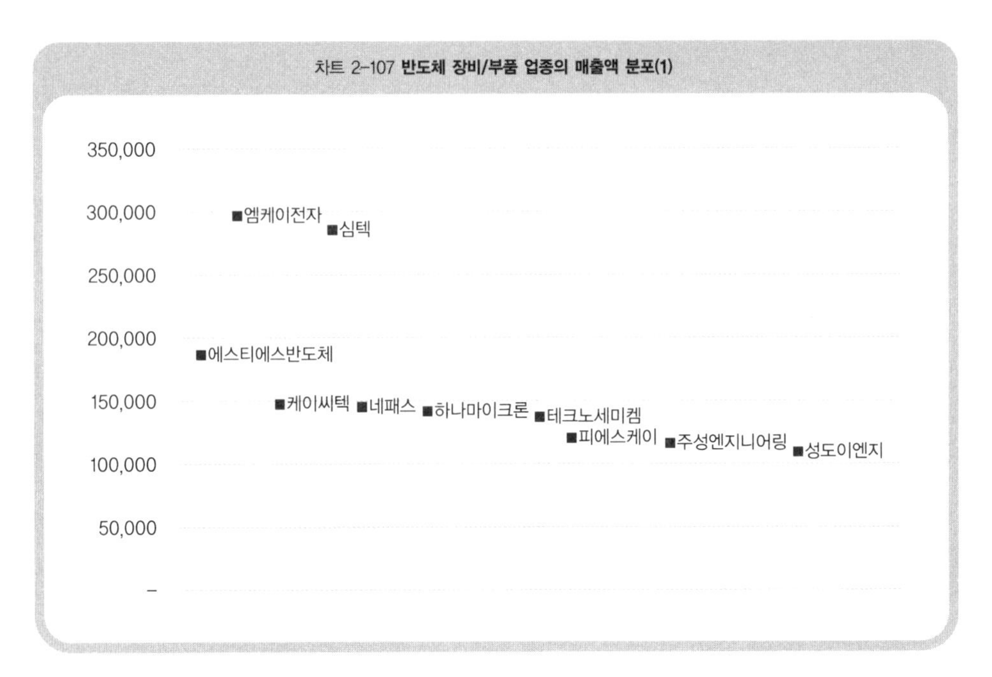

차트 2-107 **반도체 장비/부품 업종의 매출액 분포(1)**

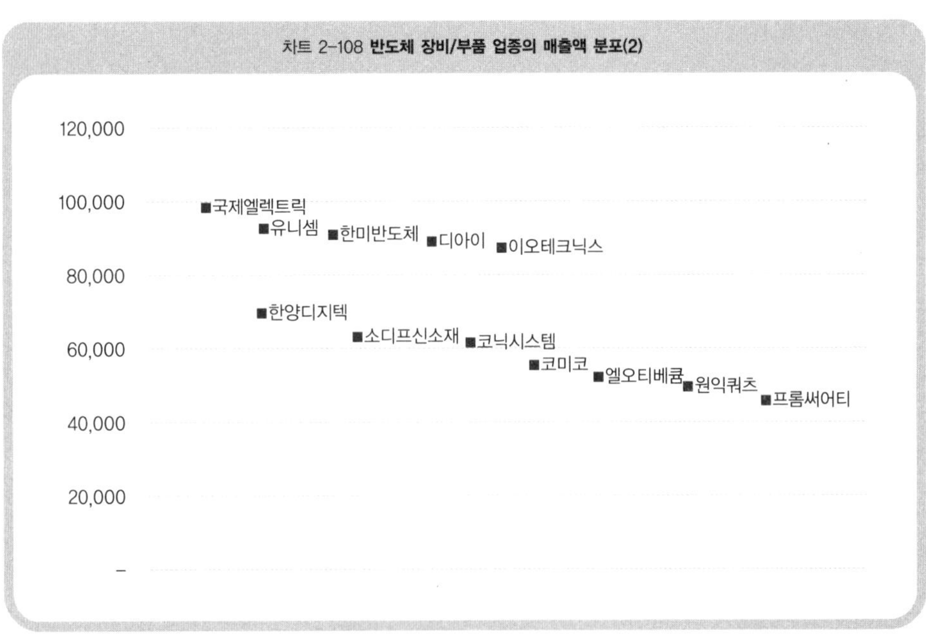

차트 2-108 **반도체 장비/부품 업종의 매출액 분포(2)**

차트 2-109 반도체 장비/부품 업종의 매출액 분포(3)

45,000
40,000
35,000
30,000
25,000
20,000
15,000
10,000
5,000
–

리노공업
비아이이엠티
솔믹스
유원컴텍
글로벌스탠다드테크
티씨케이
상화마이크로텍
프로텍
덕산하이메탈
유진테크
카엘
에이에스이
성우테크론

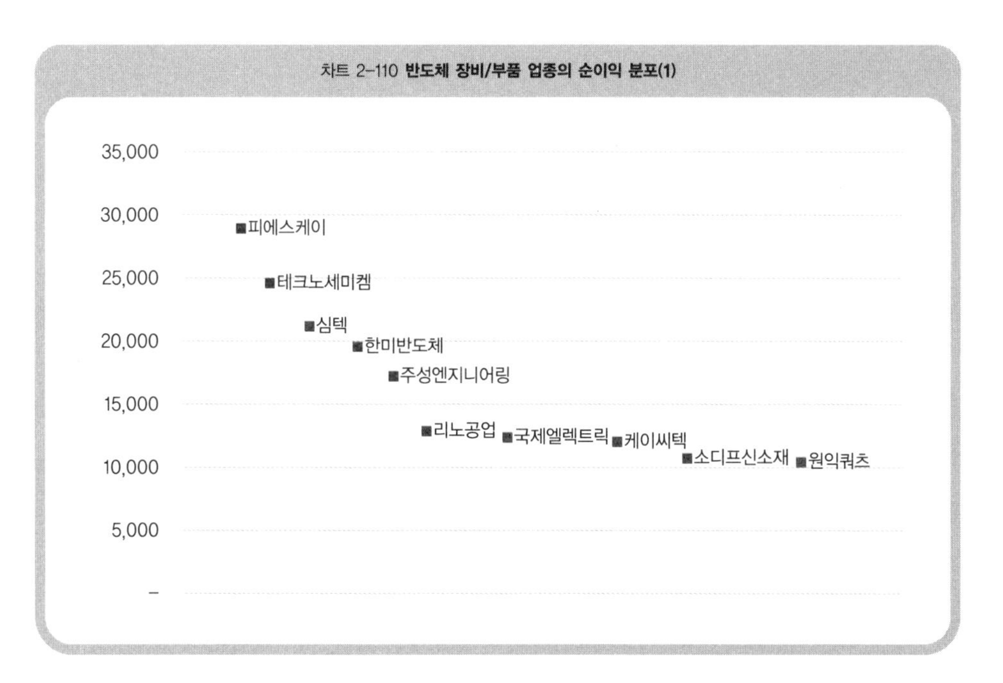

차트 2-110 반도체 장비/부품 업종의 순이익 분포(1)

차트 2-111 **반도체 장비/부품 업종의 순이익 분포(2)**

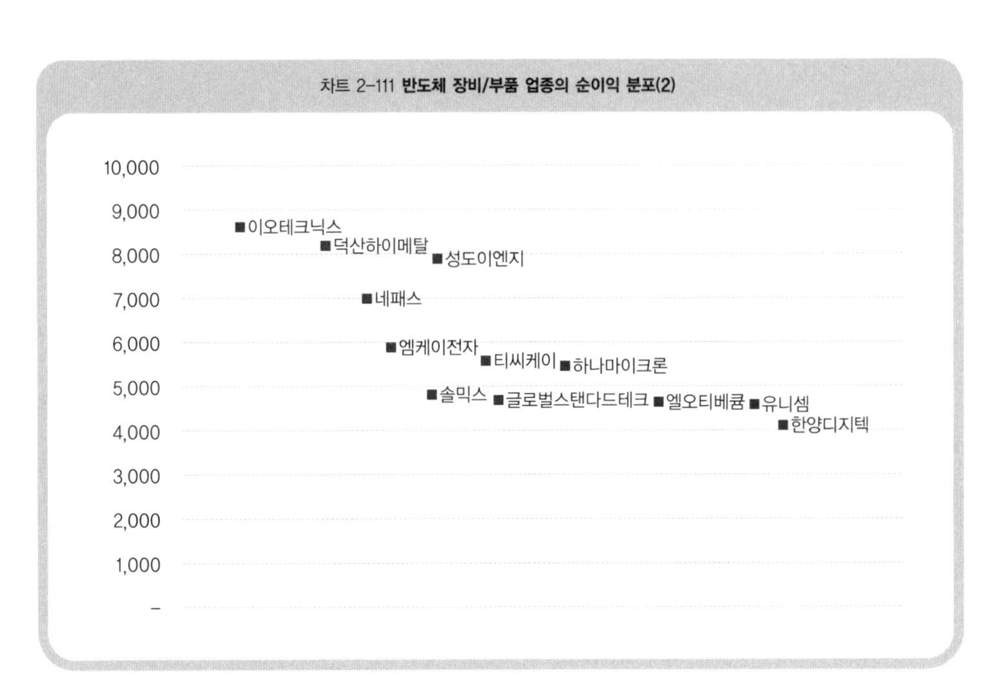

차트 2-112 **반도체 장비/부품 업종의 순이익 분포(3)**

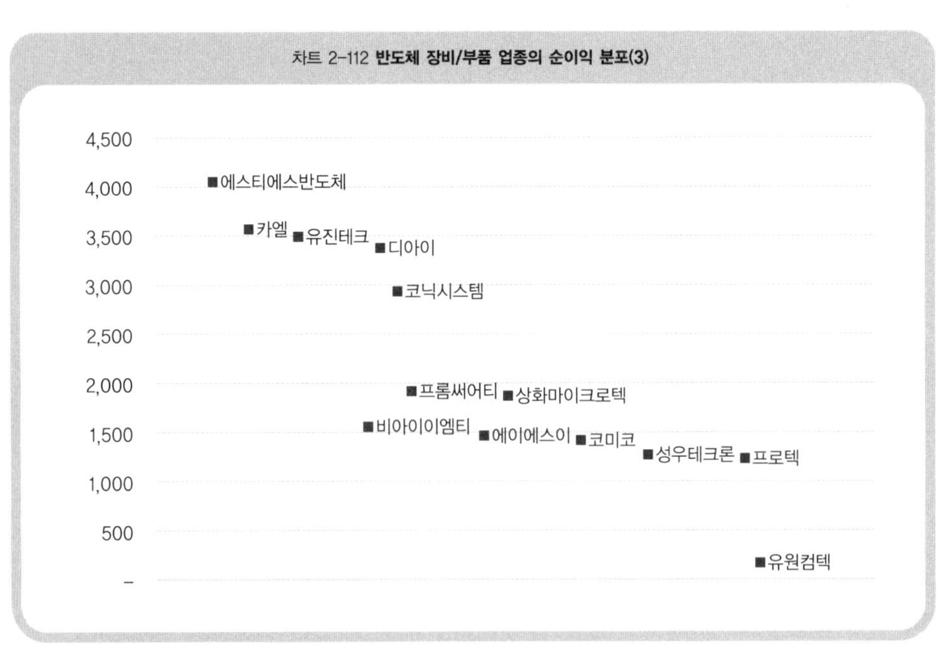

차트 2-113 **반도체 장비/부품 업종의 주당순이익 분포(1)**

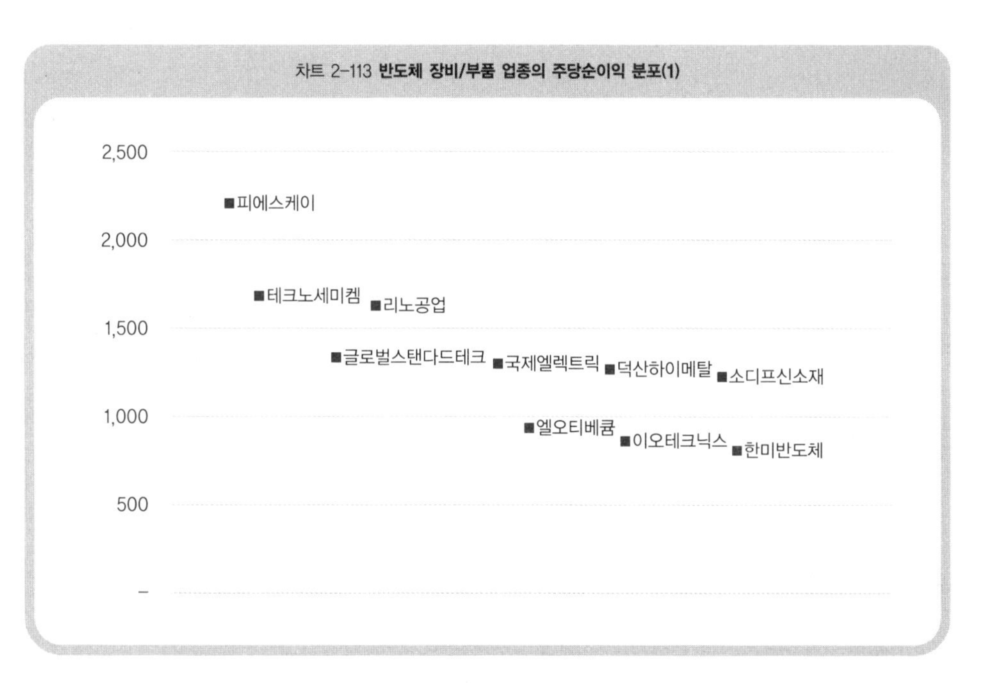

차트 2-114 **반도체 장비/부품 업종의 주당순이익 분포(2)**

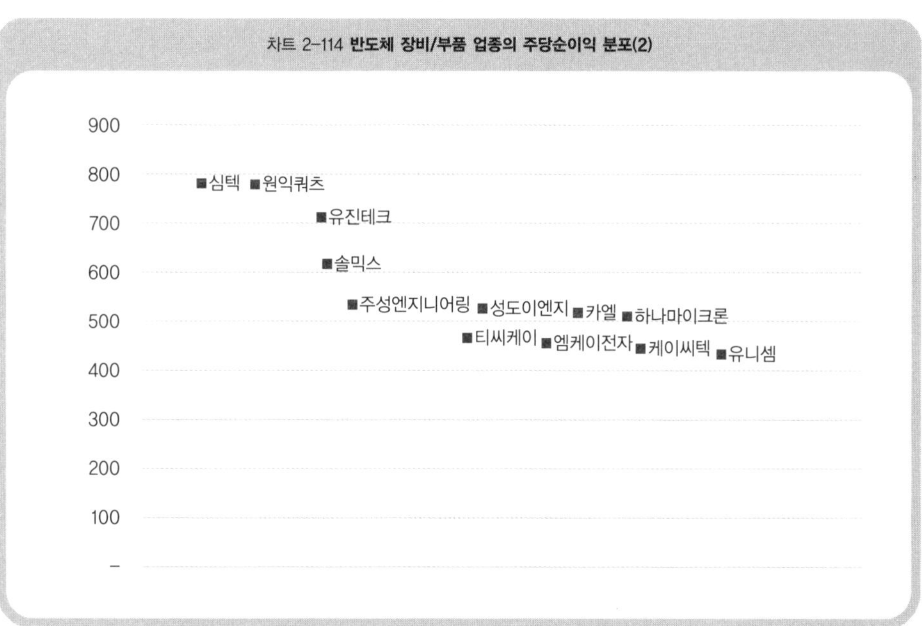

차트 2-115 **반도체 장비/부품 업종의 주당순이익 분포(3)**

차트 2-116 **반도체 장비/부품 업종의 주당순자산 분포(1)**

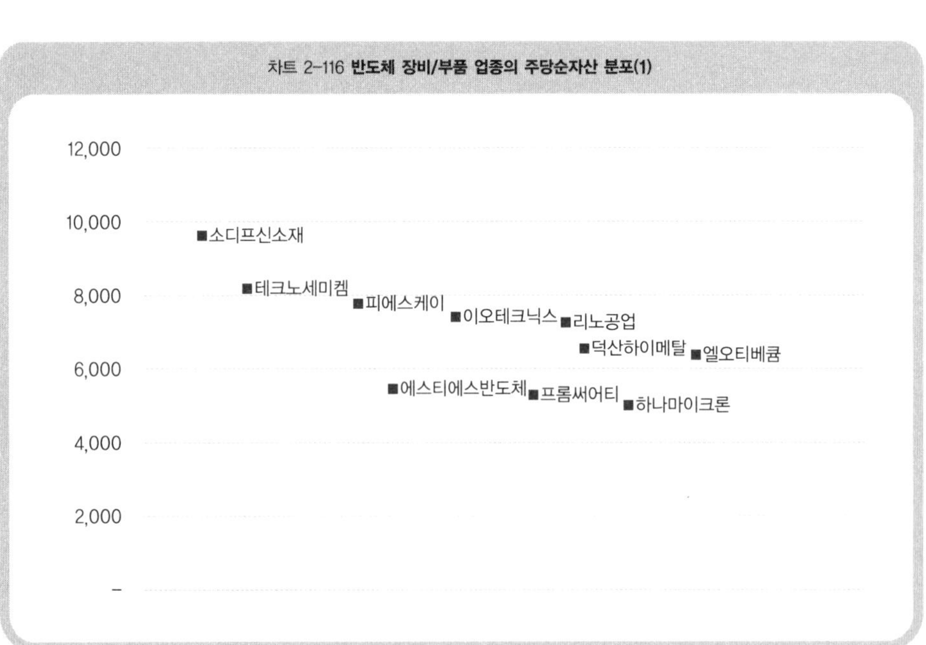

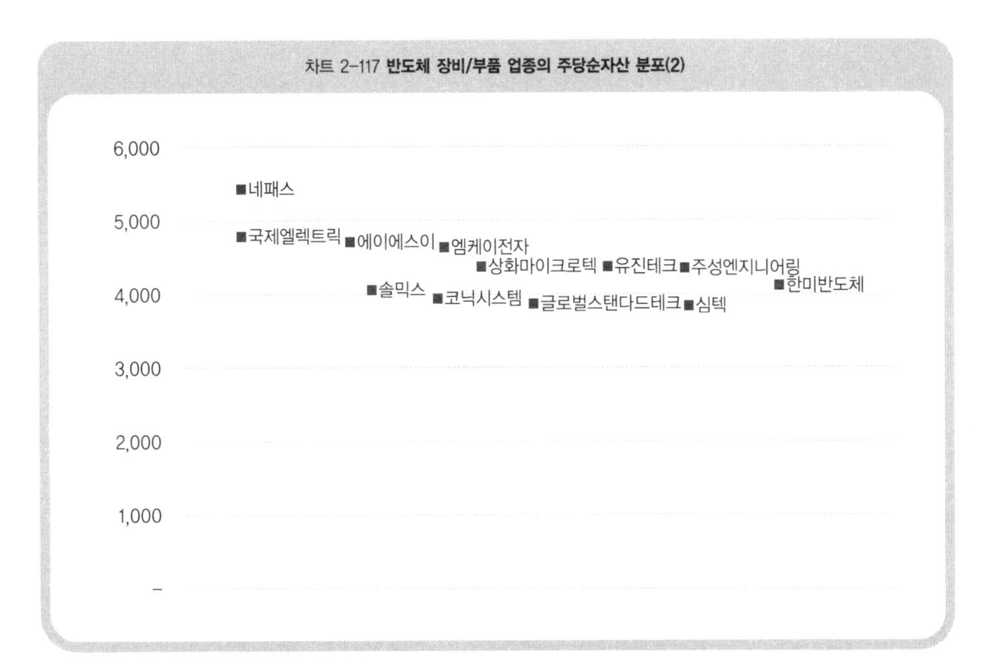

차트 2-117 **반도체 장비/부품 업종의 주당순자산 분포(2)**

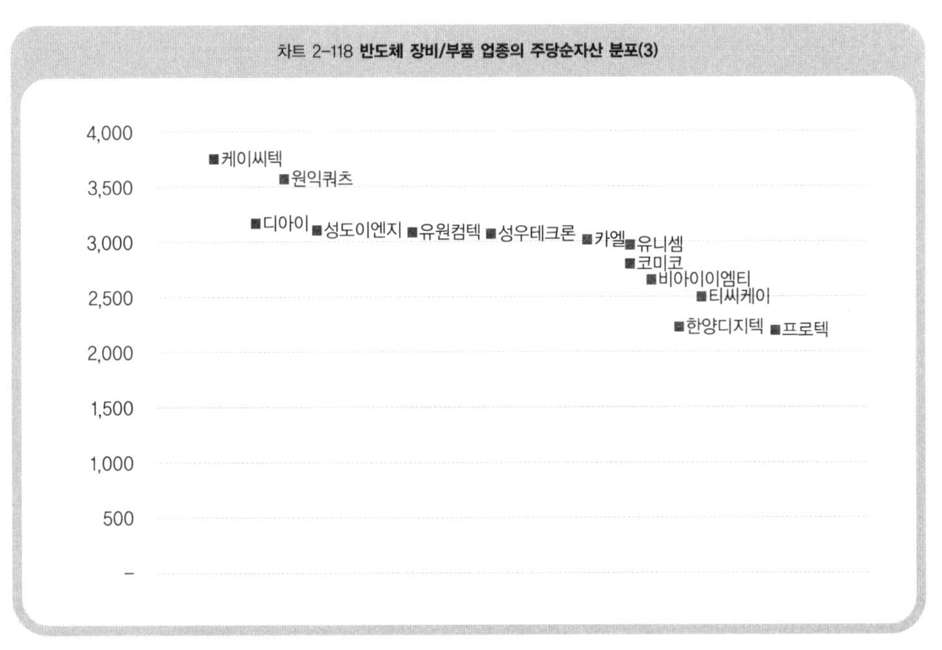

차트 2-118 **반도체 장비/부품 업종의 주당순자산 분포(3)**

원이 넘는 높은 가치를 구현하고 있다.

소디프신소재가 9,700원의 주당순자산 가치를 구현하면서 1위를 차지했고, 테크노세미켐이 8,200원으로 2위 그리고 피에스케이, 이오테크닉스, 리노공업, 덕산하이메탈 등이 그 다음 자리를 차지하고 있다.

반도체 장비/부품 업종에서는 무려 9개의 기업이 1-2그룹에 포함되어 있어서 우수한 실적을 거두는 기업들이 많은 업종이라는 것을 알 수 있다.

PSK가 1그룹이고, 유니셈, BIEMT, 국제엘렉트릭코리아, 이오테크닉스, 심텍, 리노공업, 솔믹스, TCK 등이 2그룹을 이루고 있다.

한편 반도체 장비업체들은 높은 이익률을 구현하고 있다. 리노공업과 덕산하이메탈 두 회사는 제조업체로서는 결코 쉽지 않은 30% 후반의 영업이익률을 달성하는 놀라운 실력을 보여주고 있다. 그 뒤를 이어 TCK부터 테크노세미켐까지 8개 기업이 20%대, 성우테크론부터 프로텍까지 10개 기업이 10%대의 영업이익률을 기록하고 있다.

글로벌스탠다드테크놀로지는 무려 35%에 달하는 자기자본순이익률을 기록하고 있다. 그 외에도 20개의 기업들이 우수한 ROE를 거두고 있다.

반도체 강국으로서의 대한민국의 위상은 쉽게 무너지지 않을 것이다. 따라서 높은 이익률을 실현하면서 주당순이익을 증가시키고 있지만, 주가는 상대적으로 낮게 평가되어 있는 반도체 장비업체들을 선정하여 장기투자한다면, 충분한 투자성과를 거둘 수 있을 것이라고 판단된다.

독자들의 우량기업 선정을 돕기 위해 주당순이익이 지속적으로 증가한 1-2그룹의 기업이거나 영업이익률과 자기자본순이익률이 모두 두 자릿수를 달성한 우량기업들을 선별해보았다.

표 2-46의 우량기업들 중에서 주당순이익의 크기에서 업종 내 1위부터 6위까지를 차지하고 있는 기업들의 주당순이익 추세를 비교해보도록 하자.

표 2-46 **반도체 장비/부품 업종의 우량기업들**

기업	ROOI	ROE	EPS P	EPS R	PBR
피에스케이	26	29	1	1	1.65
리노공업	38	23	2	3	2.70
티씨케이	28	19	2	19	3.71
솔믹스	18	15	2	14	2.94
국제엘렉트릭	15	26	2	5	2.08
이오테크닉스	14	12	2	9	2.11
심텍	11	21	2	11	2.63
유니셈	7	14	2	22	1.37
덕산하이메탈	37	18	11	6	1.89
카엘	26	17	11	17	1.57
한미반도체	25	20	11	9	2.02
소디프신소재	24	12	6	7	3.38
유진테크	23	17	11	13	1.45
원익쿼츠	22	22	4	12	1.91
테크노세미켐	22	21	4	2	3.14
성우테크론	19	7	6	29	0.93
글로벌스탠다드테크놀로지	16	35	11	4	2.40
엘오티베큠	10	14	11	8	1.40
주성엔지니어링	10	13	4	15	2.81

주당순이익 순위 1, 2, 3위를 차지하고 있는 세 회사 모두 지속적이고 안정적으로 주당순이익을 증가시키고 있는 모습을 확인할 수 있다. 4, 5, 6위 그룹에서는 국제엘렉트릭이 지속적으로 주주가치를 높이고 있는 모습을 확인할 수 있다.

6위권 밖에 있지만, 주당순이익이 지속적으로 증가하고 있는 다른 업체

차트 2-119 **리노공업, 피에스케이, 테크노세미켐의 주당순이익 추세 비교**

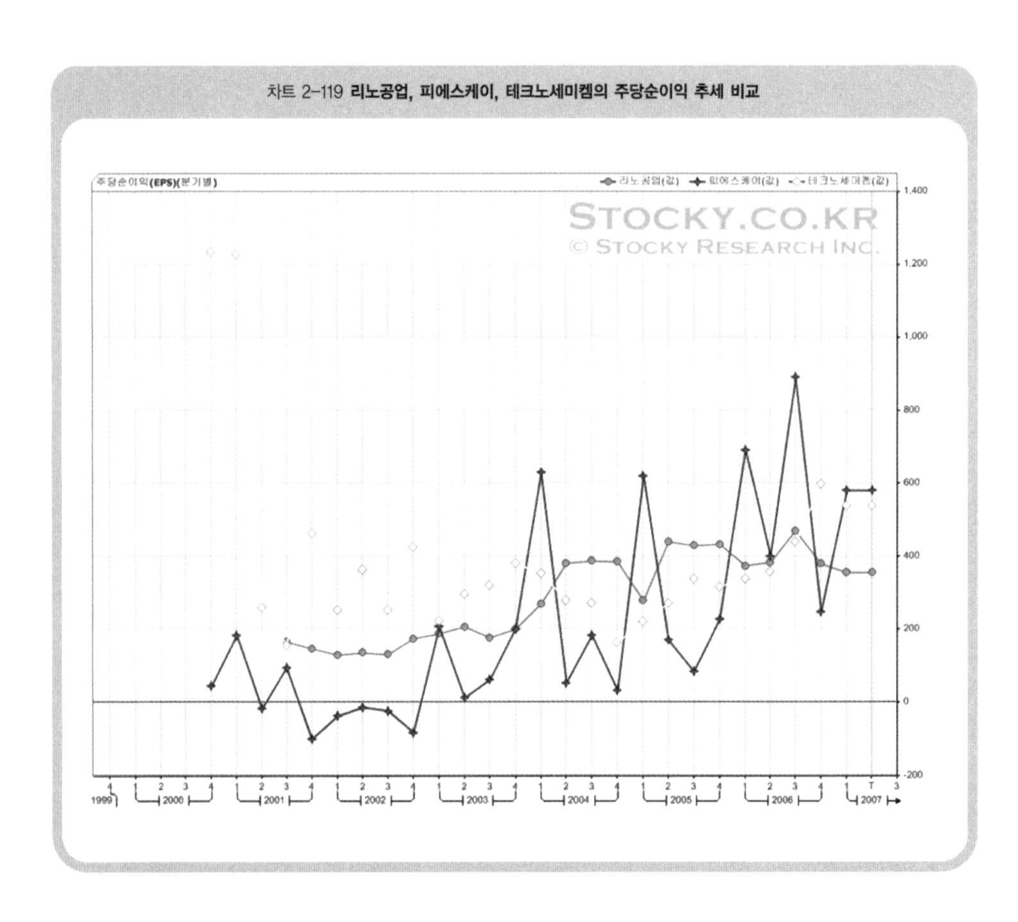

들의 추세도 확인해보자. 2그룹에 속하는 TCK, 솔믹스, 유니셈 세 업체 모두 순조로운 주당순이익 증가세를 보여주고 있다. 차트에 포함되지 않았지만 같은 2그룹인 심텍도 동일한 궤적을 그리고 있다.

차트 2-120 **덕산하이메탈, 글로벌스탠다드테크, 국제엘렉트릭의 주당순이익 추세 비교**

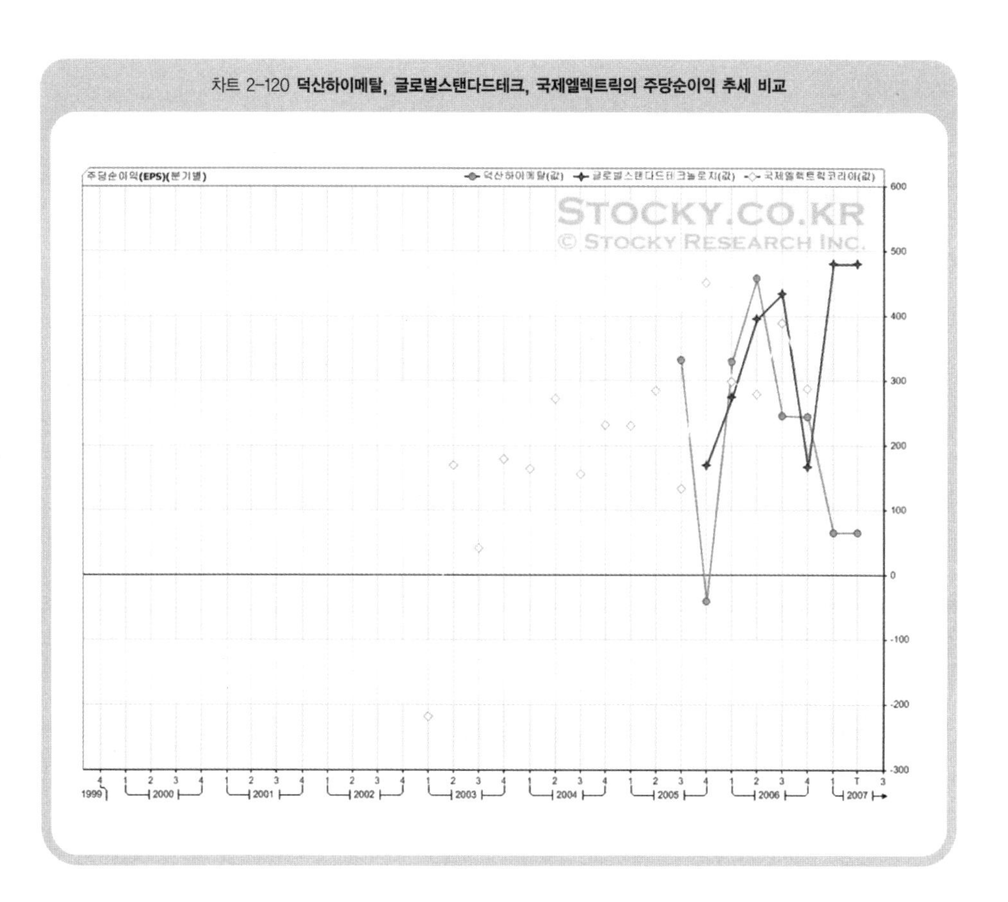

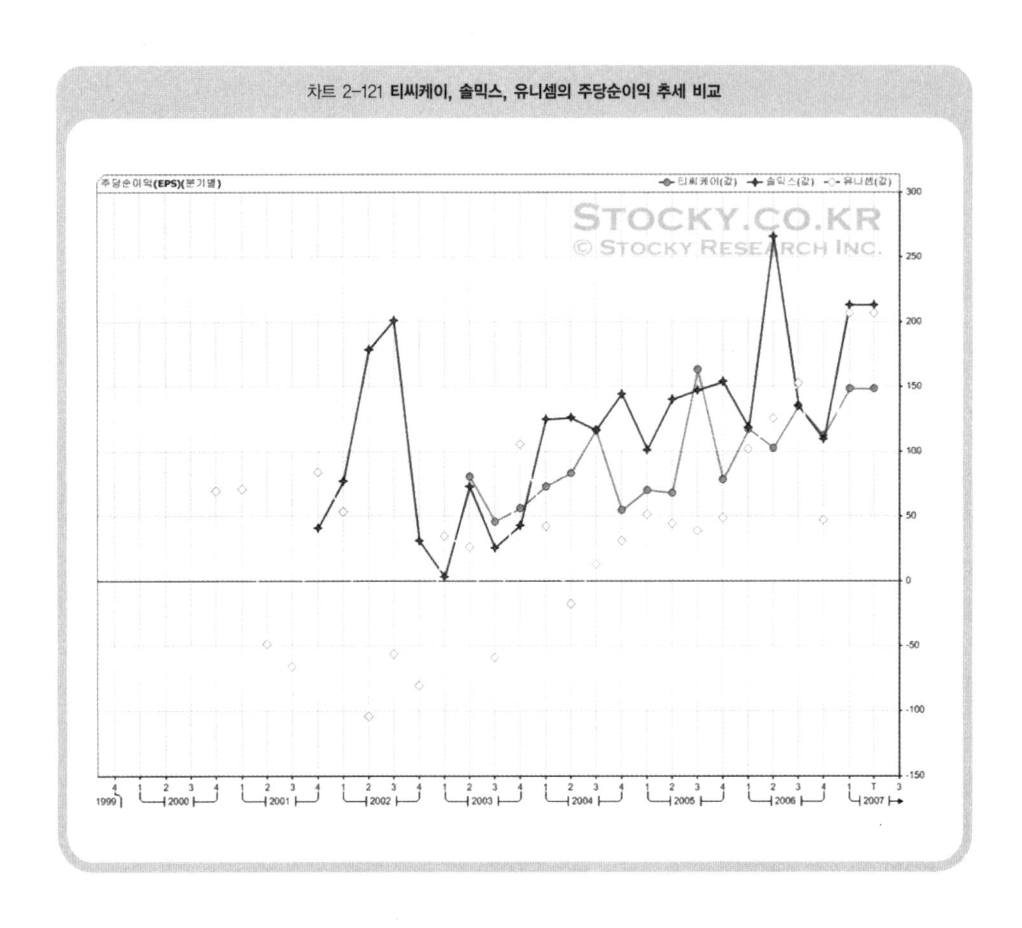

차트 2-121 **티씨케이, 솔믹스, 유니셈의 주당순이익 추세 비교**

디스플레이

표 2-47 **디스플레이업종의 우수기업들**

EP	기업	개요	매출액	순이익	자기자본	ROOI	ROE	DR	EPS	BPS	PER	PBR
6	LG(엘지)	LG전자, LG텔레콤, LG필립스LCD, LG화학, LG석유화학 등을 자회사로 거느린 지주회사.	525,552	417,848	4,240,601	54	10	9	2,422	24,575	8.6	1.4

EP	기업	개요	매출액	순이익	자기자본	ROOI	ROE	DR	EPS	BPS	PER	PBR
6	LG전자 (엘지전자)	세계 2위의 PDP 제조업체.	23,170,719	212,718	6,139,176	2	3	116	1,471	42,442	46.6	1.5
6	삼성전자	세계 1위의 LCD 제조업체.	58,972,765	7,926,087	45,260,597	12	18	28	53,809	307,270	9.0	1.9
7	삼성SDI (삼성에스디아이)	브라운관, PDP 제조업체. 2006년 4/4분기에 적자로 전환됨.	4,907,618	90,701	4,646,612	0	2	38	1,991	101,993	-	0.5
	4개 평균		**17,531,836**	**1,731,005**	**12,068,776**	**16.3**	**9.3**	**50**	**12,068**	**96,162**	**21.3**	**1.5**

LG는 지주사지만, LG전자, LG필립스LCD 등이 주력 계열사이므로 일단 리스트에 포함시켰다(삼성전자, LG전자는 여러 산업분야에서 산업을 주도하고 있는 회사들이므로 여러 업종에 포함시켰다).

매출 규모에서는 삼성전자가 59조원, LG전자가 23조원의 실적을 달성하고 있다. SDI는 한참 뒤처진 4조 9,000억원이다.

세 업체 중에서 적정한 이익률을 달성하고 있는 곳은 삼성전자밖에는 없다.

주당순이익이나 주당순자산에서 모두 삼성전자에 필적할 곳은 없지만, 주당순자산에서는 삼성SDI가 주당 10만원까지 올라오고 있다.

차트 2-122를 통해 전자산업의 양대 거인인 삼성전자와 LG전자의 주당순이익 추세를 비교해보자. 삼성이나 LG 모두 최근 들어 주당순이익이 감소세로 접어드는 것을 볼 수 있다. 게다가 LG전자는 2007년 1/4분기에는 적자를 기록하고 있다.

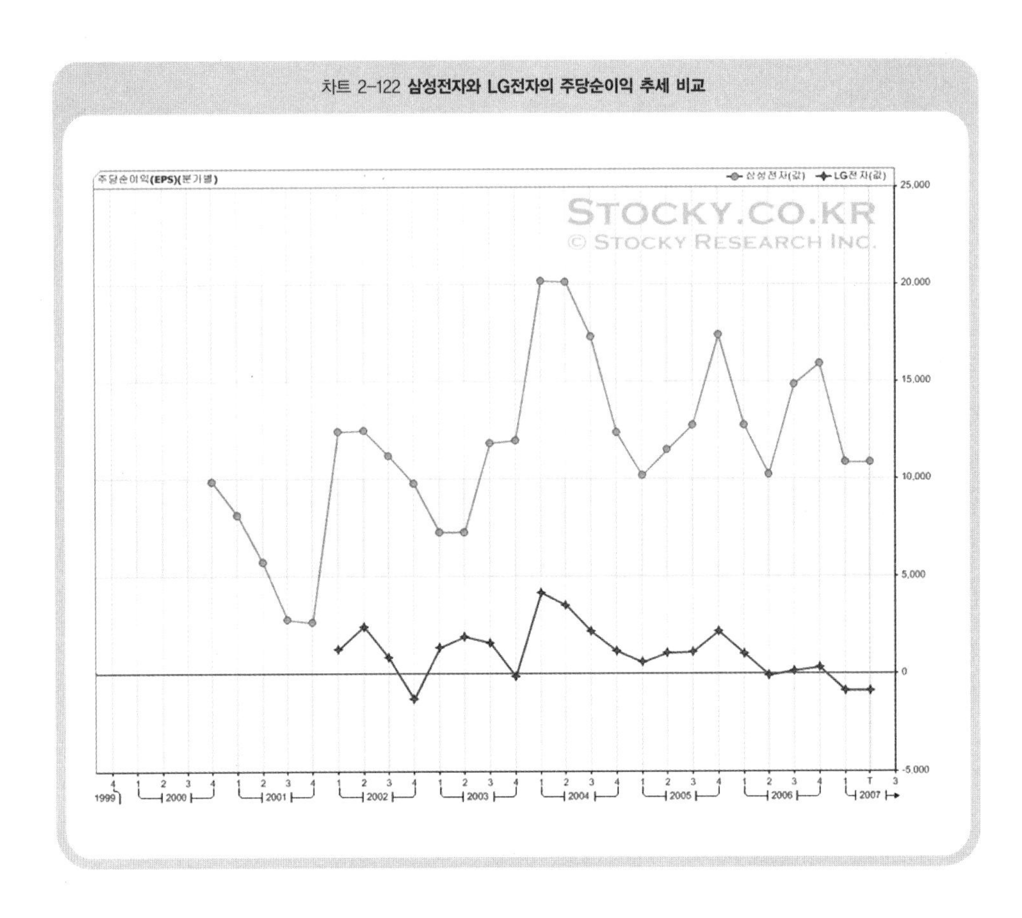

차트 2-122 **삼성전자와 LG전자의 주당순이익 추세 비교**

디스플레이 장비/부품

30개의 업체 중에 코스닥 기업만 28개다.

세 개의 차트로 나누어 매출액의 우열을 확인해보자. 매출 규모에서는 대기업 계열사인 한솔LCD와 LG마이크론이 가장 크다. 한솔LCD는 8,800억을 넘고, LG마이크론은 7,700억에 못 미치고 있다. 태산엘시디와 디에스엘시디는 모두 6,000억원 가까이 이르고 있으며, 에스에프에이, 우영 등은

표 2-48 **디스플레이 장비/부품 업종의 우수기업들**

EP	기업	개요	매출액	순이익	자기자본	ROOI	ROE	DR	EPS	BPS	PER	PBR
2	레이젠	BLU 및 휴대폰용 LCD 제조업체. 가끔 분기 적자를 기록했으며, 2006년 4/4분기에 적자로 전환됨.	99,625	2,692	37,468	3	7	92	244	3,396	-	0.7
2	새로닉스	LCD 부품 제조업체. 주당 순이익 증가세는 미미한 편.	35,504	2,049	33,334	5	6	62	171	2,778	67.8	1.0
2	다윈텍	LCD/PDP용 드라이버칩 제조업체.	48,524	4,887	33,945	12	14	24	1,321	9,174	8.0	1.2
2	금호전기	BLU(백라이트유닛) 등의 LCD 부품과 조명기기 제조업체.	281,071	28,217	176,762	14	16	59	4,588	28,238	10.9	1.3
2	엔하이테크	LED 및 BLU 제조업체. 2004년부터 흑자로 전환됨.	38,354	2,017	9,091	6	22	226	368	1,660	15.7	2.1
2	에스에프에이 (SFA)	LCD/PDP 공정장비 제조 및 공장자동화설비 제조업체.	380,830	53,514	171,201	17	31	99	5,874	18,793	3.7	2.2
2	한솔LCD (한솔엘시디)	BLU 제조업체.	881,712	38,559	100,420	4	38	86	6,093	15,869	11.9	3.3
4	태산엘시디	BLU 제조업체.	594,616	11,100	68,647	2	16	199	802	4,960	30.9	1.6
5	디이엔티 (DE&T)	LCD/PDP 공정 검사장비 제조업체.	31,431	1,622	22,677	3	7	55	195	2,732	13.8	1.0
5	이라이콤	BLU 제조업체.	140,528	7,231	34,962	6	21	82	742	3,586	12.6	2.3
6	LG마이크론 (엘지마이크론)	포토마스크, PDP 후면판 등 제조업체. 2006년 4/4분기에 적자로 전환됨.	767,428	19,651	376,842	3	5	146	2,620	50,246	-	0.6
6	디스플레이테크	휴대폰, DMB 등의 LCD모듈 제조업체. 2006년 4/4분기에 적자로 전환됨.	136,452	2,490	44,354	2	6	85	275	4,890	-	0.7
6	탑엔지니어링	LCD 공정장비 제조업체. 2006년 4/4분기에 적자로 전환됨.	41,099	3,731	85,446	5	4	8	251	5,745	-	0.9
6	유비프리시전	LCD 검사장비 및 부품 제조업체. 가끔 분기적자를 기록하고 있음.	45,029	4,235	34,304	13	12	62	517	4,187	22.2	0.9
6	유아이디	LCD 및 PDP 필터용 강화유리, ITO 코팅제품 제조업체. 2006년 4/4분기에 적자로 전환됨.	24,599	809	18,606	3	4	77	166	3,828	-	1.0
6	파인디앤씨	LCD TV용 섀시 제조업체.	183,631	7,276	86,783	4	8	85	368	4,387	377.5	1.0

EP	기업	개요	매출액	순이익	자기자본	ROOI	ROE	DR	EPS	BPS	PER	PBR
6	한국트로닉스	LCD모듈 등 회로조립 전문업체. 2006년 4/4분기에 적자로 전환됨.	180,893	3,621	48,462	3	7	35	225	3,015	–	1.0
6	인지디스플레이	LCD TV용 섀시 제조업체.	208,907	8,775	40,847	6	21	154	248	1,156	4.7	1.7
6	우주일렉트로닉스	LCD 커넥터 부품 제조업체.	45,969	7,065	34,547	20	20	46	795	3,885	10.8	2.0
6	엘앤에프 (L&F)	BLU 제조업체. 2006년 4/4분기에 적자로 전환됨.	126,341	803	26,094	0	3	46	88	2,866	–	2.1
7	세진티에스	LCD용 광기능성 시트 제조업체.	41,549	2,681	40,395	6	7	9	638	9,618	3.6	0.3
7	동양크레디텍	OLED 및 CRT부품 제조업체. 2006년 4/4분기에 적자로 전환됨.	28,663	1,553	28,392	17	5	15	169	3,086	–	0.9
7	디에스엘시디 (DS LCD)	BLU 제조업체.	578,119	13,885	120,872	3	11	55	771	6,715	8.4	1.0
7	에스엔유프리시젼	LCD 측정장비 제조업체.	34,040	4,788	66,709	16	7	24	1,092	15,209	29.4	1.1
7	디엠에스	LCD 공정장비 제조업체.	130,837	17,967	133,240	22	13	52	903	6,700	35.0	1.1
7	휘닉스피디이	PDP 파우더 등 부품소재 제조업체. 2006년 4/4분기에 적자로 전환됨.	67,278	7,381	64,996	17	11	130	282	2,485	–	1.2
7	에이디피엔지니어링 (ADP)	LCD용 식각, 검사장비 제조업체. 2006년 4/4분기에 적자로로 전환됨.	76,588	3,147	45,733	5	7	51	164	2,382	–	1.3
7	우영	BLU 제조업체.	362,216	3,987	69,773	5	6	339	98	1,714	12.4	1.3
8	성호전자	LCD/PDP용 필름콘덴서 및 전원공급장치 제조업체.	47,034	2,469	16,924	6	15	127	142	974	14.7	1.9
11	우리이티아이	CCFL 및 EEFL 등 조명부품 제조업체.	142,226	18,935	87,254	16	22	146	1,051	4,844	9.1	1.8
	30개 평균		**193,370**	**9,571**	**71,969**	**8.1**	**12.4**	**89**	**1,042**	**7,637**	**35.2**	**1.4**

3,000억원대에 올라서고 있다. 한솔을 포함 총 16개의 기업이 연 매출 1,000억원대를 뛰어넘고 있다.

순이익 실적에서는 에스에프에이, 한솔LCD, 금호전기, LG마이크론, 우리이티아이 등이 상위권을 형성하고 있다. SFA는 530억, 한솔은 380억, 금

차트 2-123 **디스플레이 장비/부품 업종의 매출액 분포(1)**

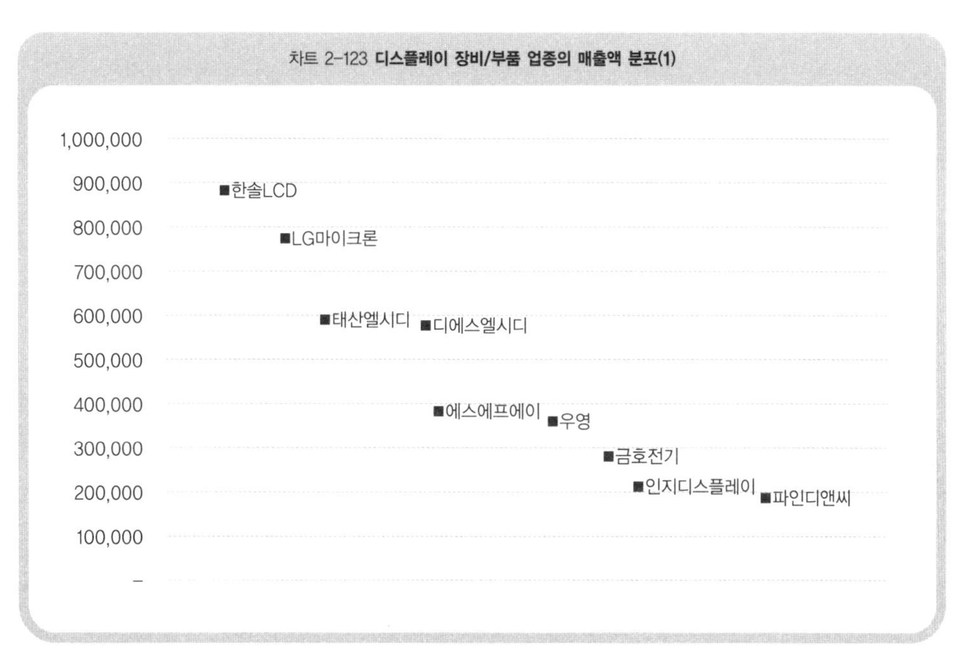

차트 2-124 **디스플레이 장비/부품 업종의 매출액 분포(2)**

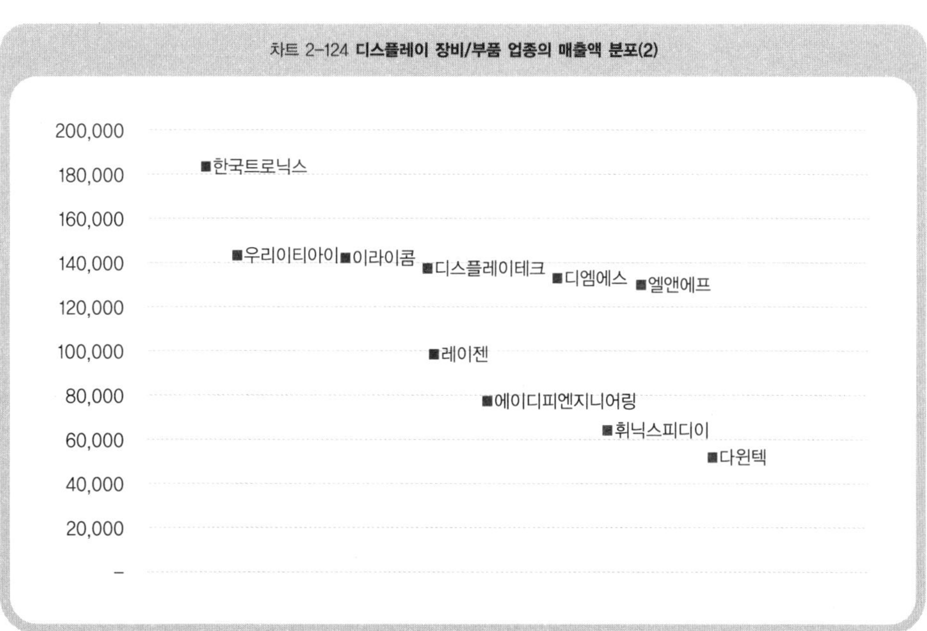

차트 2-125 **디스플레이 장비/부품 업종의 매출액 분포(3)**

차트 2-126 **디스플레이 장비/부품 업종의 순이익 분포(1)**

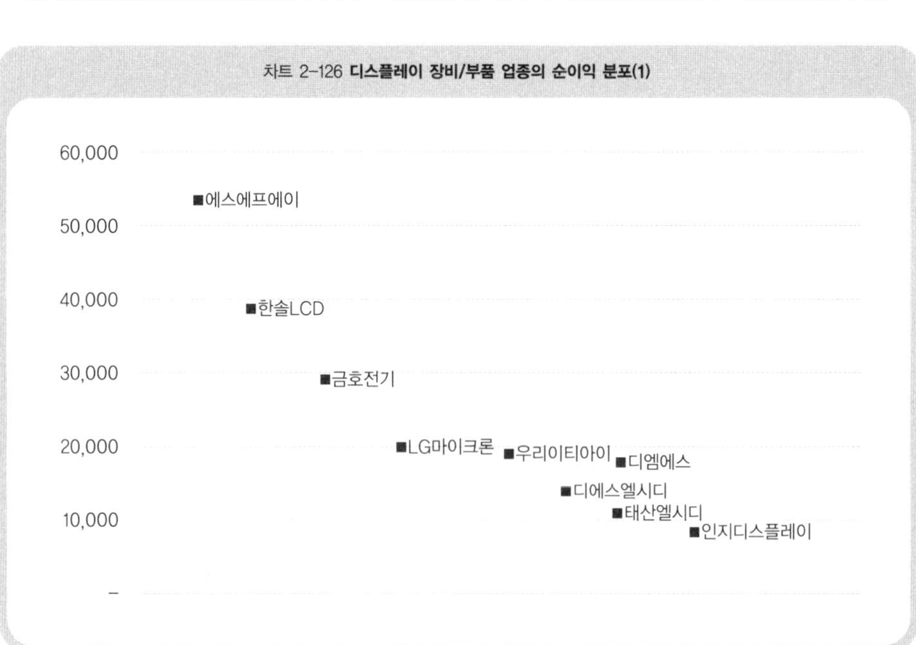

차트 2-127 **디스플레이 장비/부품 업종의 순이익 분포(2)**

8,000
7,000
6,000
5,000
4,000
3,000
2,000
1,000
–

■휘닉스피디이 ■파인디앤씨 ■이라이콤 ■우주일렉트로닉스
■다윈텍 ■에스엔유프리시젼
■유비프리시젼 ■우영 ■탑엔지니어링 ■한국트로닉스

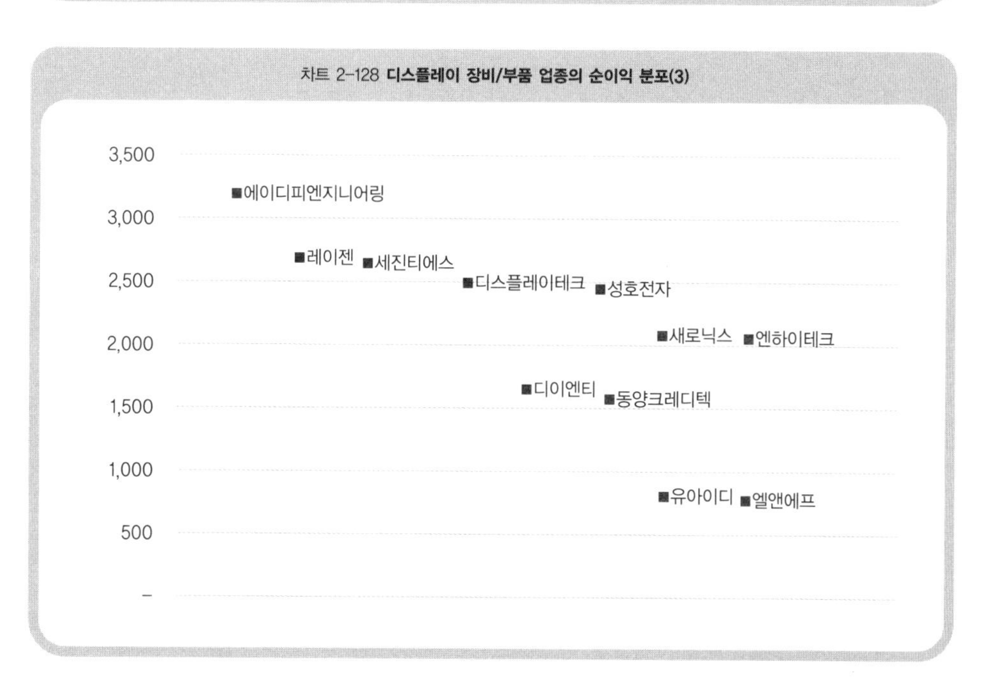

차트 2-128 **디스플레이 장비/부품 업종의 순이익 분포(3)**

차트 2-129 **디스플레이 장비/부품 업종의 주당순이익 분포(1)**

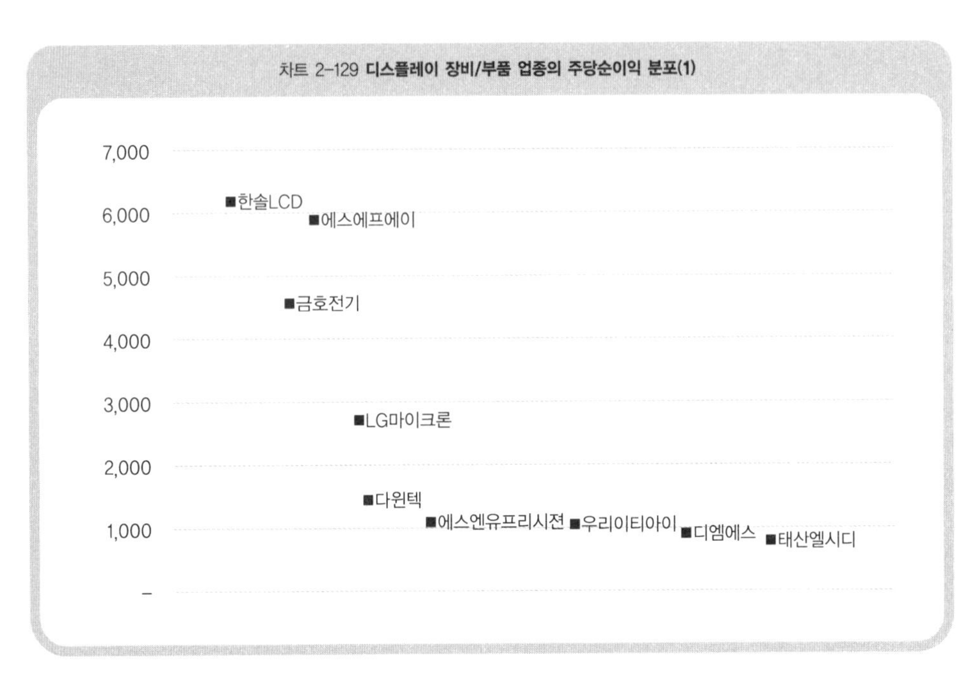

차트 2-130 **디스플레이 장비/부품 업종의 주당순이익 분포(2)**

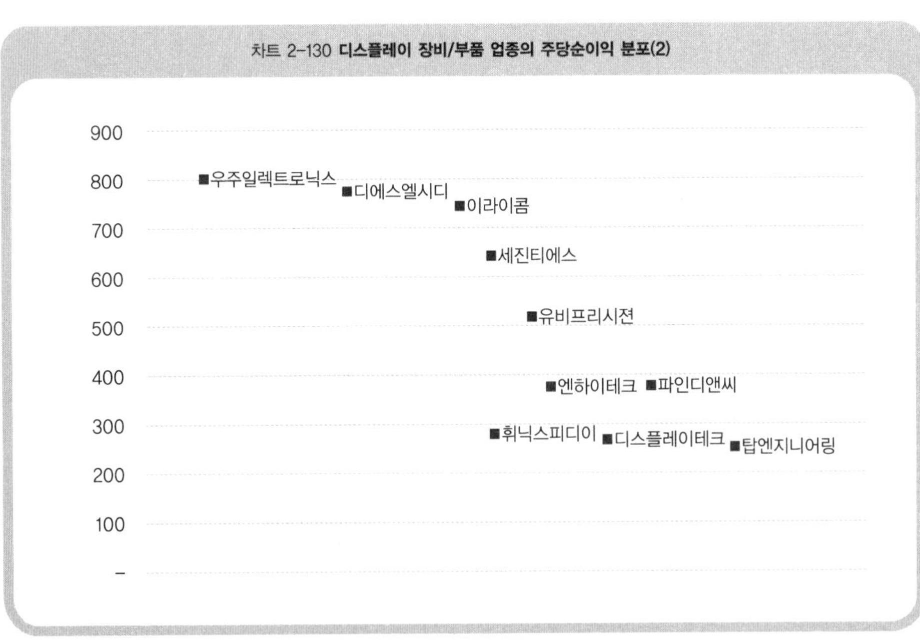

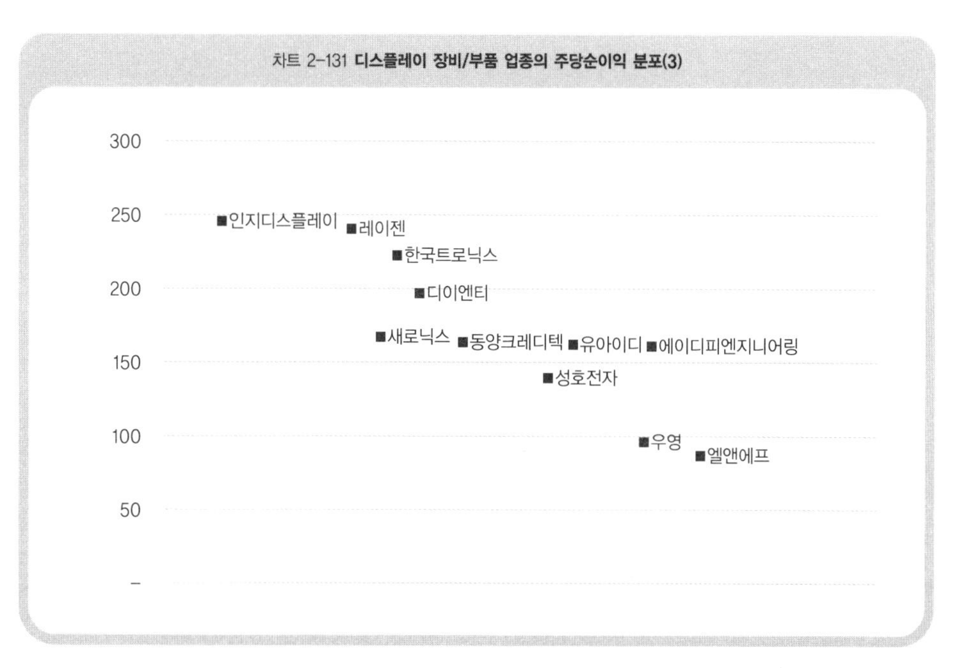
차트 2-131 디스플레이 장비/부품 업종의 주당순이익 분포(3)
300
250
200
150
100
50
–
인지디스플레이
레이젠
한국트로닉스
디이엔티
새로닉스
동양크레디텍
유아이디
에이디피엔지니어링
성호전자
우영
엘앤에프

차트 2-132 디스플레이 장비/부품 업종의 주당순자산 분포(1)
60,000
50,000
40,000
30,000
20,000
10,000
–
LG마이크론
금호전기
에스에프에이
한솔LCD
에스엔유프리시젼
세진티에스
다윈텍
디에스엘시디
디엠에스

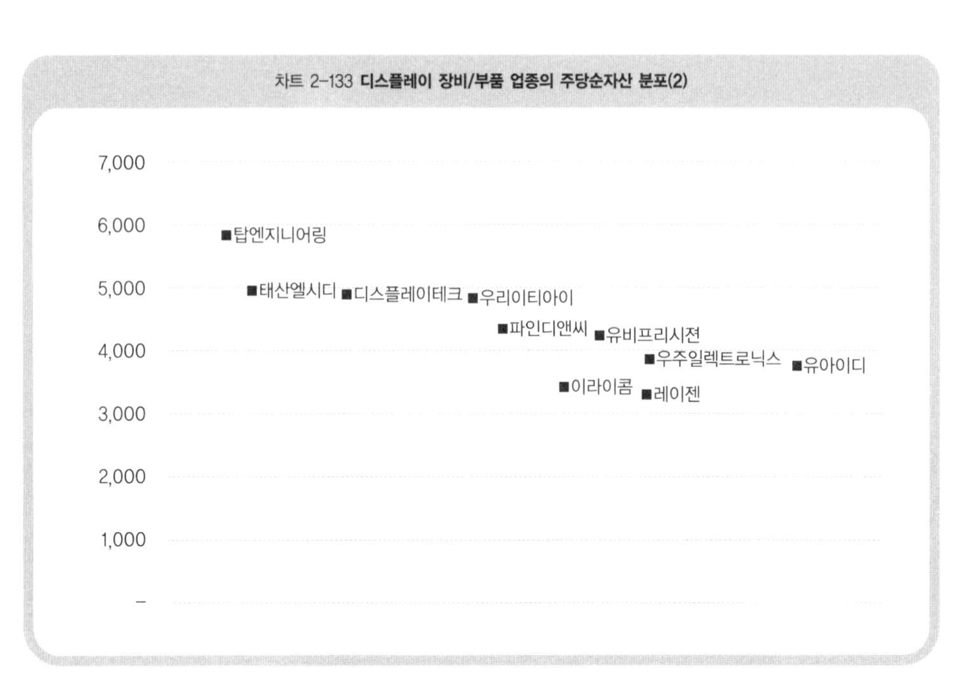

차트 2-133 **디스플레이 장비/부품 업종의 주당순자산 분포(2)**

차트 2-134 **디스플레이 장비/부품 업종의 주당순자산 분포(3)**

호는 280억 등 8개 업체가 100억을 넘기고 있다.

주당순이익이 1,000원을 넘은 곳은 모두 7개인데, 6,100원에 도달한 한솔LCD의 뒤를 SFA가 5,900원으로 바짝 다가서고 있다. 금호전기, LG마이크론, 다윈텍 등이 그 다음의 가치를 실현하고 있다.

주당순자산의 규모에서는 5만원을 갓 넘긴 LG마이크론이 앞질러 가고 있고, 금호전기, 에스에프에이, 한솔LCD, 에스엔유프리시젼 등이 뒤를 따르고 있다.

2그룹은 7개에 달하고 있다. 레이젠, 새로닉스, 다윈텍, 금호전기, 엔하이테크, 에스에프에이, 한솔LCD 등이 지속적으로 주당순이익을 늘리고 있는 기업들이다.

그런데 6-7그룹이 전체의 60%에 이르는 18개 업체나 된다. 디스플레이 산업 전반의 수익성이 떨어지고 있는 상황이 반영된 결과다.

영업이익률이 20% 이상인 기업은 디엠에스, 우주일렉트로닉스 둘이 있

표 2-49 **디스플레이 장비/부품 업종의 우량기업들**

기업	ROOI	ROE	EPS P	EPS R	PBR
에스에프에이	17	31	2	2	2.21
금호전기	14	16	2	3	1.34
다윈텍	12	14	2	5	1.16
한솔LCD	4	38	2	1	3.27
디엠에스	22	13	7	8	1.14
우주일렉트로닉스	20	20	6	10	2.01
휘닉스피디이	17	11	7	17	1.20
우리이티아이	16	22	11	7	1.82
유비프리시젼	13	12	6	14	0.95

으며, 10%를 넘는 기업은 10개다.

한솔LCD나 에스에프에이는 30%가 넘는 자기자본순이익률을 구현하고 있다.

우량기업 선정을 위해 영업이익률과 자기자본순이익률이 모두 두 자릿수이면서, 동시에 영업이익률이 12%를 넘는 기업들을 선별해보았다. 매출액과 주당순이익에서 업계 1위고, 주당순이익도 증가 추세에 있는 한솔LCD도 포함시켰다.

표 2-49의 우량기업들 중에서 주당순이익 크기에서 1위부터 3위까지를

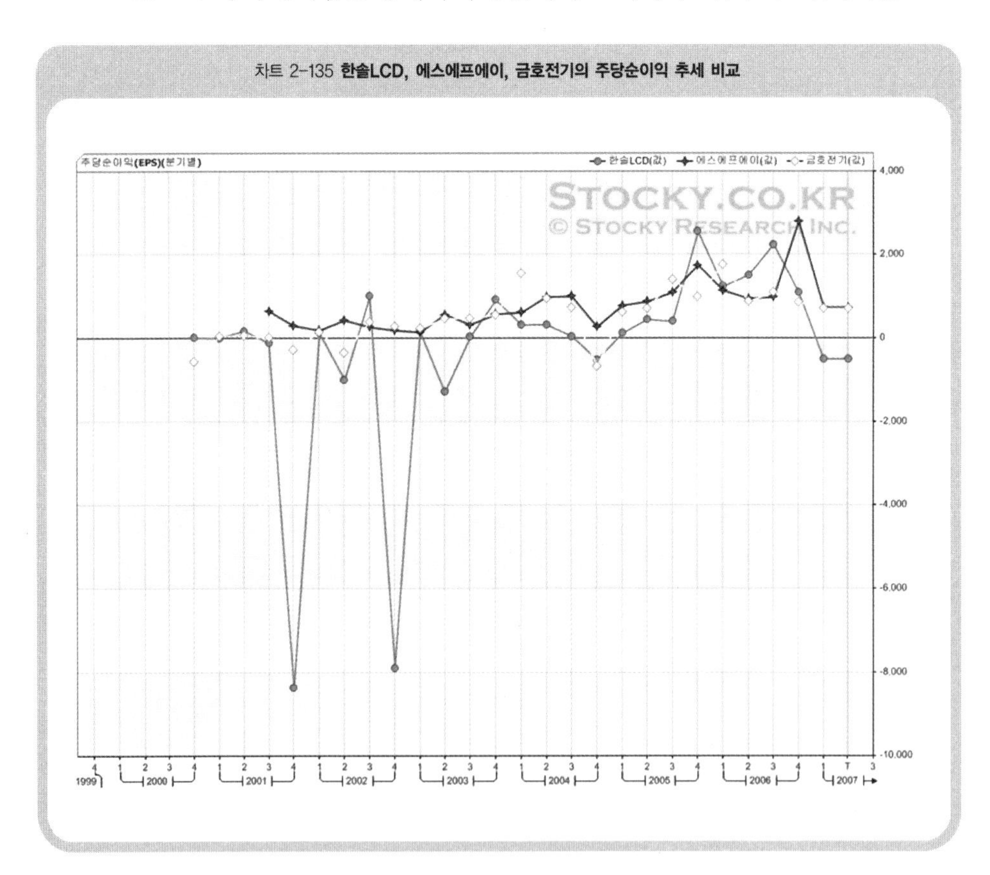

차트 2-135 **한솔LCD, 에스에프에이, 금호전기의 주당순이익 추세 비교**

차지하고 있는 업체들의 주당순이익 추세를 비교해보도록 하자. 부진한 업황을 반영하여 수위기업들의 주당순이익 추세가 뻗어나가지 못하고 있다. 특히 1위 기업인 한솔은 2007년 1/4분기에 적자를 기록하고 있다.

휴대폰

표 2-50 **휴대폰업종의 우수기업들**

EP	기업	개요	매출액	순이익	자기자본	ROOI	ROE	DR	EPS	BPS	PER	PBR
6	LG전자	세계 4위의 휴대폰 제조업체.	23,170,719	212,718	6,139,176	2	3	116	1,471	42,442	46.6	1.5
6	삼성전자	세계 3위의 휴대폰 제조업체.	58,972,765	7,926,087	45,260,597	12	18	28	53,809	307,270	9.0	1.9
	2개 평균		**41,071,742**	**4,069,403**	**25,699,887**	**7.0**	**10.5**	**72**	**27,640**	**174,856**	**27.8**	**1.7**

삼성전자와 LG전자 두 회사만이 리스트에 올랐다.

가격경쟁의 격화로 인해 3위 업체인 팬택이 워크아웃에 들어가는 등 업황이 썩 좋지는 않다.

매출액이나 순이익, 주당순이익, 주당순자산 등 모든 지표에서 삼성전자가 월등하게 앞서 가고 있는데, 두 기업을 이미 앞에서 거론했기 때문에 바로 넘어간다.

휴대폰 장비/부품

표 2-51 **휴대폰 장비/부품 업종의 우수기업들**

EP	기업	개요	매출액	순이익	자기자본	ROOI	ROE	DR	EPS	BPS	PER	PBR
2	인탑스	국내 1위의 휴대폰 케이스 제조업체.	328,676	41,218	170,978	11	24	23	4,793	19,881	5.9	1.5
4	넥스콘테크놀러지	휴대폰 배터리 보호회로 제조업체.	61,890	2,174	37,566	6	6	56	194	3,348	171.2	1.2
5	선양디엔티	휴대폰 카메라모듈 제조업체. 2004년 2/4분기부터 흑자로 전환되었으나, 2006년 4/4분기에 적자로 전환됨.	99,405	2,475	21,790	4	11	131	139	1,220	–	1.8
5	텔레칩스	MP3용 프로세서칩 제조업체. 상장된 지 3년이 경과되지 않았음.	62,001	11,862	49,019	18	24	19	1,436	5,936	9.7	2.7
6	재영솔루텍	휴대폰, 자동차 등의 금형 및 사출성형부품 제조업체.	174,320	4,114	59,176	3	7	152	234	3,372	14.5	1.1
6	에이스일렉트로닉스	휴대폰, 반도체용 PCB 생산업체. 2004년부터 흑자로 전환됨.	20,552	956	21,797	5	4	77	98	2,231	14.3	1.3
6	피앤텔	휴대폰 케이스 제조업체. 주당순이익의 증가속도로 빠른 편.	246,680	25,433	104,400	13	24	36	1,514	6,214	4.9	1.6
6	서울반도체	휴대폰용 LED 제조업체.	183,833	10,099	105,867	8	10	27	417	4,373	224.0	8.8
7	알에프텍(RF텍)	휴대폰 충전기, 핸즈프리 제조업체. 2006년 4/4분기에 적자로 전환됨.	110,504	2,369	46,711	5	5	56	291	5,746	–	0.7
7	태양기전	휴대폰용 윈도우 시트 제조업체. 2006년 4/4분기에 적자로 전환됨.	46,745	1,511	48,938	5	3	9	202	6,525	–	0.7
7	파워로직스	휴대폰용 2차전지 보호회로 모듈 제조업체. 2006년 4/4분기에 적자로 전환됨.	187,893	6,259	93,200	6	7	104	479	7,135	–	0.9
7	엠텍비젼	디지털카메라용 프로세서칩 세조업체. 2006년 4/4분기에 적자로로 전환됨.	118,558	2,701	100,940	7	3	97	365	13,651	–	1.0
7	코아로직	폰카메라용 프로세서칩 제조업체.	190,203	26,129	110,917	16	24	20	3,818	16,206	219.0	1.1

EP	기업	개요	매출액	순이익	자기자본	ROOI	ROE	DR	EPS	BPS	PER	PBR
7	아모텍	휴대폰용 칩배리스터, DC모터 제조업체. 주당순이익이 완만한 속도로 줄어들고 있음.	69,337	6,719	62,503	13	11	70	694	6,454	9.2	1.2
7	도움	휴대폰 케이스 제조업체. 2006년 4/4분기에 적자로 전환됨.	76,539	1,019	26,625	3	4	127	168	4,399	-	1.6
8	한성엘컴텍	휴대폰용 카메라모듈 등 부품 제조업체.	141,665	2,253	48,289	2	5	141	244	5,226	168.0	1.3
8	바른전자	플래시메모리카드 제조업체. 2005년 4/4분기부터 흑자로 전환.	54,010	2,551	9,474	5	27	123	350	1,299	18.0	3.4
11	모젬	노키아, 모토롤라 협력업체. 휴대폰용 렌즈, 키패드 제조업체.	107,343	10,003	63,793	11	16	90	1,381	8,805	9.7	1.3
11	이엠따블유안테나 (EMW안테나)	휴대폰용 안테나 제조업체.	29,022	872	28,230	2	3	43	143	4,632	-	1.6
11	디오스텍 (DIOS텍)	휴대폰용 카메라모듈 제조업체.	43,921	3,174	23,622	7	13	76	631	4,694	9.5	2.1
	20개 평균		**117,655**	**8,195**	**61,692**	**7.5**	**11.6**	**74**	**880**	**6,567**	**67.5**	**1.8**

IT 관련부품 업종에선 가장 적은 숫자인 20개의 기업이 리스트에 올랐다.

매출액 분포부터 살펴보자. 매출 규모에서는 삼성전자의 케이스 납품업체들인 인탑스와 피앤텔이 앞서 있고, 코아로직, 파워로직스, 서울반도체 등의 반도체 칩 업체들이 뒤를 따르고 있다. 인탑스는 3,300억, 피앤텔은 2,500억원에 다가서고 있으며, 코아로직부터 모젬까지 8개 업체가 매출액 1,000억원대에 올라서 있다.

순이익도 인탑스가 410억원으로 업계 수위를 점한 가운데 코아로직, 피앤텔이 200억대, 텔레칩스 등 3개 업체가 100억대 이익을 실현하고 있다.

주당순이익 가치에서도 귀에 익은 이름들이 상위권을 차지하고 있다. 인탑스가 4,800원, 코아로직이 3,800원을 기록하고 있고, 피앤텔, 텔레칩스,

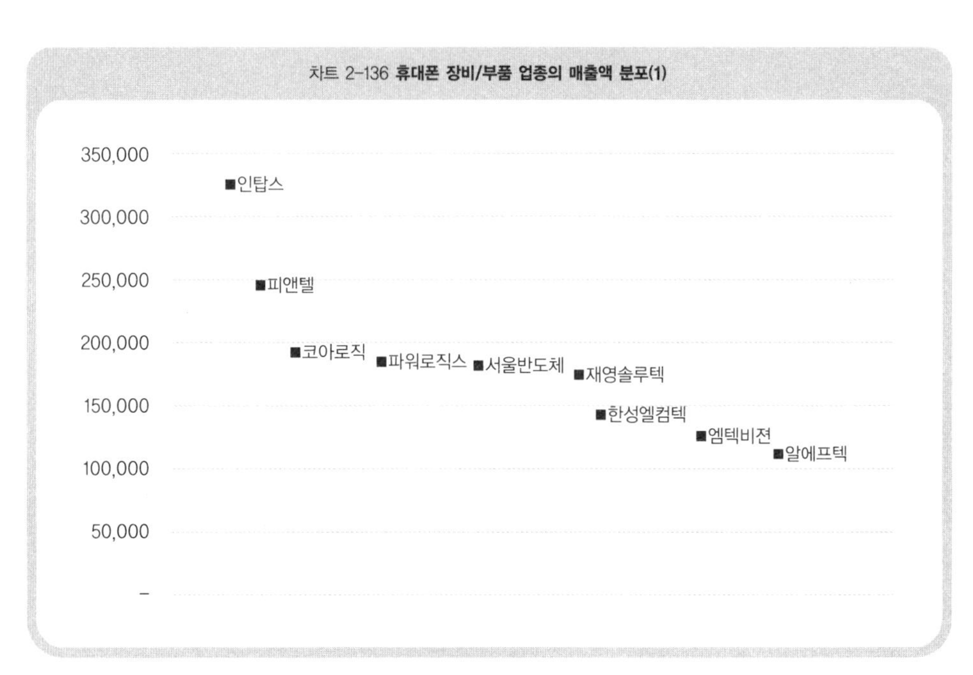

차트 2-136 **휴대폰 장비/부품 업종의 매출액 분포(1)**

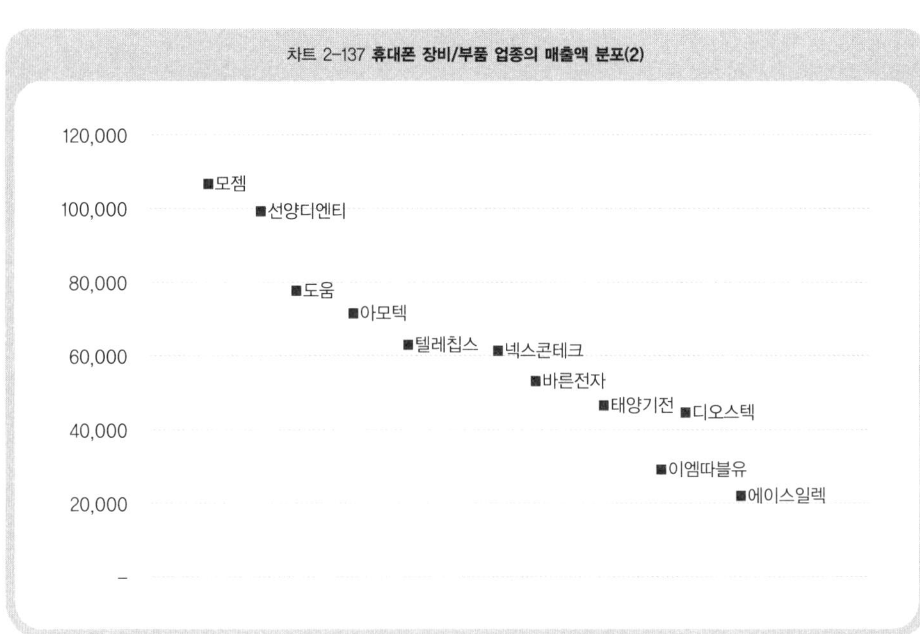

차트 2-137 **휴대폰 장비/부품 업종의 매출액 분포(2)**

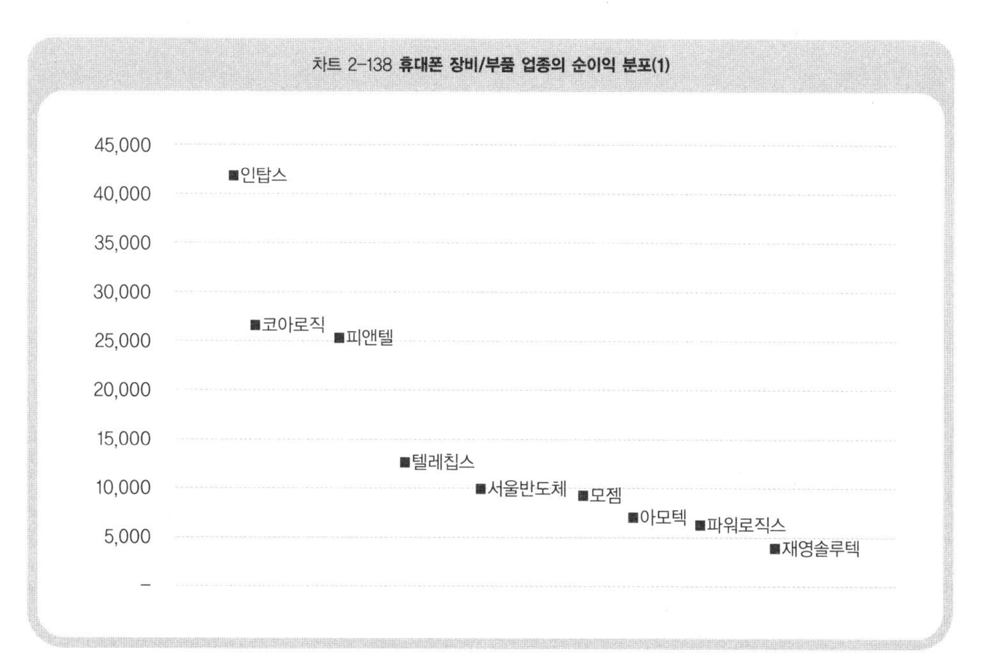
차트 2-138 휴대폰 장비/부품 업종의 순이익 분포(1)
45,000
40,000
35,000
30,000
25,000
20,000
15,000
10,000
5,000
–
인탑스
코아로직
피앤텔
텔레칩스
서울반도체
모젬
아모텍
파워로직스
재영솔루텍

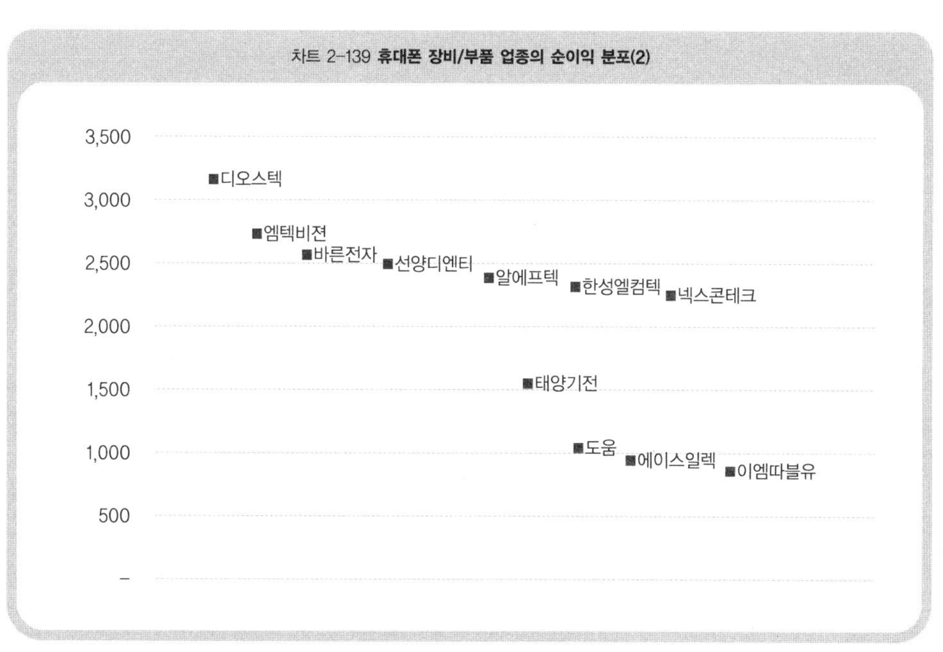
차트 2-139 휴대폰 장비/부품 업종의 순이익 분포(2)
3,500
3,000
2,500
2,000
1,500
1,000
500
–
디오스텍
엠텍비젼
바른전자
선양디엔티
알에프텍
한성엘컴텍
넥스콘테크
태양기전
도움
에이스일렉
이엠따블유

차트 2-140 **휴대폰 장비/부품 업종의 주당순이익 분포(1)**

차트 2-141 **휴대폰 장비/부품 업종의 주당순이익 분포(2)**

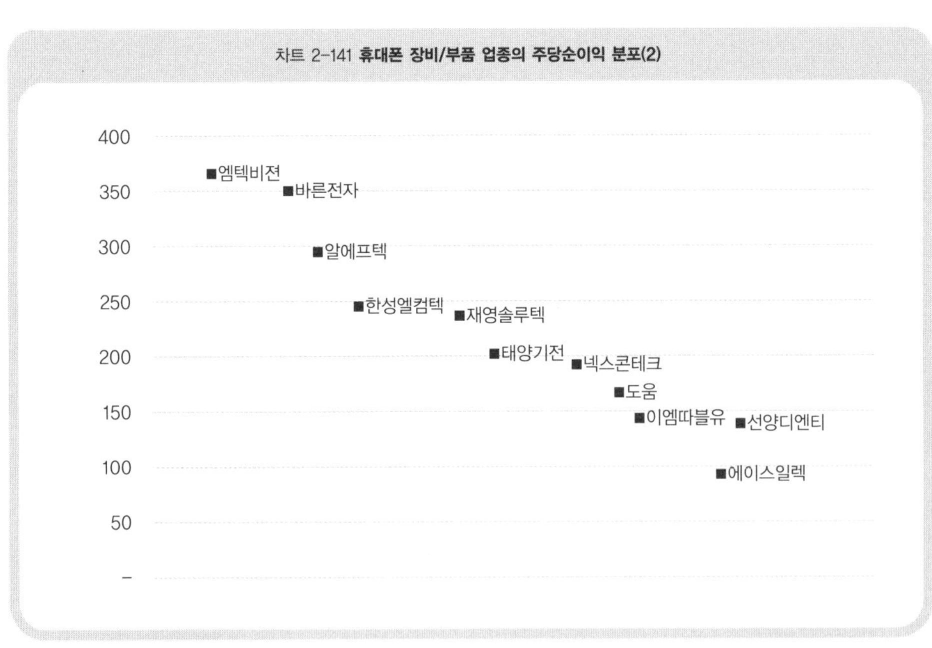

차트 2-142 **휴대폰 장비/부품 업종의 주당순자산 분포(1)**

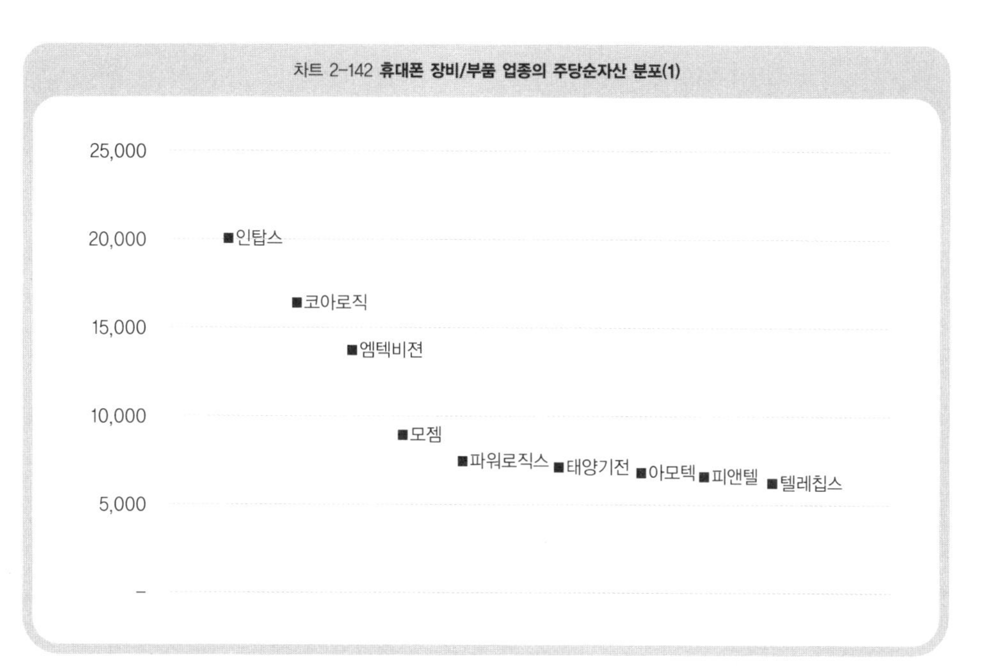

차트 2-143 **휴대폰 장비/부품 업종의 주당순자산 분포(2)**

모젬이 주당 1,000원을 넘고 있다.

주당순자산에서는 인탑스가 거의 2만원에 달하는 가치를 실현하여 수위에 오르고 있다. 그 뒤로 코아로직, 엠텍비젼 등이 주당 1만원을 넘으며 상위그룹을 형성하고 있다.

전체적으로 인탑스가 모든 부문에서 톱에 오르고 있으며, 피앤텔, 코아로직 등이 2위 그룹을 이루고 있다. 20개 업체 중에서 2그룹 기업이 인탑스 하나밖에 없다는 것에서도 알 수 있듯이 휴대폰산업은 가격경쟁에 휘말리면서 전반적으로 수익성이 약화되고 있다.

차트 2-144 **인탑스, 피앤텔, 텔레칩스의 주당순이익 추세 비교**

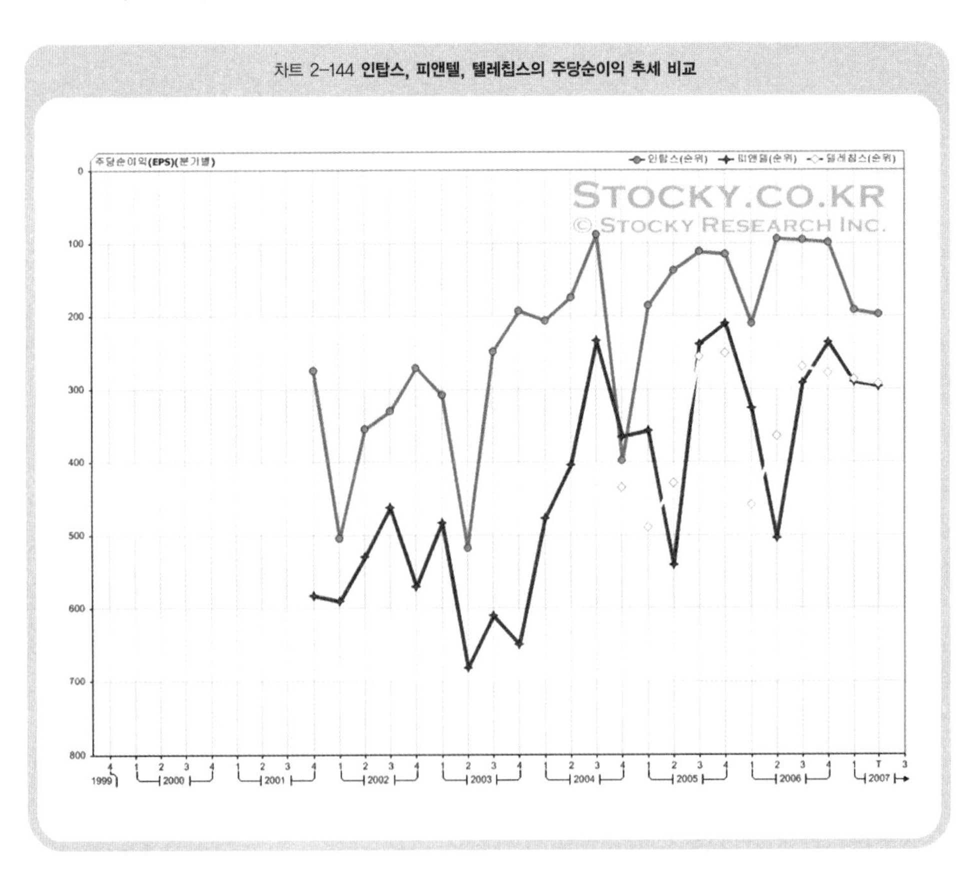

그런 가운데서도 영업이익률과 자기자본순이익률 모두 두 자릿수를 기록한 업체들은 텔레칩스, 코아로직, 피앤텔, 아모텍, 인탑스, 모젬 등 6개가 있다.

차트 2-144를 통해 업계 상위권을 형성하고 있는 인탑스, 피앤텔, 텔레칩스 3사의 주당순이익 추세를 비교해보도록 하자. 업계를 대표하는 세 회사의 주당순이익은 모두들 증가하는 추세에 있다.

가전

가정용 전기전자 제품을 생산, 판매하는 9개의 기업들이 리스트에 포함되었다.

표 2-52 **가전업의 우수기업들**

EP	기업	개요	매출액	순이익	자기자본	ROOI	ROE	DR	EPS	BPS	PER	PBR
2	웅진코웨이	정수기, 공기정화기 등 제조업체.	1,117,767	74,926	438,784	10	17	102	1,007	5,900	19.7	5.3
4	하츠	주방용 빌트인기기 제조업체.	72,267	5,392	47,753	9	11	26	421	3,731	7.3	0.9
4	동양매직	주방용 가전기기 제조업체. 2006년 4/4분기에 적자로 전환됨.	227,810	5,459	64,621	4	8	145	650	7,693	–	1.0
5	경동나비엔	보일러 제조업체. 2006년 4/4분기에 적자로 전환됨.	182,131	5,986	118,998	1	5	47	2,598	51,648	–	0.5
6	우리조명	조명기기 제조업체.	24,030	5,617	47,547	5	12	53	446	3,774	8.5	0.9
6	에이텍 (ATEC)	LCD TV 및 모니터 제조업체.	90,637	2,510	26,993	2	9	51	219	2,360	13.7	1.0
6	LG전자	종합 가전업체.	23,170,719	212,718	6,139,176	2	3	116	1,471	42,442	46.7	1.5
6	삼성전자	종합 가전업체.	58,972,765	7,926,087	45,260,597	12	18	28	53,809	307,270	9.0	1.9

EP	기업	개요	매출액	순이익	자기자본	ROOI	ROE	DR	EPS	BPS	PER	PBR
8	DM 테크놀로지	LCD TV 제조업체.	116,633	8,151	24,514	9	33	90	1,058	3,182	5.0	1.9
	9개 평균		**9,330,529**	**916,316**	**5,796,554**	**6.0**	**12.9**	**73**	**6,853**	**47,556**	**15.7**	**1.7**

매출액에서는 삼성전자와 LG전자가 막대한 규모를 자랑하는데, 웅진코웨이가 급신장하고 있는 것이 눈에 띈다. 웅진의 매출액이 1조원을 넘어서고 있다.

순이익에서도 마찬가지다. 웅진의 순이익이 750억원에 이르고 있다.

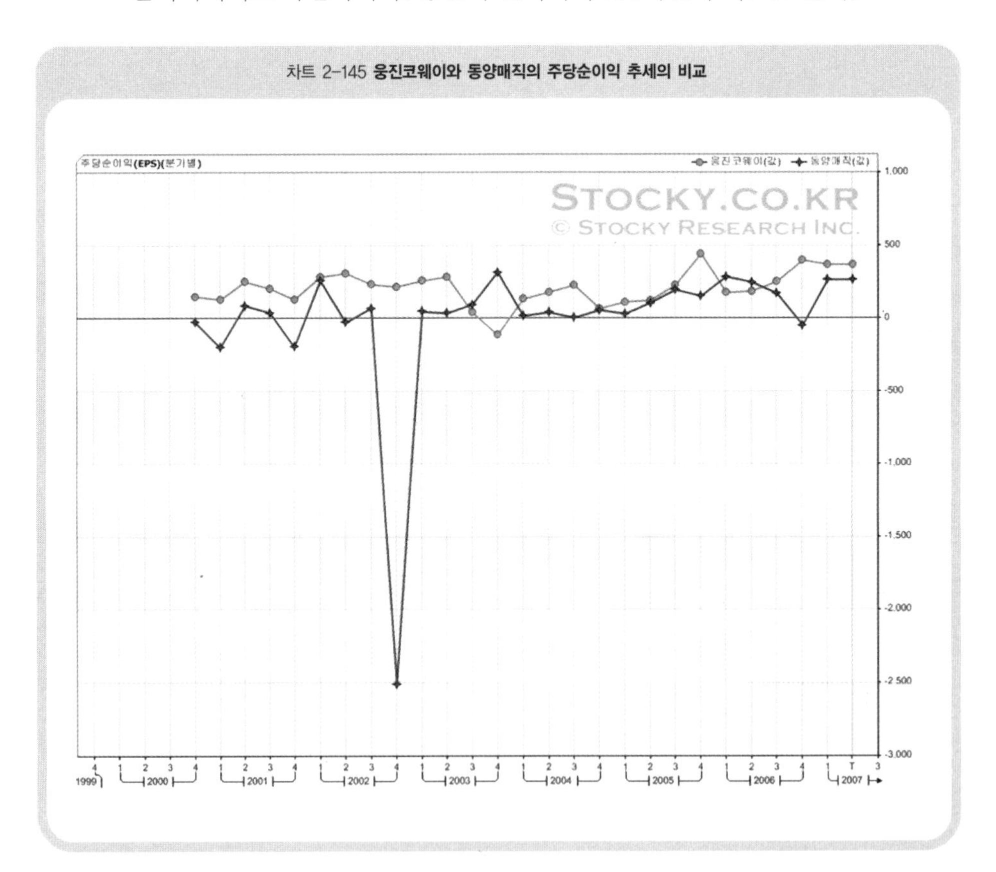

차트 2-145 **웅진코웨이와 동양매직의 주당순이익 추세의 비교**

영업이익률이나 자기자본순이익률 모두 우수한 기업은 삼성전자와 웅진코웨이 둘뿐이다.

주당순이익이나 주당순자산에선 삼성전자를 제외하면 경동나비엔이 앞선 실적을 기록하고 있다. 경동의 주당순이익은 2,600원, 주당순자산은 5만 2,000원에 이르고 있으며, LG전자나 웅진코웨이를 앞서고 있다.

주당순이익이 1,000원을 넘는 기업은 삼성전자를 포함하여 전부 5개다. 하지만 주당순이익이 계속 늘고 있는 기업은 웅진코웨이 하나뿐이다.

차트 2-145를 통해 2그룹의 웅진코웨이와 4그룹의 동양매직의 주당순이익을 비교해보도록 하자. 2004년 이후 웅진코웨이의 주당순이익이 순조롭게 증가하고 있는 것을 볼 수 있다.

AV정보기기

AV정보기기업종에는 여러 종류의 제품을 판매하는 업체들이 한데 묶여 있다.

보안경비용의 DVR(Digital Video Recorder)을 제조하는 업체들이 있는데, 아이디스, 윈포넷, 씨앤비텍 등이다. 이 중에서 아이디스가 가장 높은 영업이익률을 기록하고 있다.

방송시청용 디지털 셋톱을 제조하는 업체들은 휴맥스와 토필드, 가온미디어 등이다. 토필드가 우수한 실적을 기록하고 있다.

휴대용 AV기기를 생산하는 업체들도 있는데, 팅크웨어, 삼성테크윈, 코원시스템 등이다.

매출액이나 순이익에선 대기업인 삼성테크윈이 압도적인 우위를 점유하

표 2-53 **AV정보기기업종 우수기업들**

EP	기업	개요	매출액	순이익	자기자본	ROOI	ROE	DR	EPS	BPS	PER	PBR
3	삼성테크윈	디지털카메라 생산업체. 반도체 장비 제조업체.	2,868,706	157,885	847,649	4	19	109	2,050	11,008	17.5	3.4
4	인터엠	음향(PA시스템), 영상기기 제조, 유통업체.	67,093	3,959	61,054	6	6	52	212	3,271	26.6	0.9
4	현대통신	비디오폰 등 홈시큐리티 제품 제조업체.	64,515	3,576	28,784	6	12	105	415	3,337	5.7	1.1
4	아이디스	경비보안용 DVR 제조업체.	71,307	15,607	85,171	26	18	7	1,558	8,500	7.7	1.8
4	토필드	디지털셋톱박스 제조업체.	101,873	11,132	49,941	13	22	63	1,416	6,353	4.5	2.3
5	티제이미디어 (TJ미디어)	노래방기기 제조업체. 2006년 4/4분기에 적자로 전환됨.	48,253	4,004	50,780	12	8	13	311	3,941	-	1.0
6	코콤	비디오폰 등 홈시큐리티 제품 제조업체. 2006년 4/4분기에 적자로 전환됨.	59,017	340	34,174	3	1	55	19	1,949	-	0.9
6	휴맥스	디지털셋톱박스 제조업체.	655,850	35,902	418,080	6	9	53	1,282	14,925	61.8	1.4
7	코맥스	비디오폰 등 홈시큐리티 제품 제조업체.	81,026	2,684	49,123	3	5	63	213	3,902	6.4	0.6
7	코원시스템	MP3, PMP 제조업체. 2006년 4/4분기에 적자로 전환됨.	75,984	460	29,418	2	2	93	43	2,728	-	1.4
11	윈포넷	경비보안용 DVR 제조업체.	20,483	2,536	17,698	13	14	28	497	3,470	6.4	1.3
11	씨앤비텍 (CNB텍)	경비보안용 카메라 및 DVR 제조업체.	56,346	4,310	27,899	10	15	27	834	5,396	6.4	1.5
11	가온미디어	디지털셋톱박스 제조업체.	80,809	1,675	48,538	2	3	34	228	6,602	14.9	1.6
11	팅크웨어	자동차네비게이션기기 제조업체.	101,402	10,278	37,791	13	27	66	1,589	5,843	7.0	2.8
	14개 평균		**310,905**	**18,168**	**127,579**	**8.5**	**11.5**	**55**	**762**	**5,802**	**15.0**	**1.6**

고 있다. 삼성테크윈은 2조 9,000억원에 이르는 매출액으로 수위에 오르고 있으며, 그 다음 자리를 6,500억원을 넘긴 휴맥스, 1,000억원을 넘긴 토필드와 팅크웨어 등이 차지하고 있다.

순이익에서도 삼성테크윈, 휴맥스의 순위가 이어지고 있는데, 아이디스의 선전이 눈에 띈다. 아이디스는 높은 순이익률을 바탕으로 순위를 3위까지 끌어올리고 있다.

주당순자산은 휴맥스, 삼성테크윈, 아이디스, 가온미디어, 토필드, 팅크웨어의 순서로 크다. 주당 1만원을 넘은 회사는 휴맥스와 삼성테크윈뿐이다.

주당순이익은 삼성테크윈이 주당 2,000원으로 가장 크고, 팅크웨어와 아이디스가 1,600원 가까운 실적을 거두고 있다. 토필드, 휴맥스 등도 주당

차트 2-146 **아이디스, 팅크웨어, 토필드의 주당순이익 추세 비교**

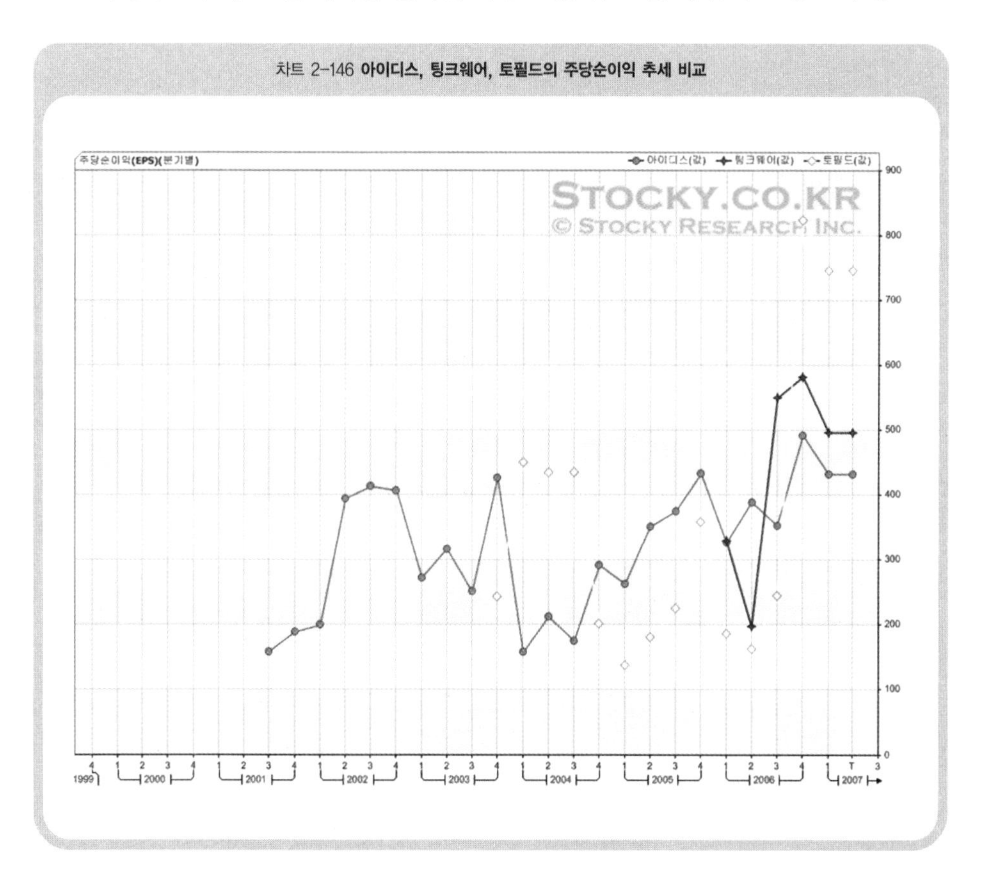

1,000원의 선을 넘어서고 있다. 하지만 주당순이익이 지속적으로 증가하는 패턴을 지닌 1-2그룹에 해당되는 업체는 하나도 없다.

차트 2-146을 통해 수익 창출능력이 뛰어난 아이디스, 팅크웨어, 토필드 3사의 주당순이익 추세를 비교해보기로 하자. 아이디스가 가장 안정적인 추세를 형성하고 있고, 토필드는 최근 2개 분기에 실적이 뛰어오르고 있다.

컴퓨터/사무기기

표 2-54 **컴퓨터/사무기기 업종의 우수기업들**

EP	기업	개요	매출액	순이익	자기자본	ROOI	ROE	DR	EPS	BPS	PER	PBR
4	신도리코	사무실용 정보기기 제조업체	582,555	46,655	571,217	7	8	13	4,628	56,668	14.3	1.0
4	청호컴넷	현금자동지급기, 현금 입출입기 등의 단말기 제조업체. 가끔 분기적자를 기록함.	165,296	10,934	101,296	13	11	103	1,932	17,901	3.9	1.5
7	디지아이 (DGI)	산업/사무용 잉크젯 플로터 제조업체.	38,118	2,885	47,078	8	6	13	352	5,741	27.4	0.9
8	한틀시스템	은행용 장표처리기, 입출금기기 등 제조업체	20,377	811	20,543	5	4	66	61	1,539	20.3	1.5
	4개 평균		**201,587**	**15,321**	**185,034**	**8.3**	**7.3**	**49**	**1,743**	**20,462**	**16.5**	**1.2**

매출이나 순이익 규모는 신도리코가 가장 크다. 5,800억원의 매출액과 460억원의 순이익을 획득하고 있다. 그 뒤를 청호컴넷이 따르고 있는데, 1,600억원의 매출과 100억원의 이익을 거두고 있다.

주당순이익이나 주당순자산도 신도리코, 청호컴넷의 순이다. 주당순자산은 신도리코가 5만 6,000원, 청호가 1만 7,000원을 넘고 있다.

이익률 지표에서는 청호컴넷이 가장 우수한 기록을 세우고 있다.

차트 2-147 **신도리코와 청호컴넷의 주당순이익 비교**

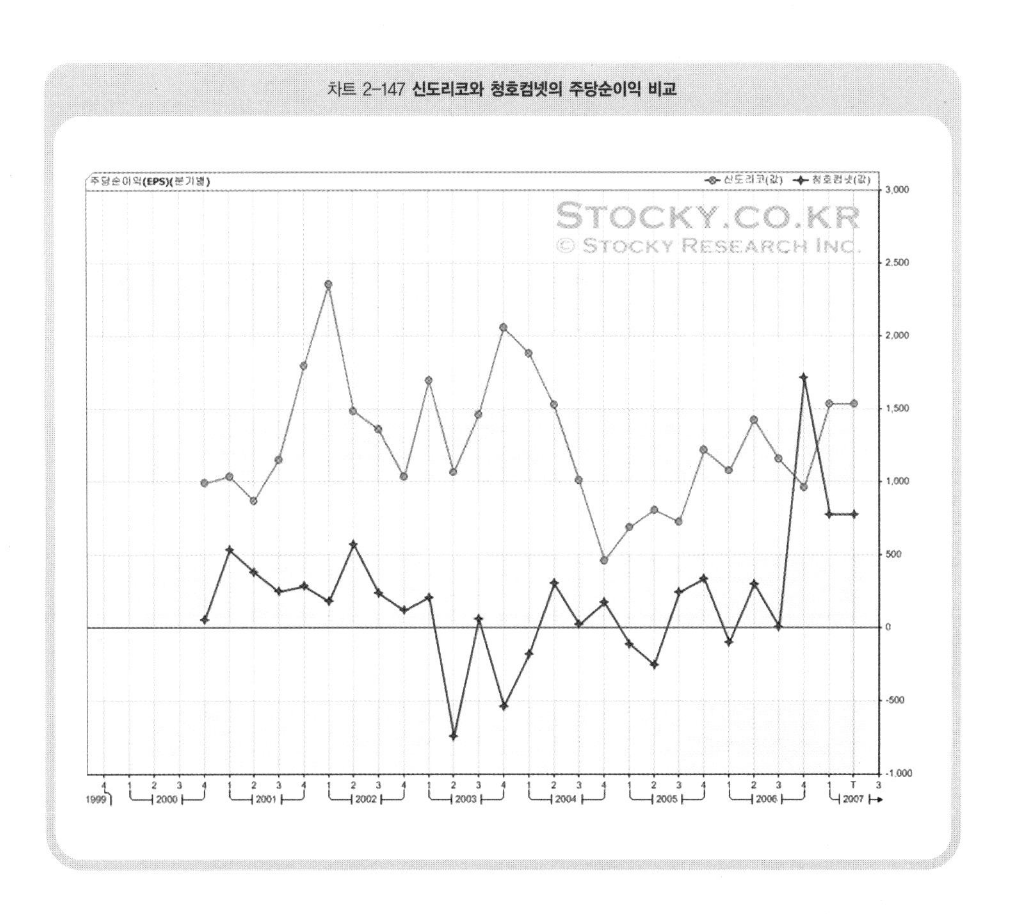

차트 2-147을 통해 업계를 대표하는 두 회사의 주당순이익 추세를 확인해보자. 2005년부터 두 회사의 주당순이익이 증가하는 추세로 바뀐 것을 확인할 수 있다.

전자부품

차트 2-148~차트 2-150은 전자부품업체들의 매출액 분포도다. 삼성전

표 2-55 **전자부품업종의 우수기업들**

EP	기업	개요	매출액	순이익	자기자본	ROOI	ROE	DR	EPS	BPS	PER	PBR
2	삼화전기	전해콘덴서 제조업체. 2006년 4/4분기에 적자로 전환됨.	151,094	3,902	37,165	3	11	146	590	5,619	–	0.7
2	빅텍	방산관련 전자전시스템 및 특수전원공급장치 제조업체.	33,082	3,473	16,015	12	22	96	478	2,206	9.7	2.0
2	신성델타테크	세탁기, 에어컨, 자동차 부품 제조업체.	117,339	9,095	47,515	7	19	91	758	3,960	30.8	2.1
4	경인전자	스위치, 리모컨 등 제조업체. 가끔 분기적자를 기록함.	8,780	849	35,508	1	2	10	541	22,605	17.2	0.7
4	아비코전자	칩레지스터, 칩인덕터 제조업체.	37,096	4,331	48,512	10	9	33	383	4,286	10.3	0.9
4	한국고덴시	광반도체소자 및 센서 제조업체.	144,006	6,953	62,967	7	11	39	301	2,730	518.3	1.5
4	코텍	카지노 및 특수용 모니터 제조업체.	93,426	6,982	59,020	10	12	17	658	5,562	12.9	1.5
4	프리샛	DMB모듈 제조업체. 자주 분기적자를 기록했음.	25,318	1,466	18,558	1	8	87	170	2,147	107.6	1.5
4	동일기연	전자파차단용 필터 제조업체.	23,381	5,590	28,053	20	20	14	803	4,029	8.7	1.5
6	대덕GDS	PCB 제조업체.	273,579	12,464	268,660	4	5	12	618	13,324	30.3	0.7
6	삼진	TV용 리모컨, 스피커 등 제조업체. 가끔 분기적자를 기록했음.	37,387	856	16,171	4	5	154	1,426	26,951	22.2	0.7
6	자화전자	종합 전자부품 제조업체.	80,235	6,427	116,467	4	6	17	361	6,536	29.1	1.0
6	이앤텍 (E&Tech)	컴퓨터 드라이브용 부품 제조업체. 2006년 4/4분기에 적자로 전환됨.	55,250	2,022	29,129	10	7	166	105	1,517	–	1.3
6	대진디엠피	프린터, VCR 등 부품소재 제조업체.	45,457	4,366	37,007	14	12	22	746	6,326	53.8	2.1
6	에스씨디 (SCD)	냉장고용 모터, 밸브 제조 및 영업차량용 이동통신 단말기 제조업체. 가끔 분기적자를 기록했음.	32,869	534	51,935	1	1	16	24	2,315	34.3	2.2
7	피제이전자 (PJ전자)	초음파진단기, 휴대폰 등의 PCB 조립, 세트 제조업체.	60,390	5,587	43,488	10	13	25	5,587	43,488	11.2	0.7
7	백산오피씨	컴퓨터 주변기기 제조업체.	52,842	4,105	56,061	11	7	37	268	3,664	29.0	1.0
7	모아텍	컴퓨터 드라이브용 스테핑 모터 제조업체.	70,027	1,749	53,446	3	3	38	179	5,485	16.9	1.0

EP	기업	개요	매출액	순이익	자기자본	ROOI	ROE	DR	EPS	BPS	PER	PBR
7	한국단자공업	커넥터, 광/무선 통신부품 제조업체.	240,842	15,767	198,322	7	8	29	1,514	19,042	18.5	1.0
7	대덕전자	PCB 제조업체. 2006년 4/4분기에 적자로 전환됨.	334,771	4,067	350,127	2	1	21	83	7,175	–	1.1
7	필룩스	조명장치 및 부품소재 제조업체. 2006년 4/4분기에 적자로 전환됨.	33,526	930	30,332	1	3	61	42	1,364	–	1.1
7	동양이엔피	TV용 전원공급장치 등 제조업체.	155,486	10,594	62,285	8	17	32	1,348	7,924	6.9	1.4
8	쎄라텍	EMI 필터칩 제조업체.	24,742	1,109	56,258	3	2	14	96	4,892	12.6	0.5
8	일레덱스	전자레인지용 트랜스포머 등 제조업체. 2004년도에 적자를 기록함.	27,364	1,061	30,764	6	3	21	129	3,729	72.6	0.6
8	삼성전기	종합 전자부품 제조업체.	2,393,645	97,964	1,787,744	0	5	71	1,312	23,934	19.9	1.5
8	삼화콘덴서공업	종합 콘덴서 제조업체.	79,891	2,037	15,441	4	3	239	196	1,485	14.7	2.6
11	이노칩테크놀로지	ESD 필터 등 칩 부품 제조업체.	52,366	13,734	50,474	32	27	32	1,344	4,901	8.7	1.7
	27개 평균		**173,489**	**8,445**	**133,608**	**7.2**	**9.0**	**57**	**743**	**8,785**	**47.7**	**1.3**

기의 매출액이 타 업체들에 비해 압도적으로 크기 때문에 매출액과 순이익의 분포도에서 제외되었으나, 업계 1위 자리는 삼성전기의 차지다.

그 뒤에 3,300억을 넘은 대덕전자와 2,700억을 넘은 대덕GDS가 2, 3위 자리에 오르고 있다. 그 외에도 한국단자공업 등 다섯 개 업체가 1,000억원을 넘어서고 있다.

1,000억 가까운 순이익을 낸 삼성전기의 다음에 150억을 거둔 한국단자공업이 뒤를 잇고 있으며, 이노칩테크놀로지, 대덕GDS, 동양이엔피 등이 100억대 순이익을 기록하고 있다.

주당순이익 가치에서는 피제이전자가 1위를 질주하고 있다. 5,600원 가까운 주당가치를 구현하고 있다. 한국단자공업, 삼진, 동양이엔피, 이노칩

차트 2-148 **전자부품업종의 매출액 분포(1)**

차트 2-149 **전자부품업종의 매출액 분포(2)**

차트 2-150 **전자부품업종의 매출액 분포(3)**

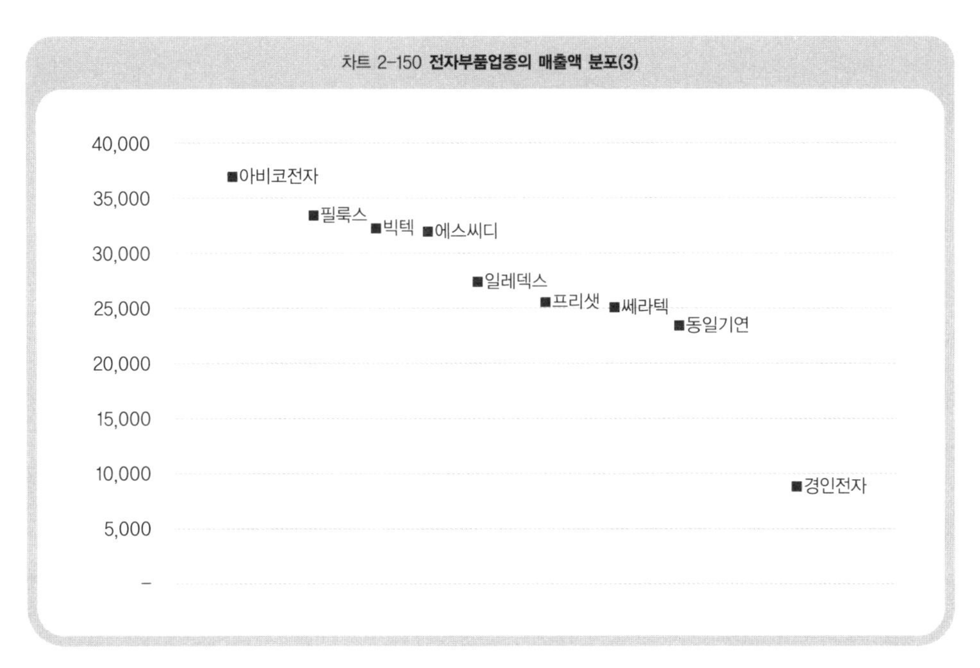

차트 2-151 **전자부품업종의 순이익 분포(1)**

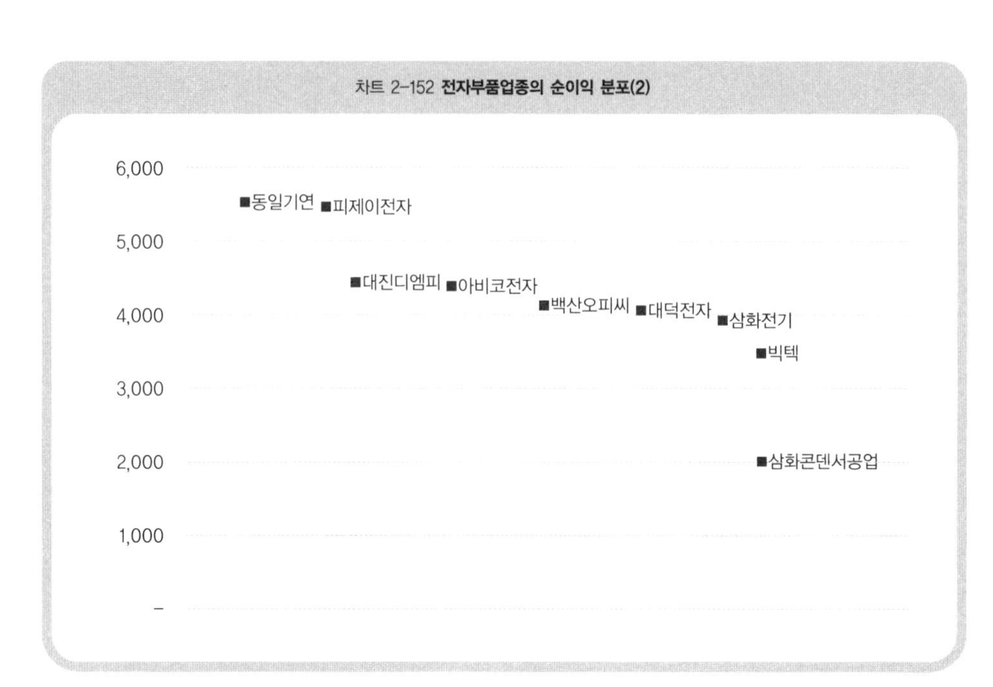

차트 2-152 **전자부품업종의 순이익 분포(2)**

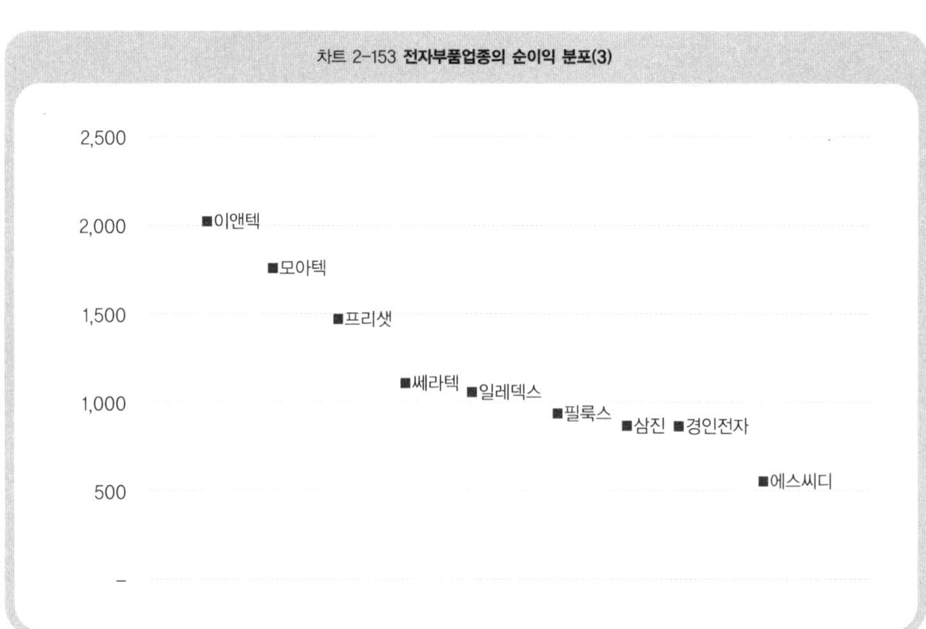

차트 2-153 **전자부품업종의 순이익 분포(3)**

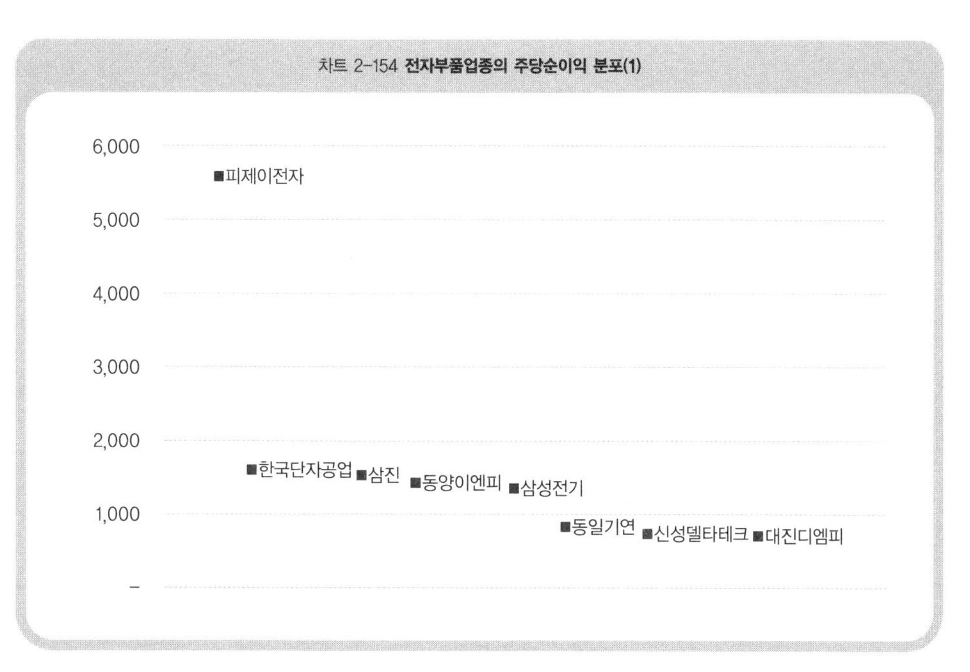
차트 2-154 전자부품업종의 주당순이익 분포(1)
6,000
5,000
4,000
3,000
2,000
1,000
-
피제이전자
한국단자공업
삼진
동양이엔피
삼성전기
동일기연
신성델타테크
대진디엠피

차트 2-155 전자부품업종의 주당순이익 분포(2)
700
600
500
400
300
200
100
-
코텍
대덕GDS
삼화전기
경인전자
빅텍
아비코전자
사화전자
한국고덴시
백산오피씨
삼화콘덴서공업

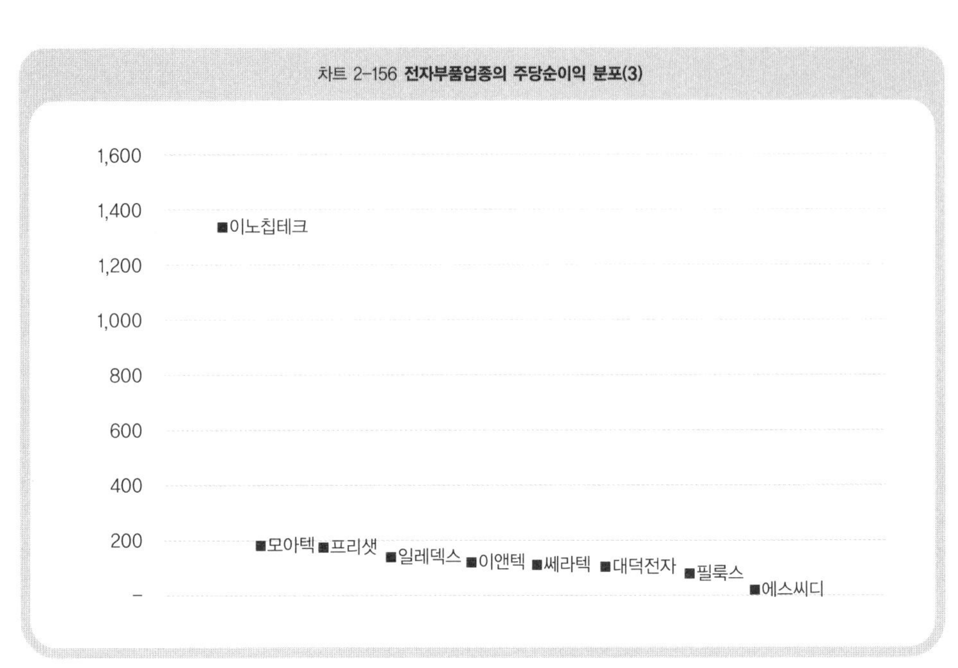

차트 2-156 **전자부품업종의 주당순이익 분포(3)**

차트 2-157 **전자부품업종의 주당순자산 분포(1)**

차트 2-158 전자부품업종의 주당순자산 분포(2)
7,000
6,000
5,000
4,000
3,000
2,000
1,000
–
자화전자
대진디엠피
삼화전기
코텍
모아텍
이노칩테크
쎄라텍
아비코전자
동일기연
신성델타테크

차트 2-159 전자부품업종의 주당순자산 분포(3)
4,000
3,500
3,000
2,500
2,000
1,500
1,000
500
–
일레덱스
백산오피씨
한국고덴시
에스씨디
빅텍
프리샛
이앤텍
삼화콘덴서공업
필룩스

테크놀로지, 삼성전기 등이 1,000원을 넘는 가치를 획득하고 있다.

주당순자산 가치에서도 피제이전자가 가장 크다. 4만 3,000원을 넘고 있다.

삼진의 2만 7,000원부터 대덕GDS의 1만 3,000원까지 삼성전기, 경인전자, 한국단자공업의 순서로 작아지고 있다.

총 27개의 기업 중에서 주당순이익을 지속적으로 확대하고 있는 기업들인 2그룹에는 삼화전기, 빅텍, 신성델타테크 등의 3개의 기업만이 포함되었

차트 2-160 **신성델타테크, 동일기연, 코텍의 주당순이익 추세 비교**

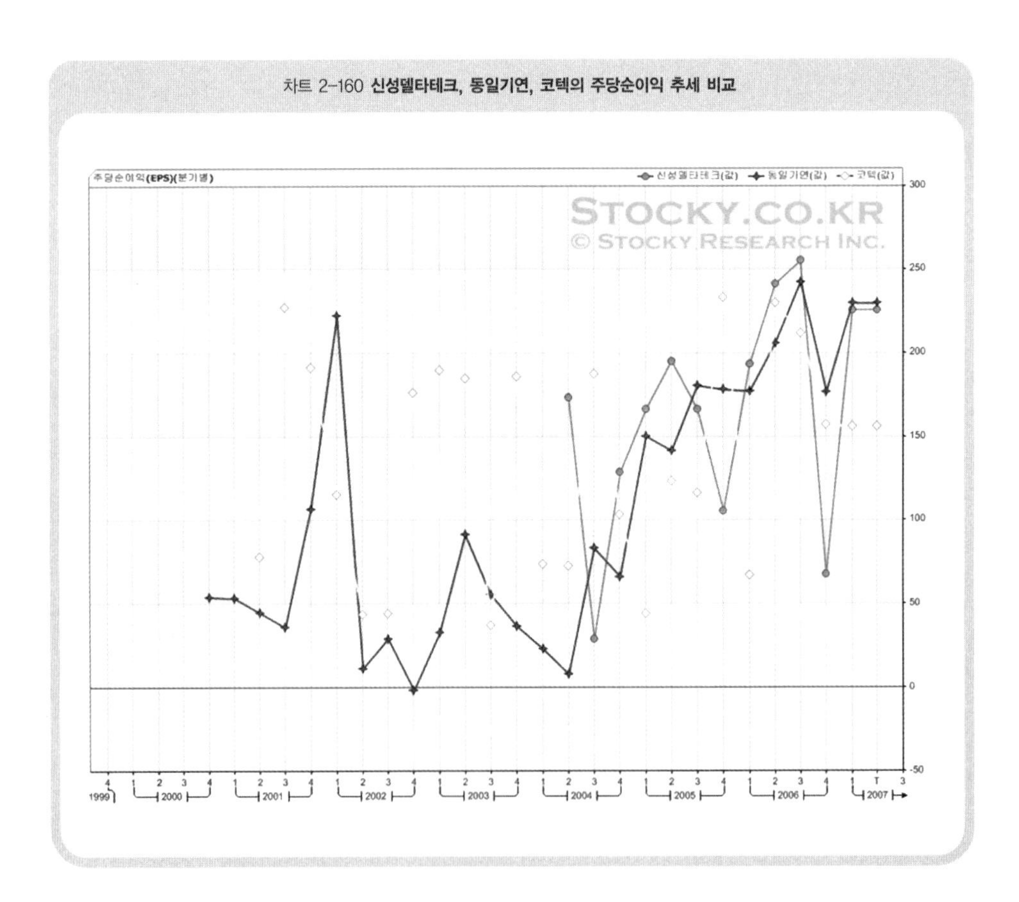

다. 11그룹에 속하는 이노칩테크놀로지가 영업이익률과 자기자본순이익률 모두에서 톱을 기록하고 있다. 32%와 27%라는 놀라운 수치를 보여주고 있다. 그 다음으로 동일기연, 대진디엠피, 빅텍, 피제이전자, 코텍 등이 우수한 이익률을 달성하고 있다.

신성델타테크와 동일기연, 코텍 등 주당순이익 추세가 좋은 기업들만 간추려 차트 2-160에 표시했다. 신성과 동일의 주당순이익이 기세 좋게 뻗어 올라가고 있음을 눈으로 확인할 수 있다.

산업전자(FA)

표 2-56 **산업전자업종의 우수기업들**

EP	기업	개요	매출액	순이익	자기자본	ROOI	ROE	DR	EPS	BPS	PER	PBR
2	와이즈콘트롤	제어계측기기 및 전력기기 제조업체.	26,887	2,007	15,026	6	13	92	93	694	4.5	2.0
2	LS산전 (엘에스산전)	전력기기, 자동화기기 제조업체.	1,205,084	99,537	367,361	13	27	154	3,318	12,245	10.9	3.1
4	피에스텍 (PS텍)	전력계량기 제조업체. 가끔 분기적자를 기록함.	33,456	4,243	42,647	6	10	26	303	3,046	5.3	0.8
4	어드밴텍 테크놀로지스	보안용 비디오시스템, 산업용 컴퓨터, 임베디드 OS 등 제조업체.	51,168	2,736	19,683	6	14	68	210	1,511	41.7	2.7
5	제룡산업	송전/배전 기구, 전력기기 제조업체.	43,269	2,272	30,993	6	7	43	184	2,508	8.4	1.0
6	일진전기	중전기기, 엔진부품, 전선류 제조업체. 2006년 4/4 분기에 적자로 전환됨.	678,454	11,392	154,261	3	7	171	287	3,892	–	1.1
6	서호전기	항만크레인 제어시스템 제조업체.	33,648	4,657	22,756	16	20	18	904	4,419	387.3	1.2

EP	기업	개요	매출액	순이익	자기자본	ROOI	ROE	DR	EPS	BPS	PER	PBR
7	선도전기	배전반 등 전력기기 제조업체.	38,834	1,445	56,098	3	3	27	82	3,192	26.4	0.7
	8개 평균		**263,850**	**16,036**	**88,603**	**7.4**	**12.6**	**75**	**673**	**3,938**	**69.2**	**1.6**

LS산전이 모든 지표에서 압도적인 위상을 확립하고 있다.

LS산전의 매출액은 1조 2,000억으로 가장 크고, 일진전기가 그 절반 수준에 도달하고 있다.

순이익 실적에서도 LS산전이 1,000억 가까운 금액으로 수위에 오르고, 일진전기가 100억을 넘기며 2위에 오르고 있다.

주당순이익 가치도 LS산전이 3,300원으로 가장 크다. 서호전기가 1,000원에 약간 못 미치고 있다.

주당순자산 가치에서는 LS산전이 1만 2,000원으로 내달리고 있고, 서호전기나 일진전기는 뒤에 처져 있다.

영업이익률과 자기자본순이익률 모두 우수한 업체는 LS산전, 서호전기 두 곳이다.

차트 2-161을 통해 수익 창출능력이 좋은 두 업체의 주당순이익 추세를 비교해보자. LS산전은 지속적으로 주당순이익을 확대하고 있지만, 서호전기는 최근 분기에 접어들면서 증가세가 주춤거리고 있다.

차트 2-161 **LS산전과 서호전기의 주당순이익 추세 비교**

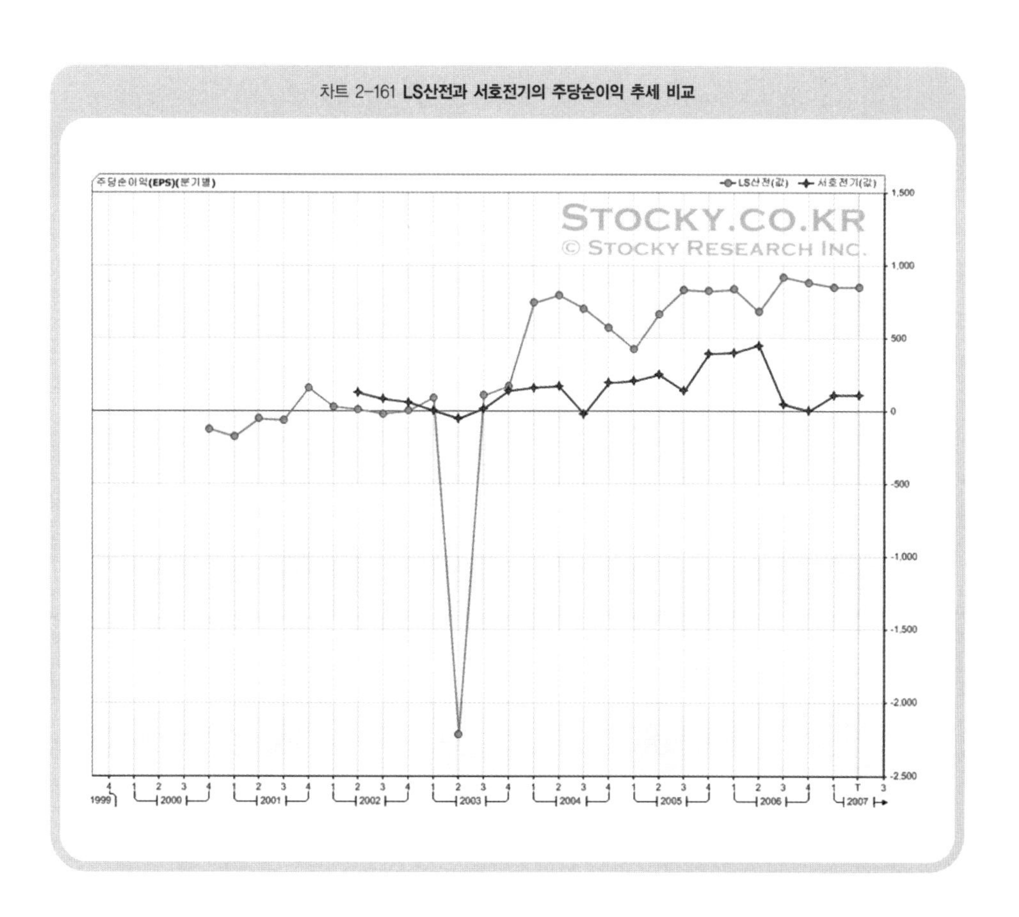

전선

매출 규모에서는 전통의 강호 LS전선과 대한전선이 쌍벽을 이루고 있다. LS전선이 2조 9,000억원, 대한전선이 2조 3,000억원을 넘어서고 있다.

순이익 규모에서는 2,100억원을 올린 LS전선이 대한전선을 2배 이상 앞서고 있다.

주당순이익 가치에서는 LS전선이 크고 가온전선이 그 다음인데, LS는 6,700원, 가온은 4,800원의 주당가치를 실현하고 있다.

표 2-57 **전선업종의 우수기업들**

EP	기업	개요	매출액	순이익	자기자본	ROOI	ROE	DR	EPS	BPS	PER	PBR
2	가온전선	전력선 및 통신케이블 제조업체.	685,203	18,631	164,680	4	11	92	4,777	42,226	9.0	0.9
2	LS전선 (엘에스전선)	국내 1위의 광케이블, 전력선 제조업체.	2,907,683	215,307	1,332,097	3	16	112	6,687	41,369	5.6	1.3
4	대원전선	광케이블 및 전력전선 제조업체. 가끔 분기적자를 기록함.	227,665	3,315	42,707	2	8	167	632	8,145	22.1	0.8
6	대한전선	절연금속선 및 케이블 제조업체.	2,353,979	99,730	1,047,483	3	10	80	2,075	21,798	12.0	1.3
6	모보	전력케이블 전문 제조업체. 2006년 4/4분기에 적자로 전환됨.	183,933	728	18,188	3	4	248	79	1,977	-	2.6
	5개 평균		**1,271,693**	**67,542**	**521,031**	**3.0**	**9.8**	**140**	**2,850**	**23,103**	**12.2**	**1.4**

반대로 주당순자산 가치에서는 가온전선이 4만 2,000원으로 LS전선을 1,000원 차이로 앞지르고 있다. 대한전선도 2만 2,000원이라는 높은 수준에 도달하고 있다.

5개 업체 모두 영업이익률은 낮은 편이나, LS전선과 가온전선 등의 자기자본순이익률은 좋은 편이다.

가온전선과 LS전선 두 업체만이 주당순이익을 지속적으로 확대해나가고 있는 2그룹에 포함되고 있다.

차트 2-162를 통해 안정적으로 주당순이익을 증가시키고 있는 두 업체의 추세를 비교해보자. 두 업체 모두가 아주 좋은 추세를 만들어가고 있는 것을 한눈에 확인할 수 있다.

차트 2-162 **LS전선과 가온전선의 주당순이익 추세 비교**

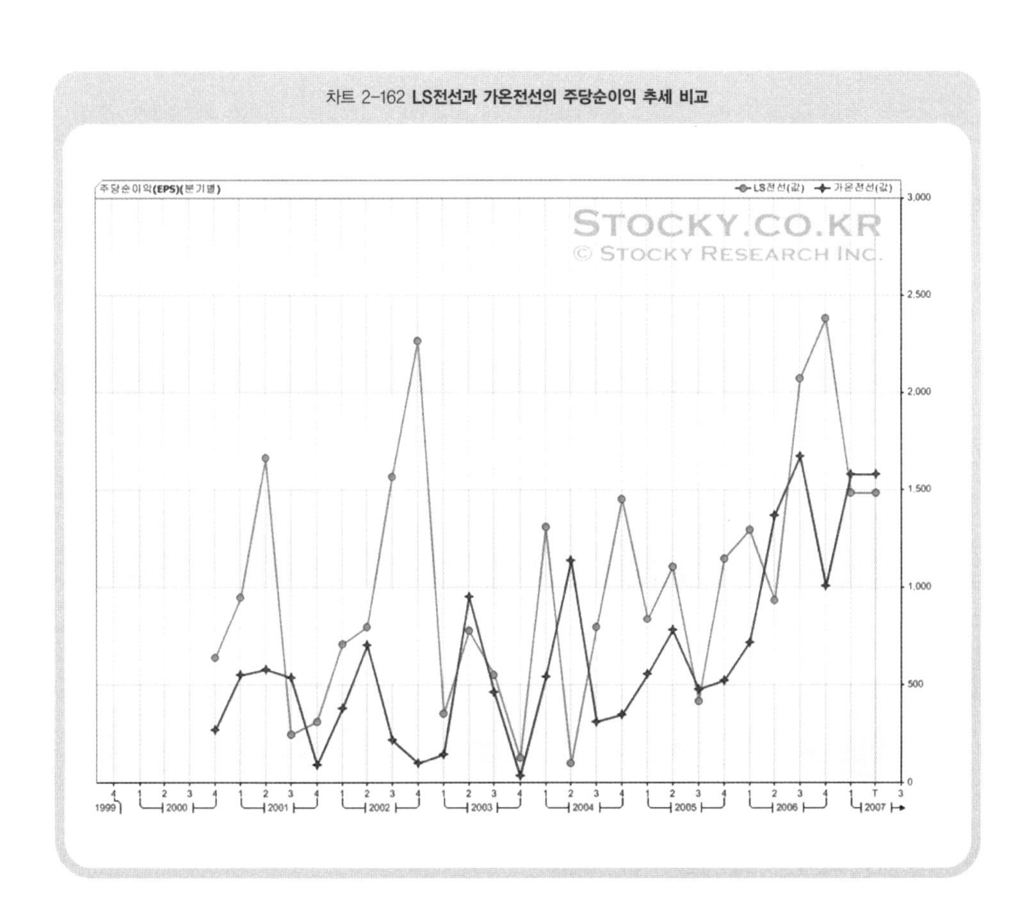

자동차

표 2-58 **자동차업종의 우수기업들**

EP	기업	개요	매출액	순이익	자기자본	ROOI	ROE	DR	EPS	BPS	PER	PBR
6	현대자동차	국내 1위의 완성차 제조업체.	27,335,368	1,526,063	16,050,828	5	10	65	6,954	73,136	6.3	0.8
7	기아자동차	완성차 제조업체. 2006년 4/4분기에 적자로 전환됨.	17,439,910	39,337	5,247,756	−1	1	131	113	15,113	−	0.7

EP	기업	개요	매출액	순이익	자기자본	ROOI	ROE	DR	EPS	BPS	PER	PBR
7	대우자동차 판매	대우 자동차 소매업체.	2,854,440	20,219	840,813	1	2	126	677	28,140	12.4	1.1
	3개 평균		**15,876,573**	**528,540**	**7,379,799**	**1.7**	**4.3**	**107**	**2,581**	**38,796**	**9.3**	**0.9**

매출액, 순이익 등의 실적과 주당순이익, 주당순자산 등의 가치에서 현대자동차의 업계 내 위상은 절대적이다.

그런데 3개 업체 모두 주당순이익이 점차적으로 감소하는 6-7그룹에 포함되고 있다. 전반적인 업황의 부진이 반영된 결과다.

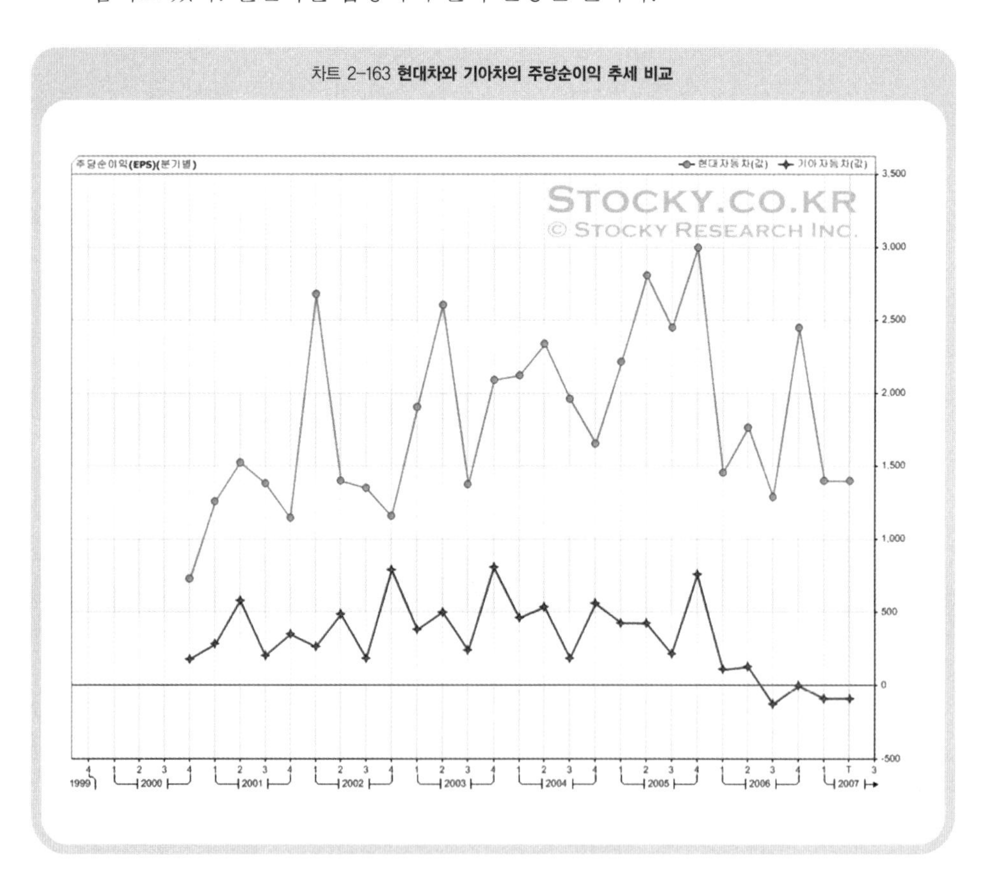

차트 2-163 **현대차와 기아차의 주당순이익 추세 비교**

따라서 다른 업종들에 비해 이익률이 좋지 않은 편이지만, 다행히 현대자동차는 10%의 자기자본순이익률을 유지하면서 선방하고 있다.

차트 2-163을 통해 국내의 자동차업체를 대표하는 두 업체의 주당순이익 추세를 확인해보도록 하자. 현대차가 하락 추세에 저항하는 듯한 모습을 보이는 것과 달리, 기아차는 3분기 연속 적자를 기록하면서 저항선 아래로 무너져 내리는 듯한 모습을 보이고 있다.

자동차 장비/부품

57개라는 가장 많은 수의 기업들이 리스트에 오르고 있다. 참고로 두 번

표 2-59 **자동차 장비/부품 업종의 우수기업들**

EP	기업	개요	매출액	순이익	자기자본	ROOI	ROE	DR	EPS	BPS	PER	PBR
1	오텍	특장차, 엠블런스 등 제조업체.	44,933	3,347	19,279	7	17	94	427	2,460	6.3	1.8
2	세원물산	자동차 차체 보강판넬 제조업체.	124,839	12,806	59,508	10	22	63	1,534	7,127	3.6	1.0
2	인팩	현대, 기아, 마쓰다, 혼다 등 협력사, 안테나, 케이블 등 제조업체	105,612	3,320	19,114	3	17	136	332	1,911	6.7	1.1
2	한국베랄	자동차 브레이크패드, 라이닝 제조업체.	69,764	4,908	26,583	9	18	122	517	2,799	3.0	1.1
2	에프에스텍 (FS텍)	프레스 금형 및 자동차 부품 제조업체.	24,084	800	9,508	3	8	92	964	11,455	7.7	1.2
2	넥센테크	자동차 와이어링 하네스 제조업체.	55,105	2,878	21,622	6	13	58	198	1,491	6.1	1.2
2	영화금속	현대, GM 등 협력사, 브레이크 드럼 등의 주물부품 제조업체	82,173	2,062	16,197	5	13	228	71	557	6.5	1.3
2	대진공업	자동차 엔진 및 변속기 등 제조업체.	49,835	3,545	14,891	6	24	130	558	2,343	15.2	2.7

EP	기업	개요	매출액	순이익	자기자본	ROOI	ROE	DR	EPS	BPS	PER	PBR
3	동국실업	자동차용 사출성형부품 제조업체.	114,100	3,295	55,640	1	6	79	1,251	21,128	0.3	0.1
3	태원물산	자동차용 워터펌프와 시멘트용 인산정제석고 제조업체.	28,344	1,481	27,285	3	5	39	2,244	41,342	7.7	0.6
3	모토닉	자동차 사출성형부품 제조업체.	330,141	34,802	168,613	9	21	36	10,545	51,095	2.5	1.2
4	평화홀딩스	평화산업, 평화오일씰공업 등의 지주회사.	110,017	8,660	106,910	8	8	14	866	10,691	18.8	0.4
4	삼성공조	현대 협력사, 라디에타, 쿨러 부품 제조업체	102,933	10,489	130,147	−2	8	48	1,291	16,015	2.0	0.5
4	세방전지	자동차용 축전지 제조업체. 가끔 분기적자를 기록함.	319,530	11,903	162,201	5	7	62	850	11,586	36.2	0.6
4	남성	자동차용 오디오/비디오 제조업체	107,107	2,903	61,135	4	5	61	802	16,882	122.8	0.6
4	화신	자동차 샤시 및 바디부품 제조업체.	312,103	16,126	107,324	5	15	88	576	3,833	3.2	0.8
4	한일단조공업	자동차 샤프트 등의 단조 부품 제조업체. 2006년 4/4분기에 적자로 전환됨.	61,001	2,278	24,247	6	9	153	356	3,789	−	0.8
4	세종공업	자동차 소음기, 배기가스 정화기 제조업체.	324,686	15,324	135,457	4	11	50	764	6,754	5.4	0.9
4	우수AMS (우수기계공업)	자동차 조향부품, 구동부품 제조업체.	66,232	2,098	12,112	4	17	255	306	1,766	−	0.9
4	S&T중공업 (에스엔티중공업)	자동차 변속기, 차축 제조 업체. 2006년 4/4분기에 적자로 전환됨.	313,764	27,943	225,921	7	12	94	866	7,002	−	1.3
5	동양기전	자동차 부품 및 유압기구 제조업체.	340,951	12,187	121,778	3	10	67	478	4,779	16.4	1.3
5	지코	자동차 워터펌프, 오일펌프, 실린더헤드 등 제조업체.	65,103	2,223	25,415	2	9	109	80	917	9.0	1.6
5	한라공조	국내 1위의 자동차용 공조 기기 제조업체.	1,376,419	89,561	654,139	5	14	53	839	6,127	17.6	1.6
6	태양금속공업	자동차 볼트, 너트 제조업체.	184,599	1,938	54,815	3	4	196	528	14,936	9.9	0.5
6	화승알앤에이	자동차 호스 등 고무제품 제조업체.	509,400	2,077	127,109	2	2	175	346	21,185	6.2	0.7
6	세원정공	자동차 압출부품 제조업체.	52,990	7,865	70,604	6	11	43	7,865	70,604	5.5	0.7
6	에스엘(SL)	자동차 전조등, 조향장치,	287,936	12,958	147,858	0	9	111	824	9,402	6.6	0.7
6	상신브레이크	자동차 브레이크패드 등 제조업체.	113,830	1,780	50,907	2	3	82	83	2,371	12.8	0.7

EP	기업	개요	매출액	순이익	자기자본	ROOI	ROE	DR	EPS	BPS	PER	PBR
6	우신시스템	자동차 자동용접라인설비 제조업체.	59,167	2,377	31,627	5	8	75	238	3,163	35.3	0.7
6	신창전기	자동차용 키 세트, 스위치 등 제조업체. 2006년 4/4 분기에 적자로 전환됨.	264,515	1,656	46,935	2	4	258	105	2,971	127.5	0.8
6	다함이텍	카 오디오, 데크메카니즘 제조업체.	33,382	14,587	165,561	13	9	3	3,659	41,531	9.3	0.8
6	에코플라스틱	자동차용 범퍼, 트림 등 제조업체.	332,861	7,769	68,301	3	11	130	406	3,595	3.9	0.9
6	세림테크	자동차용 시거코일, 하네스, 플러그 제조업체.	49,047	2,310	24,416	6	9	78	201	2,119	7.2	0.9
6	세동	자동차용 도어벨트, 몰딩 등 제조업체. 가끔 분기적자를 기록했음.	50,220	537	17,979	0	3	121	88	2,937	7.4	0.9
6	부산주공	현대, 볼보 협력사, 주물부품 제조업체	108,278	3,251	27,350	7	12	338	452	3,799	5.8	0.9
6	대성엘텍	차량용 AV기기 제조업체. 2006년 4/4분기에 적자로 전환됨.	214,349	1,026	32,419	1	3	220	57	1,805	–	1.0
6	SJM (에스제이엠)	자동차 벨로우즈 제조업체.	82,208	8,380	89,570	5	9	22	470	5,027	13.3	1.0
6	한일이화	자동차 헤드레스트, 도어 트림 등 제조업체.	517,164	11,599	95,819	3	12	213	310	2,560	5.9	1.0
6	평화정공	현대차 도어모듈 제조업체.	260,072	5,204	93,002	1	6	93	248	4,429	12.9	1.0
6	오스템	자동차 섀시모듈, 시트부품 제조업체 2006년 4/4분기에 적자로 전환됨.	141,464	2,453	38,068	4	6	205	94	1,464	–	1.1
6	성우하이텍	자동차 바디부품 제조업체.	290,208	26,035	165,074	6	16	151	868	5,502	7.9	1.2
6	동아화성	자동차용 가스켓, 호스 등의 고무부품 제조업체	71,461	1,111	32,082	2	3	73	70	2,031	103.3	1.2
6	인지컨트롤스	엔진부품, 냉각부품, 센서 부품 등 제조업체	189,282	10,780	82,156	6	13	66	711	5,419	8.0	1.2
6	코다코	자동차 엔진, 트랜스미션 등의 부품 제조업체. 2006년 4/4분기에 적자로 전환됨.	74,485	789	32,771	3	2	194	91	3,789	–	1.6
6	현대모비스	국내 1위의 자동차 부품 제조업체.	8,168,036	686,750	3,539,075	10	19	75	8,003	41,242	11.5	1.9
6	S&T대우 (에스앤티대우)	GM대우 부품 제조업체.	520,926	10,006	145,929	5	7	209	860	12,538	16.8	1.9

EP	기업	개요	매출액	순이익	자기자본	ROOI	ROE	DR	EPS	BPS	PER	PBR
6	대동금속	자동차, 농기계용 주물 엔진부품 제조업체. 가끔 분기적자를 기록하곤 했음.	32,897	578	5,741	4	10	204	1,204	11,960	81.7	4.0
7	한국프랜지공업	자동차 차축 등 제조업체.	554,605	4,691	160,904	2	3	123	770	26,421	8.7	0.5
7	대원강업	자동차 스프링부품 제조업체.	420,307	8,538	172,881	2	5	88	1,423	28,813	16.0	0.6
7	일지테크	자동차 프레스 판넬 등 자동차부품 제조업체. 2006년 4/4분기에 적자로 전환됨.	61,605	1,406	33,825	1	4	36	104	2,503	15.4	0.6
7	유성기업	현대, 기아, 쌍용 협력사, 피스톤 링 등 엔진부품 제조업체	182,761	12,872	139,083	3	9	38	511	5,519	16.6	0.8
7	동해전장	전선, 커넥터 등의 자동차 전장부품 제조업체	117,972	2,639	27,075	4	10	193	147	1,504	6.6	1.1
7	청보산업	자동차 엔진부품 제조업체.	16,191	319	10,787	3	3	24	53	1,785	78.1	1.6
7	현대오토넷	자동차 AV, 전장품 제조업체.	795,032	43,236	454,339	6	10	43	187	1,960	77.7	3.6
8	아트라스비엑스	자동차 축전지, 건전지 제조업체. 2005년 1/4분기부터 흑자로 전환되었으나, 2006년 4/4분기에 다시 적자로 전환됨.	212,446	2,735	51,518	1	5	100	299	5,630	–	0.8
8	체시스	자동차 현가장치 등 제조업체.	44,280	2,623	11,643	10	23	297	187	829	5.8	1.7
11	새론오토모티브	자동차 브레이크패드 등 제조업체.	106,272	13,746	77,874	14	18	30	716	4,056	10.7	1.4
	57개 평균		**344,720**	**20,905**	**149,651**	**4.5**	**10.0**	**113**	**1,033**	**10,338**	**20.6**	**1.1**

째로 기업 수가 많은 업종은 제약업종인데, 56개다.

업체의 수가 많으므로 5개의 그룹으로 나누어 분포도를 그려보자.

업계 1위는 현대자동차 계열사인 현대모비스다. 현대모비스의 매출액은 거의 8조 2,000억원이나된다. 매출액 규모가 너무 차이가 나서 분포도에서 제외하였다. 다음은 1조 4,000억의 한라공조, 8,000억의 현대오토넷의 순서다. 한일프랜지공업, S&T대우, 한일이화, 화승알앤에이 등도 연 매출액이 5,000억원을 넘어서고 있다.

순이익 분포도에서도 순이익이 너무 큰 현대모비스를 제외했다. 현대모비스가 거둔 순이익은 6,900억원 가까이 된다.

다음은 900억원 가까운 실적을 거둔 한라공조, 그 절반에 머문 현대오토넷의 순이다. 한라공조로부터 S&T대우까지 순이익이 100억을 넘는 회사는 모두 18개에 달한다.

모토닉의 주당순이익이 가장 큰데, 1만원을 넘고 있다. 현대모비스, 세원정공 등이 다음으로 크며, 다함이텍, 태원물산, 세원물산, 대원강업 등 9개의 기업이 주당 1,000원의 가치를 넘어서고 있다.

주당순자산에선 7만원을 넘은 세원정공이 가장 앞서고 있고, 모토닉, 다

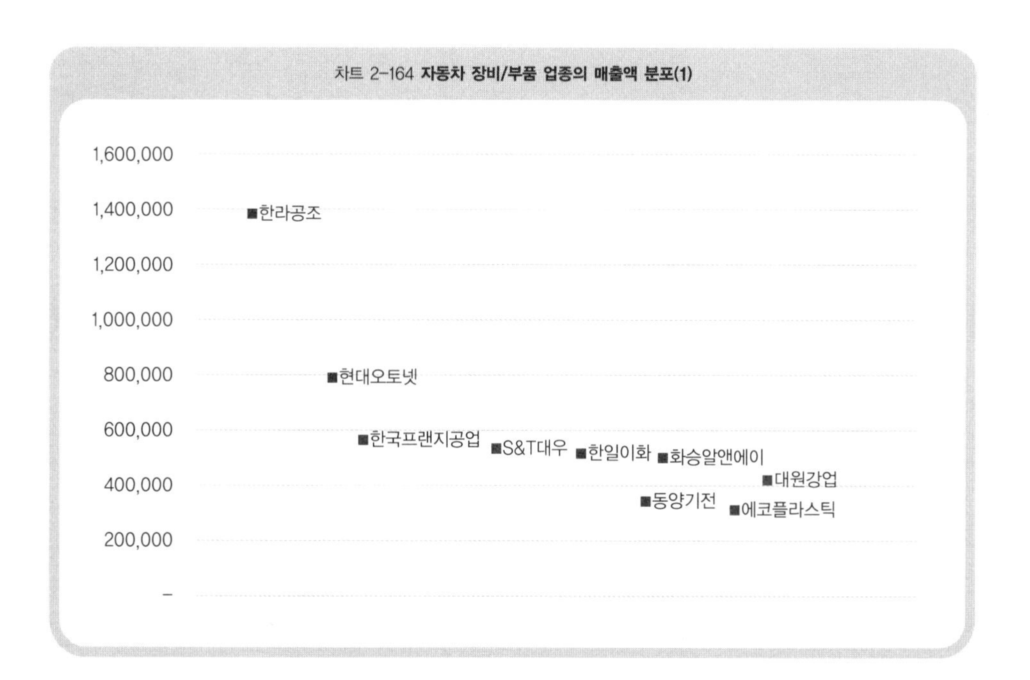

차트 2-165 **자동차 장비/부품 업종의 매출액 분포(2)**

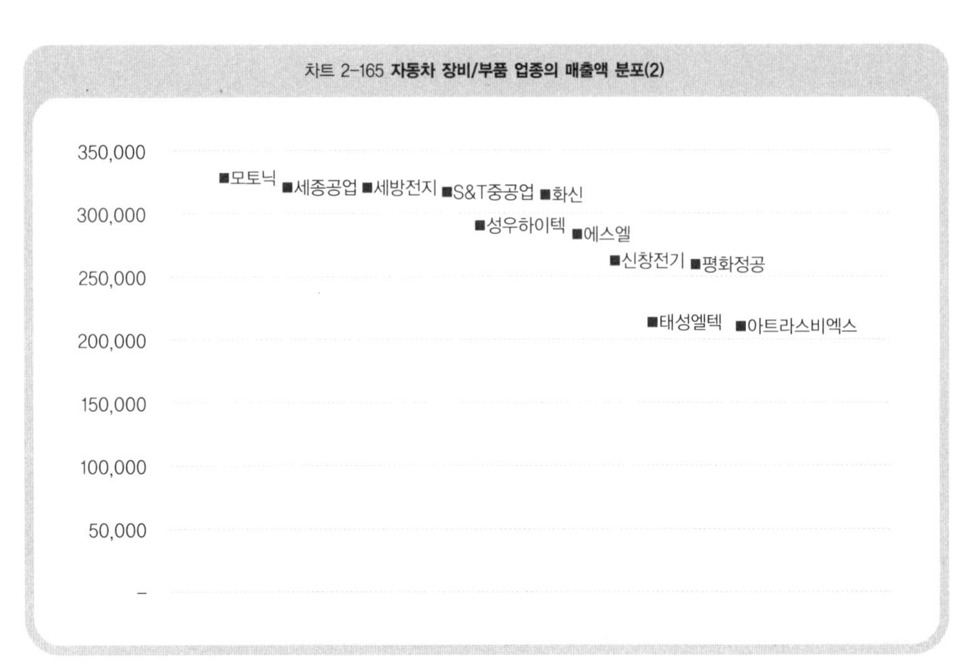

차트 2-166 **자동차 장비/부품 업종의 매출액 분포(3)**

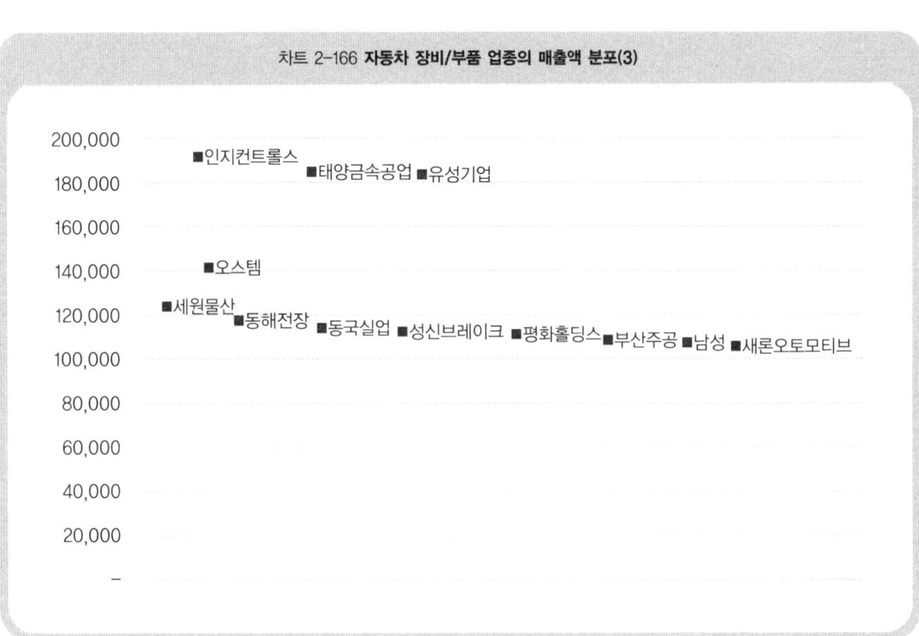

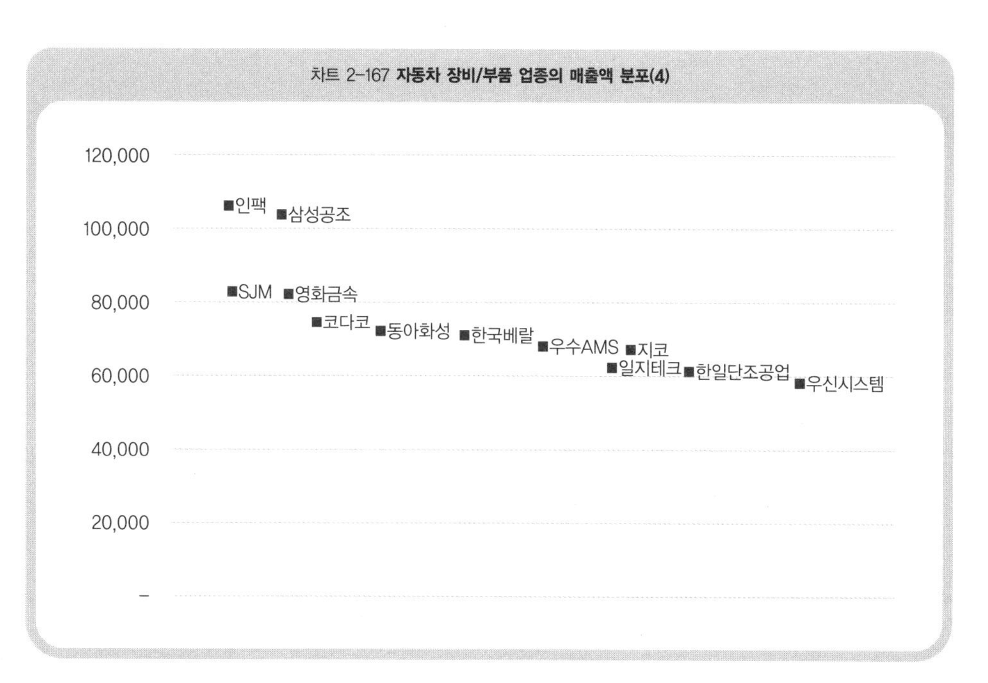
차트 2-167 자동차 장비/부품 업종의 매출액 분포(4)
120,000
100,000
80,000
60,000
40,000
20,000
–
인팩
삼성공조
SJM
영화금속
코다코
동아화성
한국베랄
우수AMS
지코
일지테크
한일단조공업
우신시스템

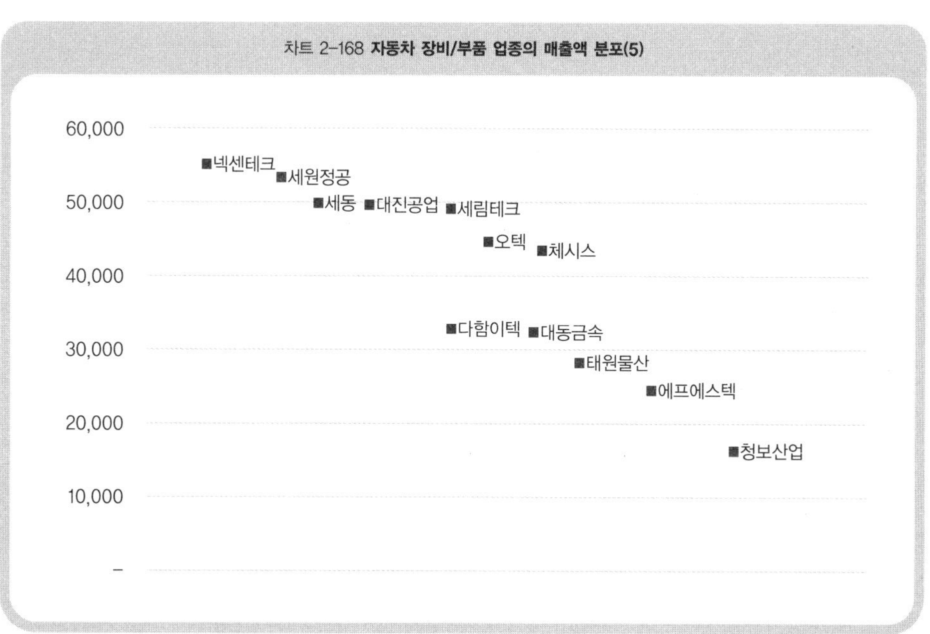
차트 2-168 자동차 장비/부품 업종의 매출액 분포(5)
60,000
50,000
40,000
30,000
20,000
10,000
–
넥센테크
세원정공
세동
대진공업
세림테크
오텍
체시스
다함이텍
대동금속
태원물산
에프에스텍
청보산업

차트 2-169 **자동차 장비/부품 업종의 순이익 분포(1)**

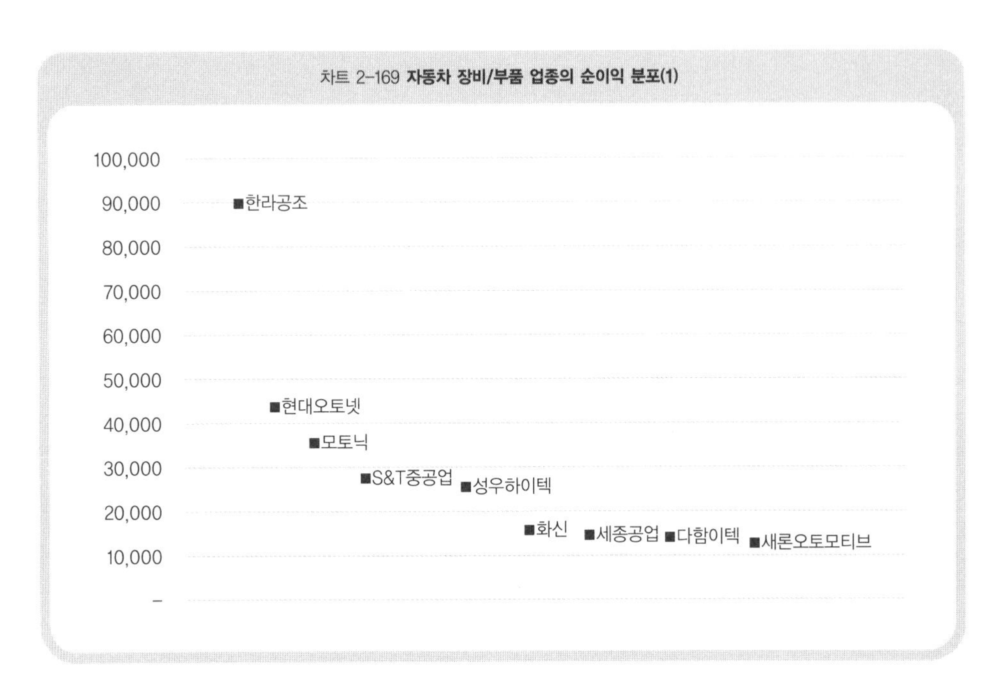

차트 2-170 **자동차 장비/부품 업종의 순이익 분포(2)**

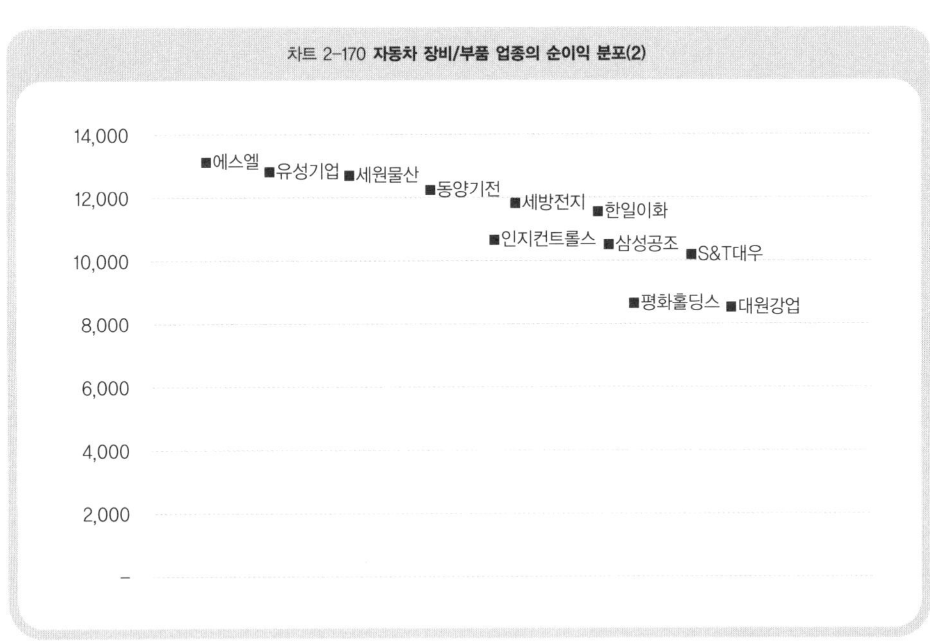

차트 2-171 **자동차 장비/부품 업종의 순이익 분포(3)**

9,000
8,000
7,000
6,000
5,000
4,000
3,000
2,000
1,000
–

■SJM
■세원정공
■에코플라스틱
■평화정공
■한국베랄
■한국프랜지공업
■대진공업
■오텍
■인팩
■동국실업
■부산주공
■남성

차트 2-172 **자동차 장비/부품 업종의 순이익 분포(4)**

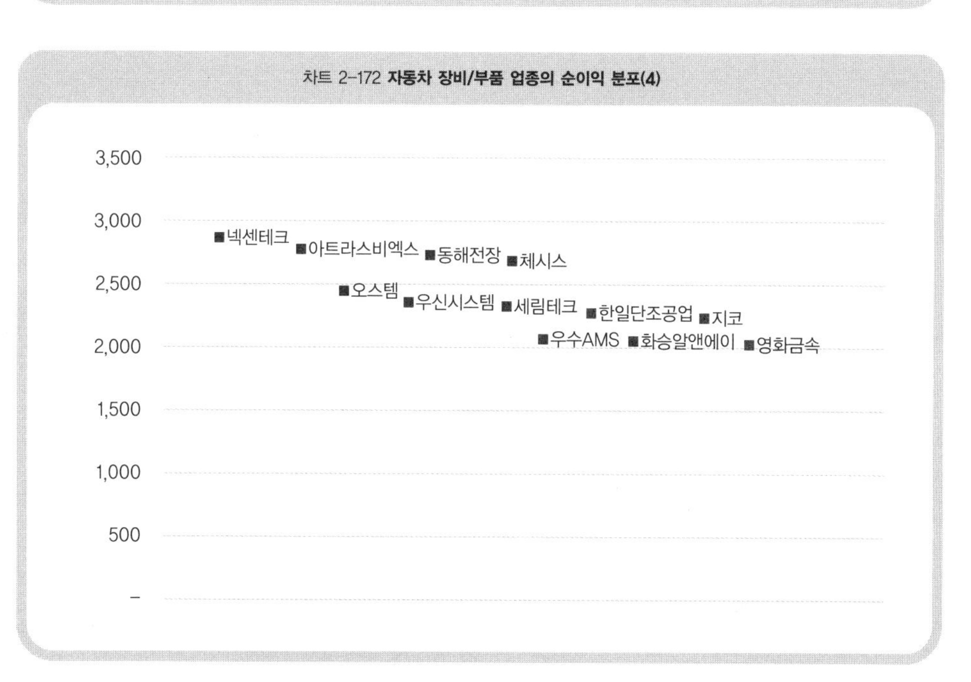

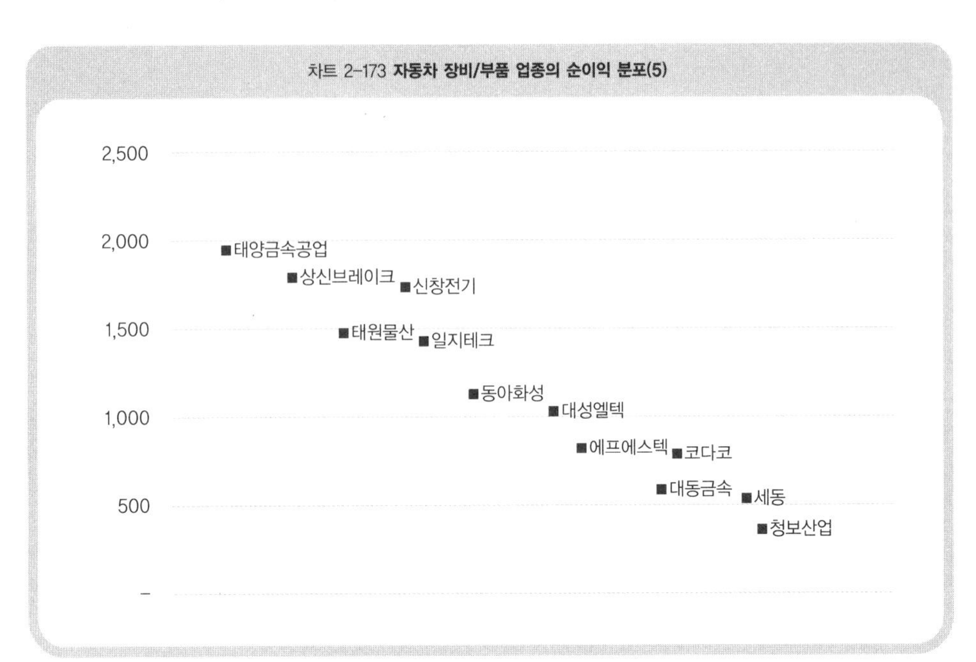
차트 2-173 자동차 장비/부품 업종의 순이익 분포(5)
2,500
2,000
1,500
1,000
500
–
태양금속공업
상신브레이크
신창전기
태원물산
일지테크
동아화성
대성엘텍
에프에스텍
코다코
대동금속
세동
청보산업

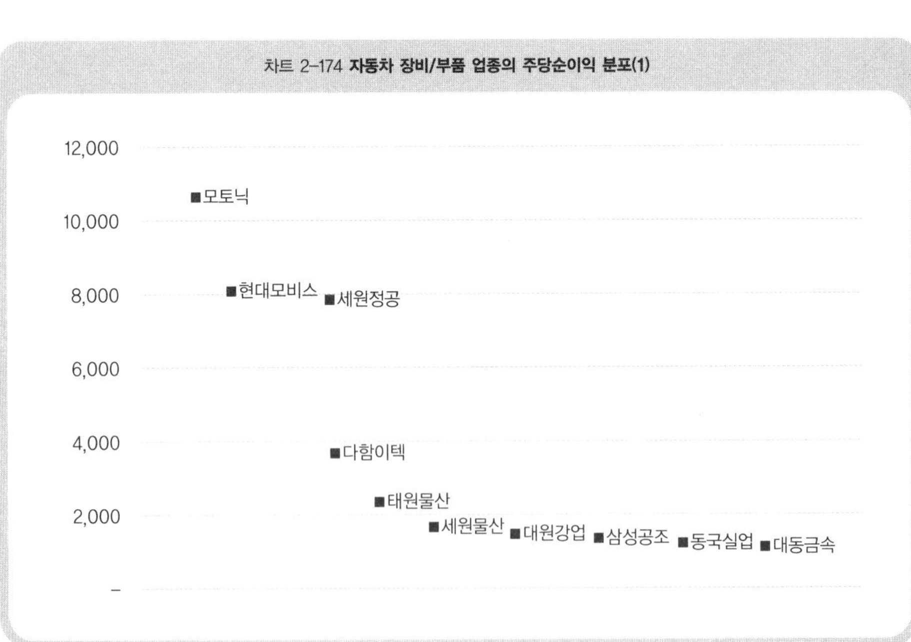
차트 2-174 자동차 장비/부품 업종의 주당순이익 분포(1)
12,000
10,000
8,000
6,000
4,000
2,000
–
모토닉
현대모비스
세원정공
다함이텍
태원물산
세원물산
대원강업
삼성공조
동국실업
대동금속

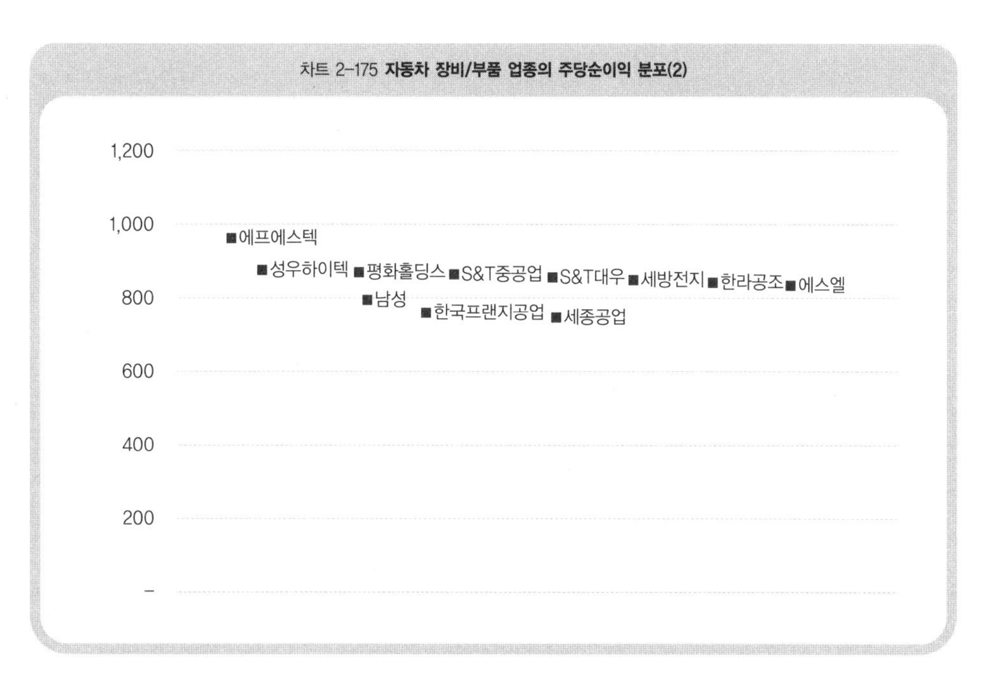
차트 2-175 자동차 장비/부품 업종의 주당순이익 분포(2)
1,200
1,000
800
600
400
200
–
에프에스텍
성우하이텍
평화홀딩스
S&T중공업
S&T대우
세방전지
한라공조
에스엘
남성
한국프랜지공업
세종공업

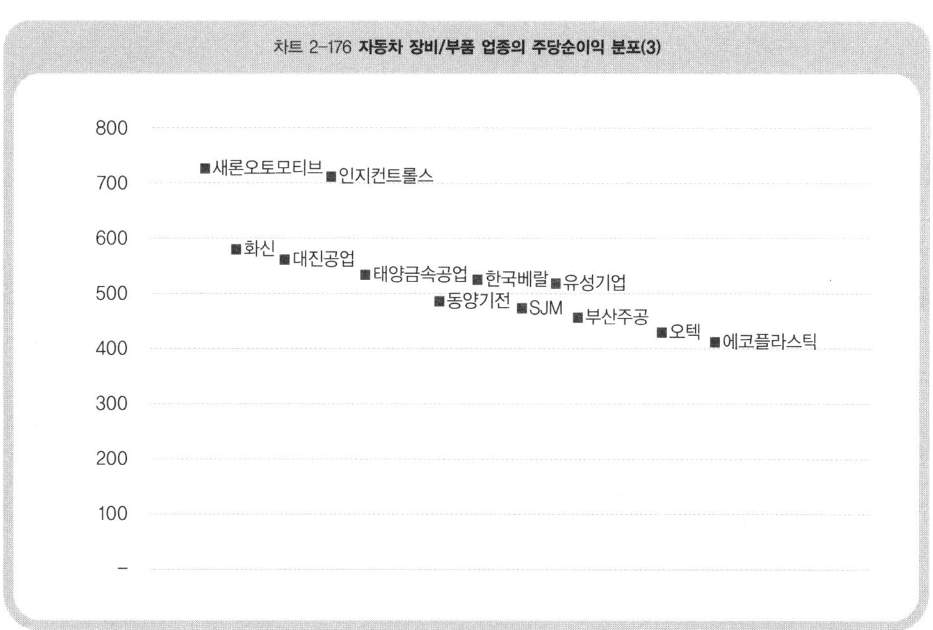
차트 2-176 자동차 장비/부품 업종의 주당순이익 분포(3)
800
700
600
500
400
300
200
100
–
새론오토모티브
인지컨트롤스
화신
대진공업
태양금속공업
한국베랄
유성기업
동양기전
SJM
부산주공
오텍
에코플라스틱

차트 2-177 **자동차 장비/부품 업종의 주당순이익 분포(4)**

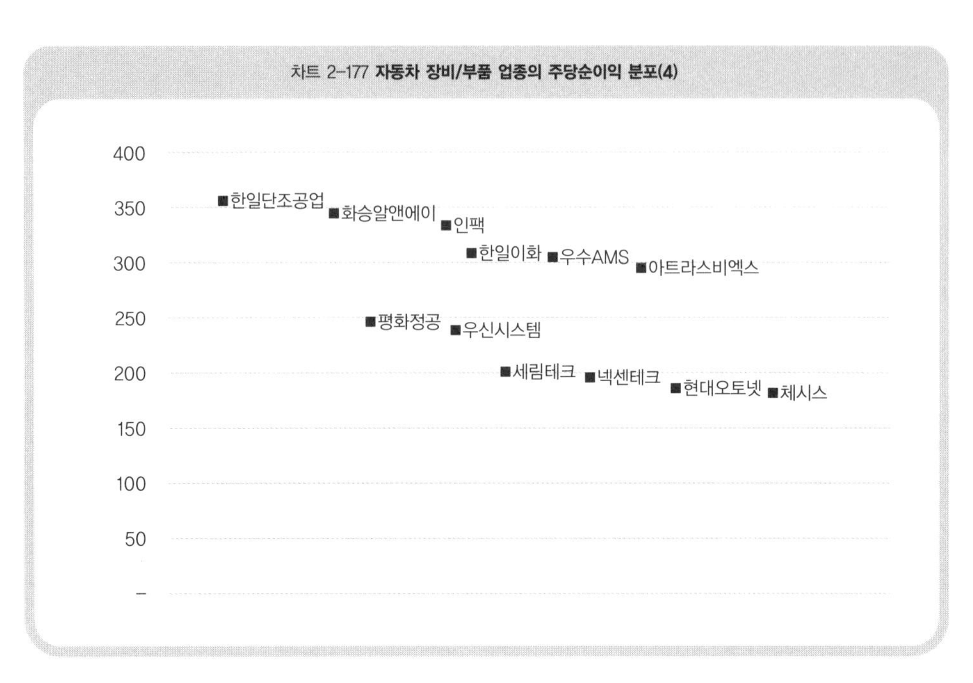

차트 2-178 **자동차 장비/부품 업종의 주당순이익 분포(5)**

차트 2-179 **자동차 장비/부품 업종의 주당순자산 분포(1)**

80,000
70,000
60,000
50,000
40,000
30,000
20,000
10,000
–

■세원정공
■모토닉
■다함이텍 ■태원물산 ■현대모비스
■대원강업 ■한국프랜지공업
■화승알앤에이 ■동국실업
■남성

차트 2-180 **자동차 장비/부품 업종의 주당순자산 분포(2)**

18,000
16,000
14,000
12,000
10,000
8,000
6,000
4,000
2,000
–

■삼성공조
■태양금속공업
■S&T대우 ■대동금속 ■세방전지 ■에프에스텍
■평화홀딩스
■에스엘
■세원물산 ■S&T중공업 ■세종공업

차트 2-181 **자동차 장비/부품 업종의 주당순자산 분포(3)**

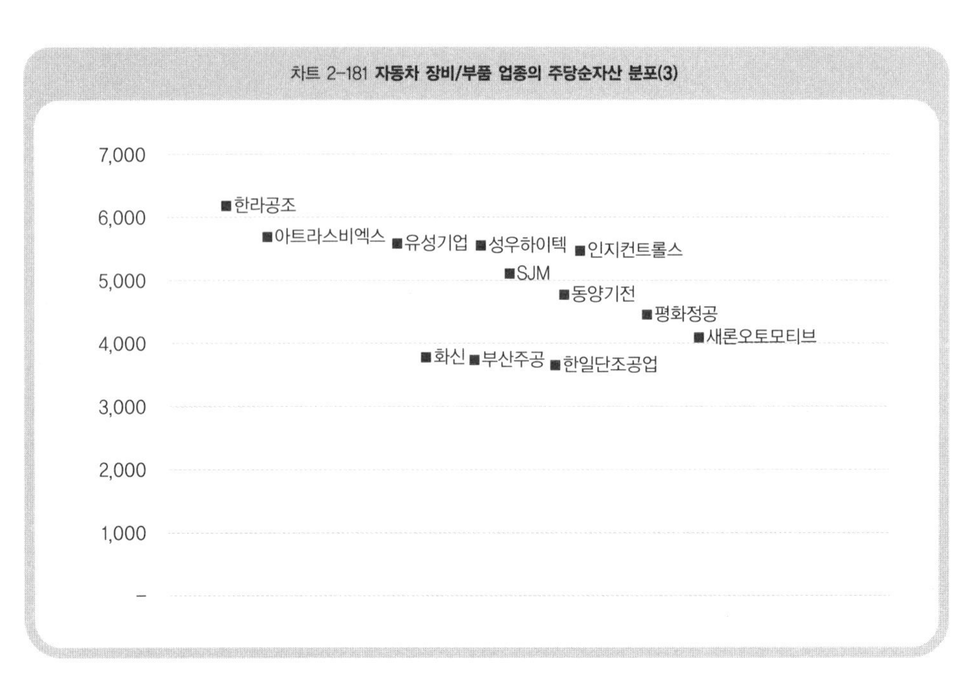

차트 2-182 **자동차 장비/부품 업종의 주당순자산 분포(4)**

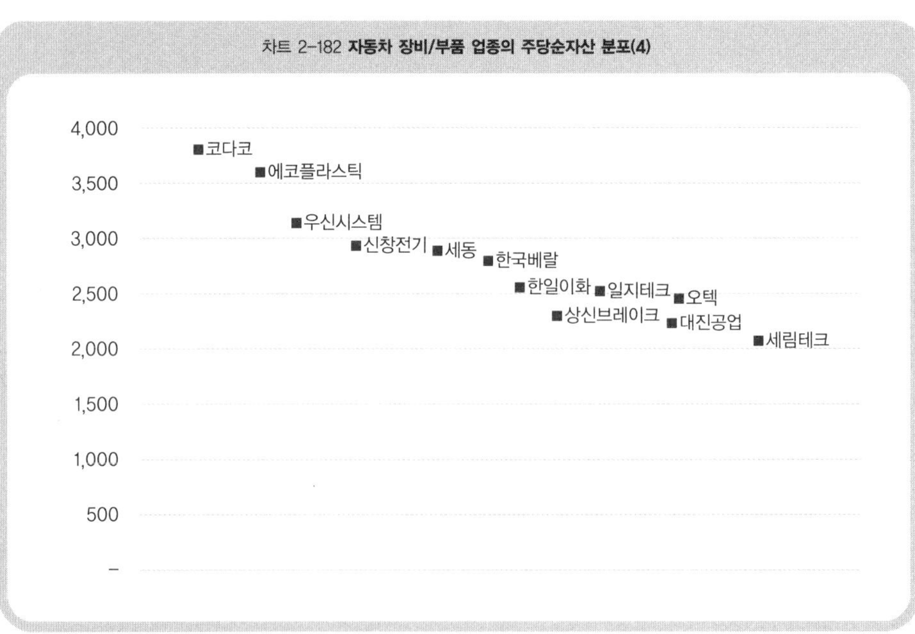

함이텍, 태원물산, 현대모비스 등은 4만원 대를 넘고 있으며, 대원강업, 한국프랜지공업, 화승알앤에이, 동국실업 등은 2만원대를 웃돌고 있다. 주당 1만원을 넘는 기업이 모두 17개에 달하고 있다.

영업이익률이나 자기자본순이익률이 가장 앞서 있는 기업은 11그룹에 속하는 새론오토모티브이며, 체시스, 세원물산, 현대모비스 등도 우수한 이익률을 기록하고 있다.

한편 57개 업체 중에서 주당순이익이 증가하고 있는 1-2그룹에 속하는 기업이 8개에 이르고 있다. 1그룹으로 오텍이 있고, 2그룹에는 세원물산, 인팩, 한국베랄, 에프에스텍, 넥센테크, 영화금속, 대진공업 등이 있다. 반면에 업황의 부진으로 인해 6-7그룹에 속하는 업체들이 절반을 훨씬 넘는 31개나 된다.

자동차 장비/부품 업체 중에서 우량기업들을 선별해보자. 부품업체의

표 2-60 **자동차 장비/부품업종의 우량기업들**

기업	ROOI	ROE	EPS P	EPS R	PBR
오텍	7	17	1	32	1.78
세원물산	10	22	2	6	0.98
인팩	3	17	2	36	1.08
한국베랄	9	18	2	27	1.11
에프에스텍	3	8	2	11	1.16
넥센테크	6	13	2	43	1.24
영화금속	5	13	2	54	1.35
대진공업	6	24	2	25	2.73
새론오토모티브	14	18	11	22	1.37
다함이텍	13	9	6	4	0.79
체시스	10	23	8	45	1.68
현대모비스	10	19	6	2	1.87
모토닉	9	21	3	1	1.19
S&T중공업	7	12	4	14	1.30
부산주공	7	12	6	31	0.91
성우하이텍	6	16	6	12	1.17
인지컨트롤스	6	13	6	23	1.24
세원정공	6	11	6	3	0.67
현대오토넷	6	10	7	44	3.61
화신	5	15	4	24	0.79

특성상 영업이익률이 제한되어 있기 때문에 영업이익률이 10%를 넘거나 영업이익률은 5%를 넘으면서 자기자본순이익률이 10%를 넘는 기업들을 추출했다. 동시에 주당순이익이 지속적으로 늘고 있는 기업도 포함했다.

차트 2-184 **현대모비스, 세원정공, 모토닉의 주당순이익 추세 비교**

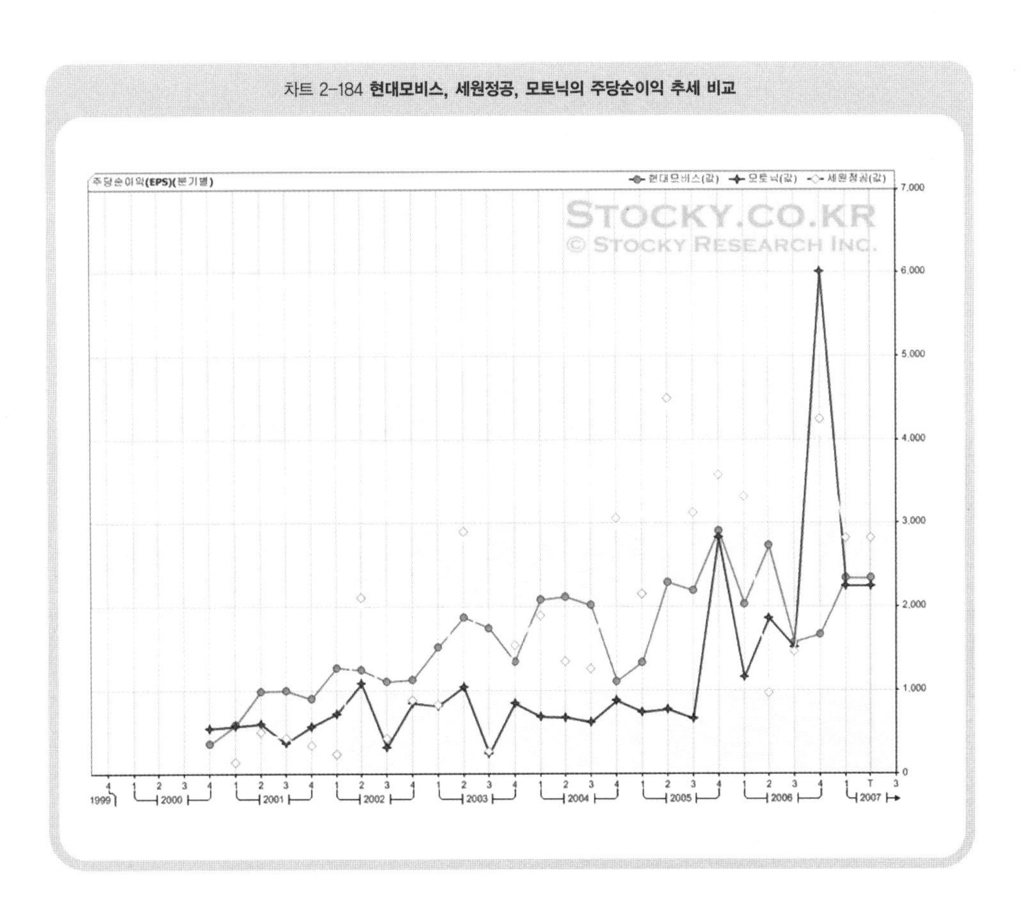

차트 2-184를 통해 주당순이익이 1, 2, 3위를 차지하고 있는 업체들의 주당순이익 추세를 비교해보도록 하자. 모토닉 등의 세 업체의 주당순이익 추세가 순조로운 상태라는 것을 알 수 있다.

이번에는 차트 2-185를 통해 1-2그룹에 속하는 기업들의 주당순이익 추세를 비교해보자. 세원물산이 가장 보기 좋은 상승세를 그리고 있으며, 나머지 세 업체들도 순조로운 증가세를 보여주고 있다.

차트 2-185 **오텍, 세원물산, 한국베랄, 대진공업의 주당순이익 추세 비교**

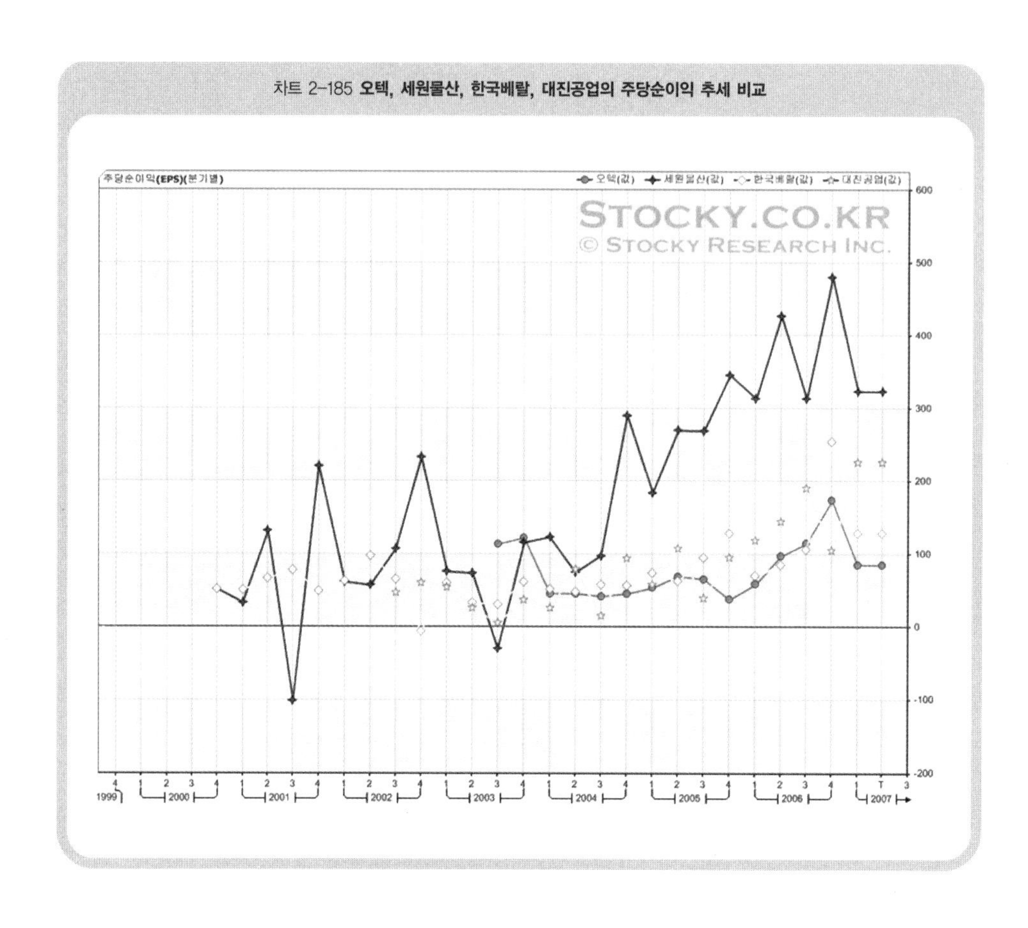

타이어

표 2-61 **타이어업종의 우수기업들**

EP	기업	개요	매출액	순이익	자기자본	ROOI	ROE	DR	EPS	BPS	PER	PBR
5	동아타이어	고무튜브 및 재생 타이어 제조업체.	201,507	10,079	279,527	4	4	12	425	11,781	13.6	0.5

EP	기업	개요	매출액	순이익	자기자본	ROOI	ROE	DR	EPS	BPS	PER	PBR
6	한국타이어	국내 1위의 타이어 제조업체. 주당순이익이 지속적으로 증가하고 있음.	2,063,766	170,173	1,522,800	8	11	42	1,118	10,006	26.0	1.7
7	넥센	고무튜브 및 재생타이어 제조업체. 2006년 4/4 분기에 적자로 전환됨.	135,453	-5,375	170,005	2	-3	44	-2,007	63,484	-	0.4
7	넥센타이어	국내 3위 타이어 제조업체.	476,745	13,236	259,736	5	5	106	1,394	27,364	10.2	0.9
7	금호타이어	국내 2위 타이어 제조업체. 2006년 4/4 분기에 적자로 전환됨.	1,813,794	970	909,926	4	0	165	14	12,999	-	0.9
	5개 평균		**938,253**	**37,817**	**628,399**	**4.6**	**3.4**	**74**	**189**	**25,127**	**16.6**	**0.9**

매출 규모에서는 한국타이어, 금호타이어가 양강체제를 유지하고 있다. 한국타이어는 2조원이 넘는 매출액을 달성하고 있고, 금호타이어는 1조 8,000억원의 실적을 거두고 있다.

순이익에선 한국타이어가 월등하다. 한국타이어는 1,700억원을 순이익으로 남기고 있는데, 이는 2위업체인 넥센타이어의 순이익 130억원보다 13배나 더 크다.

주당순이익에선 넥센이 앞서고, 주당순자산에서는 넥센, 넥센타이어가 가장 큰 가치를 자랑하고 있다. 넥센의 순자산가치는 주당 6만 3,000원을 넘어서고 있다.

차트 2-186을 통해 업계를 대표하는 3사의 주당순이익 추세를 비교해보자. 한국타이어나 넥센타이어가 일정한 추세를 유지하고 있는 반면, 금호타이어는 급속하게 실적이 악화되고 있는 것으로 파악되고 있다.

차트 2-186 **한국타이어, 금호타이어, 넥센타이어의 주당순이익 추세 비교**

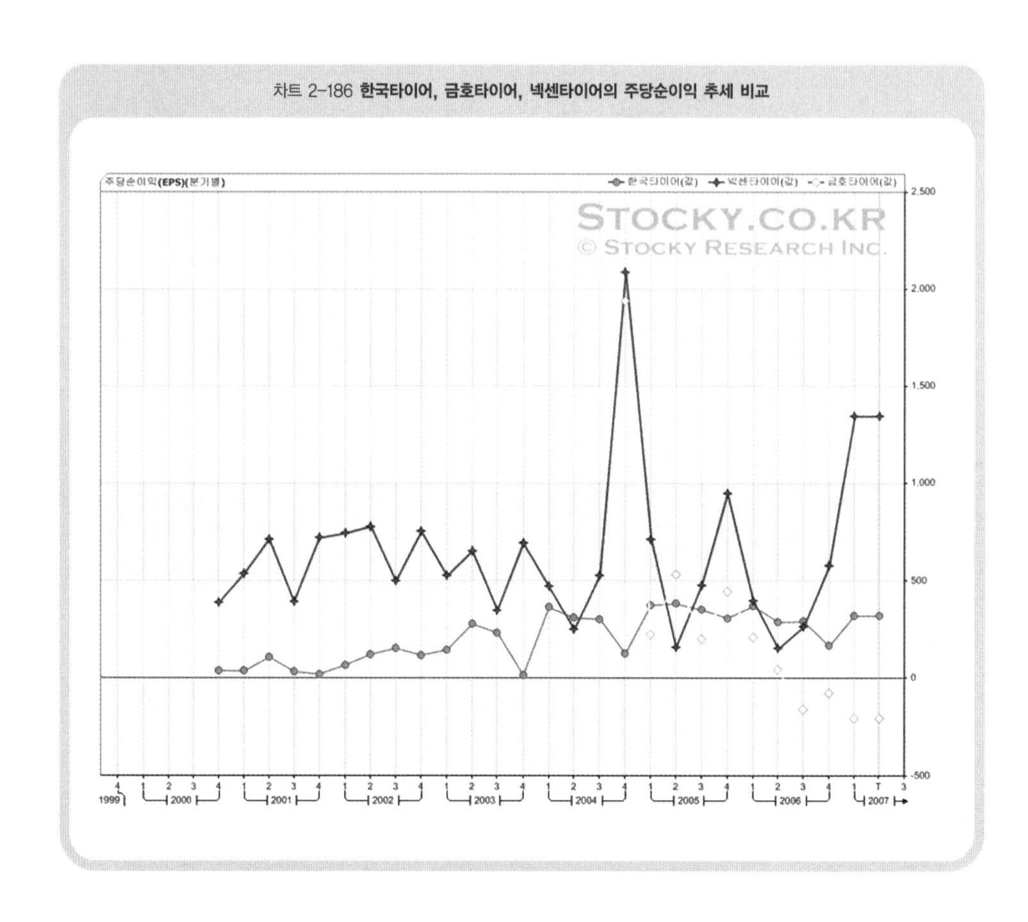

조선

표 2-62 **조선업종의 우수기업들**

EP	기업	개요	매출액	순이익	자기자본	ROOI	ROE	DR	EPS	BPS	PER	PBR
2	현대미포조선	PC선박 중심 조선업체.	2,335,712	236,258	1,220,265	9	19	188	11,813	61,013	12.0	3.1
3	한진중공업	조선업체이자 건설업체.	2,741,034	131,336	1,140,008	6	12	272	2,025	17,580	20.4	2.4

EP	기업	개요	매출액	순이익	자기자본	ROOI	ROE	DR	EPS	BPS	PER	PBR
4	대선조선	중소형 컨테이너선 조선업체. 2005년 1/4 분기부터 흑자로 전환됨.	149,071	21,264	94,482	5	23	146	42,023	186,723	6.5	1.6
4	삼성중공업	LNG선, 강선 중심 조선업체.	6,351,691	154,097	2,222,142	2	7	305	667	9,625	28.3	3.3
4	현대중공업	세계 1위의 조선업체. 로봇 및 중장비 제조, 플랜트 건설 등도 병행하고 있음.	12,554,744	712,848	4,478,650	7	16	195	9,380	58,930	14.9	3.9
4	대우조선해양	LNG선 중심 조선업체. 가끔 분기적자를 기록함.	5,400,661	58,723	1,603,416	−3	4	271	307	8,378	25.0	4.6
6	STX (에스티엑스)	STX조선, STX팬오션, STX엔진 등을 자회사로 거느린, 자원개발, 무역 사업을 하는 지주회사.	943,306	29,354	219,251	5	13	221	1,042	7,786	26.3	4.1
8	STX조선 (에스티엑스조선)	STX엔진, STX조선, STX에너지, 팬오션의 지주회사.	1,639,221	41,184	547,501	1	8	264	572	7,604	19.1	3.5
	8개 평균		**4,014,430**	**173,133**	**1,440,714**	**4.0**	**12.8**	**233**	**8,479**	**44,705**	**19.1**	**3.3**

매출액부터 살펴보기로 하자. 매출 규모에서는 현대중공업이 부동의 1위를 고수하고 있고, 삼성중공업과 대우조선해양이 2위군을 형성하고 있다. 현대중공업은 15조 5,000억원이 넘는 매출을 올리고 있고, 삼성중공업은 그 절반에도 못 미치는 6조 3,000억원이 넘는 매출을 거두고 있다. 참고로 현대중공업은 건설기계, 산업용 로봇, 산업플랜트 등의 다양한 사업영역에서도 큰 규모의 사업을 전개하고 있다. 현대중공업을 조선업체라고만 부르는 것은 문제가 있다.

순이익 실적에서도 현대중공업의 독주는 계속되고 있고, 현대미포조선, 삼성중공업 등이 그 뒤를 따르고 있다. 현대중공업의 순이익 규모는 7,100억원을 넘는다. 현대미포조선은 2,400억원, 삼성중공업이 1,500억원을 기록하고 있다.

차트 2-187 **조선업종의 매출액 분포**

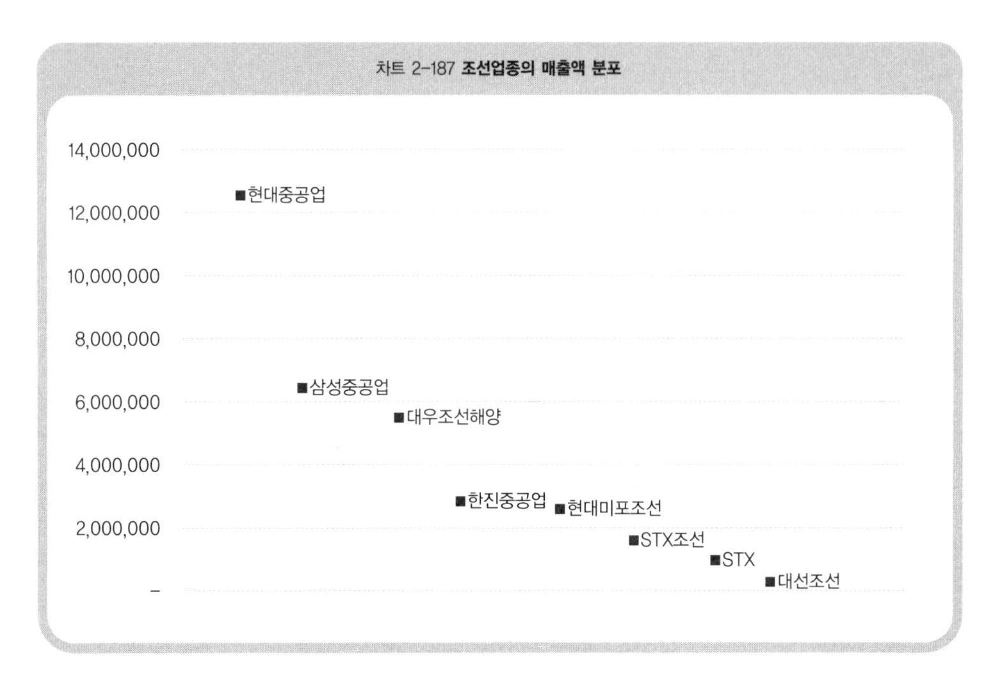

차트 2-188 **조선업종의 순이익 분포**

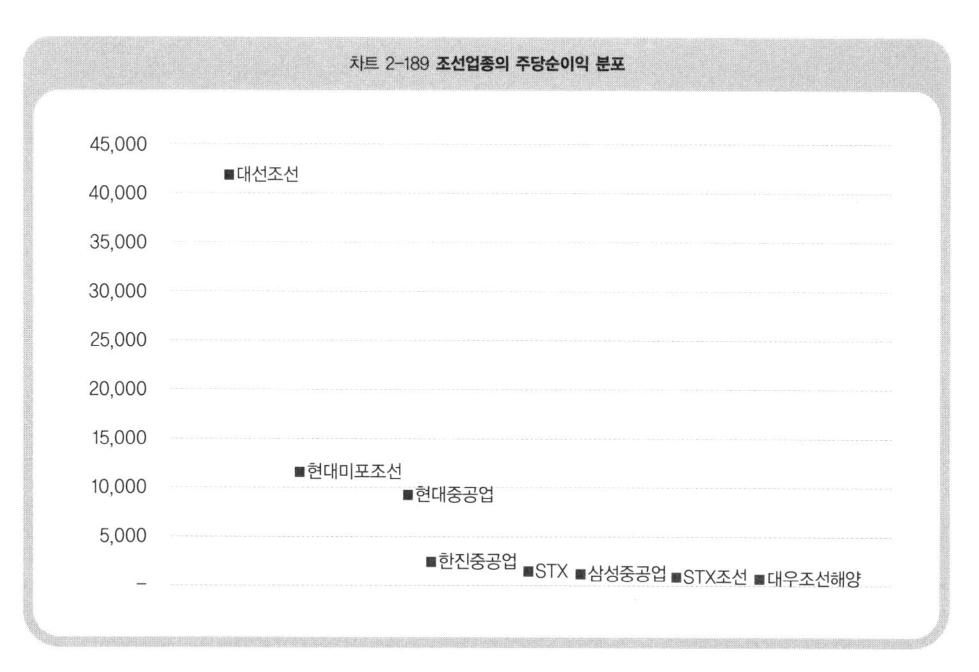
차트 2-189 조선업종의 주당순이익 분포
45,000
40,000
35,000
30,000
25,000
20,000
15,000
10,000
5,000
–
대선조선
현대미포조선
현대중공업
한진중공업
STX
삼성중공업
STX조선
대우조선해양

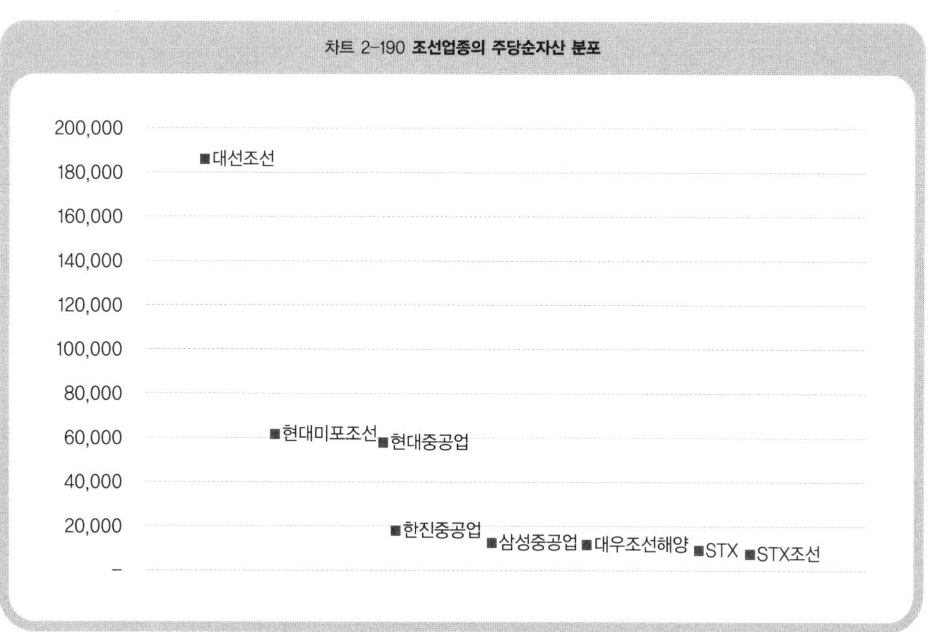
차트 2-190 조선업종의 주당순자산 분포
200,000
180,000
160,000
140,000
120,000
100,000
80,000
60,000
40,000
20,000
–
대선조선
현대미포조선
현대중공업
한진중공업
삼성중공업
대우조선해양
STX
STX조선

주당순이익 가치에서는 대선조선이 가장 큰 것으로 조사되고 있다. 대선조선의 주당순이익은 4만 2,000원이다. 현대미포조선이 1만원을 넘기고 있고, 현대중공업은 1만원 밑으로 처져 있다.

주당순자산 가치에서도 대선조선이 18만원을 넘기면서 6만원에 도달한 현대미포조선을 3배 이상 앞지르고 있다. 업계 1위 현대중공업도 결코 적지 않은 금액인 6만원대에 바짝 접근하고 있다. 한진중공업은 한참 뒤처져 있다.

주당순이익이 지속적으로 증가한 업체는 현대미포조선 하나뿐이다.

차트 2-191 **현대중공업과 현대미포조선의 주당순이익 추세 비교**

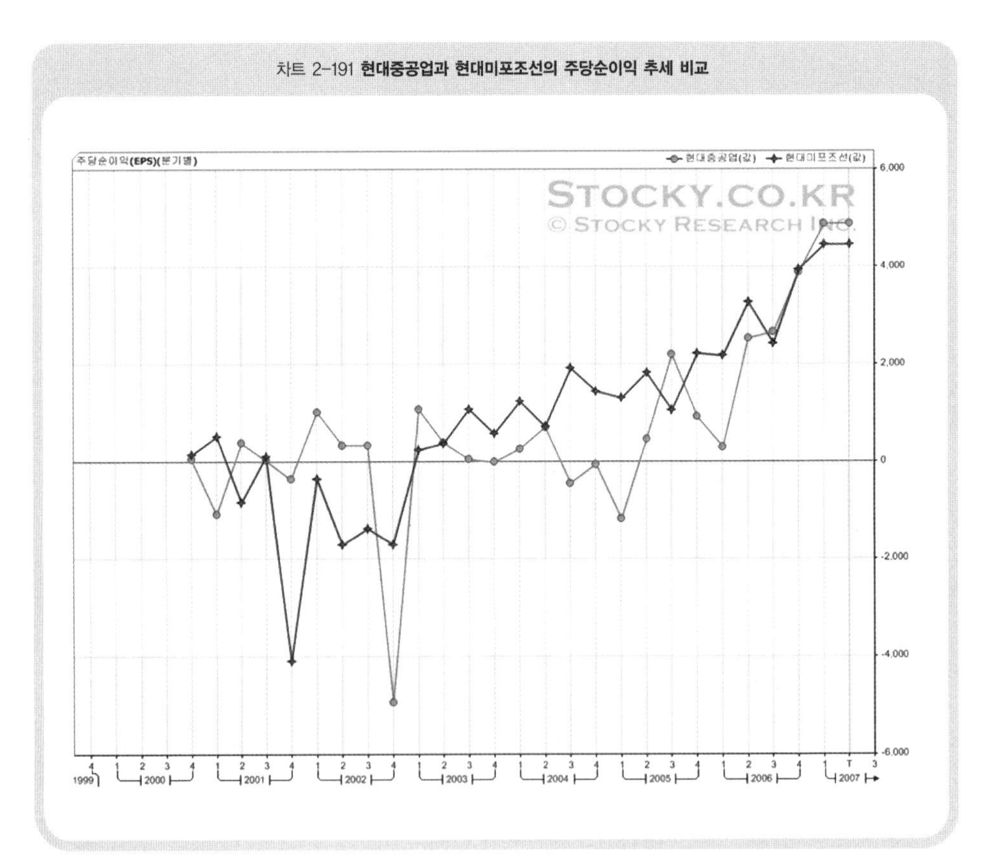

영업이익률이 10%를 넘긴 업체는 하나도 없지만, 대선조선과 현대미포조선, 현대중공업은 자기자본순이익률이 높은 편이다.

차트 2-191을 통해 업종 대표종목인 현대중공업과 수익 면에서 좋은 실적을 거두고 있는 현대미포조선의 주당순이익의 추세를 비교해보도록 하자. 두 기업의 주당순이익의 추세가 아주 산뜻한 모습을 연출하고 있는 것을 확인할 수 있다.

조선 장비/부품

표 2-63 **조선 장비/부품 업종의 우수기업들**

EP	기업	개요	매출액	순이익	자기자본	ROOI	ROE	DR	EPS	BPS	PER	PBR
1	한국카본	LNG선박 단열패널 제조업체.	149,175	14,389	104,418	12	14	48	488	3,540	18.6	2.8
2	케이에스피 (KSP)	엔진밸브 및 LNG선박용 프랜지 제조업체.	30,603	5,873	22,828	21	26	96	638	2,481	13.8	4.8
2	삼영엠텍	선박용 엔진부품 등 금속 구조재 제조업체.	63,076	7,655	26,470	18	29	100	696	2,406	14.5	5.0
2	STX엔진 (에스티엑스엔진)	선박용 엔진 제조업체.	870,031	42,584	209,209	5	20	201	1,485	7,295	17.8	5.6
6	현진소재	선박용 엔진부품 등 단조제품 제조업체.	141,689	17,903	127,305	16	14	47	1,256	8,934	17.1	3.1
	5개 평균		**250,915**	**17,681**	**98,046**	**14.4**	**20.6**	**98**	**913**	**4,931**	**16.4**	**4.3**

매출과 이익의 규모에서는 STX엔진이 가장 크고, 다음으로 한국카본과 현진소재가 엇비슷하다. STX엔진은 8,700억원의 매출액과 420억원의 순이익을 달성하고 있다. 한국카본과 현진소재는 1,500억원이 채 안 되는 매출액을 기록했으며, 순이익은 100억원대에 머물러 있다.

주당순자산에서는 현진소재가 9,000원 정도로 앞서고 있고, STX엔진이 뒤를 따르고 있다.

STX엔진은 주당순이익도 가장 많이 올리고 있는데, 거의 1,500원에 육박하고 있다. 현진소재가 그 뒤를 바짝 쫓고 있다.

네 개 업체나 1-2그룹에 포함되어 업종 전체적으로 주당순이익 추세가 좋은 것으로 파악되고 있다. 1그룹에는 한국카본이, 2그룹에는 케이에스피, 삼영엠텍, STX엔진 등이 당당히 이름을 올리고 있다.

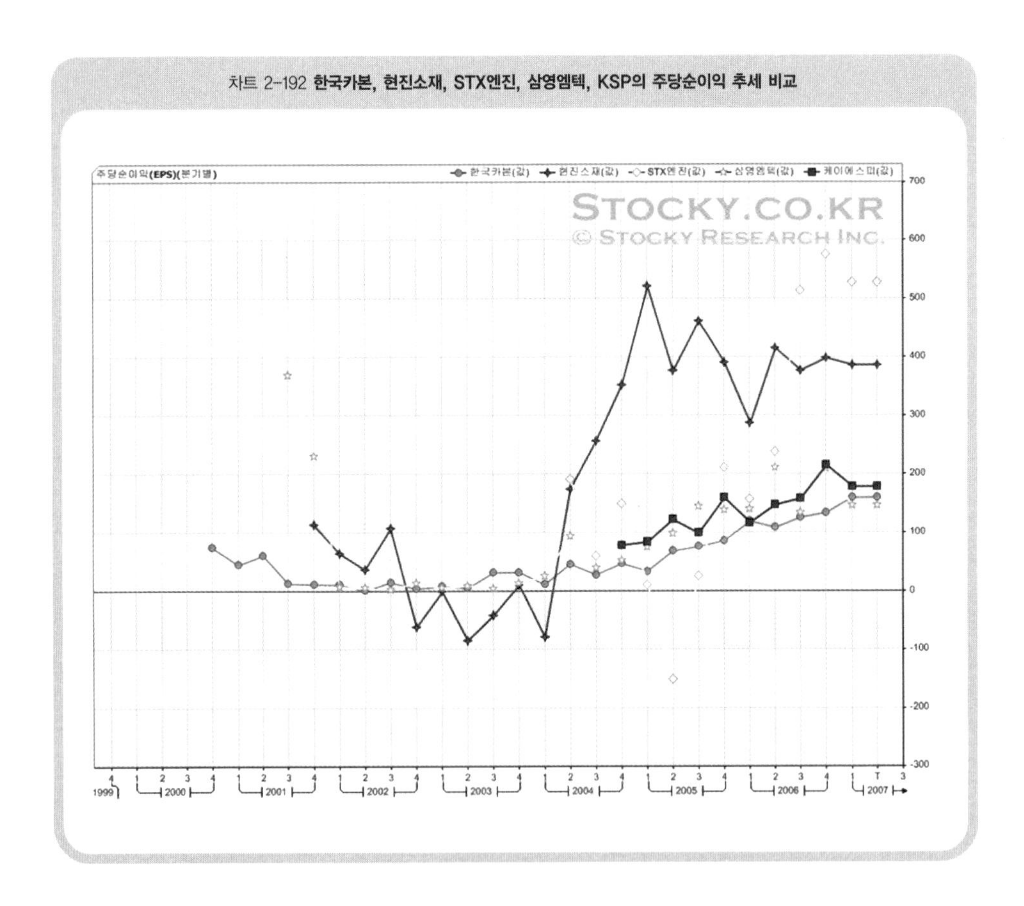

차트 2-192 **한국카본, 현진소재, STX엔진, 삼영엠텍, KSP의 주당순이익 추세 비교**

주당순이익 증가세가 한풀 꺾여서 6그룹으로 분류된 현진소재조차도 영업이익률 등은 높은 수준에 오르고 있다.

수익 창출능력이 가장 뛰어난 업체는 케이에스피다. 영업이익률과 자기자본순이익률 둘 다 20%를 넘기는 탁월한 경영능력을 발휘하고 있다. 삼영엠텍, 현진소재, 한국카본 등도 우수한 실적을 거두어들이고 있다.

차트 2-192를 통해 5개 업체를 한꺼번에 비교해보기로 하자. 한국카본, 현진소재, 삼영엠텍은 꾸준한 모습으로 증가세를 유지하고 있고, STX엔진의 주당순이익은 급격한 기울기로 솟아오르고 있다.

건설 기계/부품

표 2-64 **건설 기계/부품 업종의 우수기업들**

EP	기업	개요	매출액	순이익	자기자본	ROOI	ROE	DR	EPS	BPS	PER	PBR
2	프리엠스	건설용 중장비 전기배선장비 및 전장품 제조업체.	22,832	1,325	15,752	6	8	25	221	2,625	14.1	1.4
4	에버다임 (한우티엔씨)	건설용 펌프, 크레인, 굴착기 등의 중장비 부품 제조업체.	111,713	5,612	33,685	6	17	103	641	3,850	7.8	1.3
4	진성티이씨	토목건설기계 부품 제조업체.	101,075	6,156	37,290	8	17	85	385	2,331	17.1	3.4
5	수산중공업	유압브레이커, 트럭크레인 제조업체. 가끔 분기적자를 기록함.	63,294	5,883	33,605	6	18	68	117	666	5.7	1.7
5	두산인프라코어	건설, 운송관련 중장비 및 부품 제조업체.	3,282,770	135,744	1,061,415	7	13	133	807	6,312	94.5	4.7
6	혜인	캐터필러 등의 중장비 판매, 정비업체	103,962	1,811	81,461	5	2	33	146	6,554	57.2	0.7
6	대창단조	트랙, 롤러, 샤프트 등 중장비 부품 제조업체.	133,601	3,309	37,710	4	9	149	1,654	18,855	9.6	0.8
6	현대엘리베이터	국내 1위의 엘리베이터 제조업체.	495,059	44,495	413,354	7	11	148	6,238	57,953	37.9	1.5

EP	기업	개요	매출액	순이익	자기자본	ROOI	ROE	DR	EPS	BPS	PER	PBR
11	수성	전동차, 리프트 등 제조업체.	22,835	5,249	22,019	12	24	70	640	2,685	2.2	1.4
	9개 평균		**481,905**	**23,287**	**192,921**	**6.8**	**13.2**	**90**	**1,205**	**11,315**	**27.3**	**1.9**

매출액과 순이익을 살펴보면 두산인프라코어가 선두를 질주하고 있다. 매출액은 3조 3,000억 정도 되는데, 2위인 현대엘리베이터보다 6배나 더 크다. 순이익은 1,300억을 넘는데, 대창단조의 3배 크기다.

기업가치에서는 현대엘리베이터가 가장 높이 오르고 있다.

차트 2-193 **진성티이씨, 프리엠스, 에버다임의 주당순이익 추세의 비교**

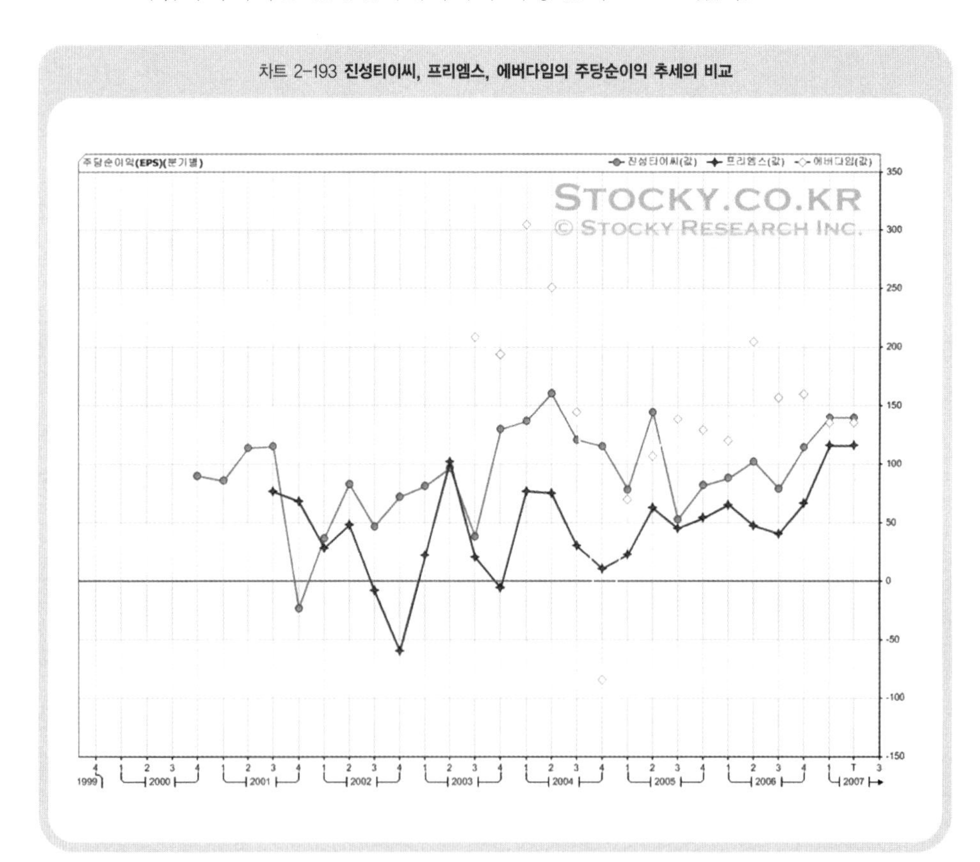

주당순자산 가치에서는 현대엘리베이터가 앞질러 가고, 대창단조가 뒤를 따르고 있는데, 현대는 주당 5만 8,000원이라는 높은 가치를 구현하고 있으며, 대창단조도 1만 9,000원에 도달하고 있다.

주당순이익에서는 현대엘리베이터가 6,000원을 넘고, 대창단조는 2,000원에 못 미치고 있다.

전반적으로 영업이익률은 높은 편이 아니다. 수성이 둘 다 두 자릿수를 달성하면서 가장 높은 이익률을 실현하고 있다.

자기자본순이익률에서 수산중공업, 에버다임, 진성티이씨, 두산인프라코어가 우수한 실적을 기록하고 있다.

업계를 대표하는 두산이나 현대 등은 주당순이익을 증가세로 이끌지 못하고 있다. 그래서 차트 2-193을 통해 2그룹에 속하는 프리엠스와 자기자본순이익률이 높은 에버다임, 진성티이씨 3사의 주당순이익 추세를 비교해보기로 하자. 세 회사의 주당순이익이 2005년 이후에 증가하는 추세에 있음을 확인할 수 있다.

일반 기계/부품

표 2-65 **일반 기계/부품 업종의 우수기업들**

EP	기업	개요	매출액	순이익	자기자본	ROOI	ROE	DR	EPS	BPS	PER	PBR
1	영풍정밀	고려아연의 계열사. 정유, 화학, 제련 설비용 펌프, 밸브 제조업체.	47,629	14,646	72,587	10	20	26	9,299	46,087	6.0	1.0
1	성광벤드	합금강 및 스텐레스강 관이음새 제조업체.	181,983	19,957	72,096	16	28	172	698	2,521	17.5	5.8

EP	기업	개요	매출액	순이익	자기자본	ROOI	ROE	DR	EPS	BPS	PER	PBR
2	제일테크노스	열교환기, 환기덕트 등 건물용 공조시스템 제조업체.	90,872	2,749	19,396	5	14	186	3,054	21,552	5.0	0.9
2	케이피에프	건설/자동차 용 볼트 등 금속부품 제조업체. 2005년 4/4분기에 분기적자를 기록했음.	99,176	6,834	60,776	3	11	50	611	5,431	24.2	1.0
2	화성	LNG 가스관료용 밸브 제조업체.	35,404	2,163	17,826	9	12	41	297	2,449	9.1	1.1
2	한광	국내 1위의 산업용 레이저가 공기기 제조업체.	40,672	3,851	22,489	12	17	64	228	1,332	12.2	2.4
2	하이록코리아	배관용 관이음새/밸브 제조업체.	68,113	6,017	32,619	16	18	162	510	2,765	17.7	3.0
2	디에스아이 (DSI)	주차, 포장 설비 제조 및 임플란트 제조업체.	32,506	5,301	23,993	21	22	19	503	2,277	14.9	4.8
2	태웅	화학, 발전, 조선 설비용 단조제품 제조업체.	275,984	27,325	94,562	13	29	65	1,738	6,015	18.4	6.6
3	케이아이씨 (KIC)	제철, 유화 업체용 가열, 단열설비 플랜트업체.	55,103	6,912	33,332	9	21	149	804	3,876	6.0	1.8
4	삼양중기	제지기계, 프레스기계, 일반산업기계 제조업체. 가끔 분기적자를 기록함.	15,526	1,705	55,739	3	3.1	13	1,380	45,113	36.9	0.7
4	삼목정공	건설용 거푸집 제조업체. 2006년 4/4분기에 적자로 전환됨.	96,648	4,617	29,330	6	16	90	471	2,993	–	1.0
4	삼천리자전거	자전거 제조업체. 계절적인 적자를 기록하고 있음.	65,180	4,855	23,427	8	21	25	485	2,343	–	1.2
4	태광	관이음새 제조업체.	189,562	19,080	120,173	13	16	50	964	6,071	22.2	3.3
5	계양전기	전동공구 제조업체.	136,727	5,344	110,718	5	5	15	164	3,396	4133.3	0.7
5	동아에스텍	도로/교량 가드레일 제조업체.	52,560	6,443	38,952	13	17	21	657	3,975	4.2	0.9
5	와이지-원 (YG1)	절삭공구 제조업체.	105,483	7,332	68,054	8	11	77	339	3,149	22.4	1.1
5	SIMPAC (심팩)	국내 1위의 프레스설비 제조업체.	107,092	8,665	52,419	11	17	97	333	2,016	23.4	1.1
5	에이제이에스 (AJS)	조인트, 이음새 제조업체.	31,595	2,094	16,663	9	13	96	104	830	13.2	2.3
6	삼우이엠씨	클린 룸, 오피스 파티션 등 금속판 제조업체.	162,049	9,516	82,278	8	12	73	642	5,554	11.6	0.6
6	화천기계공업	화천기공 자회사. 공작기계 제조업체.	128,862	3,605	70,492	3	5	45	1,639	32,042	7050.8	0.6

EP	기업	개요	매출액	순이익	자기자본	ROOI	ROE	DR	EPS	BPS	PER	PBR
6	나라엠앤디	자동차, 전자 업체용 사출, 프레스 금형 제조업체. 2006년 4/4분기에 적자로 전환됨.	53,798	1,686	44,701	5	4	48	119	3,148	–	0.7
6	티피씨메카트로닉스 (TPC)	국내 1위의 공기압 기기/부품 제조업체. 가끔 분기적자를 기록했음.	33,385	745	16,952	3	4	73	173	3,942	13.7	0.8
6	헤스본	자동차 정비용 리프트 제조업체. 가끔 분기적자를 기록함.	32,962	2,064	26,903	4	8	75	206	2,690	–	1.1
6	화천기공	공작기계 제조업체.	124,205	10,029	84,777	9	12	59	4,559	38,535	7.7	1.2
6	삼익THK	리니어모션시스템 등 동력전달기기/부품 제조업체.	134,092	11,329	74,778	11	15	89	539	3,561	13.3	1.3
6	한신기계공업	전 산업용 공기압축기기 제조업체.	38,500	3,799	26,050	15	15	40	133	911	4.9	1.3
6	한국주강	조선, 제철, 기계, 건설 설비용 주강제품 제조업체.	26,696	5,837	25,222	12	23	28	542	2,340	7.2	1.5
7	삼화왕관	국내 1위의 병마개 제조업체.	70,999	5,427	95,137	5	6	12	1,442	25,269	17.2	0.8
7	파라다이스산업(파라텍)	소방제품 제조업체.	78,513	3,436	38,260	7	9	73	309	3,441	10.5	1.0
7	조광아이엘아이	대형 밸브 제조업체.	12,072	1,279	17,604	9	7	20	177	2,433	22.5	1.7
7	봉신	고무, 플라스틱, 철강, 금속 업체용 산업기계 및 공작기계 등 제조업체. 2006년 4/4분기에 적자로 전환됨.	102,676	6,776	51,119	2	13	167	90	679	–	3.5
8	에쎈테크	동합금 밸브, LPG 밸브, 관이음새 등 생산업체. 2006년 1/4분기부터 흑자로 전환됨.	67,449	1,833	20,600	4	9	108	193	2,168	12.1	0.9
8	유리이에스 (SNG21)	INI스틸, 동국제강 협력업체. 철강압연용 Roll 제조업체.	11,157	515	7,749	4	7	59	875	13,182	33.4	3.7
	34개 평균		**82,507**	**6,581**	**48,464**	**8.6**	**13.5**	**70**	**1,008**	**8,944**	**399.7**	**1.8**

매출액과 순이익의 실적부터 살펴보자.

업체들 간의 매출액 격차가 크지 않아서 분포도상에 각 업체들이 골고루 위치해 있는 것을 볼 수 있다.

차트 2-194 **일반 기계/부품 업종의 매출액 분포(1)**

300,000
250,000
200,000
150,000
100,000
50,000
–

태웅
태광
성광벤드
삼우이엠씨
계양전기
삼익THK
화천기계공업
화천기공
SIMPAC
와이지-원

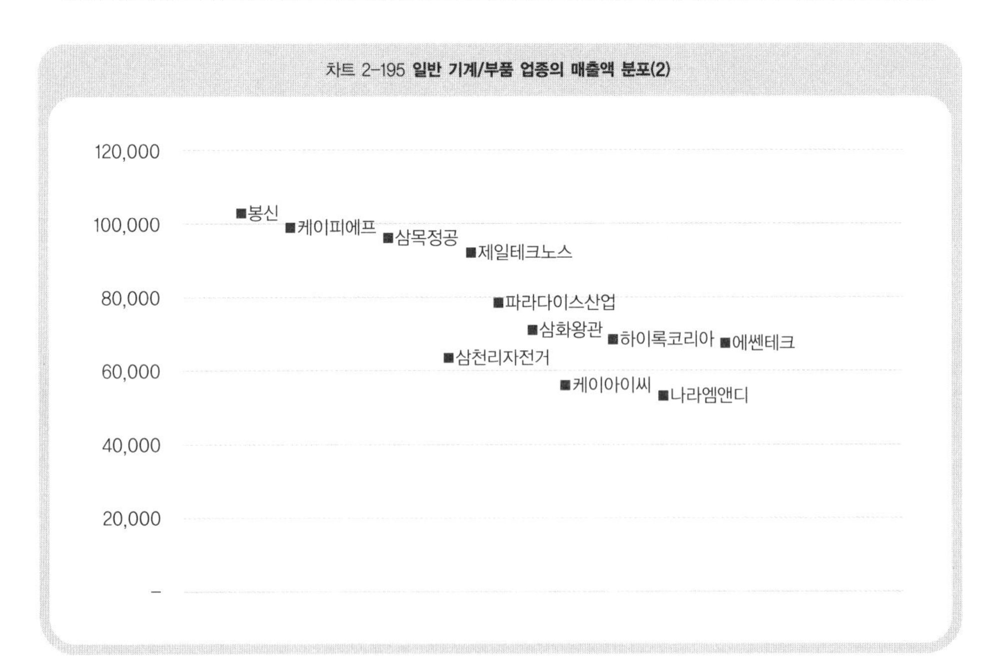

차트 2-195 **일반 기계/부품 업종의 매출액 분포(2)**

차트 2-196 **일반 기계/부품 업종의 매출액 분포(3)**

60,000
50,000
40,000
30,000
20,000
10,000
–

동아에스텍
영풍정밀
한광
한신기계공업
화성
티피씨메카
헤스본
디에스아이
에이제이에스
한국주강
삼양중기
조광아이엘아이
유리이에스

차트 2-197 **일반 기계/부품 업종의 순이익 분포(1)**

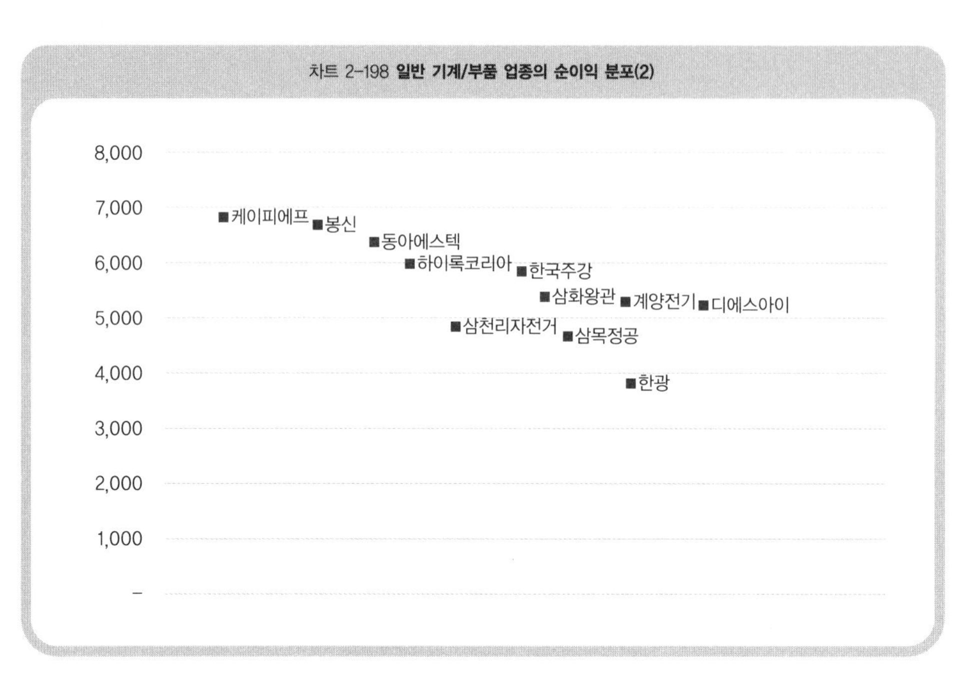

차트 2-198 일반 기계/부품 업종의 순이익 분포(2)
8,000
7,000
6,000
5,000
4,000
3,000
2,000
1,000
–
케이피에프
봉신
동아에스텍
하이록코리아
한국주강
삼화왕관
계양전기
디에스아이
삼천리자전거
삼목정공
한광

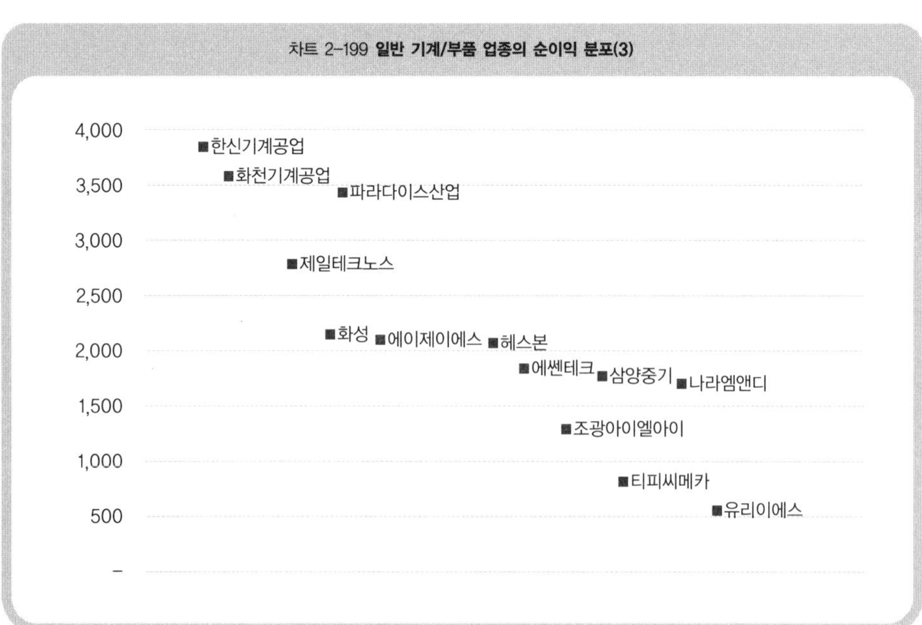

차트 2-199 일반 기계/부품 업종의 순이익 분포(3)
4,000
3,500
3,000
2,500
2,000
1,500
1,000
500
–
한신기계공업
화천기계공업
파라다이스산업
제일테크노스
화성
에이제이이에스
헤스본
에쎈테크
삼양중기
나라엠앤디
조광아이엘아이
티피씨메카
유리이에스

차트 2-200 **일반 기계/부품 업종의 주당순이익 분포(1)**

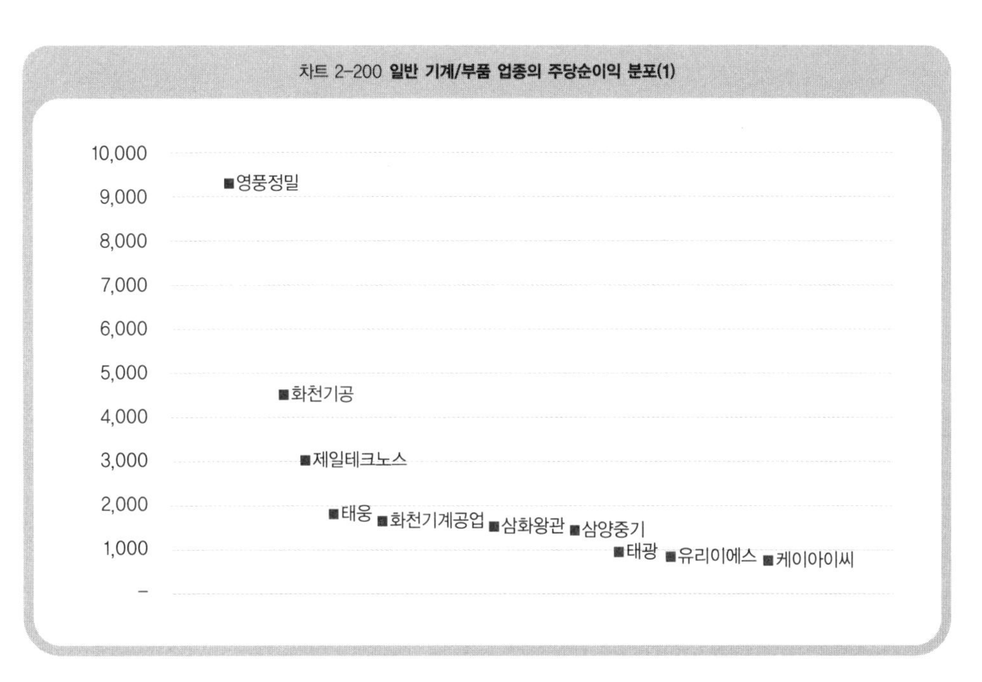

차트 2-201 **일반 기계/부품 업종의 주당순이익 분포(2)**

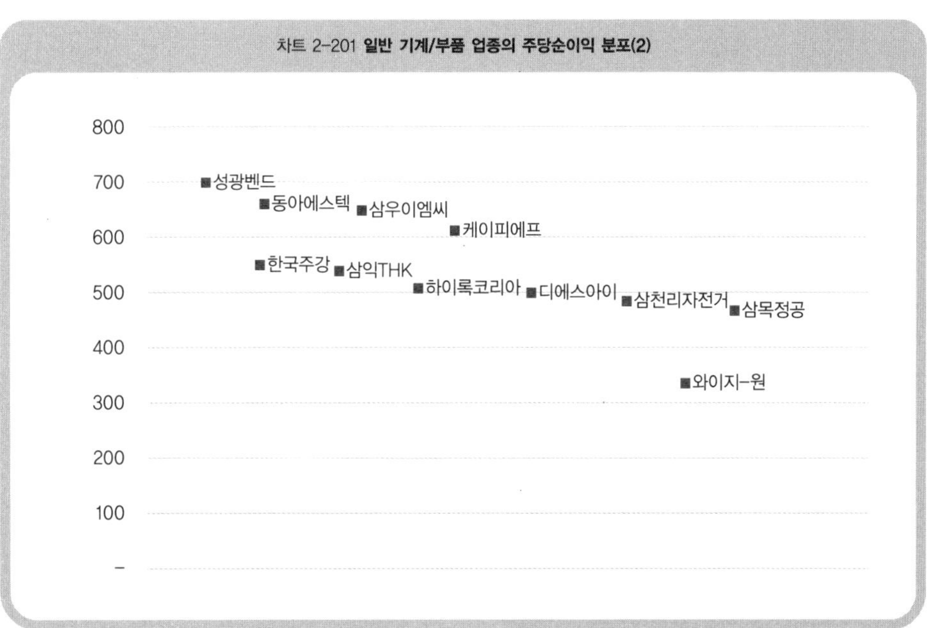

차트 2-202 **일반 기계/부품 업종의 주당순이익 분포(3)**

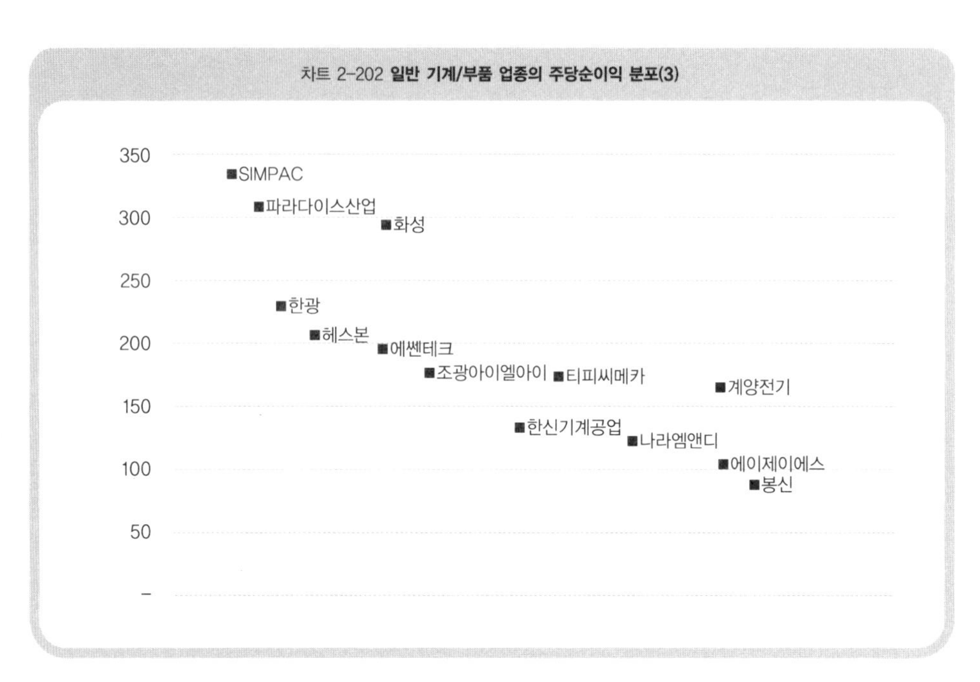

차트 2-203 **일반 기계/부품 업종의 주당순자산 분포(1)**

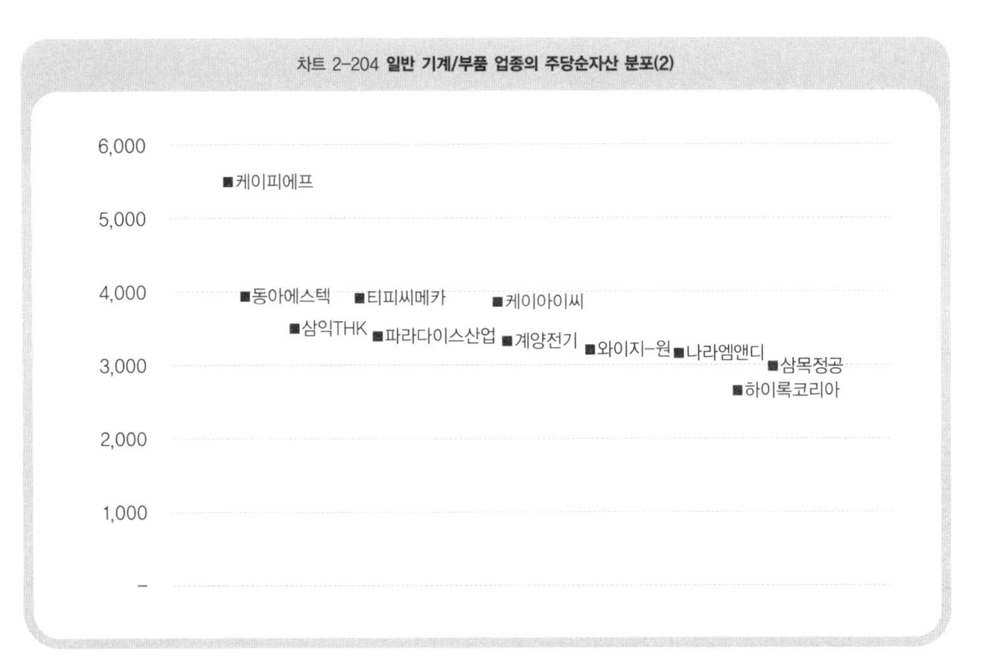
차트 2-204 일반 기계/부품 업종의 주당순자산 분포(2)
6,000
5,000
4,000
3,000
2,000
1,000
–
케이피에프
동아에스텍
티피씨메카
케이아이씨
삼익THK
파라다이스산업
계양전기
와이지-원
나라엠앤디
삼목정공
하이록코리아

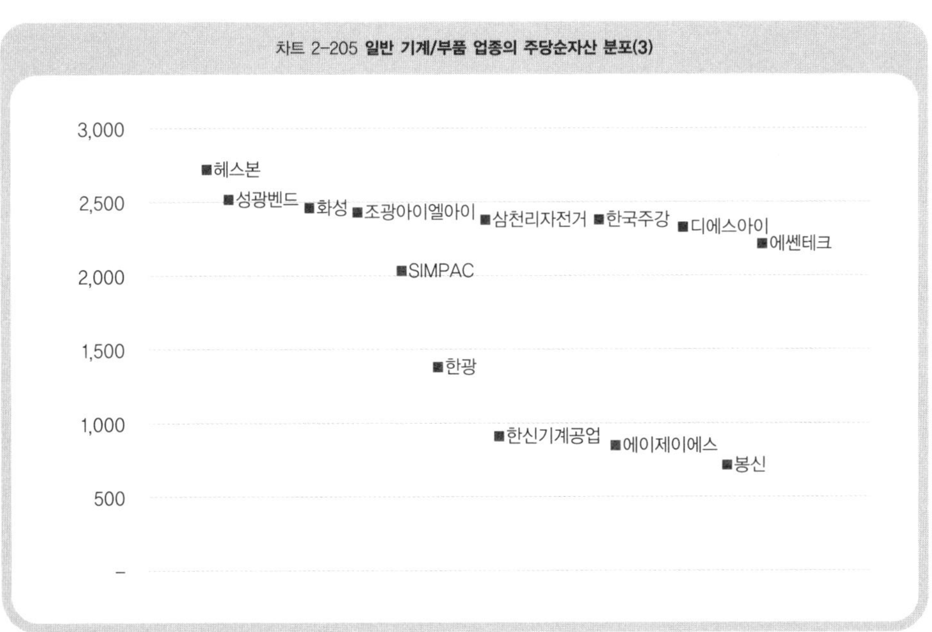
차트 2-205 일반 기계/부품 업종의 주당순자산 분포(3)
3,000
2,500
2,000
1,500
1,000
500
–
헤스본
성광벤드
화성
조광아이엘아이
삼천리자전거
한국주강
디에스아이
에쎈테크
SIMPAC
한광
한신기계공업
에이제이이에스
봉신

매출 실적에서는 태웅이 앞에 나서고 있고, 태광, 성광벤드, 삼우이엠씨, 계양전기, 삼익THK, 화천기계공업, 화천기공, SIMPAC, 와이지-원, 봉신 등이 줄지어 서 있다. 태웅의 매출액은 2,700억원을 넘고 있으며, 그 다음 태광이 1,900억원 가까이에 이르고 있다. 1,000억을 넘긴 업체는 모두 11개인데, 1,000억 언저리까지 올라온 업체는 3개가 더 있다.

순이익 실적에서도 태웅이 앞서고 있고, 성광벤드, 태광, 영풍정밀, 삼익THK 등이 뒤를 따르고 있다. 태웅은 270억원의 순이익을 올리고 있고, 곧이어 성광벤드가 200억원 가까이 접근하고 있다. 100억원 이상 순이익 실적을 달성하고 있는 업체는 전부 6개다.

주당순이익 실적에서는 영풍정밀의 독주가 눈에 띈다. 그리고 화천기공, 제일테크노스, 태웅, 화천기계공업, 삼화왕관, 삼양중기 등이 뒤를 잇고 있다. 영풍정밀의 주당가치는 9,000원을 넘고 있다. 2위인 화천기공의 주당가치는 5,000원이 채 되지 않는다. 주당 1,000원 이상의 가치를 실현한 업체의 수는 전부 7개에 불과하다.

주당순자산에서도 영풍정밀의 선전이 계속되고 있고, 삼양중기, 화천기공, 화천기계공업, 삼화왕관, 제일테크노스, 유리이에스 등도 기업가치를 끌어올리고 있다. 영풍정밀과 삼양중기는 각각 4만 6,000원과 4만 5,000원의 주당순자산을 축적하면서 각축을 벌이고 있다.

34개 업체 중에서 1그룹에는 영풍정밀과 성광벤드의 2개 업체가 포함되었다. 2그룹에도 제일테크노스, 케이피에프, 화성, 한광, 하이록코리아, 디에스아이, 태웅 등의 7개 업체가 포함되었다. 업종 전체적으로 실적이 양호한 기업들이 많다는 것을 알 수 있다.

영업이익률과 자기자본순이익률 양쪽에서 두 자릿수를 달성한 기업도 12개나 된다. 디에스아이, 성광벤드, 하이록코리아, 한신기계공업, 태웅, 동아에스텍, 태광, 한국주강, 한광, SIMPAC, 삼익THK, 영풍정밀 등이다. 특히 이익률 선두에 오른 디에스아이는 양쪽 다 20%를 넘는 기염을 토하고 있다.

기계업종의 우량기업 리스트를 정리해보면 표 2-66과 같다. 주당순이익 추세가 좋거나 이익률이 좋은 기업들이다.

표 2-66 **일반 기계/부품 업종의 우량기업들**

기업	ROOI	ROE	EPS P	EPS R	PBR
영풍정밀	10	20	1	1	0.99
성광벤드	16	28	1	11	5.79
제일테크노스	5	14	2	3	0.90
화성	9	12	2	24	1.14
한광	12	17	2	25	2.41
하이록코리아	16	18	2	17	2.98
디에스아이	21	22	2	18	4.83
태웅	13	29	2	4	6.58
케이아이씨	9	21	3	9	1.79
한신기계공업	15	15	6	31	1.33
동아에스텍	13	17	5	12	0.94
태광	13	16	4	8	3.32
한국주강	12	23	6	15	1.54
SIMPAC	11	17	5	22	1.14
삼익THK	11	15	6	16	1.33
에이제이에스	9	13	5	33	2.30
화천기공	9	12	6	2	1.24

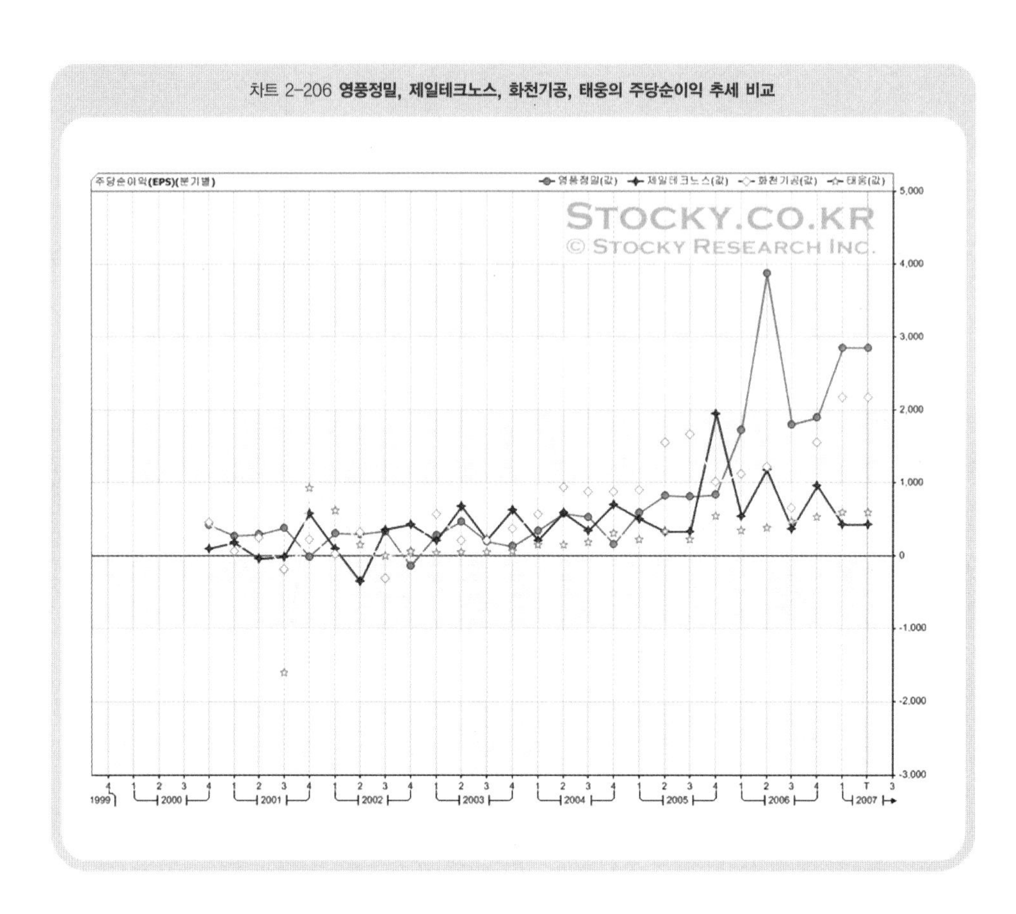

차트 2-206 **영풍정밀, 제일테크노스, 화천기공, 태웅의 주당순이익 추세 비교**

이들 중에서 기계업종을 대표할 만한 네 기업들의 주당순이익 추세를 비교해보자. 주당순이익 1위부터 4위까지의 수위업체들의 주당순이익이 지속적으로 증가하는 추세에 있음을 확인할 수 있다. 특히 영풍정밀은 가파른 성장세를 구가하고 있다.

정밀/의료 기기

표 2-67 **정밀/의료 기기업종의 우수기업들**

EP	기업	개요	매출액	순이익	자기자본	ROOI	ROE	DR	EPS	BPS	PER	PBR
2	프로소닉	초음파진단기 탐촉자 제조업체. 2006년 4/4분기에 적자로 전환됨.	17,729	4,020	23,312	–5	17	24	391	2,264	–	1.5
6	카스	전자저울 제조업체. 가끔 분기적자를 기록함.	72,031	2,011	36,383	6	6	102	144	2,597	8.1	0.6
6	세코닉스	광학렌즈 제조업체. 2006년 4/4분기에 적자로 전환됨.	26,141	487	31,344	–6	2	80	80	5,151	–	0.7
6	자원메디칼	체성분분석기, 전자혈압계 등 제조업체.	12,104	1,338	20,828	11	6	8	209	3,254	35.3	0.9
6	원익	각종 의료기기, 조명부품 및 조명기기 유통업체. 가끔 분기 적자를 기록했으며, 2006년 4/4분기에 적자로 전환됨.	42,813	4,477	58,822	12	8	36	499	6,551	–	0.9
6	신흥	치과용 기자재 유통업체.	141,847	6,353	68,601	9	9	81	635	6,860	–	2.3
7	코메론	줄자 제조업체.	29,077	3,174	46,432	19	7	9	351	5,132	26.5	0.7
7	바이오스페이스	체성분분석기 등 의료기기 제조업체. 2006년 4/4분기에 적자로 전환됨.	11,963	294	18,154	2	2	5	43	2,635	–	1.0
7	휴비츠	안광학 의료기기 제조업체.	21,035	1,894	17,253	11	11	64	209	1,906	382.4	1.6
7	썸텍	화상시스템 및 의료기기 제조업체.	8,752	1,819	18,316	22	10	8	134	1,344	45.6	3.8
	10개 평균		**38,349**	**2,587**	**33,945**	**8.1**	**7.8**	**42**	**270**	**3,769**	**99.6**	**1.4**

하나를 빼고 모든 기업들이 6-7그룹에 속하고 있어서 업종 전체적으로 실적이 부진한 상태인 것으로 판단된다.

매출액이나 순이익의 규모에서는 신흥이 가장 크다. 매출액은 1,400억을 넘어서고 있다.

주당순이익이나 주당순자산에서도 신흥이 앞서고 있고, 원익이 뒤를 따르고 있다.

썸텍과 휴비츠, 코메론, 원익 등의 이익률이 타 업체들에 비해 높은 편이다.

산업플랜트

표 2-68 **산업플랜트업종의 우수기업들**

EP	기업	개요	매출액	순이익	자기자본	ROOI	ROE	DR	EPS	BPS	PER	PBR
2	금화 피에스시	발전소 중심의 플랜트 업체.	59,520	3,612	34,075	5	11	26	602	5,679	4.4	0.9
2	에쓰씨엔지니어링 (SC엔지니어링)	석유화학, 제약 플랜트 업체.	96,354	4,513	33,365	2	14	43	443	3,278	6.1	0.9
2	S&TC (에스앤티씨)	석유화학, 건설, 발전 업체용 열교환기, 필튜브, 열회수장치 등 플랜트 업체.	120,486	21,492	148,207	10	15	38	2,866	19,761	12.8	1.7
2	이테크건설	동양제철화학 계열사, 화학/환경/에너지 플랜트 및 건설 업체	344,080	8,911	46,101	5	19	381	3,182	16,465	12.1	2.1
2	티에스엠텍	국내 1위의 티타늄 플랜트 및 티타늄부품 제조업체.	117,278	12,621	66,549	14	19	111	1,354	7,140	12.8	2.8
2	아이디에이치 (IDH, 대현테크)	제철, 플랜트 업체용 생산설비 제조 및 섬유업체용 날염기기 제조업체.	90,460	43,366	29,266	4	15	196	228	1,525	22.8	4.4
2	삼성 엔지니어링	국내 대표적인 플랜트, 엔지니어링, 토목 업체.	1,716,961	110,557	435,213	7	25	191	2,764	10,880	27.9	6.6
4	한국코트렐	대기오염 방지설비 제조업체.	136,753	10,106	50,289	6	20	115	5,944	29,582	1.1	0.3
4	휴먼텍 코리아	반도체 클린룸, 화학/제약/식품 설비 플랜트업체.	160,991	4,249	27,452	3	15	161	399	2,578	15.3	2.3
4	화인텍	LNG 저장/수송용 초저온 보냉제 및 관련설비 제조업체.	211,695	10,772	75,173	7	14	206	718	5,012	28.7	3.5
6	한양이엔지	반도체 공정용 배관설비, 화학약품 공급장치 등 시설업체	201,344	13,475	57,315	7	24	103	898	3,821	4.3	1.6
6	유니슨	교량건설, 발전설비 등의 플랜트업체.	55,083	4,116	80,232	10	5	71	222	4,324	23.6	2.4

EP	기업	개요	매출액	순이익	자기자본	ROOI	ROE	DR	EPS	BPS	PER	PBR
6	지엔텍	포스코 독점 납품하는, 집진 및 대기오염방지설비 설치 및 유지보수 업체. 2006년 4/4분기에 적자로 전환됨.	67,888	1,343	88,248	2	9	22	88	5,806	–	4.0
6	케너텍	포스코, 지역난방공사 등을 위한, 연소설비, 발전설비, 제어설비 제조, 설치업체. 2006년 4/4분기에 적자로 전환됨.	83,175	3,232	44,926	11	7	183	266	3,697	–	4.9
7	두산중공업	발전설비, 담수화설비 등 플랜트업체. 가끔 분기적자를 기록했음.	3,508,665	74,165	2,001,961	6	4	158	710	19,176	43.3	3.7
8	대경기계기술	석유화학플랜트용 보일러, 열교환기 제조업체.	177,959	8,308	23,654	8	35	395	1,518	4,321	24.5	6.7
11	범우이엔지	제철, 발전 설비용 보일러, 열교환기 제조업체.	62,421	6,406	41,571	9	15	120	490	3,178	36.1	2.4
	17개 평균		**424,183**	**20,073**	**193,153**	**6.8**	**15.6**	**148**	**1,335**	**8,601**	**18.4**	**3.0**

매출액과 순이익의 규모부터 살펴보기로 하자.

두산중공업이 3조 5,000억원, 삼성엔지니어링이 1조 7,000억원의 매출액을 기록하고 있다. 두산과 삼성 다음으로는 이테크건설, 화인텍, 한양이엔지, 휴먼텍코리아 등이 1,500억원 이상의 매출 실적을 달성하고 있다. 세 번째인 이테크건설은 3,400억원의 매출액을 올리고 있다.

순이익 실적에선 삼성엔지니어링이 두산중공업을 앞지르고 있다. 삼성이 1,100억을 올리는 동안 두산은 740억원의 순이익을 얻는 데 그치고 있다. 430억의 아이디에이치와 210억의 S&TC가 뒤를 따르고 있다.

한국코트렐은 5,900원이 넘는 주당순이익을 획득하면서 가장 윗자리에 오르고 있다. 그 다음으로 이테크건설, S&TC, 삼성엔지니어링, 대경기계기술, 티에스엠텍 등이 주당 1,000원을 넘어서고 있다.

주당순자산에서도 한국코트렐이 가장 큰 가치를 실현하고 있는데, 3만

차트 2-207 **산업플랜트업종의 매출액 분포(1)**

4,000,000
3,500,000
3,000,000
2,500,000
2,000,000
1,500,000
1,000,000
500,000
–

■두산중공업
■삼성엔지니어링
■이테크건설
■화인텍
■한양이엔지
■대경기계기술
■휴먼텍코리아

차트 2-208 **산업플랜트업종의 매출액 분포(2)**

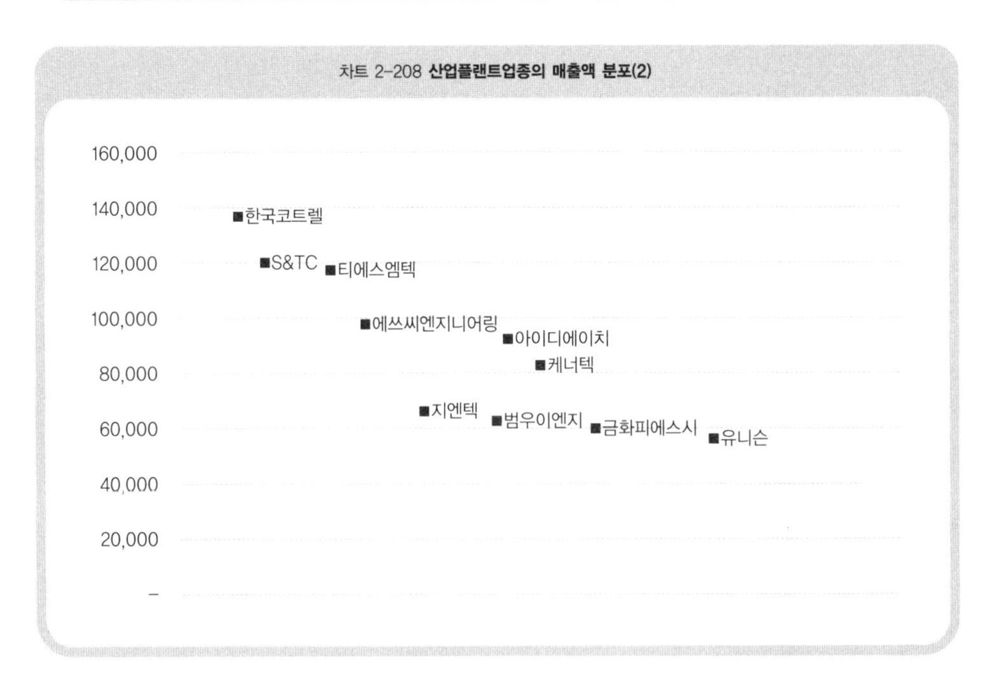

차트 2-209 **산업플랜트업종의 순이익 분포(1)**

120,000
■삼성엔지니어링
100,000
80,000
■두산중공업
60,000
■아이디에이치
40,000
■S&TC
20,000
■한양이엔지 ■티에스엠텍 ■화인텍
–

차트 2-210 **산업플랜트업종의 순이익 분포(2)**

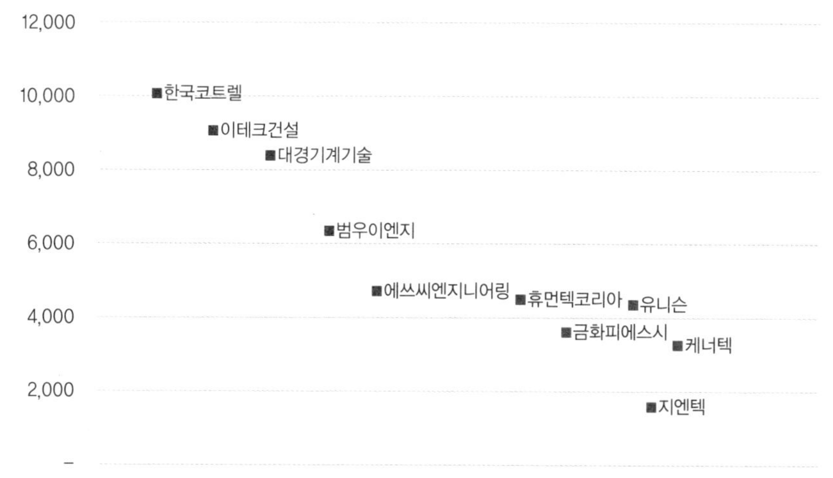

12,000
■한국코트렐
10,000
■이테크건설
■대경기계기술
8,000
■범우이엔지
6,000
■에쓰씨엔지니어링 ■휴먼텍코리아 ■유니슨
4,000
■금화피에스시 ■케너텍
2,000
■지엔텍
–

차트 2-211 산업플랜트업종의 주당순이익 분포(1)
7,000
6,000
5,000
4,000
3,000
2,000
1,000
–
한국코트렐
이테크건설
S&TC
삼성엔지니어링
대경기계기술
티에스엠텍
한양이엔지

차트 2-212 산업플랜트업종의 주당순이익 분포(2)
800
700
600
500
400
300
200
100
–
화인텍
두산중공업
금화피에스시
범우이엔지
에쓰씨엔지니어링
휴먼텍코리아
케너텍
아이디에이치
유니슨
지엔텍

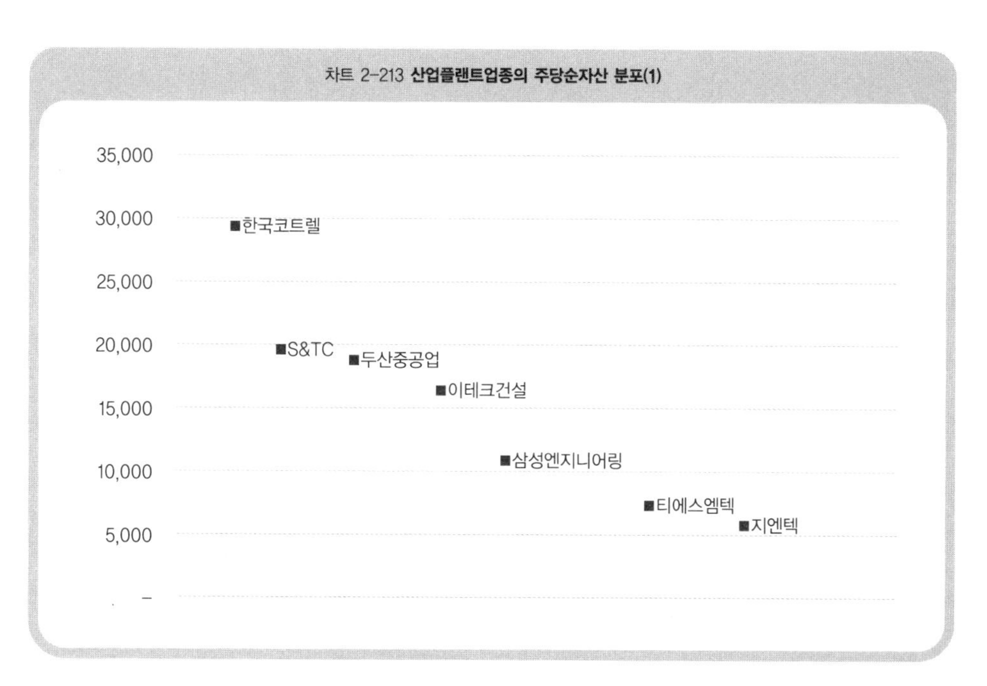
차트 2-213 산업플랜트업종의 주당순자산 분포(1)
35,000
30,000
25,000
20,000
15,000
10,000
5,000
-
■한국코트렐
■S&TC
■두산중공업
■이테크건설
■삼성엔지니어링
■티에스엠텍
■지엔텍

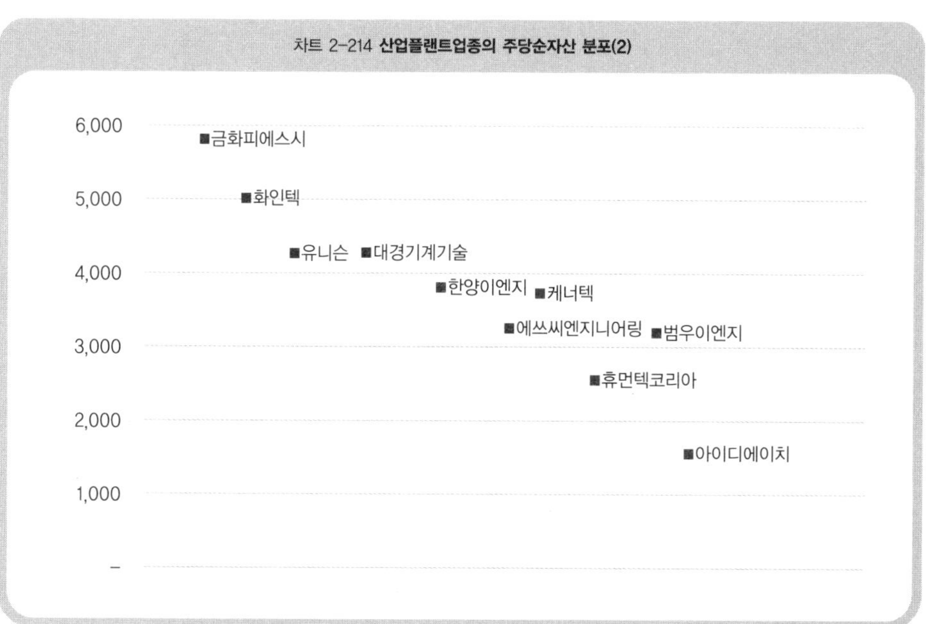
차트 2-214 산업플랜트업종의 주당순자산 분포(2)
6,000
5,000
4,000
3,000
2,000
1,000
-
■금화피에스시
■화인텍
■유니슨
■대경기계기술
■한양이엔지
■케너텍
■에쓰씨엔지니어링
■범우이엔지
■휴먼텍코리아
■아이디에이치

원에 접근하고 있다. 그리고 S&TC, 두산중공업, 이테크건설, 삼성엔지니어링 등은 주당순자산을 1만원 이상으로 끌어올리고 있는 기업들이다.

17개 업체 중에서 7개 업체가 2그룹에 포함되었다. 금화피에스시, 에쓰씨엔지니어링, S&TC, 이테크건설, 티에스엠텍, 아이디에이치, 삼성엔지니어링 등이 지속적으로 주당순이익을 증가시키고 있는 기업들이다.

수익 창출능력 면에서는 티에스엠텍이 가장 우수한 실력을 발휘하고 있다. 14~19%라는 뛰어난 실적을 기록 중인데, 다음으로 S&TC가 좋은 실

차트 2-215 **삼성엔지니어링, 티에스엠텍, S&TC의 주당순이익 추세 비교**

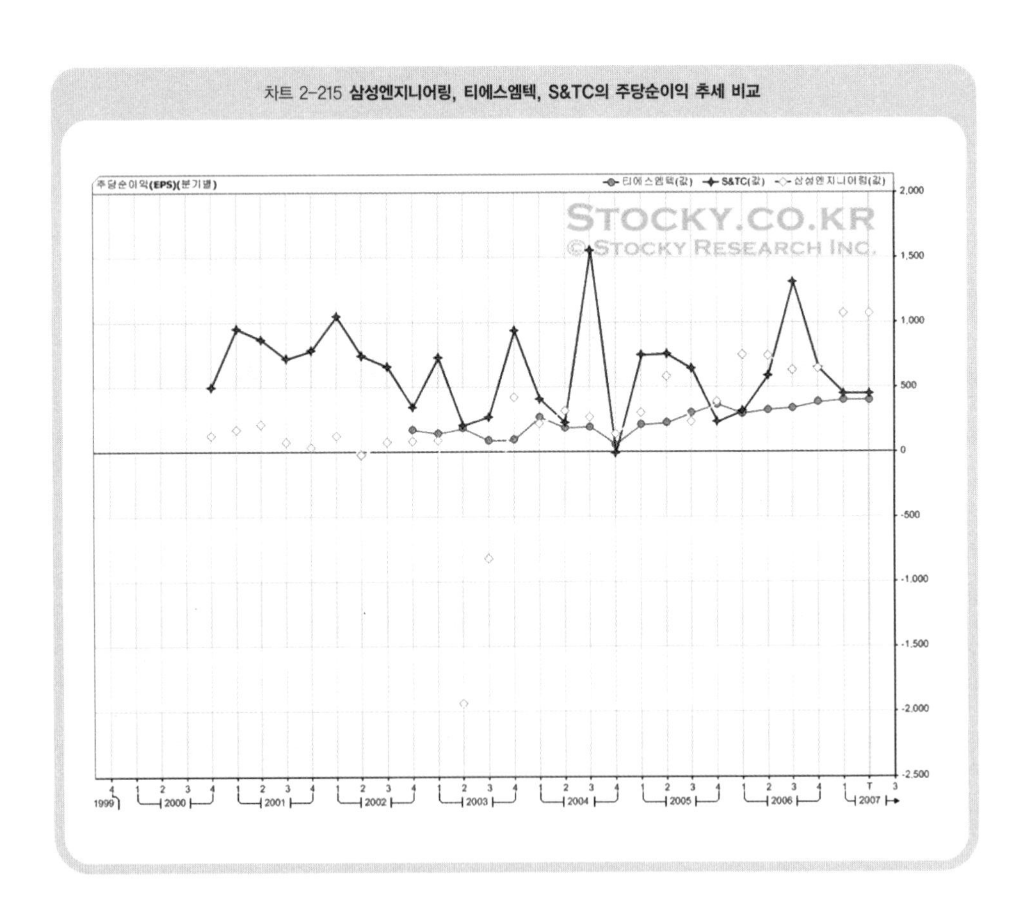

적을 실현하고 있다.

차트 2-215를 통해 실적과 가치가 안정적인 세 기업의 주당순이익 추세를 비교해보도록 하자. 주당순이익 추세가 모두 양호한데, 삼성엔지니어링이나 티에스엠텍의 분기별 EPS 증가세가 매우 안정적이라는 것을 확인할 수 있다.

철강금속

표 2-69 **철강금속업종의 우수기업들**

EP	기업	개요	매출액	순이익	자기자본	ROOI	ROE	DR	EPS	BPS	PER	PBR
2	디씨엠 (DCM)	라미네이팅강판 제조업체. 주당순이익이 순탄하게 증가하고 있음.	64,416	6,304	65,982	11	10	11	539	5,640	8.2	1.0
4	태양산업	국내 1위의 휴대용 부탄가스 제조업체.	107,336	3,109	51,008	1	6	32	361	5,931	12.8	0.7
4	조선선재	국내 1위의 용접봉 제조업체.	89,294	6,487	61,487	9	11	29	10,812	102,479	6.1	0.7
4	비앤지스틸 (BNG스틸)	스테인리스강판 제조업체. 가끔 분기적자를 기록했음.	655,076	37,718	219,186	8	17	136	2,501	14,536	3.7	0.8
4	한국선재	스테인리스강선 등 제조업체. 가끔 분기 적자를 기록했음.	145,473	4,227	37,811	3	11	112	325	2,909	14.6	0.9
4	대양금속	스테인리스냉연강판 제조업체.	212,805	8,313	93,936	4	9	138	305	3,443	5.4	1.2
5	한국주철관공업	상하수도용 주철관 제조업체.	120,994	7,085	198,924	6	4	22	311	8,725	28.4	0.6
5	세아베스틸	봉재, 선재 등의 특수강 제조. 자동차 차축 등 제조업체.	967,358	60,218	797,946	6	8	43	1,679	22,250	12.8	0.8
5	동양철관	강관말뚝, 강관, 가스관 제조업체.	82,644	6,015	54,822	7	11	33	94	860	6.7	1.2

EP	기업	개요	매출액	순이익	자기자본	ROOI	ROE	DR	EPS	BPS	PER	PBR
5	성원파이프	스테인리스관재 제조업체.	91,630	3,633	25,735	7	14	55	605	4,289	17.8	2.4
6	동양석판	주석도금강판, 전해 크롬산처리강판 등 제조업체.	253,677	6,767	135,748	0	5	90	2,707	54,299	2.7	0.4
6	대륙제관	윤활류관, 페인트관, 부탄가스관 등 주석도금 관재 제조업체. 2006년 4/4분기에 적자로 전환됨.	67,028	419	33,850	3	1	152	349	28,208	–	0.4
6	세아제강	강관 제조 및 무역 업체. 가끔 분기적자를 기록했음.	1,011,829	26,234	410,196	1	6	103	5,465	85,458	11.3	0.5
6	한국특수형강	ㄱ형강 제강업체.	232,252	10,002	87,888	6	11	90	10,002	87,888	8.6	0.6
6	휴스틸	강관 제조업체. 가끔 분기적자를 기록했음.	374,437	18,846	213,614	7	9	75	2,724	30,875	5.2	0.7
6	부국철강	스켈프, 강판, 강관 제조업체. 주당순이익은 다시 증가 중.	20,361	820	11,872	5	7	78	3,246	35,200	12.0	0.7
6	세아홀딩스	세아베스틸, 세아특수강, 강남도시가스 등의 지주회사.	94,901	84,923	589,278	96	14	24	23,590	163,688	3.6	0.7
6	동일철강	봉강, 마봉강 제조업체. 가끔 분기적자를 기록하곤 했음.	20,361	820	11,872	5	7	78	9,108	131,904	12.8	0.7
6	동국제강	후판, 봉형강 등 국내 2위의 전기로 제강업체.	3,035,263	212,597	2,153,994	8	10	82	3,439	34,841	18.8	0.7
6	경남스틸	냉연강판 제조업체.	143,244	2,133	25,260	3	8	104	427	5,052	10.4	0.8
6	현대제철	종합 제강업체.	5,484,241	473,543	3,499,900	11	14	101	5,578	41,225	5.7	0.9
6	한국철강	철근봉재 제강업체.	636,431	68,829	673,537	9	10	29	5,736	56,128	11.7	1.0
6	동국산업	협폭냉연강판 제조업체.	277,335	7,115	111,521	2	6	169	206	3,232	8.0	1.1
6	포스코 (POSCO)	세계 3위의 제강업체.	20,043,409	3,206,605	21,791,658	19	15	21	36,779	249,942	9.1	1.6
6	영신금속공업	볼트, 스크류 제조업체. 2004년에 큰 적자를 기록했음.	47,228	1,284	8,658	4	15	272	214	1,443	5.5	1.6
7	유니온스틸	냉연강판 제조업체. 주당순이익이 바닥에 깔리고 있음.	1,090,349	1,642	711,972	−2	0	90	160	69,393	9.1	0.4

EP	기업	개요	매출액	순이익	자기자본	ROOI	ROE	DR	EPS	BPS	PER	PBR
7	승일	국내 1위의 에어로졸 캔 제조업체.	60,384	2,519	46,570	3	5	19	620	11,466	39.8	0.6
7	고려제강	철강특수선재 제조업체. 2006년 4/4분기에 적자로 전환됨.	331,982	15,331	565,203	4	3	21	1,533	56,520	-	0.6
7	금강공업	강관 및 가설재 제조업체. 2006년 4/4분기에 적자로 전환됨.	221,818	5,762	120,921	4	5	85	1,187	24,902	-	0.6
7	신화실업	주석도금강판 제조업체.	48,534	644	20,772	4	3	171	715	23,080	10.1	0.6
7	디에스알제강 (DSR제강)	와이어로프, 강선 등 선재 2차 가공업체.	69,515	1,414	30,635	2	5	74	98	2,127	12.5	0.7
7	NI스틸 (NI테크, 엔아이스틸)	강판, 후판 등 1차 철강재 제조업체.	57,350	2,763	34,533	5	8	65	97	1,215	14.4	0.9
7	현대하이스코	강관, 냉연강판 제조업체.	3,053,008	9,215	993,058	1	1	170	115	12,382	58.9	0.9
7	광진실업	봉강 등 제조업체.	27,006	1,352	17,334	4	8	37	225	2,889	9.5	1.2
8	문배철강	2005년에 적자를 기록했음.	117,287	4,731	66,855	3	7	36	231	3,261	8.0	0.6
8	샤인	스테인리스와이어 제조업체.	33,718	591	12,274	3	5	180	51	1,067	9.3	1.3
11	동일산업	봉강, 합금철, 철근 제조업체.	250,877	7,576	117,922	3	6	44	3,124	48,624	15.6	0.6
11	대한제강	원형철근, 이형철근 제조업체.	361,401	24,445	192,661	9	13	25	5,136	40,477	6.6	0.7
	38개 평균		**1,052,691**	**114,264**	**902,537**	**7.5**	**8.1**	**81**	**3,695**	**38,891**	**12.5**	**0.9**

다음의 차트들은 철강금속업체들의 매출액 분포도다. 매출액이 너무 큰 포스코는 일단 분포도상에서는 제외했다.

매출 실적에서는 20조원을 살짝 넘긴 포스코가 가장 크고, 현대제철, 현대하이스코, 동국제강, 유니온스틸, 세아제강 등이 1조원을 넘기고 있다.

연 3조원이 넘는 순이익을 창출하고 있는 포스코의 뒤로 4,700억원의 현대제철, 2,100억원의 동국제강 등이 자리하고 있다.

그 다음은 850억원의 세아홀딩스인데, 100억원을 넘는 회사가 8개 더

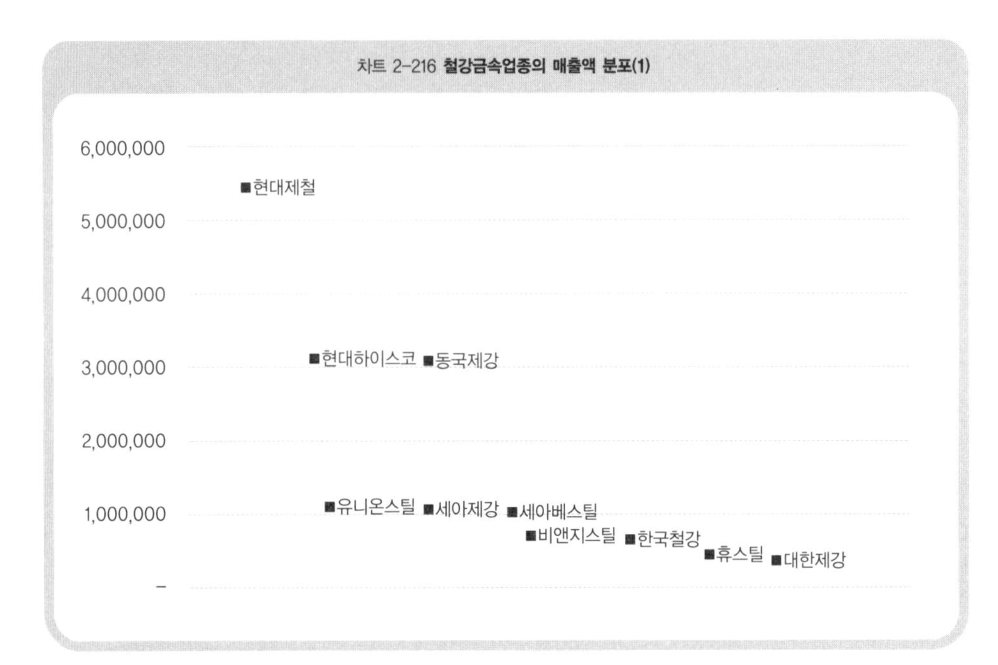
차트 2-216 철강금속업종의 매출액 분포(1)
6,000,000
5,000,000
4,000,000
3,000,000
2,000,000
1,000,000
–
현대제철
현대하이스코
동국제강
유니온스틸
세아제강
세아베스틸
비앤지스틸
한국철강
휴스틸
대한제강

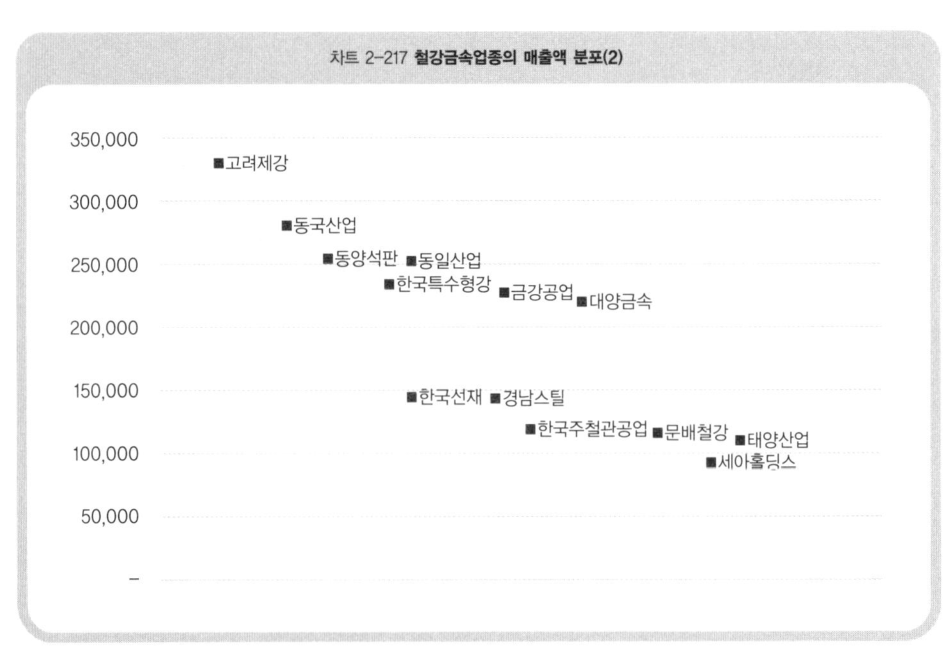
차트 2-217 철강금속업종의 매출액 분포(2)
350,000
300,000
250,000
200,000
150,000
100,000
50,000
–
고려제강
동국산업
동양석판
동일산업
한국특수형강
금강공업
대양금속
한국선재
경남스틸
한국주철관공업
문배철강
태양산업
세아홀딩스

차트 2-218 **철강금속업종의 매출액 분포(3)**

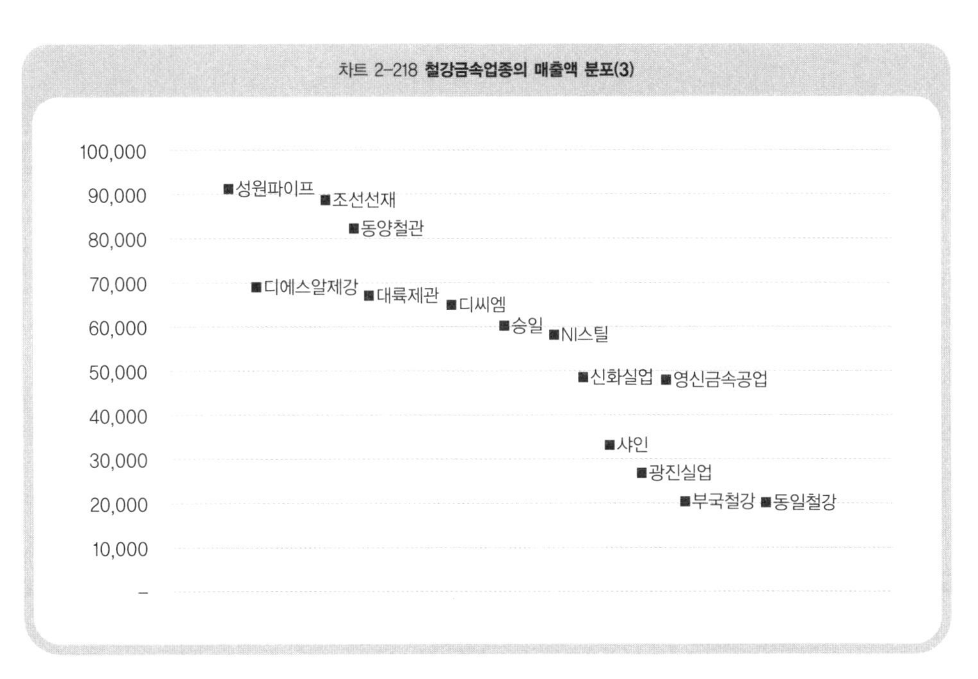

차트 2-219 **철강금속업종의 순이익 분포(1)**

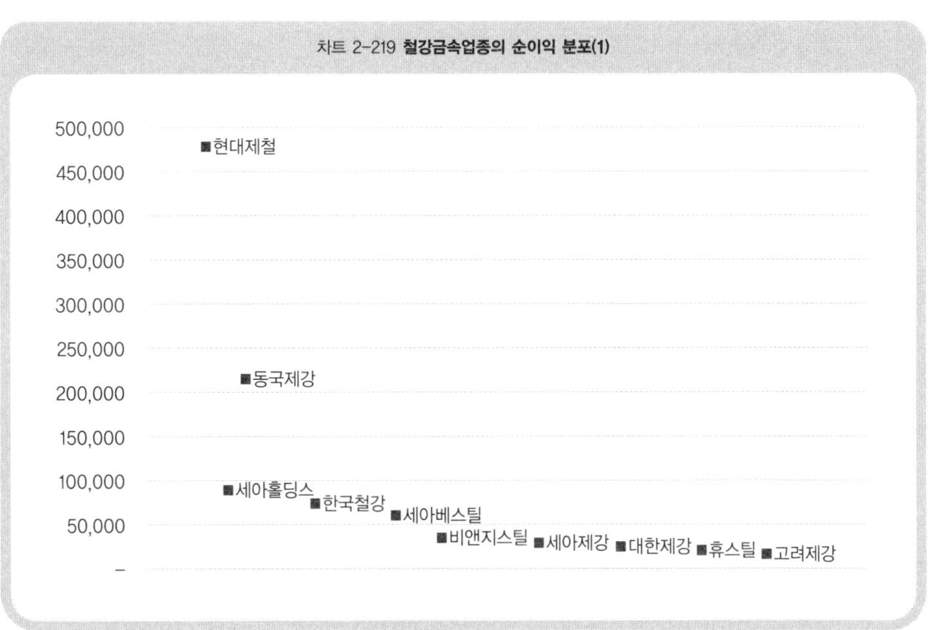

차트 2-220 **철강금속업종의 순이익 분포(2)**

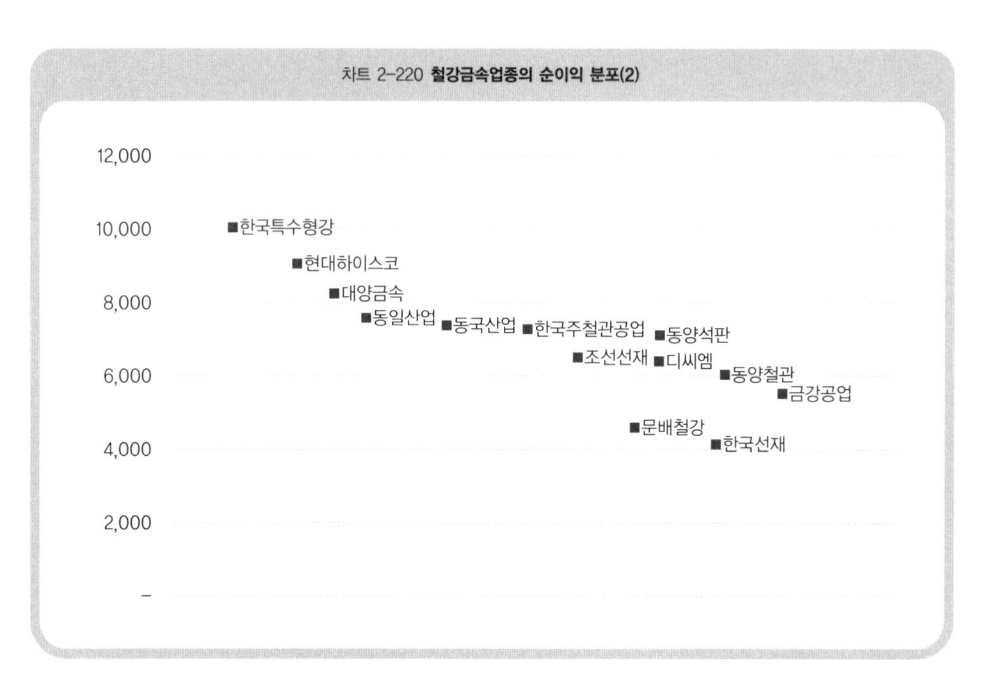

차트 2-221 **철강금속업종의 순이익 분포(3)**

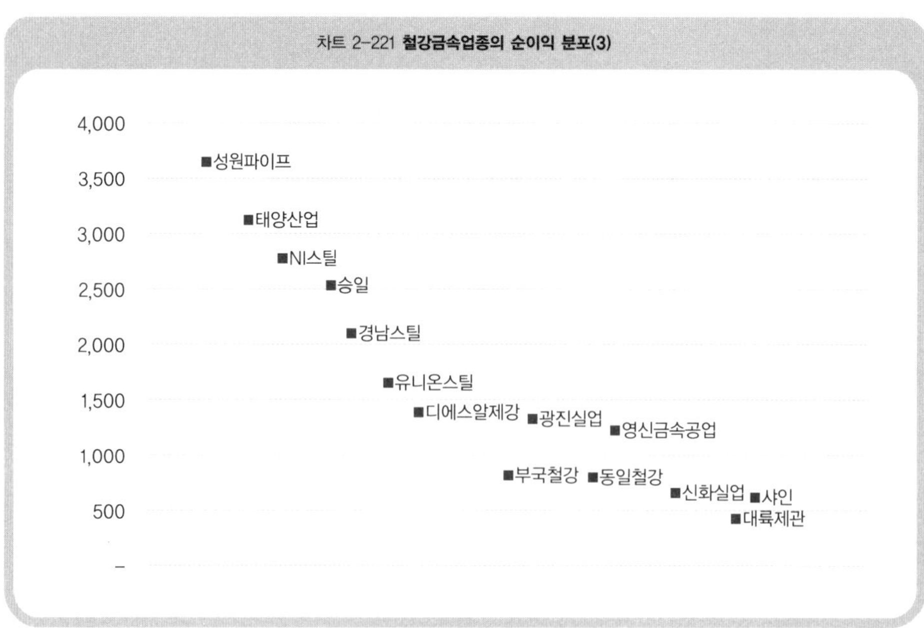

차트 2-222 **철강금속업종의 주당순이익 분포(1)**

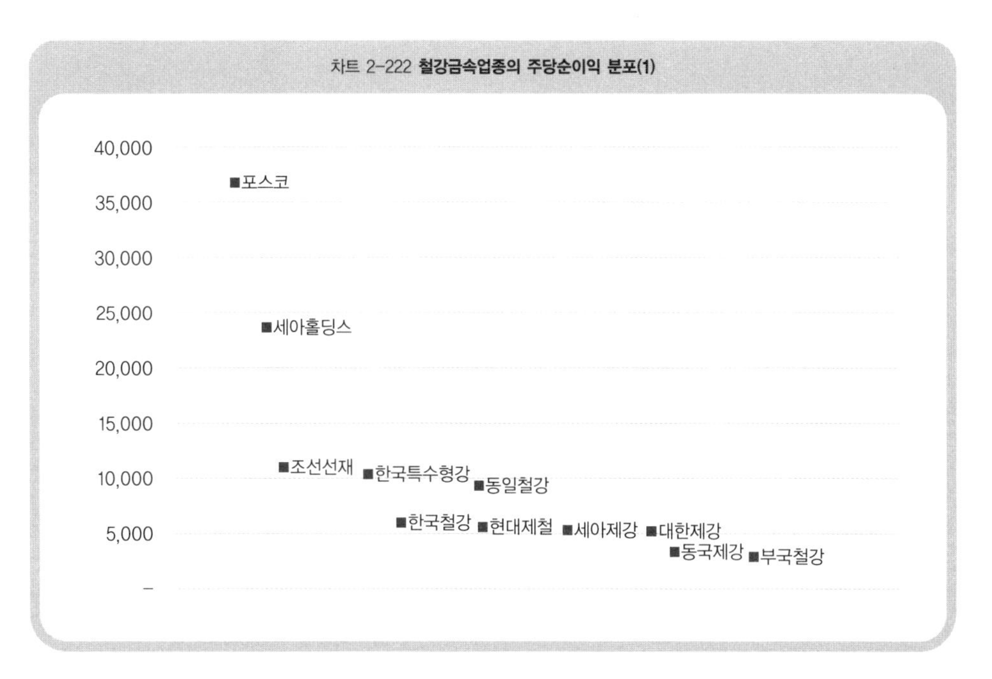

차트 2-223 **철강금속업종의 주당순이익 분포(2)**

차트 2-224 **철강금속업종의 주당순이익 분포(3)**

차트 2-225 **철강금속업종의 주당순자산 분포(1)**

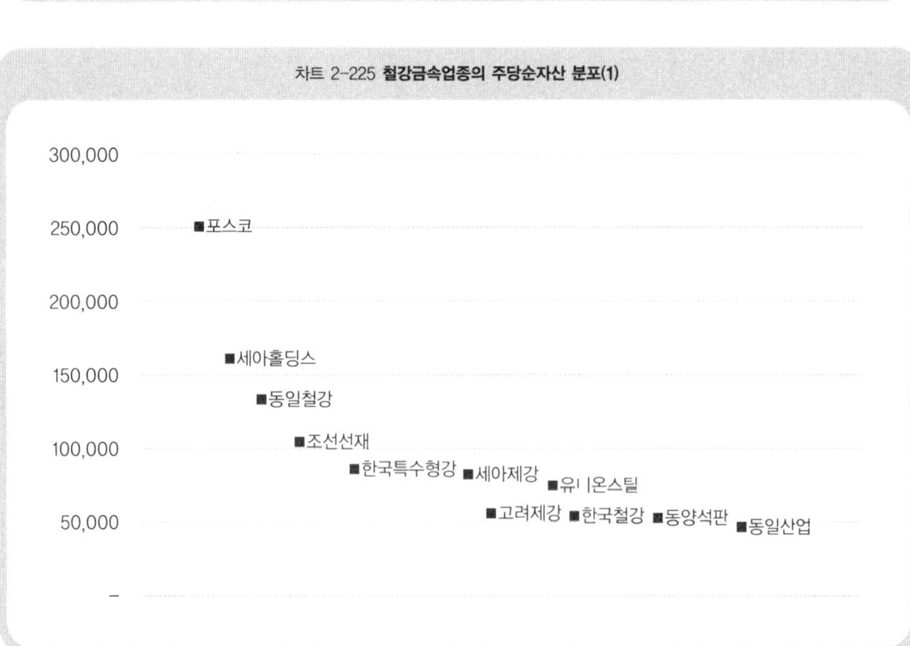

차트 2-226 **철강금속업종의 주당순자산 분포(2)**

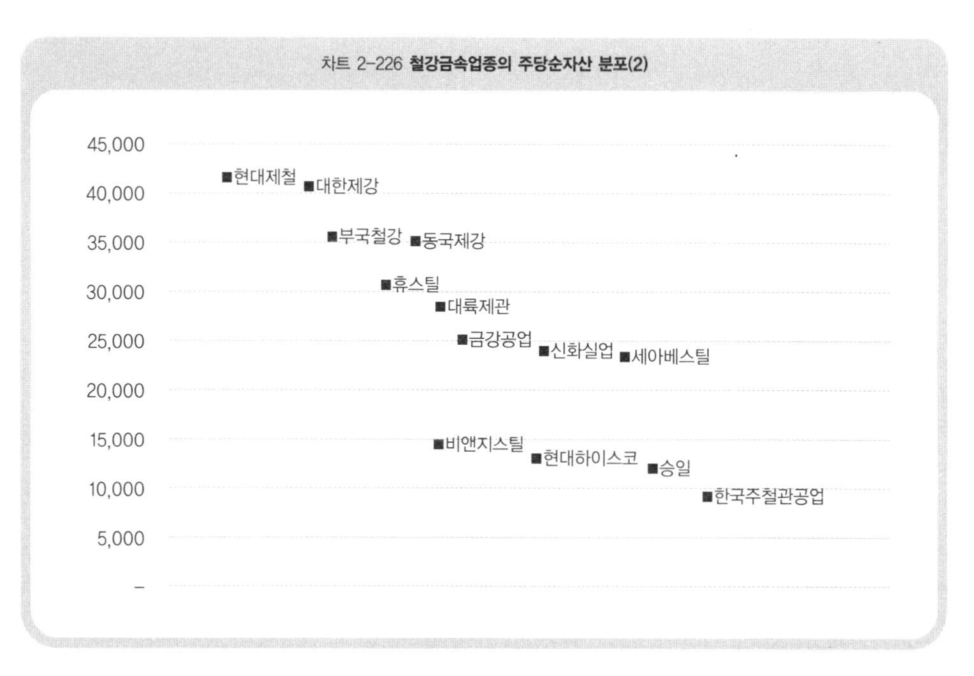

차트 2-227 **철강금속업종의 주당순자산 분포(3)**

있다.

3,700원 가까운 가치를 실현한 포스코가 주당순이익에서도 수위를 차지하고 있다. 뒤이어 주당 1만원을 넘긴 업체는 세아홀딩스, 조선선재, 한국특수형강의 세 곳이며, 동일철강, 한국철강, 현대제철, 세아제강 등 14개의 업체들이 주당 1,000원 이상의 높은 가치를 구현하고 있다.

주당순자산은 25만원으로 포스코가 가장 크다. 동일철강, 조선선재 등은 10만원을 넘었으며, 한국특수형강, 세아제강, 유니온스틸, 고려제강, 한국철강, 동양석판 등은 5만원을 넘어서고 있다.

차트 2-228 **포스코, 현대제철, 동국제강, 한국철강의 주당순이익 추세 비교**

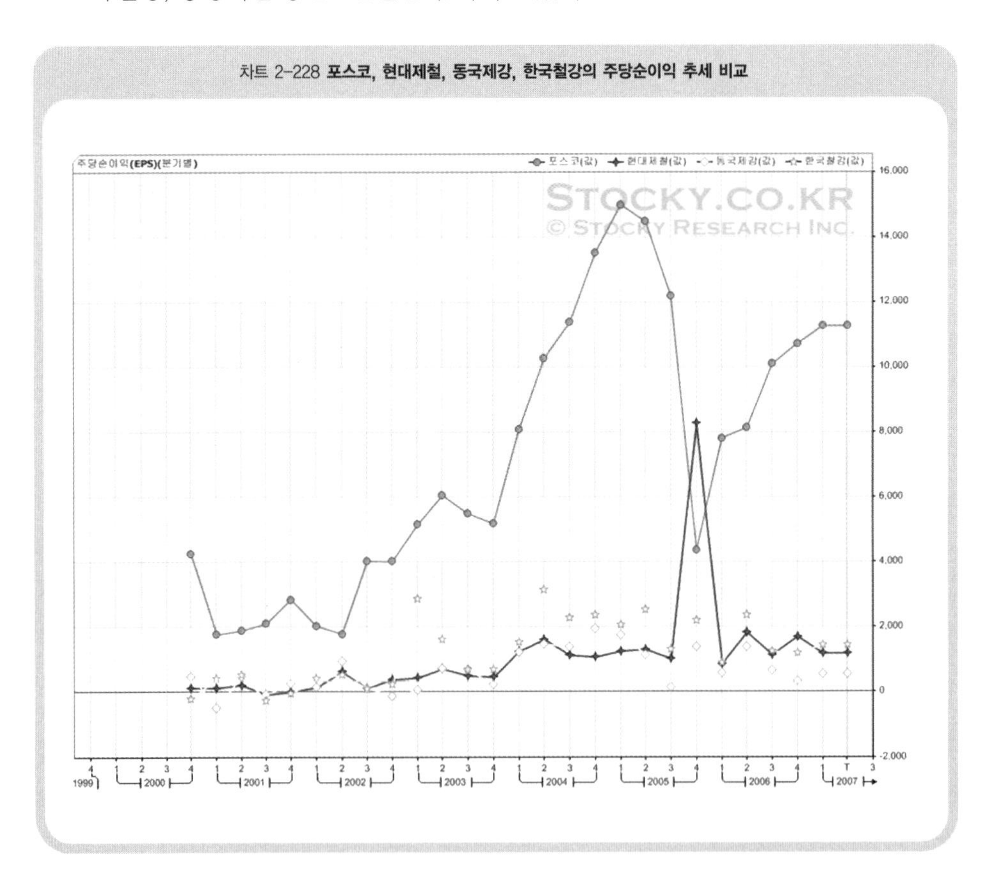

업종 전체적으로 6-7그룹의 기업들이 많은데, 업황이 썩 좋은 상태가 아니라는 걸 미루어 짐작할 수 있다.

영업이익률에서는 포스코가 단연 선두에 올라 있다. 그 뒤를 현대제철, 디씨엠 등이 따르고 있다.

자기자본순이익률에선 비앤지스틸, 포스코, 영신금속공업, 현대제철, 성원파이프, 대한제강, 조선선재, 동양철관, 한국특수형강, 한국선재, 디씨엠, 한국철강, 동국제강 등이 앞서고 있다.

차트 2-228을 통해 철강업계를 대표하는 4개 기업의 주당순이익 추세를

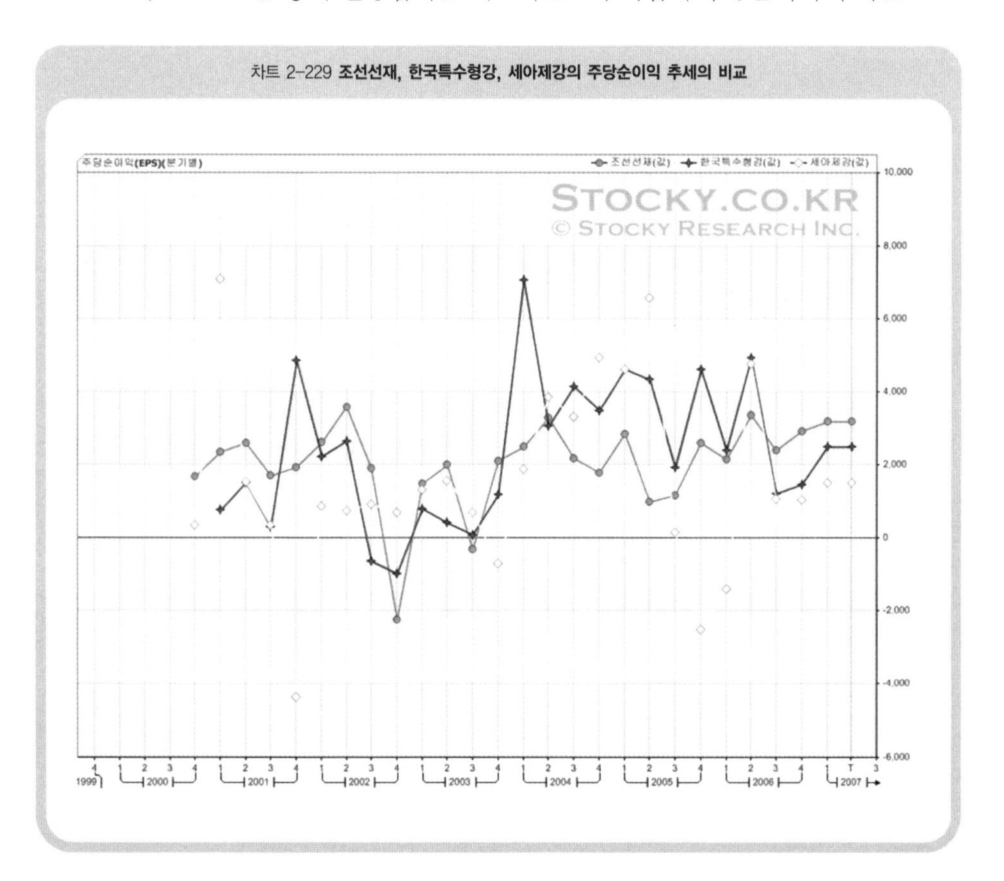

차트 2-229 **조선선재, 한국특수형강, 세아제강의 주당순이익 추세의 비교**

비교해보자. 차트를 보면, 포스코의 주당순이익이 증가세로 바뀌었으며, 나머지 세 회사들은 일정 선에서 유지하는 모습을 보이고 있다.

차트 2-229를 통해 주당순이익의 규모에서 2군에 속하는 기업들의 주당순이익 추세도 확인해보자. 조선선재의 주당순이익 흐름이 양호한 모습으로 나타나고, 세아제강의 EPS는 분기별 변동의 폭이 크다.

비철금속

매출액과 순이익의 분포도부터 살펴보자.

표 2-70 **비철금속업종의 우수기업들**

EP	기업	개요	매출액	순이익	자기자본	ROOI	ROE	DR	EPS	BPS	PER	PBR
2	세광알미늄	압력솥, 냄비, 팬 등 제조업체.	37,015	1,189	23,196	1	5	74	1,189	23,196	3.3	0.6
2	영풍	국내 2위의 아연 제련업체.	769,496	113,666	726,719	6	16	80	61,706	394,519	9.2	0.9
2	한창산업	한일화학공업의 계열사로서, 아연분말, 망간분말 등 생산업체.	62,378	545	37,380	11	15	17	1,049	7,188	37.0	1.1
4	이구산업	동 및 황동합금 판재 제조업체. 2005년에 적자를 기록함.	112,985	3,552	70,210	3	5	147	1,668	32,956	1.2	0.1
4	대창공업	황동봉 제조업체. 2006년 4/4분기에 적자로 전환됨.	521,359	10,512	97,121	4	1	177	1,412	13,047	–	0.7
4	서원	황동합금 주물제품(밸브 등) 제조업체. 가끔 분기 적자를 기록했음.	271,921	7,323	48,474	4	15	139	2,618	17,328	14.5	0.7
4	풍산	동/동합금 판재, 관재 등 제조업체. 2006년 4/4분기에 적자로 전환됨.	1,750,485	144,092	996,747	7	14	68	4,503	31,148	–	0.8

EP	기업	개요	매출액	순이익	자기자본	ROOI	ROE	DR	EPS	BPS	PER	PBR
4	한일화학공업	산화아연재료 독과점 제조업체.	98,583	8,792	43,794	11	20	21	2,505	12,477	7.4	1.6
4	고려아연	세계 1위의 아연 제련업체. 주당순이익이 빠른 속도로 증가하고 있음.	2,152,518	425,239	1,241,627	16	34	53	22,253	65,799	4.6	2.3
6	대호에이엘	알루미늄판재 제조업체.	98,815	1,601	23,793	3	7	196	59	877	46.9	1.4
6	삼보산업	자동차 부품용 알루미늄 합금괴 제조업체. 여러 번 분기적자를 기록한 적이 있었음.	184,623	1,476	22,374	1	7	201	1,054	15,982	25.6	1.4
	11개 평균		**550,925**	**65,272**	**302,858**	**6.1**	**12.6**	**107**	**9,092**	**55,865**	**16.6**	**1.0**

비철금속업종에서는 고려아연과 풍산이 양대산맥이다. 매출액에서 고려아연은 2조 1,000억원을 넘고, 풍산은 1조 7,000억원을 넘고 있다. 그 외에도 영풍, 대창공업, 서원, 삼보산업 등이 매출 실적에서 앞서 가고 있다.

차트 2-230 **비철금속업종의 매출액 분포**

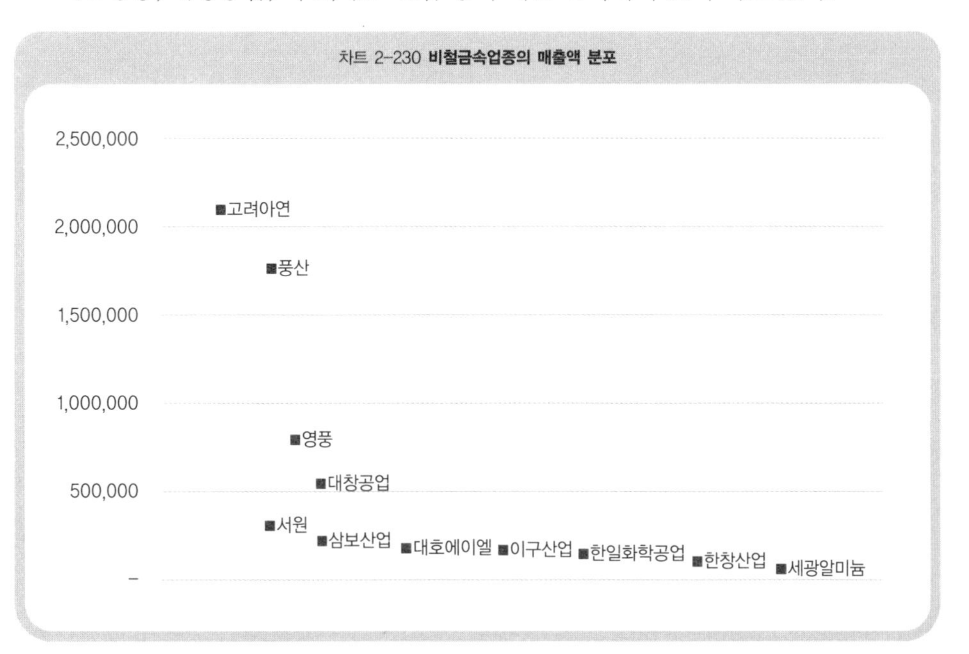

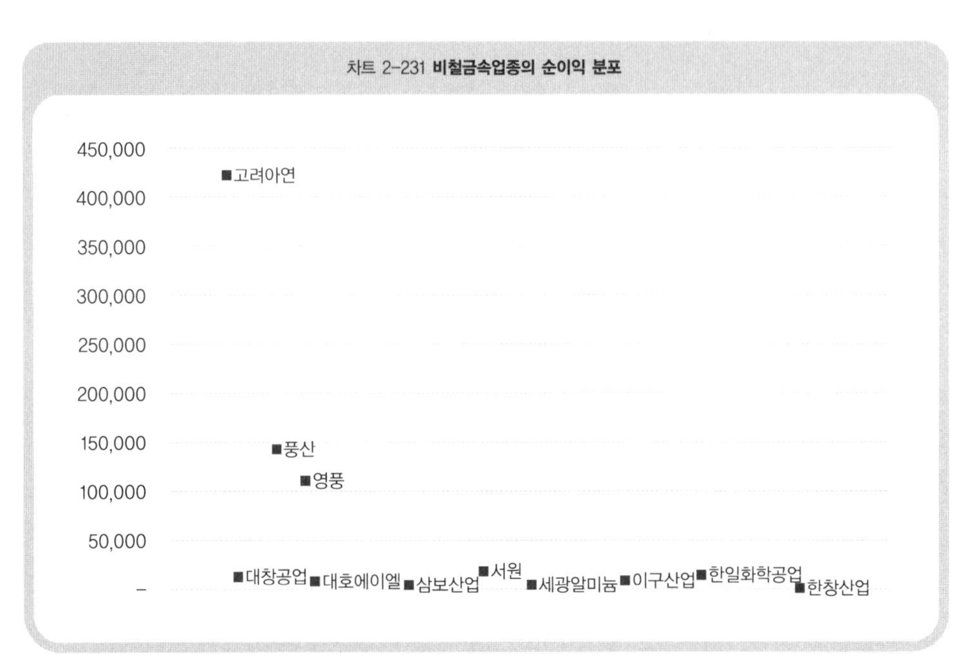
차트 2-231 비철금속업종의 순이익 분포
450,000
400,000
350,000
300,000
250,000
200,000
150,000
100,000
50,000
–
고려아연
풍산
영풍
대창공업
대호에이엘
삼보산업
서원
세광알미늄
이구산업
한일화학공업
한창산업

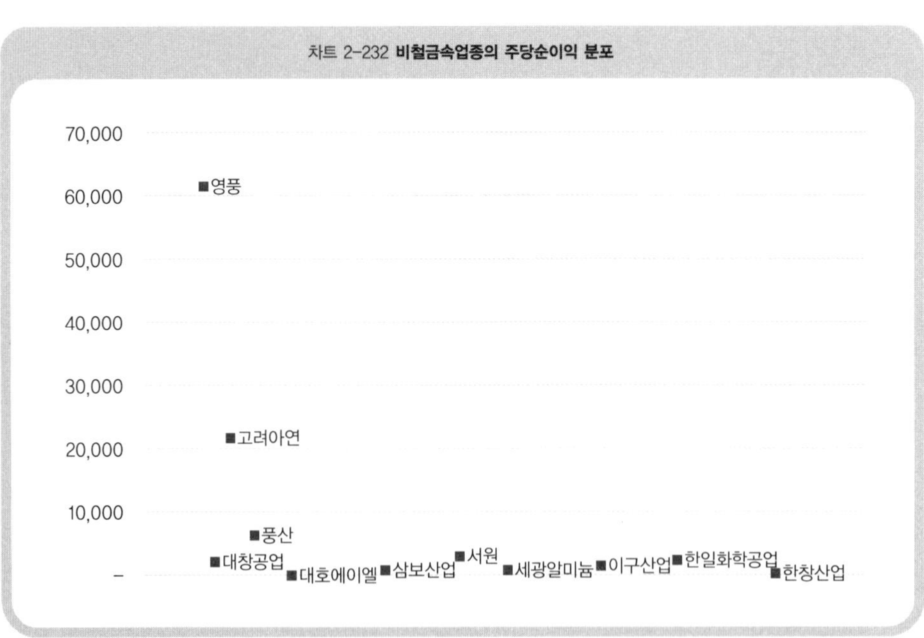
차트 2-232 비철금속업종의 주당순이익 분포
70,000
60,000
50,000
40,000
30,000
20,000
10,000
–
영풍
고려아연
풍산
대창공업
대호에이엘
삼보산업
서원
세광알미늄
이구산업
한일화학공업
한창산업

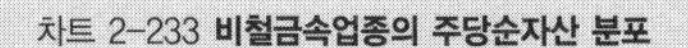
차트 2-233 **비철금속업종의 주당순자산 분포**

순이익 실적에서도 고려아연, 풍산, 영풍의 3자 구도가 유지되고 있다. 4,200억원의 고려아연을 필두로 풍산이 1,400억원, 영풍이 1,100억원을 넘어서고 있다.

영풍은 6만 1,000원을 넘는 탁월한 주당순이익 가치를 실현하고 있다. 그 뒤를 2만 2,000원의 고려아연, 4,500원의 풍산 등이 뒤따르고 있다.

영풍의 주당순자산 가치는 업종 내의 다른 업체들을 압도할 만한 크기를 갖고 있다. 영풍의 주당순자산은 무려 39만 4,000원을 넘어서고 있다. 한참 아래편에 6만 6,000원의 고려아연 그리고 이구산업, 풍산, 세광알미늄 등이 줄지어 있다.

세광알미늄, 영풍, 한창산업 세 업체의 연간 주당순이익이 지속적으로 증가하고 있다. 동시에 11개 업체 중 2개 업체만 6-7그룹에 포함되고 있다. 즉, 업종 전체적으로 실적이 양호한 편인 것으로 파악된다.

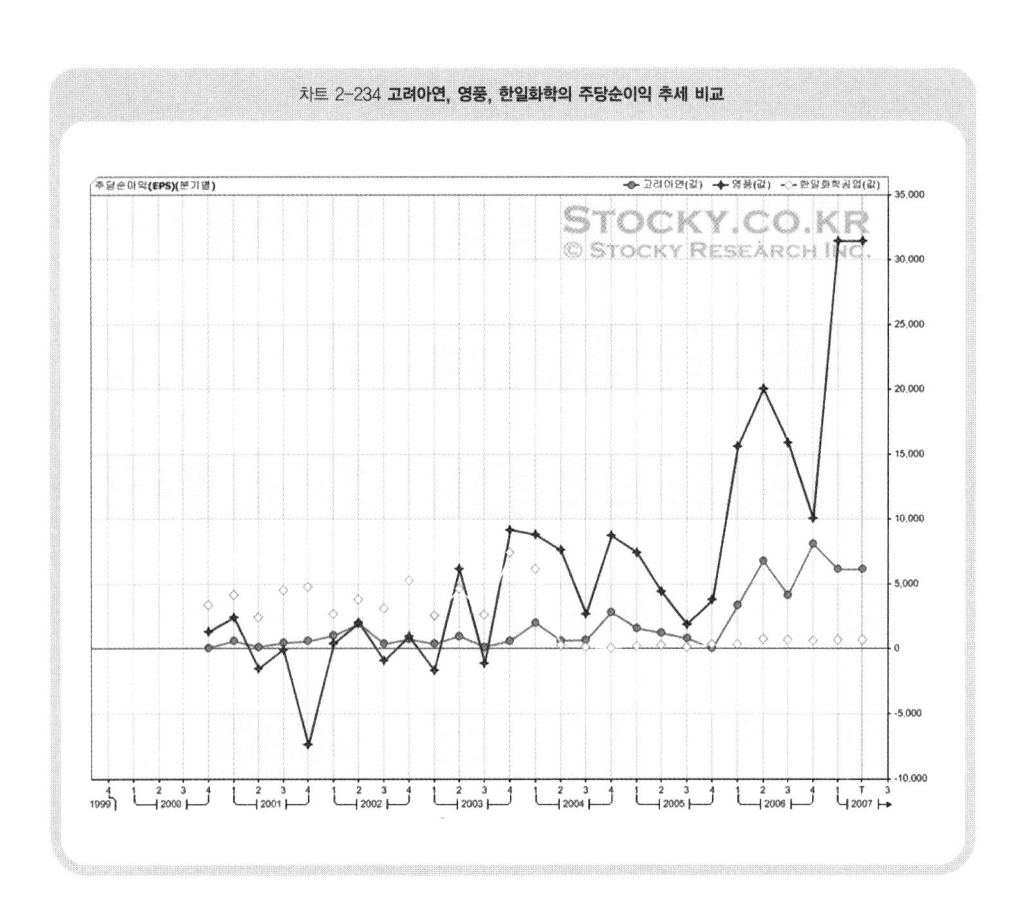

차트 2-234 **고려아연, 영풍, 한일화학의 주당순이익 추세 비교**

그리고 고려아연, 한일화학공업, 한창산업, 세 업체는 영업이익률과 자기자본순이익률에서 두 자릿수를 기록하고 있다.

차트 2-234를 통해 업종을 대표할 만한 기업들의 주당순이익 추세를 비교해보자. 영풍 및 고려아연의 경우 주당순이익 증가 추세가 지속되고 있다.

철강 가공/유통

표 2-71 **철강 가공/유통 업종의 우수기업들**

EP	기업	개요	매출액	순이익	자기자본	ROOI	ROE	DR	EPS	BPS	PER	PBR
4	삼현철강	포스코의 열연제품 가공판매업체.	149,056	9,047	54,278	8	17	48	576	3,457	8.1	1.0
4	황금에스티	스테인리스코일 가공 판매업체.	105,294	12,720	74,558	13	17	45	1,325	7,766	27.1	2.2
6	원일특강	동부제강 등의 특수강 제품 판매업체.	86,919	2,159	31,262	5	7	122	491	7,105	11.1	0.6
6	삼정피앤에이	포스코의 철강제품 포장 및 알루미늄 탈산제 제조업체. 주당순이익 증가속도가 좋은 편.	226,424	9,444	68,955	4	14	88	3,148	22,985	3.8	0.9
6	금강철강	포스코의 냉연제품 가공판매업체.	200,656	4,905	55,679	3	9	39	262	2,974	13.0	1.1
8	대동스틸	포스코의 열연제품 가공판매업체.	111,102	3,467	37,522	5	9	93	347	3,752	5.1	0.5
8	동양에스텍	포스코의 열연제품 가공판매업체.	154,735	2,280	44,100	3	5	57	228	4,410	26.8	0.6
8	한일철강	포스코의 열연제품 가공 판매업체. 2005년에 적자를 기록함.	108,295	3,845	87,920	5	4	39	1,885	43,098	54.9	0.6
8	유성티엔에스	철강 가공 및 운송업체. 연도별 주당순이익이 지속적으로 축소 중임.	197,295	1,417	53,282	1	3	154	189	7,104	18.8	0.7
	9개 평균		**148,864**	**5,476**	**56,395**	**5.2**	**9.4**	**76**	**939**	**11,406**	**18.8**	**0.9**

매출은 삼정피앤에이, 금강철강, 유성티엔에스의 순으로 이어지고, 이익은 황금에스티, 삼정피앤에이, 삼현철강의 순서로 이어진다. 삼정피앤에이는 2,300억원에 근접한 매출액을 기록하고 있으며, 금강철강이 2,000억원을 살짝 넘어서고 있다. 대부분의 업체들이 1,000억원대를 돌파하고 있다.

반면에 순이익은 황금에스티만 100억원을 돌파했을 뿐, 대부분이 100억원 미만에서 맴돌고 있다.

전체적으로 영업이익률이 낮은 편인데, 황금에스티만 이익률을 두 자릿수로 끌어올리고 있다.

주당순자산은 한일철강이 4만 3,000원을 기록하여 가장 앞서고 있는데, 삼정피앤에이가 2만 3,000원을 달성하여 그 다음을 잇고 있다. 주당순이익은 삼정피앤에이가 3,100원을 넘고 있는데, 한일철강과 황금에스티도 1,000원대로 올라서고 있다.

그러면 차트 2-235를 통해 업계를 대표하는 두 회사의 주당순이익 추세

차트 2-235 **황금에스티와 삼정피앤에이의 주당순이익 추세 비교**

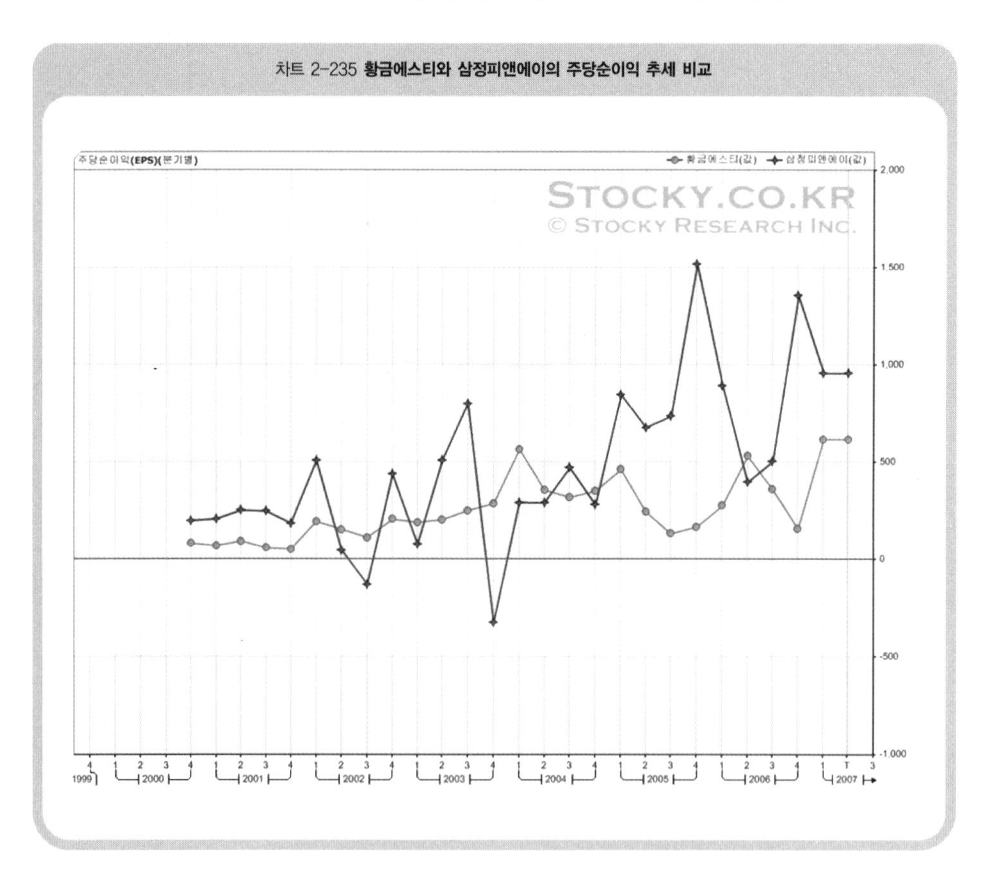

를 확인해보자. 분기별 변동의 폭이 크긴 하지만, 삼정P&A의 주당순이익 증가 추세가 거침이 없다.

비금속

표 2-72 **비금속업종의 우수기업들**

EP	기업	개요	매출액	순이익	자기자본	ROOI	ROE	DR	EPS	BPS	PER	PBR
4	삼광유리공업	유리병, 캔 등 제조업체. 주당순이익이 빠른 속도로 증가함.	178,114	10,661	123,044	6	9	129	2,196	25,347	8.0	0.9
5	조선내화	각종 내화물을 생산하여 포스코에 납품하는 국내 1위의 업체.	304,490	23,650	311,758	7	8	38	5,912	77,940	10.7	0.8
5	일진 다이아몬드	세계 3위의 공업용 합성 다이아몬드 제조 및 절삭공구 제조업체.	60,198	3,180	66,658	2	5	118	723	15,149	12.0	1.0
6	금비	유리 및 유리제품 제조업체.	73,891	4,604	75,404	7	6	22	4,604	75,404	5.1	0.6
6	백광소재	석회제품 제조 및 고속도로 휴게소 운영업체.	73,504	3,464	78,980	5	4	41	1,256	28,634	14.7	0.6
6	태경산업	제강정련제, 중질탄산칼슘 등 제조업체.	61,429	9,003	116,212	9	8	29	308	3,976	7.6	0.7
6	포스렉	국내 2위의 내화물 제조업체로써, 포스코에 납품하고 있음.	268,957	14,297	120,342	7	12	29	2,420	20,373	6.2	0.9
6	국영지앤엠	복층유리 제조업체.	32,511	1,145	19,465	2	6	58	177	3,012	5.3	1.0
6	이지(EG)	산화철, 페라이트코어 등 생산업체.	20,883	815	20,199	2	4	87	181	4,489	28.4	2.9
7	대림요업	위생도기, 타일 등 제조업체. 2006년 4/4분기에 적자로 전환됨.	95,532	2,209	60,033	7	4	100	147	4,002	–	0.7
7	동서산업	콘크리트관, 타일 및 위생도기 등 제조업체. 2006년 4/4분기에 적자로 전환됨.	153,522	6,503	150,587	6	4	27	829	19,187	–	0.8

EP	기업	개요	매출액	순이익	자기자본	ROOI	ROE	DR	EPS	BPS	PER	P
7	벽산	단열재, 불연내장재, 외장재 등 건축자재 제조업체.	181,052	7,028	125,312	4	6	63	1,025	18,278	7.9	
7	동국내화	내화물을 생산하여 동국제강에 납품하는 업체.	49,102	2,843	30,281	9	9	94	247	2,633	15.8	
7	한국내화	내화물을 생산하여 현대제철에 납품하는 업체.	31,751	2,013	25,952	0	8	84	132	2,346	4.9	
11	제일연마공업	국내 1위의 연삭숫돌 제조업체.	46,332	4,317	46,150	8	9	23	863	9,230	13.1	
	15개 평균		**108,751**	**6,382**	**91,358**	**5.4**	**6.8**	**63**	**1,401**	**20,667**	**10.7**	

주당순이익이 점차 줄어들고 있는 6-7그룹에 속하는 기업들이 다수인 점으로 미루어 보아 업황이 부진한 것으로 판단된다.

영업이익률과 자기자본순이익률에서 두 자릿수를 기록한 기업은 하나도 없으며, 포스렉만이 두 자릿수의 ROE를 구현하고 있다. 가장 좋은 이익률을 기록한 업체는 동국내화로 9%에 머물고 있다.

매출액은 조선내화가 가장 큰데 3,000억원을 넘고 있다. 포스렉, 삼광유리공업 등이 그 뒤를 잇고 있다.

순이익에서도 마찬가지다. 조선내화가 230억원을 넘으며 가장 좋은 실적을 올리고 있고, 그 다음에 포스렉, 삼광유리공업 등이 뒤따르고 있다.

주당순이익에서는 조선내화가 5,900원을 넘겨 수위를 달리는 가운데 4,600원의 금비에서부터 1,000원의 벽산까지 다섯 개 업체 다 높은 가치를 실현하고 있다.

주당순자산에서는 조선내화와 금비가 7만원을 넘기며 어깨를 나란히 하고 있고, 백광소재, 삼광유리공업, 포스렉 등이 뒤를 잇고 있다.

그러면 차트 2-236을 통해 업계를 대표하는 세 회사의 주당순이익 추세를 비교해보자.

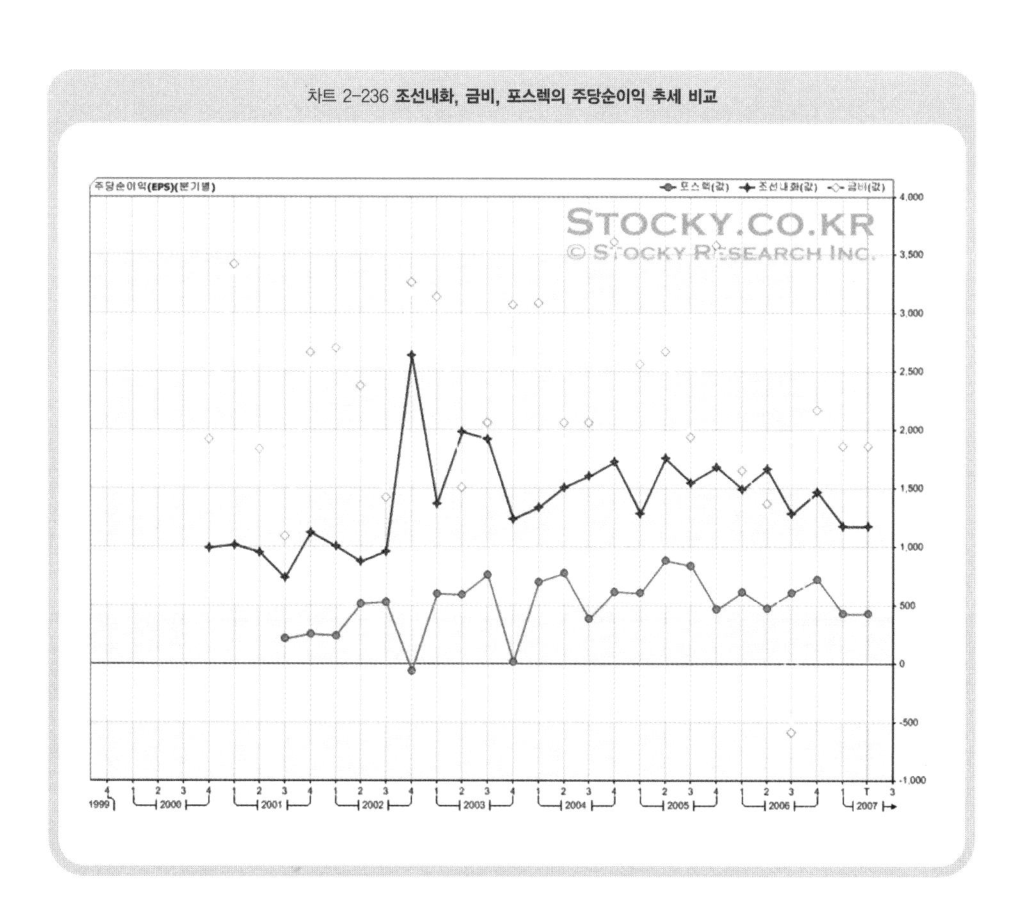

차트 2-236 **조선내화, 금비, 포스렉의 주당순이익 추세 비교**

시멘트

매출액은 한일시멘트가 5,100억원으로 가장 많고 유진기업이 그 다음이지만, 순이익은 1,000억원을 넘긴 유진기업이 가장 크고 440억원의 한일시멘트가 두 번째다.

주당순이익과 주당순자산 가치는 한일시멘트가 가장 크다. 유진기업의 연간 주당순이익 추세가 좋았는데, 2007년 1/4분기 들어 적자로 전환되고

표 2-73 **시멘트업종의 우수기업들**

EP	기업	개요	매출액	순이익	자기자본	ROOI	ROE	DR	EPS	BPS	PER	PBR
2	유진기업	레미콘, 아스콘 제조업체. 건설업체. 2006년 4/4 분기에 적자로 전환됨.	384,963	105,355	277,437	1	38	124	3,562	9,379	–	0.9
3	유니온	백시멘트, 알루미나시멘트 등 제조업체.	63,370	4,072	76,556	4	5	62	2,863	53,826	4.1	0.6
7	아세아시멘트	시멘트 및 레미콘 제조, 판매업체. 2006년 4/4 분기에 적자로 전환됨.	251,302	7,198	530,897	3	1	20	1,519	112,029	–	0.6
7	한일시멘트	시멘트 및 레미콘 제조, 판매업체.	511,718	44,531	915,597	8	5	16	5,902	121,346	39.0	0.8
	4개 평균		**302,838**	**40,289**	**450,122**	**4.0**	**12.3**	**56**	**3,462**	**74,145**	**21.6**	**0.7**

있다.

유진기업의 자기자본순이익률은 38%로 매우 높은 편이지만, 아쉽게도 영업이익률은 매우 낮은 편이다.

정유

표 2-74 **정유업종의 우수기업들**

EP	기업	개요	매출액	순이익	자기자본	ROOI	ROE	DR	EPS	BPS	PER	PBR
2	극동유화	특수윤활유 제조업체. 가끔 분기적자를 기록했으며, 2006년 4/4 분기에 적자를 기록함.	117,832	9,666	47,131	2	21	99	3,021	14,728	–	0.6
4	미창석유공업	윤활유 제조업체.	202,530	5,923	62,271	4	10	22	3,405	35,794	4.3	0.6
5	지에스홀딩스 (GS홀딩스)	GS칼텍스, GS홈쇼핑 등을 자회사로 거느린 지주회사.	393,161	402,986	2,642,492	86	15	25	4,337	28,246	7.5	1.5

EP	기업	개요	매출액	순이익	자기자본	ROOI	ROE	DR	EPS	BPS	PER	PBR
5	SK(에스케이)	국내 1위의 정유, 윤활유 제조 및 에너지 개발업체.	23,651,503	1,394,024	8,031,043	5	17	144	10,833	62,410	21.3	1.7
5	한국쉘석유	윤활유 제조업체.	118,601	8,477	42,787	9	20	32	6,521	32,913	8.2	1.9
5	S-Oil(에쓰오일)	정유업체.	14,555,900	758,563	2,336,742	6	32	185	6,738	20,756	20.6	3.5
	6개 평균		**6,506,588**	**429,940**	**2,193,744**	**18.7**	**19.2**	**85**	**5,809**	**32,475**	**12.4**	**1.7**

매출액은 SK와 S-Oil이 압도적이며, 순이익의 순위도 마찬가지다. 매출에서 SK는 23조 6,000억원을 가뿐히 뛰어넘고 있다. 2위는 14조 5,000억원

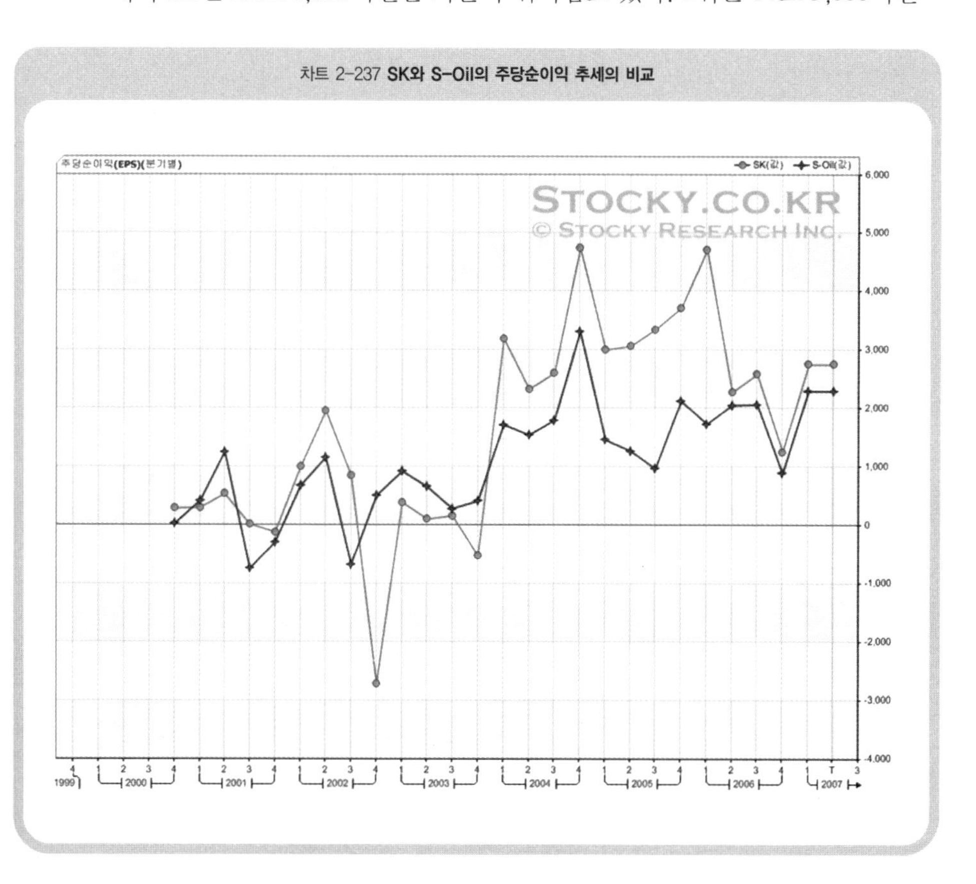

차트 2-237 **SK와 S-Oil의 주당순이익 추세의 비교**

을 넘은 S-Oil이다. SK는 1조 4,000억원라는 엄청난 순이익을 거두어들이고 있다. S-Oil은 딱 절반인 7,600억원 정도다. GS칼텍스를 자회사로 두고 있는 GS홀딩스를 리스트에 포함시켰는데, GS칼텍스의 2006년도 매출액은 19조원으로 SK에 이어 2위고, 순이익은 6,200억원으로 S-Oil에 이어 3위를 차지하고 있다.

주당순이익과 주당순자산에서도 SK가 1만 1,000원과 6만 2,000원의 뛰어난 가치를 실현하며 수위를 차지하고 있다. 업계 전체적으로 3,000 미만의 주당순이익이 없고, 1만원 미만의 주당순자산도 없다. 탄탄한 기업들로만 구성된 부자업종이라고 말할 만하다.

이러한 업종의 특성은 주당순이익의 추세에서도 그대로 드러나는데, 주당순이익이 줄어들고 있는 업체가 단 하나도 없다.

차트 2-237을 통해 정유업계를 대표하는 두 회사의 주당순이익 추세를 확인해보자. 두 회사 모두 주당순이익 추세가 나쁘지 않은 것으로 보인다.

유류유통

매출 순위에서는 SK가스와 E1이 각축전을 벌이고 있다. SK가스가 2조 5,000억원을 올려 2조 1,000억원에 그친 E1을 앞서고 있다.

순이익 실적에서도 두 업체의 경쟁구도가 이어지고 있는데, 대성산업이 그 뒤를 받치고 있다.

그런데 기업가치의 영역에서는 흥구석유가 발군의 역량을 발휘하고 있는 것을 볼 수 있다.

주당순이익에선 흥구석유가 2만 4,000원을 넘으면서 1만원대에 그친

표 2-75 **유류유통업종의 우수기업들**

EP	기업	개요	매출액	순이익	자기자본	ROOI	ROE	DR	EPS	BPS	PER	PBR
4	E1(이원)	LPG 수입 및 무역업체.	2,099,674	63,180	460,577	3	14	277	9,210	67,139	6.9	1.1
4	SK가스 (에스케이가스)	SK 계열의 LPG 판매업체.	2,510,128	88,500	460,990	2	19	105	10,257	53,425	16.9	1.3
4	대성산업	수도권 및 대구지역 GS칼텍스 대리점 운영 및 건설업체.	832,806	36,184	438,875	4	8	92	7,051	85,515	36.5	1.3
4	리드코프	S-Oil 대리점 판매, 소비자 대부, 고속도로휴게소 운영 업체. 2005년 1/4분기부터 흑자로 전환됨.	78,240	6,469	52,613	10	12	73	256	2,083	10.0	1.7
6	흥구석유	대구경북지역 GS칼텍스 대리점 운영업체.	142,375	2,386	54,839	1	4	34	24,345	559,586	23.7	0.6
7	중앙에너비스	서울지역 SK 대리점운영 업체. 계절적인 분기적자를 반복하고 있음.	93,432	1,078	40,141	1	3	35	2,460	91,646	19.5	0.5
	6개 평균		**959,443**	**32,966**	**251,339**	**3.5**	**10.0**	**103**	**8,930**	**143,232**	**18.9**	**1.1**

SK가스를 능가하고 있다. 주당순자산에서도 흥구석유가 56만원에 도달하며 다른 업체들을 압도하고 있으며, 9만 1,000원의 중앙에너비스, 8만 5,000원의 대성산업 등이 2위 그룹을 형성하고 있다.

소비자 대부업을 겸하고 있는 리드코프를 제외하면, 업체 모두가 5만원대 이상의 주당순자산 가치를 축적하고 있다. 정유업종과 마찬가지로 부자업종이라고 부를 만하다.

차트 2-238을 통해 유류유통업종을 대표하는 세 업체의 주당순이익 추세를 확인해보자. 세 업체 모두 안정적인 수준에서 주당순이익을 견고하게 유지하고 있는 모습을 취하고 있다.

차트 2-238 **E1, SK가스, 흥구석유의 주당순이익 추세 비교**

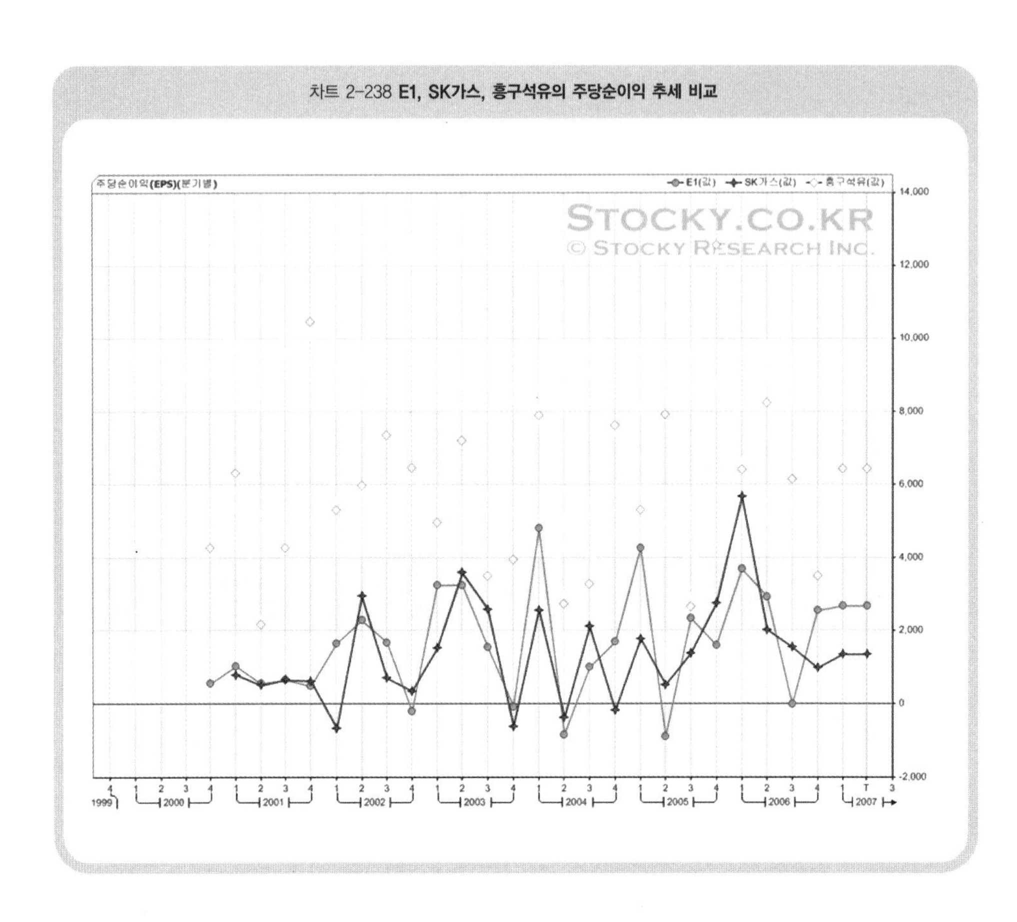

도료

매출액, 순이익, 주당순이익, 주당순자산 등 모든 지표에서 케이씨씨가 업계를 호령하고 있다. KCC는 2조원에 가까운 매출액과 2,000억원에 달하는 순이익을 거두어들이고 있다. 또한 2만원에 육박하는 주당순이익과 25만원을 뛰어넘는 주당순자산 등 월등한 기업가치도 구현하고 있다. 또한 5개 업체 중에서 케이씨씨만이 지속적으로 주당순이익을 증가시키고 있다.

표 2-76 **도료업종의 우수기업들**

EP	기업	개요	매출액	순이익	자기자본	ROOI	ROE	DR	EPS	BPS	PER	PBR
2	케이씨씨(KCC)	국내 1위의 도료업체이자 건자재업체.	1,908,684	196,043	2,632,181	8	7	50	18,635	250,207	32.2	1.5
4	디피아이 홀딩스 (DPI홀딩스)	노루표페인트 등을 자회사로 둔 지주회사. 2006년 4/4분기에 적자로 전환됨.	121,386	8,588	131,614	10	7	43	874	13,401	-	0.7
5	건설화학	국내 4위 도료 제조업체	203,047	12,544	214,890	5	6	24	1,930	33,060	41.5	0.5
5	삼화페인트 공업	도료 제조업체.	257,409	6,737	111,509	7	6	90	301	4,978	15.7	0.7
5	조광페인트	도료 제조업체.	118,052	5,721	52,694	7	11	85	447	4,117	11.3	0.8
	5개 평균		**521,716**	**45,927**	**628,578**	**7.4**	**7.4**	**58**	**4,437**	**61,153**	**25.2**	**0.9**

차트 2-239 **케이씨씨의 주당순이익 추세**

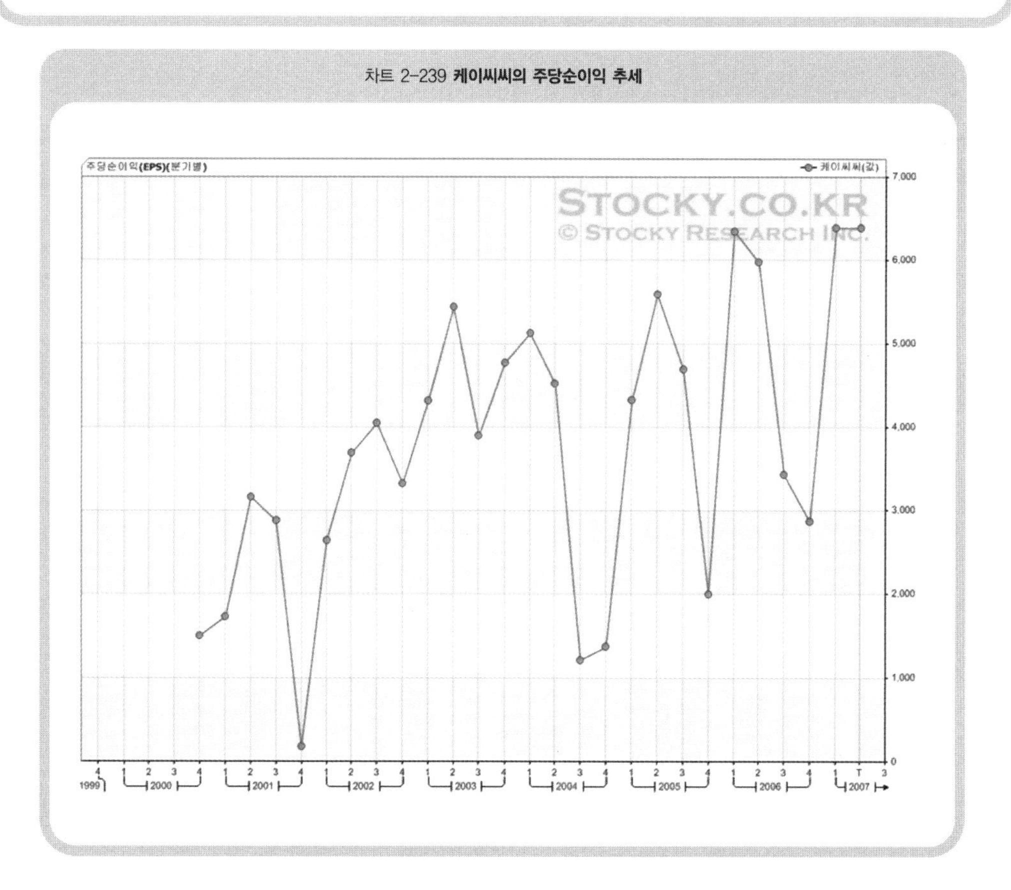

업종 전체적으로 영업이익률이나 자기자본순이익률은 좋지도 않고, 썩 나쁘지도 않은 상태에 머물러 있다.

차트 2-239를 통해 업계를 대표하는 우량기업인 KCC의 주당순이익 추세를 확인해보자. 차트를 보면, KCC의 거침없는 행보가 계속되고 있는 것을 확인할 수 있다.

화학

일반화학업종에서는 총 48개의 기업이 리스트에 수록되었다.

표 2-77 **화학업종의 우수기업들**

EP	기업	개요	매출액	순이익	자기자본	ROOI	ROE	DR	EPS	BPS	PER	PBR
2	백광산업	가성소다, 염산 등 무기화학제품 및 솔비톨 제조업체.	112,015	6,155	60,263	9	10	40	3,101	30,359	6.1	0.6
2	동남합성	계면활성제 생산업체.	36,627	2,214	30,844	5	7	13	2,079	28,954	7.8	0.7
2	한국큐빅	자동차, 가전제품 용 내외장 표면처리소재 제조업체.	21,044	2,872	26,650	14	11	17	479	4,442	6.7	1.0
2	유니드	탄산칼륨, 가성칼륨 등 기초무기화학제품 제조업체.	250,518	23,541	167,033	8	14	59	3,575	25,365	7.2	1.1
2	국도화학	국내 1위의 에폭시수지 제조업체.	320,433	16,914	159,637	6	11	58	2,911	27,473	9.8	1.1
2	제일모직	화학소재, 섬유의류, 전자재료 등 복합 제조업체.	2,843,803	157,761	1,379,572	8	11	61	3,155	27,591	8.8	1.3
2	한국포리올	유기화학제품, 화공약품 제조업체.	383,605	29,674	121,991	10	24	43	7,065	29,045	8.6	2.0
4	오공	접착제 제조업체.	40,710	655	22,035	4	3	96	81	2,726	24.0	0.7
4	내쇼날 푸라스틱	산업용 프라스틱 사출제품 제조업체.	114,518	4,586	57,655	5	8	90	1,249	15,701	46.5	0.7
4	영보화학	폴리올레핀폼 제조업체.	81,256	7,687	65,164	5	12	36	384	3,258	26.7	0.7

EP	기업	개요	매출액	순이익	자기자본	ROOI	ROE	DR	EPS	BPS	PER	PBR
4	대한유화공업	에틸렌, 프로필렌 등을 생산하는 석유화학제품 제조업체.	1,307,486	53,546	486,356	7	11	74	6,530	59,312	23.8	0.8
4	미원상사	계면활성제, 도료첨가제 등 제조업체.	179,793	9,598	79,541	6	12	56	4,570	37,877	7.0	0.9
4	호성케멕스	유화제품 첨가제, 유기과산화물 등 제조업체.	128,855	4,414	57,134	5	8	44	221	2,857	35.4	1.2
4	SKC(에스케이씨)	PET필름, PEN필름 등 제조업체.	1,211,821	100,641	566,923	10	18	140	2,890	16,277	10.0	1.4
4	해룡실리콘 (HRS)	실리콘 고무제품 제조업체.	40,108	5,150	45,257	15	11	19	315	2,767	17.3	1.6
4	휴켐스	DNT, 초산, 질산 등의 독과점 생산업체.	300,976	15,144	170,651	7	9	30	711	8,015	19.8	1.8
4	한국석유공업	솔벤트,블론아스팔트,몰타프레스 제조업체. 가끔 분기적자를 기록했음.	125,710	1,614	26,390	2	6	117	2,463	40,278	10.8	2.3
4	한화	화약, 합성수지 제조 및 무역, 건설 사업체이자 대한생명, 한화건설, 한화 기계, 한화석유화학 등을 자회사로 둔 지주회사.	2,293,082	272,855	1,220,451	4	22	245	3,640	16,282	14.3	2.7
4	동양제철화학	기초, 정밀, 석유, 석탄, 창호재 등 종합화학업체	1,194,267	65,023	802,673	9	8	108	3,257	40,211	75.3	3.1
5	태경화학	액체탄산, 에틸렌 제조업체.	22,608	2,646	41,643	7	6	13	228	3,590	13.2	0.6
5	WISCOM (위스콤)	PVC 콤파운딩 제조업체.	114,684	6,723	91,458	7	7	9	447	6,087	13.8	0.7
5	한솔케미칼	무기화학원료 제조업체.	154,626	11,339	116,486	5	10	61	1,004	10,313	7.9	0.9
5	프럼파스트	플라스틱 난방관, 음용수관, 하수관 제조업체. 가끔 분기적자를 기록했음.	18,183	206	11,462	3	2	76	33	1,861	70.5	1.2
5	LG석유화학 (엘지석유화학)	에틸렌, 프로필렌 등을 생산하는 석유화학업체.	2,195,239	190,883	855,071	12	22	33	4,223	18,918	4.7	1.7
5	케이씨아이 (KCI)	폴리머, 레진, 양이온계면 활성제 등의 독과점 생산업체.	13,757	1,773	13,908	16	13	60	281	2,208	15.8	2.0
6	삼영무역	모노머 등의 다양한 화공약품 유통업체.	166,094	8,454	115,801	2	7	35	547	7,498	3.1	0.5
6	한국폴리우레탄공업	폴리우레탄폼(스폰지) 제조업체. 2006년 4/4 분기에 적자로 전환됨.	31,347	340	26,213	3	1	23	235	18,078	-	0.6

EP	기업	개요	매출액	순이익	자기자본	ROOI	ROE	DR	EPS	BPS	PER	PBR
6	풍경정화	플라스틱 착색제 및 잉크 등 제조업체.	14,084	942	26,900	−3	4	11	145	4,138	19.3	0.6
6	한농화성	계면활성제, 에테르 등 생산업체.	80,320	2,885	30,185	5	10	117	2,004	20,962	7.5	0.8
6	한화석유화학	PE, PVC 등을 생산하는 석유화학업체.	2,218,541	204,943	1,755,830	5	12	74	2,052	17,579	6.8	0.9
6	코오롱유화	석유수지, 우레탄수지 등을 생산하는 종합 화학업체.	477,858	9,799	179,818	6	5	89	1,055	19,350	−	1.0
6	호남석유화학	롯데 계열의 에틸렌, 프로필렌 등을 생산하는 석유화학업체.	2,181,315	381,592	2,439,580	12	16	23	11,977	76,572	5.4	1.0
6	금호석유	합성고무, 합성수지 제조업체.	1,753,035	87,712	820,785	5	11	219	3,450	32,283	53.0	1.4
6	엔피케이(NPK)	플라스틱 컴파운드 및 착색제 제조업체.	32,239	1,647	16,379	5	4	84	183	1,825	10.7	1.5
6	SK케미칼 (에스케이케미칼)	석유화학, 정밀화학, 기능성 수지 등 제조업체이자 동신제약 합병으로 7위권 제약업체이기도 함. 2006년 4/4분기에 적자로 전환됨.	872,457	29,033	442,333	5	7	189	1,402	21,358	−	2.4
7	화승 인더스트리	BOPP 및 PET필름 제조업체. 2006년 4/4분기에 적자로 전환됨.	111,202	1,063	76,259	1	1	90	354	25,420	−	0.4
7	원림	산업용 운반포장백인 PP백 제조업체.	82,214	2,004	51,258	3	4	49	911	23,299	11.3	0.4
7	경인양행	화섬용 염료 제조업체.	84,978	883	67,193	−1	1	42	294	22,398	11.8	0.5
7	애경유화	무수프탈산, 폴리올 등 석유화학제품 제조업체. 2006년 4/4분기에 적자로 전환됨.	425,925	3,306	233,815	2	1	56	551	38,969	−	0.6
7	케이피케미칼 (KP케미칼)	롯데 계열의 PTA 등을 생산하는 석유화학업체. 2006년 4/4분기에 적자로 전환됨.	1,628,207	4,062	598,323	−1	1	80	42	6,158	−	1.2
7	LG화학 (엘지화학)	PVC 등의 석유화학재료, 건자재, 2차전지 등을 생산하는 제조업체.	9,302,341	319,369	2,617,240	4	12	122	4,957	40,625	10.5	1.4
8	세우글로벌	플라스틱원료 유통업체. 2005년부터 소폭의 분기별 흑자를 달성하고 있음.	29,072	1,917	23,287	5	8	11	93	1,128	6.0	1.1

EP	기업	개요	매출액	순이익	자기자본	ROOI	ROE	DR	EPS	BPS	PER	PBR
8	한국화인케미칼	도료 등에 들어가는 TDI의 국내 1위 제조업체. 2005년 4/4분기부터 흑자로 전환됨.	207,941	6,483	56,223	5	12	55	2,593	22,489	8.8	2.3
11	그린소프트켐	한국포리올에서 물적분할된 정밀화학 제조업체.	61,383	3,872	42,954	6	9	18	1,936	21,477	7.0	0.8
11	우진에이씨티	클린룸내 사용하는 소모품 제조업체.	67,005	4,570	37,707	9	12	41	618	5,096	12.3	1.0
11	오알켐(OR켐)	PCB 공정용 화학약품 제조업체.	43,895	1,871	23,628	6	8	72	312	3,938	31.9	1.2
11	와토스코리아	밸브, 이음새 등의 위생 도기용 고무/플라스틱 부속품 제조업체.	16,196	3,042	27,748	20	11	9	869	7,928	8.0	1.2
11	에스에스씨피(SSCP)	가전제품, 휴대폰 등 표면처리 화학제품 생산업체.	158,689	14,972	174,705	17	9	48	782	9,121	83.2	2.9
	48개 평균		**699,001**	**43,508**	**345,009**	**6.5**	**9.2**	**66**	**1,922**	**18,947**	**18.8**	**1.2**

이들을 네 개 그룹으로 나누어 살펴보기로 하자.

매출 규모에서는 9조원이 넘는 연 매출액을 기록하고 있는 LG화학을 분포도에서 제외했다. LG화학 다음에는 2조 8,000억원의 제일모직, 2조 3,000억원의 한화 등이 있고, 한화석유화학, LG석유화학, 호남석유화학, 금호석유화학 등이 뒤를 잇고 있다. 장치산업의 특성이 강한 화학업종에서는 역시 대기업 계열사들이 상위권을 휩쓸고 있다. 대기업 계열이 아닌 회사로는 대한유화만이 유일하게 매출 1조원을 넘어서고 있다.

순이익 규모에서는 3,800억원의 호남석유화학, 3,200억원의 LG화학 등이 선두권을 형성하고 있다. 그 다음에 한화, 한화석유화학, LG석유화학, 제일모직, SKC 등이 2위권을 형성하고 있다.

호남석유화학이 1만 2,000원으로 가장 큰 주당순이익을 획득하고 있다. 호남석유화학은 매출액 순위로는 6위지만, 순이익이나 주당순이익에서는 1위에 올라서고 있다. 뛰어난 경영능력을 발휘하고 있는 회사라고 할 수 있

차트 2-240 **화학업종의 매출액 분포(1)**

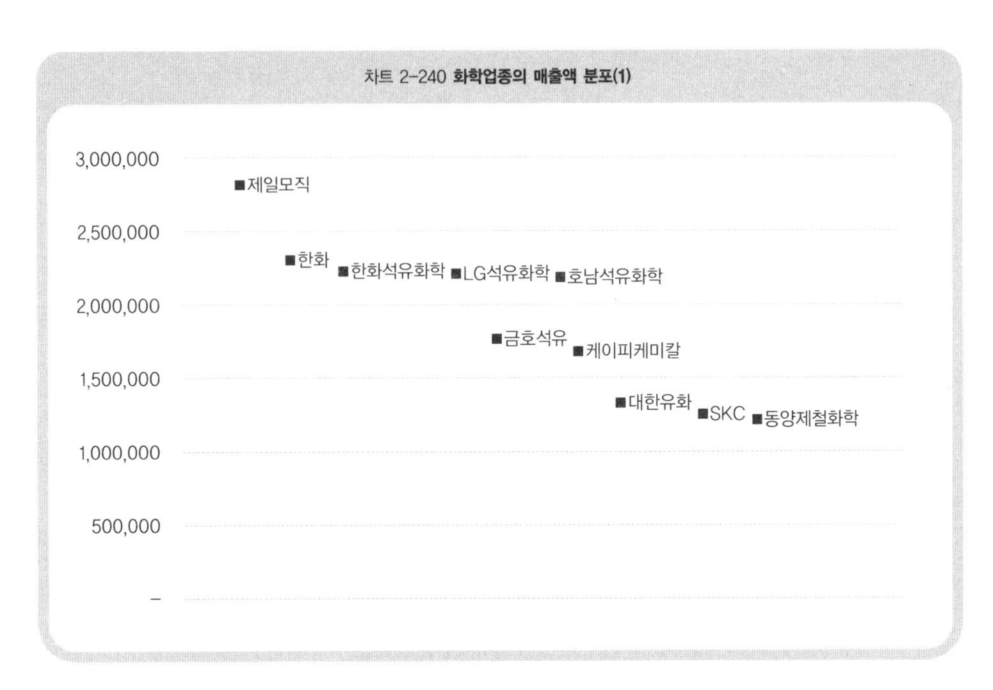

차트 2-241 **화학업종의 매출액 분포(2)**

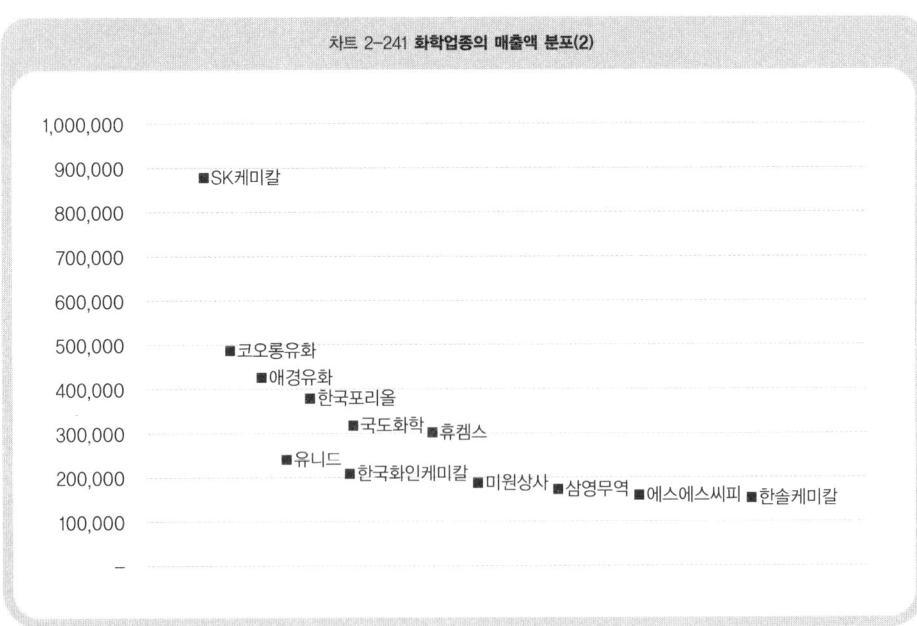

차트 2-242 **화학업종의 매출액 분포(3)**

차트 2-243 **화학업종의 매출액 분포(4)**

차트 2-244 **화학업종의 순이익 분포(1)**

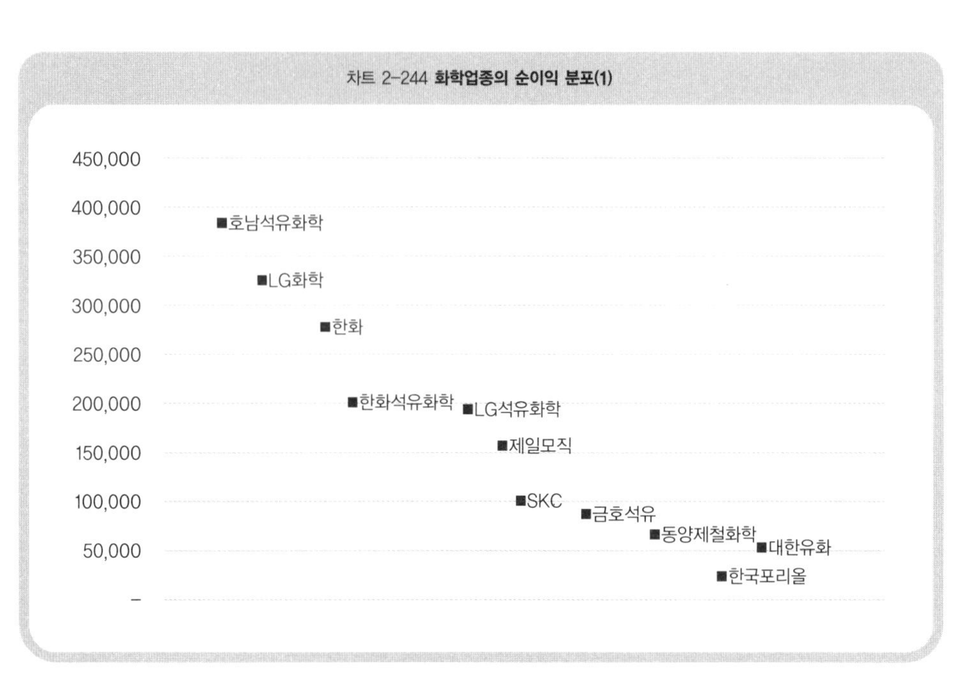

차트 2-245 **화학업종의 순이익 분포(2)**

차트 2-246 **화학업종의 순이익 분포(3)**

7,000
6,000
5,000
4,000
3,000
2,000
1,000
–

백광산업
에이치알에스
내쇼날푸라스틱
우진에이씨티
호성케멕스
케이피케미칼
그린소프트켐
애경유화
와토스코리아
한농화성
한국큐빅
태경화학

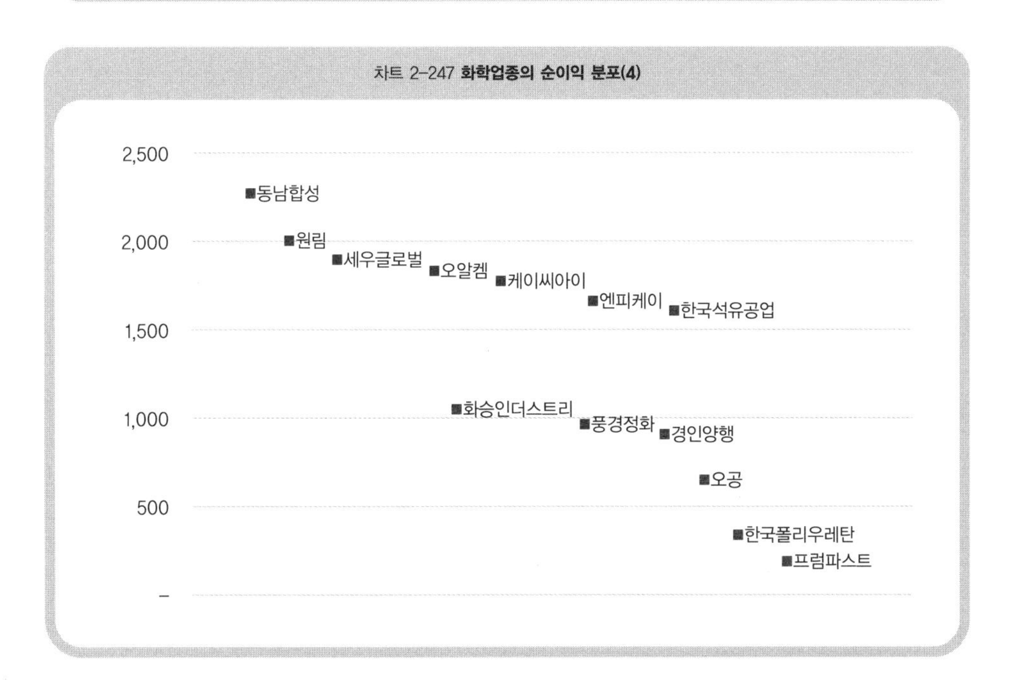

차트 2-247 **화학업종의 순이익 분포(4)**

차트 2-248 **화학업종의 주당순이익 분포(1)**

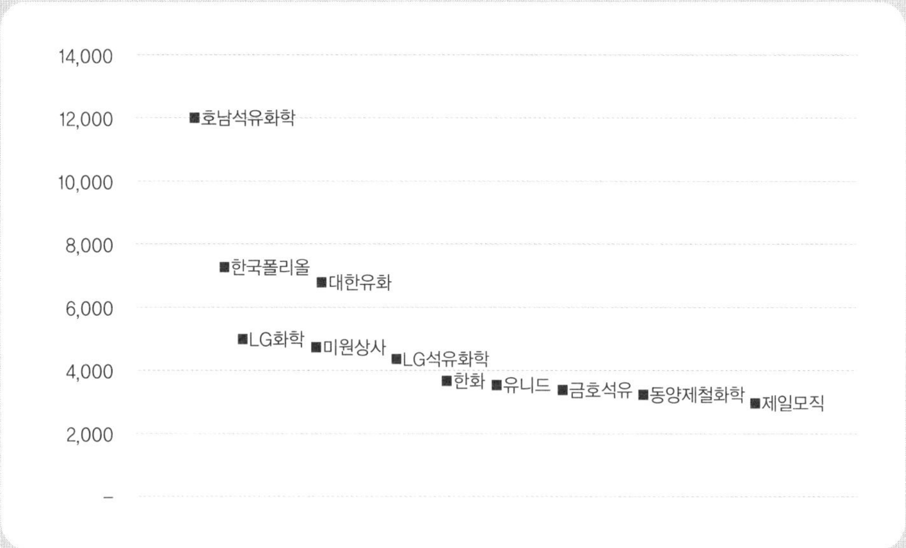

14,000
12,000
10,000
8,000
6,000
4,000
2,000
–

■호남석유화학
■한국폴리올
■대한유화
■LG화학
■미원상사
■LG석유화학
■한화
■유니드
■금호석유
■동양제철화학
■제일모직

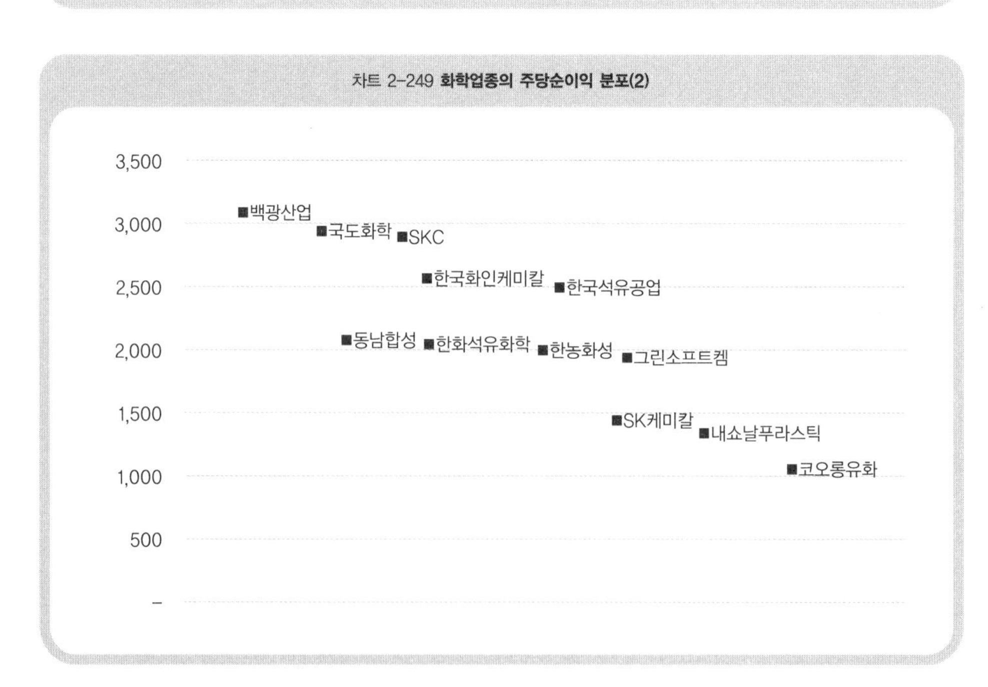

차트 2-249 **화학업종의 주당순이익 분포(2)**

차트 2-250 **화학업종의 주당순이익 분포(3)**

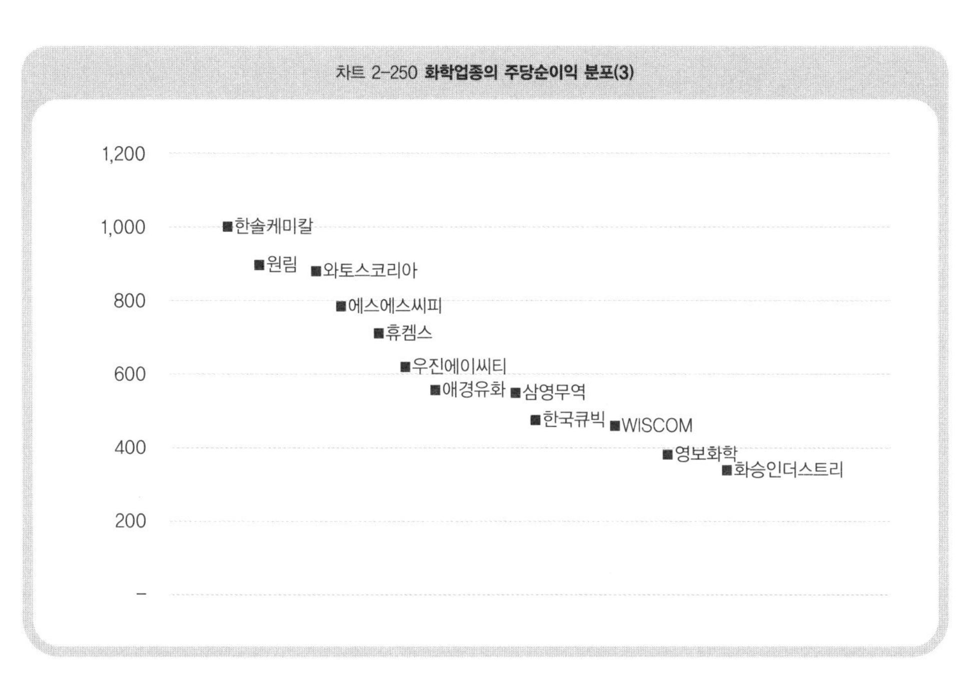

차트 2-251 **화학업종의 주당순이익 분포(4)**

차트 2-252 **화학업종의 주당순자산 분포(1)**

90,000
80,000
■호남석유화학
70,000
60,000
■대한유화
50,000
■LG화학 ■한국석유공업 ■동양제철화학 ■애경유화 ■미원상사
40,000
■금호석유 ■백광산업 ■한국포리올 ■동남합성
30,000
20,000
10,000
–

차트 2-253 **화학업종의 주당순자산 분포(2)**

30,000
■제일모직 ■국도화학
■화승인더스트리 ■유니드
25,000
■원림 ■한국화인케미칼 ■경인양행 ■그린소프트켐 ■SK케미칼 ■한농화성
20,000
■코오롱유화 ■LG석유화학
15,000
10,000
5,000
–

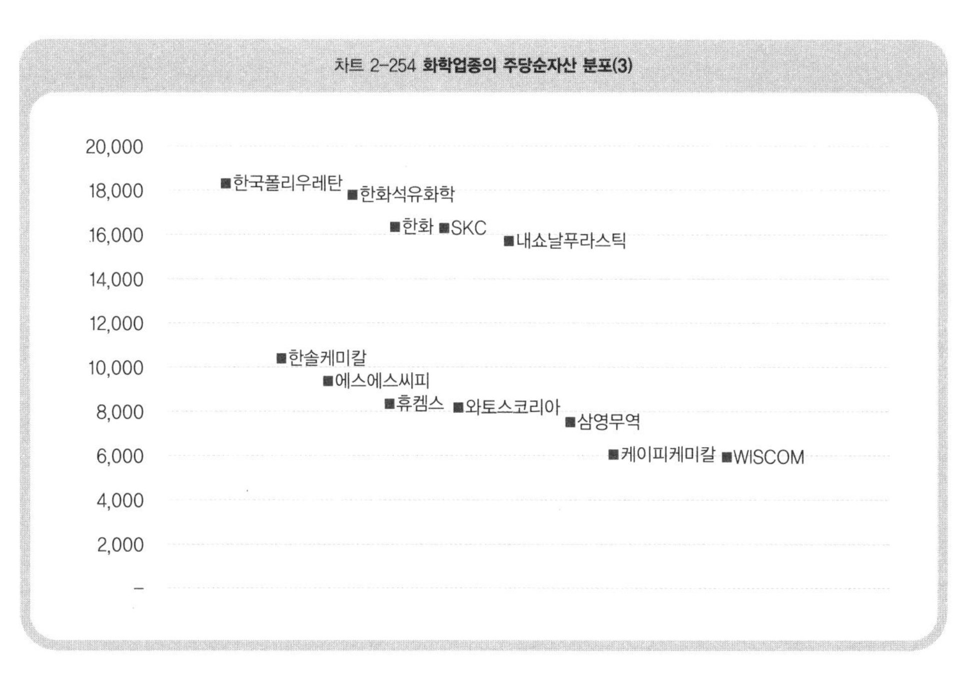
차트 2-254 화학업종의 주당순자산 분포(3)
20,000
18,000
16,000
14,000
12,000
10,000
8,000
6,000
4,000
2,000
–
한국폴리우레탄
한화석유화학
한화
SKC
내쇼날푸라스틱
한솔케미칼
에스에스씨피
휴켐스
와토스코리아
삼영무역
케이피케미칼
WISCOM

차트 2-255 화학업종의 주당순자산 분포(4)
6,000
5,000
4,000
3,000
2,000
1,000
–
우진에이씨티
한국큐빅
풍경정화
오알켐
태경화학
영보화학
호성케멕스
에이치알에스
오공
케이씨아이
프럼파스트
엔피케이
세우글로벌

겠다. 한국포리올, 대화유화공업, LG화학, 미원상사, LG석유화학, 한화 등이 좋은 실적을 거두고 있다. 주당 1,000원이 넘는 업체가 전부 24개에 이르고 있다.

주당순자산에서도 호남석유화학이 7만 6,000원으로 1위 자리를 지키고 있다. 그리고 대기업이 아닌 대한유화공업이 5만 9,000원으로 2위에 오르고 있다. 그 다음은 LG화학, 한국석유공업, 동양제철화학, 애경유화, 미원상사, 금호석유 등의 순이다. 호남석유화학부터 한솔케미칼까지 주당 1만원을

표 2-78 **화학업종의 우량기업들**

기업	ROOI	ROE	EPS P	EPS R	PBR
백광산업	9	10	2	12	0.64
동남합성	5	7	2	17	0.66
한국큐빅	14	11	2	32	1.01
유니드	8	14	2	8	1.07
국도화학	6	11	2	13	1.08
제일모직	8	11	2	11	1.28
한국포리올	10	24	2	2	2.02
와토스코리아	20	11	11	26	1.20
에스에스씨피	17	9	11	27	2.86
케이씨아이	16	13	5	39	2.01
해룡실리콘	15	11	4	36	1.63
LG석유화학	12	22	5	6	1.74
호남석유화학	12	16	6	1	1.02
SKC	10	18	4	14	1.36
우진에이씨티	9	12	11	31	1.03

넘는 회사가 전부 29개에 달하고 있다.

주당순이익이 지속적으로 증가하고 있는 2그룹에는 7개 업체가 리스팅되었는데, 백광산업, 동남합성, 한국큐빅, 유니드, 국도화학, 제일모직, 한국포리올 등이다. 대기업으로는 제일모직 하나만 포함되었다.

그리고 이익률이 높은 기업들을 추출해보면 상장된 지 2년이 되지 않은 11그룹에 속하는 젊은 기업들이 수위에 올랐는데, 와토스코리아와 에스에스씨피다. 케이씨아이, 에이치알에스, 한국큐빅, LG석유화학, 호남석유화학 등도 영업이익률이 높은 기업들이다.

한국포리올, LG석유화학, SKC 등은 자기자본순이익률이 높은 기업들이다. 유니드, KCI, 우진ACT, 와토스코리아, HRS, 한국큐빅 등이 있다. 이들을 정리해보면 표 2-78과 같다.

차트 2-256 **호남석유화학, LG석유화학, 한국포리올의 주당순이익 추세의 비교**

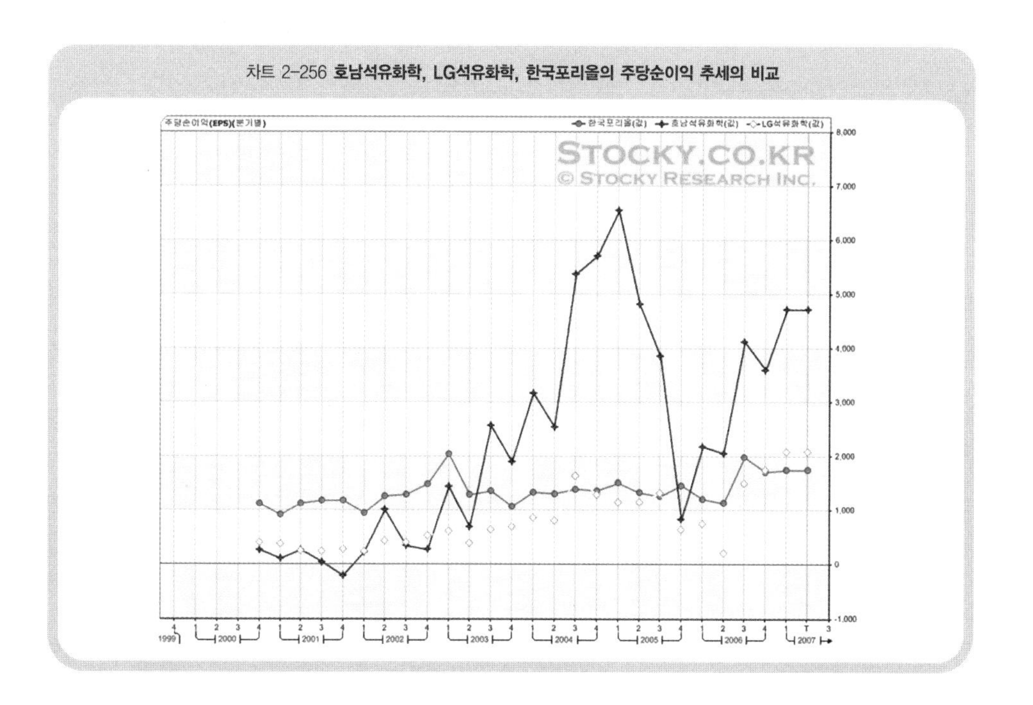

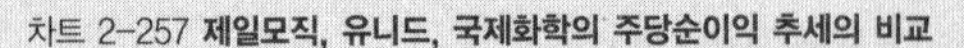

차트 2-257 **제일모직, 유니드, 국제화학의 주당순이익 추세의 비교**

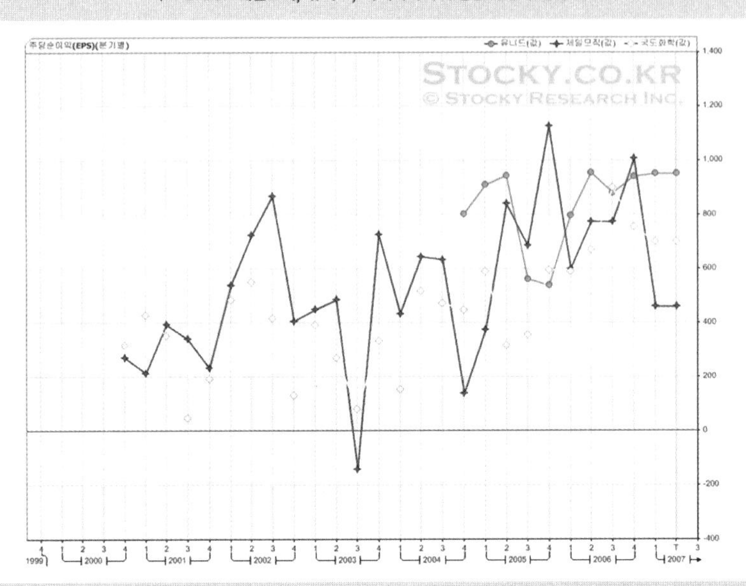

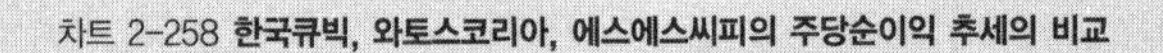

차트 2-258 **한국큐빅, 와토스코리아, 에스에스씨피의 주당순이익 추세의 비교**

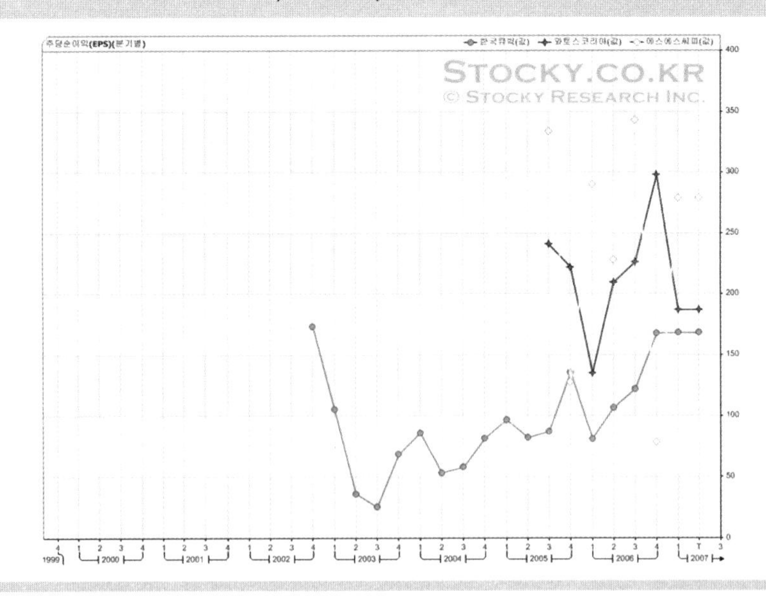

주당순이익 순위에 따라서 세 개의 그룹으로 나누어 EPS 추세를 비교해 보도록 하자. 첫 번째 그룹의 회사들은 모두 2006년 상반기부터 분기별 주당순이익이 상승하는 추세다(차트 2-256). 두 번째 그룹의 회사들도 모두 장기적으로 주당순이익이 늘어나는 추세에 있다(차트 2-257). 세 번째 그룹에선 한국큐빅의 지속적인 증가세가 눈에 띈다(차트 2-258).

비료/농약

매출액은 삼성정밀화학, 남해화학이 앞서고 있고, 순이익은 삼성정밀화학, KG케미칼이 앞서고 있다. 삼성과 남해는 모두 7,000억원이 넘는 매출액을 달성하고 있다. 삼성은 300억이 넘는 순이익을 거두고 있고, KG가 100억을 넘고 있다.

표 2-79 **비료/농약 업종의 우수기업들**

EP	기업	개요	매출액	순이익	자기자본	ROOI	ROE	DR	EPS	BPS	PER	PBR
2	동방아그로	살충제 등 농약 생산업체. 계절별 분기적자를 기록하고 있음.	82,107	9,136	84,248	15	11	36	671	6,287	–	0.8
2	KG케미칼	비료 및 건자재 제조업체.	226,640	11,300	93,976	8	12	111	1,056	8,783	13.7	1.0
2	성보화학	농약 제조업체. 계절별 분기적자를 기록하고 있음.	38,630	4,168	83,736	13	5	9	2,082	41,826	–	1.2
5	남해화학	농협이 대주주인 국내 1위, 세계 3위의 비료 생산업체. 계절별 분기적자를 기록하고 있음.	722,377	7,171	262,355	1	3	58	144	5,281	–	0.8
6	삼성정밀화학	기초화합물, 비료, 질소화합물 제조업체.	745,864	32,153	702,171	2	5	18	1,246	27,216	41.5	1.1
	5개 평균		**363,124**	**12,786**	**245,297**	**7.8**	**7.2**	**46**	**1,040**	**17,879**	**27.6**	**1.0**

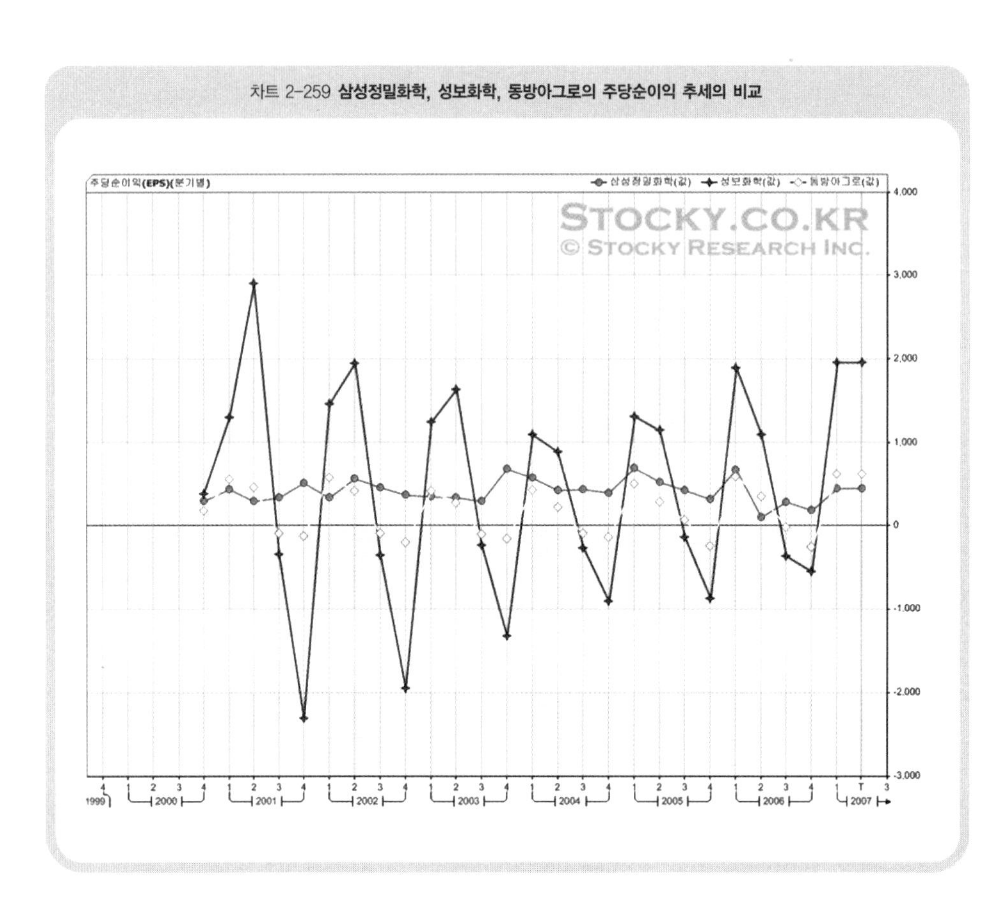

차트 2-259 **삼성정밀화학, 성보화학, 동방아그로의 주당순이익 추세의 비교**

주당순이익이나 주당순자산은 성보화학이 가장 큰데, 각각 2,000원과 4만원을 넘어서고 있다. 그 다음이 삼성정밀화학이다. 동방아그로, KG케미칼, 성보화학 3개 업체의 연도별 주당순이익은 증가하는 추세에 있다.

수익 창출능력 면에서는 동방아그로가 가장 앞서는데, 영업이익률은 성보화학도 높은 편이다.

업종의 특성상 계절적으로 수요가 변동되는 것을 볼 수 있다. 계절적인 적자를 반복하면서도 성보화학의 주당순이익은 증가하는 흐름 위에 있다.

합성피혁

표 2-80 **합성피혁업종의 우수기업들**

EP	기업	개요	매출액	순이익	자기자본	ROOI	ROE	DR	EPS	BPS	PER	PBR
2	진양화학	플라스틱 바닥재, 합성피혁 제조업체.	46,142	7,986	33,162	4	24	34	3,328	13,817	32.5	2.1
3	원풍	산업용 타포린, 플렉스, 합성피혁 등 제조업체. 가끔 분기적자를 기록했음.	62,319	3,647	28,247	1	13	49	304	2,354	2.4	0.8
4	대원화성	합성피혁 및 PVC벽지 제조업체.	77,940	2,885	37,533	7	8	83	1,130	14,702	16.6	1.1
7	덕성	합성피혁 및 합성수지 제조업체.	74,266	1,136	51,026	2	2	37	72	3,254	–	1.2
	4개 평균		**65,167**	**3,914**	**37,492**	**3.5**	**11.8**	**51**	**1,209**	**8,532**	**17.2**	**1.3**

매출 규모가 서로 비슷한데, 매출은 대원화성, 덕성이 크고, 순이익은 진양화학, 원풍이 크다.

주당순이익은 진양화학이 3,300원으로 가장 크고, 대원화성이 그 다음이다.

주당순자산은 대원화성과 진양화학이 어깨를 나란히 하고 있다.

영업이익률은 낮으나, 진양화학이나 원풍의 자기자본순이익률은 높은 편이다.

주당순이익이 1,000원을 넘기는 두 업체의 EPS 추세는 그냥 무던해 보인다.

차트 2-260 **진양화학과 대원화성의 주당순이익 추세 비교**

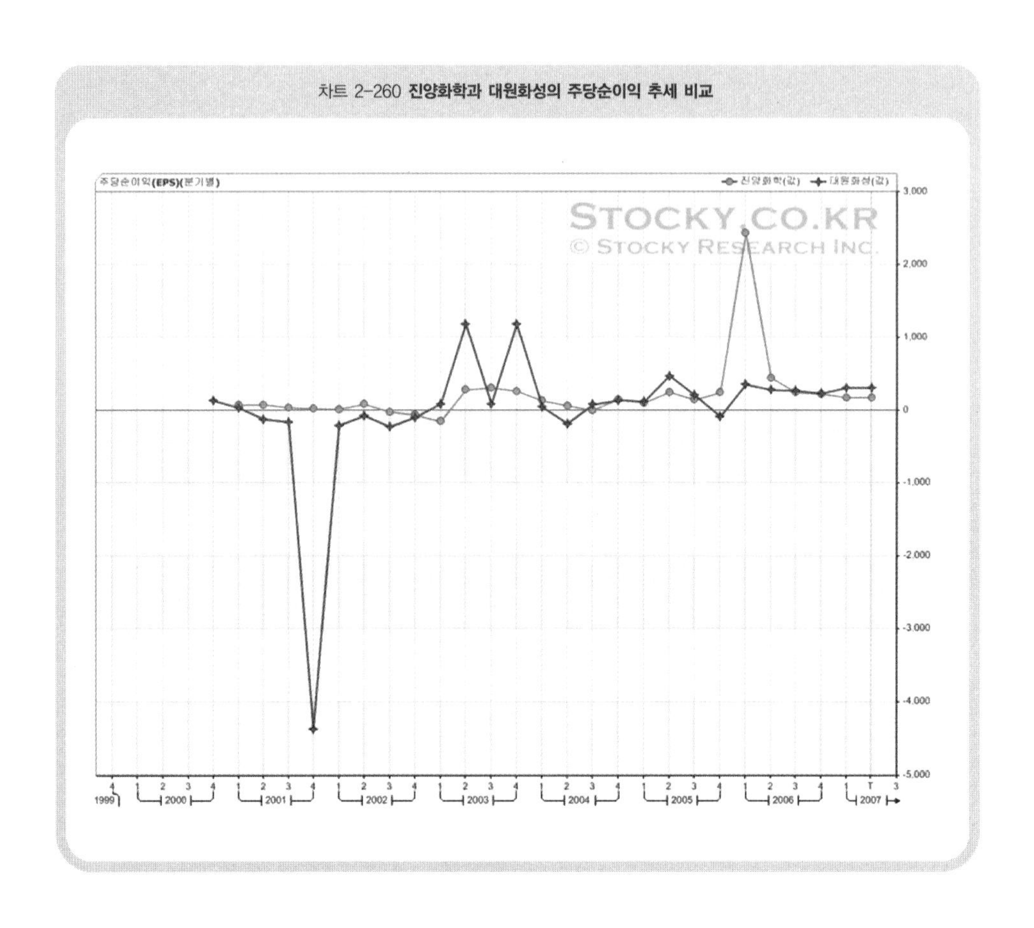

제약

표 2-81 **제약업종의 우수기업들**

EP	기업	개요	매출액	순이익	자기자본	ROOI	ROE	DR	EPS	BPS	PER	PBR
2	현대약품공업	일반/전문 의약품 제약업체.	103,518	6,614	94,916	9	7	20	2,362	33,899	9.5	0.8
2	동성제약	정로환 등 일반의약품 제약업체.	112,842	8,668	44,220	11	20	107	699	9,910	22.3	0.8

EP	기업	개요	매출액	순이익	자기자본	ROOI	ROE	DR	EPS	BPS	PER	PBR
2	대웅	제약 및 바이오 전문 투자 및 대웅제약을 자회사로 둔 지주회사.	44,229	22,542	154,513	49	15	7	3,579	24,534	8.0	1.0
2	일성신약	전문의약품 중심의 제약업체.	78,584	38,527	231,291	27	17	19	14,484	86,576	17.8	1.1
2	일동제약	아로나민 등 일반/전문 의약품 제약업체.	250,057	5,047	61,551	15	14	63	5,183	37,994	8.1	1.1
2	한독약품	훼스탈 등 일반/전문 의약품 제약업체.	240,689	18,086	175,998	12	10	41	1,559	15,172	9.7	1.1
2	태평양제약	케토톱 등 일반/전문 의약품 제약업체.	122,424	7,985	55,104	12	14	54	3,786	26,129	24.4	1.4
2	바이넥스	전문의약품 전문 제약업체.	24,511	2,990	29,026	14	10	22	498	4,838	46.4	2.6
2	대웅제약	국내 대표적인 일반/전문 의약품 제조업체.	382,031	52,500	204,916	20	26	52	5,315	20,744	9.1	2.6
2	녹십자	녹십자홀딩스 계열의 전문의약품 제약업체.	366,729	34,804	182,821	15	19	79	3,862	20,288	12.0	2.8
2	한미약품	국내 대표적인 일반/전문 의약품 및 원료의약품 제조업체.	422,184	72,597	274,654	12	26	77	9,169	34,687	37.6	3.7
2	부광약품	아락실 등 일반/전문 의약품 제약업체.	134,120	17,602	119,253	18	15	23	716	4,853	26.9	4.2
3	대성미생물연구소	동물용 의약품 제조업체.	14,529	995	17,180	10	6	20	2,617	45,212	126.2	1.2
3	한국유나이티드제약	전문의약품 중심의 제약업체.	64,311	2,237	37,598	10	6	104	149	2,502	22.2	1.4
3	에스디(SD)	진단용 시약 및 프로틴 칩 제조업체.	18,205	4,731	36,844	23	13	9	591	4,606	21.5	2.2
3	중앙백신연구소	동물용 백신 전문 제조업체.	10,631	2,387	16,144	25	15	10	361	2,439	33.3	3.8
4	대한약품공업	포도당주사액 등 전문의약품 중심의 제약업체. 가끔 분기적자를 기록했음.	41,391	1,028	22,021	2	5	142	171	3,670	5.6	0.7
4	신풍제약	일반/전문 의약품 제약업체.	154,980	21,900	106,621	14	21	84	5,757	28,031	1.9	0.8
4	이-글 벳	동물용 의약품 제조업체.	10,469	765	14,592	6	5	23	108	2,507	124.8	1.5
4	근화제약	전문의약품 중심의 제약업체.	62,409	10,707	52,937	22	20	48	3,284	16,238	7.9	1.6
4	제일바이오	동물용 의약품, 사료 첨가제 등 제조업체. 가끔 분기적자를 기록했음.	11,971	327	15,878	0	2	9	34	1,654	53.2	2.6
5	동화약품공업	국내 최초의 제약사로서, 일반/전문 의약품 제약업체.	142,072	6,566	155,911	9	4	25	1,175	27,910	43.5	1.2

EP	기업	개요	매출액	순이익	자기자본	ROOI	ROE	DR	EPS	BPS	PER	PBR
5	삼진제약	게보린 등 일반/전문 의약품 제약업체.	128,524	8,603	93,099	12	9	67	3,441	37,239	20.1	1.2
5	한서제약	간질환 치료제 등 전문의약품 제약업체.	22,709	2,831	23,104	19	12	10	418	3,411	8.9	1.2
5	대화제약	전문의약품 중심의 제약업체.	37,579	3,055	42,495	12	7	54	221	3,076	17.7	1.3
5	대원제약	전문의약품 중심의 제약업체.	60,059	5,624	50,436	15	11	28	946	8,484	17.7	1.4
5	환인제약	정신신경용제 중심의 제약업체.	69,286	8,769	88,891	20	10	11	904	9,164	28.4	1.6
5	유한양행	국내 대표적인 일반/전문 의약품 제약업체.	411,705	67,089	672,423	13	10	37	7,767	77,844	14.4	2.0
5	동아제약	국내 최대의 일반/전문 의약품 제약업체.	571,162	27,085	317,552	11	9	87	2,744	32,177	145.8	2.1
5	대한뉴팜	의약품, 동물의약품 등 제약업체.	52,120	1,632	26,721	7	6	96	190	3,107	25.3	2.6
6	서흥캅셀	의약용 캡슐 제조업체.	76,711	2,953	94,150	6	3	47	264	8,398	–	0.7
6	신일제약	일반의약품 중심의 제약업체.	30,549	2,655	37,218	12	7	22	336	4,711	9.9	0.7
6	삼아제약 (삼아약품)	소아과, 이비인후과 중심의 의약품 제약업체. 가끔 분기적자를 기록했음.	40,293	4,652	71,535	13	7	15	744	11,446	9.2	0.8
6	고려제약	하벤 등 일반/전문 의약품 제약업체.	29,776	3,023	32,997	14	9	36	275	3,000	18.7	0.8
6	안국약품	전문의약품 중심의 제약업체.	61,110	8,229	60,514	18	14	30	716	5,262	6.2	0.9
6	광동제약	한방의약품 중심의 제약업체. 주당순이익이 증가 추세에 있음.	208,425	17,675	152,159	11	12	42	337	2,903	12.2	1.1
6	씨티씨바이오 (CTC바이오)	사료첨가약제, 의약, 생균 효소제 등 제약업체. 2006년 4/4분기에 적자로 전환됨.	44,481	1,180	30,695	3	4	33	145	3,766	–	1.4
6	중외제약	일반/전문 의약품 제약업체. 2006년 4/4분기에 적자로 전환됨.	342,767	10,757	179,720	14	6	101	1,602	26,761	–	1.5
6	대웅화학	대웅제약 계열의 원료의약품 제조입체.	45,453	13,363	55,482	16	24	37	3,144	13,055	6.8	1.5
6	경동제약	전문의약품 중심의 제약업체.	77,208	18,251	111,400	29	16	11	1,375	8,392	19.1	1.7
6	삼일제약	부루펜 등 일반/전문 의약품 제약업체. 2006년 4/4분기에 적자로 전환됨.	90,877	8,953	61,910	16	14	50	1,628	11,256	–	1.8

EP	기업	개요	매출액	순이익	자기자본	ROOI	ROE	DR	EPS	BPS	PER	PBR
6	유유	일반/전문 의약품 제약업체.	71,529	7,552	59,435	17	13	99	1,295	10,192	51.4	2.0
6	종근당	일반/전문 의약품 제약업체. 주당순이익이 증가 추세에 있음.	242,810	22,417	158,418	21	14	104	1,815	12,827	20.5	2.0
6	일양약품	원비디, 영비천 등 일반/전문 의약품 제약업체.	126,925	3,176	73,363	5	4	116	225	5,202	175.1	6.2
7	국제약품공업	일반/전문 의약품 제약업체.	96,368	6,365	54,383	13	12	84	506	4,320	4.4	0.7
7	삼천당제약	일반/전문 의약품 제약업체. 2006년 4/4분기에 적자로 전환됨.	47,509	2,452	64,983	7	4	23	123	3,249	–	0.8
7	제일약품	소염진통제 중심의 의약품 제약업체.	267,132	10,827	127,059	4	9	85	729	8,556	6.3	0.8
7	진양제약	소부날 등 일반/전문 의약품 제약업체. 2006년 4/4분기에 적자로 전환됨.	34,058	1,635	41,628	9	4	20	136	3,469	–	1.0
7	서울제약	전문의약품 중심의 제약업체.	18,712	228	16,974	0	1	33	36	2,716	112.7	1.9
7	에스텍파마	원료의약품 중심의 제약업체.	13,225	1,132	21,940	11	5	44	144	1,792	24.1	2.3
7	화일약품	원료의약품, 전문의약품 제약업체.	54,901	4,509	45,822	13	10	23	403	4,100	21.3	2.3
8	종근당바이오	종근당에서 분리된 원료 의약품 생산업체. 2006년 1/4분기부터 소폭의 흑자 추세로 변환됨.	72,197	429	45,103	2	1	109	82	8,625	25.8	0.5
8	LG생명과학 (엘지생명과학)	전문의약품 중심의 제약업체.	221,205	5,930	242,823	4	2	60	358	14,648	53.8	2.7
8	수도약품공업	항생제 중심의 전문의약품 제약업체. 2005년 1/4분기부터 소폭의 흑자로 전환됨.	55,000	2,756	36,623	9	8	115	40	537	39.8	3.0
11	대봉엘에스	원료의약품 및 화장품원료 제조업체.	17,959	1,637	14,719	12	11	16	381	3,423	21.8	1.5
11	서린바이오사이언스	진단시약, DNA칩 등 제조 및 유통업체.	18,552	2,576	24,178	14	11	19	696	6,535	13.0	1.5
	56개 평균		**117,353**	**11,243**	**95,249**	**13.2**	**10.5**	**50**	**1,779**	**14,608**	**32.0**	**1.7**

제약업종은 두 번째로 업체 수가 많다. 이 많은 수의 기업들이 어느 정도의 실적을 거두고 있는지 확인해보자.

매출 규모에서는 동아제약, 한미약품, 유한양행이 3총사로서 연 매출액

차트 2-261 **제약업종의 매출액 분포(1)**

600,000
■동아제약
500,000
■한미약품 ■유한양행
400,000
■대웅제약 ■녹십자 ■중외제약
300,000
■제일약품 ■일동제약 ■종근당 ■한독약품
200,000
100,000
–

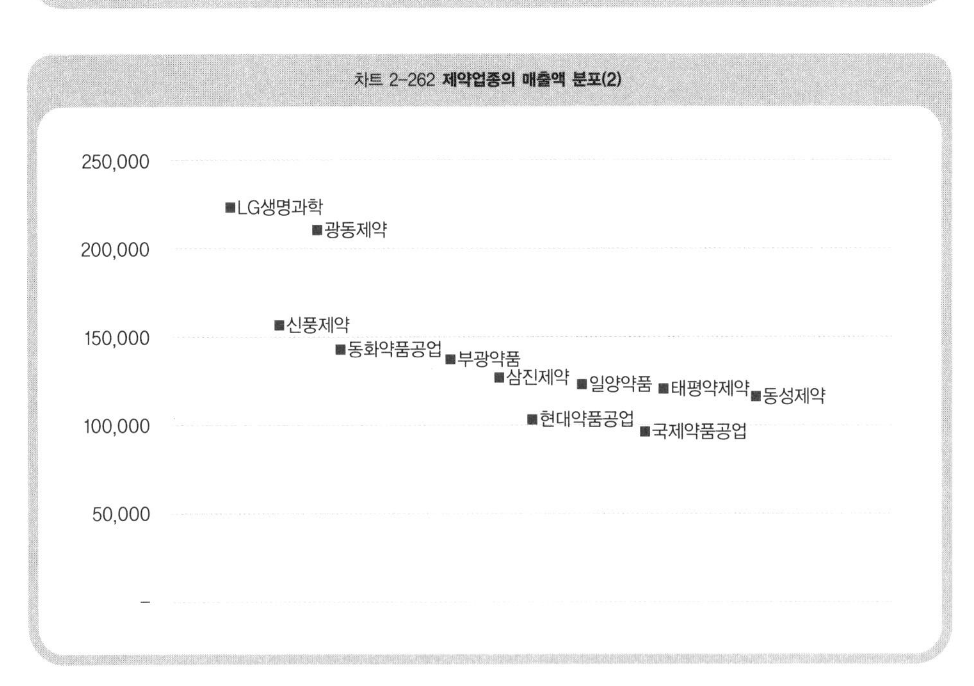

차트 2-263 **제약업종의 매출액 분포(3)**

100,000
90,000
80,000
70,000
60,000
50,000
40,000
30,000
20,000
10,000
–

■삼일제약
■일성신약
■광동제약
■서흥캅셀
■종근당바이오
■유유
■환인제약
■한국유나이티드
■근화제약
■안국약품
■대원제약

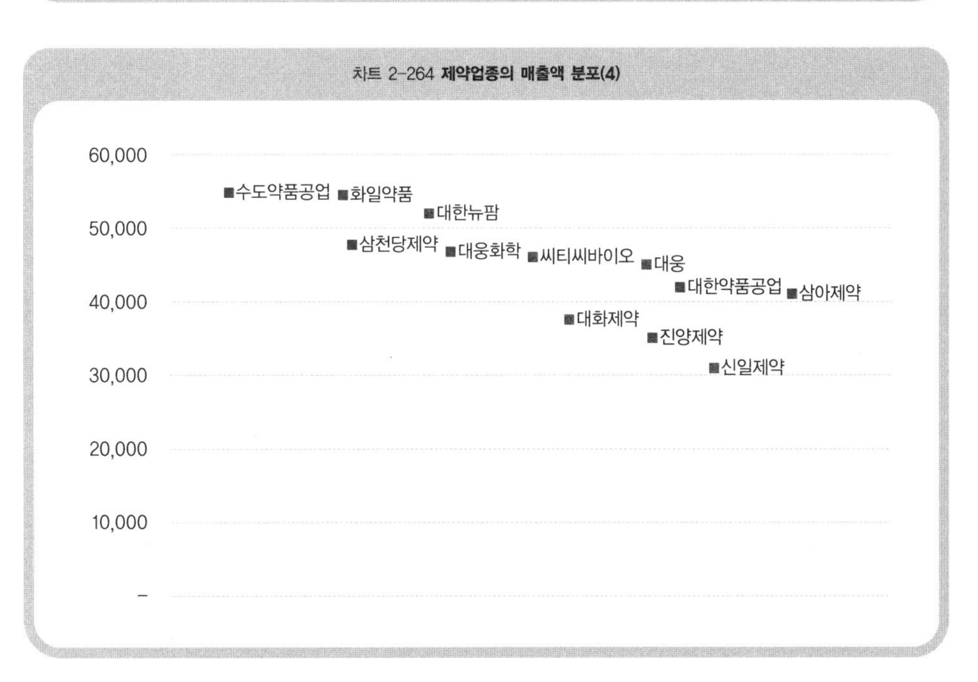

차트 2-264 **제약업종의 매출액 분포(4)**

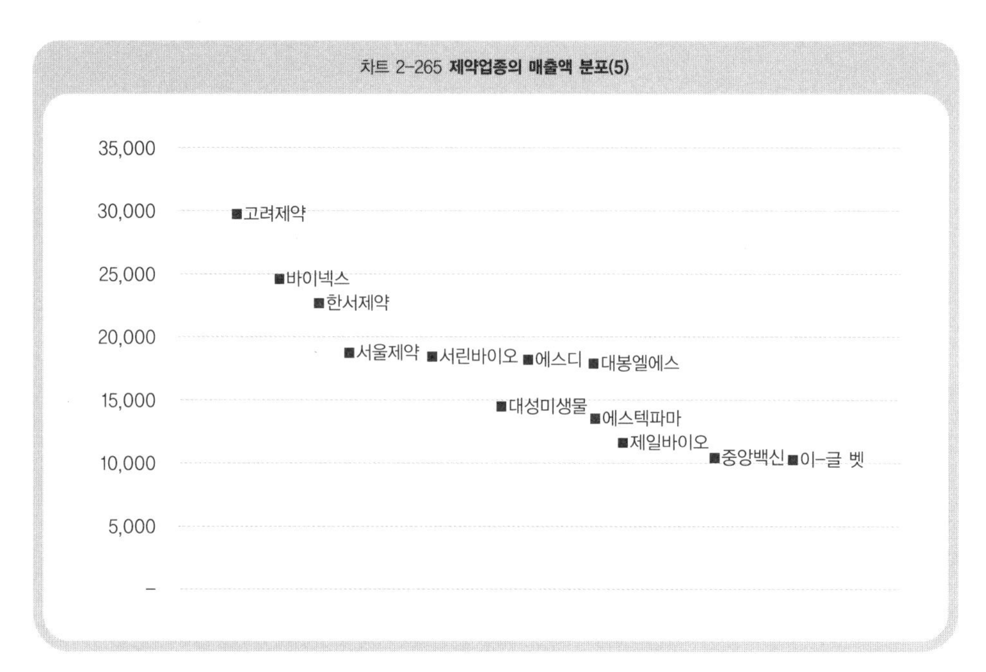

4,000억원을 넘어서고 있다. 대웅제약, 녹십자, 중외제약은 3,000억원을 넘으며 2위권을 형성하고 있다. 1,000억원을 넘는 업체가 20개나 되지만, 56개 업체들의 매출액을 다 합쳐도 7조원에 미치지 못하고 있다. 국내의 제약업체들은 내수시장에만 머물고 있어서 매출 규모가 크지 않은 편이다. 또한 시장 규모에 비해 업체 수가 너무 많은 문제도 있다. 향후 미국과 FTA가 체결되면, M&A를 통한 규모확대 경쟁이 불붙을 것으로 예상되고 있다.

순이익 실적에서는 730억원가량을 획득한 한미약품이 1위에 올랐다. 그 뒤로 유한양행, 대웅제약이 500억원 이상의 순이익을 거두고 있다.

투자자산을 처분하여 대규모의 영업외수익을 실현한 일성신약이 주당순이익에서 1위에 올랐다. 주당순이익이 지속적으로 증가하고 있는 회사이긴 하지만, 일성신약의 2006년도의 놀라운 실적은 일시적일 수도 있다.

9,000원을 넘은 한미약품이나 7,000원을 훌쩍 넘은 유한양행이 상위권

차트 2-266 **제약업종의 순이익 분포(1)**

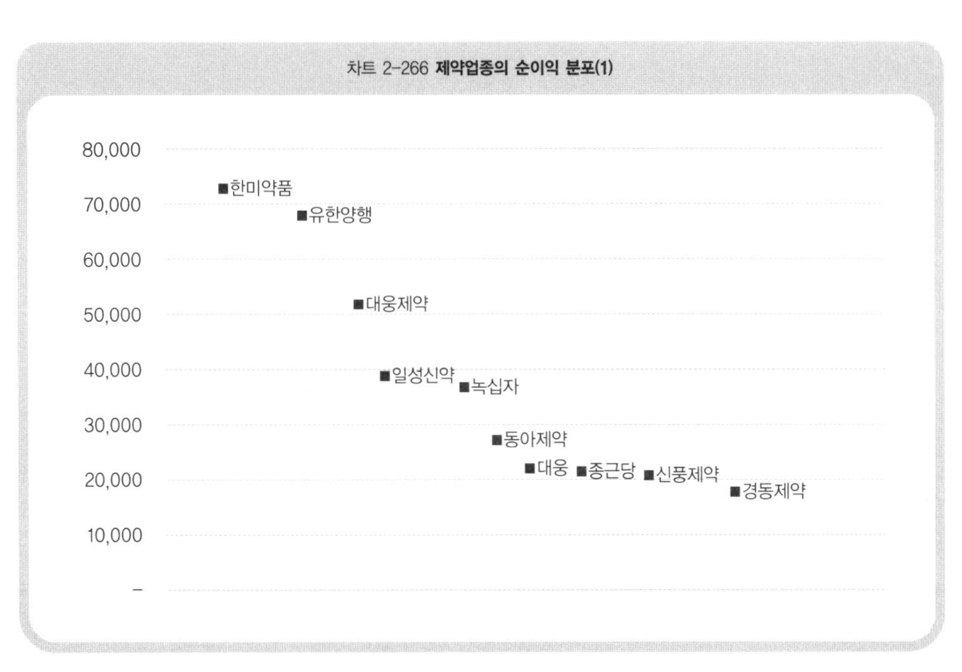

차트 2-267 **제약업종의 순이익 분포(2)**

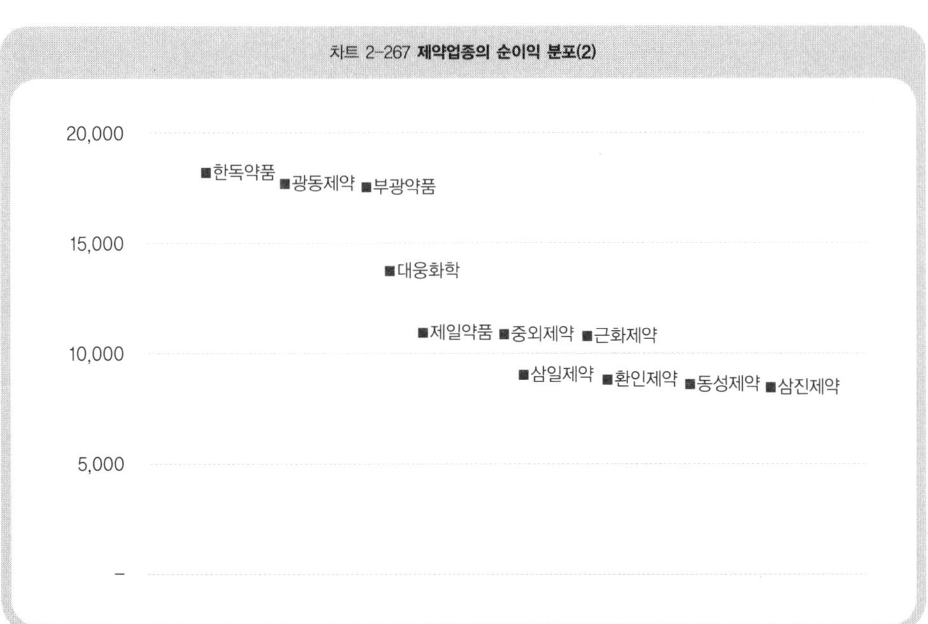

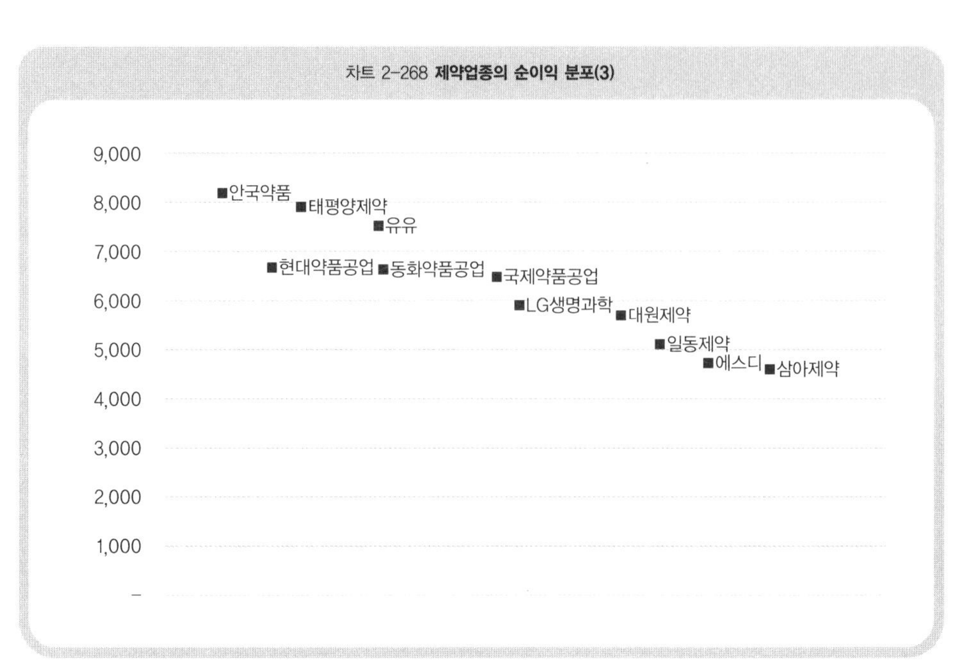

차트 2-268 **제약업종의 순이익 분포(3)**

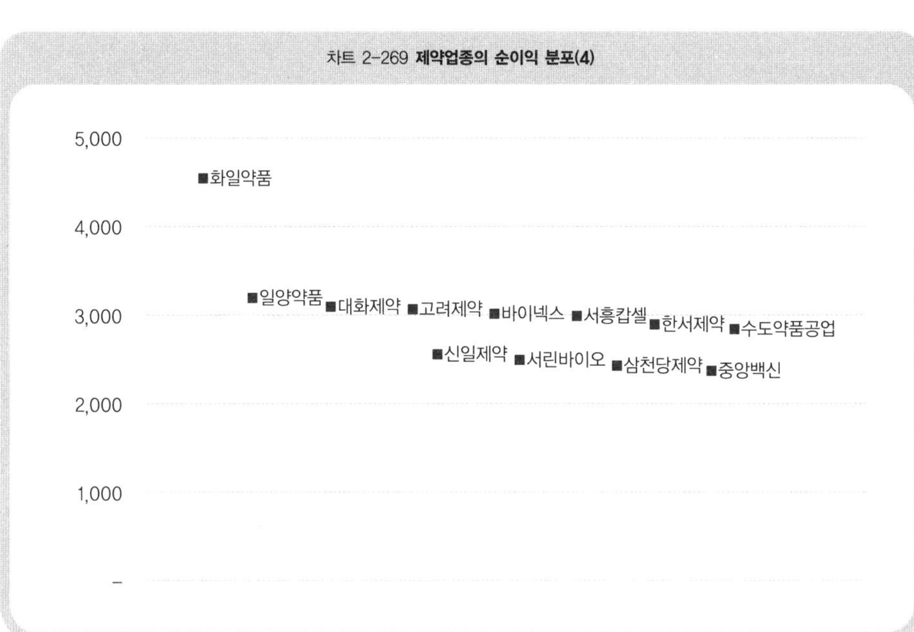

차트 2-269 **제약업종의 순이익 분포(4)**

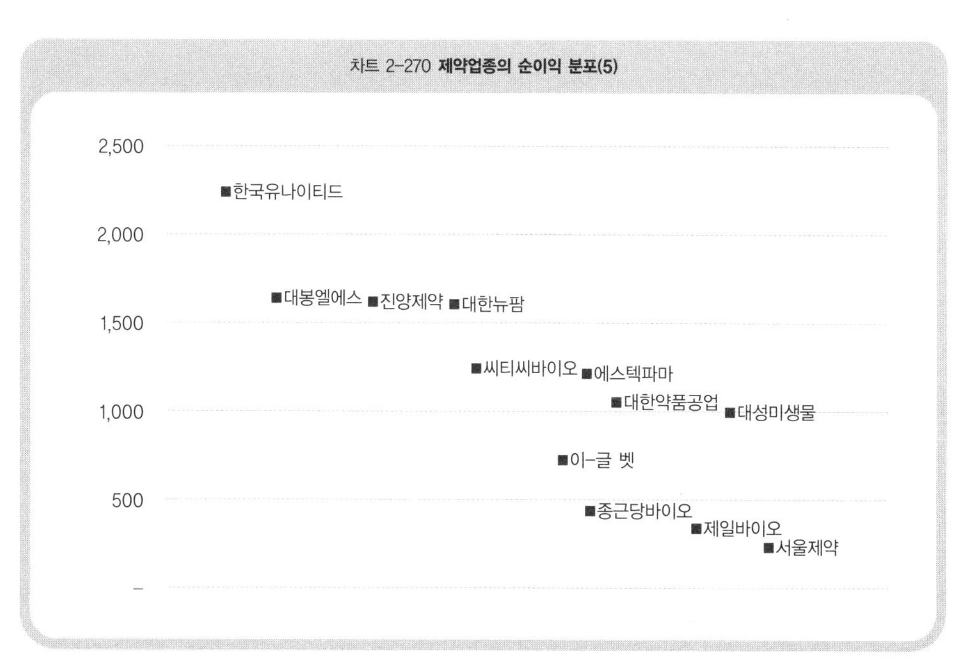

차트 2-270 **제약업종의 순이익 분포(5)**

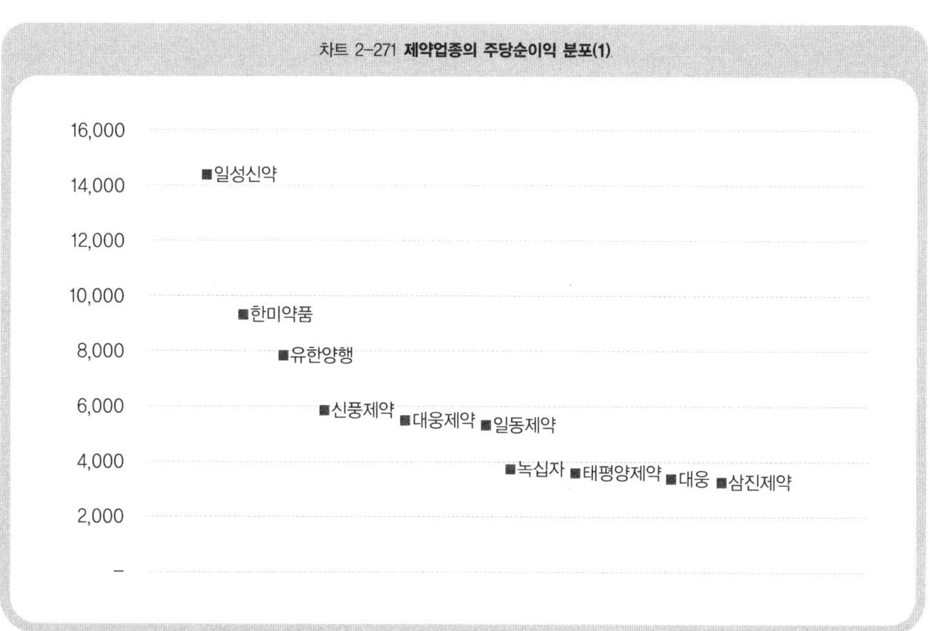

차트 2-271 **제약업종의 주당순이익 분포(1)**

차트 2-272 **제약업종의 주당순이익 분포(2)**

3,500
3,000
2,500
2,000
1,500
1,000
500
–

근화제약
대웅화학
동아제약
대성미생물
현대약품공업
종근당
삼일제약
중외제약
한독약품
경동제약
유유

차트 2-273 **제약업종의 주당순이익 분포(3)**

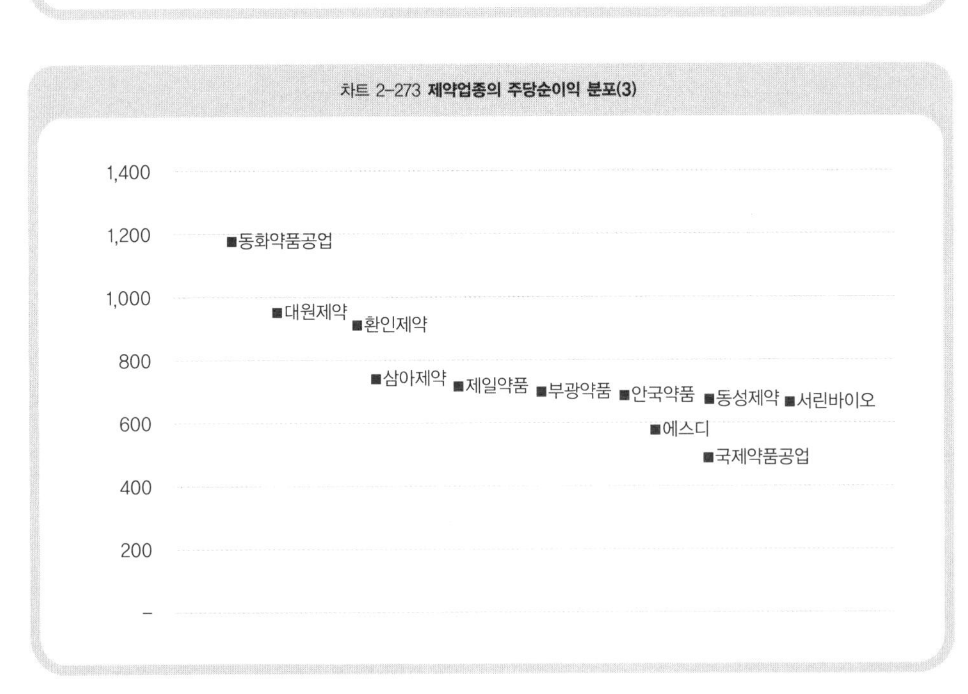

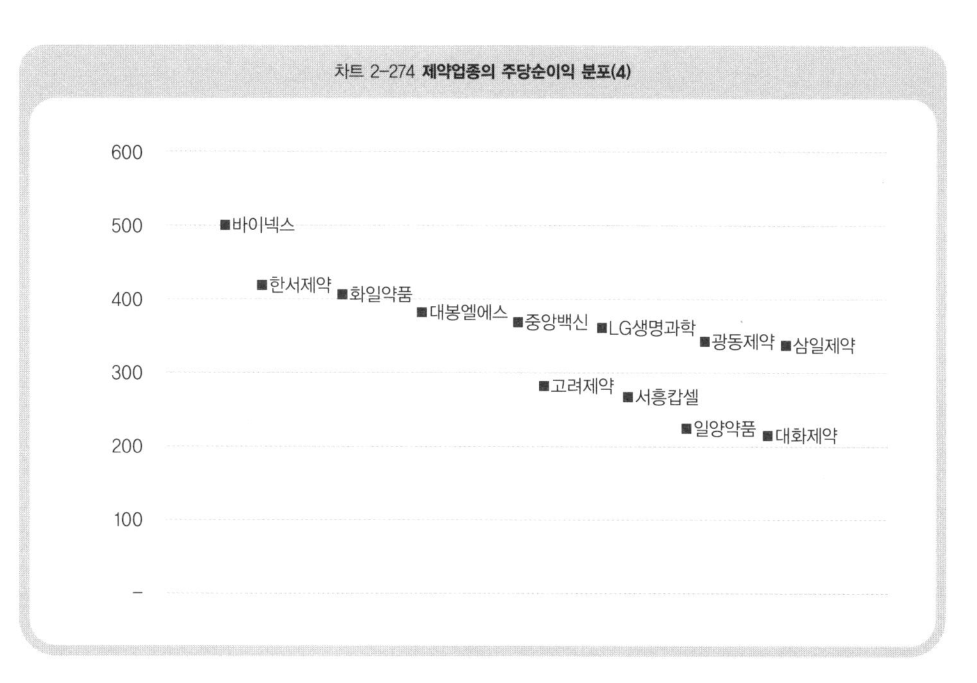
차트 2-274 제약업종의 주당순이익 분포(4)
600
500
400
300
200
100
–
바이넥스
한서제약
화일약품
대봉엘에스
중앙백신
LG생명과학
광동제약
삼일제약
고려제약
서흥캅셀
일양약품
대화제약

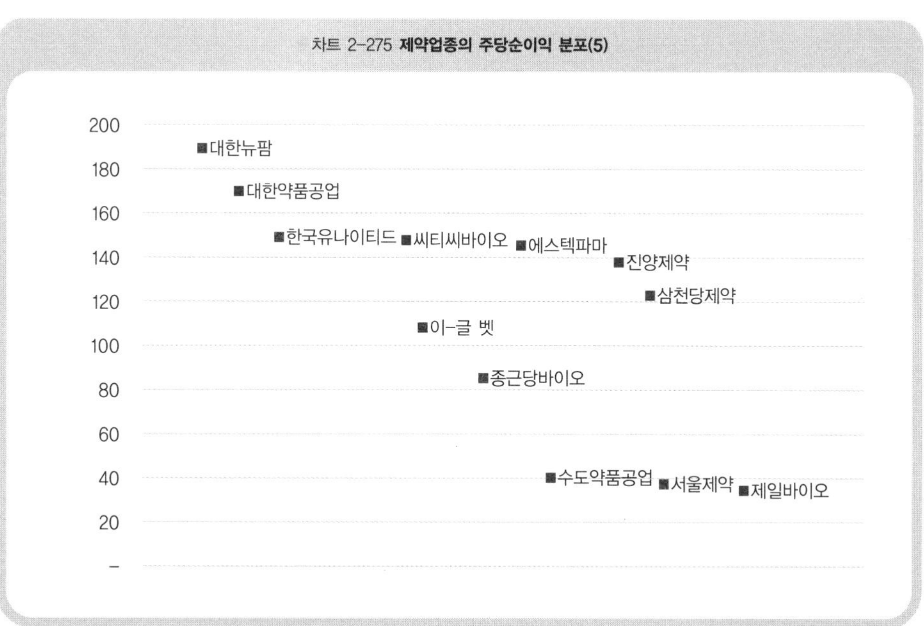
차트 2-275 제약업종의 주당순이익 분포(5)
200
180
160
140
120
100
80
60
40
20
–
대한뉴팜
대한약품공업
한국유나이티드
씨티씨바이오
에스텍파마
진양제약
삼천당제약
이-글 벳
종근당바이오
수도약품공업
서울제약
제일바이오

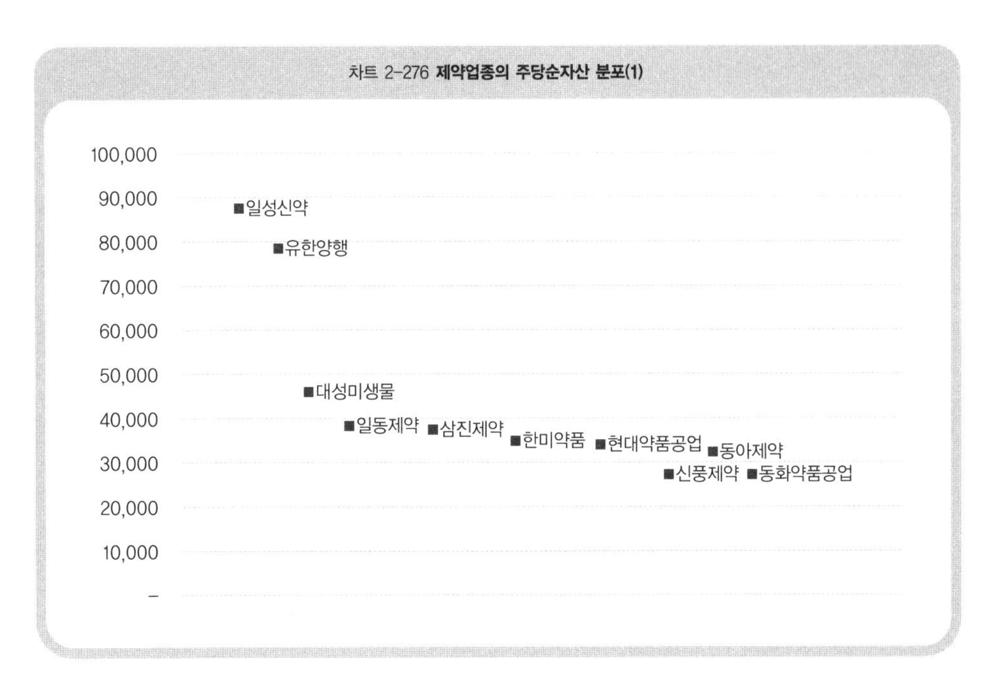

차트 2-276 **제약업종의 주당순자산 분포(1)**

차트 2-277 **제약업종의 주당순자산 분포(2)**

을 점유하고 있다. 전체적으로 22개의 업체들이 1,000원이 넘는 주당순이익을 획득하고 있다.

주당순자산 가치에서도 일성신약이 톱에 올랐지만, 업계 강자 유한양행이 뒤를 바짝 뒤쫓고 있다. 유한양행의 주당순자산은 7만 8,000원으로, 매출액과 순이익, EPS와 BPS 등에서 유한양행의 선전이 돋보이고 있다. 전체적으로 23개의 기업이 1만원 이상의 주당순자산 가치를 실현하고 있다.

한편 주당순이익을 지속적으로 확대하고 있는 기업들은 현대약품공업에서부터 부광약품까지 총 10개에 이르고 있다. 지속적인 경쟁우위를 가진 기업들이 적지 않다는 것을 알 수 있다.

또한 49%를 달성한 대웅을 비롯하여 15% 이상의 영업이익률을 달성한 기업이 18개나 되며, 15% 이상의 자기자본순이익률을 기록한 기업도 12개나 된다.

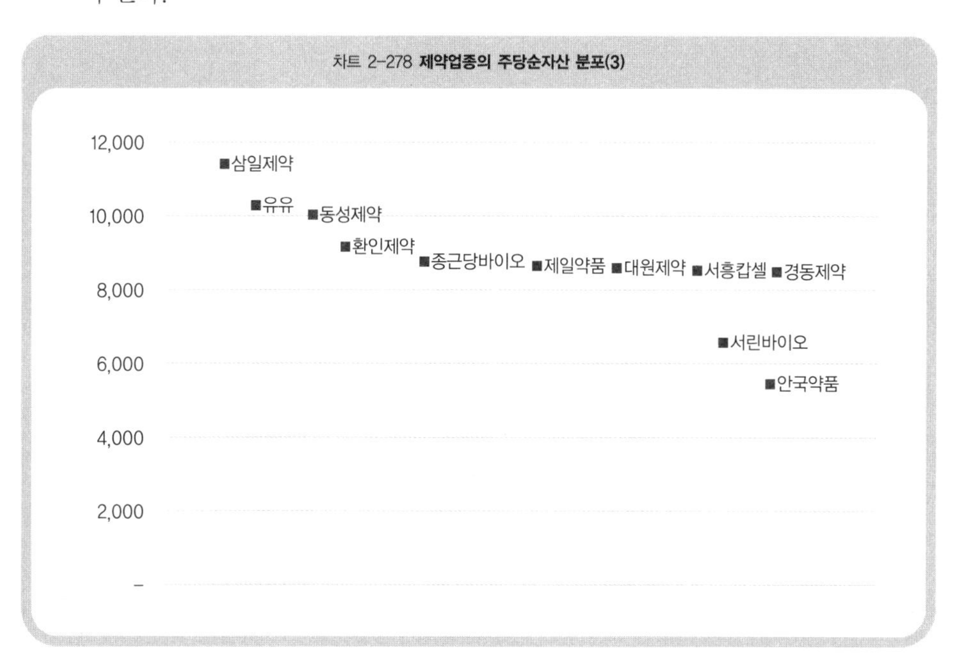

차트 2-279 **제약업종의 주당순자산 분포(4)**

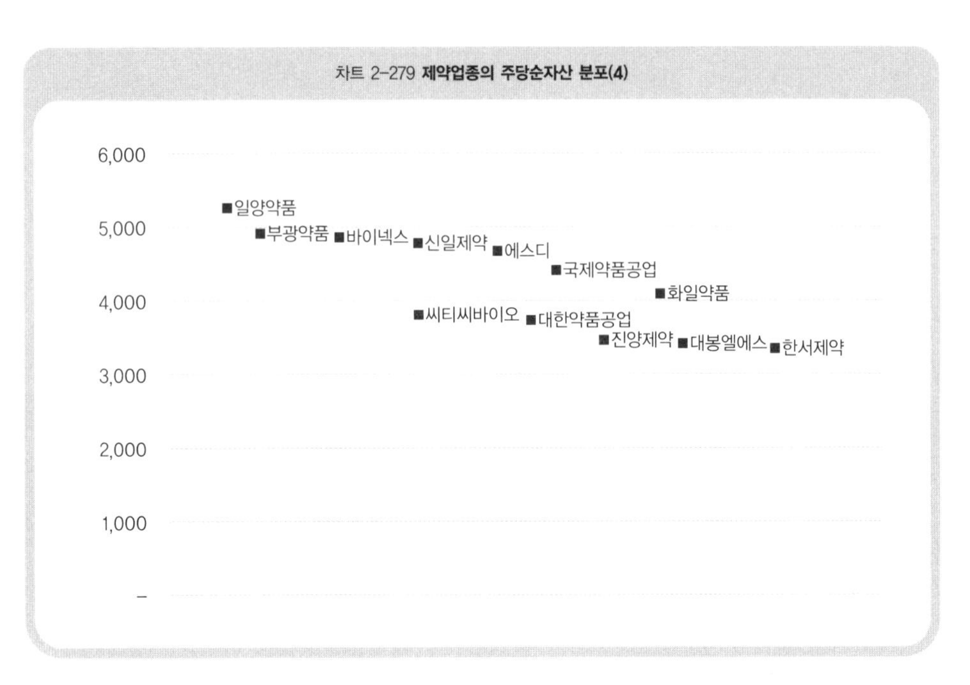

차트 2-280 **제약업종의 주당순자산 분포(5)**

주당순이익이 증가하고 있는 그룹에서부터 두 자릿수 이익률을 실현한 기업들까지 제약업종의 우량기업들을 하나의 표로 정리해보았다. 무려 33개나 된다.

표 2-82 **제약업종의 우량기업들**

기업	ROOI	ROE	EPS P	EPS R	PBR
현대약품	9	7	2	15	0.81
동성제약	11	20	2	29	0.82
대웅	49	15	2	9	0.95
일성신약	27	17	2	1	1.09
일동제약	15	14	2	6	1.11
한독약품	12	10	2	19	1.11
태평양제약	12	14	2	8	1.44
바이넥스	14	10	2	33	2.58
대웅제약	20	26	2	5	2.59
녹십자	15	19	2	7	2.79
한미약품	12	26	2	2	3.72
부광약품	18	15	2	27	4.24
대성미생물	10	6	3	14	1.19
한국유나이티드	10	6	3	47	1.36
에스디	23	13	3	31	2.25
중앙백신	25	15	3	37	3.77
경동제약	29	16	6	20	1.72
근화제약	22	20	4	11	1.60
종근당	21	14	6	16	2.03
환인제약	20	10	5	24	1.60

기업	ROOI	ROE	EPS P	EPS R	PBR
한서제약	19	12	5	34	1.23
안국약품	18	14	6	28	0.90
유유	17	13	6	21	1.95
대웅화학	16	24	6	12	1.53
삼일제약	16	14	6	17	1.80
대원제약	15	11	5	25	1.38
신풍제약	14	21	4	4	0.83
서린바이오	14	11	11	30	1.52
국제약품공업	13	12	7	32	0.75
유한양행	13	10	5	3	1.98
화일약품	13	10	7	35	2.34
대봉엘에스	12	11	11	36	1.51
광동제약	11	12	6	39	1.08

먼저 차트 2-281을 통해 업계 상위그룹에 속해 있는 회사들의 주당순이익 추세를 살펴보자. 한미약품 및 대웅제약의 경우 증가세가 순조롭게 이어지고 있다.

중위권 기업들의 주당순이익 추세도 살펴보자. 일동제약 및 태평양제약의 주당순이익도 지속적으로 증가하고 있다. 중앙백신연구소와 부광약품의 경우 주당순이익이 지속적으로 증가하는 양상을 띠고 있다.

차트 2-281 **한미약품, 유한양행, 대웅제약의 주당순이익 추세 비교**

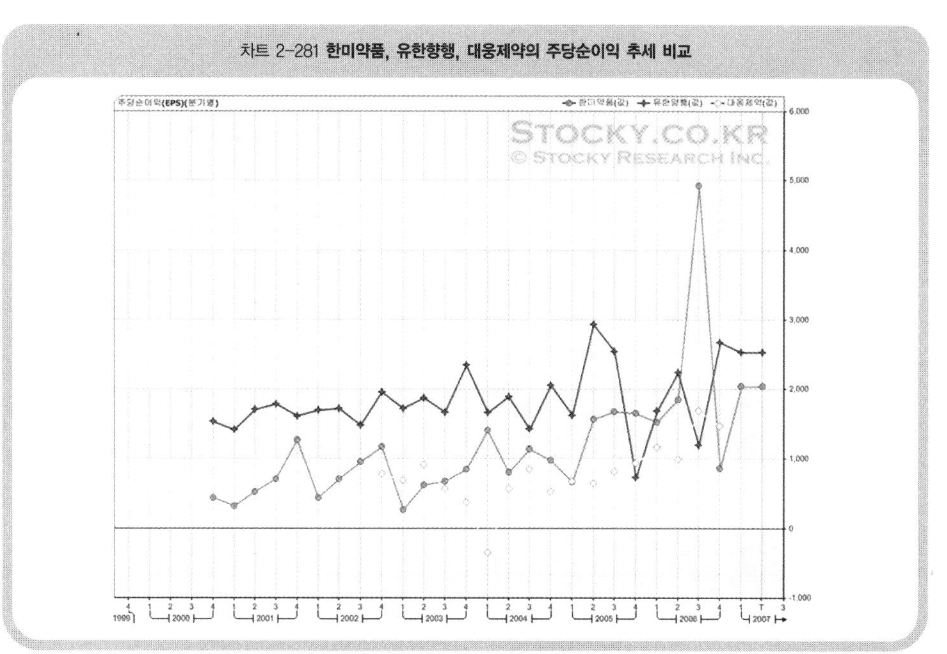

차트 2-282 **일동제약, 태평양제약, 근화제약의 주당순이익 추세 비교**

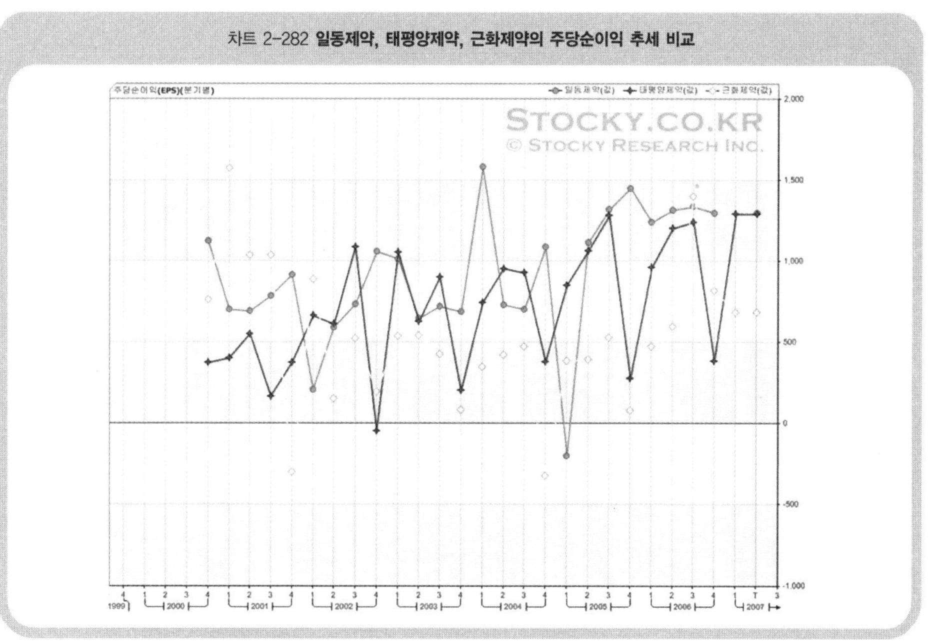

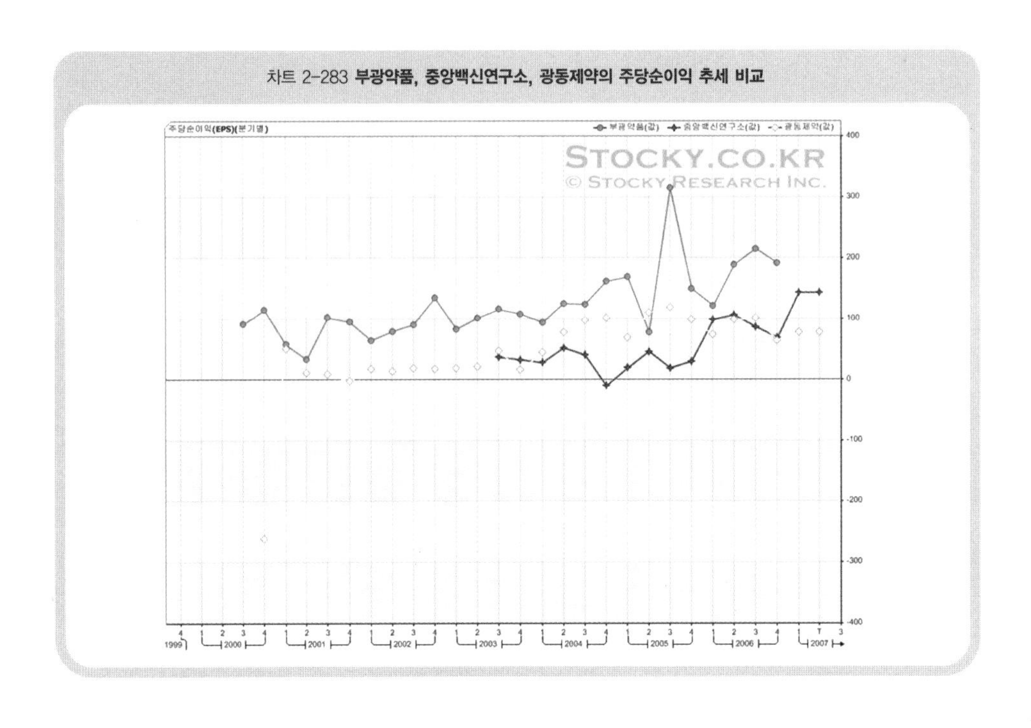

차트 2-283 **부광약품, 중앙백신연구소, 광동제약의 주당순이익 추세 비교**

화장품

표 2-83 **화장품업종의 우수기업들**

EP	기업	개요	매출액	순이익	자기자본	ROOI	ROE	DR	EPS	BPS	PER	PBR
2	한국콜마	OEM 화장품 제조 및 의약품 연구개발업체.	76,356	4,940	52,913	5	9	95	251	2,690	20.3	1.4
2	바이오랜드	식물추출 화장품 원료 제조업체.	27,179	5,024	30,381	18	17	42	785	4,747	18.3	1.6
5	LG생활건강	화장품 및 생활용품 제조업체.	1,032,843	52,950	318,003	9	17	97	3,390	20,361	29.7	5.9
6	코스맥스	ODM, OEM 방식의 화장품 제조업체. 2006년 4/4분기에 적자로 전환됨.	53,343	2,176	25,569	7	9	138	20,000	2,352	–	1.8
7	태평양	아모레퍼시픽, 태평양제약 등을 자회사로 둔 지주회사.	609,870	118,985	1,220,492	23	10	12	14,912	152,961	231.0	1.1
	5개 평균		**359,918**	**36,815**	**329,472**	**12.4**	**12.4**	**77**	**7,868**	**36,622**	**74.8**	**2.4**

매출 규모에서 업계 1위는 2006년 상반기에 재상장된 아모레퍼시픽이다(아직 1년 단위의 재무실적을 발표하지 못해 리스트에 수록되지 못했다). 1조원을 살짝 넘긴 LG생활건강이 뒤를 따르고 있다.

순이익에서도 아모레퍼시픽이 압도적인 1위고, LG생활건강이 뒤를 잇고 있다.

주당순이익 가치에서는 코스맥스가 2만원으로 가장 앞서고 있는데, 주당순자산에서는 태평양이 15만원으로 앞질러 가고 주당 2만원을 올린 LG생활건강은 그 다음을 따르고 있다.

차트 2-284 **LG생활건강과 바이오랜드의 주당순이익 추세 비교**

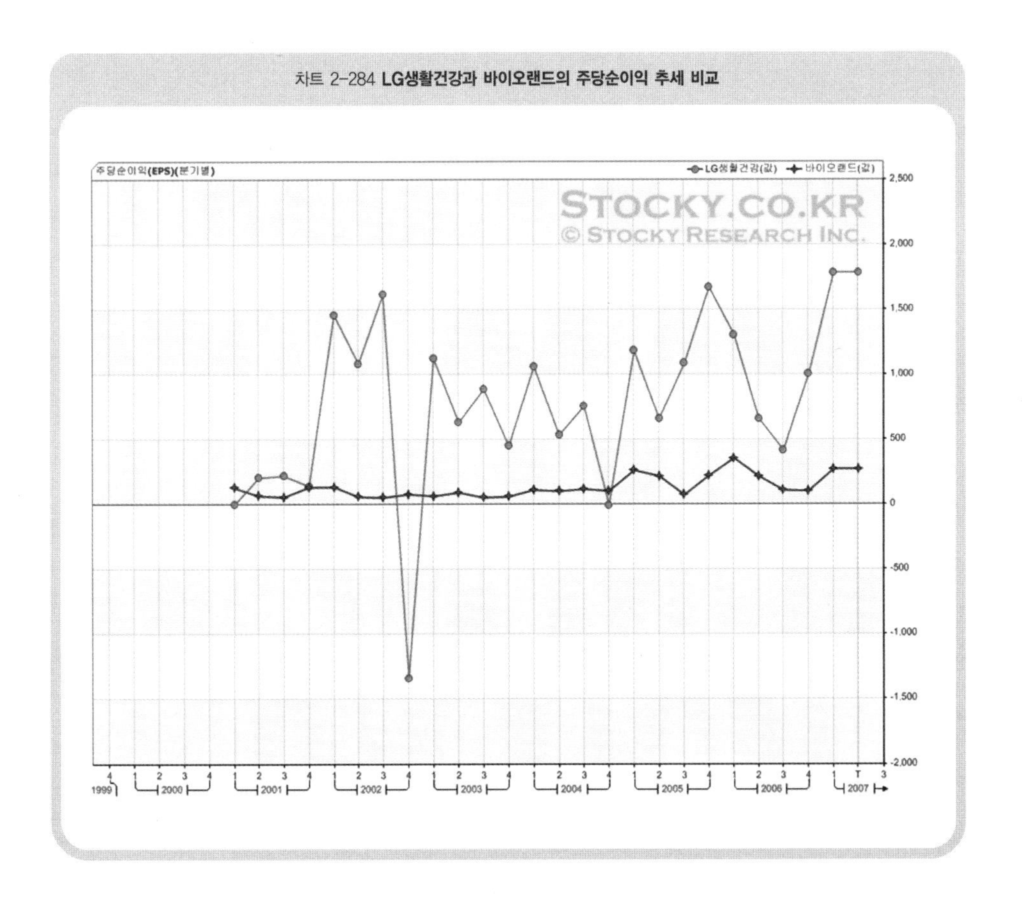

지속적으로 주당순이익이 증가하고 있는 2그룹의 기업들에는 한국콜마와 바이오랜드가 포함되었는데, 이익률에서는 바이오랜드가 가장 앞서 있고, LG생활건강도 준수한 편이다.

목재/제지

표 2-84 **목재/제지 업종의 우수기업들**

EP	기업	개요	매출액	순이익	자기자본	ROOI	ROE	DR	EPS	BPS	PER	PBR
2	선창산업	합판, MDF 제조업체.	212,111	11,086	193,935	8	6	88	5,543	96,967	3.9	0.6
2	태림포장공업	골판지 원지 및 상자 제조업체.	167,665	10,666	139,158	3	8	51	1,506	19,653	10.1	0.6
3	삼보판지	골판지 원지 및 상자 제조업체.	68,026	5,266	75,426	2	7	47	3,761	53,876	7.1	0.6
4	영풍제지	지관용 원지 및 라이너 원지 제조업체.	78,004	7,474	81,456	10	9	9	3,367	36,692	5.4	0.7
5	페이퍼코리아	신문용지 생산업체.	163,339	7,305	117,799	10	6	127	732	11,808	17.3	0.6
5	동일제지	골판지 원지 제조업체.	100,295	5,429	87,961	11	6	80	1,368	22,162	3.1	0.6
6	한국팩키지	우유/액체음료 포장용기 제조업체.	41,434	1,065	29,378	2	4	41	426	11,751	2.8	0.1
6	무림에스피	특수지 전문 제조업체.	119,877	13,110	101,984	4	13	79	592	4,607	2.2	0.7
6	동화홀딩스	동화기업, 대성목재공업 등의 자회사를 거느린 지주회사.	15,560	3,008	234,550	20	1	20	150	11,660	27.1	1.0
6	삼륭물산	우유/액체음료 포장용기 제조업체.	22,205	1,508	26,237	8	6	64	1,489	25,914	18.5	1.1
6	크린앤사이언스	자동차용 여과지, 산업용 여과지 생산업체. 2006년 4/4분기에 적자로 전환됨.	27,590	706	19,046	2	4	90	109	2,930	56.8	1.2
7	무림페이퍼	국내 1위의 아트지 제조업체. 2006년 4/4분기에 적자로 전환됨.	415,190	13,145	288,899	3	5	74	681	14,964	–	0.6
7	율촌화학	포장재, 골판지를 농심에 납품하는 농심계열 제조업체.	258,150	14,126	235,721	7	6	36	570	9,505	13.5	1.2
8	한국수출포장공업	골판지 원지 및 상자 제조업체.	109,457	1,611	109,457	2	1	24	403	28,604	27.2	0.4
8	대림제지	골판지 원지 생산업체.	42,211	4,668	31,618	6	15	28	519	3,513	2.6	0.7

EP	기업	개요	매출액	순이익	자기자본	ROOI	ROE	DR	EPS	BPS	PER	PBR
8	아세아제지	골판지 원지 제조업체.	159,162	6,508	145,557	11	4	63	1,077	24,092	10.2	0.7
8	신대양제지	골판지 제조업체.	116,345	7,358	64,896	10	11	92	2,049	18,073	3.6	0.7
8	대양제지공업	골판지 원지 생산업체.	55,090	4,640	22,781	13	20	132	1,728	8,484	2.4	1.1
8	한진피앤씨	골판지 상자와 통기성필름 제조업체. 2005년 4/4분기부터 흑자로 전환됨.	68,013	1,999	29,197	5	7	123	119	1,738	77.9	3.0
	19개 평균		**117,880**	**6,351**	**107,108**	**7**	**7**	**66.7**	**1,378**	**21,421**	**16.2**	**0.8**

19개 기업들의 실적부터 따져보자. 무림페이퍼가 4,000억원이 넘는 월등한 매출 실적을 올리고 있다. 율촌화학과 선창산업이 그 뒤에 자리하고 있는데, 연 매출액 1,000억원이 넘는 회사가 도합 10개다.

순이익 실적에서는 매출 1, 2위 업체 간에 자리바꿈이 있었다. 율촌화학이 140억원으로 1위에 오르고, 무림페이퍼가 그 뒤를 바짝 쫓고 있다. 무림에스피도 거의 2위 수준이다. 순이익이 100억원을 넘는 업체는 모두 5

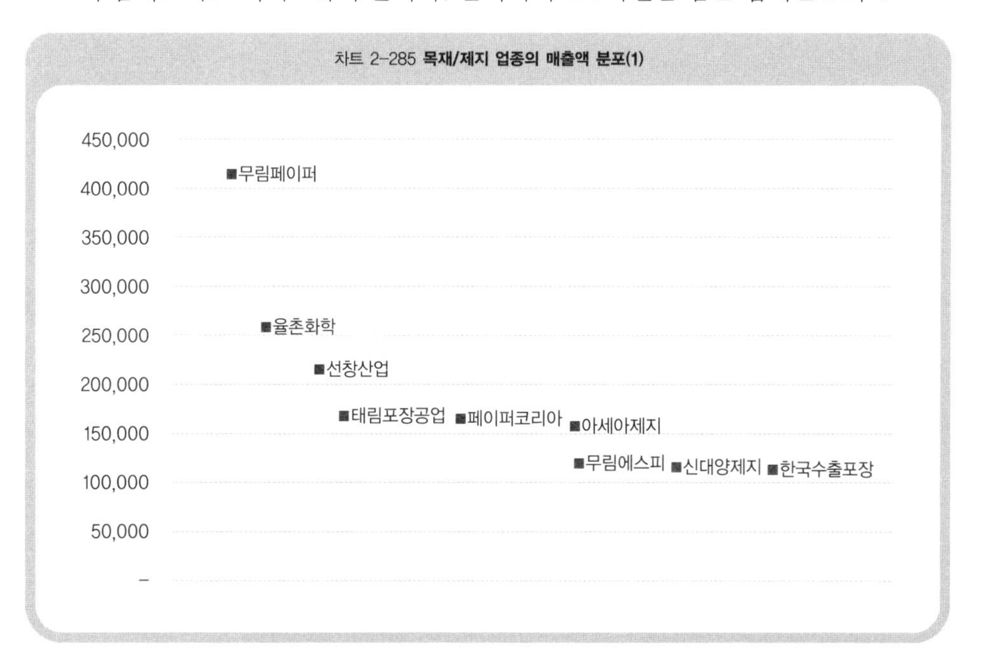

차트 2-286 **목재/제지 업종의 매출액 분포(2)**

120,000
100,000
80,000
60,000
40,000
20,000
–

■동일제지
■영풍제지
■삼보판지
■한진피앤씨
■대양제지공업
■대림제지
■한국팩키지
■크린앤사이언스
■삼륭물산
■동화홀딩스

차트 2-287 **목재/제지 업종의 순이익 분포(1)**

차트 2-288 **목재/제지 업종의 순이익 분포(2)**

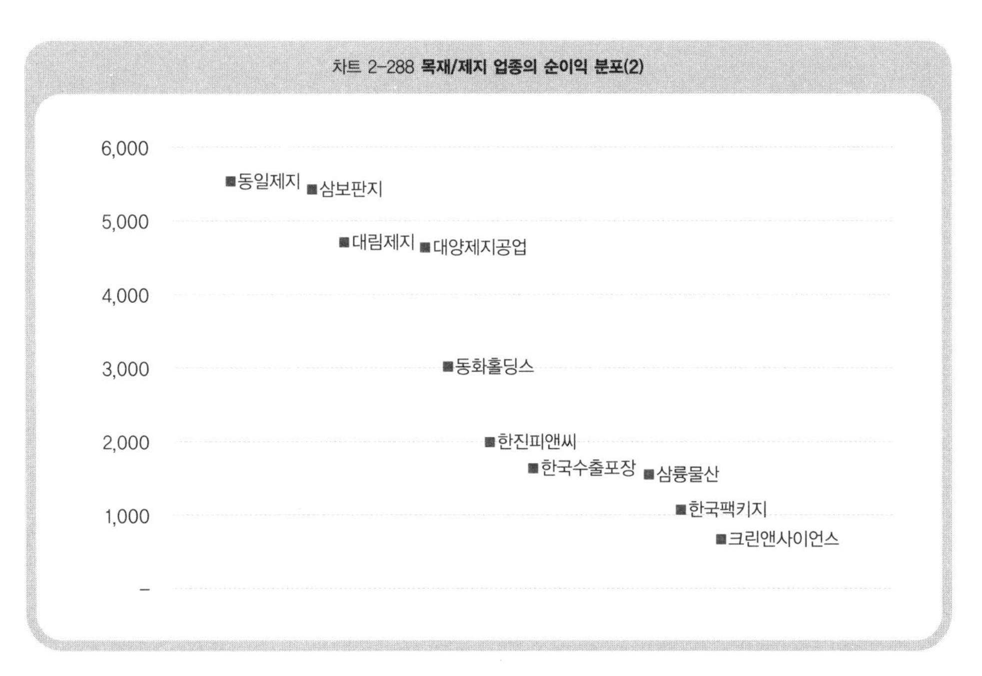

차트 2-289 **목재/제지 업종의 주당순이익 분포(1)**

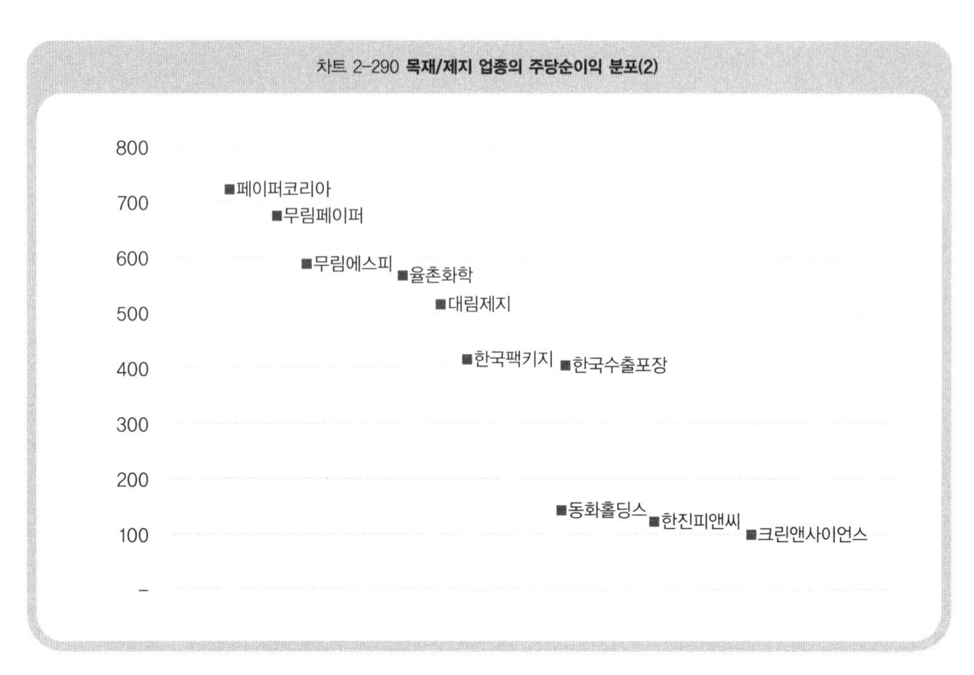
차트 2-290 목재/제지 업종의 주당순이익 분포(2)
800
700
600
500
400
300
200
100
-
페이퍼코리아
무림페이퍼
무림에스피
율촌화학
대림제지
한국팩키지
한국수출포장
동화홀딩스
한진피앤씨
크린앤사이언스

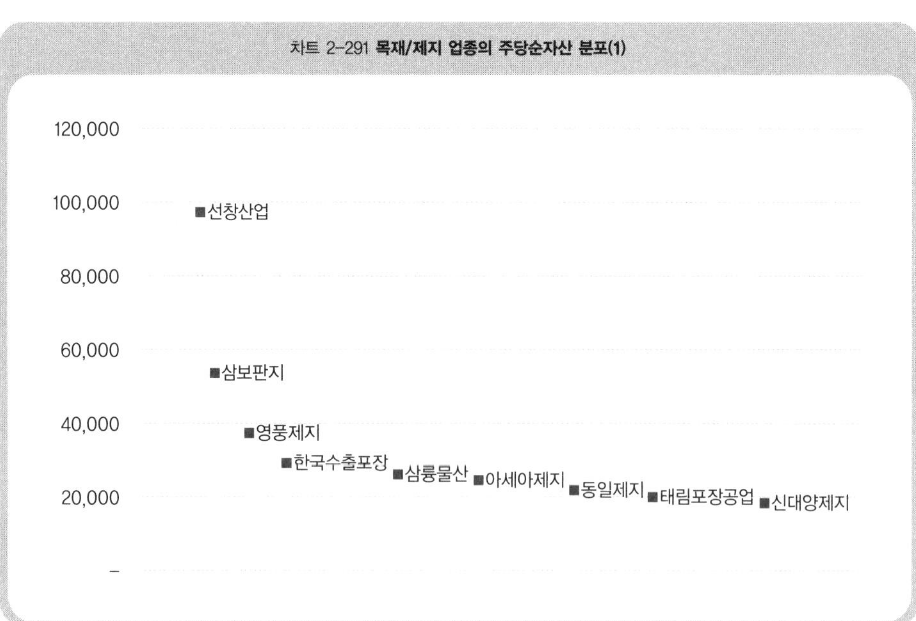
차트 2-291 목재/제지 업종의 주당순자산 분포(1)
120,000
100,000
80,000
60,000
40,000
20,000
-
선창산업
삼보판지
영풍제지
한국수출포장
삼륭물산
아세아제지
동일제지
태림포장공업
신대양제지

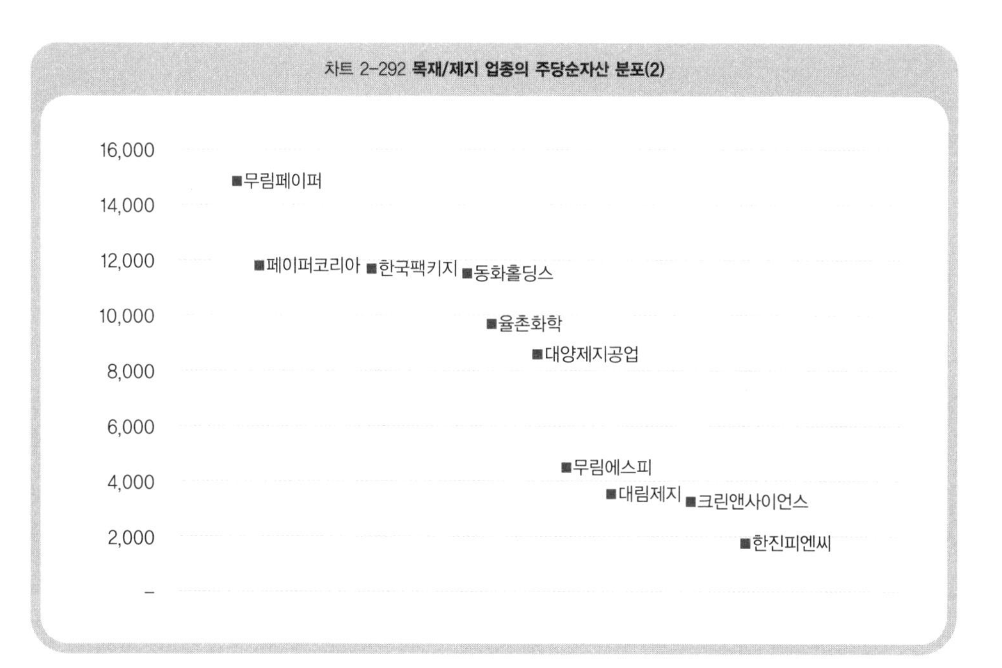

개다.

주당순이익에선 업계 4위 선창산업이 주당 5,500원으로 1위에 올랐다. 삼보판지와 영풍제지가 2위 그룹을 형성했는데, 주당 1,000원을 넘어선 업체는 전부 9개다.

주당순자산에서도 선창산업이 9만 7,000원으로 1위에 올랐고, 삼보판지와 영풍제지가 그 뒤를 잇고 있다. 13개 업체가 주당 1만원을 초과하고 있다.

선창산업, 삼보판지 등 주당순이익이 지속적으로 증가하고 있는 업체는 3개에 불과하다. 반면에 적자에서 흑자로 전환되고 있는 8그룹 업체들이 6개나 되고, 주당순이익이 줄어들고 있는 6-7그룹 업체들이 7개나 된다. 전반적으로 업황이 좋아 보이지 않는다.

두 가지 이익률이 두 자릿수를 달성하고 있는 업체는 대양제지공업, 신

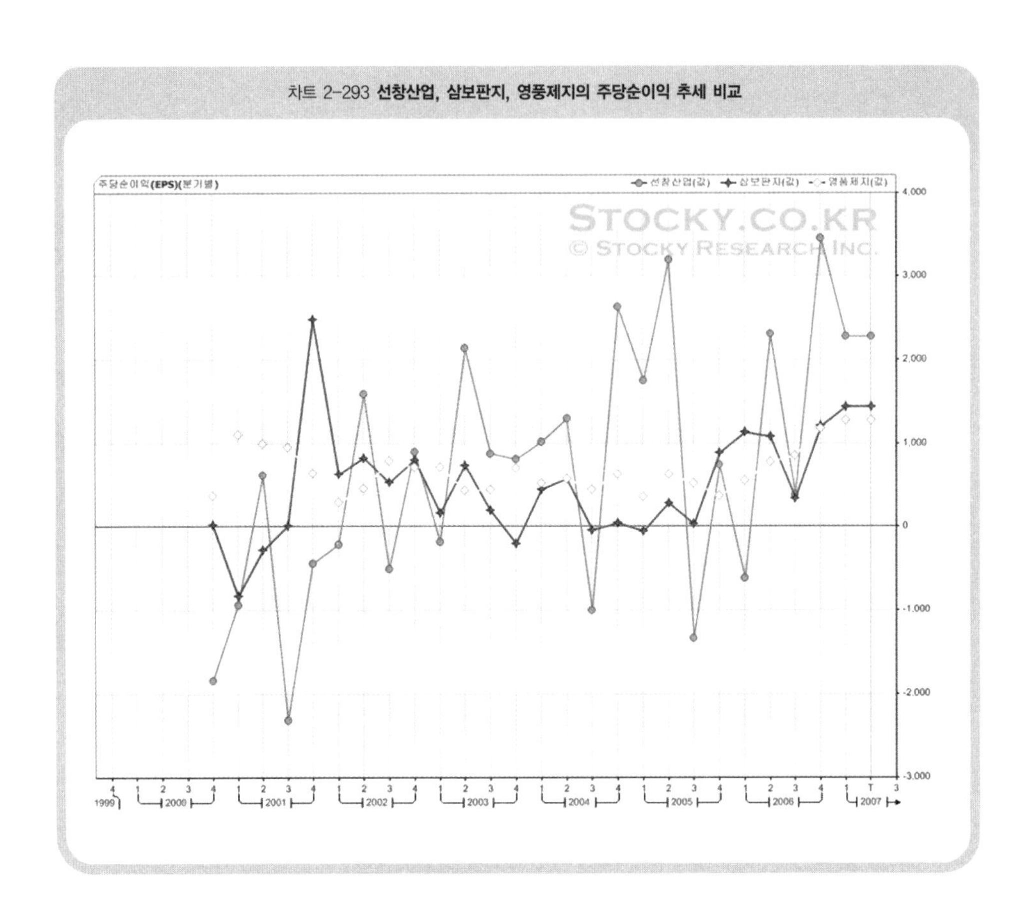

차트 2-293 **선창산업, 삼보판지, 영풍제지의 주당순이익 추세 비교**

대양제지 둘뿐이다.

주당순이익 1, 2, 3위를 기록한 업체들의 주당순이익 추세를 비교해보자. 업계를 리드하는 세 업체 모두 바람직한 주당순이익 추세를 그리고 있다.

가구

매출 상위권을 이루는 업체들은 가정용 가구들을 주로 판매하는 한샘,

표 2-85 **가구업종의 우수기업들**

EP	기업	개요	매출액	순이익	자기자본	ROOI	ROE	DR	EPS	BPS	PER	PBR
2	에이스침대	침대 생산업체.	122,410	13,253	133,737	13	10	18	5,975	60,296	10.0	0.9
2	듀오백코리아	의자 생산업체.	41,249	6,814	42,658	17	16	12	1,566	9,806	9.4	1.2
4	한국가구	고급 가정용 가구 수입 및 제조업체.	15,253	1,246	27,105	10	5	18	830	18,070	41.8	1.0
4	한샘	주방가구 생산 및 인테리어 시설업체.	388,075	13,621	131,144	2	10	67	579	5,573	9.5	1.5
6	퍼시스	국내 1위의 사무용 가구 제조업체.	207,455	29,378	215,491	16	14	22	2,350	17,239	12.4	1.4
8	에넥스	주방가구 제조업체.	213,890	1,371	59,176	1	2	116	301	3,013	9.5	3.2
11	코아스웰	사무용 가구 제조업체.	76,829	3,620	33,301	6	11	122	600	5,521	8.5	0.7
11	리바트	사무용, 가정용 가구 제조업체.	300,848	13,051	94,926	5	14	99	1,483	10,787	8.6	1.2
	8개 평균		**170,751**	**10,294**	**92,192**	**9**	**10**	**59.3**	**1,711**	**16,288**	**13.7**	**1.4**

리바트, 에넥스 등이다. 한샘의 연 매출액은 3,900억원에 달하고 있으며, 리바트도 3,000억원을 넘기고 있다. 연 매출액이 1,000억원을 넘긴 업체는 5개에 이르고 있다.

순이익 실적에서는 퍼시스가 290억원으로 앞서는 가운데 한샘, 리바트, 에이스침대 등 130억원대의 실적을 올린 업체들이 셋이나 있다.

주당순이익 가치는 에이스침대가 6,000원으로 가장 크고, 퍼시스, 듀오백코리아, 리바트가 그 다음을 잇고 있다.

주당순자산도 에이스침대가 6만원으로 가장 크고, 한국가구와 퍼시스 그리고 리바트가 1만원대의 수준에 올라서 있다.

주당순이익이 지속적으로 증가하고 있는 업체는 에이스침대, 듀오백코리아 둘인데, 이 두 업체를 포함, 퍼시스까지 세 업체가 두 자릿수 이익률을 기록하고 있다.

차트 2-294를 통해 업계 1위 한샘과 주당순이익 1, 2위의 에이스침대,

차트 2-294 **한샘, 에이스침대, 퍼시스의 주당순이익 추세 비교**

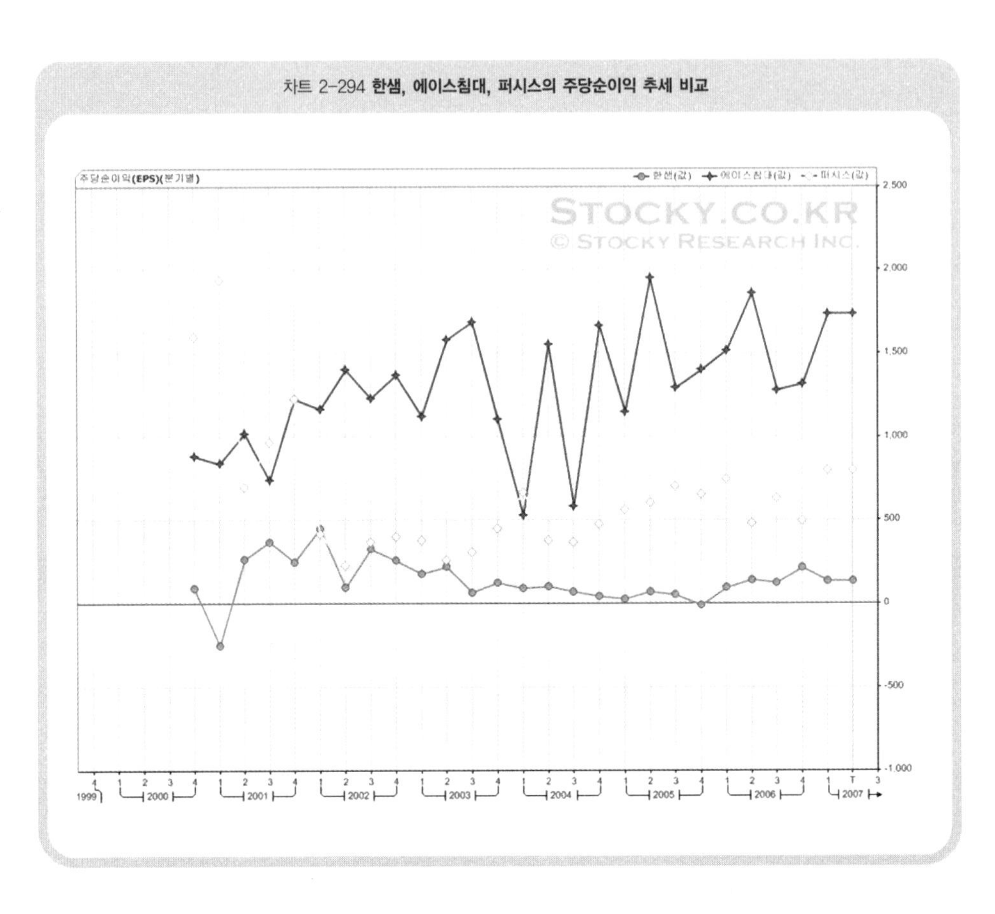

퍼시스 등의 주당순이익 추세를 비교해보기로 하자. 에이스침대나 퍼시스의 주당순이익 추세는 호조를 띠고 있는 것으로 파악된다.

섬유/의류

28개 업체가 리스트에 올랐는데, 먼저 매출액과 순이익의 순위부터 확인해보자.

표 2-86 **섬유/의류 업종의 우수기업들**

EP	기업	개요	매출액	순이익	자기자본	ROOI	ROE	DR	EPS	BPS	PER	PBR
2	BYC (비와이씨)	종합 내의류 제조업체.	226,907	11,668	139,167	11	5	37	18,681	363,276	9.8	0.4
2	신성통상	유니온베이, 폴햄 등의 캐주얼의류 제조업체. 가끔 분기적자를 기록했으며 2006년 4/4분기에 적자를 기록함.	322,904	6,970	148,820	1	5	72	485	10,356	–	0.4
2	신영와코루	와코루 등의 여성 내의류 제조업체.	164,248	12,405	182,704	7	7	13	13,784	203,005	7.2	0.5
2	동일방직	면사, 직물 제조업체.	127,215	59,609	295,742	0	20	38	29,203	144,885	0.7	0.6
2	F&F (에프앤에프)	엘르 등의 스포츠의류 제조업체.	213,421	15,663	91,785	11	17	66	1,017	5,960	4.1	0.8
2	제일모직	화학소재, 섬유의류, 전자재료 등 복합 제조업체.	2,843,803	157,761	1,379,572	8	11	61	3,155	27,591	8.8	1.3
4	삼양통상	신발용 피혁원단 제조업체.	150,152	9,085	191,855	6	5	15	3,028	63,952	22.3	0.4
4	조광피혁	신발, 가방, 자동차 용 가죽원단 생산업체.	161,342	9,706	82,264	5	12	55	1,460	12,372	13.1	0.8
4	좋은사람들	종합 내의류 제조업체.	118,976	5,191	53,580	7	10	55	447	4,619	194.1	0.8
4	영원무역	나이키, 노스페이스 등의 고급 스포츠의류 OEM 생산업체.	450,448	33,868	250,313	5	14	50	664	4,907	7.0	1.0
4	아가방앤 컴퍼니	유아 용품/의류 제조업체. 2005년부터 흑자로 전환된 뒤 연도별 주당순이익 증가 속도는 빠르나, 여전히 분기별 적자를 기록하고 있음.	148,973	9,301	74,630	7	12	53	3,322	26,654	–	1.2
5	우성 아이앤씨	닥스, 예작 등의 남성의류 제조업체.	76,950	4,316	25,771	8	17	63	719	4,295	2.3	0.6
5	나산	여성의류, 남성의류, 캐주얼의류 제조업체. 가끔 분기적자를 기록했으며, 2006년 4/4분기에 적자를 기록함.	198,642	15,484	127,191	12	12	178	3,420	28,094	–	0.7
5	원풍물산	니나리찌 등의 남성의류 제조업체. 가끔 분기적자를 기록했음.	33,153	553	11,786	4	5	198	468	9,963	7.5	1.1
6	일신방직	면사 및 가공사 제조업체.	207,866	8,330	378,461	0	2	21	3,471	157,692	8.8	0.4

EP	기업	개요	매출액	순이익	자기자본	ROOI	ROE	DR	EPS	BPS	PER	PBR
6	아즈텍 더블유비이	직물 및 원사 제조업체.	56,348	5,759	36,662	11	16	61	403	2,563	4.8	1.1
6	오브제	오브제 등의 여성의류 제조업체.	98,591	6,643	50,420	7	13	48	639	4,847	3.8	1.1
6	한섬	시스템, 타임 등의 여성의류 제조업체.	314,711	50,923	407,802	20	12	22	1,585	12,692	7.3	1.3
6	한세실업	월마트 등에 납품하는 OEM 의류 제조업체. 가끔 분기 적자를 기록했으며, 2006년 4/4분기에 적자를 기록함.	427,713	4,901	82,279	4	6	136	123	2,057	–	1.6
7	일정실업	카시트 및 봉제완구 용 원단 제조업체.	81,059	3,401	59,595	4	6	44	2,834	49,662	13.6	0.5
7	영창실업	신발, 가방 용 가죽원단 생산업체이자 가이거 등의 의류 제조업체.	93,657	962	38,006	–1	3	111	528	20,863	21.8	0.6
7	지엔코(GNCO)	써스데이아일랜드 등의 캐주얼의류 제조업체.	81,434	2,588	55,205	4	5	22	278	5,936	15.3	0.6
7	캠브리지	캠브리지 등의 남성의류 제조업체.	133,963	6,769	87,373	6	8	25	2,477	31,967	4.1	0.7
7	가희	면사, 혼방사 제조업체.	30,580	1,046	18,429	2	6	100	1,046	18,429	7.3	0.8
8	남영L&F	비비안 등의 여성 내의류 제조업체.	136,900	8,199	101,444	6	8	18	5,969	73,853	4.2	0.6
8	신원	베스띠벨리, 씨 등의 여성 의류 제조업체. 2005년 부터 흑자로 전환되었음.	346,439	11,018	74,348	6	15	137	1,755	11,845	8.0	2.0
8	FnC코오롱 (에프앤씨코오롱)	코오롱스포츠 등의 스포츠 용품/의류 제조업체.	365,247	14,675	89,891	8	16	211	1,223	7,489	7.0	2.8
11	진도에프앤	진도모피 등의 모피의류 제조업체.	79,124	5,930	63,604	5	9	134	756	8,111	2.1	0.6
11	더베이직 하우스	베이직하우스, 마인드브릿지 등의 캐주얼의류 제조업체.	195,175	21,814	153,278	14	14	45	1,566	11,004	6.6	1.5
	29개 평균		**271,929**	**17,398**	**163,861**	**6.5**	**10.0**	**72**	**3,604**	**45,825**	**15.7**	**0.9**

화학 및 전자 사업분야에도 진출한 제일모직이 2조 8,000억원의 매출로 업계 수위를 달리고 있다. 그런데 4,500억원의 매출액으로 2위에 오른 영원무역과의 격차가 너무 크게 벌어져 매출액 및 순이익 분포도에서 제외

했다.

2006년 하반기에 상장된 LG패션이 올해에는 6,000억원 이상의 매출액을 달성할 것으로 예상되는데, 실제 업계 2위는 LG패션이 되는 셈이다. 영원무역 뒤에는 한세실업이 뒤따르고 있고, 3,000억원을 넘긴 회사들이 4개가 더 있다. 좋은사람들까지 연 매출액 1,000억원을 넘기는 회사는 19개나 된다.

1,600억원 가까운 순이익으로 제일모직이 톱인데, 동일방직과 한섬이 2위군을 형성하고 있다. 동일방직은 600억 가까이 되고, 한섬은 510억 가까이 된다. LG패션은 동일방직과 비슷한 규모의 순이익을 획득할 것으로 예상되고 있다. 그 외에도 8개 업체가 100억 이상의 순이익을 기록하고 있다.

동일방직이 2만 9,000원으로 가장 높은 주당순이익 가치를 구현하고 있고, BYC와 신영와코루가 1만원 이상의 주당가치를 실현하고 있다.

이외에도 남영L&F부터 F&F까지 15개 업체가 주당순이익을 1,000원 이상으로 끌어올리고 있다.

BYC가 주당 36만원으로 가장 큰 주당순자산을 축적하고 있다. 신영와코루는 20만원대, 일신방직 및 동일방직은 10만원대의 주당순자산을 축적하고 있으며, 이들을 포함 전부 18개 업체가 주당 1만원 이상의 순자산가치를 실현하고 있다.

주당순이익이 지속적으로 늘어나고 있는 기업은 6개에 달하고 있다.

전체적으로 보면 업황이 그리 나쁘지 않은 것으로 판단된다.

업종 전체적으로 이익률은 높지 않은 편이다. 두 자릿수를 달성한 기업은 전부 5개에 그치고 있다.

2그룹에 포함되었고, 동시에 주당순이익에서 2, 3위를 차지한 BYC와 신영와코루 그리고 업계 1위인 제일모직의 가치의 흐름을 비교해보도록 하자.

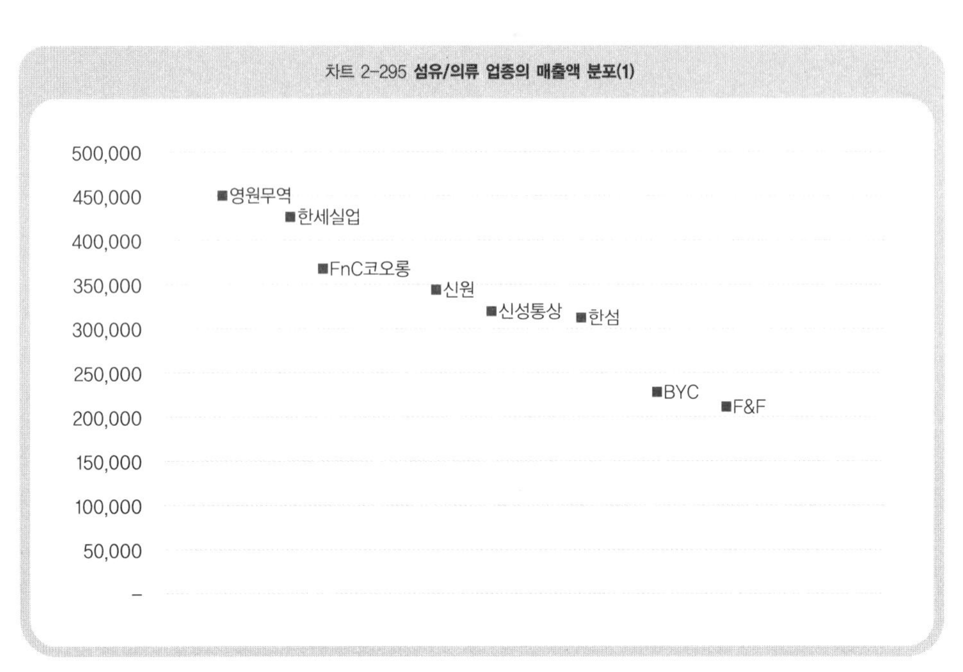
차트 2-295 섬유/의류 업종의 매출액 분포(1)
500,000
450,000
400,000
350,000
300,000
250,000
200,000
150,000
100,000
50,000
–
영원무역
한세실업
FnC코오롱
신원
신성통상
한섬
BYC
F&F

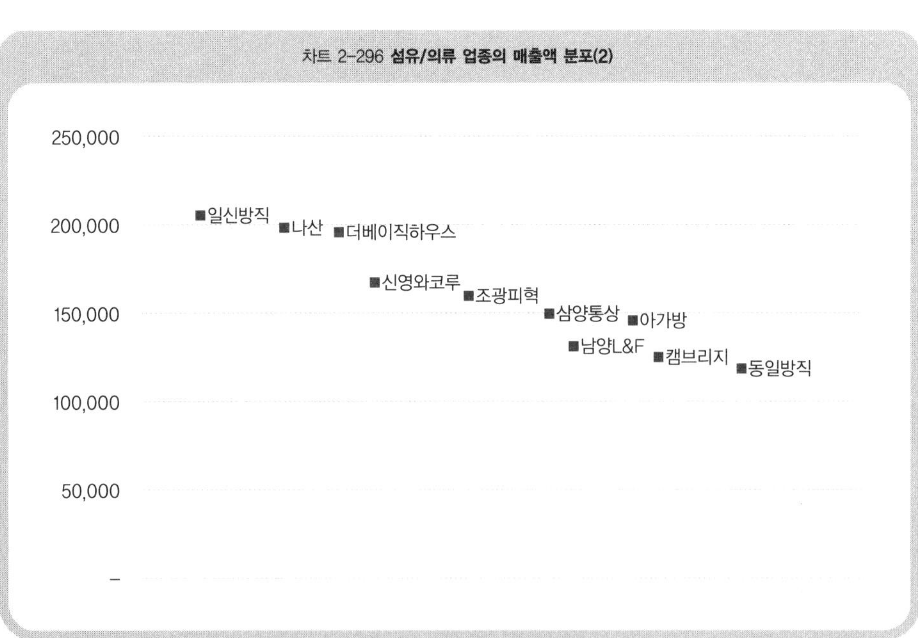
차트 2-296 섬유/의류 업종의 매출액 분포(2)
250,000
200,000
150,000
100,000
50,000
–
일신방직
나산
더베이직하우스
신영와코루
조광피혁
삼양통상
아가방
남양L&F
캠브리지
동일방직

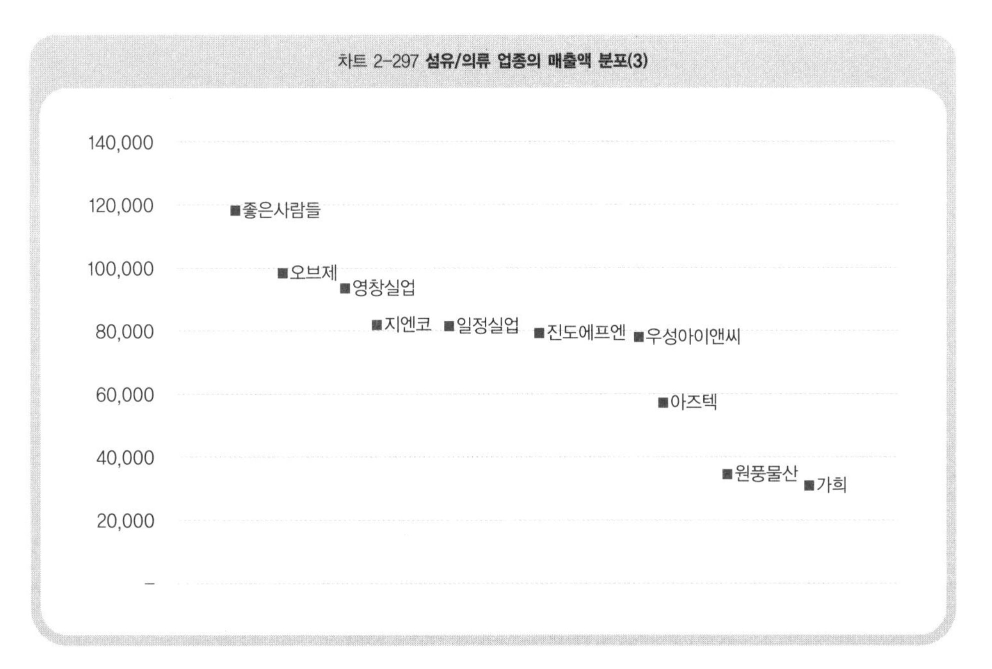
차트 2-297 섬유/의류 업종의 매출액 분포(3)
140,000
120,000
100,000
80,000
60,000
40,000
20,000
–
좋은사람들
오브제
영창실업
지엔코
일정실업
진도에프엔
우성아이앤씨
아즈텍
원풍물산
가희

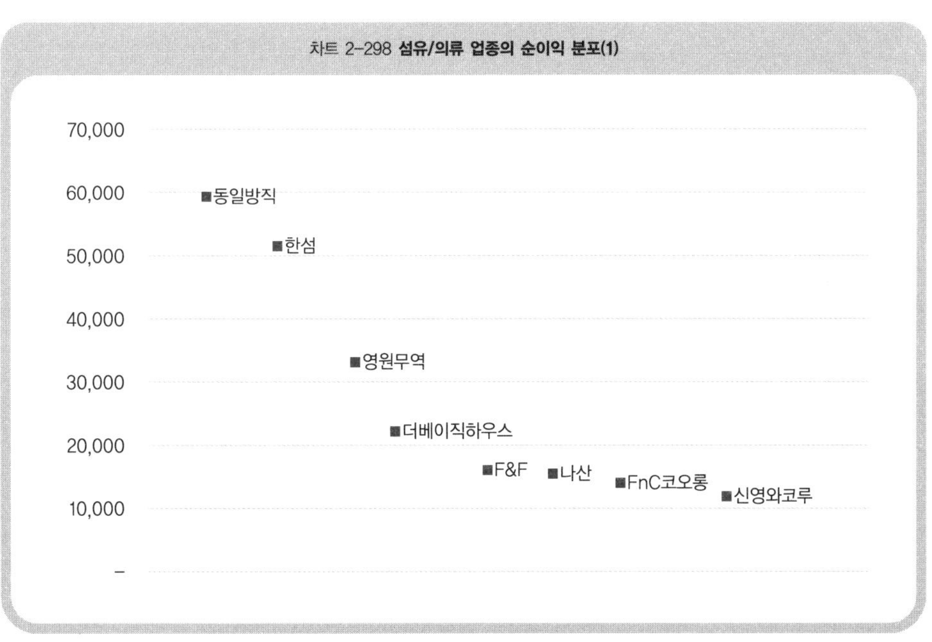
차트 2-298 섬유/의류 업종의 순이익 분포(1)
70,000
60,000
50,000
40,000
30,000
20,000
10,000
–
동일방직
한섬
영원무역
더베이직하우스
F&F
나산
FnC코오롱
신영와코루

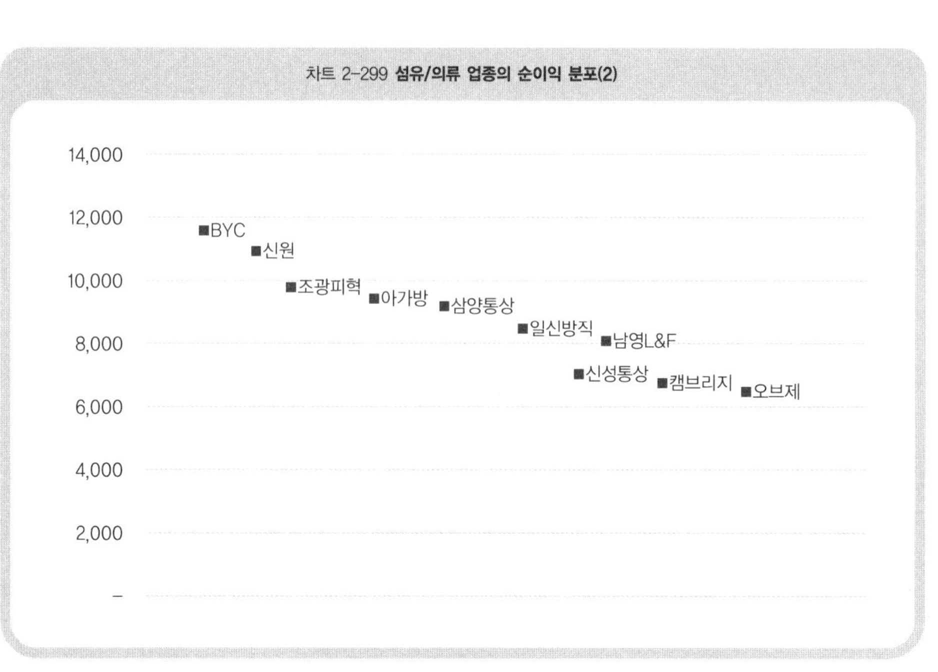
차트 2-299 섬유/의류 업종의 순이익 분포(2)
14,000
12,000
10,000
8,000
6,000
4,000
2,000
-
BYC
신원
조광피혁
아가방
삼양통상
일신방직
남영L&F
신성통상
캠브리지
오브제

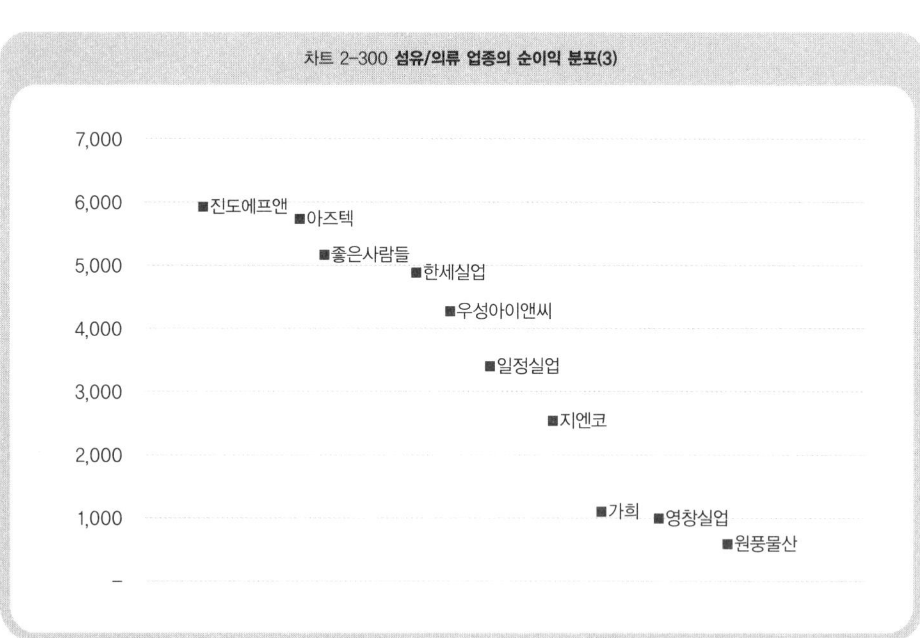
차트 2-300 섬유/의류 업종의 순이익 분포(3)
7,000
6,000
5,000
4,000
3,000
2,000
1,000
-
진도에프앤
아즈텍
좋은사람들
한세실업
우성아이앤씨
일정실업
지엔코
가희
영창실업
원풍물산

차트 2-301 **섬유/의류 업종의 주당순이익 분포(1)**

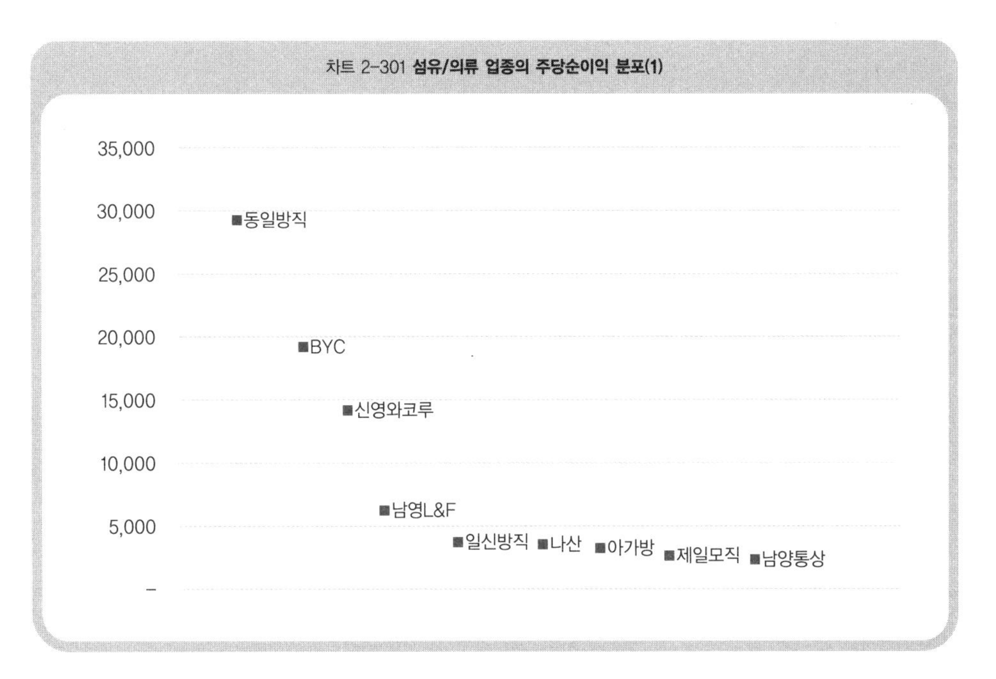

차트 2-302 **섬유/의류 업종의 주당순이익 분포(2)**

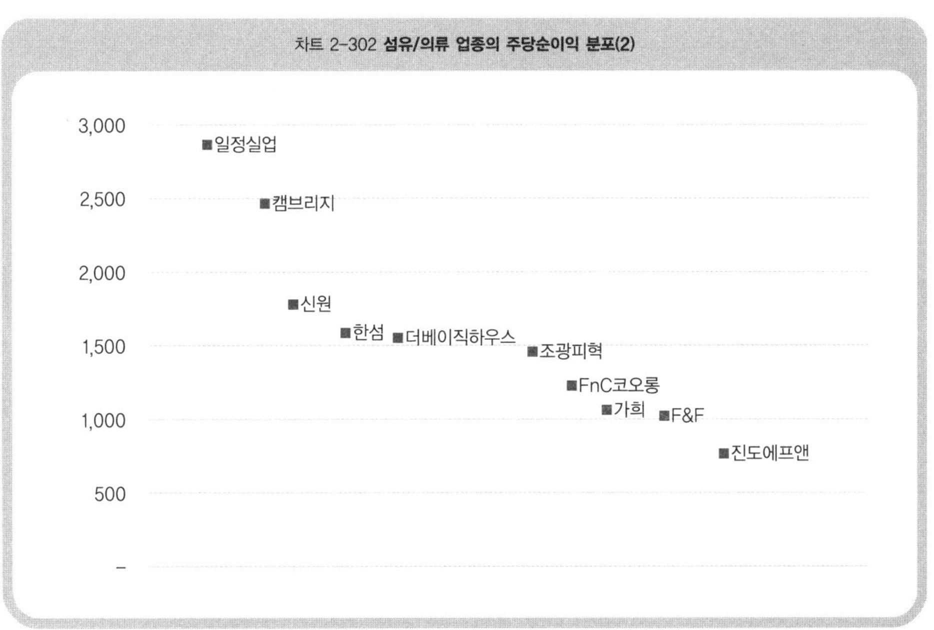

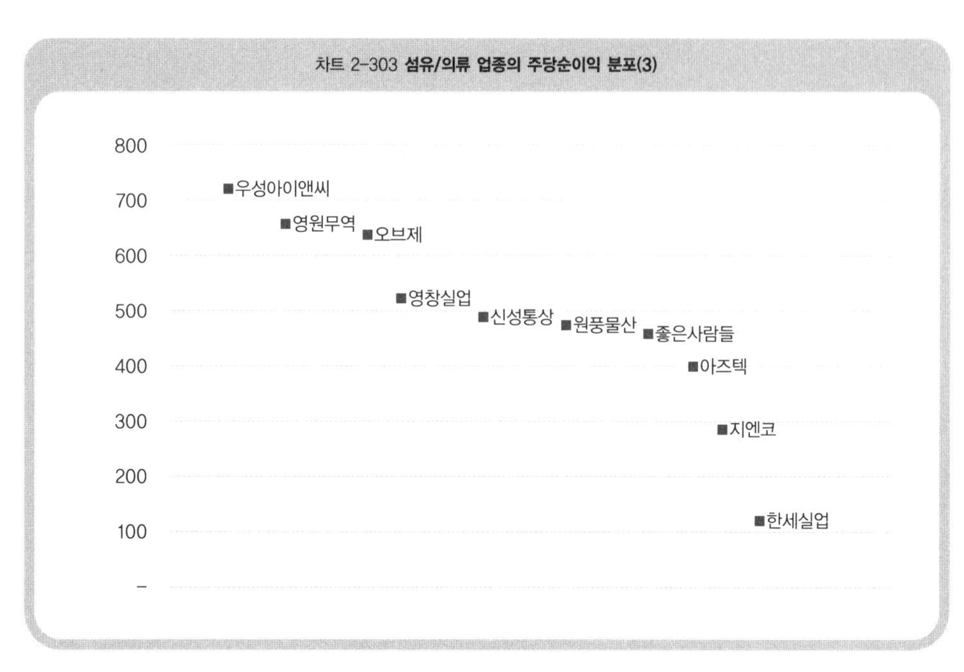
차트 2-303 섬유/의류 업종의 주당순이익 분포(3)
800
700
600
500
400
300
200
100
–
우성아이앤씨
영원무역
오브제
영창실업
신성통상
원풍물산
좋은사람들
아즈텍
지엔코
한세실업

차트 2-304 섬유/의류 업종의 주당순자산 분포(1)
400,000
350,000
300,000
250,000
200,000
150,000
100,000
50,000
–
BYC
신영와코루
일신방직
동일방직
남영L&F
삼양통상
일정실업
캠브리지

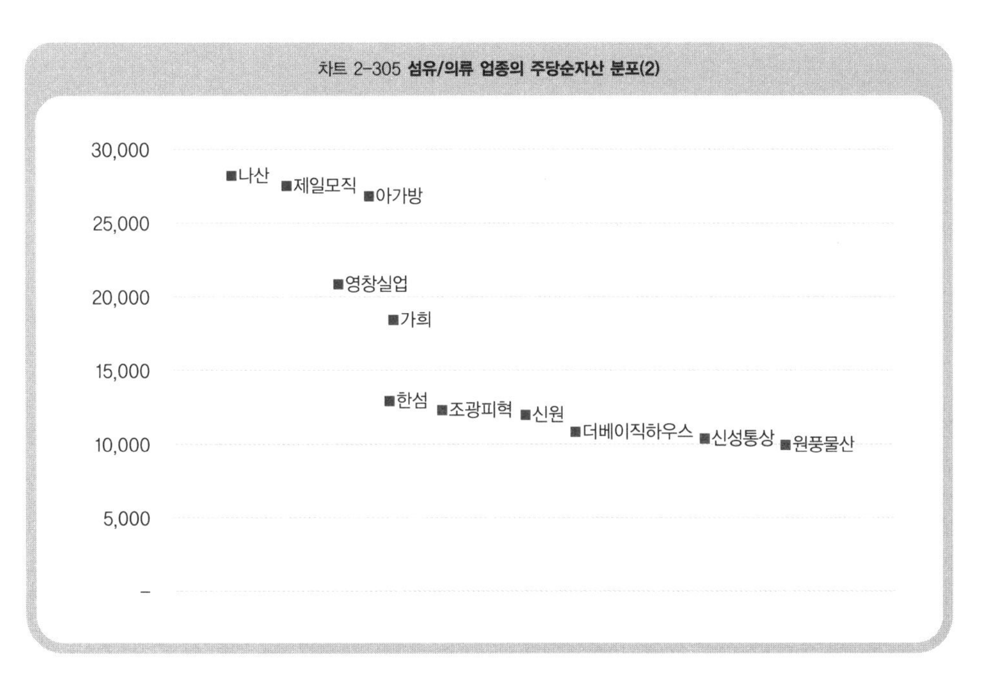
차트 2-305 섬유/의류 업종의 주당순자산 분포(2)
30,000
25,000
20,000
15,000
10,000
5,000
-
나산
제일모직
아가방
영창실업
가희
한섬
조광피혁
신원
더베이직하우스
신성통상
원풍물산

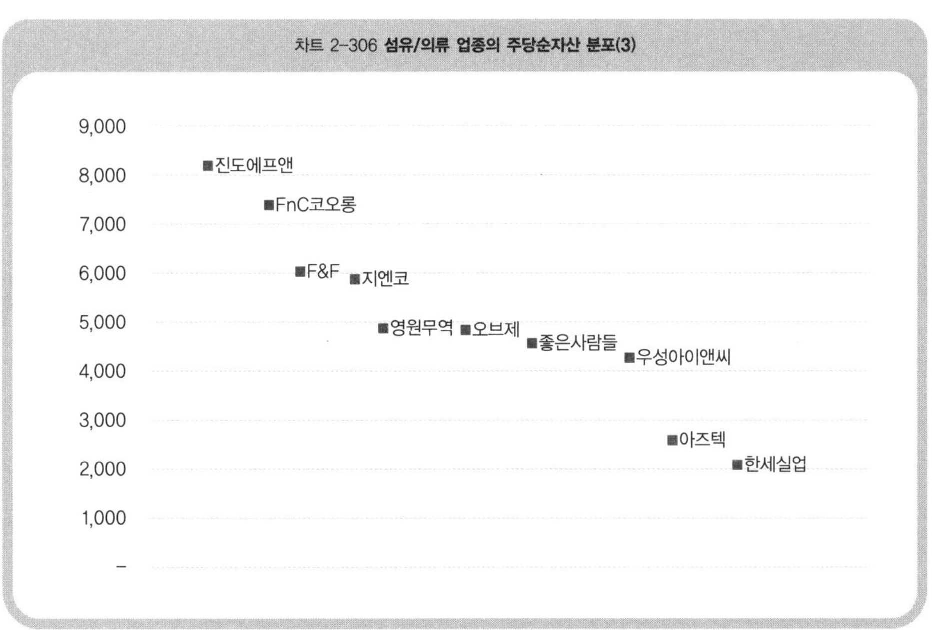
차트 2-306 섬유/의류 업종의 주당순자산 분포(3)
9,000
8,000
7,000
6,000
5,000
4,000
3,000
2,000
1,000
-
진도에프앤
FnC코오롱
F&F
지엔코
영원무역
오브제
좋은사람들
우성아이앤씨
아즈텍
한세실업

차트 2-307 **제일모직, BYC, 신영와코루의 주당순이익 추세의 비교**

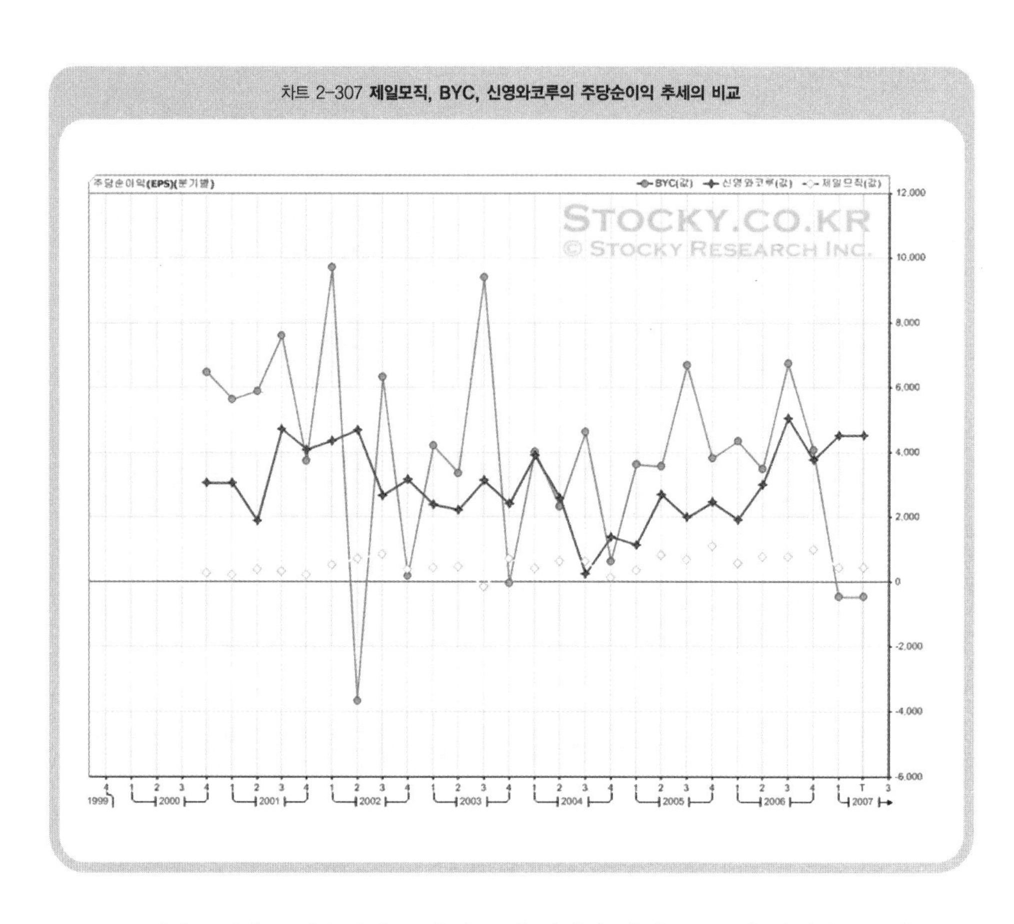

제일모직의 주당순이익 증가 속도가 미미한 반면, BYC와 신영와코루의 증가 속도는 빠른 편이다. 단지 BYC가 2007년 1/4분기에 적자를 기록한 점이 눈에 거슬린다.

식품

23개 업체들의 매출액과 순이익 실적을 비교해보자.

표 2-87 **식품업종의 우수기업들**

EP	기업	개요	매출액	순이익	자기자본	ROOI	ROE	DR	EPS	BPS	PER	PBR
2	대한제분	제분업체.	251,559	37,103	446,581	12	8	34	21,954	264,249	12.3	0.7
2	삼양제넥스	포도당, 전분 등 식품원료 생산업체.	227,964	32,054	304,822	11	11	14	10,735	102,068	8.3	0.9
2	매일유업	유제품, 음료 생산업체.	688,698	30,997	208,541	4	15	86	2,313	15,563	17.1	2.3
4	엠에스씨	식품첨가물 등 제조업체.	72,550	2,919	31,040	5	9	207	3,317	35,272	7.4	0.5
4	풀무원	생식품 및 건강식품 제조업체.	356,547	18,051	158,163	4	11	66	3,499	30,654	17.7	1.2
4	동원산업	원양 수산업체.	327,489	21,146	129,519	5	19	163	7,179	38,511	75.4	1.4
4	신세계푸드	단체급식 서비스업체.	290,291	14,164	76,540	6	19	58	4,131	22,324	21.7	3.9
5	신라수산	소시지, 게맛살, 젓갈류 생산업체. 가끔 분기적자를 기록하며, 2006년 4/4 분기에도 적자를 기록함.	25,841	283	23,161	1	2	33	71	5,790	-	0.7
5	삼립식품	제빵업체.	143,938	9,209	144,090	6	6	34	1,067	16,698	9.3	0.7
5	농심홀딩스	농심, 율촌화학 등의 자회사를 거느린 지주회사.	52,725	50,525	361,315	96	14	24	11,139	79,657	6.6	1.1
5	동서	동서식품을 자회사로 둔, 유지식품 및 식품포장용기 제조업체.	222,019	63,891	433,927	10	15	14	2,144	14,561	12.7	1.5
5	삼양식품	라면, 스낵류 제조업체.	240,083	16,315	45,585	8	36	325	2,475	6,915	43.3	2.9
5	대림수산	원양 수산업체이자 게맛살, 어묵 등의 생산업체.	194,643	10,105	30,743	5	33	210	1,920	5,841	34.4	2.9
6	삼양사	제분, 제당, 제약, 유화 등의 종합 식품/화학업체.	1,170,920	23,436	778,518	4	3	45	2,381	79,088	-	0.8
6	남양유업	유제품, 음료 생산업체.	819,009	48,989	568,424	5	9	21	68,040	789,478	23.3	1.2
6	농심	국내 1위의 라면, 스낵류 제조업체.	1,581,795	112,860	954,891	9	12	61	18,681	158,059	20.3	1.6
6	하림	육계 가공업체. 가끔 분기 적자를 기록했으며, 2006년 4/4분기에 적자를 기록했음.	357,699	21,507	130,654	5	16	133	293	1,781	-	1.9
6	오뚜기	종합 식품업체.	970,174	31,767	281,725	4	11	91	83	2,620	13.6	42.4
7	보락	식품첨가물, 식품소재, 원료의약품 등 제조업체.	14,954	737	14,954	1	3	18	418	12,208	17.3	0.8
7	샘표식품	국내 1위의 간장 제조업체.	122,434	520	123,791	1	0	12	117	27,856	7.5	0.8
7	동원F&B	참치식품 가공업체. 가끔 분기별 적자를 기록하고 있으며, 2006년 4/4분기에 적자를 기록하고 있음.	686,721	14,199	231,328	6	3	95	4,531	73,809	-	0.9

EP	기업	개요	매출액	순이익	자기자본	ROOI	ROE	DR	EPS	BPS	PER	PBR
7	쎌바이오텍	유산균제품 제조 및 기능성식품 제조업체. 2006년 4/4분기에 적자로 전환됨.	8,762	265	22,019	1	1	7	28	2,342	–	1.5
7	CJ(씨제이)	종합 식품업체.	2,650,428	139,886	1,610,804	7	9	105	4,609	53,027	128.7	2.0
	23개 평균		**499,011**	**30,475**	**309,180**	**9.4**	**11.5**	**81**	**7,440**	**79,929**	**26.5**	**3.2**

국내 최대의 식품업체는 CJ다. 2조 6,000억원이 넘는 매출액을 자랑하고 있다. 그 다음의 농심, 삼양사까지는 1조원이 넘는 매출 실적을 기록하고 있다. 그 뒤로 거의 1조원에 육박하고 있는 오뚜기에서부터 1,200억원을 갓 넘은 샘표식품까지 15개 업체가 포진해 있다.

순이익에서도 CJ, 농심의 1, 2위 순위가 유지되고 있는데, 각각 1,400억원과 1,100억원의 순이익을 거두어들이고 있다.

차트 2-308 **식품업종의 매출액 분포(1)**

차트 2-309 **식품업종의 매출액 분포(2)**

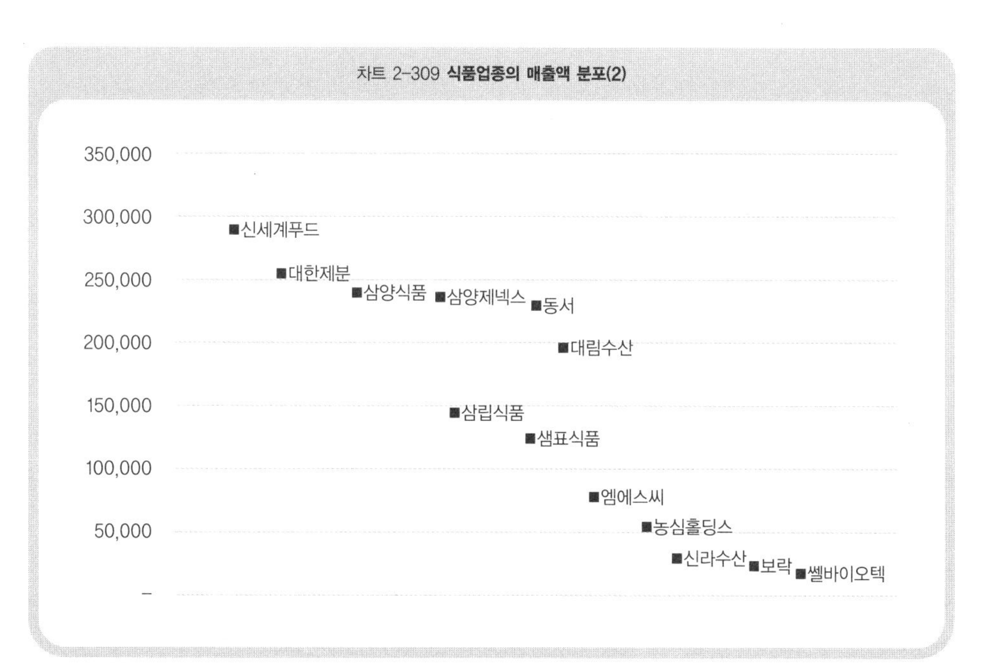

차트 2-310 **식품업종의 순이익 분포(1)**

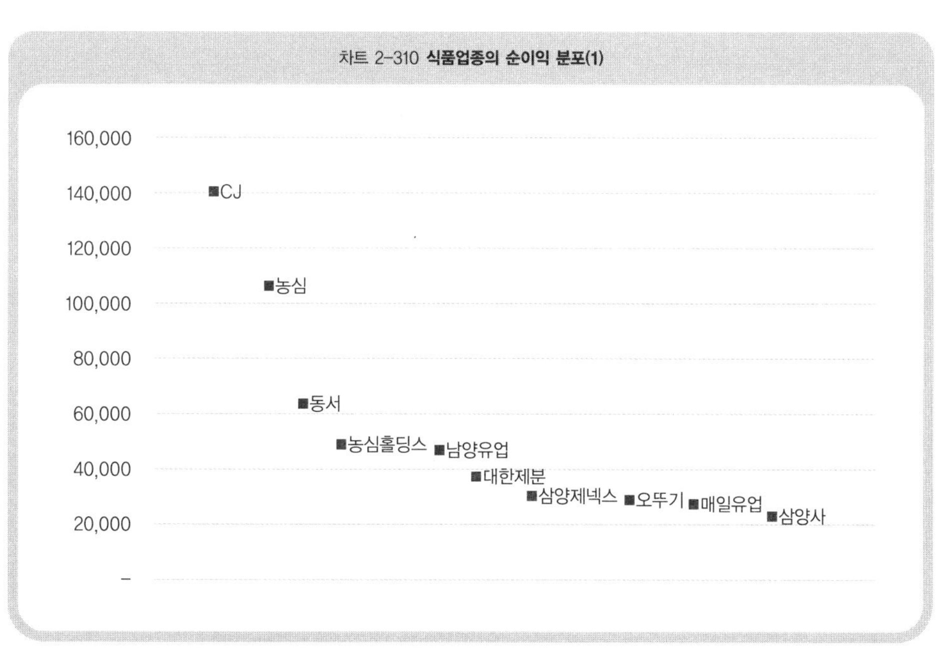

차트 2-311 식품업종의 순이익 분포(2)
25,000
20,000
15,000
10,000
5,000
–
하림
동원산업
풀무원
삼양식품
동원F&B
신세계푸드
대림수산
삼립식품
엠에스씨
보락
샘표식품
신라수산
쎌바이오텍

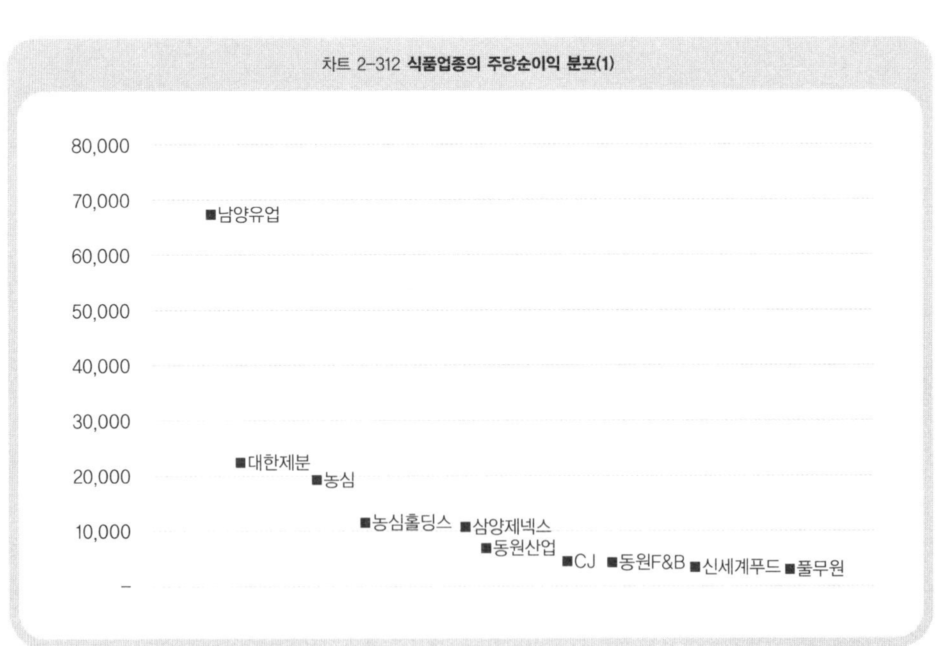

차트 2-312 식품업종의 주당순이익 분포(1)
80,000
70,000
60,000
50,000
40,000
30,000
20,000
10,000
–
남양유업
대한제분
농심
농심홀딩스
삼양제넥스
동원산업
CJ
동원F&B
신세계푸드
풀무원

차트 2-313 **식품업종의 주당순이익 분포(2)**

3,500
3,000
2,500
2,000
1,500
1,000
500
–

■엠에스씨
■삼양식품 ■삼양사 ■매일유업
■동서
■대림수산
■삼립식품
■보락
■하림
■샘표식품 ■오뚜기 ■신라수산 ■쎌바이오텍

차트 2-314 **식품업종의 주당순자산 분포(1)**

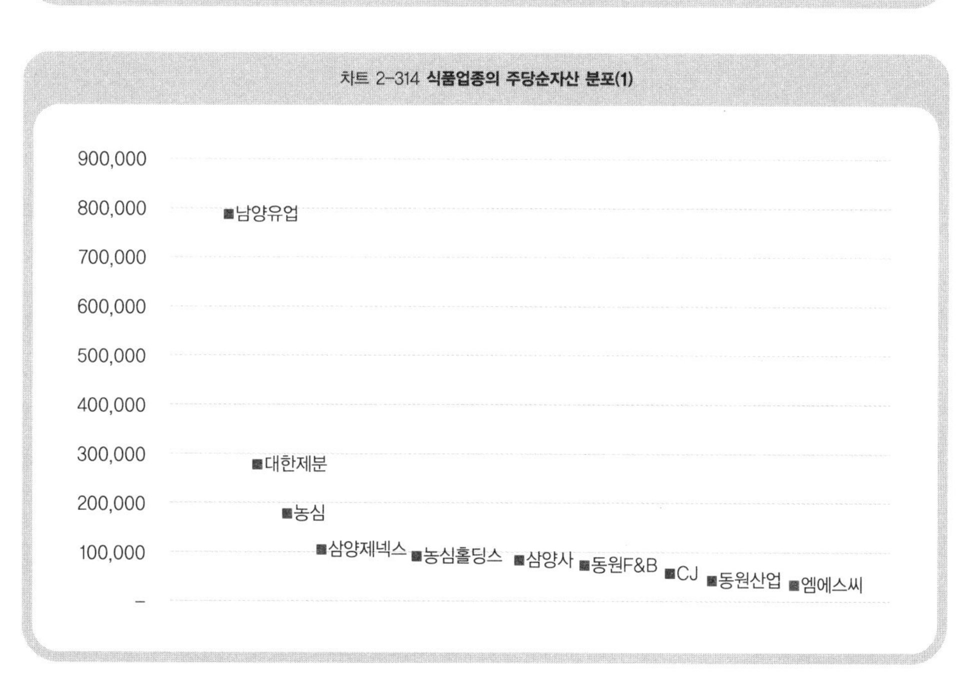

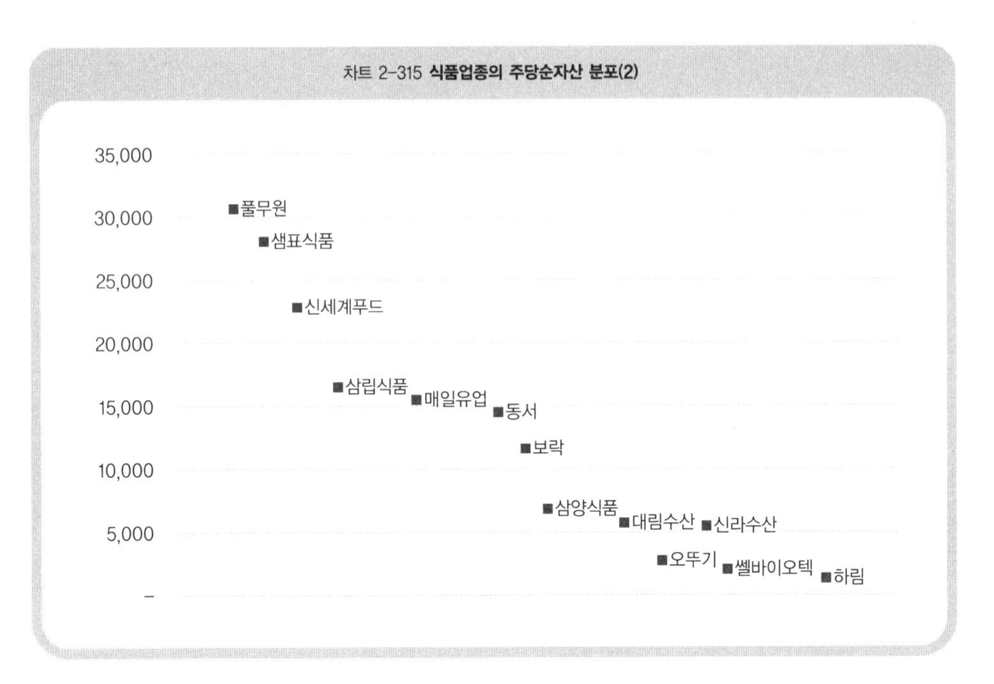

1,000억 미만에서부터 100억 이상의 매출 실적을 올리는 곳은 모두 15개가 있다.

알짜기업 남양유업이 6만 8,000원의 주당순이익을 실현하고 있는데, 대한제분 2만 2,000원, 농심 1만 9,000원 등 주당가치가 1만원을 넘는 곳은 모두 5개 업체다. 7,000원을 넘은 동원산업을 비롯하여 주당 1,000원 이상의 가치를 획득하고 있는 곳도 15개에 달하고 있다.

주당순자산에서 남양유업의 위용이 두드러진다. 주당가치가 무려 79만원에 도달하고 있다. 26만원의 대한제분, 16만원의 농심, 10만원의 삼양제넥스 등이 그 뒤를 잇고 있다. 그 외에도 주당가치가 1만원을 넘는 곳은 모두 13개 업체에 달하고 있다.

주당순이익을 지속적으로 확대하고 있는 업체는 3개에 불과하다. 두 자릿수를 달성하고 있는 업체는 삼양제넥스, 동서뿐이다.

차트 2-316 **매일유업, 대한제분, 삼양제넥스의 주당순이익 추세 비교**

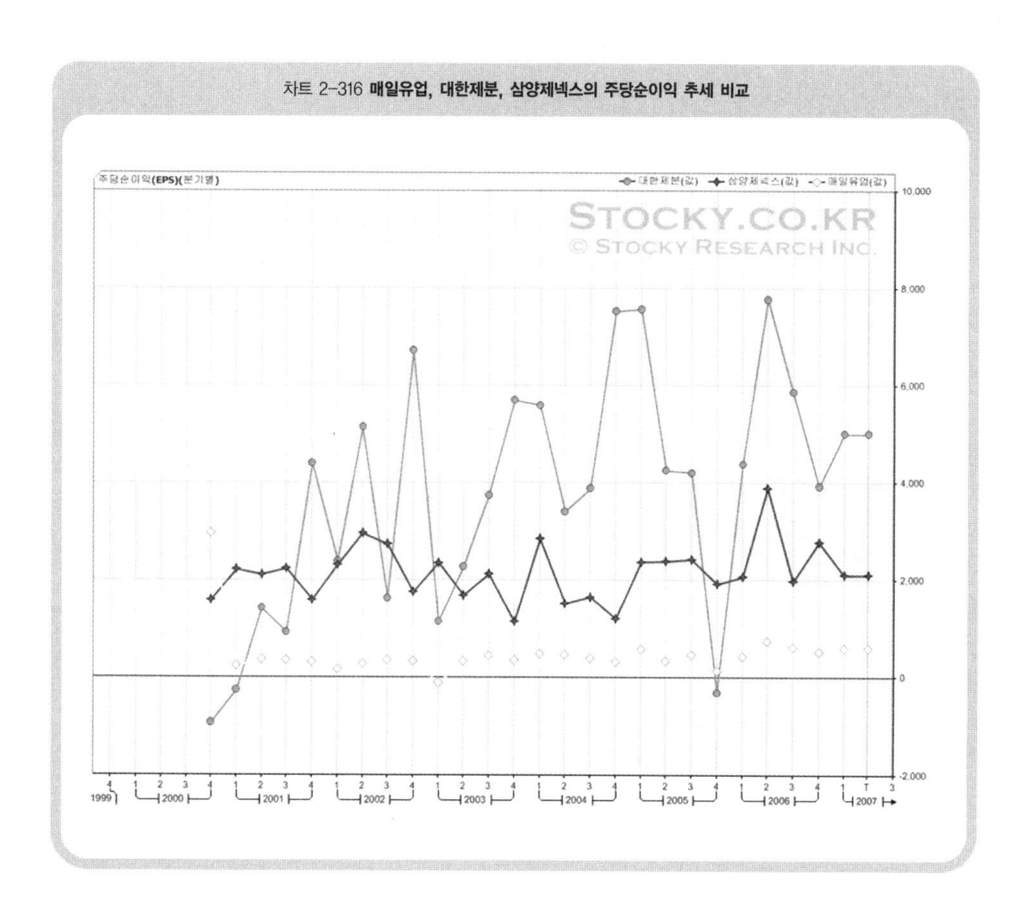

15% 이상의 자기자본순이익률을 달성하고 있는 기업은 삼양식품, 대림수산, 신세계푸드, 동원산업, 하림, 동서, 매일유업 등이 있다.

차트 2-316은 주당순이익의 증가세가 좋은 기업들을 비교하기 위한 차트다. 세 회사 모두 점진적으로 주당순이익을 증가시키고 있음을 알 수 있다.

제과

표 2-88 **제과업종의 우수기업들**

EP	기업	개요	매출액	순이익	자기자본	ROOI	ROE	DR	EPS	BPS	PER	PBR
2	롯데제과	국내 1위의 제과업체.	1,079,217	298,234	1,079,217	7	19	21	209,817	1,100,000	37.1	1.1
2	오리온	제과업체이자, 온미디어 미디어렉스(메가박스)를 자회사로 거느린 지주회사.	543,062	109,452	425,014	5	26	95	18,492	71,807	114.4	3.6
6	빙그레	빙과류 등 식품업체. 계절별로 분기적자를 기록했었음.	525,948	28,393	229,091	8	12	39	2,882	23,255	283.4	1.8
7	롯데삼강	빙과류, 유지류 등 식품업체. 계절적인 분기적자를 기록했으며, 2006년 4/4분기에도 분기적자를 기록함.	348,506	18,484	240,656	7	8	92	14,678	191,111	–	1.1
	4개 평균		**624,183**	**113,641**	**493,495**	**6.8**	**16.3**	**62**	**61,467**	**346,543**	**145.0**	**1.9**

제과업계의 절대 강자는 롯데제과다. 1조원이 넘는 매출 실적을 달성하고 있다. 그 다음에 오리온, 빙그레 등이 5,000억원대의 매출을 올리고 있다.

순이익에서도 3,000억원을 거두어들인 롯데제과가 수위를 차지하고 있는데, 순이익률이 27.6%에 달하고 있다. 그 다음으로 20.2%의 순이익률을 기록한 오리온이 1,100억원의 순이익을 올리고 있다.

두 업체 모두 영업이익률에 비해 순이익률이 매우 높다. 이는 두 업체가 우량 자회사들을 거느리고 있어서 자회사 지분에 대한 처분이익 및 평가이익 등과 같은 영업외수익을 많이 올리고 있기 때문인 것으로 파악된다.

주당순이익에선 롯데제과가 21만원으로 압도적으로 크고, 주당순자산

차트 2-317 **롯데제과와 오리온의 주당순이익 추세의 비교**

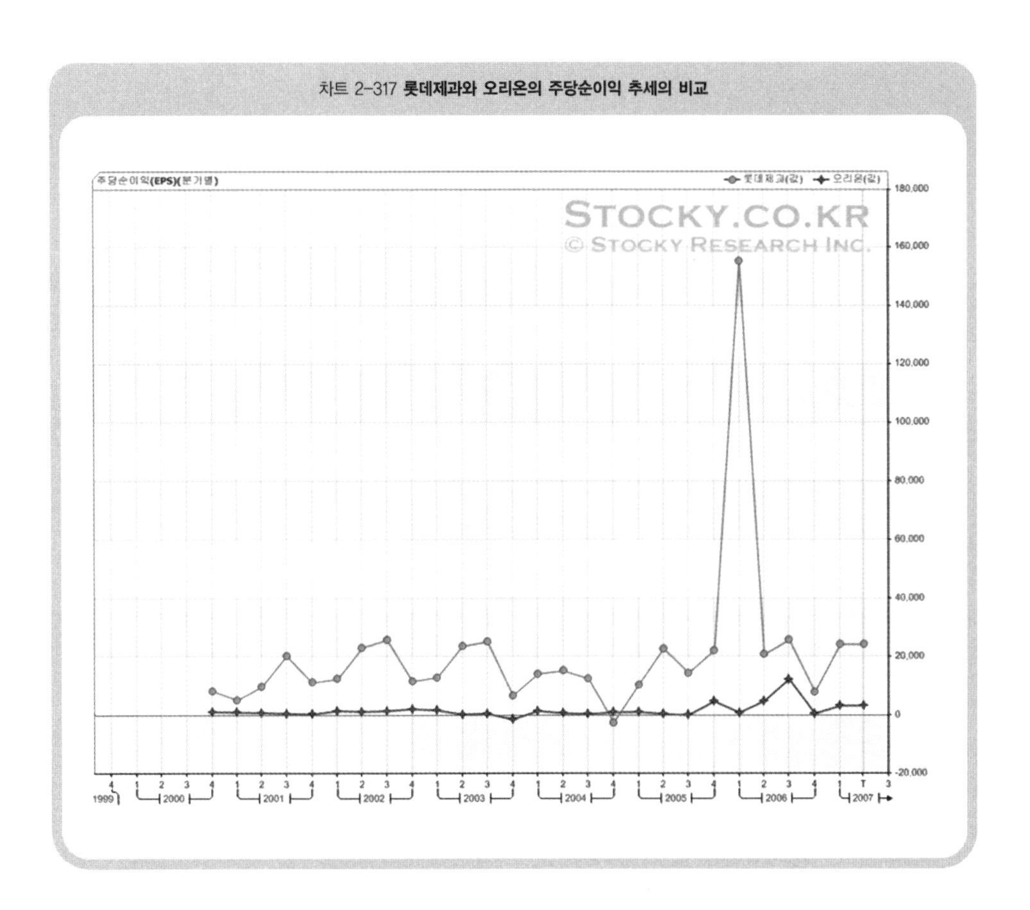

에서도 110만원으로 압도적인 크기를 자랑하고 있다. 롯데제과와 오리온은 주당순이익을 지속적으로 늘리고 있는 기업들인데, 둘 다 높은 비율의 자기자본순이익률을 기록하고 있다.

차트 2-317을 통해 두 기업의 주당순이익 추세를 비교해보자. 두 기업 모두 주당순이익 증가세가 급격하진 않다. 점진적인 개선을 도모하고 있는 것으로 파악된다.

주류/담배

표 2-89 **주류/담배 업종의 우수기업들**

EP	기업	개요	매출액	순이익	자기자본	ROOI	ROE	DR	EPS	BPS	PER	PBR
2	보해양조	전남지역 기반의 주류 제조업체.	109,748	6,167	76,788	4	8	176	2,800	34,663	22.9	0.7
2	진로발효	국내 1위의 주정 제조업체.	69,557	16,973	78,186	29	22	6	2,611	12,029	30.2	2.0
2	케이티앤지 (KT&G)	국내 1위의 담배, 인삼가공식품 제조업체.	2,262,680	649,678	3,045,773	32	21	20	4,406	20,657	12.0	3.2
4	하이트맥주	국내 1위의 주류 제조업체.	892,863	93,041	1,225,896	23	8	118	4,389	57,833	77.5	2.2
5	풍국주정 공업	주정 제조업체.	41,511	6,890	50,574	19	14	22	820	6,021	5.8	1.0
5	무학	경남지역 기반의 주류 제조업체.	103,030	14,392	115,504	19	12	36	576	4,620	8.4	1.0
6	한국알콜 산업	정제주정, 에탄올 등 제조업체.	10,077	5,545	68,655	9	6	33	3,696	66,701	29.4	0.6
7	국순당	주류 제조업체.	74,924	6,676	138,216	6	5	14	374	7,740	38.0	0.9
7	무학주정	주정 제조업체. 2006년 4/4분기에 적자로 전환됨.	39,047	1,865	34,403	11	5	64	266	4,915	–	1.0
7	롯데칠성 음료	국내 1위의 음료, 주류 제조업체. 2006년 4/4 분기에 적자로 전환됨.	1,078,181	71,976	1,489,363	–2	0	20	58,177	1,200,000	–	1.0
	10개 평균		**468,162**	**87,320**	**632,336**	**15.0**	**10.1**	**51**	**7,812**	**141,518**	**28.0**	**1.4**

가장 큰 매출을 달성하고 있는 기업은 KT&G다. 2조 3,000억원 가까운 실적을 거두고 있다. 1조 1,000억원 가까운 실적을 낸 주류/음료 업체 롯데칠성음료가 그 뒤를 따르고 있고, 바로 뒤에는 9,000억원 가까운 실적의 하이트맥주, 한참 뒤에는 지역기반의 주류업체들인 보해양조나 무학 등이 줄을 잇고 있다. 그리고 네 곳의 주정 제조업체 중에서는 진로발효가 가장 많은 매출 실적을 거두고 있다.

순이익 순위에서는 6,500억원의 KT&G가 1위, 900억원을 넘는 하이트맥주가 2위, 롯데칠성이 3위를 차지하고 있다.

주당순이익에선 롯데칠성이 압도적인 차이로 1위를 차지했는데, 주당가치는 5만 8,000원을 넘어서고 있다. 4,400원의 KT&G가 2위를 차지했는데, 하이트맥주도 거의 같은 금액에 도달하고 있다.

주당순자산에선 롯데칠성이 120만원으로 압도적인 주당가치를 과시하고 있으며, 그 외 5개 업체가 1만원대의 주당가치를 실현하고 있다.

주당순이익이 지속적으로 증가하는 2그룹에는 보해양조, KT&G, 진로발효 등이 포함되었는데, KT&G나 진로발효의 경우 영업이익률은 30%대,

차트 2-318 **KT&G, 보해양조, 진로발효의 주당순이익 추세 비교**

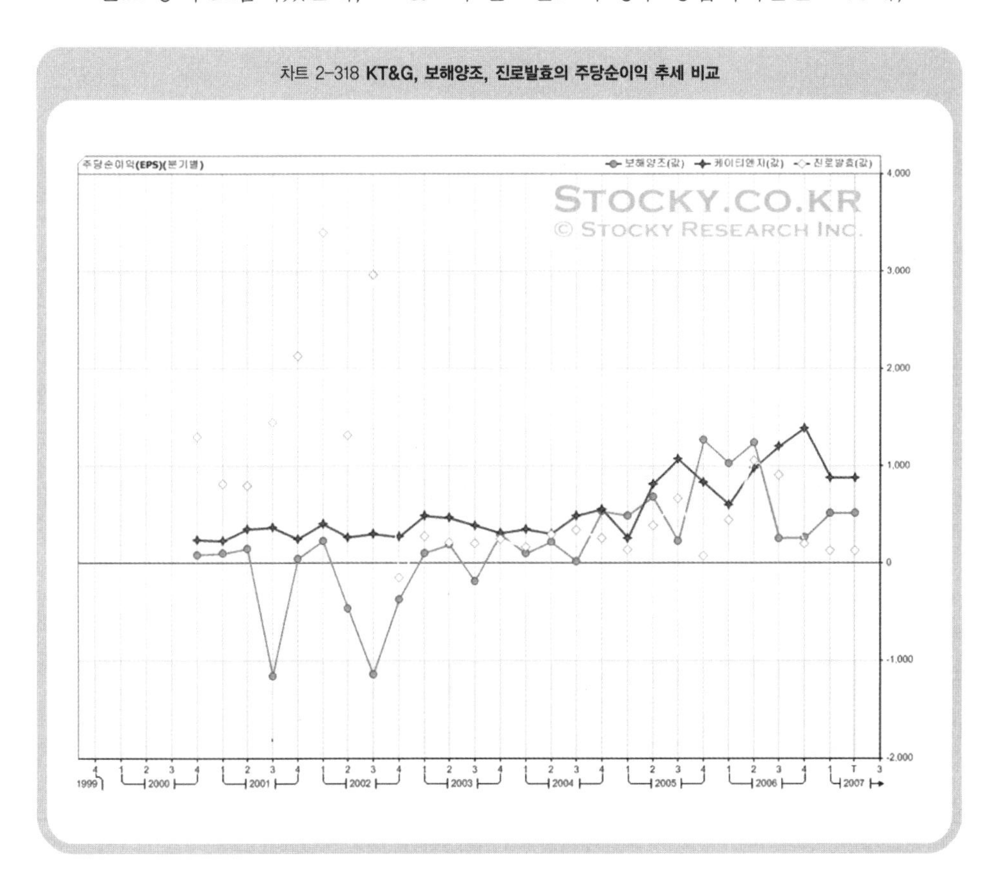

자기자본순이익률은 20%대에 이르고 있어서 탁월한 수익 창출능력을 발휘하고 있다.

하이트맥주, 풍국주정공업, 무학 등도 두 자릿수의 이익률을 달성하고 있는 우량기업들이다. 이들 중에서 주당순이익 추세가 좋은 기업들을 한꺼번에 비교해보도록 하자. 차트 2-318에서 KT&G의 주당순이익 증가세가 가장 순탄한 것을 확인할 수 있다.

사료

표 2-90 **사료업종의 우수기업들**

EP	기업	개요	매출액	순이익	자기자본	ROOI	ROE	DR	EPS	BPS	PER	PBR
3	대상팜스코	대상 계열사로, 배합사료, 식육가공 등 축산업체.	355,620	6,697	92,283	2	7	104	219	3,022	7.3	0.7
5	대한제당	국내 대표적인 사료, 설탕 등 제조업체.	940,941	14,236	233,773	2	6	138	4,491	73,748	11.0	0.6
5	선진	배합사료, 식육가공 등 수직계열화된 축산업체.	233,281	11,185	98,401	6	11	62	5,084	44,728	22.2	0.8
6	케이씨피드 (경축)	영남지역 기반의 배합사료 제조업체.	58,055	3,194	33,009	7	10	40	2,878	29,738	5.2	0.6
6	도드람 비엔에프	양돈용 배합사료 제조업체. 가끔 분기적자를 기록했으며, 2006년 4/4 분기에 적자를 기록함.	109,932	3,456	68,976	3	5	86	64	1,282	–	1.0
6	이지바이오 시스템	기능성 사료첨가제 제조업체.	46,074	4,922	97,318	8	5	65	125	2,478	20.7	1.0
6	에스씨에프	양돈/양계용 배합사료 생산업체.	71,359	1,695	53,539	2	3	83	83	2,620	50.7	1.6
7	우성사료	충남지역 기반의 배합사료 제조업체.	193,056	2,888	135,735	0	2	33	93	4,393	14.6	0.4

EP	기업	개요	매출액	순이익	자기자본	ROOI	ROE	DR	EPS	BPS	PER	PBR
8	고려산업	배합사료 생산업체. 2005년 4/4분기부터 흑자로 전환됨.	88,310	2,857	30,030	3	10	144	573	6,021	3.6	0.7
	9개 평균		**232,959**	**5,681**	**93,674**	**3.7**	**6.6**	**84**	**1,512**	**18,670**	**16.9**	**0.8**

매출 1위는 9,400억원을 넘긴 대한제당이다. 그 다음 자리는 3,600억원에 가까운 대상팜스코가 차지하고 있다. 선진이 3위에 오르고 있다.

순이익에서도 140억원을 넘은 대한제당이 수위에 올랐다. 선진도 110억

차트 2-319 **대한제당과 선진의 주당순이익 추세 비교**

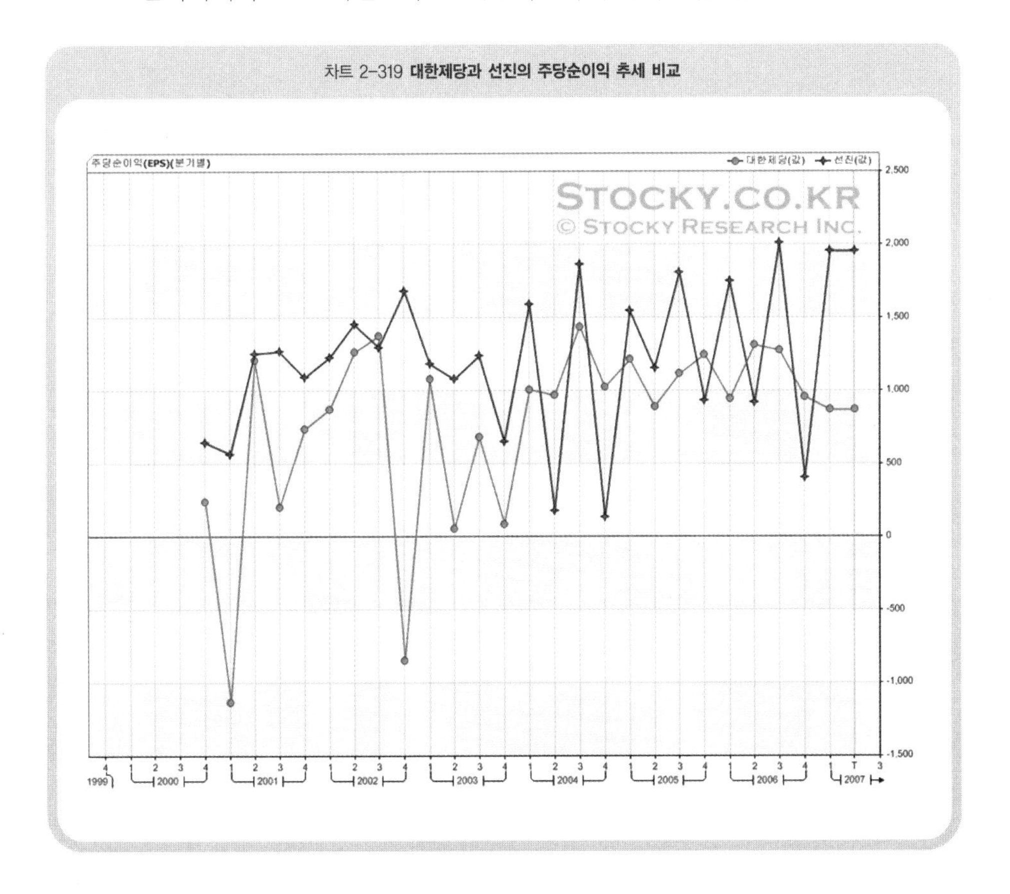

원을 넘기고 있다.

주당순이익에선 선진이 5,000원, 대한제당이 4,500원으로 1, 2위를 다투고 있고, 2,900원의 케이씨피드가 3위를 차지하고 있다.

주당순자산은 대한제당이 7만 4,000원, 선진이 4만 5,000원, 케이씨피드가 3만원에 접근하고 있다.

전체적으로 주당순이익이 증가하는 기업은 별로 눈에 띄지 않는다. 이익률이 높은 기업도 없다.

차트 2-319를 통해 업계 1, 2위를 다투는 두 기업인 대한제당과 선진의 주당순이익 추세를 비교해보자. 두 기업 모두 일정한 수준을 줄곧 유지하고 있다.

환경

표 2-91 **환경업종의 우수기업들**

EP	기업	개요	매출액	순이익	자기자본	ROOI	ROE	DR	EPS	BPS	PER	PBR
7	코엔텍	산업폐기물 소각 및 매립 처리업체.	27,339	4,765	49,510	25	10	45	95	990	14.3	1.2
11	인선이엔티	건축폐기물 처리업체.	60,003	3,787	78,273	11	5	45	333	6,881	15.6	2.2
	2개 평균		**43,671**	**4,276**	**63,892**	**18.0**	**7.5**	**45**	**214**	**3,936**	**15.0**	**1.7**

폐기물 처리에 기반을 둔 환경업종은 아직은 작은 편이다.

11그룹에 속하는 인선이엔티가 600억원의 매출을 거두고 있다.

17.4%의 순이익률을 기록한 코엔텍이 48억원의 순이익을 거두고 있다.

주당순이익이나 주당순자산은 모두 인선이엔티가 앞서고 있다.

각 지표별, 업종별 평균값

표 2-92 **각 업종 별, 지표 별 평균값**

업종	숫자	매출액	순이익	자기자본	ROOI	ROE	DR	EPS	BPS	PER	PBR
건설	46	1,146,408	67,852	538,391	7.9	12.5	143	2,721	21,478	17.6	1.1
설계/내장	9	104,387	4,074	37,599	4.8	10.6	100	495	5,403	11.9	1.2
은행	10	4,324,444	994,288	45,635,151	38.9	4.8	1097	2,881	18,307	35.3	1.5
증권	20	729,852	96,894	3,184,320	16.3	3.4	322	1,965	17,203	25.2	1.5
보험	4	4,774,640	109,558	8,069,794	1.4	1.2	811	1,894	20,216	31.5	2.8
창업투자	5	7,146	2,198	31,808	44.5	8.5	3	561	4,500	16.2	1.0
기타금융	14	333,299	126,477	1,752,056	23.7	2.9	657	3,679	19,717	9.7	1.0
신용평가	4	87,435	10,350	81,058	12.3	13.0	18	1,940	15,197	18.0	1.4
백화점/할인매장	10	1,925,880	154,096	1,302,802	14.3	11.6	75	8,213	68,021	11.4	1.7
종합상사	6	7,716,232	184,081	1,511,607	2.1	21.4	184	1,809	12,207	30.6	4.4
홈쇼핑	2	544,414	49,705	385,516	14.5	13.5	84	6,094	44,645	18.4	1.7
온라인쇼핑	1	106,040	28,590	67,816	−1.0	42.0	146	650	1,542	3.1	3.6
온라인포탈	2	573,398	151,982	374,458	40.0	41.0	47	3,279	8,079	36.0	18.5
온라인게임	4	153,581	21,038	231,459	23.3	9.0	18	1,214	13,589	67.9	3.5
방송/뉴스 미디어	6	143,537	13,944	149,723	17.8	12.0	26	554	5,687	45.9	2.6
광고대행	4	167,041	21,170	141,915	15.3	10.0	115	4,552	31,782	54.7	1.4
모바일 솔루션/서비스	5	28,109	3,417	37,981	16.8	8.0	34	349	4,531	30.7	2.0
시스템통합(SI)	15	97,097	7,411	59,078	5.4	16.0	72	1,119	5,921	14.9	1.8
소프트웨어	8	32,110	6,507	51,753	21.8	14.0	32	614	4,210	29.0	2.2
HW/SW 유통	6	276,807	5,544	53,286	2.2	9.5	83	400	3,835	31.2	1.2
영화관	2	142,331	12,052	95,561	14.5	10.5	121	2,238	24,511	26.2	1.4
케이블송출(SO)	2	31,096	11,046	50,715	39.0	23.0	29	3,826	18,388	9.0	1.8
보안경비	1	692,803	82,507	402,544	16	20	47	2,171	10,594	18.6	3.8
건물관리	1	10,618	2,230	103,296	21	2	13	228	10,562	241.1	0.5
인쇄/출판	4	35,898	1,964	32,525	2.7	5.3	48	1,401	17,932	35.5	1.6
문구/완구	4	84,438	4,868	38,306	6.3	12.0	86	1,773	14,427	9.4	0.8
교육	5	318,139	24,380	196,990	16.8	16.6	36	2,488	20,530	35.9	4.1
여행	2	166,300	23,303	92,626	18	25	99	2,006	7,974	59.6	8.6
숙박/레저	4	518,258	92,399	750,071	16.3	8.3	30	580	7,604	21.3	1.7
항공운수	3	3,936,309	179,267	1,864,851	5.3	11.3	184	4,584	43,757	7.8	1.0
해상운수	4	3,011,986	173,899	1,296,845	4.3	12.0	144	4,675	30,376	10.8	1.3
육상운수	8	322,369	13,641	175,410	2.5	9.1	144	1,812	24,275	20.7	1.4
전기/가스	10	4,644,814	251,492	4,867,882	3.9	8.6	116	4,298	49,454	13.8	0.9
통신서비스	4	7,541,674	813,382	5,862,693	17.0	13.3	83	6,581	45,761	17.1	1.5

업종	숫자	매출액	순이익	자기자본	ROOI	ROE	DR	EPS	BPS	PER	PBR
네트웍서비스	7	51,436	3,886	26,565	10.0	14.5	72	526	3,761	17.7	1.7
통신 장비/부품	20	39,222	3,082	40,804	8.2	8.0	36	347	4,571	92.4	1.9
반도체	2	33,270,984	4,969,239	26,897,010	18.5	21.0	44	29,097	162,930	6.3	1.8
반도체 장비/부품	35	90,831	7,952	62,243	12.3	12.1	61	605	4,558	23.5	2.0
디스플레이	4	17,533,497	1,731,061	12,069,846	16.1	9.0	50	12,060	96,168	21.9	1.5
디스플레이 장비/부품	30	200,423	9,490	73,389	7.9	12.0	86	1,074	7,975	37.7	1.3
휴대폰	2	41,071,742	4,069,403	25,699,887	7.0	10.5	72	27,640	174,856	27.8	1.7
휴대폰 장비/부품	20	131,809	9,669	70,695	8.2	11.1	67	989	7,113	74.8	1.8
가전	9	10,482,266	1,029,837	6,518,059	5.6	10.4	71	7,578	53,102	17.5	1.6
AV정보기기	14	409,362	23,555	165,417	8.1	10.2	61	752	5,991	18.6	1.5
컴퓨터/사무기기	4	261,990	20,158	239,864	9.3	8.3	43	2,304	26,770	15.2	1.1
전자부품	27	95,736	5,096	75,761	6.8	9.2	53	772	9,012	53.8	1.3
산업전자(FA)	8	263,850	16,036	88,603	7.4	12.6	75	673	3,938	69.2	1.6
전선	5	1,271,693	67,542	521,031	3.0	9.8	140	2,850	23,103	12.2	1.4
자동차	3	15,876,573	528,540	7,379,799	1.7	4.3	107	2,581	38,796	9.3	0.9
자동차 장비/부품	57	357,149	21,712	155,353	4.3	9.7	111	1,068	10,717	21.2	1.1
타이어	5	938,253	37,817	628,399	4.6	3.4	74	189	25,127	16.6	0.9
조선	8	4,353,746	191,983	1,568,316	4.4	13.4	228	9,608	50,005	19.1	3.3
조선 장비/부품	5	250,915	17,681	98,046	14.4	20.6	98	913	4,931	16.4	4.3
건설 기계/부품	9	539,288	25,542	214,284	6.1	11.9	93	1,276	12,393	30.5	1.9
일반 기계/부품	34	85,207	6,919	50,607	8.8	13.9	69	1,038	9,023	427.6	1.8
정밀/의료 기기	10	38,349	2,587	33,945	8.1	7.8	42	270	3,769	99.6	1.4
산업플랜트	17	464,716	21,769	214,558	6.6	14.4	134	1,379	9,248	16.5	2.8
철강금속	38	1,154,087	126,608	997,255	7.8	8.1	83	3,878	40,718	12.8	0.9
비철금속	11	550,925	65,272	302,858	6.1	12.6	107	9,092	55,865	16.6	1.0
철강 가공/유통	9	148,864	5,476	56,395	5.2	9.4	76	939	11,406	18.8	0.9
비금속	15	113,210	6,530	94,588	5.2	6.6	66	1,440	21,484	10.6	1.0
시멘트	4	302,838	40,289	450,122	4.0	12.3	56	3,462	74,145	21.6	0.8
정유	6	6,506,588	429,940	2,193,744	18.7	19.2	85	5,809	32,475	12.4	1.7
유류유통	6	959,443	32,966	251,339	3.5	10.0	103	8,930	143,232	18.9	1.1
도료	5	521,716	45,927	628,578	7.4	7.4	58	4,437	61,153	25.2	0.9
화학	48	804,095	50,040	394,492	5.9	9.1	71	2,074	20,446	18.0	1.2
비료/농약	5	363,124	12,786	245,297	7.8	7.2	46	1,040	17,879	27.6	1.0
합성피혁	4	65,167	3,914	37,492	3.5	11.8	51	1,209	8,532	17.2	1.3
제약	56	121,311	12,084	97,461	13.6	10.9	49	1,923	15,378	32.2	1.7
화장품	5	359,918	36,815	329,472	12.4	12.4	77	7,868	36,622	74.8	2.4
목재/제지	19	129,957	7,223	125,504	6.9	6.2	62	1,561	24,807	14.0	0.7
가구	8	154,888	12,862	110,027	11.6	11.0	27	2,260	22,197	16.6	1.2
섬유/의류	28	170,402	12,397	125,645	6.1	9.5	65	3,917	51,698	18.7	0.8
식품	23	499,011	30,475	309,180	9.4	11.5	81	7,440	79,929	26.5	3.2

업종	숫자	매출액	순이익	자기자본	ROOI	ROE	DR	EPS	BPS	PER	PBR
제과	4	624,183	113,641	493,495	6.8	16.3	62	61,467	346,543	115.0	1.9
주류/담배	10	468,162	87,320	632,336	15.0	10.1	51	7,812	141,518	28.0	1.4
사료	9	251,040	6,034	101,629	3.8	6.1	76	1,630	20,251	18.8	0.8
환경	2	43,671	4,276	63,892	18.0	7.5	45	214	3,936	15.0	1.7
78개 업종	**885**	**2,398,981**	**227,039**	**2,185,400**	**11.2**	**11.7**	**109**	**4,200**	**33,722**	**35.5**	**2.0**

이제까지 각 업종별로 핵심지표들에 의한 기업들의 순위와 대표기업들의 주당순이익 추세 등을 분석해보았다.

마지막으로 78개의 모든 업종들을 한눈에 비교할 수 있도록 업종별 평균값들을 모아 하나의 리스트로 정리했다. 관심업종을 정하려고 할 때, 또는 개별 기업들을 분석하면서 평균값을 참조해야 할 때 본 리스트를 활용할 수 있겠다.

총 업체 수는 885개인데, 이 중에는 적자에서 흑자로 전환된 8유형이나 아직 주당순이익의 추세를 확정하기 어려운 11유형의 기업들도 포함되어 있다.

따라서 엄밀하고 공정하게 평균값을 비교하기 위해 1유형부터 7유형까지의 기업들만 계산에 포함시켰다. 8유형과 11유형의 기업들은 제외했다. 이 점을 유의해서 살펴보기 바란다.

사업 규모가 큰 기업 50위

표 2-93은 매출액의 크기를 기준으로 50위 안에 드는 기업들을 정렬한 것이다.

표 2-93 **매출액이 큰 기업들**

EP	기업	개요	매출액	순이익	자기자본	ROOI	ROE	PER	PBR
6	삼성전자	세계 3위의 휴대폰 제조업체.	58,972,765	7,926,087	45,260,597	12	18	9.00	1.86
6	현대자동차	국내 1위의 완성차 제조업체.	27,335,368	1,526,063	16,050,828	5	10	6.26	0.84
7	한국전력공사	전력 독점 공급업체.	26,979,033	2,070,543	42,962,024	5	5	5.19	0.58
5	SK(에스케이)	국내 1위의 정유, 윤활유 제조 및 에너지 개발업체.	23,651,503	1,394,024	8,031,043	5	17	21.34	1.71
6	LG전자(엘지전자)	세계 2위의 PDP 제조업체.	23,170,719	212,718	6,139,176	2	3	46.63	1.49
6	포스코(POSCO)	세계 3위의 제강업체.	20,043,409	3,206,605	21,791,658	19	15	9.14	1.57
4	국민은행	국내 최대의 시중은행.	19,308,604	2,472,111	195,206,481	16	1	33.24	1.89
7	기아자동차	완성차 제조업체.	17,439,910	39,337	5,247,756	-1	1	-	0.74
5	SK네트웍스 (에스케이네트웍스)	에너지, 인터넷전화 등 사업 다각화된 종합 무역업체.	15,784,019	473,936	1,269,099	2	37	12.59	10.43
5	S-Oil(에쓰오일)	정유업체.	14,555,900	758,563	2,336,742	6	32	20.63	3.52
7	한국가스공사	천연가스 도매부문 독점 공급업체.	12,894,832	240,456	3,518,707	4	7	6.64	0.88
4	현대중공업	세계 1위의 조선업체. 로봇 및 중장비 제조, 플랜트 건설 등도 병행하고 있음.	12,554,744	712,848	4,478,650	7	16	14.94	3.95
5	케이티(KT)	국내 1위의 유선통신 서비스업체.	11,772,070	1,233,449	8,549,080	15	14	17.69	1.36
6	SK텔레콤 (에스케이텔레콤)	국내 1위의 무선통신 서비스업체.	10,650,952	1,446,598	9,306,428	24	16	14.61	1.75
3	삼성물산	국내 2위의 건설업체이자 화학제품 등의 종합 무역업체.	9,727,981	188,414	4,760,936	3.3	4	62.31	1.30
7	LG화학(엘지화학)	PVC 등의 석유화학재료, 건자재, 2차전지 등을 생산하는 제조업체.	9,302,341	319,369	2,617,240	4	12	10.52	1.36
2	삼성화재 해상보험	국내 1위의 손해보험사.	9,181,722	274,097	18,289,624	4	1	52.73	2.62
2	롯데쇼핑	국내 1위의 유통업체.	9,055,880	739,844	7,515,853	8	10	10.68	1.38
6	현대모비스	국내 1위의 자동차 부품 제조업체.	8,168,036	686,750	3,539,075	10	19	11.54	1.87
4	신세계	국내 수위의 유통업체.	8,087,476	473,384	2,845,928	9	17	24.77	4.19
4	대한항공	국내 1위의 항공운송업체.	8,077,871	383,012	4,375,446	6	9	7.11	0.74
2	중소기업은행	대형 시중은행.	7,920,494	1,053,323	103,435,802	17	1	7.14	1.29
2	하이닉스반도체	메모리 반도체 제조업체.	7,569,202	2,012,390	8,533,422	25	24	3.60	1.71
6	한국외환은행	대형 시중은행.	7,340,883	1,006,167	69,441,466	13	1	94.32	1.54
5	케이티프리텔 (KTF)	국내 2위의 무선통신 서비스업체.	6,507,350	411,702	4,310,032	10	10	13.22	1.32
6	대우인터내셔널	자원개발, 무역, 제조, 유통 등의 종합 무역업체.	6,383,615	112,808	909,846	1	12	55.45	4.40
4	삼성중공업	LNG선, 강선 중심 조선업체.	6,351,691	154,097	2,222,142	2	7	28.29	3.26
6	한진해운	국내 1위의 해상운송업체.	6,051,350	460,411	2,442,573	2	19	2.24	1.22

EP	기업	개요	매출액	순이익	자기자본	ROOI	ROE	PER	PBR
3	지에스건설 (GS건설)	시공능력 4위의 대형 건설업체.	5,745,165	386,953	1,784,467	7	22	18.04	2.69
4	대우건설	시공능력 1위의 대형 건설업체.	5,729,108	438,298	2,773,767	11	16	30.73	2.93
4	LG상사(엘지상사)	농산물, 자원에서부터 군수, 화학제품까지 종합 무역하는 업체.	5,577,583	96,592	474,312	2	20	14.32	2.28
6	현대제철	종합 제강업체.	5,484,241	473,543	3,499,900	11	14	5.71	0.95
4	대우조선해양	LNG선 중심 조선업체.	5,400,661	58,723	1,603,416	-3	4	24.99	4.59
7	삼성SDI (삼성에스디아이)	브라운관, PDP 제조업체.	4,907,618	90,701	4,646,612	0	2	-	0.54
8	효성	무역, 중공업, 화학, 화섬, 건설 등 복합 사업체.	4,784,272	83,550	1,362,127	2	6	7.93	1.05
6	현대상선	컨테이너부문 1위의 해상운송업체.	4,734,160	122,681	2,096,693	2	6	-	1.95
6	동부화재 해상보험	중견 손해보험사.	4,338,588	78,965	6,542,532	0.6	1.2	14.73	2.99
6	대림산업	시공능력 5위의 대형 건설업체.	4,269,282	253,557	2,535,478	6	10	32.78	1.48
2	우리투자증권	대형 증권사.	3,691,169	232,409	12,664,500	7	2	16.44	1.40
7	두산중공업	발전설비, 담수화설비 등 플랜트업체.	3,508,665	74,165	2,001,961	6	4	43.26	3.73
4	아시아나항공	항공운송업체.	3,451,528	130,615	1,016,162	4	13	11.27	1.32
5	두산인프라코어	건설, 운송관련 중장비 및 부품 제조업체.	3,282,770	135,744	1,061,415	7	13	94.47	4.67
5	코리안리재보험	재보험사.	3,148,245	51,995	3,817,696	1.8	1.7	46.12	2.64
7	현대하이스코	강관, 냉연강판 제조업체.	3,053,008	9,215	993,058	1	1	58.93	0.94
6	동국제강	후판, 봉형강 등 국내 2위의 전기로 제강업체.	3,035,263	212,597	2,153,994	8	10	18.81	0.74
2	LS전선(엘에스전선)	국내 1위의 광케이블, 전력선 제조업체.	2,907,683	215,307	1,332,097	3	16	5.62	1.30
3	삼성테크윈	디지털카메라 생산업체. 반도체 장비 제조업체.	2,868,706	157,885	847,649	4	19	17.52	3.37
7	대우자동차판매	대우 자동차 소매업체.	2,854,440	20,219	840,813	1	2	12.40	1.11
2	제일모직	화학소재, 섬유의류, 전자재료 등 복합 제조업체.	2,843,803	157,761	1,379,572	8	11	8.75	1.28
3	한진중공업	조선업체이자 건설업체.	2,741,034	131,336	1,140,008	6	12	20.40	2.41

위 기업들이 대한민국을 이끌어가는 간판기업들이라 할 수 있다.

일반적으로 규모를 기준으로 기업 순위를 정할 때 매출액, 자기자본, 시가총액, 순이익 등을 종합하여 산출하는데, 표 2-93이 매출액 기준으로 순위를 뽑은 것이라면, 표 2-94는 자기자본이 큰 기업들을 뽑아 정리한 것이다. 두 개의 표를 참조하여 대형우량주(Stalwarts)를 선별해보기 바란다.

표 2-94 **자기자본이 큰 기업들**

EP	기업	개요	자기자본	매출액	순이익	ROOI	ROE	PER	PBR
4	국민은행	국내 최대의 시중은행.	195,206,481	19,308,604	2,472,111	16	1	33.24	1.89
2	중소기업은행	대형 시중은행.	103,435,802	7,920,494	1,053,323	17	1	7.14	1.29
6	한국외환은행	대형 시중은행.	69,441,466	7,340,883	1,006,167	13	1	94.32	1.54
6	삼성전자	세계 3위의 휴대폰 제조업체.	45,260,597	58,972,765	7,926,087	12	18	9.00	1.86
7	한국전력공사	전력 독점 공급업체.	42,962,024	26,979,033	2,070,543	5	5	5.19	0.58
2	대구은행	대구경북지역 지방은행.	21,857,747	1,546,946	240,535	21	1	13.15	1.60
6	포스코(POSCO)	세계 3위의 제강업체.	21,791,658	20,043,409	3,206,605	19	15	9.14	1.57
2	부산은행	부산경남지역 지방은행.	21,710,788	1,480,330	183,856	19	1	21.65	1.59
2	삼성화재해상보험	국내 1위의 손해보험사.	18,289,624	9,181,722	274,097	4	1	52.73	2.62
6	현대자동차	국내 1위의 완성차 제조업체.	16,050,828	27,335,368	1,526,063	5	10	6.26	0.84
4	신한금융지주회사	신한은행 중심의 금융지주회사.	15,003,631	1,997,914	1,832,718	91	12	20.22	1.88
2	우리금융지주	우리은행 중심의 금융지주회사.	13,793,521	2,031,611	2,029,319	93	15	10.98	1.59
2	우리투자증권	대형 증권사.	12,664,500	3,691,169	232,409	7	2	16.44	1.40
6	LG카드(엘지카드)	국내 1위의 신용카드사. 신한금융지주가 인수함.	9,645,482	2,703,398	1,193,679	44	12	5.51	1.78
6	SK텔레콤 (에스케이텔레콤)	국내 1위의 무선통신 서비스업체.	9,306,428	10,650,952	1,446,598	24	16	14.61	1.75
6	대우증권	대형 증권사.	9,200,980	2,627,137	331,176	12	4	14.99	2.07
5	케이티(KT)	국내 1위의 유선통신 서비스업체.	8,549,080	11,772,070	1,233,449	15	14	17.69	1.36
2	하이닉스반도체	메모리 반도체 제조업체.	8,533,422	7,569,202	2,012,390	25	24	3.60	1.71
6	동양종합금융증권	중견 증권사.	8,403,222	897,084	121,872	6	1	12.37	1.94
5	SK(에스케이)	국내 1위의 정유, 윤활유 제조 및 에너지 개발업체.	8,031,043	23,651,503	1,394,024	5	17	21.34	1.71
4	하나금융지주	하나은행 중심의 금융지주회사.	7,799,329	1,127,312	1,079,432	98	14	10.40	1.31
2	롯데쇼핑	국내 1위의 유통업체	7,515,853	9,055,880	739,844	8	10	10.68	1.38
8	현대증권	대형 증권사.	7,243,647	1,709,364	137,870	8	2	168.44	1.37
4	삼성증권	대형 증권사.	7,145,626	1,361,710	244,595	18	3	28.68	1.94
6	동부화재해상보험	중견 손해보험사.	6,542,532	4,338,588	78,965	0.6	1.2	14.73	2.99
6	LG전자(엘지전자)	세계 2위의 PDP 제조업체.	6,139,176	23,170,719	212,718	2	3	46.63	1.49
7	전북은행	전북지역 지방은행.	5,631,995	343,001	31,266	12	1	106.19	1.23
7	기아자동차	완성차 제조업체.	5,247,756	17,439,910	39,337	-1	1	-	0.74
6	대신증권	대형 증권사.	4,762,323	1,160,396	96,201	12	2	20.72	0.79

EP	기업	개요	자기자본	매출액	순이익	ROOI	ROE	PER	PBR
3	삼성물산	국내 2위의 건설업체이자 화학제품 등의 종합 무역업체.	4,760,936	9,727,981	188,414	3.3	4	62.31	1.30
7	삼성SDI (삼성에스디아이)	브라운관, PDP 제조업체.	4,646,612	4,907,618	90,701	0	2	–	0.54
4	현대중공업	세계 1위의 조선업체. 로봇 및 중장비 제조, 플랜트 건설 등도 병행하고 있음.	4,478,650	12,554,744	712,848	7	16	14.94	3.95
4	대한항공	국내 1위의 항공운송업체.	4,375,446	8,077,871	383,012	6	9	7.11	0.74
5	케이티프리텔(KTF)	국내 2위의 무선통신 서비스업체.	4,310,032	6,507,350	411,702	10	10	13.22	1.32
6	LG(엘지)	LG전자, LG텔레콤, LG필립스 LCD, LG화학, LG석유화학 등을 자회사로 거느린 지주회사.	4,240,601	525,552	417,848	54	10	8.63	1.41
5	코리안리재보험	재보험사.	3,817,696	3,148,245	51,995	1.8	1.7	46.12	2.64
7	메리츠화재 해상보험	중견 손해보험사.	3,629,322	2,430,004	33,174	−0.7	0.9	12.34	2.77
6	현대모비스	국내 1위의 자동차 부품 제조업체.	3,539,075	8,168,036	686,750	10	19	11.54	1.87
7	한국가스공사	천연가스 도매부문 독점 공급업체.	3,518,707	12,894,832	240,456	4	7	6.64	0.88
6	현대제철	종합 제강업체.	3,499,900	5,484,241	473,543	11	14	5.71	0.95
2	케이티앤지(KT&G)	국내 1위의 담배, 인삼가공식품 제조업체.	3,045,773	2,262,680	649,678	32	21	11.97	3.22
2	솔로몬 상호저축은행	국내 1위의 저축은행.	2,959,033	364,228	59,170	15	2	3.71	1.00
4	신세계	국내 수위의 유통업체.	2,845,928	8,087,476	473,384	9	17	24.77	4.19
4	대우건설	시공능력 1위의 대형 건설업체.	2,773,767	5,729,108	438,298	11	16	30.73	2.93
6	신영증권	중견 증권사.	2,751,571	619,515	47,103	7	2	13.08	0.87
5	GS홀딩스 (지에스홀딩스)	GS칼텍스, GS홈쇼핑 등을 자회사로 거느린 지주회사.	2,642,492	393,161	402,986	86	15	7.46	1.49
2	케이씨씨(KCC)	국내 1위의 도료업체이자 건자재업체.	2,632,181	1,908,684	196,043	8	7	32.18	1.48
7	LG화학(엘지화학)	PVC 등의 석유화학재료, 건자재, 2차전지 등을 생산하는 제조업체.	2,617,240	9,302,341	319,369	4	12	10.52	1.36
6	대림산업	시공능력 5위의 대형 건설업체.	2,535,478	4,269,282	253,557	6	10	32.78	1.48
2	제주은행	제주지역 지방은행.	2,470,751	147,340	14,155	9	1	–	0.96

수익 창출력이 뛰어난 기업 50위

기업의 수익 창출능력을 가늠하는 지표들은 네 가지가 있다고 1장에서 설명했다.

판매한 금액에서 이익을 얼마나 남겼는지 측정하는 영업이익률과 순이익률 그리고 투입한 자산에서 이익으로 얼마나 전환시켰는지 측정하는 총자산순이익률(ROA)과 자기자본순이익률(ROE), 이상 네 가지가 기업 간의 수익성을 비교하는 핵심지표들이다.

표 2-95는 이익 창출능력을 나타내는 핵심지표인 영업이익률을 기준으로 상위기업들을 선별한 것이다. 지주회사들이 많이 포함되어 있어 60위까지 추출했다.

표 2-95 **영업이익률이 높은 기업들**

EP	기업	개요	ROOI	ROE	매출액	순이익	PER	PBR
4	하나금융지주	하나은행 중심의 금융지주회사.	98	14	1,127,312	1,079,432	10.40	1.31
6	세아홀딩스	세아베스틸, 세아특수강, 강남도시가스 등의 지주회사.	96	14	94,901	84,923	3.65	0.70
5	농심홀딩스	농심, 율촌화학 등의 자회사를 거느린 지주회사.	96	14	52,725	50,525	6.64	1.08
2	우리금융지주	우리은행 중심의 금융지주회사.	93	15	2,031,611	2,029,319	10.98	1.59
3	한국투자금융지주	한국투자증권, 한국투자신탁운용 등을 자회사로 거느린 지주회사.	92	17	424,004	388,927	15.45	1.70
4	신한금융지주회사	신한은행 중심의 금융지주회사.	91	12	1,997,914	1,832,718	20.22	1.88
5	GS홀딩스 (지에스홀딩스)	GS칼텍스, GS홈쇼핑 등을 자회사로 거느린 지주회사.	86	15	393,161	402,986	7.46	1.49
6	엠벤처투자	창업투자사.	65	13	5,679	2,488	6.77	1.17
4	더존디지털웨어	국내 1위의 세무회계 및 경영관리 소프트웨어 개발업체.	60	30	19,970	9,872	13.98	4.85
6	한국개발금융	리스 운용사.	58	6	95,096	55,169	3.22	0.64
6	LG(엘지)	LG전자, LG텔레콤, LG필립스LCD, LG화학, LG석유화학 등을 자회사로 거느린 지주회사.	54	10	525,552	417,848	8.63	1.41
5	한국캐피탈	자동차, 의료기 등 리스 운용사.	50	3	78,580	26,083	4.13	0.87

EP	기업	개요	ROOI	ROE	매출액	순이익	PER	PBR
2	대웅	제약 및 바이오 전문 투자 및 대웅제약을 자회사로 둔 지주회사.	49	15	44,229	22,542	7.95	0.95
6	LG카드(엘지카드)	국내 1위의 신용카드사.	44	12	2,703,398	1,193,679	5.51	1.78
7	지투알(G II R)	LG애드를 자회사로 둔 지주회사.	42	10	19,194	9,322	39.14	1.76
6	큐릭스	국내 대표적인 CATV 종합SO업체.	41	21	42,623	15,440	7.82	1.84
4	엔에이치엔(NHN)	국내 1위의 온라인 게임/포탈 업체.	40	41	573,398	151,982	35.97	18.46
2	리노공업	반도체 프로브핀, 테스트소켓 제조업체.	38	23	40,771	12,895	12.58	2.70
5	강원랜드	국내 유일의 내국인 카지노 및 리조트 운영업체.	38	18	869,496	247,936	17.04	2.98
2	디씨씨(DCC)	서울 동작지역 CATV SO업체.	37	25	19,569	6,651	10.23	1.71
9	덕산하이메탈	반도체 패키지용 솔더볼 제조업체.	37	18	18,183	8,155	12.57	1.89
8	에스앤에이치(SNH)	광통신 전송장비 제조업체.	36	27	33,124	8,478	13.10	1.73
8	케이티비네트워크 (KTB네트워크)	국내 최대의 창업투자사.	33	5	65,826	21,672	42.28	1.49
9	이노칩테크놀로지	ESD 필터 등 칩 부품 제조업체.	32	27	52,366	13,734	8.71	1.73
2	메가스터디	온오프라인 교육업체. 상장된지 10분기 경과.	32	23	101,275	26,467	72.22	8.77
2	케이티앤지(KT&G)	국내 1위의 담배, 인삼가공식품 제조업체.	32	21	2,262,680	649,678	11.97	3.22
4	한미캐피탈	자동차, 의료기 등 리스 운용사.	31	6	91,472	25,869	–	0.87
5	유화증권	중소 증권사.	31	2	43,347	14,332	14.23	0.63
5	와이비엠시사닷컴 (YBM시사닷컴)	기업대상 온라인 교육업체.	30	21	42,580	10,325	25.89	4.80
5	유엔젤	무선인터넷 솔루션 개발 및 컬러링/메시징 등의 부가서비스 제공업체.	30	10	36,174	6,371	12.27	1.61
2	진로발효	국내 1위의 주정 제조업체.	29	22	69,557	16,973	30.22	2.05
2	아이엠비씨(iMBC)	온라인 방송 컨텐츠 서비스업체.	29	19	26,000	6,472	12.86	3.21
6	경동제약	전문의약품 중심의 제약업체.	29	16	77,208	18,251	19.12	1.72
2	푸른상호저축은행	중견 저축은행.	29	3	121,542	36,685	3.54	1.00
8	에스엘에스캐피탈 (SLS캐피탈)	팩토링 운용사.	28	35	8,227	27,008	4.49	0.69
2	티씨케이(TCK)	반도체용 고순도 흑면부품 제조업체.	28	19	24,156	5,460	20.65	3.71
4	동원개발	시공능력 58위의 부산 소재 건설업체.	27	21	183,452	36,934	5.37	1.02
2	일성신약	전문의약품 중심의 제약업체.	27	17	78,584	38,527	17.83	1.09
6	씨제이인터넷 (CJ인터넷)	온라인 게임포탈업체.	27	10	105,207	16,608	34.84	2.84
8	한국기술투자	선발 창업투자사.	27	5	27,542	10,011	44.54	1.13
1	피에스케이(PSK)	반도체 감광액 제거장비 제조업체.	26	29	128,854	28,619	12.61	1.65
4	아이디스	경비보안용 DVR 제조업체.	26	18	71,307	15,607	7.75	1.79
9	미래에셋증권	중견 증권사.	26	18	559,580	104,840	13.25	2.86
9	씨디네트웍스 (CD네트웍스)	인터넷 데이타센터 서비스업체.	26	18	35,813	7,777	34.33	5.63
9	카엘	반도체용 케미칼 에어필터 제조업체.	26	17	13,784	3,593	11.40	1.57

EP	기업	개요	ROOI	ROE	매출액	순이익	PER	PBR
5	안철수연구소	국내 1위의 백신 및 보안 소프트웨어 개발업체.	26	17	43,537	14,629	12.22	2.12
2	하이닉스반도체	메모리 반도체 제조업체.	25	24	7,569,202	2,012,390	3.60	1.71
9	한미반도체	반도체 패키징장비 제조업체.	25	20	92,844	19,388	13.38	2.02
4	한화타임월드	한화 계열의 대전 소재 백화점	25	15	85,521	15,361	3.74	0.97
3	중앙백신연구소	동물용 백신 전문 제조업체.	25	15	10,631	2,387	33.33	3.77
	코엔텍	산업폐기물 소각 및 매립 처리업체.	25	10	27,339	4,765	14.32	1.21
8	예당온라인	온라인 게임업체.	24	21	38,513	5,011	34.46	7.35
6	SK텔레콤 (에스케이텔레콤)	국내 1위의 무선통신 서비스업체.	24	16	10,650,952	1,446,598	14.61	1.75
6	소디프신소재	반도체/LCD용 세정가스 제조업체.	24	12	62,690	10,183	31.67	3.38
5	한미창업투자	창업투자사.	24	4	8,612	1,907	25.67	0.89
9	플랜티넷	유해사이트 차단서비스 제공업체.	24	3	6,626	1,783	20.23	2.60
9	유진테크	반도체 증착 등 전공정장비 제조업체.	23	17	16,993	3,514	3.92	1.45
2	디지틀조선일보	온라인 뉴스 컨텐츠 서비스업체.	23	11	28,107	5,208	20.29	1.95
7	태평양	아모레퍼시픽, 태평양제약 등을 자회사로 둔 지주회사.	23	10	609,870	118,985	230.96	1.10
4	하이트맥주	국내 1위의 주류 제조업체.	23	8	892,863	93,041	77.51	2.21

영업이익률은 기업의 시장 내에서의 경쟁력의 크기를 나타내는 일차적인 지표다. 영업이익률이 높을수록 시장 지배력, 경쟁우위가 강하다는 것을 의미한다. 영업이익률이 높은 기업들 중에서 주가가 저평가되어 있는 기업들을 골라내어 자세히 조사해보기 바란다.

표 2-96은 자기자본순이익률(ROE)이 높은 수준에 도달한 기업들을 50위까지 추출한 것이다.

표 2-96 **자기자본순이익률이 뛰어난 기업들**

EP	기업	개요	ROOI	ROE	매출액	순이익	PER	PBR
8	케이엠더블유(KMW)	기지국 안테나장비부품 제조업체.	42	15	97,266	16,035	4.49	2.85
2	인터파크	국내 1위의 온라인쇼핑, 마켓플레이스 등 유통업체.	42	−1	106,040	28,590	3.08	3.63
4	엔에이치엔(NHN)	국내 1위의 온라인 게임/포탈 업체.	41	40	573,398	151,982	35.97	18.46
2	한솔LCD(한솔엘시디)	BLU 제조업체.	38	4	881,712	38,559	11.87	3.27

EP	기업	개요	ROOI	ROE	매출액	순이익	PER	PBR
2	유진기업	레미콘, 아스콘 제조업체. 건설업체.	38	1	384,963	105,355	-	0.86
5	SK네트웍스 (에스케이네트웍스)	에너지, 인터넷전화 등 사업 다각화된 종합 무역업체.	37	2	15,784,019	473,936	12.59	10.43
5	삼양식품	라면, 스낵류 제조업체.	36	8	240,083	16,315	43.31	2.88
8	에스엘에스캐피탈 (SLS캐피탈)	팩토링 운용사.	35	28	8,227	27,008	4.49	0.69
9	글로벌스탠다드 테크놀로지(GST)	반도체 및 디스플레이용 가스정화처리 장비, 온/습조 조절 솔루션 제조업체.	35	16	30,825	4,773	13.24	2.40
8	대경기계기술	석유화학플랜트용 보일러, 열교환기 제조업체.	35	8	177,959	8,308	24.50	6.71
4	고려아연	세계 1위의 아연 제련업체.	34	16	2,152,518	425,239	4.62	2.28
8	위다스	이동통신 중계기 제조업체.	34	16	61,915	9,560	18.60	2.69
8	에머슨퍼시픽	골프장, 리조트 운영업체.	34	11	311,409	4,169	4.94	5.51
4	현대종합상사	자원개발, 무역, 유통 등의 종합 무역업체.	34	2	1,107,963	48,653	8.24	3.52
8	DM테크놀로지	LCD TV 제조업체.	33	9	116,633	8,151	4.95	1.89
5	대림수산	원양 수산업체이자 게맛살, 어묵 등의 생산업체.	33	5	194,643	10,105	34.38	2.93
5	S-Oil(에쓰오일)	정유업체.	32	6	14,555,900	758,563	20.63	3.52
4	이수유비케어	의료관련 SI업체.	32	4	26,357	5,616	27.81	3.22
2	에스에프에이(SFA)	LCD/PDP 공정장비 제조 및 공장자동화설비 제조업체.	31	17	380,830	53,514	3.70	2.21
4	더존디지털웨어	국내 1위의 세무회계 및 경영관리 소프트웨어 개발업체.	30	60	19,970	9,872	13.98	4.85
1	피에스케이(PSK)	반도체 감광액 제거장비 제조업체.	29	26	128,854	28,619	12.61	1.65
2	삼영엠텍	선박용 엔진부품 등 금속구조재 제조업체.	29	18	63,076	7,655	14.47	5.05
2	태웅	화학, 발전, 조선 설비용 단조제품 제조업체.	29	13	275,984	27,325	18.41	6.58
2	세보엠이씨	삼성전자, 이마트 등 대상 공조 및 냉난방 설비 시설업체.	29	10	143,998	13,597	2.23	1.21
1	성광벤드	합금강 및 스텐레스강 관이음새 제조업체.	28	16	181,983	19,957	17.47	5.79
8	서울신용평가정보	신용평가정보업체.	28	7	30,773	4,214	2.21	1.50
8	에스앤에이치(SNH)	광통신 전송장비 제조업체.	27	36	33,124	8,478	13.10	1.73
9	이노칩테크놀로지	ESD 필터 등 칩 부품 제조업체.	27	32	52,366	13,734	8.71	1.73
9	팅크웨어	자동차네비게이션기기 제조업체.	27	13	101,402	10,278	6.95	2.77
2	LS산전(엘에스산전)	전력기기, 자동화기기 제조업체.	27	13	1,205,084	99,537	10.91	3.14
8	바른전자	플래시메모리카드 제조업체.	27	5	54,010	2,551	18.00	3.42
2	케이에스피(KSP)	엔진밸브 및 LNG선박용 프랜지 제조업체.	26	21	30,603	5,873	13.75	4.78
2	대웅제약	국내 대표적인 일반/전문 의약품 제조업체.	26	20	382,031	52,500	9.12	2.59
2	국제엘렉트릭 코리아	반도체 전공정장비 제조업체.	26	15	98,435	12,355	8.59	2.08
2	한미약품	국내 대표적인 일반/전문 의약품 및 원료의약품 제조업체.	26	12	422,184	72,597	37.61	3.72

EP	기업	개요	ROOI	ROE	매출액	순이익	PER	PBR
2	오리온	제과업체이자, 온미디어, 미디어플렉스(메가박스)를 자회사로 거느린 지주회사.	26	5	543,062	109,452	114.36	3.65
2	디씨씨(DCC)	서울 동작지역 CATV SO업체.	25	37	19,569	6,651	10.23	1.71
2	하나투어	국내 1위의 여행 서비스 업체.	25	18	166,300	23,303	59.60	8.62
2	삼성엔지니어링	국내 대표적인 플랜트, 엔지니어링, 토목 업체.	25	7	1,716,961	110,557	27.92	6.59
2	하이닉스반도체	메모리 반도체 제조업체.	24	25	7,569,202	2,012,390	3.60	1.71
5	텔레칩스	MP3용 프로세서칩 제조업체.	24	18	62,001	11,862	9.68	2.65
6	대웅화학	대웅제약 계열의 원료의약품 제조업체.	24	16	45,453	13,363	6.78	1.53
6	피앤텔	휴대폰 케이스 제조업체. 주당순이익의 증가속도로 빠른 편.	24	13	246,680	25,433	4.92	1.65
9	수성	전동차, 리프트 등 제조업체.	24	12	22,835	5,249	2.22	1.42
2	인탑스	국내 1위의 휴대폰 케이스 제조업체.	24	11	328,676	41,218	5.93	1.50
2	한국포리올	유기화학제품, 화공약품 제조업체.	24	10	383,605	29,674	8.55	2.02
4	삼호	시공능력 51위의 건설업체.	24	9	515,003	31,153	4.40	1.73
6	한양이엔지	반도체 공정용 배관설비, 화학약품 공급장치 등 시설업체	24	7	201,344	13,475	4.25	1.57
2	대진공업	자동차 엔진 및 변속기 등 제조업체.	24	6	49,835	3,545	15.23	2.73
2	진양화학	플라스틱 바닥재, 합성피혁 제조업체.	24	4	46,142	7,986	32.50	2.08

앞의 표 2-95와 함께 살펴보면서 수익 창출능력이 탁월한 기업들을 선별해보자.

주당가치가 큰 기업 50위

주당순이익이 큰 기업들을 추출해보았다.

표 2-98의 주당순자산이 큰 기업들도 살펴보면서 주당순이익의 패턴이나 자기가본순이익률 등의 다른 지표들도 함께 검토해보기 바란다.

표 2-97 **주당순이익이 큰 기업들**

EP	기업	개요	EPS	BPS	순이익	자기자본	ROE	PER	PBR
2	롯데제과	국내 1위의 제과업체.	209,817	1,100,000	298,234	1,079,217	19	37.14	1.07
6	남양유업	유제품, 음료 생산업체.	68,040	789,478	48,989	568,424	9	23.30	1.16
2	영풍	국내 2위의 아연 제련업체.	61,706	394,519	113,666	726,719	16	9.18	0.94
7	롯데칠성음료	국내 1위의 음료, 주류 제조업체.	58,177	1,200,000	71,976	1,489,363	0	-	1.00
6	삼성전자	세계 3위의 휴대폰 제조업체.	53,809	307,270	7,926,087	45,260,597	18	9.00	1.86
4	대선조선	중소형 컨테이너선 조선업체.	42,023	186,723	21,264	94,482	23	6.53	1.64
6	포스코(POSCO)	세계 3위의 제강업체.	36,779	249,942	3,206,605	21,791,658	15	9.14	1.57
2	동일방직	면사, 직물 제조업체.	29,203	144,885	59,609	295,742	20	0.74	0.55
2	롯데쇼핑	국내 1위의 유통업체	25,474	258,780	739,844	7,515,853	10	10.68	1.38
4	신세계	국내 수위의 유통업체.	25,099	150,894	473,384	2,845,928	17	24.77	4.19
6	흥구석유	대구경북지역 GS칼텍스 대리점 운영업체.	24,345	559,586	2,386	54,839	4	23.72	0.60
6	세아홀딩스	세아베스틸, 세아특수강, 강남도시가스 등의 지주회사.	23,590	163,688	84,923	589,278	14	3.65	0.70
4	고려아연	세계 1위의 아연 제련업체.	22,253	65,799	425,239	1,241,627	34	4.62	2.28
2	대한제분	제분업체.	21,954	264,249	37,103	446,581	8	12.35	0.73
6	코스맥스	ODM, OEM 방식의 화장품 제조업체.	20,000	2,352	2,176	25,569	9	-	1.83
2	BYC(비와이씨)	종합 내의류 제조업체.	18,681	363,276	11,668	139,167	5	9.77	0.44
6	농심	국내 1위의 라면, 스낵류 제조업체.	18,681	158,059	112,860	954,891	12	20.34	1.61
2	케이씨씨(KCC)	국내 1위의 도료업체이자 건자재업체.	18,635	250,207	196,043	2,632,181	7	32.18	1.48
2	오리온	제과업체이자, 온미디어, 미디어플렉스(메가박스)를 자회사로 거느린 지주회사.	18,492	71,807	109,452	425,014	26	114.36	3.65
6	SK텔레콤(에스케이텔레콤)	국내 1위의 무선통신 서비스업체.	17,817	114,620	1,446,598	9,306,428	16	14.61	1.75
2	제일기획	국내 1위의 광고 대행사.	15,296	88,313	70,387	406,386	17	9.16	2.74
7	태평양	아모레퍼시픽, 태평양제약 등을 자회사로 둔 지주회사.	14,912	152,961	118,985	1,220,492	10	230.96	1.10
7	롯데삼강	빙과류, 유지류 등 식품업체.	14,678	191,111	18,484	240,656	8	-	1.05
2	일성신약	전문의약품 중심의 제약업체.	14,484	86,576	38,527	231,291	17	17.83	1.09
2	신영와코루	와코루 등의 여성 내의류 제조업체.	13,784	203,005	12,405	182,704	7	7.24	0.54
4	광주신세계	신세계 계열의 광주 소재 백화점	13,263	82,866	21,221	132,585	16	7.28	1.93
4	삼천리	경기서부,인천지역 도시가스 공급업체.	13,242	150,604	53,290	610,703	9	27.78	1.09
6	한국개발금융	리스 운용사.	13,034	108,052	55,169	877,372	6	3.22	0.64
6	호남석유화학	롯데 계열의 에틸렌, 프로필렌 등을 생산하는 석유화학업체.	11,977	76,572	381,592	2,439,580	16	5.41	1.02

EP	기업	개요	EPS	BPS	순이익	자기자본	ROE	PER	PBR
2	현대미포조선	PC선박 중심 조선업체.	11,813	61,013	236,258	1,220,265	19	11.98	3.10
5	농심홀딩스	농심, 율촌화학 등의 자회사를 거느린 지주회사.	11,139	79,657	50,525	361,315	14	6.64	1.08
4	대한해운	중견 해상운송업체.	11,040	51,465	110,404	514,650	21	3.37	1.34
5	SK(에스케이)	국내 1위의 정유, 윤활유 제조 및 에너지 개발업체.	10,833	62,410	1,394,024	8,031,043	17	21.34	1.71
4	조선선재	국내 1위의 용접봉 제조업체.	10,812	102,479	6,487	61,487	11	6.14	0.70
2	삼양제넥스	포도당, 전분 등 식품원료 생산업체.	10,735	102,068	32,054	304,822	11	8.35	0.91
3	모토닉	자동차 사출성형부품 제조업체.	10,545	51,095	34,802	168,613	21	2.54	1.19
4	SK가스(에스케이가스)	SK 계열의 LPG 판매업체	10,257	53,425	88,500	460,990	19	16.87	1.25
6	한국특수형강	ㄱ형강 제강업체.	10,002	87,888	10,002	87,888	11	8.62	0.57
6	LG카드(엘지카드)	국내 1위의 신용카드사.	9,521	24,093	1,193,679	9,645,482	12	5.51	1.78
4	현대중공업	세계 1위의 조선업체. 로봇 및 중장비 제조, 플랜트 건설 등도 병행하고 있음.	9,380	58,930	712,848	4,478,650	16	14.94	3.95
1	영풍정밀	고려아연의 계열사. 정유, 화학, 제련 설비용 펌프, 밸브 제조업체.	9,299	46,087	14,646	72,587	20	6.00	0.99
4	E1(이원)	LPG 수입 및 무역업체	9,210	67,139	63,180	460,577	14	6.89	1.05
2	한미약품	국내 대표적인 일반/전문 의약품 및 원료의약품 제조업체.	9,169	34,687	72,597	274,654	26	37.61	3.72
6	동일철강	봉강, 마봉강 제조업체.	9,108	131,904	820	11,872	7	12.78	0.70
2	케이씨씨건설 (KCC건설)	시공능력 30위의 건설업체.	9,002	40,807	52,211	236,681	22	15.48	1.14
2	서울도시가스	서울,경기북부지역 도시가스 공급업체.	8,613	57,718	43,067	288,590	15	–	1.16
6	현대모비스	국내 1위의 자동차 부품 제조업체.	8,003	41,242	686,750	3,539,075	19	11.54	1.87
6	세원정공	자동차 압출부품 제조업체.	7,865	70,604	7,865	70,604	11	5.53	0.67
6	지에스홈쇼핑 (GS홈쇼핑)	국내 1위의 홈쇼핑, 온라인쇼핑 등 유통업체.	7,801	47,516	51,192	311,822	16	9.12	1.74
2	신세계아이앤씨	신세계 계열 SI업체	7,791	33,829	13,400	58,186	23	7.98	2.11

표 2-98 **주당순자산이 큰 기업들**

EP	기업	개요	BPS	EPS	자기자본	순이익	ROE	PER	PBR
7	롯데칠성음료	국내 1위의 음료, 주류 제조업체.	1,200,000	58,177	1,489,363	71,976	0	1.00	–
2	롯데제과	국내 1위의 제과업체.	1,100,000	209,817	1,079,217	298,234	19	1.07	37.14
6	남양유업	유제품, 음료 생산업체.	789,478	68,040	568,424	48,989	9	1.16	23.30
6	홍구석유	대구경북지역 GS칼텍스 대리점 운영업체.	559,586	24,345	54,839	2,386	4	0.60	23.72

EP	기업	개요	BPS	EPS	자기자본	순이익	ROE	PER	PBR
2	영풍	국내 2위의 아연 제련업체.	394,519	61,706	726,719	113,666	16	0.94	9.18
2	BYC(비와이씨)	종합 내의류 제조업체.	363,276	18,681	139,167	11,668	5	0.44	9.77
6	삼성전자	세계 3위의 휴대폰 제조업체.	307,270	53,809	45,260,597	7,926,087	18	1.86	9.00
2	대한제분	제분업체.	264,249	21,954	446,581	37,103	8	0.73	12.35
2	롯데쇼핑	국내 1위의 유통업체	258,780	25,474	7,515,853	739,844	10	1.38	10.68
2	케이씨씨(KCC)	국내 1위의 도료업체이자 건자재업체.	250,207	18,635	2,632,181	196,043	7	1.48	32.18
6	포스코(POSCO)	세계 3위의 제강업체.	249,942	36,779	21,791,658	3,206,605	15	1.57	9.14
2	신영와코루	와코루 등의 여성 내의류 제조업체.	203,005	13,784	182,704	12,405	7	0.54	7.24
7	롯데삼강	빙과류, 유지류 등 식품업체.	191,111	14,678	240,656	18,484	8	1.05	–
4	대선조선	중소형 컨테이너선 조선업체.	186,723	42,023	94,482	21,264	23	1.64	6.53
6	세아홀딩스	세아베스틸, 세아특수강, 강남도시가스 등의 지주회사.	163,688	23,590	589,278	84,923	14	0.70	3.65
6	농심	국내 1위의 라면, 스낵류 제조업체.	158,059	18,681	954,891	112,860	12	1.61	20.34
6	일신방직	면사 및 가공사 제조업체.	157,692	3,471	378,461	8,330	2	0.36	8.79
7	태평양	아모레퍼시픽, 태평양제약 등을 자회사로 둔 지주회사.	152,961	14,912	1,220,492	118,985	10	1.10	230.96
4	신세계	국내 수위의 유통업체.	150,894	25,099	2,845,928	473,384	17	4.19	24.77
4	삼천리	경기서부,인천지역 도시가스 공급업체.	150,604	13,242	610,703	53,290	9	1.09	27.78
2	동일방직	면사, 직물 제조업체.	144,885	29,203	295,742	59,609	20	0.55	0.74
6	동일철강	봉강, 마봉강 제조업체.	131,904	9,108	11,872	820	7	0.70	12.78
7	한일시멘트	시멘트 및 레미콘 제조, 판매업체.	121,346	5,902	915,597	44,531	5	0.83	39.05
6	SK텔레콤	국내 1위의 무선통신 서비스업체. (에스케이텔레콤)	114,620	17,817	9,306,428	1,446,598	16	1.75	14.61
7	아세아시멘트	시멘트 및 레미콘 제조, 판매업체.	112,029	1,519	530,897	7,198	1	0.65	–
6	한국개발금융	리스 운용사.	108,052	13,034	877,372	55,169	6	0.64	3.22
4	조선선재	국내 1위의 용접봉 제조업체.	102,479	10,812	61,487	6,487	11	0.70	6.14
2	삼양제넥스	포도당, 전분 등 식품원료 생산업체.	102,068	10,735	304,822	32,054	11	0.91	8.35
7	삼성SDI (삼성에스디아이)	브라운관, PDP 제조업체.	101,993	1,991	4,646,612	90,701	2	0.54	–
2	선창산업	합판, MDF 제조업체.	96,967	5,543	193,935	11,086	6	0.56	3.90
7	중앙에너비스	서울지역 SK 대리점 운영업체.	91,646	2,460	40,141	1,078	3	0.48	19.51
2	제일기획	국내 1위의 광고 대행사.	88,313	15,296	406,386	70,387	17	2.74	9.16
6	한국특수형강	ㄱ형강 제강업체.	87,888	10,002	87,888	10,002	11	0.57	8.62
2	일성신약	전문의약품 중심의 제약업체.	86,576	14,484	231,291	38,527	17	1.09	17.83
4	대성산업	수도권 및 대구지역 GS칼텍스 대리점 운영 및 건설업체.	85,515	7,051	438,875	36,184	8	1.26	36.54
6	세아제강	강관 제조 및 무역 업체.	85,458	5,465	410,196	26,234	6	0.55	11.27
4	광주신세계	신세계 계열의 광주 소재 백화점	82,866	13,263	132,585	21,221	16	1.93	7.28
5	농심홀딩스	농심, 율촌화학 등의 자회사를 거느린 지주회사.	79,657	11,139	361,315	50,525	14	1.08	6.64

EP	기업	개요	BPS	EPS	자기자본	순이익	ROE	PER	PBR
6	삼양사	제분, 제당, 제약, 유화 등의 종합 식품/화학업체.	79,088	2,381	778,518	23,436	3	0.76	-
5	조선내화	각종 내화물을 생산하여 포스코에 납품하는 국내 1위의 업체.	77,940	5,912	311,758	23,650	8	0.81	10.70
5	유한양행	국내 대표적인 일반/전문 의약품 제약업체.	77,844	7,767	672,423	67,089	10	1.98	14.40
6	호남석유화학	롯데 계열의 에틸렌, 프로필렌 등을 생산하는 석유화학업체.	76,572	11,977	2,439,580	381,592	16	1.02	5.41
6	현대H&S	현대백화점 계열의 법인대상 특수영업회사	75,673	4,147	428,078	23,457	5	1.19	16.24
6	금비	유리 및 유리제품 제조업체.	75,404	4,604	75,404	4,604	6	0.58	5.06
8	남영L&F	비비안 등의 여성 내의류 제조업체.	73,853	5,969	101,444	8,199	8	0.62	4.20
7	동원F&B	참치식품 가공업체.	73,809	4,531	231,328	14,199	3	0.94	-
5	대한제당	국내 대표적인 사료, 설탕 등 제조업체.	73,748	4,491	233,773	14,236	6	0.57	10.96
6	현대자동차	국내 1위의 완성차 제조업체.	73,136	6,954	16,050,828	1,526,063	10	0.84	6.26
6	대림산업	시공능력 5위의 대형 건설업체.	72,859	7,286	2,535,478	253,557	10	1.48	32.78
7	대교	학습지 판매업체.	71,995	6,074	609,816	51,451	8	1.18	30.70

업종별 우수기업 분석을 마치면서 투자 포인트를 간략하게 정리해보자.

우량주 혹은 업종대표주를 선호한다면, 매출액이나 자기자본 규모에서 수위에 오른 기업들 중에서 영업이익률이나 자기자본순이익률이 높은 기업들을 주목할 필요가 있다. 삼성전자, 포스코, SK네트웍스, S-Oil, 현대중공업, SK텔레콤, 롯데쇼핑, 현대모비스 등의 십 수 개 기업들이 그런 범주에 포함되고 있다.

성장주에 관심을 두고 있다면, 영업이익률과 자기자본순이익률이 높은 기업들부터 살펴보아야 한다. 뛰어난 수익성은 고성장을 구가하기 위한 필수요건이기 때문이다. 탁월한 수익 창출능력을 발휘하고 있는 기업들로는 더존디지털웨어, 큐릭스, 엔에이치엔, 리노공업, 강원랜드, 덕산하이메탈, 에스엔에이치, 메가스터디 등이 있다. 면면을 살펴보면, 중소기업들이 다수를 차지하고 있다는 점을 알 수 있다.

지금까지 업종별로 빠짐 없이 우수기업들을 비교, 분석했지만, 이제 투자 유망기업들을 선별하고 개별적으로 분석해볼 차례가 되었다.

다음 장에서 투자 유망기업들을 추출하는 7가지의 방법론 그리고 28개의 저평가 우량기업들을 개별적으로 분석하는 방법론 등을 살펴보도록 하자.

3장

황금주식을 발굴하라

1

황금주식들을 찾아보자

1장의 말미에서 워렌 버핏과 같은 대가들이 투자 유망기업들을 어떤 기준으로 선정하고 있는지 살펴보았다. 대가들은 주당순이익(EPS), 자기자본순이익률(ROE) 등에서 뛰어난 성과를 기록한 기업들을 골라낸 후, 사업보고서와 같은 다양한 자료들을 상세하게 조사, 검토하면서 투자할 기업을 최종 결정한다고 말했다.

3장에서는 이와 유사한 방법으로 투자 유망기업을 발굴해보려고 한다.

먼저 투자자들에게 큰 수익을 안겨줄 수 있는 황금주식들을 찾아내기 위하여 두 가지 방법을 적용해볼 생각이다.

첫째, 저평가 우량기업들을 발굴하는 일반적인 지표들을 적용하여 후보기업들을 추려내볼 계획이다.

다음의 표 3-1과 같은 일곱 가지 방법론을 적용하려고 한다. 먼저 표를 훑어보자. 표를 보면, 각 방법론마다 여러 가지 지표들이 조합되어 있는 것을 알 수 있다. 저평가 우량기업들을 찾아낸다는 목표점은 동일하지만, 목적지에 이르는 길은 여러 갈래로 갈라질 수 있기 때문이다.

표 3-1 **저평가 우량기업을 추출하는 일곱 가지 방법론**

선정방법	핵심지표
이익 성장주	주당순이익(EPS) 증가율이 높고, 주가순이익배수(PER)가 낮은 종목.
실적 성장주 1	총자산순이익률(ROA)이 높고, 총자산회전률이 크고, 주가순이익배수(PER)가 낮은 종목.
실적 성장주 2	매출액 증가율이 높고, 영업이익률이 높고, 주가매출액배수(PSR)이 낮고, 주가순이익배수(PER)가 낮은 종목.
이익 개선주	영업이익률 증가율이 높고, 자기자본순이익률(ROE) 증가율이 높고, 주가순이익배수(PER)이 낮은 종목.
재무 개선주	당좌비율 증가율이 높고, 부채비율 감소율이 높고, 주당현금흐름(CPS)이 크고, 주가순자산배수(PBR)가 낮은 종목.
가치 우량주	주당순이익(EPS)이 크고, 주당순이익(EPS) 증가율이 높고, 자기자본순이익률(ROE)이 높고, 부채비율이 낮고, 주가순이익배수(PER)가 낮고 주가순자산배수(PBR)가 낮은 종목.
자산 우량주	주당순자산(BPS)이 크고, 주당순자산(BPS) 증가율이 높고, 주가순자산배수(PBR)가 낮은 종목.

1장에서 보면, 투자대가들이 '저평가 우량기업들을 발굴한다'는 동일한 목표를 추구하고 있지만, 각자 다른 지표들을 활용하고 있는 것에서도 알 수 있듯이 어느 한 가지 방법만이 100% 옳다고 말할 수 없기 때문에 필자는 다양한 방법들을 동원해보는 것으로 했다. 물론 일곱 가지 방법들은 독창적인 것들은 아니고, 십 수 명의 투자대가들이 사용했던 방법론들에서 추출하여 단순화시킨 것들이다.

둘째, 필자가 독자적으로 선정한 저평가 우량기업들을 기본적 분석(Fundamental Analysis) 방법에 의해 하나씩 분석해볼 것이다.

2절 '스타키안 골드 픽스'에서 28개의 저평가 우량기업들에 대한 간략한 분석 리포트를 볼 수 있다.

이익 성장주

주당순이익(EPS)이 지속적으로 증가하고 있는데, 주가순이익배수(PER)는 낮은 수준에 머물러 있는 종목들을 '이익 성장주'라고 명명했다.

다음 표의 기업들은 2006년 2/4분기부터 2007년 1/4분기까지 4분기 연속으로 전년 동기보다 EPS가 증가한 기업들이다. 2005년보다 2006년에 주당순이익이 늘어난 기업들이라고 할 수 있다. PER이 30배 미만인 기업들만 추출했는데, PER이 낮은 순서로 기업들을 정렬해보았다.

표를 보면, 영풍정밀은 13분기 연속으로 전년 동기보다 주당순이익이 증가하고 있다. 13분기 연속이면 햇수로는 4년 이상인데, 대단한 역량이 아닐 수 없다. 그 다음에는 12분기 연속 EPS가 늘어난 대진공업이 있다.

분기수가 길수록 시장 내 경쟁우위가 강력하고, 경영능력이 탁월한 기업

표 3-2 **이익 성장주 리스트**

	기업	EPS 증가율	EPS	PER	PBR	분기수
1	대림제지	202	250	3.2	0.9	
2	미원상사	129	3,042	3.3	1.0	
3	중소기업은행	94	1,294	3.9	1.4	9
4	영풍	101	31,435	4.1	1.2	
5	한국콜마	310	209	5.2	1.5	7
6	세원물산	3	324	6.1	1.1	10
7	영풍제지	132	1,275	6.7	0.9	5
8	한국베랄	83	128	6.8	1.2	
9	고려아연	81	6,168	6.9	2.5	5
10	삼보판지	27	1,442	6.9	0.7	
11	영풍정밀	65	2,852	6.9	1.7	13
12	조선선재	48	3,180	6.9	0.8	
13	인팩	30	95	7.2	1.4	5
14	서희건설	71	91	7.5	1.4	5
15	대진공업	91	225	7.5	2.8	12
16	한일화학공업	104	738	7.7	1.8	7
17	원익쿼츠	31	304	7.7	2.5	5
18	대웅	66	873	8.5	1.2	6
19	풍림산업	19	285	8.6	1.0	6
20	성원파이프	1,400	524	8.7	3.9	
21	신영와코루	135	4,530	8.8	0.8	8
22	가온전선	120	1,583	9.0	1.3	7
23	원풍	126	51	9.0	0.8	5
24	세방	27	425	9.1	0.9	
25	에버다임	13	135	9.7	1.7	5
26	모토닉	95	2,251	10.2	1.8	11
27	대구백화점	49	435	10.2	0.2	
28	유니드	19	951	10.4	1.5	
29	수산중공업	141	48	10.9	3.0	
30	케이아이씨	763	221	11.3	2.5	
31	한국큐빅	107	168	11.4	1.7	
32	LS산전	2	853	12.0	3.3	7
33	한국가구	13	315	12.5	0.9	5
34	국도화학	18	699	13.7	1.4	6
35	한광	15	60	13.8	2.5	5
36	엘지데이콤	10	464	14.4	1.7	8
37	테크노세미켐	59	538	14.8	3.7	7
38	오텍	45	86	15.6	2.4	5

	기업	EPS 증가율	EPS	PER	PBR	분기수
39	현대미포조선	105	4,453	16.0	3.7	6
40	녹십자	11	1,122	16.7	3.6	
41	하이록코리아	110	197	17.2	4.7	5
42	티에스엠텍	35	404	17.4	3.8	8
43	한국카본	34	160	17.6	3.0	10
44	경남기업	13	577	17.6	1.6	
45	중앙백신연구소	45	143	19.1	4.3	5
46	현대중공업	1,520	4,882	19.2	6.7	
47	케이티앤지	46	883	20.0	3.6	8
48	에스원	5	610	21.0	4.9	6
49	성광벤드	204	327	21.8	10.2	9
50	삼성엔지니어링	42	1,068	23.4	10.1	6
51	신세계푸드	26	948	23.8	4.0	8
52	케이에스피	52	179	27.3	7.1	6
53	에이제이에스	6	27	28.6	3.5	5
54	매일유업	39	597	29.8	1.1	

(표상의 EPS 증가율은 2007년 1/4분기의 전년 동기대비 증가율이다. EPS도 2007년 1/4분기의 분기단위 EPS다. PER이나 PBR은 2007년 7월 6일자 기준 값이다. 분기수 항목은 EPS가 연속으로 증가한 분기들의 숫자다.)

이라고도 말할 수 있다.

실적 성장주 1

총자산순이익률(ROA)이 높고 총자산회전율도 큰데 주가순이익배수(PER)는 낮은 기업들을 '실적 성장주 1'이라고 명명했다.

총자산은 자기자본과 부채를 합친, 기업이 보유한 자원의 총량인데, 이러한 총자산을 투입하여 얼마나 많은 순이익을 산출했는지 측정하는 지표가 ROA다. '당기순이익 / 자산총계 × 100' 으로 산출하는데, 자기자본순이익률(ROE)과 더불어 기업의 경영성과를 측정하는 핵심적인 지표다.

총자산순이익률이 높은 기업은 경영능력이 우수하고, 이익 창출능력이 뛰어난 기업이라고 할 수 있다.

총자산회전율은 총자산을 투입하여 얼마나 많은 매출액을 획득하고 있는가를 나타내는 지표다. '매출액 / 자산총계' 라는 간단한 계산식을 쓰는데, 총자산이 몇 번 회전했는가를 표시한다고 해서 '총자산회전율' 이라는 이름이 붙었다.

총자산회전율이 높은 기업은 매우 활동적이고 효율적으로 운영되는 기업이며, 매출이 크게 신장할 기업이라고 할 수 있다. 따라서 총자산순이익률(ROA)과 총자산회전율이 높은 기업은 매출과 수익 양 측면에서 좋은 성과를 거두고 있는 기업인 셈이다. 이와 같이 뛰어난 사업역량을 발휘하고 있는데 PER이 낮을 경우에는 저평가된 기업이라고 말할 수 있다.

앞에서 설명한 것처럼 ROA가 높고, PER이 낮은 기업들을 골라 장기투자하는 방법은《주식시장을 이기는 작은 책》에서 조엘 그린블라트가 투자성과를 거둘 수 있다는 것을 증명한 방법이기도 하다.

다음의 표는 4분기 연속으로 총자산순이익률은 2%, 총자산회전율은 0.3을 초과한 기업들의 리스트다. 이는 연간 기준으로 ROA는 8%, 총자산회전율은 1.2를 초과했다는 것을 의미한다.

PER이 30배 미만인 기업들만 골랐는데, 다음의 표는 PER이 낮은 순서로 정렬되었다.

표 3-3을 보면, 한국쉘석유와 현대모비스는 2000년 말부터 한 분기도 빼놓지 않고 26분기 연속으로 기준치 이상의 실적을 달성하고 있는 우량기업들이다. 참으로 대단한 기업들이다. 강력하면서도 안정적인 경영역량을 발

표 3-3 ROA에 의한 실적 성장주 리스트

	기업	총자산 순이익률	총자산 회전율	PER	PBR	분기수
1	에이스안테나	8.5	0.4	3.3	2	
2	삼현철강	3.0	0.5	5	0.9	5
3	세보엠이씨	3.4	0.5	6.7	2.3	14
4	한양이엔지	2.5	0.4	7.3	1.7	5
5	한일화학공업	4.2	0.5	7.7	1.8	6
6	동양이엔피	3.2	0.5	7.8	1.6	10
7	한국포리올	4.0	0.6	7.8	1.8	
8	DM테크놀로지	3.1	0.5	7.8	1.9	5
9	피앤텔	4.7	0.5	8.2	2.2	13
10	한국쉘석유	4.3	0.6	8.7	0.24	26
11	성원파이프	5.0	0.5	8.7	3.9	
12	나이스정보통신	4.2	0.4	9	2.4	10
13	르네코	2.6	0.3	9.3	1.8	
14	에버다임	2.2	0.4	9.7	1.7	
15	현대모비스	3.3	0.3	9.9	2.2	26
16	모토닉	3.2	0.3	10.2	1.8	
17	씨앤비텍	3.8	0.4	10.2	2.1	5
18	신세계아이앤씨	2.8	0.5	10.8	2.7	5
19	LS산전	2.8	0.3	12	3.3	
20	한양디지텍	3.1	0.5	13.3	3.3	
21	인탑스	2.7	0.4	14.3	2	9
22	팅크웨어	5.1	0.5	19.1	6.1	5
23	대웅제약	2.3	0.3	22.6	3.2	8
24	삼성엔지니어링	4.0	0.4	23.4	10.1	5
25	신세계푸드	2.6	0.6	23.8	4.0	8

(표상의 총자산순이익률이나 총자산회전율은 모두 2007년 1/4분기의 값을 표시했으며, PER이나 PBR은 2007년 7월 6일자 기준의 값이 표시된 것이다. 분기수 항목은 총자산순이익률 및 총자산회전율이 기준치를 연속으로 넘었던 분기의 수를 표시한 것이다.)

휘하고 있는 기업들이라고 말할 수 있다.

실적 성장주 2

매출액 증가율이 높은데 영업이익률도 높은 기업, 즉 매출이 빠르게 확대되고 있는데, 이익도 나란히 늘어나고 있는 기업들은 실적 고성장주라고 부를 만하다. 이들 중에서 주가매출액배수(PSR)가 높지 않고, 주가순이익배

표 3-4 **매출액 증가율에 의한 실적 성장주 리스트**

	기업	매출액 증가율	영업 이익률	매출액	영업이익	PER	PBR	분기수
1	푸른상호저축은행	6.8	27.6	30,788,682,219	8,493,279,467	3.4	0.8	6
2	중소기업은행	26.5	28.2	2,534,294,000,000	714,379,000,000	3.9	0.8	5
3	일동제약	15.2	18.0	71,056,162,389	12,779,676,656	7.0	0.8	10
4	대원제약	32.5	16.6	17,221,508,896	2,863,292,949	10.2	1.2	
5	고려아연	59.6	24.9	644,084,349,037	160,457,610,561	6.9	1.3	6
6	부산은행	7.4	26.1	406,819,214,777	106,200,377,808	7.0	1.3	5
7	대구은행	26.6	22.8	437,189,262,565	99,798,358,352	7.7	1.3	5
8	한화타임월드	1.7	23.0	21,386,493,718	4,915,158,329	9.7	1.3	6
9	케이씨아이	54.4	22.4	4,828,078,578	1,083,606,587	7.8	1.4	5
10	SK텔레콤	6.8	24.4	2,711,730,831,000	661,984,255,000	10.2	1.5	11
11	한국정보통신	15.4	17.7	19,658,993,000	3,476,925,000	12.6	1.5	5
12	풍국주정공업	6.9	13.4	10,024,091,520	1,338,677,027	13.4	1.5	5
13	엘지데이콤	8.2	21.8	313,330,867,356	68,272,042,689	14.4	1.7	7
14	하이닉스반도체	60.1	16.0	2,418,521,000,000	387,998,000,000	10.3	1.8	6
15	한국큐빅	48.4	19.5	6,289,287,653	1,229,067,174	11.4	1.8	
16	티에스엠텍	43.6	14.4	37,506,464,887	5,409,182,593	17.4	1.8	8
17	하이록코리아	39.1	14.7	21,364,882,133	3,146,760,302	17.2	1.9	10
18	원익쿼츠	34.7	27.6	15,103,703,008	4,167,679,596	7.7	2.0	6
19	아이디스	19.0	25.9	19,237,512,544	4,976,227,962	9.0	2.0	
20	모빌리언스	41.1	14.9	12,470,908,910	1,857,729,423	19.4	2.0	6
21	디씨씨	10.7	37.6	5,177,535,244	1,948,452,571	8.2	2.6	13
22	에스원	9.6	17.3	178,585,818,713	30,813,304,006	21.0	2.7	9
23	한미반도체	68.4	25.2	29,699,659,556	7,472,652,420	12.6	2.8	
24	테크노세미켐	33.0	21.6	39,355,009,000	8,491,087,000	14.8	2.9	13

(표상의 매출액 증가율은 2007년 1/4분기의 전년 동기대비 증가율이고, 영업이익률은 2007년 1/4분기의 비율이다.)

수(PER)도 높지 않은 기업들을 골라 '실적 성장주 2' 라고 명명했다.

표 3-4는 2006년 2/4분기부터 2007년 1/4분기까지 4분기 연속으로 매출액 증가율이 전년 동기보다 큰 기업들 중에서 영업이익률이 4분기 연속 12%를 넘은 기업들의 리스트다.

특히 PSR은 3배 미만이고, PER은 30배 미만인 기업들을 선정했다. PSR이 낮은 순서로 기업들을 정렬했다.

분기 매출액이 2조원을 넘는 대기업 중 세 곳인 중소기업은행, SK텔레콤, 하이닉스반도체가 리스트에 포함된 것이 눈에 띈다.

이익 개선주

기업의 이익 창출능력을 나타내는 대표적인 지표는 영업이익률과 자기자본순이익률(ROE)이다.

매출액 중에서 얼마나 많은 영업이익을 남겼는가를 나타내는 지표가 영업이익률이다. ROE는 자기자본을 투입하여 얼마나 많은 순이익을 거두었는가를 나타내는 지표다.

영업이익률과 ROE가 함께 높아진다는 것은 기업의 이익 창출능력이 확대되는 것이며, 곧바로 기업의 경쟁력이나 성장잠재력이 강화되는 것을 의미하기 때문에 두 이익률이 높아지는 기업들을 주목해야 한다.

표 3-5는 3분기 연속으로 전년 동기보다 영업이익률과 ROE가 높아진 기업들 중에서 PER이 30배 미만에 있는 기업들의 리스트다. 2007년 1/4분기의 영업이익률 증가율이 가장 높은 기업들부터 나열했다.

표에서 보면, 엘지데이콤과 테크노세미켐 두 회사는 7분기 연속으로 영

표 3-5 이익 개선주 리스트

	기업	영업 이익률	영업이익률 증가율	ROE	ROE 증가율	PBR	분기수
1	성원파이프	13.7	777.5	11.1	1115.3	8.7	
2	모토닉	9.6	170.7	4.3	18.9	10.3	6
3	동양고속운수	13.5	167.5	3.3	228.5	7.5	
4	현대미포조선	13.3	150.8	5.8	5.6	16.0	
5	영풍제지	16.1	114.9	3.4	112.0	6.7	5
6	매일유업	6.3	110.8	3.7	18.7	16.3	4
7	신영와코루	9.1	106.6	2.2	118.0	8.8	
8	중소기업은행	28.2	98.0	8.8	59.3	3.9	
9	아세아제지	14.9	89.9	1.3	132.7	12.8	
10	현대중공업	11.0	85.6	8.8	1322.2	19.2	4
11	한국큐빅	19.5	77.2	3.8	87.0	11.4	4
12	인팩	3.5	75.5	4.9	11.3	7.2	5
13	S&TC	11.5	75.1	3.0	62.0	30.2	
14	한국기업평가	20.2	69.5	2.4	7.2	26.5	
15	리드코프	13.7	68.2	3.9	46.0	9.8	
16	성광벤드	22.9	66.6	11.7	110.0	21.8	6
17	고려아연	24.9	66.5	9.1	16.0	6.9	5
18	엘지데이콤	21.8	30.6	3.0	2.5	14.4	7
19	하이트맥주	23.4	24.2	2.1	194.3	25.2	
20	한국카본	11.3	24.2	4.3	16.3	17.6	5
21	동성제약	7.5	20.7	1.8	3.3	20.1	
22	하이록코리아	14.7	19.7	6.9	72.5	17.2	4
23	근화제약	22.3	18.9	4.2	23.9	10.3	
24	테크노세미켐	21.6	17.6	6.2	23.6	14.8	7
25	모빌리언스	14.9	17.0	2.8	0.1	19.4	
26	현대DSF	22.3	14.4	3.2	8.0	8.4	
27	진성티이씨	10.5	12.1	5.9	41.0	20.9	
28	대웅	49.1	11.2	3.4	47.9	8.5	6
29	경남기업	3.6	9.4	2.3	4.9	17.6	4
30	신세계푸드	5.6	7.0	4.2	6.1	23.8	
31	조선선재	8.9	4.3	3.0	30.6	6.9	4

(표상에서 영업이익률, 영업이익률의 전년 동기대비 증가율, 자기자본순이익률(ROE), ROE의 전년 동기대비 증가율 모두 2007년 1/4분기의 수치가 표시되었다. PER은 2007년 7월 6일 기준이다.)

업이익률과 ROE를 끌어올리면서 경영실적을 개선해나가고 있다.

재무 개선주

기업의 자금상황은 당좌비율과 부채비율을 통해 파악할 수 있다.

당좌비율은 당좌자산을 유동부채로 나눈 비율로서, 기업이 단기성 부채보다 현금성 자산을 얼마나 더 갖고 있는가를 나타내는 지표다.

부채비율은 기업의 총부채를 자기자본으로 나눈 비율로서, 기업이 자기자본으로 부채를 얼마나 갚을 수 있는가를 나타내는 지표다.

당좌비율이 높아질수록 기업의 단기 자금능력이 확대되고, 부채비율이 낮아질수록 기업의 재무 안정성이 강화된다. 따라서 당좌비율은 높아지고 부채비율은 낮아지는 기업을 '재무 개선주'라고 부를 수 있다.

표 3-6은 4분기 연속으로 전년 동기에 비해 당좌비율이 높아지고, 부채비율은 낮아진 기업들을 추출한 것이다. 즉, 최근 1년 동안 재무 안정성이 강화된 기업들이라고 말할 수 있다.

특히 4분기 연속으로 주당현금흐름(CPS)이 플러스를 기록한 기업들만 포함시켜서 사업수익으로 재무상황을 개선하고 있는 기업들만 선별했다.

그리고 PBR이 3배 미만인 기업들을 선정했으며, PBR이 낮은 기업부터 정렬했다.

한국주강, 디지틀조선일보, 종근당 등은 10분기 연속으로 당좌비율은 증가하고, 부채비율은 감소하는 좋은 모습을 연출하고 있다.

그런데 재무적인 안정성이 강화된다고 회사의 근본적인 경쟁력까지 강화되는 것이라고 말할 수는 없다. 수익을 내고 있지만, 이를 현금으로 쌓아

표 3-6 **재무 개선주 리스트**

	기업	CPS	당좌비율	당좌비율 증가율	부채비율	부채비율 증가율	PER	분기수
1	만호제강	1,074	334.6	74.9	12.1	−19.3	0.4	6
2	코메론	165	919.0	60.4	7.5	−29.2	0.8	5
3	조광페인트	159	70.0	17.8	92.1	−2.6	0.8	
4	동남합성	942	431.7	15.3	14.8	−2.8	0.9	8
5	에이텍	113	222.9	101.1	44.6	−43.5	0.9	
6	동양매직	76	98.3	8.6	150.9	−9.5	1.0	8
7	한서제약	121	427.5	96.4	13.2	−55.3	1.2	
8	호남석유화학	2,636	242.7	35.5	22.7	−2.3	1.3	5
9	일동제약	1,542	193.9	12.8	56.8	−12.0	1.4	9
10	한국고덴시	288	162.3	18.3	43.8	−6.2	1.4	8
11	한국성산	178	129.8	27.0	57.9	−31.1	1.4	
12	한네트	176	177.7	25.3	36.2	−41.3	1.4	
13	로지트코퍼레이션	71	106.0	19.0	97.0	−29.2	1.4	
14	동방	1,279	44.9	7.1	229.6	−11.0	1.6	
15	엘지데이콤	706	74.8	51.1	65.0	−26.9	1.7	6
16	바이오랜드	236	121.7	10.7	42.7	−12.5	1.7	5
17	중외제약	571	115.8	22.4	110.7	−7.9	1.8	
18	한국주강	145	193.1	36.8	27.2	−30.4	1.8	12
19	하이닉스반도체	1,611	157.1	17.5	54.7	−8.9	1.9	7
20	인탑스	1,378	239.0	37.3	27.8	−39.5	2.0	
21	LG화학	4,105	57.2	21.1	122.5	−10.3	2.1	
22	현대모비스	454	119.5	13.3	68.8	−24.9	2.2	5
23	디지틀조선일보	61	462.8	1.5	17.6	−8.8	2.2	10
24	오텍	94	94.6	12.9	108.5	−7.4	2.4	
25	동부씨엔아이	35	169.5	16.6	65.7	−17.3	2.5	7
26	동원시스템즈	7	114.7	32.4	145.9	−29.1	2.6	
27	종근당	293	154.0	22.7	103.2	−9.8	2.7	10
28	퍼스텍	60	124.4	66.8	81.9	−22.3	2.8	

(표에 표시된 주당현금흐름(CPS), 당좌비율, 당좌비율의 전년 동기대비 증가율, 부채비율, 부채비율의 전년 동기대비 증가율은 모두 2007년 1/4분기의 분기단위 수치를 표시한 것이다. PBR은 2007년 7월 6일자 기준치다. 분기수는 연속으로 주당현금흐름과 당좌비율 증가율이 플러스, 부채비율 증가율이 마이너스를 기록한 분기의 수를 표시한 것이다.)

두기만 할 뿐 사업확장에 나서지 않는 기업들도 더러 있다. 따라서 각 기업들의 실적과 가치의 추세도 함께 살펴볼 필요가 있다.

가치 우량주

주당순이익(EPS) 증가율이 높고, 자기자본순이익률(ROE)이 높은 기업은 이익이 빠르게, 그리고 크게 증가하는 기업이다. 이런 기업은 기업가치를 급속히 확대해나가는 초우량기업이라고 할 수 있다. 이런 기업이어야만 안심하고 장기투자할 수 있다.

그런데 부채비율이 높으면, 불경기가 갑작스럽게 밀어닥쳤을 때 파산이나 워크아웃 등과 같은 위험한 사태에 직면할 수 있다. 따라서 안심투자를 하려면 부채비율이 100% 미만인, 부채비율이 낮은 기업들을 골라야 한다.

이런 기업들 중에서 주가순자산배수(PBR)가 3배 미만이고, 주가순이익배수(PER)가 30배 미만인 기업을 '가치 우량주'라고 명명했다.

표 3-7은 연속 4분기 동안 ROE가 2.5%를 넘고(연환산하면 10%를 넘고), 4분기 연속으로 EPS가 전년 동기보다 증가한 기업들의 리스트다. PBR이 낮은 순서로 기업들을 정렬했다.

표를 보면, 모토닉과 세원물산 등과 같은 자동차 부품업체들이 지속적으로 좋은 성과를 거두고 있는 것을 알 수 있다.

표 3-7 **가치 우량주 리스트**

	기업	ROE	EPS	EPS 증가율	EPS 패턴	부채비율	PER	PBR	분기수
1	대림제지	6.6	250	202.2	8	28.0	3.2	0.9	
2	세원물산	4.4	324	3.2	2	64.4	6.1	1.1	10
3	대웅	3.4	873	66.2	2	6.0	8.5	1.2	
4	국도화학	2.5	699	18.5	2	66.2	13.7	1.4	6
5	유니드	3.7	951	19.2	2	63.1	10.4	1.5	
6	영풍정밀	6.0	2,852	64.6	1	29.4	6.9	1.7	5
7	에버다임	4.3	135	12.6	4	98.7	9.7	1.7	5
8	근화제약	4.2	687	45.0	4	49.0	10.3	1.7	5
9	한국큐빅	3.8	168	107.3	2	18.5	11.4	1.7	
10	한일화학공업	5.8	738	103.6	4	38.7	7.7	1.8	6
11	모토닉	4.3	2,251	95.0	3	36.8	10.3	1.8	11
12	영풍	7.5	31,435	100.8	2	66.9	4.1	2.1	5
13	매일유업	3.7	597	38.8	2	88.4	16.3	2.4	
14	고려아연	9.1	6,168	81.2	4	68.0	6.9	2.5	5
15	원익쿼츠	8.1	304	31.3	4	58.3	7.7	2.5	5
16	한광	4.5	60	15.4	2	78.5	13.8	2.5	5
17	한국카본	4.3	160	33.6	1	43.8	17.6	3	7

(ROE, EPS, EPS 증가율, 부채비율은 모두 2007년 1/4분기의 값을 표시했다. EPS 패턴은 이 책에서 줄곧 살펴본 바와 같이 2003년 이후의 연간 EPS 추세의 유형을 구분한 값이다. 숫자가 낮을수록 좋은 값이다. PER이나 PBR은 2007년 7월 6일 기준의 주가를 적용한 것이다. 분기수는 연속으로 ROE가 2.5%를 초과하고, 연속으로 EPS가 증가한 분기들의 숫자를 나타내는데, 분기수가 많은 기업일수록 장기간 뛰어난 경영실적을 달성하고 있는 기업이라고 할 수 있다.)

자산 우량주

마지막 선정기업들은 주당순자산(BPS)이 크고 BPS의 증가율도 높은데, 주가순자산배수(PBR)는 낮은, 즉 주식시장에서 기업의 실제 가치를 충분히 평가받지 못하고 있는 기업들이다. 일명 '자산주'라고도 한다.

표 3-8 **자산 우량주 리스트**

	기업	PBR (7.6)	PBR (1Q)	BPS	BPS 증가율	EPS	EPS 패턴	부채비율
1	삼환까뮤	0.55	0.31	23,567	1.0	373	6	43.1
2	일성건설	0.68	0.32	22,899	2.8	895	2	58.3
3	동일철강	0.69	0.66	136,705	3.6	4,791	6	79.9
4	대구백화점	0.71	0.71	24,910	1.7	435	4	43.7
5	삼보판지	0.72	0.42	55,317	2.7	1,442	3	50.7
6	한국특수형강	0.74	0.36	89,721	2.1	2,491	6	93.1
7	케이씨피드	0.74	0.48	29,930	0.7	676	6	44.0
8	신영와코루	0.77	0.45	206,647	1.8	4,530	2	12.6
9	미창석유공업	0.78	0.47	36,488	1.9	1,396	4	34.8
10	삼환기업	0.8	0.54	40,574	1.1	1,105	6	98.9
11	조선선재	0.83	0.48	106,387	3.8	3,180	4	26.6
12	신일제약	0.84	0.81	4,737	0.6	97	6	25.1
13	자원메디칼	0.84	0.84	3,290	1.1	36	6	8.7
14	세방	0.85	0.48	18,271	1.2	425	4	85.8
15	대림제지	0.85	0.58	3,763	7.1	250	8	28.0
16	한국가구	0.87	0.76	18,085	0.1	315	4	19.2
17	이니텍	0.87	1	3,909	0.4	5	4	6.3
18	선진	0.89	0.87	45,933	2.7	1,954	5	66.4
19	세아홀딩스	0.9	0.51	168,011	2.6	6,549	6	24.2
20	삼양제넥스	0.9	0.88	102,615	0.5	2,109	2	16.8
21	경동도시가스	0.93	0.57	62,117	2.4	2,538	3	83.2
22	한일시멘트	0.96	0.65	122,316	0.8	1,342	7	17.4
23	동원개발	0.97	0.81	19,395	0.4	474	4	34.7
24	세원물산	1.07	0.7	7,395	3.8	324	2	64.4
25	현대DSF	1.07	0.82	11,405	1.5	363	2	69.0
26	화성	1.07	1.31	2,459	0.4	10	2	49.6
27	세림테크	1.09	0.8	2,165	2.2	87	6	81.8
28	남양유업	1.13	1.02	795,271	0.7	7,562	6	21.3
29	프럼파스트	1.13	1.35	1,878	0.9	17	5	85.2
30	일성신약	1.15	0.94	92,858	7.3	2,148	2	20.9
31	국보디자인	1.16	0.75	3,945	0.1	153	4	50.4
32	대웅	1.17	0.97	25,367	3.4	873	2	6.0
33	광진실업	1.18	1.16	2,951	2.2	112	7	41.6
34	한서제약	1.2	1.18	3,429	0.6	94	5	13.2
35	아비코전자	1.21	0.74	4,326	1.0	135	4	39.9
36	영풍	1.22	0.56	420,190	6.5	31,435	2	66.9
37	자이엘정보기술	1.22	0.89	2,526	2.4	28	5	64.4

	기업	PBR (7.6)	PBR (1Q)	BPS	BPS 증가율	EPS	EPS 패턴	부채비율
38	한섬	1.23	1.16	12,909	1.7	387	6	22.1
39	호남석유화학	1.27	0.93	80,457	5.1	4,720	6	22.7
40	대교	1.29	1.11	74,694	3.8	1,706	7	39.4
41	가온전선	1.32	0.63	42,898	1.6	1,583	2	94.8
42	한독약품	1.33	1.01	15,186	0.1	363	2	45.5
43	한국단자공업	1.37	0.9	19,077	0.2	472	7	29.9
44	에이치알에스	1.38	1.65	2,804	1.3	38	4	15.2
45	삼진제약	1.39	1.27	37,617	1.0	1,229	5	63.7
46	대화제약	1.39	1.68	3,146	2.3	71	5	46.4
47	일동제약	1.4	1.12	39,924	5.1	1,991	2	56.8
48	SIMPAC	1.42	1	2,045	1.5	83	5	94.7
49	디씨엠	1.43	0.74	5,715	1.3	178	2	15.2
50	롯데쇼핑	1.46	1.33	263,665	1.9	5,936	2	50.7
51	한국철강	1.48	0.67	56,919	1.4	1,463	6	37.8

표 3-8은 8분기 연속 주당순이익(EPS)이 플러스고, 8분기 연속으로 이전 분기보다 BPS가 증가한 기업들 중에서 PBR은 1.5배에 미치지 못하고 있는 기업들이다.

PBR이 낮은 기업들을 보면, EPS 유형이 4나 6인 기업들이 많은 것을 알 수 있다. 이를 달리 해석하면, 1이나 2와 같이 EPS가 지속적으로 증가한 우수기업들은 시장의 관심으로부터 오랫동안 소외되어 저평가 상태로 남아 있기가 힘들다는 것을 의미한다.

하지만 장기적으로 큰 수익을 내려면 주가가 저평가 상태에 있는 기업에 투자해야 한다. 아무리 실적이 탁월한 기업이라 할지라도 이미 고평가되어 있으면 새로 투자할 사람 입장에서는 먹을 떡이 별로 없다.

목이 좋고 장사가 잘 되는 가게를 얻을 때 내가 앞 사람에게 권리금(프리미엄)을 잔뜩 주게 되면 이후에 내가 다른 사람에게 가게를 넘길 때는 더 올려 받기가 어려운 것처럼, 이미 프리미엄이 높게 형성된 기업에 투자한다면 내가 추가로 붙여 먹을 수 있는 프리미엄은 조금밖에 남아 있지 않게 된다.

따라서 앞의 표들을 볼 때 PBR이나 PER이 낮은 수준에 있는 기업들에 주목할 필요가 있다. 현재는 저평가되어 있더라도 지속적으로 순이익을 내고 있는 기업이라면, 머지않아 주식시장으로부터 뜨거운 조명을 받게 될 것이기 때문이다.

최고 중의 최고

앞의 여러 리스트들을 보면, 여기저기 겹치기 출연을 하고 있는 기업들을 찾을 수 있다. 금맥을 찾기 위해 각도와 깊이를 달리하면서 여러 개의 시추공을 뚫었는데, 한 기업이 여러 구멍에서 발견된다면 그 기업이 금맥일 가능성이 크다고 볼 수 있다.

따라서 여러 리스트들에서 반복적으로 등장하는 기업들을 최우선적인 투자 후보기업으로 올려놓고, 세부적인 분석에 돌입해보자.

다음은 겹치기 출연한 우수기업들의 리스트다. 총 46개 기업이 두 번 이상 중복 출현하고 있다. 이들 기업들의 실적과 가치 그리고 주가의 추이를 살펴보고, 미래에 대해 확신을 가질 수 있는 기업들을 선정하여 장기간 투자한다면 큰 투자성과를 거둘 수 있을 것이다.

표 3-9 **'골드 중의 골드' 기업 리스트**

기업	횟수	이익성장주	실적성장주1	실적성장주2	이익개선주	재무개선주	가치우량주	자산우량주
고려아연	4	◉		◉	◉		◉	
대웅	4	◉			◉		◉	◉
모토닉	4	◉	◉		◉		◉	
엘지데이콤	4	◉		◉	◉	◉		
한국큐빅	4	◉		◉	◉		◉	
대림제지	3	◉					◉	◉
매일유업	3	◉			◉		◉	
성원파이프	3	◉	◉		◉			
세원물산	3	◉					◉	◉
신세계푸드	3	◉	◉		◉			
신영와코루	3	◉			◉			◉
에버다임	3	◉	◉				◉	
영풍	3	◉					◉	◉
원익쿼츠	3	◉		◉			◉	
일동제약	3			◉		◉		◉
조선선재	3	◉			◉			◉
중소기업은행	3	◉		◉	◉			
테크노세미켐	3	◉		◉	◉			
하이록코리아	3	◉		◉	◉			
한국카본	3	◉			◉		◉	
한일화학공업	3	◉	◉				◉	
가온전선	2	◉						◉
경남기업	2	◉			◉			
국도화학	2	◉					◉	
근화제약	2				◉		◉	
대구백화점	2	◉						◉
모빌리언스	2			◉	◉			
삼보판지	2	◉						◉
삼성엔지니어링	2	◉	◉					
성광벤드	2	◉			◉			
세방	2	◉						◉
에스원	2	◉		◉				
영풍정밀	2	◉					◉	
영풍제지	2	◉			◉			
오텍	2	◉				◉		
유니드	2	◉					◉	
인탑스	2		◉			◉		
티에스엠텍	2	◉		◉				

기업	횟수	이익성장주	실적성장주1	실적성장주2	이익개선주	재무개선주	가치우량주	자산우량주
하이닉스반도체	2			◉		◉		
한국가구	2	◉						◉
한서제약	2					◉		◉
현대 DSF	2				◉			◉
현대모비스	2		◉			◉		
현대미포조선	2	◉			◉			
현대중공업	2	◉			◉			
LS산전	2	◉	◉					

2

스타키안 골드 픽스

앞 절에서 정량적인(Quantitative) 방법론을 동원하여 투자 유망기업들을 선별해보았는데, 또 다른 방법의 하나로서 필자가 직접 주당순이익(EPS) 유형을 확인해보고, 여러 재무지표들을 조사한 후에 투자 유망기업들을 선정해보았다.

이 리스트를 '스타키안 골드 픽스(Gold Picks)' 라고 이름 붙여보았다.

골드 픽스도 정량적인 기준들에 의거하여 선정한 기업들인데, 핵심적인 선정 기준을 정리해보면 다음과 같다.

일단 기준을 통과했더라도 세 종류의 기업들은 제외했다.

첫째 부류는 지주사들이다. 세아홀딩스, 대웅, 하나금융지주, 태평양 등의 지주사들은 정량적인 지표만으로 분석하는 데 한계가 있어 일단 제외했다.

둘째 부류는 대기업들이다. 이들에 대해서는 이미 증권사에서 리포트가 쏟아져 나오고 있기 때문에 굳이 필자까지 가세하여 개별 분석할 필요는 없다고 판단했다.

표 3-10 **골드 픽스 선정 기준안**

지표	기준값
이익 창출능력	연간 단위의 영업이익률과 ROE가 모두 10%를 넘는 우량기업들만 포함시켰다. 2006년도에 두 지표 모두 10%를 넘은 기업은 이익 창출능력이 검증된 기업이라고 판단했다.
이익 증가추세	EPS를 지속적으로 확대해나가고 있는 1-3그룹을 우선적으로 선정하되, 4-6그룹의 기업들 중에서 EPS 추세가 나쁘지 않은 기업들도 일부 포함시켰다. 기본적으로 2003년부터 2006년 말까지의 연도별 EPS 추세를 기준으로 그룹을 분류했으나, 2007년 1/4분기의 EPS 추세까지 감안했다.
재무 안정성	2006년 말에 부채비율이 100%를 넘지 않는 기업들만 포함시켰다.
주가 적정성	2007년 6월 26일자로, PER이 20을 넘지 않고, PBR이 2를 넘지 않는 기업들을 선정했다. PER이나 PBR이 높은 기업, 즉 고평가되어 있는 기업은 이미 다른 사람들이 프리미엄을 받아 챙긴 기업이라는 것을 의미하기 때문에 장기투자 시에 주가가 기대만큼 오르지 않을 가능성이 있다고 판단하여 배제했다.

참고로 골드 픽스 리스트에서 제외된 대기업 계열사들은 다음과 같다.

표 3-11 **기업분석에서 제외된 대기업들**

EPS 유형	기업	EPS	BPS	영업이익률	ROE
2	현대DSF	1,272	11,241	20	11
2	금호전기	4,588	28,238	14	16
2	엘지데이콤	1,992	15,826	19	13
2	하이닉스반도체	4,384	18,590	25	24
2	현대백화점	7,554	49,858	22	15
4	광주신세계	13,263	82,866	20	16
5	LG석유화학	4,223	18,918	12	22

EPS 유형	기업	EPS	BPS	영업이익률	ROE
6	호남석유화학	11,977	76,572	12	16
6	포스코	36,779	249,942	19	15
6	지에스홈쇼핑	7,801	47,516	12	16
6	SK텔레콤	17,817	114,620	24	16
6	삼성전자	53,809	307,270	12	18
6	현대모비스	8,003	41,242	10	19

필자가 초점을 맞춘 대상은 중견/중소기업들이다. 일반투자자들의 눈에 쉽게 띄지 않은 기업들 중에 진흙 속의 진주와 같은 주식들이 있을 것이라 기대하기 때문이다.

그런데 이들 중에서도 대주주의 지분율이 너무 높아 유통주식이 거의 없는 기업들은 제외했다. 셋째 부류인데 에이스침대, 동일기연 등이다. 이런 주식은 매입하기도 어렵거니와 몇 백주를 매입하더라도 주가가 오르기 쉽지 않아서 분석 대상에서 제외했다.

다음의 28개 우량기업 리스트를 보자. 업종 순으로 정렬했는데, 각 업종 내에서 영업이익률이 높은 기업의 순서로 정렬했다.

표 3-12 **업종별로 분류한 골드 픽스 리스트**

업종	EPS 유형	기업	개요	매출액	순이익	ROOI	ROE	EPS	BPS	주가	PER	PBR
가구	2	듀오백코리아	의자 생산업체.	41,249	6,814	17	16	1,566	9,806	11,600	7.6	1.2
가구	6	퍼시스	국내 1위의 사무용 가구 제조업체.	207,455	29,378	16	14	2,350	17,239	27,100	8.5	1.6
건설	2	한일건설	시공능력 45위의 건설업체.	508,950	34,572	12	23	4,350	19,155	22,250	9.0	1.2
건설	3	화성산업	시공능력 52위의 대구 소재 건설업체.	520,131	39,078	12	13	3,139	24,258	21,350	9.5	0.9

업종	EPS 유형	기업	개요	매출액	순이익	ROOI	ROE	EPS	BPS	주가	PER	PBR
건설	2	세보엠이씨	삼성전자, 이마트 등 대상 공조 및 냉난방 설비 시설업체. 주당 순이익 증가속도가 완만해졌음.	143,998	13,597	10	29	1,291	4,383	5,520	6.5	1.2
건설	2	계룡건설	시공능력 22위의 대전 소재 건설업체.	751,189	54,340	10	17	6,084	34,927	43,300	7.2	1.2
금속	2	디씨엠(DCM)	라미네이팅강판 제조업체. 주당순 이익이 순탄하게 증가하고 있음.	64,416	6,304	11	10	539	5,640	7,300	10.2	1.3
기계	5	동아에스텍	도로/교량 가드레일 제조업체.	52,560	6,443	13	17	657	3,975	4,390	9.6	1.1
기계	1	영풍정밀	고려아연의 계열사. 정유, 화학, 제련 설비용 펌프, 밸브 제조업체.	47,629	14,646	10	20	9,299	46,087	53,500	4.7	1.1
식품	2	삼양제넥스	포도당, 전분 등 식품원료 생산업체.	227,964	32,054	11	11	10,735	102,068	90,200	10.7	0.9
신용평가	2	한국신용정보	신용평가정보업체.	103,093	13,016	10	13	1,943	14,922	22,050	9.0	1.5
음료	5	무학	경남지역 기반의 주류 제조업체.	103,030	14,392	19	12	576	4,620	4,850	16.4	1.1
의류	6	한섬	시스템, 타임 등의 여성의류 제조업체.	314,711	50,923	20	12	1,585	12,692	15,600	10.1	1.2
자동차 부품	2	세원물산	자동차 차체 보강 판넬 제조업체.	124,839	12,806	10	22	1,534	7,127	7,730	6.0	1.1
전자기기	4	아이디스	경비보안용 DVR 제조업체.	71,307	15,607	26	18	1,558	8,500	15,300	8.8	1.9
전자기기	4	코텍	카지노 및 특수용 모니터 제조업체.	93,426	6,982	10	12	658	5,562	9,300	17.2	1.9
전자부품	2	인탑스	국내 1위의 휴대폰 케이스 제조업체.	328,676	41,218	11	24	4,793	19,881	38,550	13.9	1.9
제약	2	일성신약	전문의약품 중심의 제약업체.	78,584	38,527	27	17	14,484	86,576	110,500	12.9	1.2
제약	4	근화제약	전문의약품 중심의 제약업체.	62,409	10,707	22	20	3,284	16,238	26,400	9.6	1.6
제약	6	안국약품	전문의약품 중심의 제약업체.	61,110	8,229	18	14	716	5,262	7,500	8.8	1.4

업종	EPS 유형	기업	개요	매출액	순이익	ROOI	ROE	EPS	BPS	주가	PER	PBR
제약	2	일동제약	아로나민 등 일반/전문 의약품 제약업체.	250,057	5,047	15	14	5,183	37,994	42,650	10.6	1.4
제약	4	신풍제약	일반/전문 의약품 제약업체.	154,980	21,900	14	21	5,757	28,031	28,800	12.1	1.0
제약	2	한독약품	훼스탈 등 일반/전문 의약품 제약업체.	240,689	18,086	12	10	1,559	15,172	19,900	13.7	1.3
제약	2	동성제약	정로환 등 일반의약품 제약업체.	112,842	8,668	11	20	699	9,910	12,050	17.2	1.2
화장품	2	바이오랜드	식물추출 화장품 원료 제조업체.	27,179	5,024	18	17	785	4,747	7,640	7.0	1.6
화학	2	한국큐빅	자동차, 가전제품 용 내외장 표면처리소재 제조업체.	21,044	2,872	14	11	479	4,442	5,770	8.6	1.3
화학	4	한일화학공업	산화아연재료 독과점 제조업체.	98,583	8,792	11	20	2,505	12,477	22,050	7.5	1.7
화학	2	한창산업	한일화학공업의 계열사로서, 아연분말, 망간분말 등 생산업체.	62,378	545	11	15	1,049	7,188	7,110	7.5	1.0

다음은 기업가치 대비 주가가 낮은 순으로 정렬한 리스트다. 독자들이 보기 쉽게 PBR이 낮은 순서로 기업들을 정렬해보았다.

표 3-13 **저평가 순서로 분류한 골드 픽스 리스트**

업종	EPS 유형	기업	개요	매출액	순이익	ROOI	ROE	EPS	BPS	주가	PER	PBR
건설	3	화성산업	시공능력 52위의 대구 소재 건설업체.	520,131	39,078	12	13	3,139	24,258	21,350	9.5	0.9
식품	2	삼양제넥스	포도당, 전분 등 식품원료 생산업체.	227,964	32,054	11	11	10,735	102,068	90,200	10.7	0.9
화학	2	한창산업	한일화학공업의 계열사로서, 아연분말, 망간분말 등 생산업체.	62,378	545	11	15	1,049	7,188	7,110	7.5	1.0

업종	EPS 유형	기업	개요	매출액	순이익	ROOI	ROE	EPS	BPS	주가	PER	PBR
제약	4	신풍제약	일반/전문 의약품 제약업체.	154,980	21,900	14	21	5,757	28,031	28,800	12.1	1.0
자동차 부품	2	세원물산	자동차 차체 보강판넬 제조업체.	124,839	12,806	10	22	1,534	7,127	7,730	6.0	1.1
음료	5	무학	경남지역 기반의 주류 제조업체.	103,030	14,392	19	12	576	4,620	4,850	16.4	1.1
기계	1	영풍정밀	고려아연의 계열사. 정유, 화학, 제련 설비용 펌프, 밸브 제조업체.	47,629	14,646	10	20	9,299	46,087	53,500	4.7	1.1
기계	5	동아에스텍	도로/교량 가드레일 제조업체.	52,560	6,443	13	17	657	3,975	4,390	9.6	1.1
건설	2	한일건설	시공능력 45위의 건설업체.	508,950	34,572	12	23	4,350	19,155	22,250	9.0	1.2
제약	2	일성신약	전문의약품 중심의 제약업체.	78,584	38,527	27	17	14,484	86,576	110,500	12.9	1.2
의류	6	한섬	시스템, 타임 등의 여성의류 제조업체.	314,711	50,923	20	12	1,585	12,692	15,600	10.1	1.2
제약	2	동성제약	정로환 등 일반 의약품 제약업체.	112,842	8,668	11	20	699	9,910	12,050	17.2	1.2
건설	2	계룡건설	시공능력 22위의 대전 소재 건설업체.	751,189	54,340	10	17	6,084	34,927	43,300	7.2	1.2
가구	2	듀오백코리아	의자 생산업체.	41,249	6,814	17	16	1,566	9,806	11,600	7.6	1.2
건설	2	세보엠이씨	삼성전자, 이마트 등 대상 공조 및 냉난방 설비 시설업체. 주당 순이익 증가속도가 완만해졌음.	143,998	13,597	10	29	1,291	4,383	5,520	6.5	1.2
금속	2	디씨엠(DCM)	라미네이팅강판 제조업체. 주당 순이익이 순탄하게 증가하고 있음.	64,416	6,304	11	10	539	5,640	7,300	10.2	1.3
화학	2	한국큐빅	자동차, 가전제품 용 내외장 표면처리소재 제조업체.	21,044	2,872	14	11	479	4,442	5,770	8.6	1.3
제약	2	한독약품	훼스탈 등 일반/전문 의약품 제약업체.	240,689	18,086	12	10	1,559	15,172	19,900	13.7	1.3
제약	6	안국약품	전문의약품 중심의 제약업체.	61,110	8,229	18	14	716	5,262	7,500	8.8	1.4

업종	EPS 유형	기업	개요	매출액	순이익	ROOI	ROE	EPS	BPS	주가	PER	PBR
제약	2	일동제약	아로나민 등 일반/전문 의약품 제약업체.	250,057	5,047	15	14	5,183	37,994	42,650	10.6	1.4
신용평가	2	한국신용정보	신용평가정보업체.	103,093	13,016	10	13	1,943	14,922	22,050	9.0	1.5
가구	6	퍼시스	국내 1위의 사무용 가구 제조업체.	207,455	29,378	16	14	2,350	17,239	27,100	8.5	1.6
화장품	2	바이오랜드	식물추출 화장품 원료 제조업체.	27,179	5,024	18	17	785	4,747	7,640	7.0	1.6
제약	4	근화제약	전문의약품 중심의 제약업체.	62,409	10,707	22	20	3,284	16,238	26,400	9.6	1.6
화학	4	한일화학공업	산화아연재료 독과점 제조업체.	98,583	8,792	11	20	2,505	12,477	22,050	7.5	1.7
전자기기	4	아이디스	경비보안용 DVR 제조업체.	71,307	15,607	26	18	1,558	8,500	15,300	8.8	1.9
전자부품	2	인탑스	국내 1위의 휴대폰 케이스 제조업체.	328,676	41,218	11	24	4,793	19,881	38,550	13.9	1.9
전자기기	4	코텍	카지노 및 특수용 모니터 제조업체.	93,426	6,982	10	12	658	5,562	9,300	17.2	1.9

앞의 표처럼 저평가된 기업 순서로 개별 기업들에 대한 분석을 진행하려고 한다.

그리고 개별 기업을 분석할 때 1장에서 익혔던 다음과 같은 재무지표들을 곧바로 적용할 것이다.

아홉 개라는 적은 수의 지표들만 갖고서 기업을 제대로 분석할 수 있겠냐고 염려하는 독자들도 있을 것이다. 10~20페이지에 달하는 증권사 리포트에 비하면 분석 항목의 수가 적은 것은 사실이다.

하지만 이미 앞의 표에서 본 것처럼 이익 창출능력, 이익 증가추세, 재무안정성 등을 미리 검토하고 걸러냈기 때문에 표 3-14와 같은 필수 항목들만 갖고도 기업을 정확하게 분석할 수 있다.

표 3-14 **기업을 분석할 때 반드시 활용해야 하는 지표들**

분석대상	지표항목
사업실적이 우수한가? 사업실적이 지속적으로 확대되고 있는가?	매출액 영업이익
회사의 가치는 증가하고 있는가? 회사는 지속적으로 성장하고 있는가?	주당순이익 주당순자산 자기자본순이익률
주가는 기업가치를 반영하고 있는가? 주가는 기업가치에 비해 저평가되어 있는가?	주가순이익배수 주가순자산배수

자, 이제 28개 기업들을 하나씩 살펴보기로 하자.

화성산업

대구시에 자리잡고 있는 화성산업(002460)은 1958년에 설립되었으며, 유통업과 건설업을 함께 영위하고 있는 회사로서 1988년에 거래소에 상장되었다.

대구 중심으로 5개 지역에 동아백화점을 운영하고 있으며, 건설부문에서는 화성파크드림이라는 브랜드의 아파트 등을 건설, 분양하고 있다. 총 1,087명의 임직원들이 근무하고 있다.

2006년에 5,201억원의 매출액을 기록했는데, 건설이 61%, 유통이 34%의 비중을 차지하고 있다. 843억원의 매출을 기록한 화성개발 그리고 461억원의 매출을 달성한 화성기술투자 등을 자회사로 거느리고 있다.

차트 3-1 **화성산업의 연도별 사업실적의 추이**

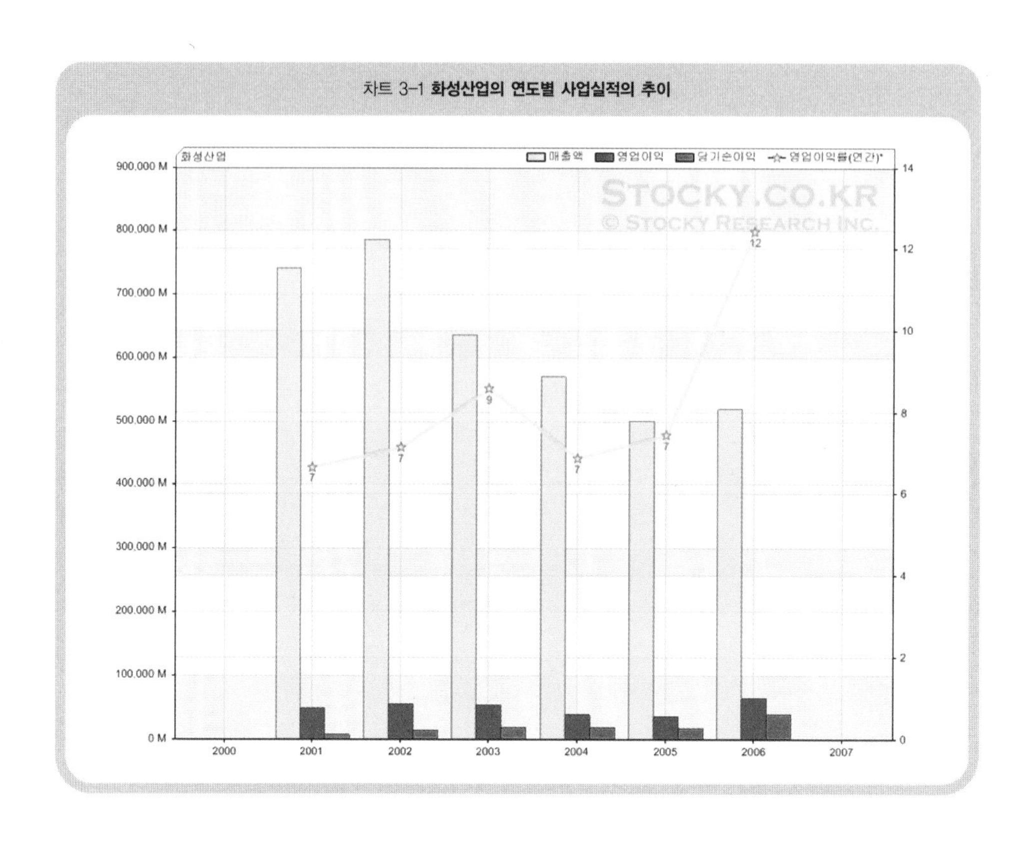

대표이사이자 회장인 이인중이 12.86%의 지분을 보유하고 있으며, 가족들이 12.54%, 회사에서 자사주로 9.35%의 지분을 갖고 있어 경영권은 안정적인 편이다. 이인중과 동생인 이홍중이 공동 대표이사를 맡고 있는데, 이인중은 대구 상공회의소 회장을, 이홍중은 대한건설협회 대구 지회장을 맡고 있어 지역 내 사업기반이 강한 편이다.

그러면 화성산업의 사업실적의 추세를 살펴보자. 2005년까지 4년 내리 매출액이 줄다가 2006년부터 다시 증세가 바뀌고 있다. 매출이 줄어든 탓에 영업이익도 줄었으나, 2006년에는 영업이익률을 12% 이상으로 끌어올리면서 영업이익은 374억원에서 647억원으로 대폭 증가했다. 매출과 이익이 모

차트 3-2 **화성산업의 분기별 사업실적의 추이**

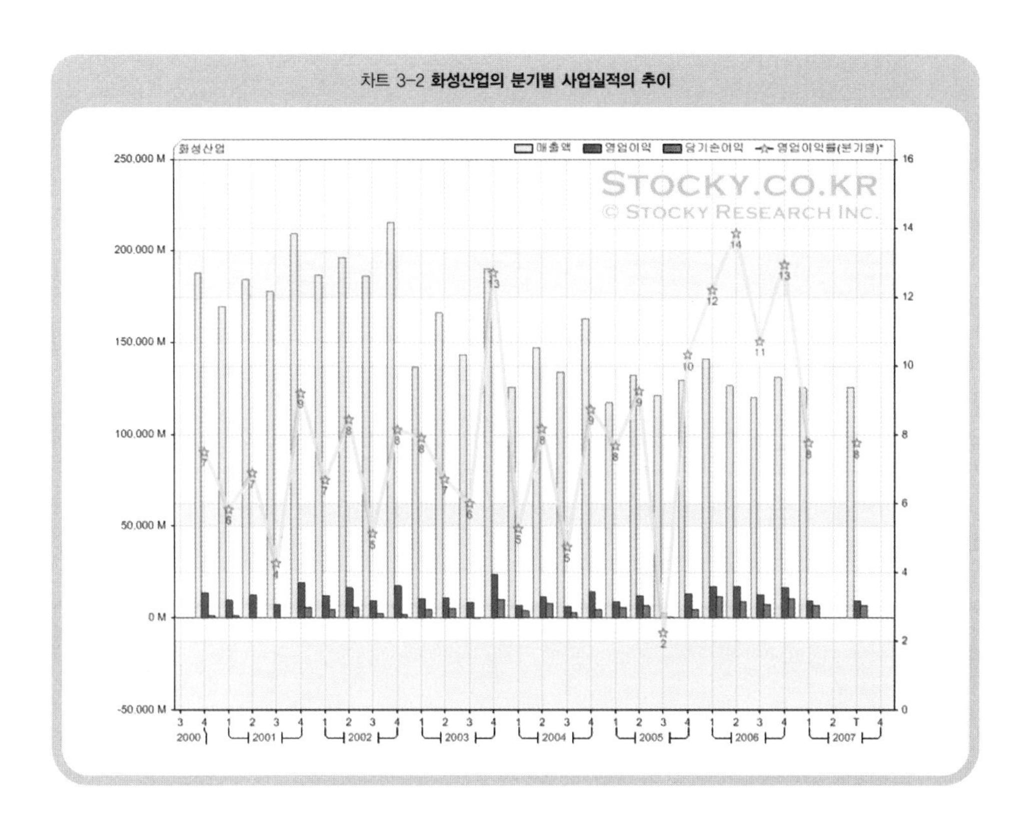

두 늘어나는 좋은 모습을 연출하고 있다.

최근 분기의 실적 추세도 확인해보자. 분기별 차트에서 영업이익률이 전반적으로 높아지는 추세를 읽을 수 있으나, 2006년 1/4분기 들어서 주춤하는 게 눈에 거슬린다. 2006년의 여세를 몰아 2007년에도 좋은 실적을 거둘 수 있을지가 관건이 될 듯하다.

이러한 실적이 주주가치에 어떻게 반영되고 있는지 분석해보자. 매년 순이익을 내는 회사답게 BPS가 지속적으로 늘어나고 있다. 일직선으로 증가하는 모습이 보기에 좋다. 한편 2005년까지 ROE가 줄어들다가 2006년에 EPS가 122%나 증가한 덕에 ROE가 13%까지 치솟아 올랐다. ROE가 높아

차트 3-3 **화성산업의 연도별 기업가치의 추이**

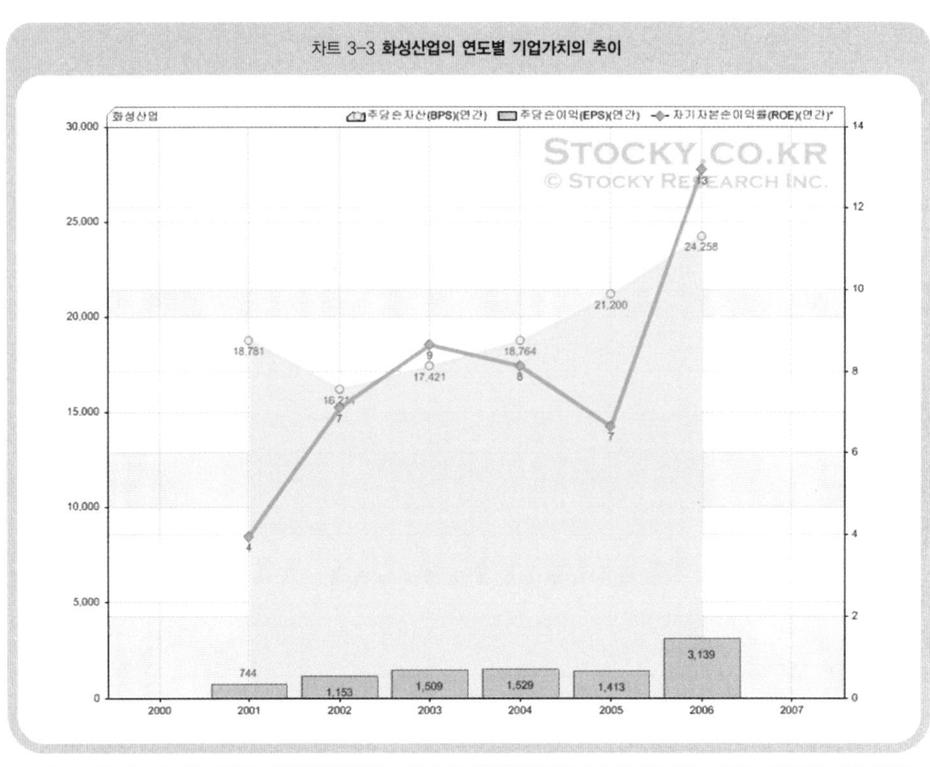

차트 3-4 **화성산업의 주가 추이**

진다는 것은 기업가치의 성장속도가 빨라지고, 주주이익이 배가된다는 것을 의미한다.

기업가치의 증가 추세에 대해 주식시장이 어떻게 반응했는지 확인해 보자. 주가와 가치의 상관관계를 분석하기 위해 주가 차트와 주가배수 차트 두 가지를 모두 살펴보기로 하자. 주가 차트를 보면, 2004년 말까지는 투자자들의 관심에서 벗어나 있던 것으로 보인다. 그러나 실적 우량기업이 장기간 방치되기는 어려운 법이다. 장시간 소외되었던 한을 풀려는 듯 급상승하기 시작하여 2005년에만 3배 오르고, 2006년에는 에너지를 비축했다가 2007년 들어서 다시 급등하고 있다. 어쨌든 기업가치가 증가하는 추세를 좇

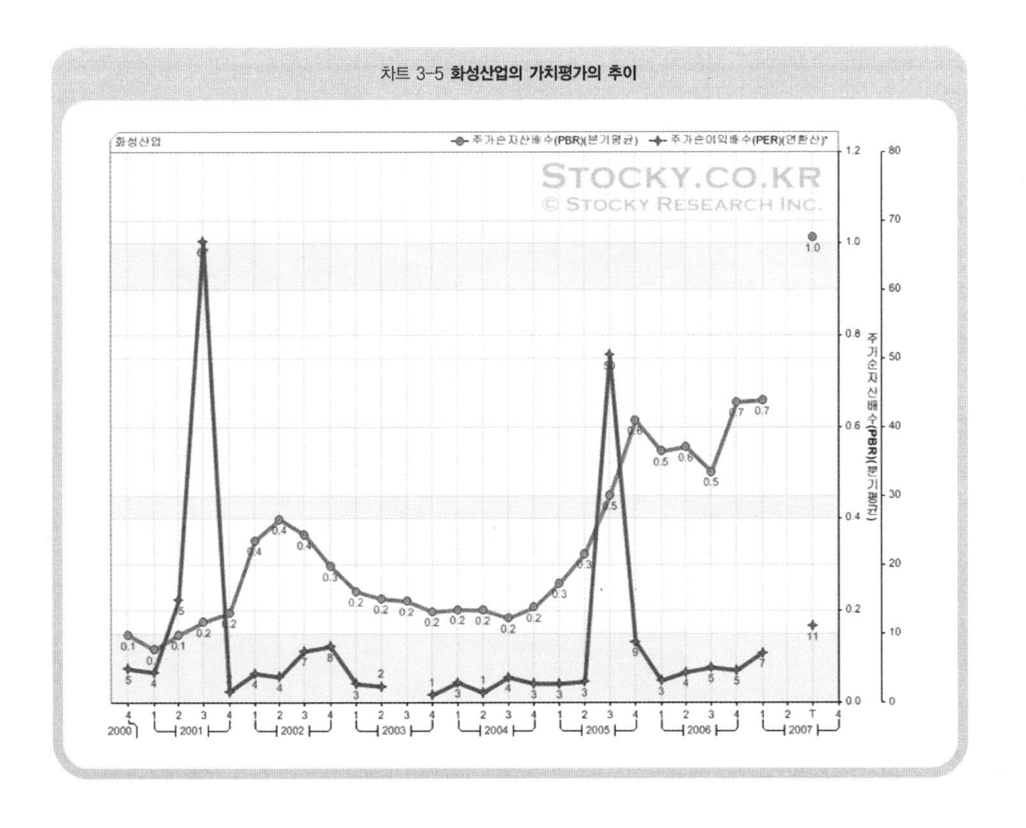

차트 3-5 **화성산업의 가치평가의 추이**

아 주가도 중장기적으로 상승하는 추세이며, 2005년부터 2년 반 동안 주가는 6배 정도 오르고 있다.

이런 주가의 흐름이 과연 기업가치를 어떻게 반영하고 있는지, 달리 말해 투자자들이 기업가치를 얼마나 높게 평가하고 있는지 확인해보자. 차트에서 주가순자산배수(PBR)가 많이 오른 것을 볼 수 있는데, 그럼에도 불구하고 2007년 7월 11일자로 1배의 수준에 머물러 있다. 주가순이익배수(PER) 역시 11배에 불과하다.

최근 들어 주가가 급등했지만, 주가가 여전히 낮은 수준에 머물러 있어서 향후에도 주가가 상승할 수 있는 여력은 충분하다고 말할 수 있다. 또한 우수한 사업실적을 거두면서 지속적으로 기업가치를 높이고 있는 회사이기 때문에 장기투자의 대상으로 검토해볼 만한 기업이라고 판단된다.

삼양제넥스

1964년에 설립된 삼양제넥스[003940]는 1987년에 거래소에 상장되었으며 KOSPI 200 종목으로 편입되어 있다. 설탕으로 유명한 삼양사의 계열사인데, 전분, 물엿, 과당 그리고 포도당 등과 같은 식품원료를 생산하고 있으며, 414명의 임직원이 근무하고 있다.

식품원료시장에서는 4개사가 경쟁하고 있는데, 대상이 33.3%, CPK 27.4%, 삼양제넥스가 26.4%의 점유율을 기록하고 있다. 몇 년째 시장점유율의 변화는 없다.

2006년에 2,280억원의 매출액과 321억원의 순이익을 달성했는데, 매출구성을 보면 내수가 85%를 차지하고 있어 수출 비중은 크지 않은 편이다.

차트 3-6 **삼양제넥스의 연도별 사업실적의 추이**

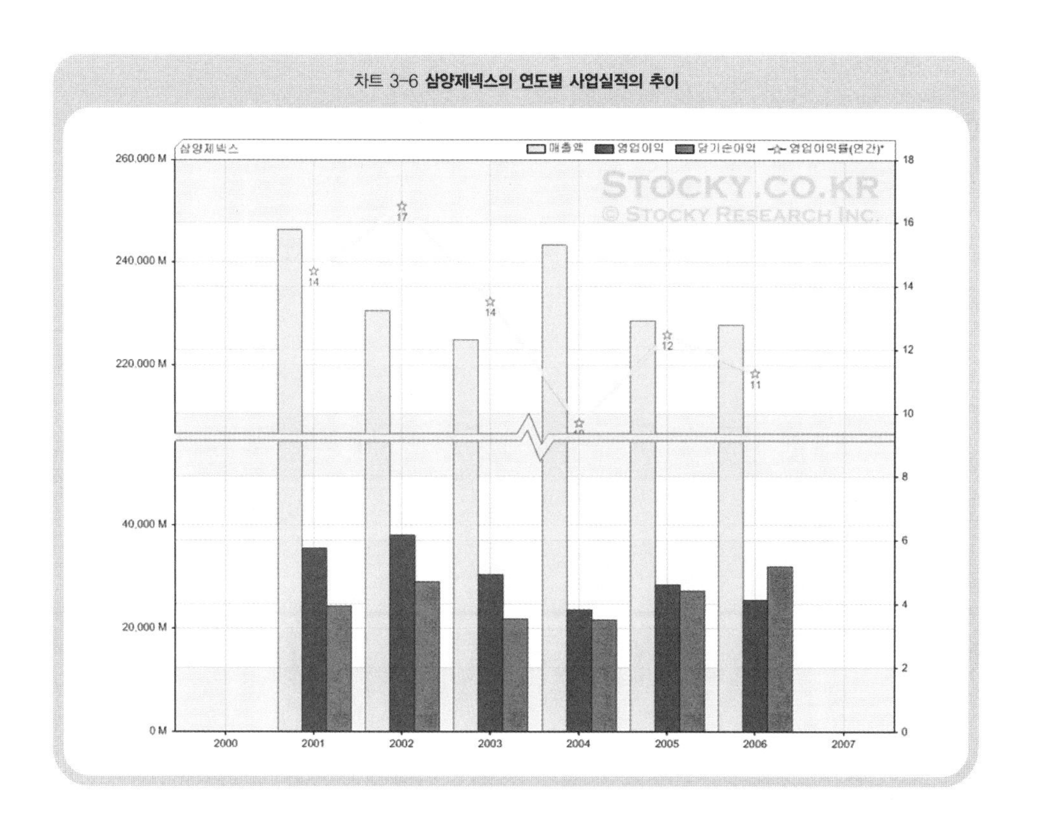

대주주 구성을 보면 삼양사가 28.9%의 지분을 보유하고 있으며, 김정 등의 특수관계인들이 총 6.2%의 지분을 갖고 있어 경영권은 안정되어 있는 편이다. 대표이사는 김량이다.

848억의 매출을 기록한 삼양밀맥스, 429억원의 매출을 올린 삼양웰푸드 등의 지분을 삼양사와 양분하고 있으나, 삼양사가 지주사 역할을 하고 있다.

삼양제넥스의 매출과 이익의 실적 추이를 확인해보자. 과점 상황이어서 매출액에는 큰 변화가 없어 보인다. 순이익은 2004년에 바닥을 찍고 증가하는 추세에 있다. 영업이익률이 2년 연속으로 10%를 초과하긴 했으나, 2002년을 정점으로 점차 감소하고 있는 점은 아쉬움으로 남는다. 물론 제조업체

차트 3-7 **삼양제넥스의 분기별 사업실적의 추이**

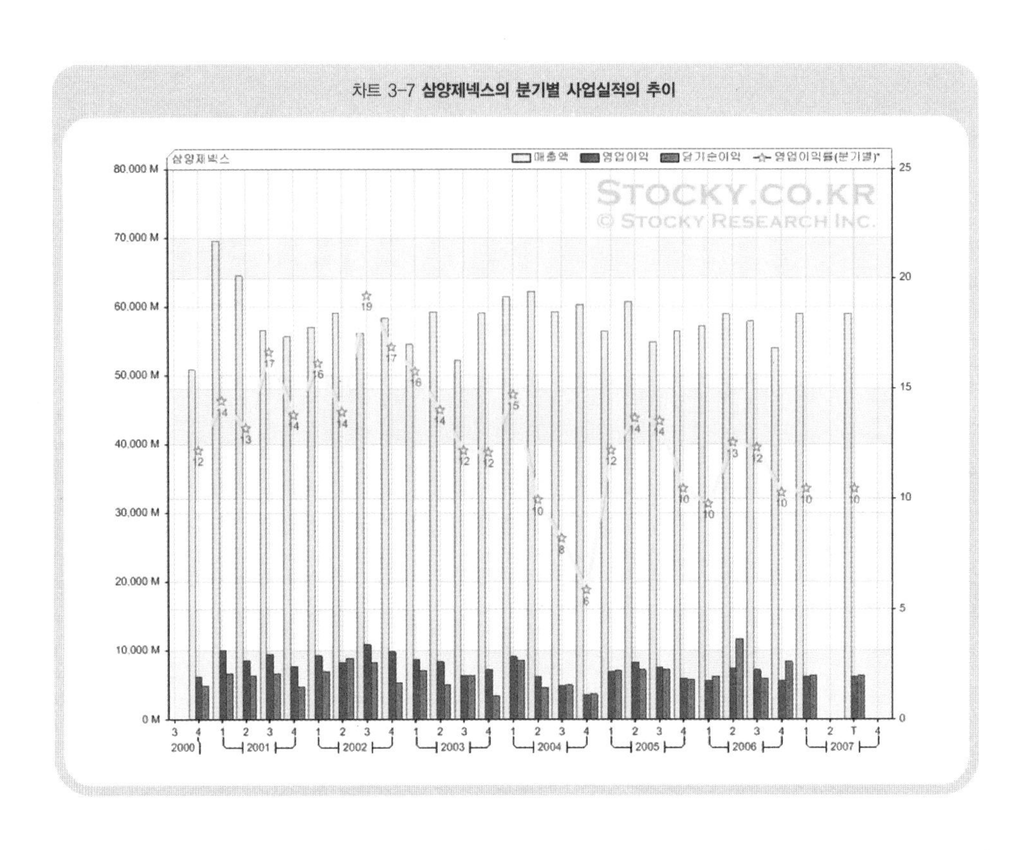

로서 10%는 매우 높은 수준으로 삼양제넥스가 시장경쟁력을 확보하고 있기 때문에 달성 가능한 수치다.

최근 분기의 실적의 추세도 확인해보자. 분기별 차트에서는 영업이익률이 2004년까지 내리막을 걷다가 2005년부터 회복세에 오른 것을 볼 수 있다. 전체적으로 매출액이나 영업이익상의 큰 변화를 읽을 수 없는, 즉 안정적인 기조로 사업을 영위하는 회사로 보인다.

최근에 굿썸이라는 브랜드로 건강식품 유통사업을 전개하면서 새로운 성장동력을 만들기 위해 노력하고 있는데, 1년 뒤면 유통사업의 성공 여부를 가늠할 수 있을 것으로 판단된다.

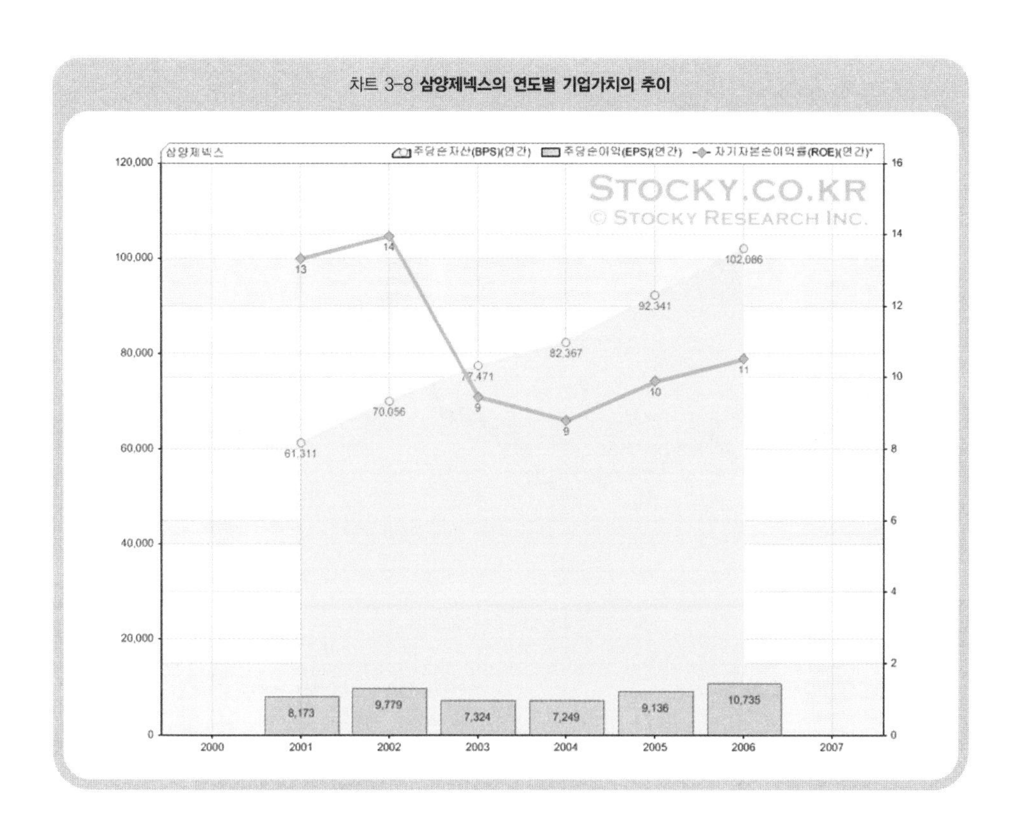

꾸준한 실적을 내는 기업의 가치는 어떻게 변하는지 확인해보자. 2004년부터 주당순이익이 늘어나고 있다. ROE가 10%대를 유지하고 있어 주당순자산도 10% 가까운 증가율을 달성하고 있다. 기업의 가치가 매년 10%씩 늘어나고 있는 것이다.

순조롭게 자신의 가치를 늘리고 있는 기업에 대해 주식시장은 어떻게 평가하고 있는지 확인해보자.

전체적으로는 EPS 등의 기업가치와 연동되는 모습을 보이고 있다. 실적이 가장 저조했던 2004년에 바닥을 찍은 주가는 실적이 개선되자 줄기차게 상승하여 3년 만에 350%나 오르고 있다.

차트 3-9 **삼양제넥스의 주가 추이**

차트 3-10 **삼양제넥스의 가치평가의 추이**

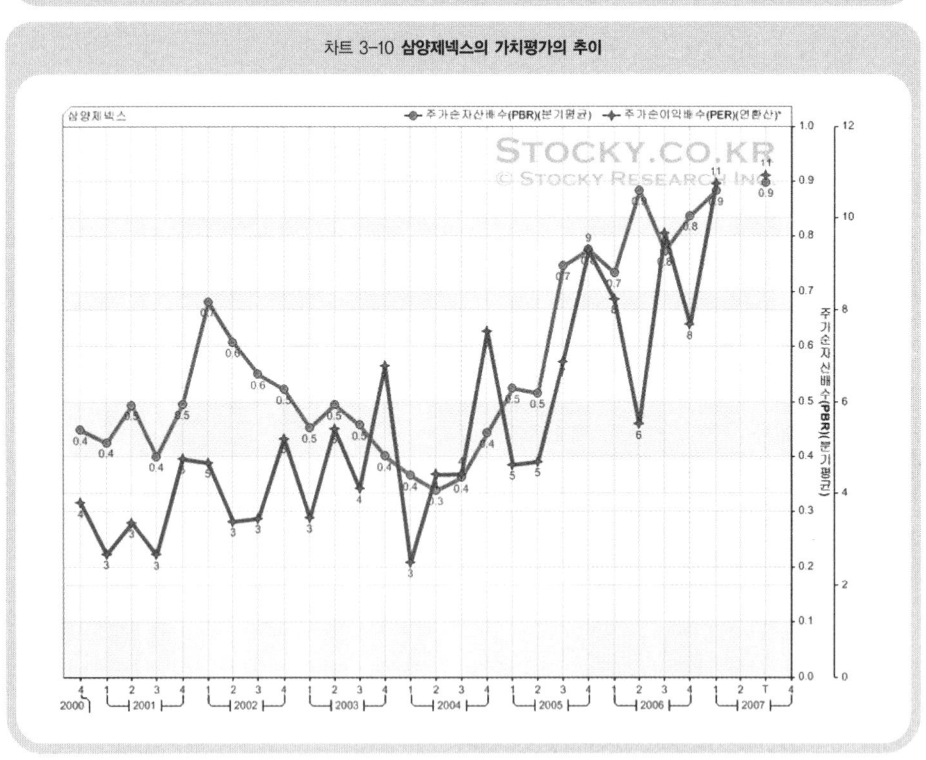

2006년 중반에 신고가를 경신한 주가는 즉시 폭락하였으나, 2006년 후반부터 다시 올라 9만원대로 복귀했다. 하지만 2007년의 강세장에서 크게 오르지 못하고 있다. 2년간의 급등에 따른 피로감 때문인가?

그러면 기업가치에 비해 주가가 어떤 수준에 있는지 파악해보자. PBR은 여전히 1배를 넘지 못하고 있다. PER도 11배에 머물러 있다. 하지만 전체적으로는 지속적인 상승기조 위에 있음을 알 수 있다.

독과점적인 시장 지배력을 갖고 있어 안정적으로 수익을 창출할 수 있고, 지속적으로 EPS를 증가시킬 수 있는 우수기업이지만, PBR이나 PER이 여전히 낮은 수준에 머물러 있기 때문에 삼양제넥스의 주가는 앞으로도 더 상승할 가능성이 있다고 판단된다. 장기적인 관점에서 투자를 검토할 만하다.

한창산업

1986년에 설립된 한창산업[079170]은 2005년 2월에 코스닥에 등록된 회사로서, 69명의 임직원이 근무하고 있다.

한창산업은 선박, 컨테이너, 철구조물의 부식방지용 도료 원료로 사용되는 아연말, 인산아연, 대형건설물의 냉난방장치 흡수제로 사용되는 리튬브로마이드, 전자제품의 자성재료로 사용되는 산화망간 등을 생산하고 있다. 다음의 표 3-15는 2007년 1/4분기의 제품별 매출 비중을 나타낸 것이다.

대표제품인 아연말의 경우 KCC, 디피아이, 삼화페인트 등에 공급하고 있으며, 가장 높은 시장점유율을 확보하고 있다. 2006년 매출액은 624억원에 이르고, 이 중 수출은 505억원을 차지하고 있다.

표 3-15 **한창산업의 제품별 매출 구성**

제품	판매비중
아연말	81%
인산아연	5%
리튬브로마이드	10%
산화망간	3%
기타	1%

대주주의 구성을 살펴보면, 대표이사 사장인 강호익이 20.77%, 처남이

차트 3-11 **한창산업의 연도별 사업실적의 추이**

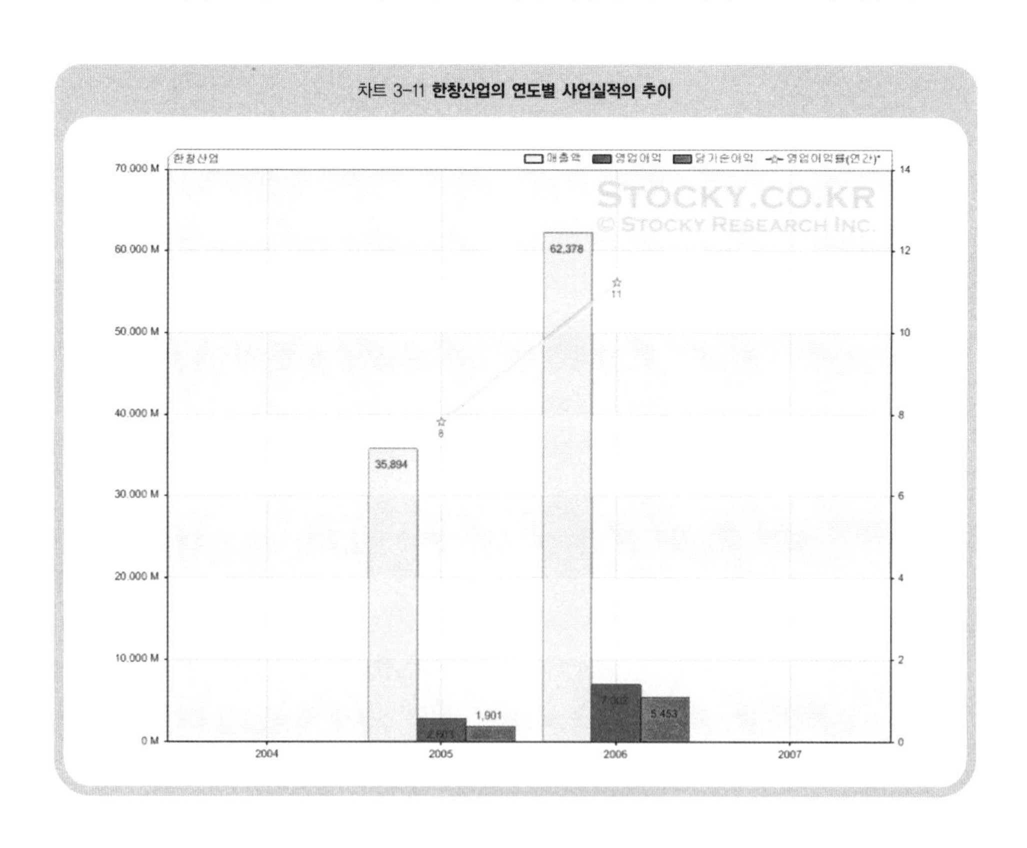

며 한일화학공업의 대표이사이자 대주주인 윤성진이 13.85% 그리고 세 명의 처가 사람들이 27.68%를 보유하고 있어 오너그룹의 지분이 무려 62.30%에 달하고 있다.

먼저 사업실적의 추세를 살펴보기로 하자. 2006년에 매출액 증가율이 전년대비 73.8%에 이르고 있고, 영업이익률은 8%대에서 11%대로 점프하면서 영업이익 증가율은 무려 149.8%에 달하고 있다. 강력한 상승세다.

분기별 실적의 추세도 확인해보자. 분기별 차트를 통해 2006년 2/4분기의 실적이 탁월했기 때문에 2006년 전체 실적이 좋았던 것을 알 수 있다. 한 가지 아쉬운 점은 18%까지 치솟았던 분기 영업이익률이 최근 세 분기 동안

차트 3-12 **한창산업의 분기별 사업실적의 추이**

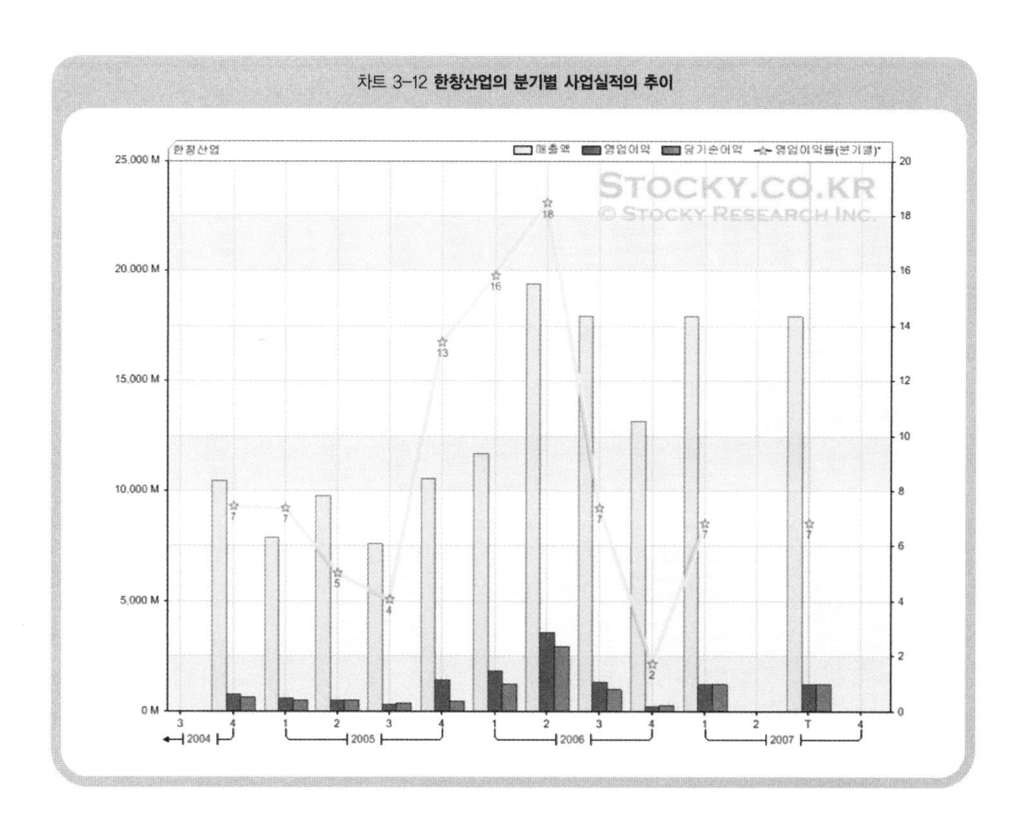

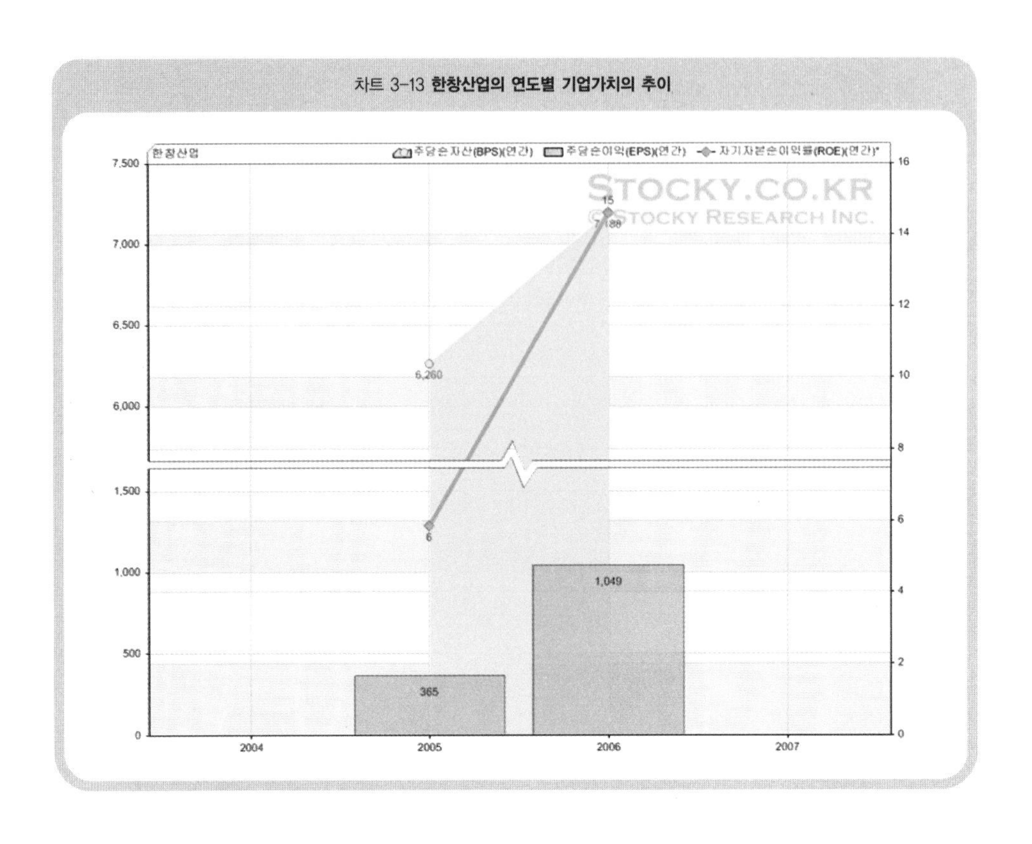

차트 3-13 **한창산업의 연도별 기업가치의 추이**

7% 이하로 떨어지고 있다는 점이다. 2/4분기부터 영업이익률을 10% 이상으로 끌어올리는 일이 과제가 될 것 같다.

한창산업의 기업가치의 변화 추세도 살펴보도록 하자. 주당순이익이 1,000원을 넘고, 주당순자산도 15% 가까이 늘어나서 7,200원대에 접근하고 있다. 기업가치가 대폭 증가하고 있음을 알 수 있다. ROE가 15%까지 치솟고 있다.

주식시장에서 한창산업의 가치를 어떻게 평가하고 있는지 확인해보자. 주가 차트를 보면, 2007년 들어서만 주가가 두 배 가까이 뛰어올랐다. 특히 4월 한 달 동안 주가가 수직 상승했다. 너무 빨리 오른 탓에 주가가 몇 달째

차트 3-14 **한창산업의 주가 추이**

횡보하고 있지만, 전체적으로는 한창산업의 실적과 가치의 확대에 대해 시장의 평가도 우호적이었음을 알 수 있다.

2007년 7월 19일 기준으로 PER은 8배, PBR은 1배로서, 시장 평균보다 낮은 상태, 즉 저평가 상태에 있다.

산화아연의 국내 시장점유율 1위인 한일화학공업과 형제 관계인 한창산업은 변동가격제로 제품을 공급하기 때문에 아연 가격이 오르면 그만큼 매출과 이익이 증가하는 구조를 갖고 있는데, 최근 들어 중국 내 아연 수요가 급증해 당분간은 아연 가격의 강세가 예상되어 두 업체의 수혜가 기대되고 있다.

시장점유율도 뛰어나고, 성장성과 수익성도 우수한 한창산업의 저평가 상태를 우량기업의 지분을 장기적으로 보유할 수 있는 좋은 기회로 인식할 필요가 있다고 판단된다.

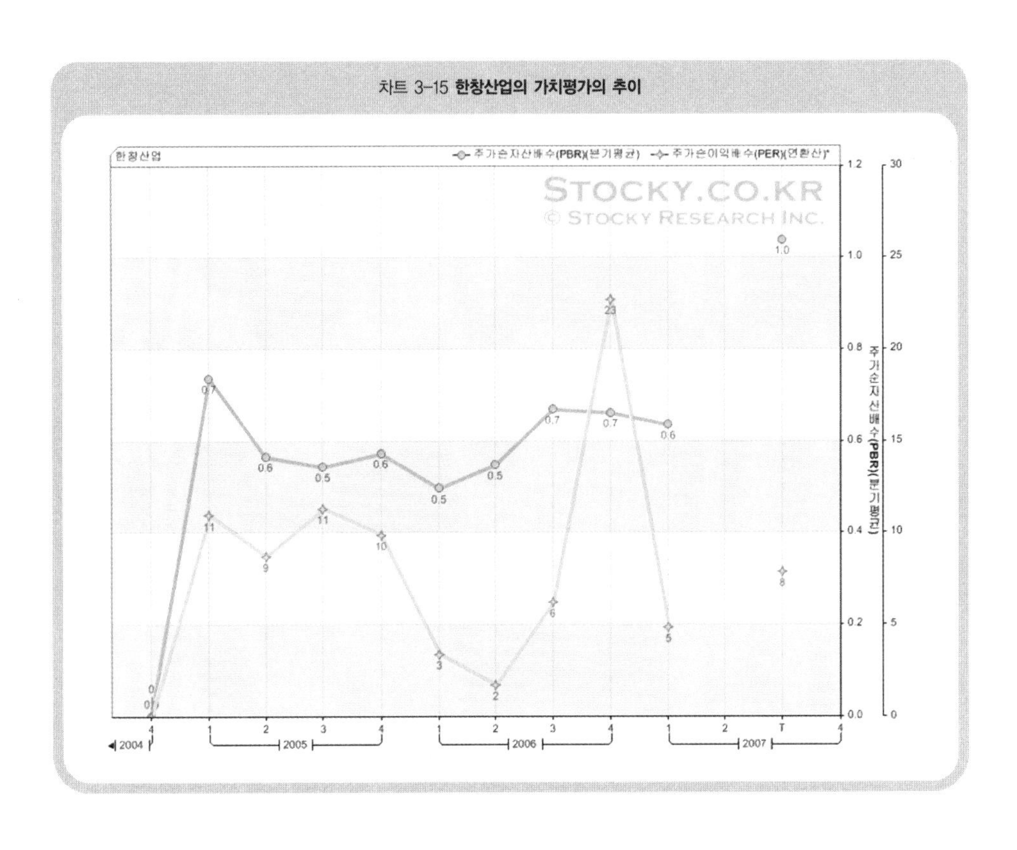

차트 3-15 **한창산업의 가치평가의 추이**

신풍제약

신풍제약[019170]은 1986년에 설립되었고, 곧바로 1990년에 거래소에 상장된 제약업체다. 장현택이 대표이사를 맡고 있으며, 855명의 임직원이 근무하고 있다.

2006년에 1,550억원의 매출액을 달성했는데, 이는 업종 내에서 13위에 해당되는 기록이다. 순이익도 219억원을 기록했으며, 9위에 오르고 있다. 2007년 1/4분기의 매출액 중 내수가 88.2%, 수출이 11.8%를 차지하고 있다. 1/4분기 신풍제약의 주요 제품들을 살펴보면 표 3-16과 같다.

표 3-16 **신풍제약의 제품별 매출 구성**

주요 용도	상표명	매출액(비율)
페니실린계 항생제	크라목신	2,415(6.3)
절기능개선제	하이알주	2,388(6.2)
비스테로이드성 소염진통제	록스펜정	2,346(6.1)
항암제	디독스	1,828(4.8)
소화기용제	베리돌	1,092(2.8)
세파계 항생제	크린세프	996(2.6)
기타	바로코민정 외	27,306(71.2)

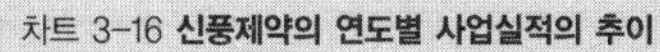
차트 3-16 **신풍제약의 연도별 사업실적의 추이**

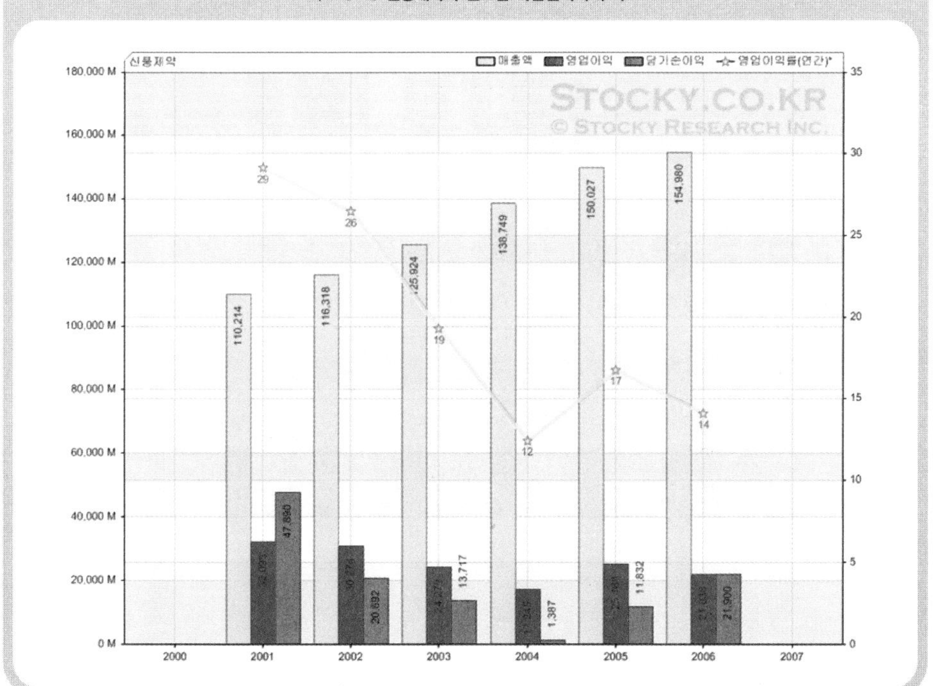

차트 3-17 **신풍제약의 분기별 사업실적의 추이**

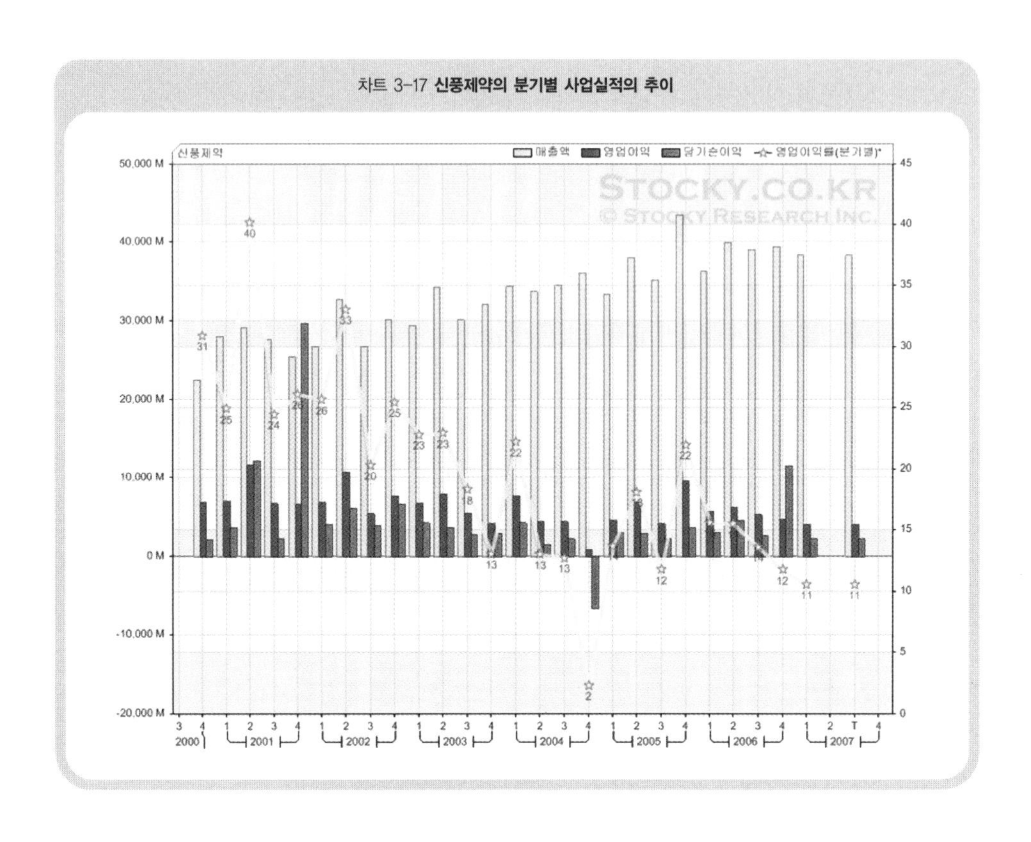

대주주 지분 구성을 보면, 2세이자 전무이사인 장원준이 14.13%로 최대 주주이며, 특수관계인들이 총 11.17%를 보유하여 오너그룹이 25.30%라는 안정적인 지분을 확보하고 있다.

신풍제약의 사업실적의 추세를 살펴보자. 실적 차트를 보면, 매출액은 꾸준히 증가하고 있으나, 순이익은 급격히 줄었다가 2005년부터 다시 회복되고 있는 모습을 보여주고 있다. 영업이익률이 29%에서 14%까지 내려온 점이 아쉽지만, 업종 평균을 약간 상회하는 높은 수준을 유지하고 있다.

최근 분기의 실적 추세도 확인해보자. 분기별 실적 차트를 보면, 영업이익률이 2005년 4/4분기 이래로 하락 추세에 있는 점이 눈에 띈다. 영업이익

차트 3-18 **신풍제약의 연도별 기업가치의 추이**

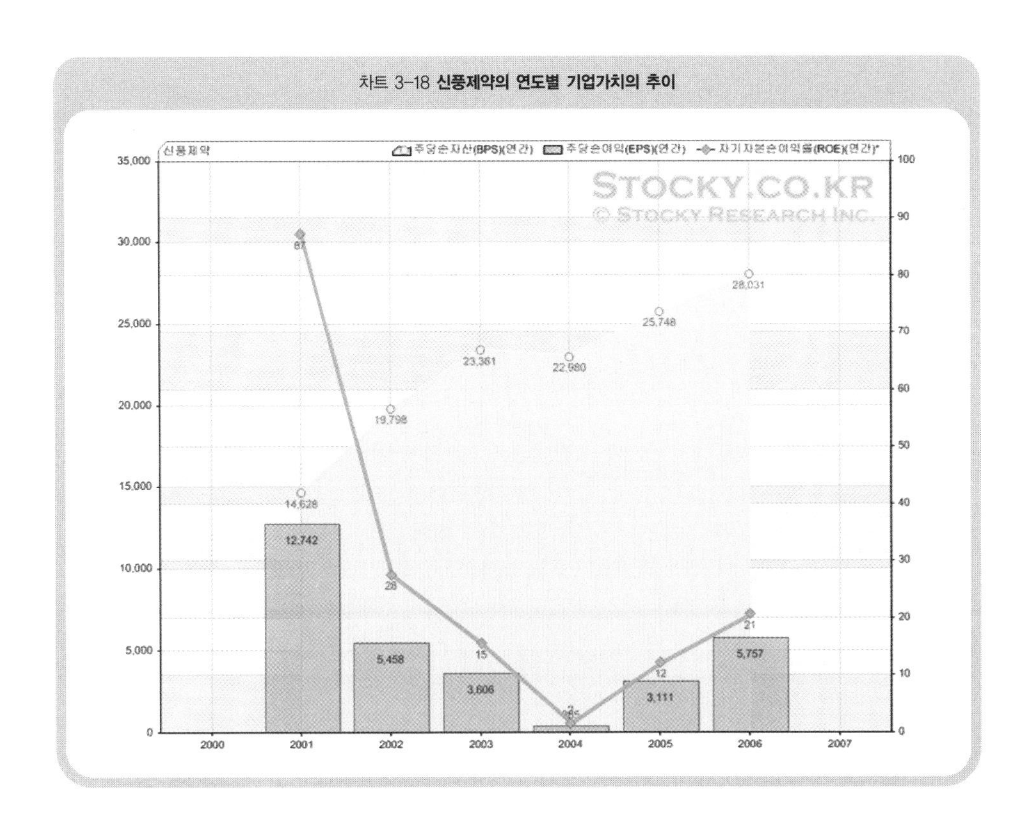

률을 다시 20%대로 끌어올리는 일이 주요한 과제임을 알 수 있다.

기업가치의 추세를 확인해보자. 주당순이익이 2004년도에 바닥까지 갔다가 다시 뛰어오르고 있다. 2006년의 ROE도 20%를 넘어서고 있다. 기업가치의 상승 추세가 완연하다.

가치가 상승하고 있는 신풍제약을 주식시장에서는 어떻게 평가하고 있을까?

먼저 주가의 추이부터 살펴보자. 2005년부터 주당순이익이 증가하자 주가도 덩달아 뛰어올랐다. 강세장이었던 2005년에 200% 가까이 올랐던 주가는 2006년에는 횡보를 거듭했으며, 다시 강세장으로 전환된 2007년 들어

차트 3-19 **신풍제약의 주가 추이**

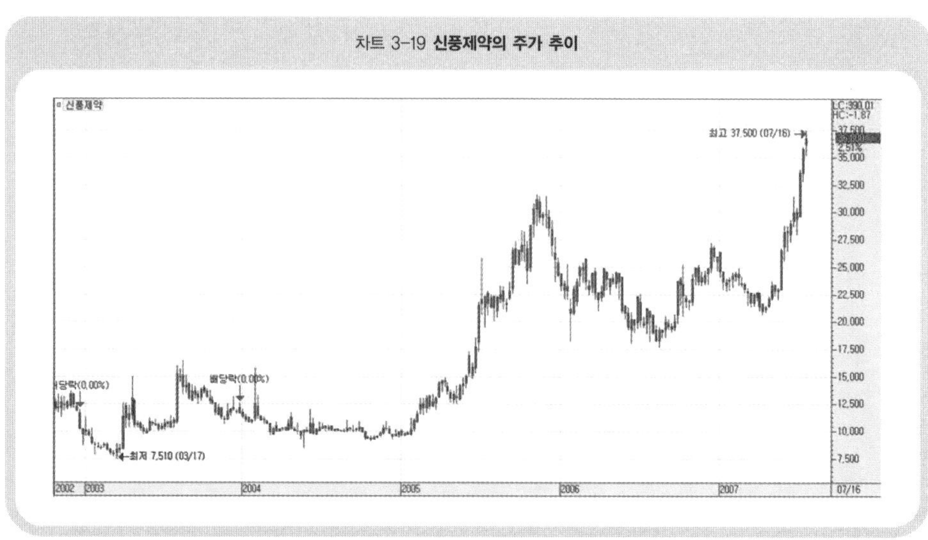

차트 3-20 **신풍제약의 가치평가의 추이**

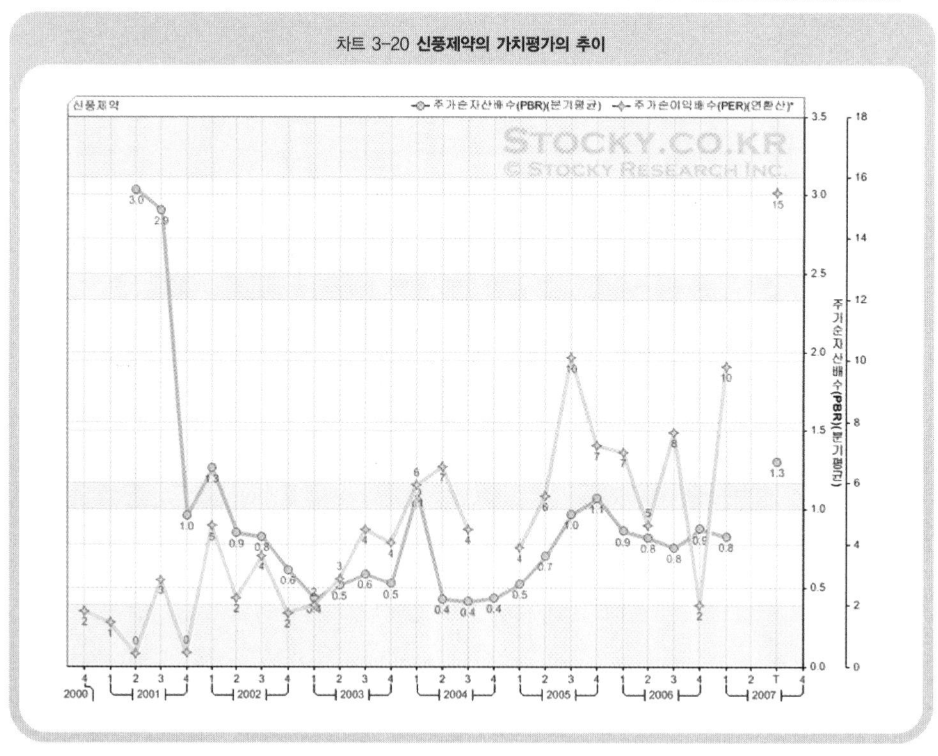

서자 맹렬한 기세로 주가가 치솟고 있다.

주가의 흐름을 기업가치와 비교해보자. 2007년 5월 중순부터 주가가 치솟았지만, PBR은 1.3배라는 낮은 수준에 머물러 있으며, PER은 15배에 올라 있다.

지난 2년 동안 신풍제약은 실적과 가치의 추세를 호전시켜 왔으며, 말라리아 치료제를 생산할 계획을 발표하는 등 매출 확대에도 적극적으로 나서고 있다. 그런데 주가가 저평가 상태에 있으므로 장기투자의 대상으로 검토해볼 만하다고 판단된다.

세원물산

1985년에 설립되어 1994년에 코스닥에 등록된 세원물산[024830]은 경북 영천에 자리 잡고 있는 자동차 부품 제조업체다. 김문기와 김성기가 함께 대표이사를 맡고 있으며, 333명의 임직원이 근무하고 있다.

세원물산은 현대자동차 및 현대자동차 계열사의 여러 차종에 들어가는 DASH PANEL, COWL CROSS MEMBER, RADIATOR SUPPORT 등의 자동차 차체보강 판넬류를 주로 생산, 납품하고 있다. 생산설비의 자동화 및 최신 기술 도입 등에 힘입어 현대자동차 지정 1등급(Level-1) 공장의 지위를 획득했으며, 불량률 100PPM을 달성하는 등 제조 경쟁력을 확보하고 있다. 주요 경쟁업체들에는 화신[010690], 모토닉[009680], 성우하이텍[015750] 등이 있으며, 세원물산은 시장점유율에서 조금 뒤처져 있다.

주주 구성을 살펴보면, 자동차 차체용 프레스 부품을 생산하여 현대/기아차에 납품하는 세원정공[021820]이 22.82%로 1대 주주다. 그 다음에 대

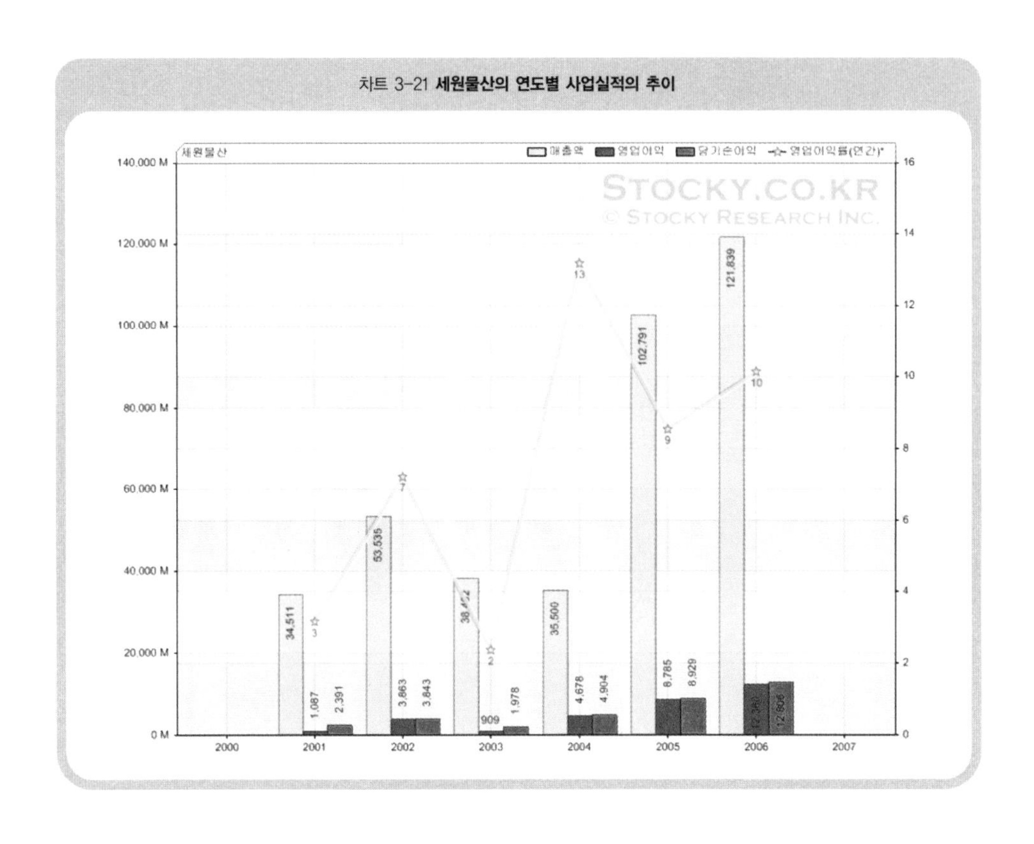

차트 3-21 **세원물산의 연도별 사업실적의 추이**

표이사 회장인 김문기가 20.24%, 대표이사 부사장인 김성기가 7.01%를 보유하고 있다. 2명의 특수관계인 지분 8.20%를 포함하면, 오너그룹이 58.27%라는 많은 지분을 확보하고 있다. 한국산업은행이 16.62%를 갖고 있어 유통주식수가 많지 않은 편이다.

세원물산의 연간 실적의 추세부터 살펴보자. 2005년부터 매출액과 영업이익이 빠르게 증가하고 있다. 2004년부터 2년 동안의 매출액 증가율은 243%, 영업이익 증가율은 164%에 달하고 있다. 2004년 이후 영업이익률은 10% 이상 오르고 있다. 매출액이 증가하면서 동시에 영업이익률도 높아졌다는 것은 사업역량이 한 단계 업그레이드되었다는 것을 의미한다.

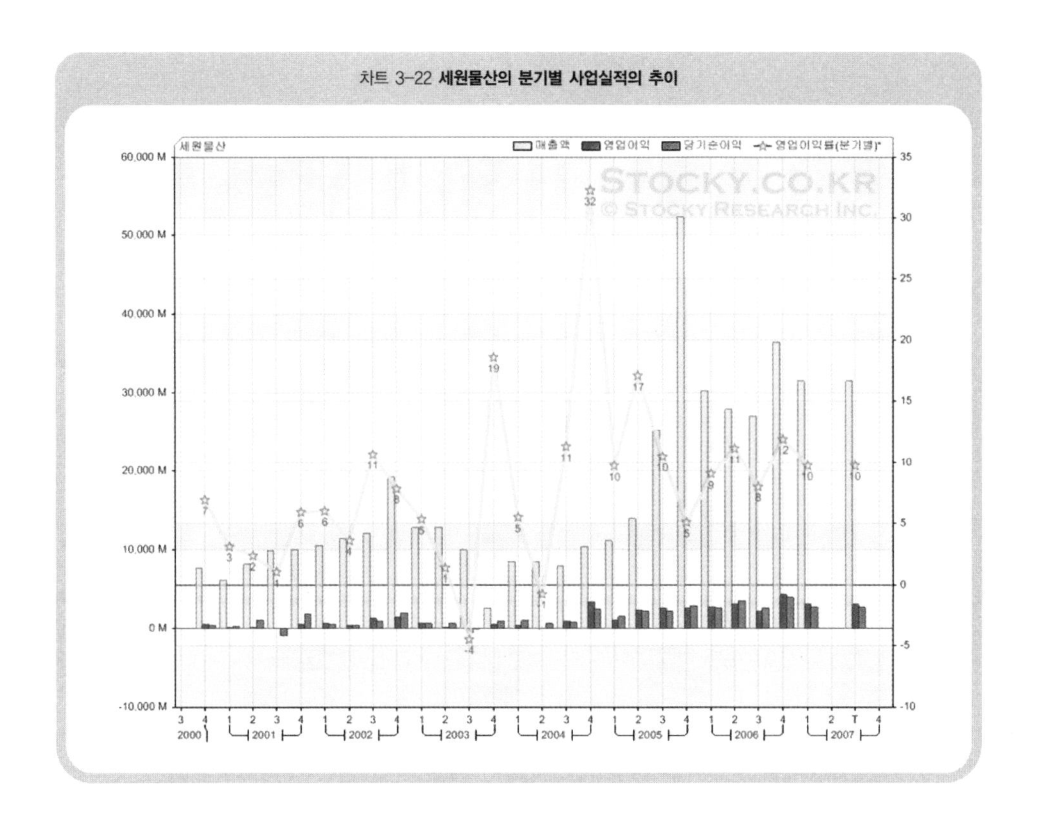

차트 3-22 **세원물산의 분기별 사업실적의 추이**

분기별 추세도 확인해보자. 분기별 차트를 보면, 2004년 4/4분기부터 분기별 실적이 탄탄해지는 것을 알 수 있다. 분기별 영업이익률도 10%대에서 자리를 잡아가는 모습을 보이고 있다. 부품 납품업체로서 10%대의 영업이익률은 매우 높은 편에 속한다.

기업의 가치는 어떠했을까? 가치는 실적을 따라간다고, EPS와 BPS가 2003년 바닥을 치고 멋지게 이륙하고 있는 모습을 확인할 수 있다. ROE가 6%에서 22%까지 수직 상승하고 있는 모습도 눈에 띈다. 기업의 경영역량이 대폭 강화되고 있는 것으로 해석될 수 있다.

이러한 질적인 성장에 대해 주식시장에서 어떻게 평가하고 있는지 확인

차트 3-23 **세원물산의 연도별 기업가치의 추이**

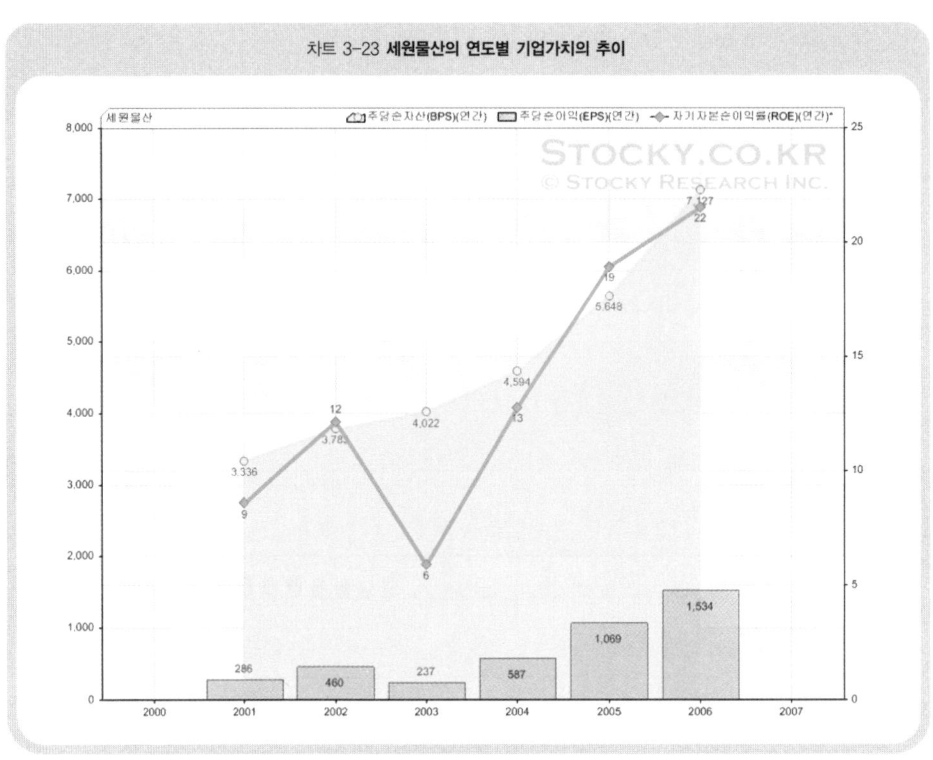

차트 3-24 **세원물산의 주가 추이**

차트 3-25 **세원물산의 가치평가의 추이**

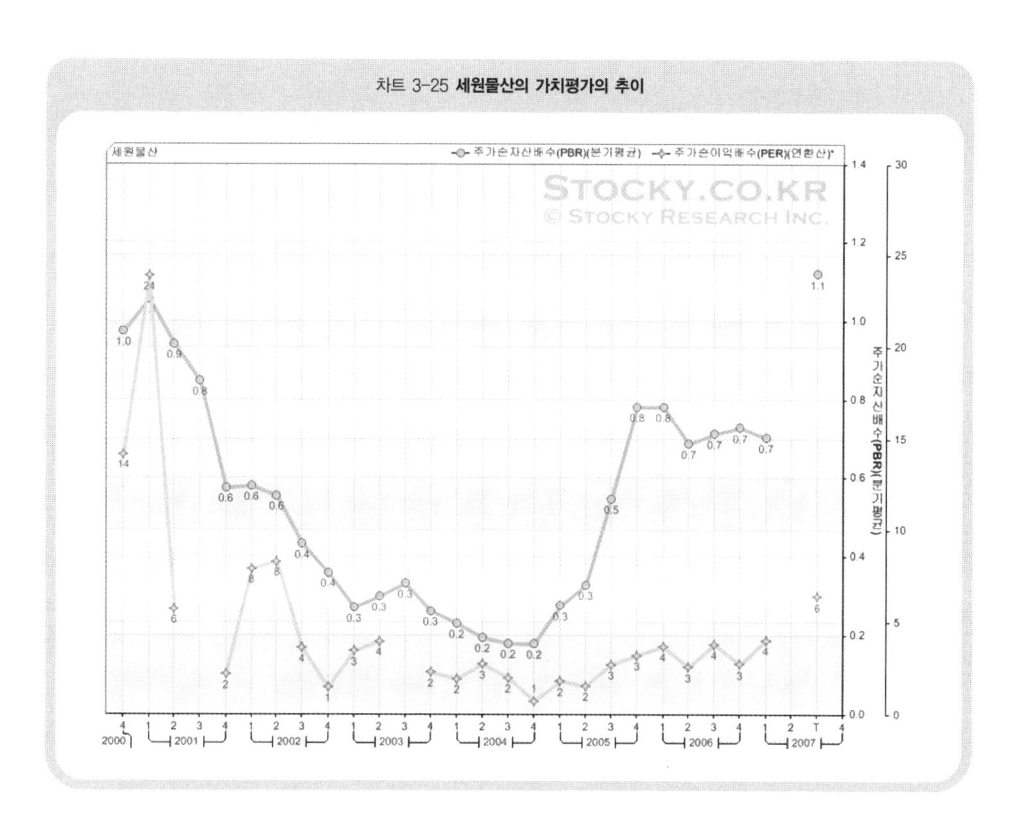

해보자. 기업가치는 2004년부터 개선되었으나 사업실적은 2005년부터 확대되었다. 투자자들은 2005년부터 본격적으로 덤벼들기 시작했다. 그래서 2005년 한 해에만 500% 가까이 오르는 폭등현상이 연출되었다. 주가폭등의 후유증과 자동차 업황의 부진 등으로 인해 2006년에는 횡보를 거듭했으나, 2007년 들자마자 곧바로 80%가량 뛰어오르고 있다.

이러한 주가의 흐름을 기업의 가치와 비교해보자. 2007년 들어 주가가 뛰어올라 7월 20일에 8,300원까지 도달했지만, PBR은 1.1배, PER은 6배에 머물러 있다. 시장 전체평균에 비해 저평가되어 있는 상태다. 자동차 업계 전체가 부진한 편이기 때문인데, 동시에 유통주식수가 부족한 것도 주가의 상승을 억제하는 요인으로 작용하고 있는 것으로 파악된다. 어쨌든 실적과 가치의 상승세가 좋고, 주가가 저평가되어 있어 장기투자의 대상으로 적극 검토할 필요가 있는 기업이다.

무학

1973년에 설립되어 1998년 코스닥에 등록된 무학[033920]은 경상남도 마산에 자리 잡고 있는 주류 제조업체다. 최재호가 대표이사를 맡고 있으

차트 3-26 **무학의 연도별 사업실적의 추이**

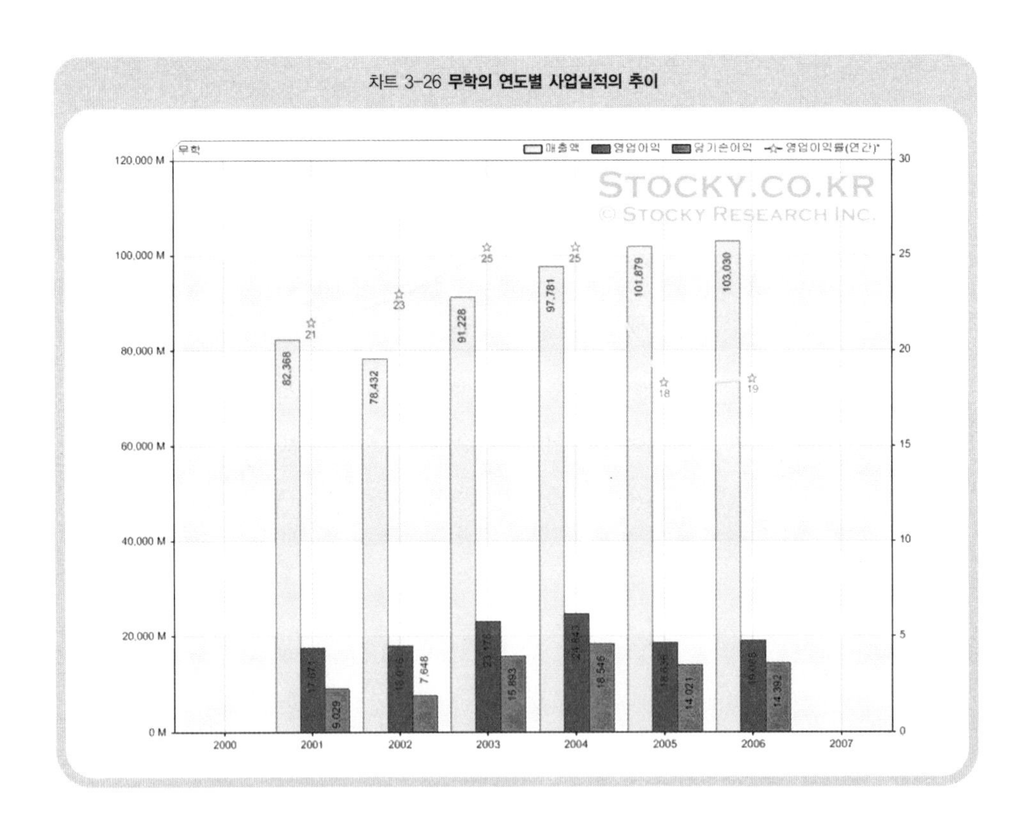

며, 320명의 임직원이 근무하고 있다.

화이트 소주를 주력으로 팔면서 매실마을, 가을국화 등의 제품 인지도를 높여나가고 있다. 2006년에 1,030억원의 매출액과 144억원의 순이익을 기록하였다.

부산을 텃밭으로 삼고 있는 대선주조와 경쟁하고 있는 무학은 경남, 울산 지역에서 90% 이상의 아주 높은 시장점유율을 유지하고 있다. 전국적으로 무학은 진로, 두산, 금복주, 대선(8.13%)에 이어 5위(7.59%)를 달리고 있는데, 50%를 넘는 시장점유율을 자랑하던 진로의 점유율이 점차 줄어들고, 나머지 네 업체의 시장점유율이 약간씩 증가하는 추세가 2년째 계속되

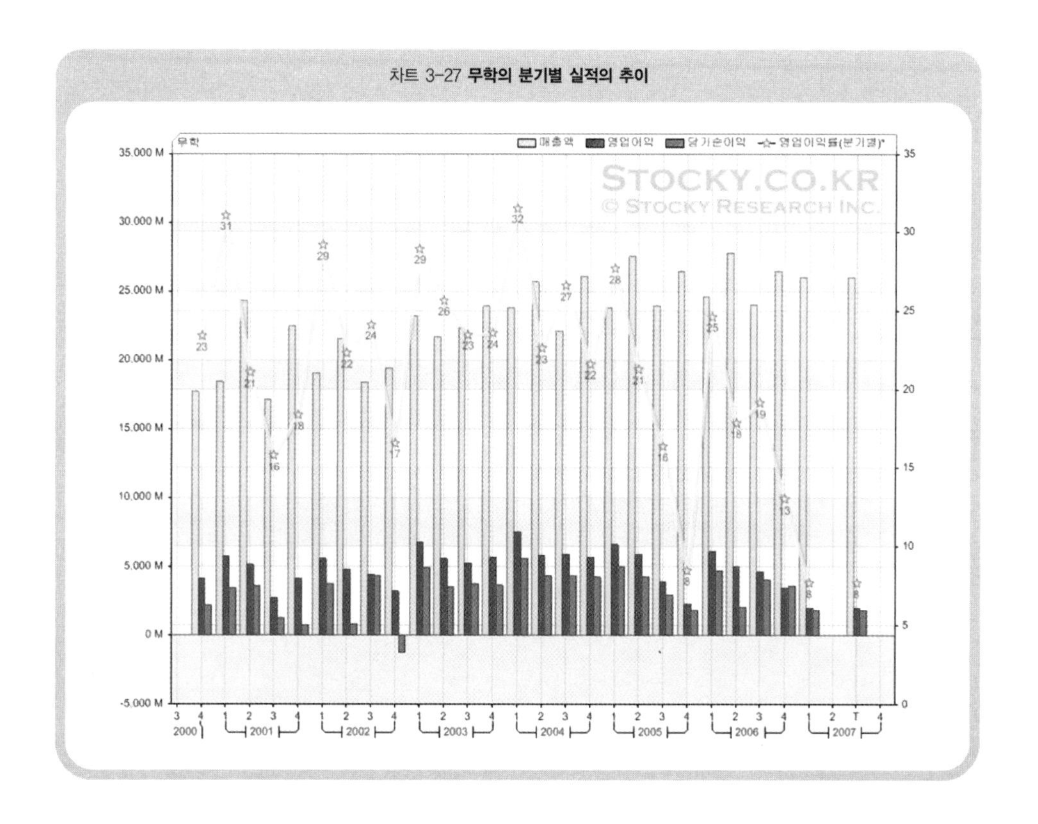

차트 3-27 **무학의 분기별 실적의 추이**

고 있다.

대주주 구성을 보면, 대표이사 최재호가 45.79%의 절대적인 지분을 보유하고 있다.

한편 780억원의 매출을 올리는 무학스틸 등을 계열사로 거느리고 있다.

무학의 실적 추세를 살펴보도록 하자. 매출액은 6년째 증가 흐름을 이어갔으나 영업이익은 주춤하고 있다. 25%를 넘었던 영업이익률이 18% 수준으로 떨어졌기 때문이다.

영업이익의 변화를 분기 단위로 파악해보자. 분기별 차트를 보면, 최근 들어 영업이익률이 불안정한 모습을 나타내고 있다. 분기 이익률이 8%까지

차트 3-28 무학의 기업가치의 추이

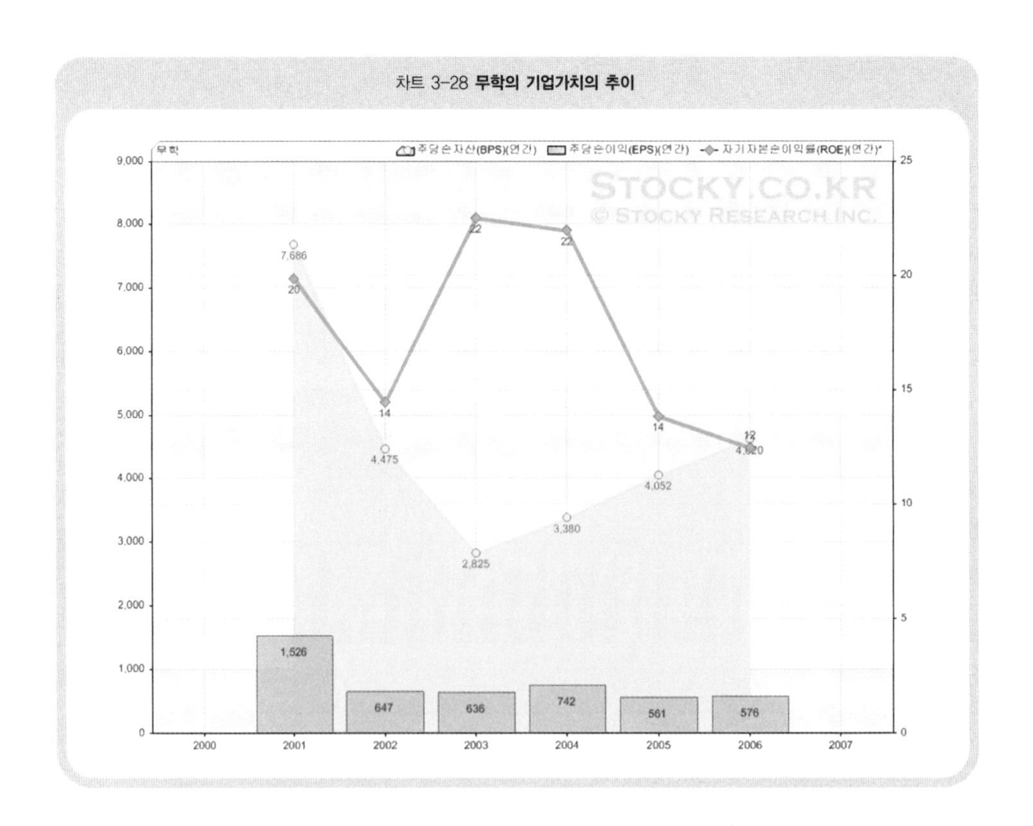

추락했는데, 이는 대선주조 등과 치열한 경쟁을 벌이면서 광고선전비, 판매촉진비 등의 비용이 증가했기 때문이다. 마케팅 비용부담을 줄이고 영업이익을 늘리는 일이 과제로 떠오르고 있다.

기업가치의 추이도 확인해보자. 주당순이익은 일정하게 유지되고 있는 모습이다. 주당순이익이 일정하게 유지되다보니 주당순자산은 지속적으로 증가하고 있다. 하지만 주당순이익이 증가하지 않으니 ROE가 점차 낮아지고 있다.

앞의 차트들을 보면, 사업실적은 안정적이지만 성장속도는 약해지는 모습을 보이고 있다. 무학이 2007년에 실적을 확대할 수 있는지 지켜볼 필요가 있겠다.

주가의 흐름을 살펴보도록 하자. 주가 차트를 보면, 2005년부터 본격적으로 상승하기 시작하여 200% 정도 오른 것을 알 수 있다. 특히 2007년 7월에 급등하고 있다. 저평가 우량주라는 평가가 확산되면서 인기가 급등했

차트 3-29 **무학의 주가 추이**

차트 3-30 **무학의 가치평가의 추이**

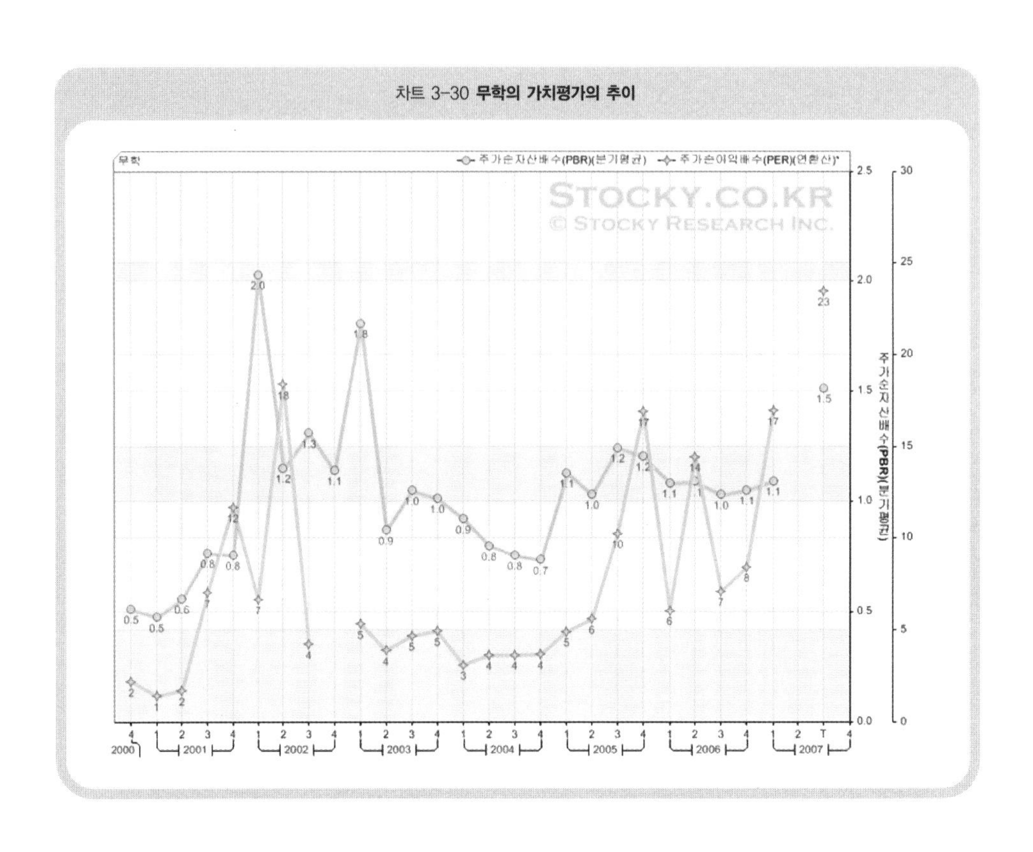

기 때문인 것으로 판단된다.

무학의 주가가 급등하여 PBR은 1.5배, PER은 23배에 달하고 있다. 2007년 1/4분기의 순이익이 줄어서 PER의 수준이 최고점에 올랐지만, PBR은 저평가 상태다. 따라서 장기투자의 대상으로 무학을 검토해볼 수 있는데, 보수적인 투자자라면 2007년 2/4분기와 3/4분기의 실적을 더 지켜보고 투자 여부를 결정하는 것도 나쁘지 않은 것 같다.

영풍정밀

표 3-17 **영풍정밀의 제품군별 매출 구성 현황**

사업 영역	매출 비중
펌프 제조	45.1%
밸브 제조	13.6%
방수, 방화, 내화 공사	15.5%
FRP 제조	11.8%
철강주물 제조	10.1%
기타	3.9%

1983년에 설립되어 1999년에 코스닥에 등록된 영풍정밀[036560]은 산업용 펌프 및 밸브를 제조하는 업체다.

대표이사는 고려아연 명예회장을 겸직하고 있는 최창걸 그리고 조성학, 임태주가 맡고 있으며, 162명의 임직원이 근무하고 있다.

2006년의 매출액은 476억원이며, 146억원의 순이익을 올리고 있다. 2007년 1/4분기의 제품 영역별 매출 구성을 살펴보면 표 3-17과 같다. 밸브 제조부문만 제외하고 모든 영역에서 매출액이 증가하고 있다.

대주주 구성을 살펴보면, 1대 주주는 David Choi이며, 23.58%의 안정적인 지분을 확보하고 있다. 관계사인 유미개발㈜이 6%, ㈜영풍의 회장이자 영풍정밀의 이사인 장형진이 5.34% 등을 갖고 있어 지분구조는 확고한 편이다.

한편 영풍정밀은 영풍 그룹에 속하고 있는데, 영풍 그룹은 국내 2위의 아연 제련업체인 영풍[000670], 국내 아연시장의 70%를 독점하고 있는 고

차트 3-31 **영풍정밀의 연도별 실적의 추이**

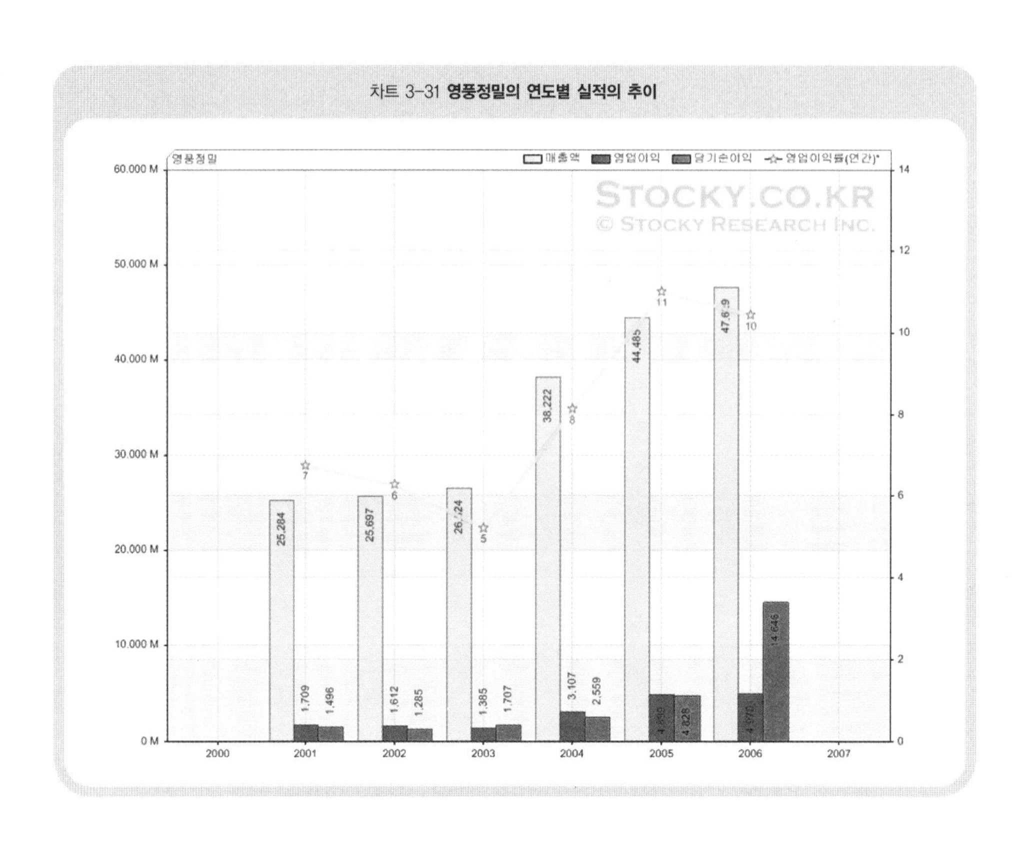

려아연[010130], PCB 제조업체인 코리아써키트[007810], 영풍문고 등 22개 기업들로 구성되어 있다. 영풍정밀은 영풍의 지분 4.39%, 고려아연의 지분 1.54%를 보유하고 있다.

영풍정밀의 사업실적의 추세부터 살펴보기로 하자. 실적 차트를 통해 매출액과 영업이익이 2004년부터 증가세로 접어들고 있는 것을 확인할 수 있다. 영업이익률이 두 배 가까이 뛰어오른 점이 눈에 띈다. 특히 순이익의 증가세가 놀랍다. 영풍, 고려아연 등의 주가가 크게 올라 지분법이익이 대폭 늘었기 때문이다.

분기별 실적 차트를 통해 이를 확인해보자. 분기 차트를 보면, 2006년에

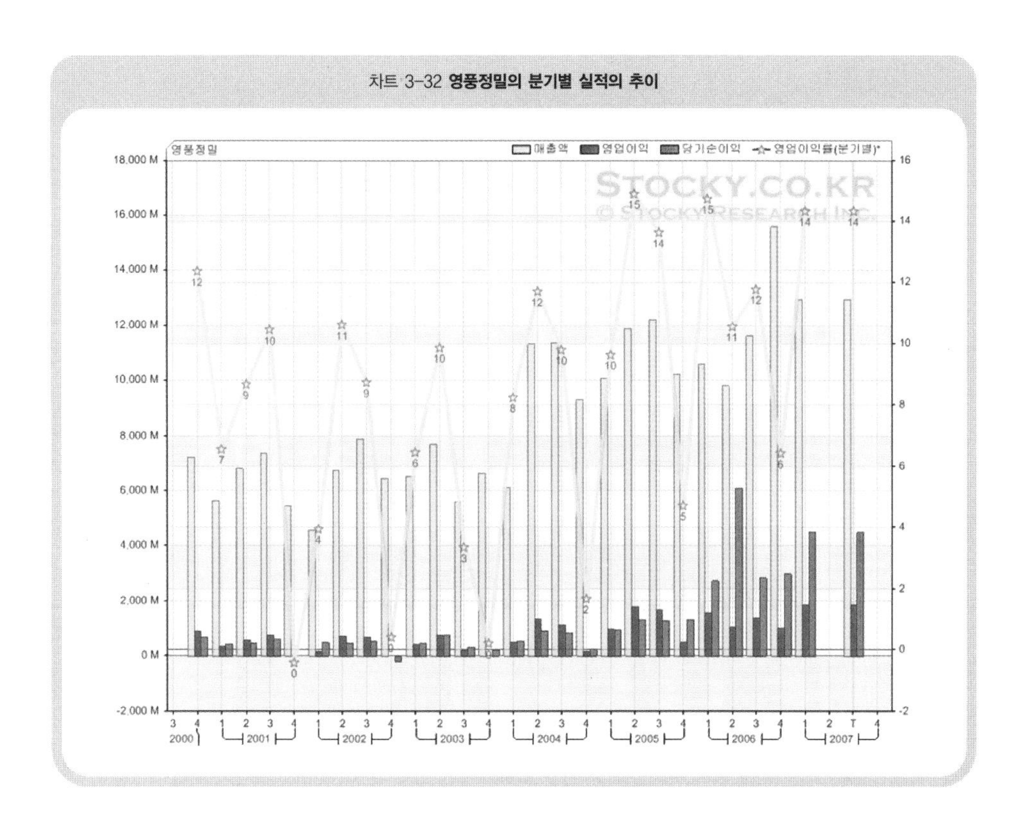

차트 3-32 **영풍정밀의 분기별 실적의 추이**

는 영업이익보다 순이익이 더 많았던 것을 알 수 있다. 2007년 1/4분기에도 전년 동기와 비교했을 때 매출액, 영업이익, 순이익이 모두 증가하고 있다. 실적의 호조세가 지속되고 있는 것으로 판단된다.

기업가치의 변화에 대해서도 파악해보자. 2006년에 순이익이 급등한 덕분에 ROE가 두 배 이상 뛰었고, 제조업체로서는 상위 그룹에 속하는 20%대까지 오르고 있다. 지분법이익의 증가로 늘어난 것이라서 앞으로도 계속 20%대를 유지할 수 있을지는 알 수 없다. 기업의 순자산가치를 나타내는 BPS가 2년 사이에 두 배 이상 늘어나고 있다.

영풍정밀의 놀라운 성장에 대해 주식시장은 어떻게 반응하고 있는지 확

차트 3-33 **영풍정밀의 연도별 기업가치의 추이**

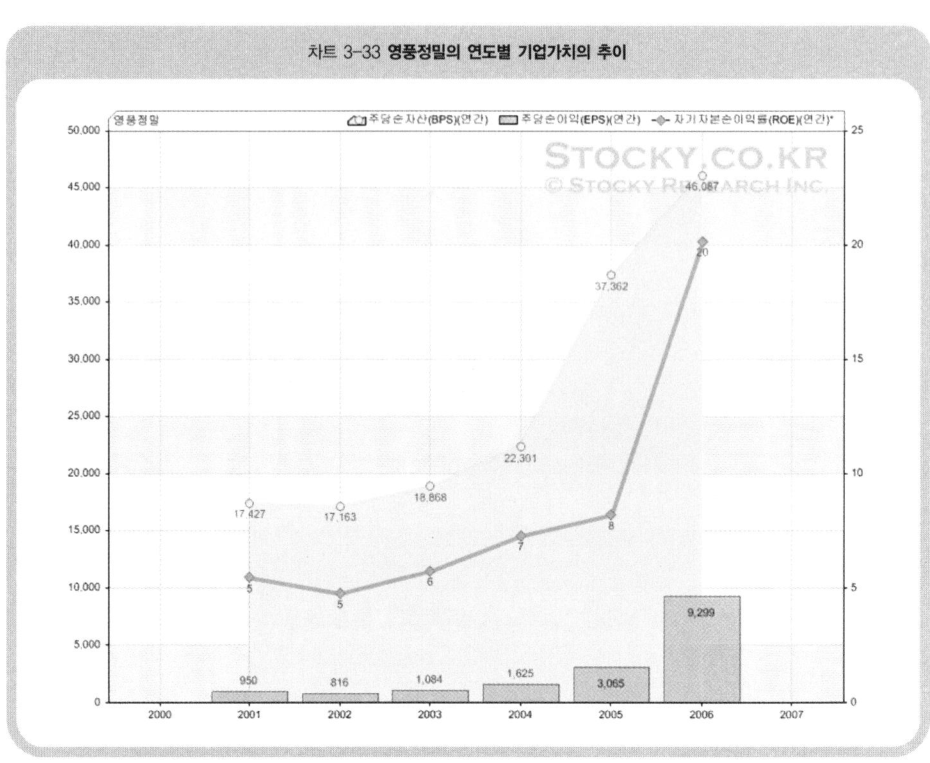

차트 3-34 **영풍정밀의 주가 추이**

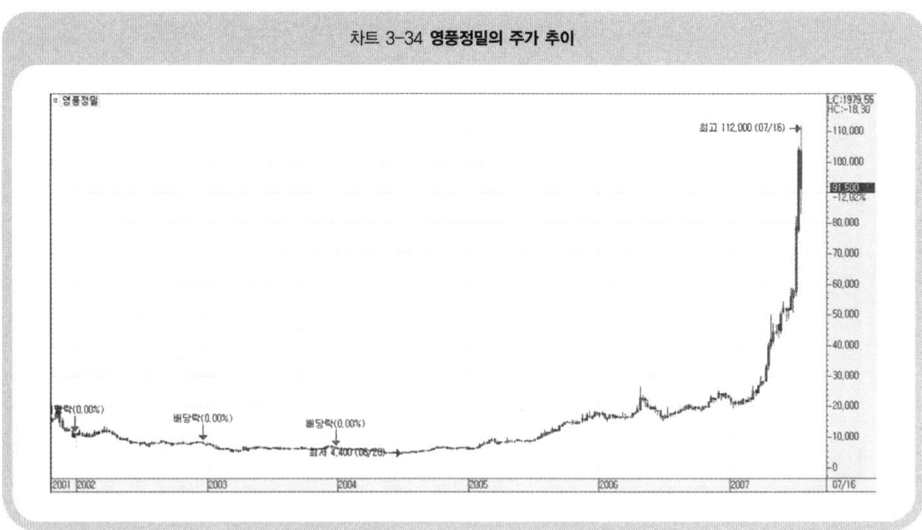

차트 3-35 **영풍정밀의 가치평가의 추이**

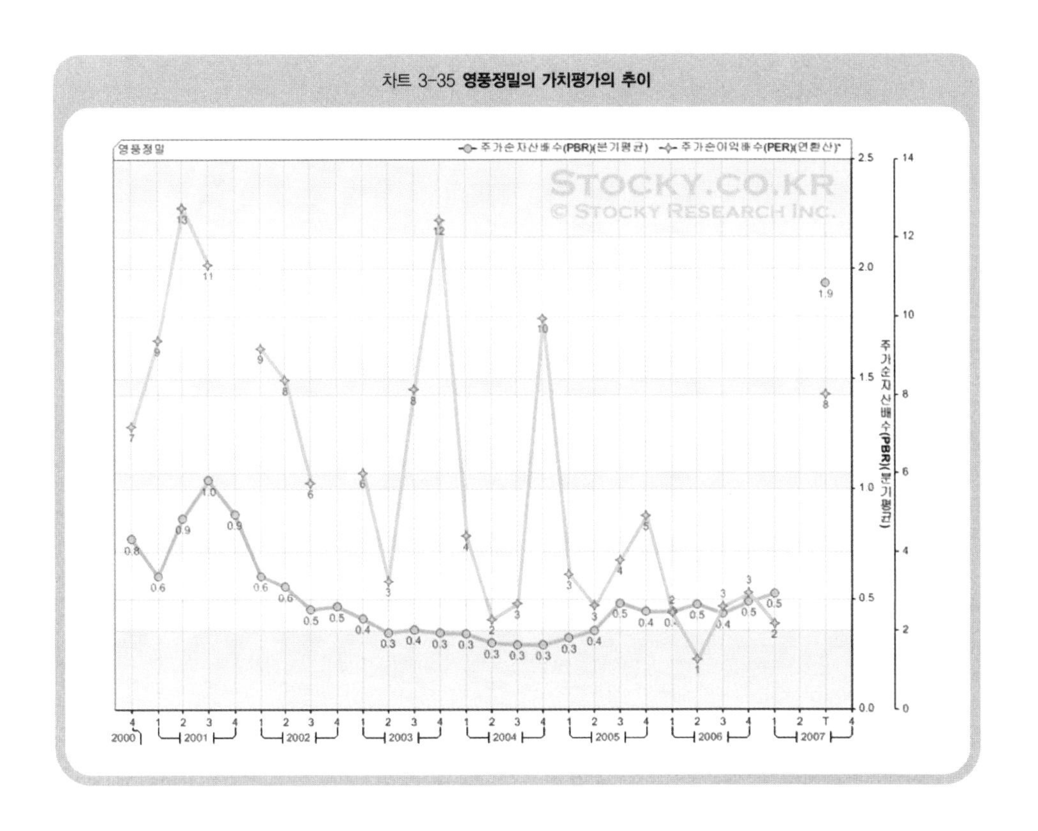

인해보자. 이런! 주가가 로켓처럼 수직으로 솟아 올랐다. 2007년 7월에만 2주 동안 주가가 100%나 뛰었다. 2007년 초와 비교하면 5배나 올랐다. 비이성적인 투기세력이 몰려든 것으로 판단된다. 주가가 급등했음에도 불구하고 2007년 7월 20일자의 PBR은 2배를 넘지 않았고, PER은 10에도 미치지 못하고 있다. 2006년까지 심하게 저평가되어 있던 것을 알 수 있다. 이런 저평가 우량종목을 조기에 발견했던 투자자들에게는 큰 행운이 뒤따랐음은 말할 필요도 없다.

급등 뒤에는 급락이라는 주식시장의 관행으로 볼 때, 단기적으로는 주가가 조정을 받을 가능성도 있어 보인다. 하지만 대주주 지분이 많고 유통주식수가 적으므로 조정을 받더라도 크게 떨어질 것 같지는 않다.

어쨌든 2007년에도 실적의 호조세가 이어지고 있고, 고려아연 등의 형제사들도 사업이 탄탄한 상태라서 영풍정밀의 주당가치는 지속적으로 확대될 것으로 예상되고 있다. 장기적인 투자대상으로 삼고, 주가의 움직임을 예의 주시할 필요가 있을 것으로 판단된다.

동아에스텍

1996년에 설립되어 2004년에 거래소에 상장된 동아에스텍[058730]은 도로용 가드레일을 생산하는 업체로서 전라남도 화순에 자리 잡고 있다. 한상원이 대표이사를 맡고 있으며, 60명의 임직원이 근무하고 있다.

2006년에 526억원의 매출액을 기록했으며, 64억원의 순이익을 올리고 있다. 도로용 금속 가드레일 제품이 전체 매출의 56.4%를 차지하고 있으며, 교량용 방호책 5.4% 등 여러 제품들이 나머지를 채우고 있다. 30여 개 이상의 업체들이 난립해 있는 가드레일 시장에서 동아에스텍은 25%로 가장 높은 시장점유율을 확보하고 있다.

주주 구성을 보면, 한상원이 38.84%로 1대 주주고, 배우자인 박일섭이 8.72%를 보유하고 있다. 두 사람이 합쳐 47.56%라는 안정적인 지분을 확보하고 있다.

먼저 동아에스텍의 실적 추세를 확인해보자. 매출액은 전년보다 5% 정도 줄어들었다. 그러나 영업이익률이 약간 올라서 영업이익 자체는 줄지 않았다. 정부공사 납품업체로서 13%대의 영업이익률은 매우 높은 편인데, 25%의 시장점유율에서 알 수 있듯이 경쟁우위를 확립하고 있기 때문에 높

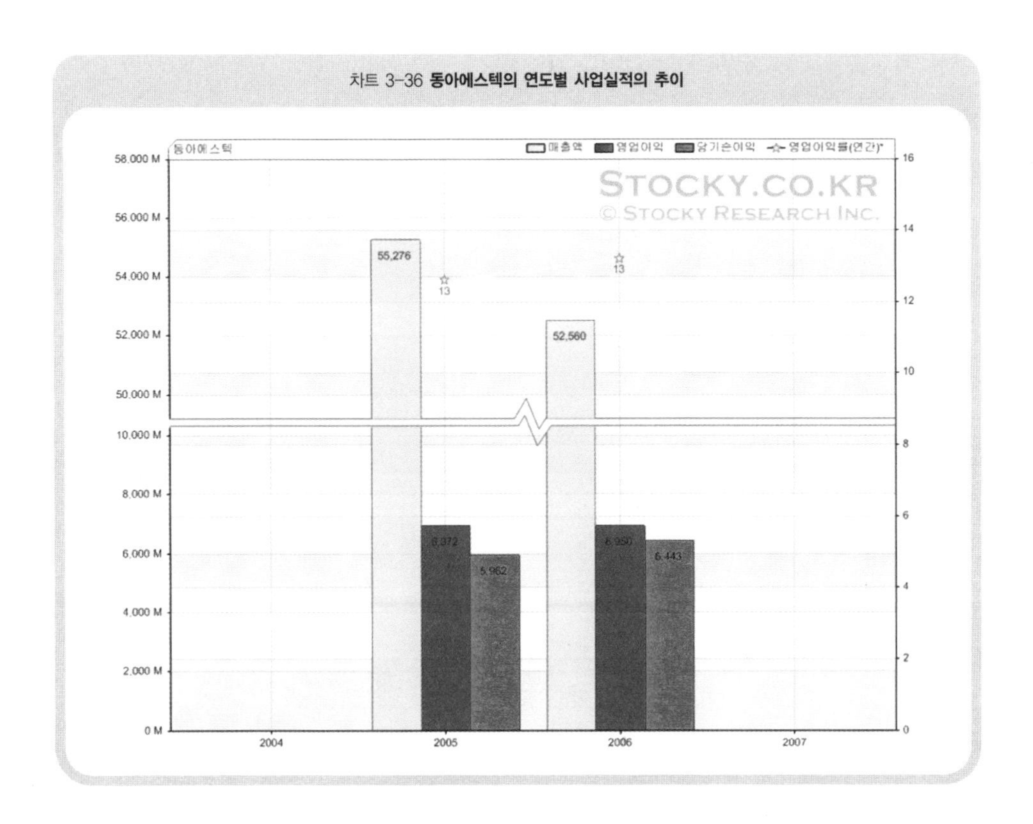

차트 3-36 **동아에스텍의 연도별 사업실적의 추이**

은 이익률을 실현하고 있는 것으로 판단된다.

최근의 분기별 실적을 확인해보자. 1년 단위로 예산을 집행하는 정부공사의 특성 때문에 상반기에는 실적이 저조하다가 하반기에 실적이 확대되는 모습을 보이고 있다. 2007년 1/4분기는 일단 전년 동기보다 실적이 개선되고 있다.

기업가치의 변화도 확인해보자. 주당순자산이 빠르게 늘어나 ROE는 약간 낮아지고 있다. 그러나 17%에 이르는 ROE는 제조업체로서는 상위 수준에 속한다.

기업의 가치가 주식시장에서 어느 정도로 평가되고 있는지 확인해보자.

차트 3-37 **동아에스텍의 분기별 사업실적의 추이**

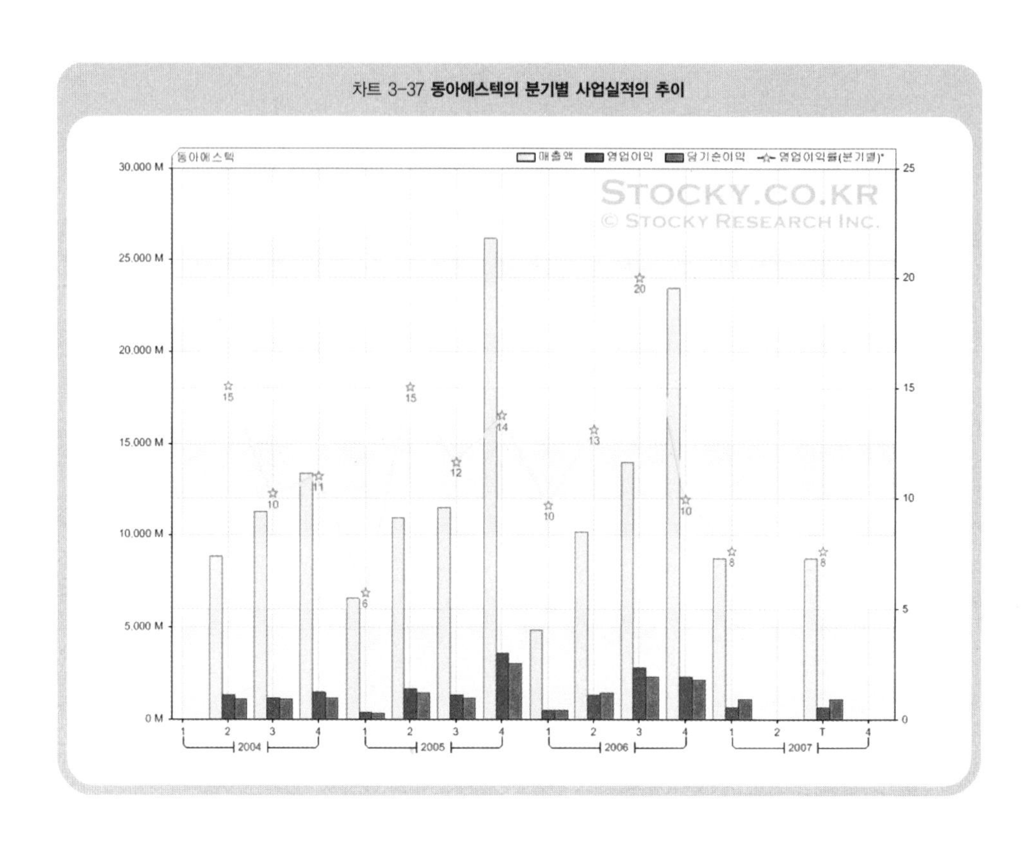

먼저 주가의 추이를 살펴보자. 2005년부터 주가가 꾸준히 오른 편이지만, 특히 2007년 들어 상승속도가 빨라지고 있다. 반년 만에 주가가 두 배나 뛰어오르고 있다.

주가의 움직임을 기업가치와 비교해보자. 차트를 보면, 주가가 급등하여 7월 20일 현재 PBR은 1.3배, PER은 11배에 이르고 있는 것을 알 수 있다. PBR이 최고점에 올랐지만 아직 시장 평균치에는 미치지 못하고 있다. 즉, 아직까지는 저평가된 상태에 있다.

동아에스텍이 새로 진출하고 있는 교량용 방호책이나 경사지용 옹벽 시장에서 더 높은 시장점유율을 달성하여 가드레일에 치중되어 있는 매출구

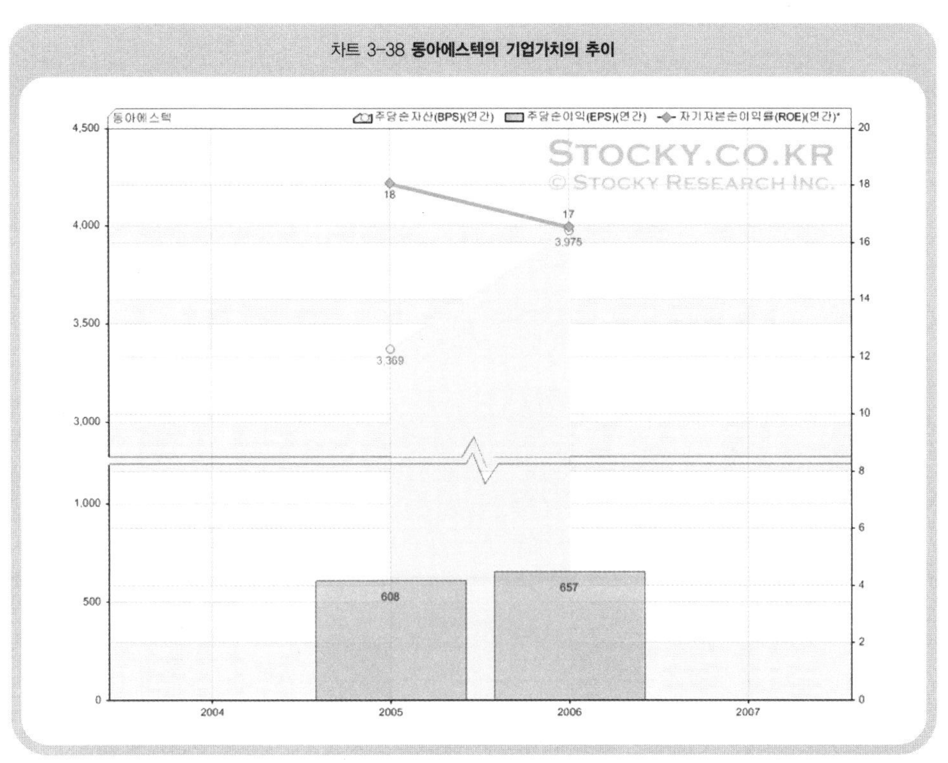

차트 3-38 **동아에스텍의 기업가치의 추이**

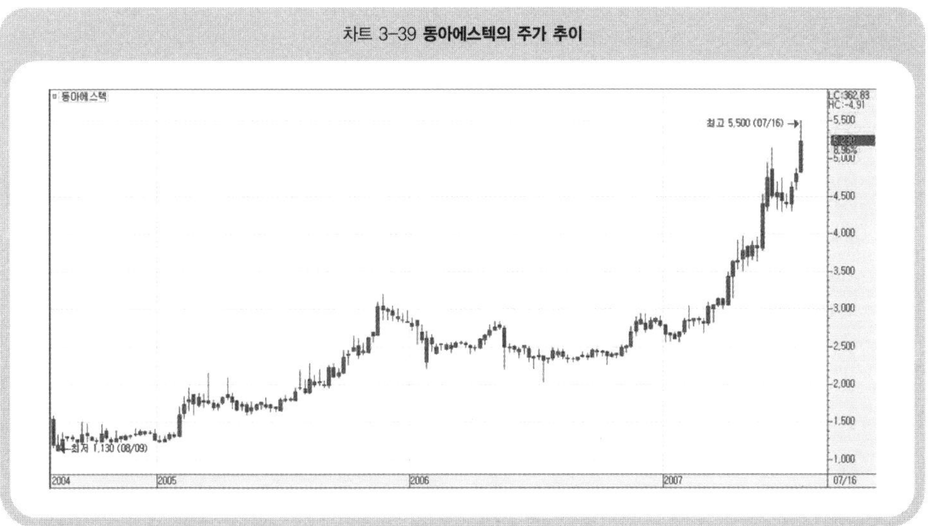

차트 3-39 **동아에스텍의 주가 추이**

차트 3-40 **동아에스텍의 가치평가의 추이**

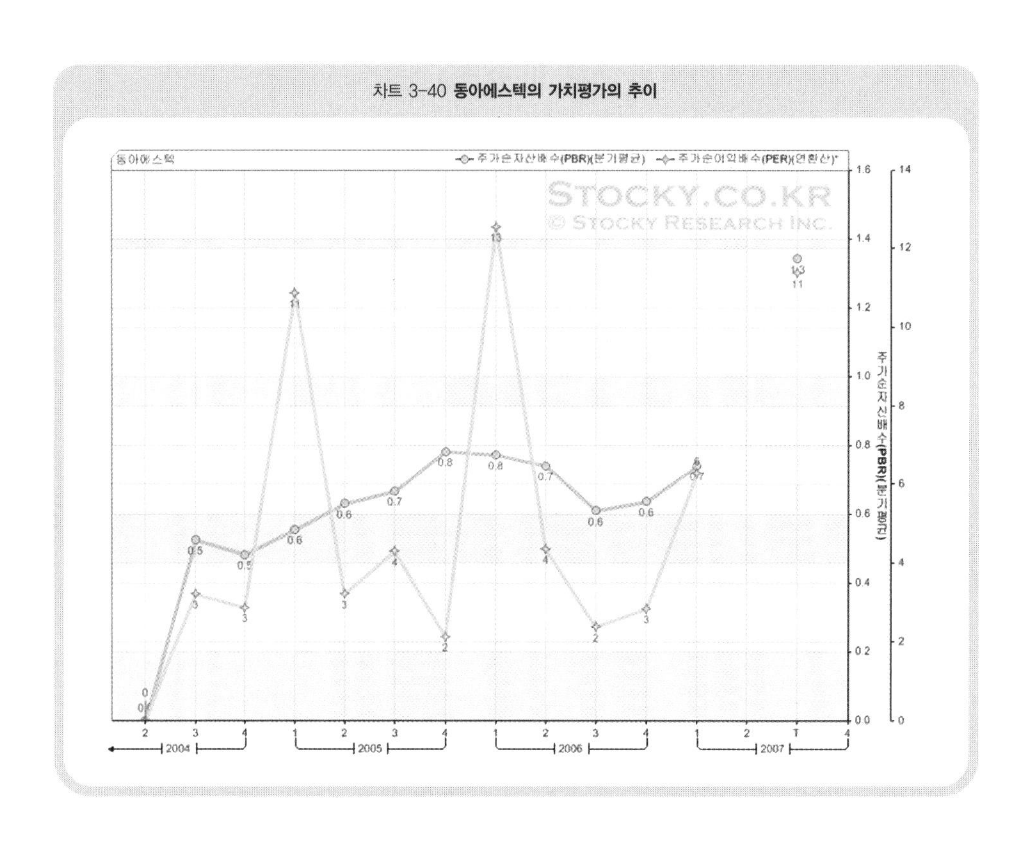

조를 탈피하고 매출액의 증대를 이룩한다면, 저평가 상태를 벗어날 수 있을 것으로 판단된다. 동아에스텍은 시장 경쟁력이 우수하고 이익 창출능력이 뛰어난데, 주가는 저평가된 상태에 있으므로 장기투자 대상으로서 검토해 볼 만하다고 판단된다.

한일건설

1970년에 설립되어 1993년에 거래소시장에 상장된 한일건설[006440]

은 한일시멘트 계열의 건설업체로서, 장종수가 대표이사를 맡고 있으며, 439명의 임직원이 근무하고 있다.

2006년의 매출액은 5,090억원, 순이익은 346억원에 달하는 시공능력 45위의 중견건설업체다.

2007년 1/4분기의 매출 구성을 보면, 도급건축공사가 72.8%, 도급토목공사가 21.1%를 차지하고 있다. 자체공사보다는 도급공사가 많은 편이다.

대주주 구성을 보면, 한일시멘트가 20.65%, 허동섭이 16.34% 그리고 우덕재단이 5.0%, 허서연, 허서희 등의 가족이 6.18% 등 오너그룹이 총 48.17%의 지분을 갖고 있어 경영권이 안정되어 있다. 게다가 한일건설은

차트 3-41 **한일건설의 연도별 사업실적의 추이**

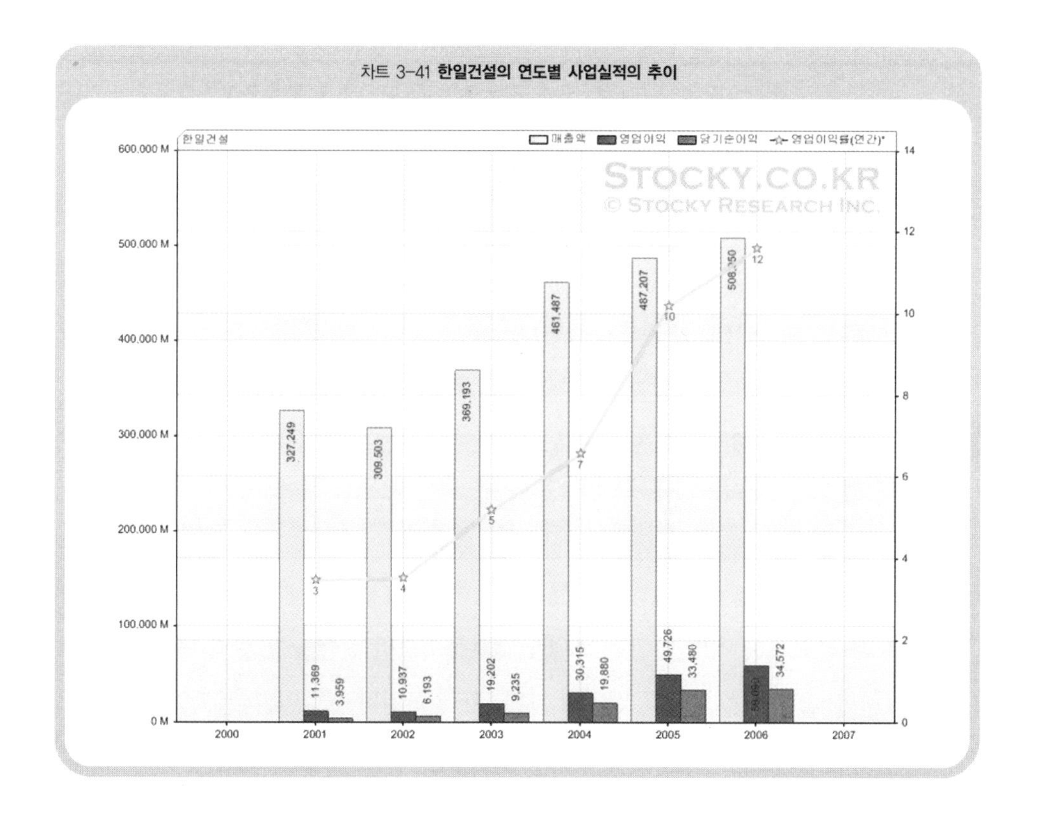

차트 3-42 **한일건설의 분기별 실적의 추이**

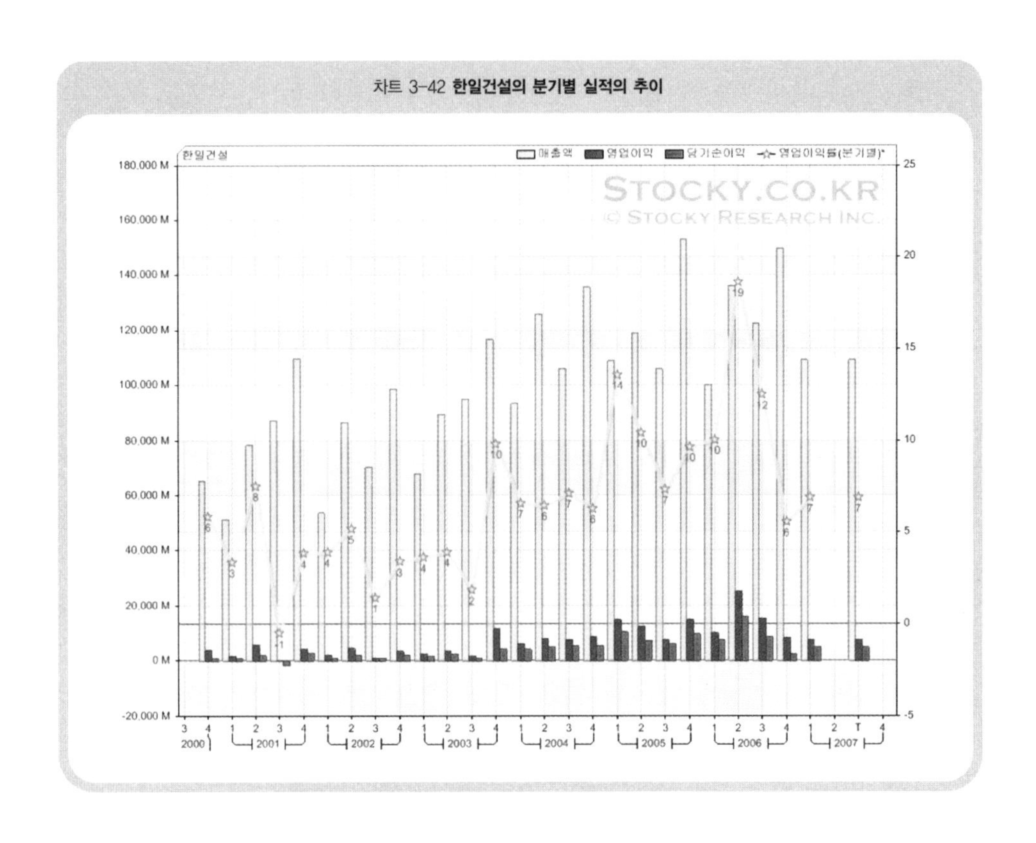

2.46%의 자기주식도 보유하고 있다.

한일건설의 실적 추세를 확인해보자. 2003년부터 매출액의 증가 추세가 보기에 좋다. 영업이익의 증가율은 매출액 증가율을 넘어서고 있으며, 이로 인해 영업이익률이 4%에서부터 12%까지 지속적으로 상승하고 있다. 한일건설의 사업역량이 점차 강화되는 모습을 엿볼 수 있다.

분기별 실적의 추세도 확인해보자. 2007년 1/4분기의 매출액은 전년 동기보다 늘었으나, 영업이익은 2006년 3/4분기부터 줄어들고 있다. 분기별 영업이익률도 10% 아래로 떨어져 있다. 다음 분기의 영업이익을 지켜볼 필요가 있겠다.

차트 3-43 **한일건설의 연도별 기업가치의 추이**

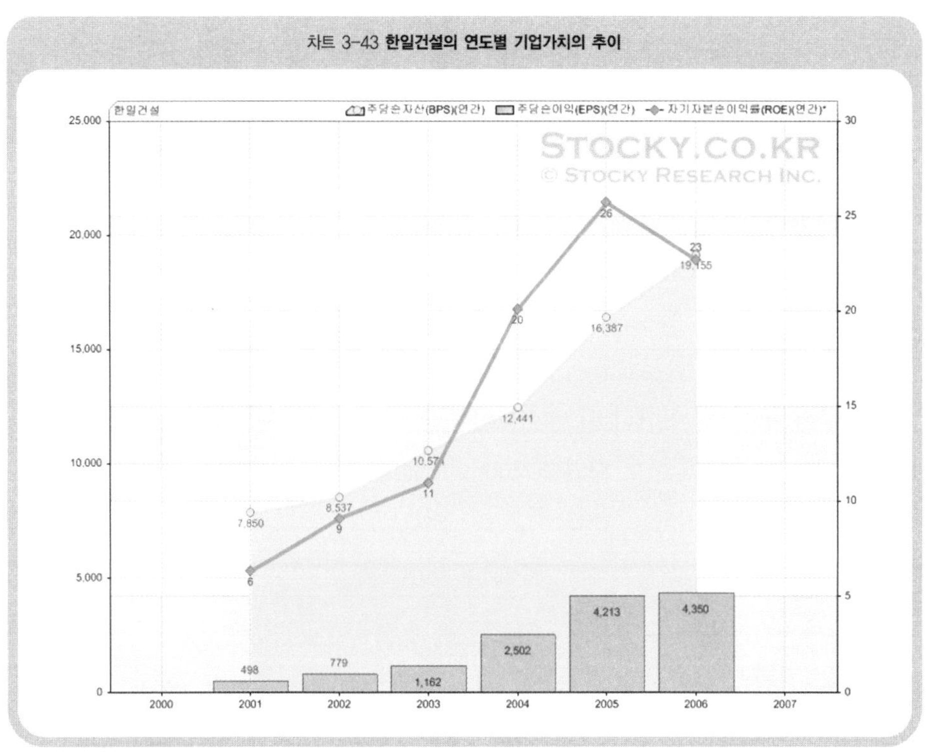

차트 3-44 **한일건설의 주가의 추이**

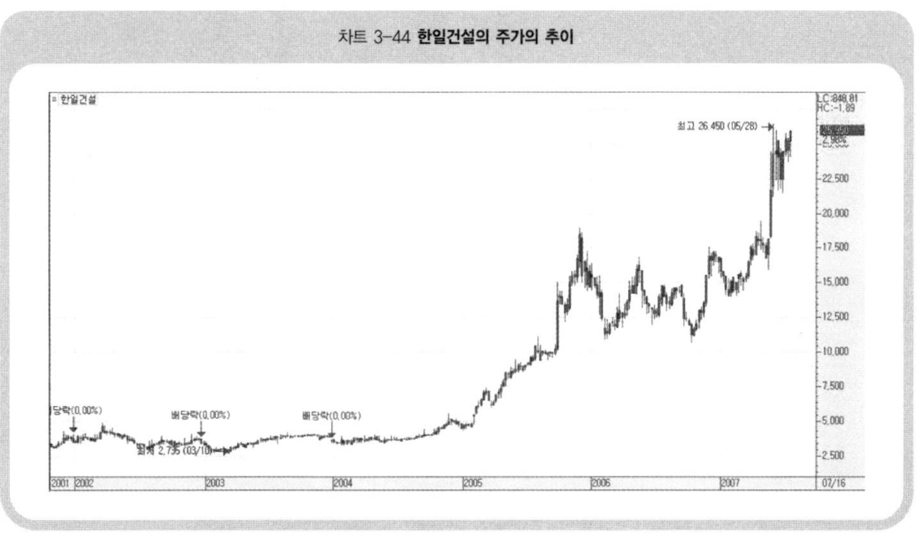

기업가치의 변화도 확인해보자. 연도별 차트를 보면, EPS가 지속적으로 증가해오다 2006년에 그 속도가 둔화되고 있다. 따라서 26%까지 치솟았던 ROE는 23%로 떨어지고 있다. 하지만 전체적으로 기업가치가 순조롭게 확대되는 모습이며, ROE는 아주 높은 수준을 유지하고 있다.

한일건설의 기업가치가 주식시장에서는 어떻게 평가를 받고 있는지 확인해보자.

먼저 주가의 움직임부터 살펴보자. 한일건설의 주가 차트를 보면, 2005년부터 투자자들의 관심이 커지면서 주가가 본격적으로 오르기 시작하여 한 해 동안 200% 이상 뛰었다. 2006년에는 전체 시장의 영향을 받아 오르

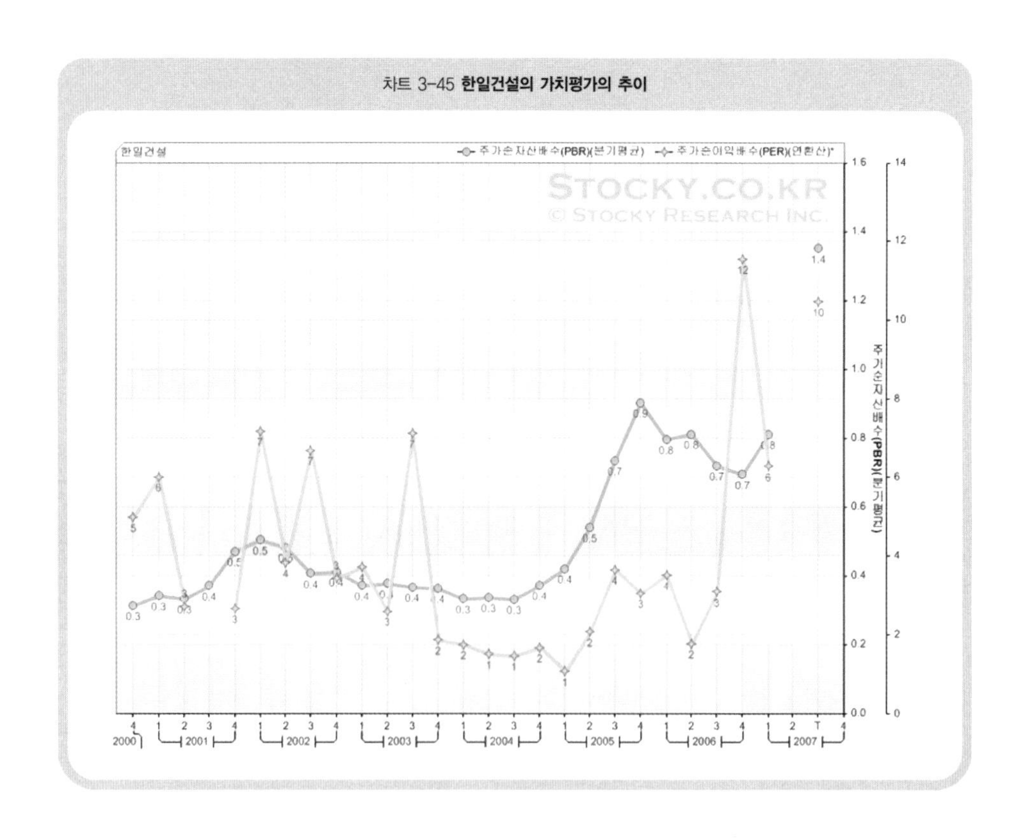

차트 3-45 **한일건설의 가치평가의 추이**

락내리락했으나 2007년에 다시 100% 뛰어오르고 있다.

주가의 변동을 가치와 비교해보자. 주가가 급등했지만 PBR은 1.4배, PER은 10배에 머물러 있다. 저평가 상태다.

한일건설은 사업 규모 면에서 업종 내 중상위권에 위치해 있지만, 영업이익률이나 ROE가 상위권에 포함되고, 몇 년 동안 지속적으로 사업역량을 강화해온 기업이라서 우량기업이라 부를 만하다. 따라서 한일건설은 저평가된 우량기업이라 할 수 있으며, 장기투자 대상이 될 만한 기업이라 생각된다.

일성신약

1961년에 설립된 일성신약[003120]은 1985년에 거래소에 상장된 제약회사다. 대표이사는 윤석근이 맡고 있으며, 336명의 임직원이 근무하고 있다.

표 3-18 **일성신약의 제품별 매출 구성**

품목	용도	비중(단위: 백만원)
오구멘틴	항생제	5,147(41.42%)
일성이오메론	조영제	2,458(19.78%)
일성이오파미로	조영제	1,453(11.69%)
원알파	골대사개선제	499(4.02%)
독시움	당뇨병성 망막증개선제	737(5.93%)
기타	-	2,133(17.16%)

차트 3-46 **일성신약의 연도별 실적의 추이**

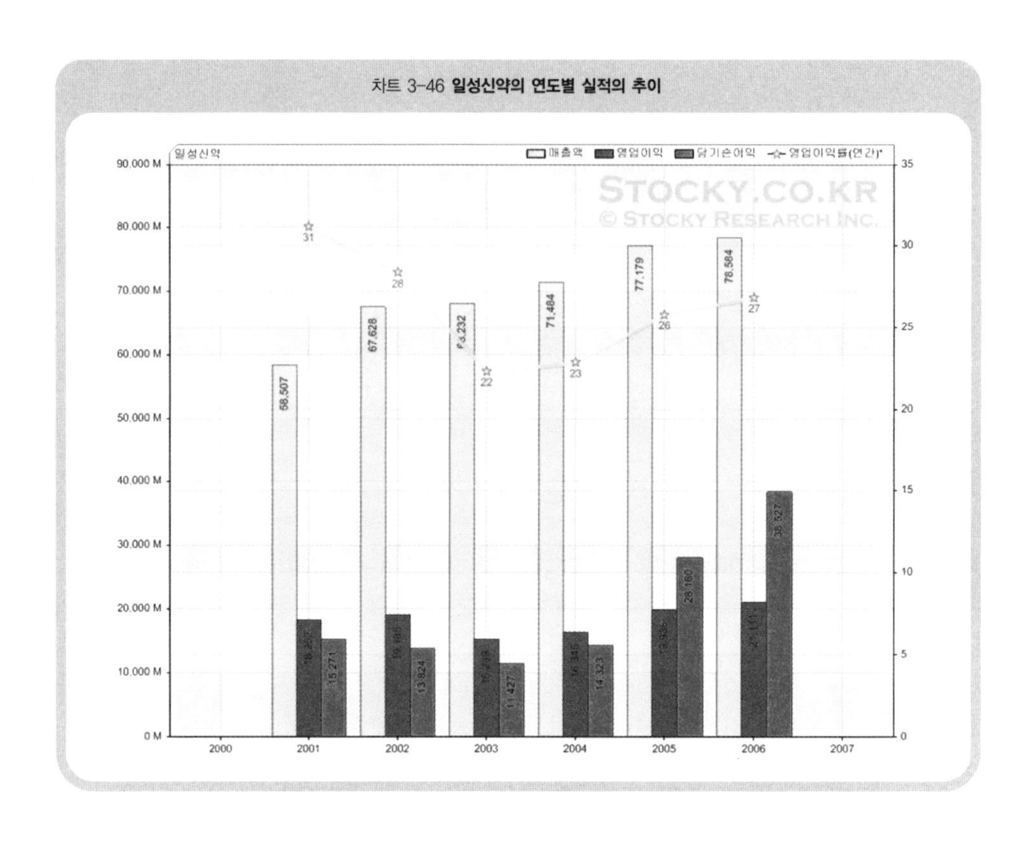

2006년 매출액은 786억원으로 업종 내에서 중간보다 약간 위쪽에 위치해 있다. 그런데 순이익은 385억원으로 업종 내에서 4위를 기록하고 있다.

2007년 1/4분기의 제품별 매출 비중을 살펴보면 표 3-18과 같다.

일성신약은 페니실린계 항생제에선 1위, 조영제에선 3위, 비만치료제에선 1위 등의 시장점유율을 기록하고 있다.

대주주의 구성을 보면, 대표이사 윤석근이 5.95%, 윤영근 등의 특수관계인들을 합쳐 25.94%, 관계사인 시스코통상 등이 23.53%의 지분을 보유하고 있어 유통되는 주식수가 많지 않은 편이다. 약세장이 엄습해도 주가가 쉽게 폭락할 수 없는 구조라 할 수 있다.

차트 3-47 **일성신약의 분기별 실적의 추이**

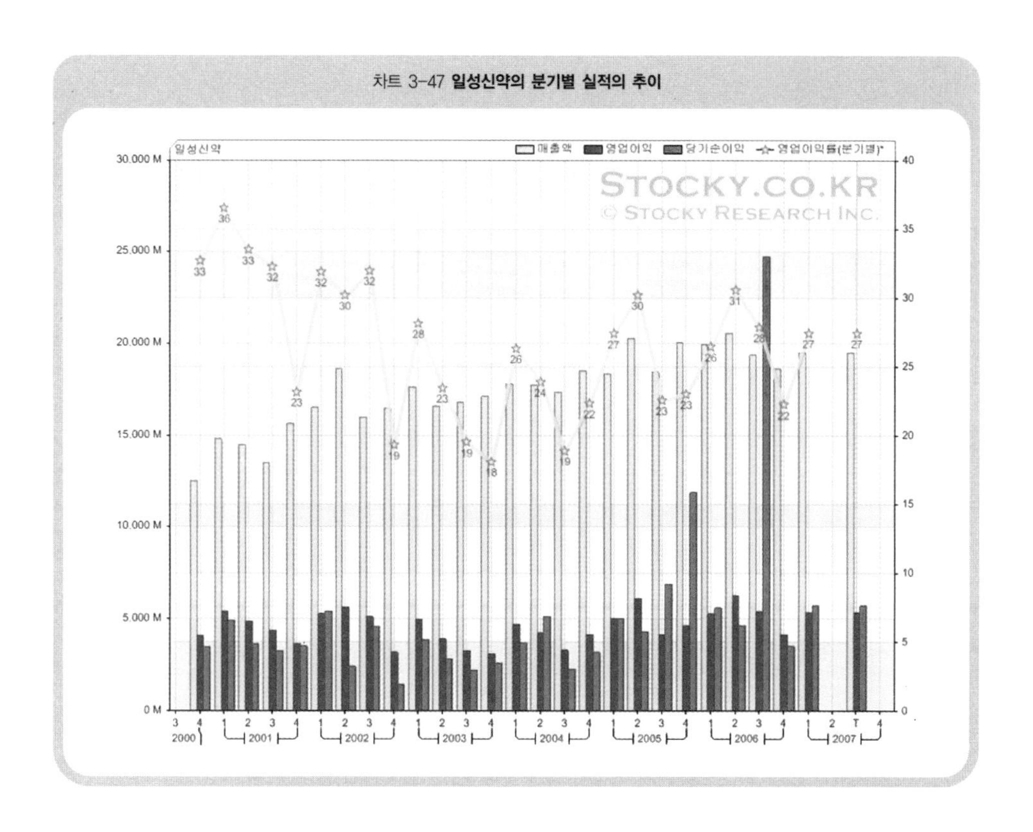

일성신약의 연간 실적 추세를 살펴보자. 매출액도 계속 늘고 있고, 2004년부터는 영업이익도 늘었다. 영업이익률이 27%까지 상승하고 있는 점을 주목할 필요가 있다. 매출액보다 영업이익의 증가율이 앞서고 있다는 것은 시장경쟁력이 강화되고 있다는 뜻이다.

특징적인 점은 지난 2년 동안 순이익이 영업이익보다 많다는 점이다. 일성신약은 다른 상장사들의 주식을 많이 보유하고 있었는데, 그 처분이익이 컸기 때문이었다. 일성신약은 2007년 1/4분기에도 삼성물산의 지분을 자신의 시가총액과 비슷한 규모로 보유하고 있다.

최근 분기의 실적들도 확인해보자. 2007년 1/4분기의 실적이 전년 동기

차트 3-48 **일성신약의 기업가치의 추이**

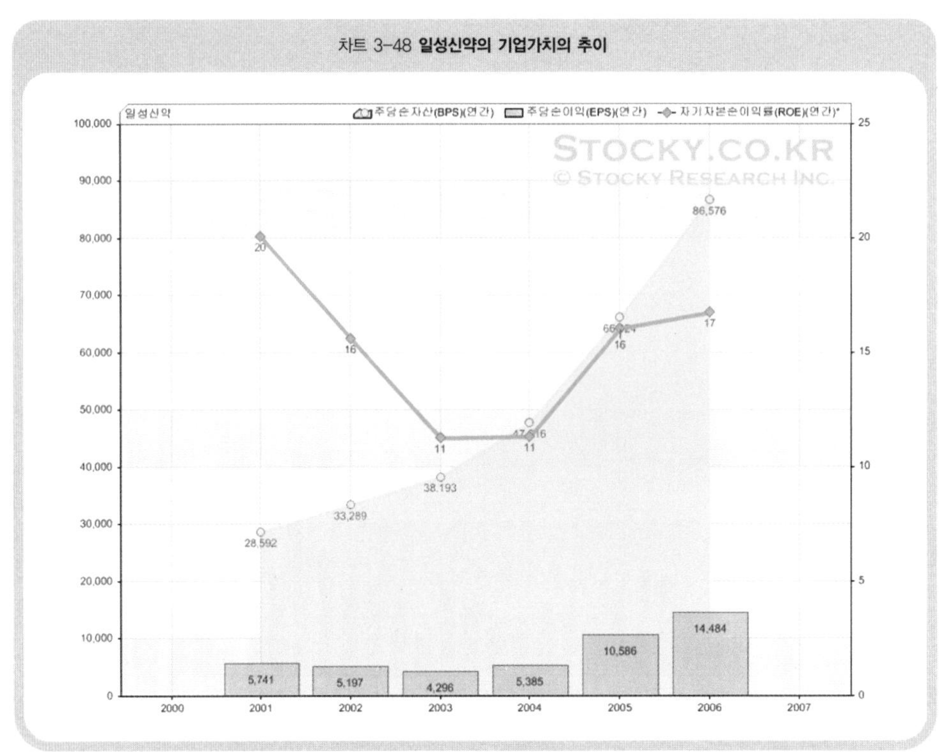

차트 3-49 **일성신약의 주가 추이**

보다 약간 줄어들었다. 그러나 분기별 영업이익률이 최근 10개 분기 동안 22%에서 31% 사이를 오르내리고 있다. 일성신약이 안정적이면서도 높은 수익을 거두고 있는 우수한 기업이라는 것을 알 수 있다.

기업가치의 추세도 확인해보자. EPS나 BPS의 추세가 모두 가파르게 오르고 있다. 따라서 ROE도 11%에서 17%까지 올라가고 있다. 기업가치가 급속하게 증가하고 있는 기업임에 틀림없다.

주식시장의 반응은 어땠을까? 주가 차트를 보면, 앞에서 본 기업가치의 추세와 주가의 추세가 유사하다는 것을 확인할 수 있다. 주가가 기업가치를 충실하게 뒤따르고 있는 모양새다. EPS가 두 배 늘어난 2005년부터 주가도

차트 3-50 **일성신약의 가치평가 추이**

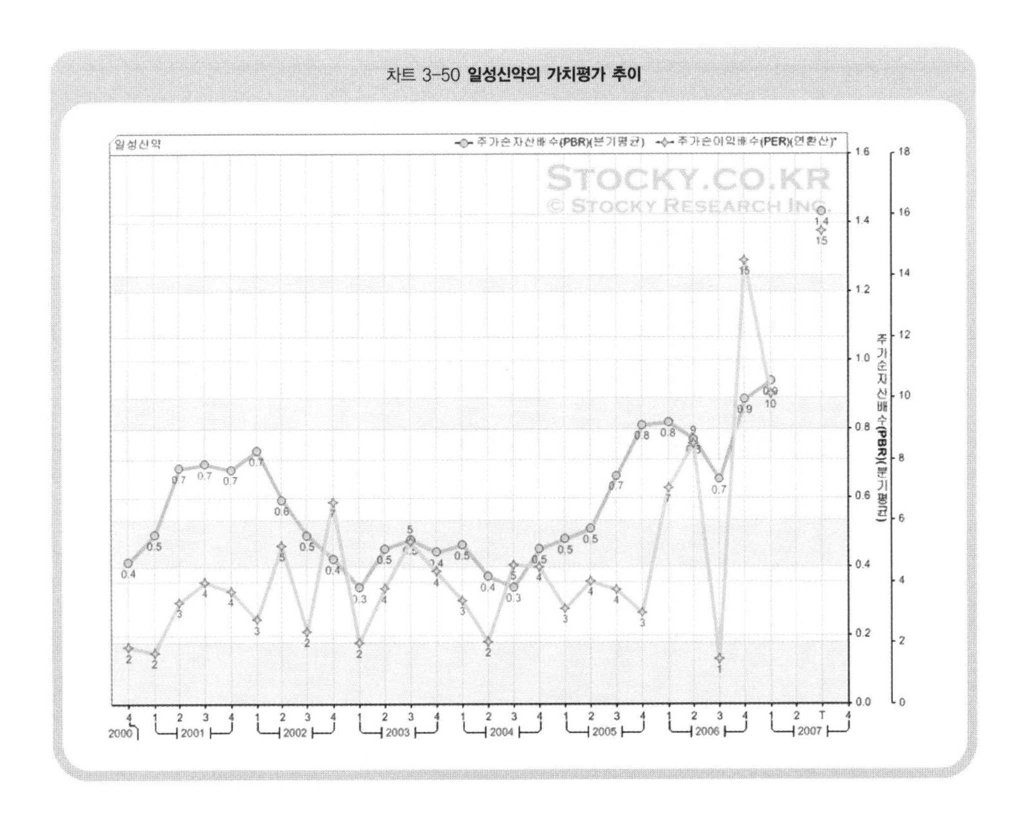

오르기 시작하여 3년이 안 되는 동안 주가는 무려 7배까지 오르고 있다. 대단한 상승세가 아닐 수 없다. 일성신약의 BPS 증가 속도가 워낙 빠르다보니 주가가 급등했음에도 불구하고 2007년 7월 20일의 PBR이 1.4배에 머물고 있다. PER은 15배다.

일성신약은 최근 들어 당뇨병 치료제, 고혈압 치료제, 항우울제, 혈류개선제 등을 출시했고, 2007년에도 항암제, 운동장애 치료제 등을 출시할 예정이라고 한다. 적극적으로 제품 라인업을 확대하고 있다. 이런 노력이 계속된다면 매출액과 영업이익은 더욱 확대될 것으로 예상된다. 게다가 일성신약은 언제든 순이익으로 전환될 수 있는 투자자산이 많다. 즉, 숨어 있는 기업가치도 크다고 말할 수 있다. 따라서 주가가 올랐어도 여전히 저평가 상태에 있으며, 향후에도 계속 상승할 가능성이 크다고 판단된다.

한섬

1987년에 설립되어 1996년에 거래소에 상장된 한섬(020000)은 의류 제조업체로서 KOSPI 200 지수에 포함된 기업이다. 정재봉이 대표이사를 맡고 있으며, 974명의 임직원이 근무하고 있다.

2006년의 매출액은 3,147억원을 넘어서면서 섬유/의류 업종 내에서 7위에 오르고 있으며, 509억원의 순이익을 달성하면서 제일모직, 동일방직에 이어 3위에 오르고 있다. 제일모직이 화학이나 전자관련 사업도 벌이고 있고, 동일방직도 원사나 직물까지 생산하고 있다는 것을 고려하면, 한섬이 의류업종 내에서 수익 창출능력이 가장 뛰어난 회사라고 할 수 있다.

한섬이 보유하고 있는 브랜드별 매출 비중을 살펴보면 표 3-19와 같다.

표 3-19 **한섬의 제품별 매출 구성**

주요 브랜드	매출액(비율)
SYSTEM	19,234(25.65)
TIME	19,707(26.28)
MINE	13,745(18.33)
SJSJ	11,654(15.54)
TIME HOMME	5,209(6.95)
끌로에 외	5,434(7.25)

(단위: 백만원)

차트 3-51 **한섬의 연도별 실적의 추이**

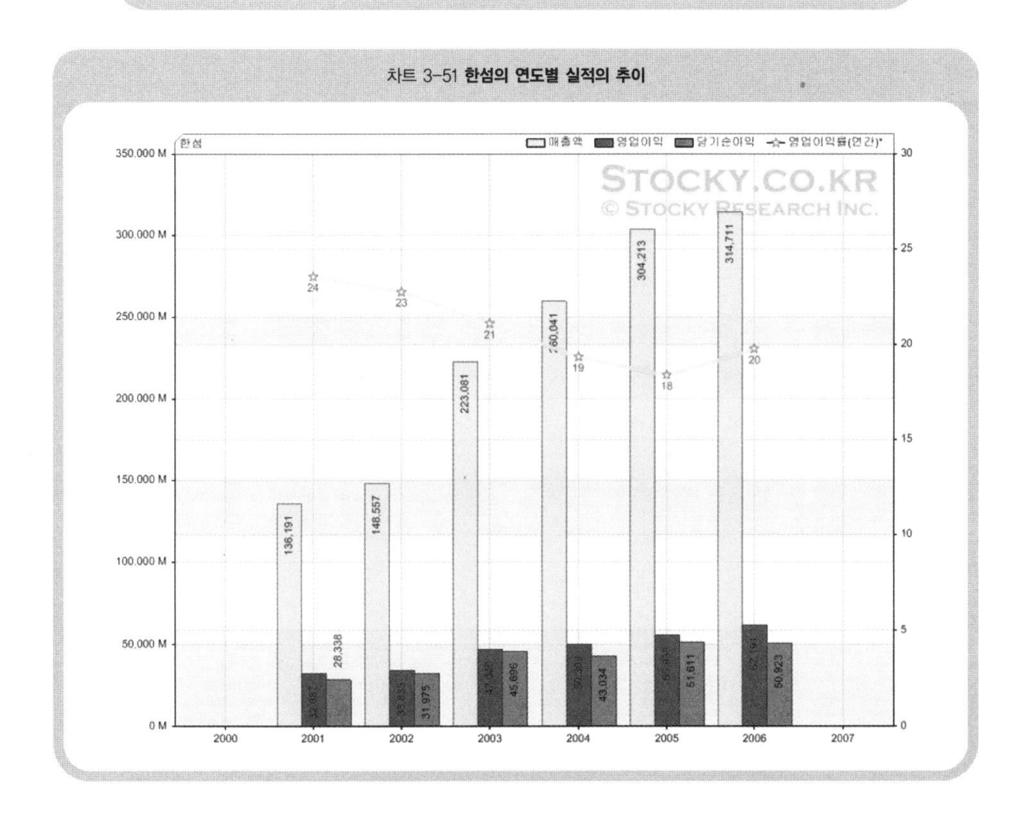

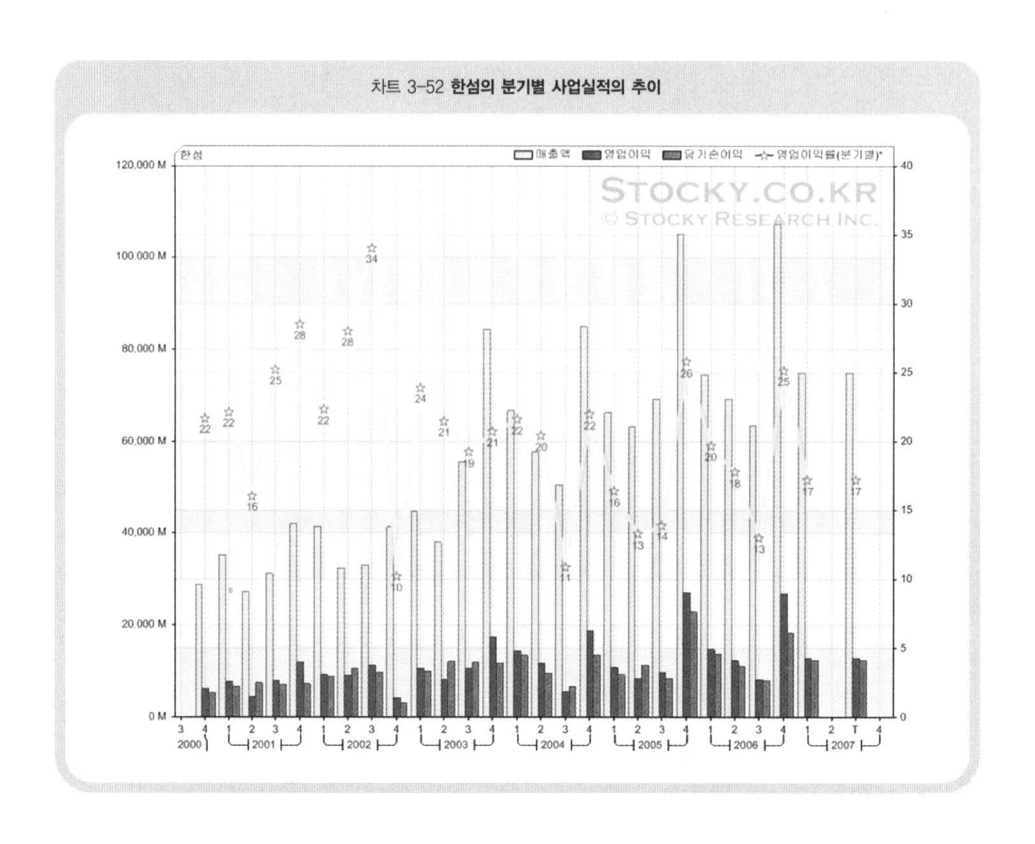

차트 3-52 **한섬의 분기별 사업실적의 추이**

2007년 1/4분기 매출액 기준이다.

대주주 구성을 살펴보면, 대표이사인 정재봉이 25.23%의 지분을 보유한 1대 주주고, 자녀인 정형진이 4.52%, 부인인 문미숙이 2.83% 등 오너그룹이 32.58%를 소유하고 있어 경영권은 안정되어 있다. 게다가 한섬은 15.54%의 자기주식을 보유하고 있다.

한편 여러 회사들을 자회사로 거느리고 있으나, 738억원의 매출액을 거둔 ㈜패션익스체인지 외에는 주목할 만한 회사는 없는 것으로 보인다.

한섬의 연간 실적 추세를 살펴보도록 하자. 매출액과 영업이익이 지속적으로 증가하고 있는 모습을 볼 수 있다. 그래프의 모양새가 깨끗하다. 매출

차트 3-53 **한섬의 연도별 기업가치의 추이**

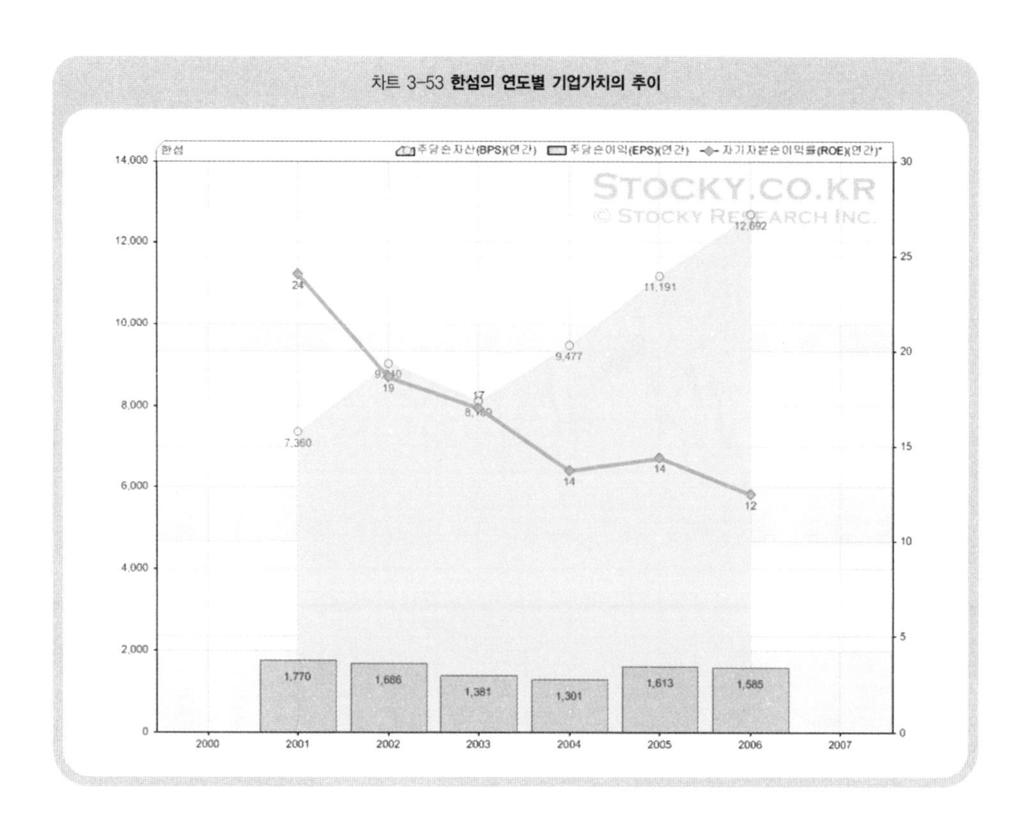

액보다 영업이익의 증가 속도가 낮아서 영업이익률이 점진적으로 하락했지만, 여전히 20%라는 높은 비율을 유지하고 있다. 건실하게 사업을 영위하고 있는 회사라고 말할 수 있다.

분기 단위의 실적도 확인해보자. 2007년 1/4분기에 전년 동기와 비슷한 실적밖에 거두지 못했지만, 전체적인 흐름을 보면 매출액이나 영업이익이 점차 늘어나고 있는 추세다. 그런데 지난 4년 동안 4/4분기만 되면 매출액과 영업이익이 뛰어오르는 계절적 특성이 드러나고 있는 점이 눈에 띈다.

기업가치는 어떻게 변화하고 있는지 확인해보자. 2003년의 증자로 인해 BPS나 EPS가 줄었다가 다시 회복되는 양상을 보이고 있다. 주당순자산은

차트 3-54 **한섬의 주가의 추이**

차트 3-55 **한섬의 기업가치 평가의 추이**

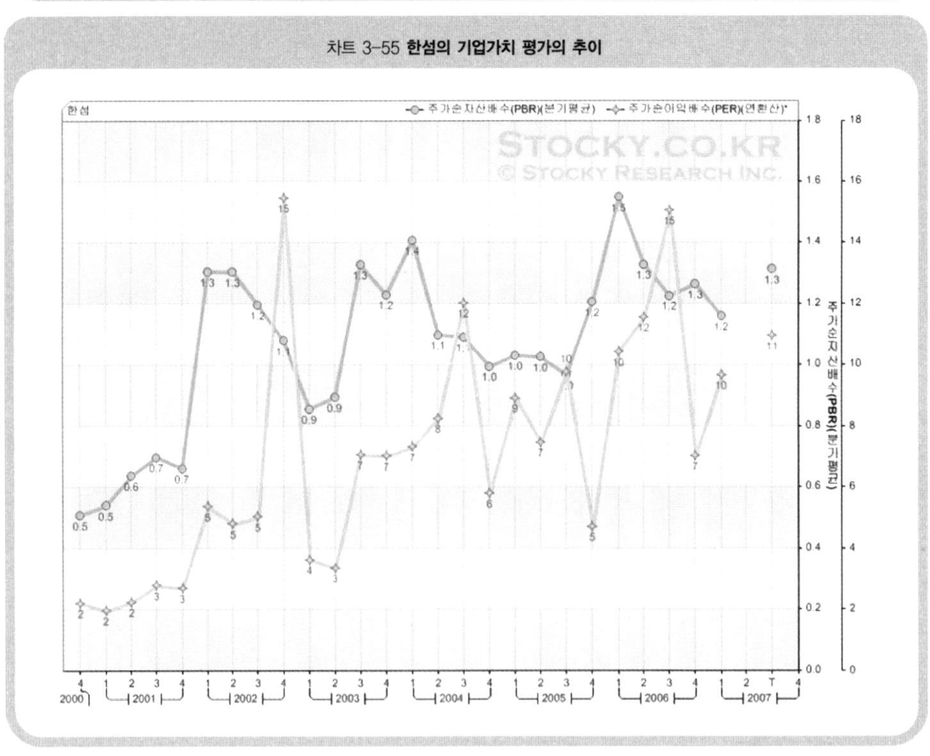

지속적으로 확대되고 있다. BPS가 늘어나는 것에 반해 EPS는 정체되면서 ROE가 12%까지 내려오고 있다. EPS를 확대하는 일이 향후의 경영과제임을 직감할 수 있다.

이러한 기업가치의 추세를 주가는 어떻게 반영했을까? 2002년부터 2005년 후반까지 3년 넘게 주가는 제자리걸음을 반복했다. 2005년 막판에 두 배쯤 뛰어올랐는데, 2006년 초부터 다시 1년 반 동안 신고가를 경신하지 못하고 있다.

길게 보면 주가가 한 단계 업그레이드된 게 확실하지만, 주가를 밀어 올릴 만한 세력이 부족해 보이는 것도 사실이다. 2007년 들어 오름세로 돌아선 주가가 2007년 하반기에도 그 추세를 유지할지 자못 궁금하다.

실적은 견실함에도 불구하고 주가가 크게 오르지 않았다면 주가가 저평가되었을 것이라 짐작할 수 있다. 실제로 그런지 확인해보자. PBR이 2002년부터 1.3배를 오르내리고 있는 점이 눈에 띈다. 반면 PER은 점차 상승하는 흐름을 보여주고 있다. 그러나 여전히 시장 평균보다 낮은 11배 수준에 머물러 있다.

제품 브랜드가 강력하고 이익 창출능력이 뛰어나며 지속적으로 성장하고 있는 회사임에도 불구하고, 또한 주가의 발목을 붙잡을 만한 특별한 사유도 발견되지 않음에도 불구하고 한섬의 주가는 왜 장기간 저평가 상태에서 벗어나지 못하고 있을까? 전통산업으로 분류되는 의류업종 전체의 인기가 높지 않기 때문에 한섬이 조명을 받지 못하고 있는 것은 아닐까?

한편 한섬이 발표하는 사업계획 등을 보면, 향후에도 매출과 이익의 성장 추세는 계속될 것 같다. 기업가치가 뛰어오르면 주가도 뒤쫓아 갈 수밖에 없다. 따라서 한섬의 주가는 장기적으로는 꾸준히 오를 것으로 기대된다. 장기투자 대상으로서 추천할 만하다.

동성제약

1957년에 설립된 동성제약[002210]은 1990년에 거래소에 상장된 제약업체다. 이양구가 대표이사를 맡고 있으며, 260명의 임직원이 근무하고 있다.

2006년의 매출액은 629억원으로 중위권에 속하는 규모다. 30억원 가까운, 크지 않은 순이익을 기록하였다. 매출액이 크지 않은 것은 제품의 라인업이 크지 않기 때문이다.

2007년 1/4분기의 제품별 매출 구성을 살펴보자. 표 3-20을 보면, 머리염색제품의 매출이 가장 큰 비중을 차지하고 있는 것을 알 수 있다.

대주주 구성을 살펴보면, 대표이사인 이양구가 1대 주주로서 14.78%를 보유하고 있다. 이선규 등의 친인척이 13.31%, 계열사인 ㈜하이넷포쉬에화장품이 3.66%를 갖고 있어 오너그룹이 총 31.75%를 보유하고 있다.

표 3-20 **동성제약의 제품별 매출 구성**

품목	용도	주요 상표	매출액(비율)
의약품(제품)	정장제	정로환	1,459,976(9.42%)
	항생제	크라맥스	404,391(2.61%)
	염모제	세븐에이트	3,496,378(22.56%)
	염모제	허브	1,045,819(6.75%)
		기타	7,619,074(49.17%)
의약품(상품)	염모제	세븐에이트	156,588(1.01%)
		기타	175,746(1.13%)
화장품	기초화장품	에스메딕 시리즈	177,131(1.14%)
		기타	961,719(6.21%)

차트 3-56 **동성제약의 연도별 실적의 추이**

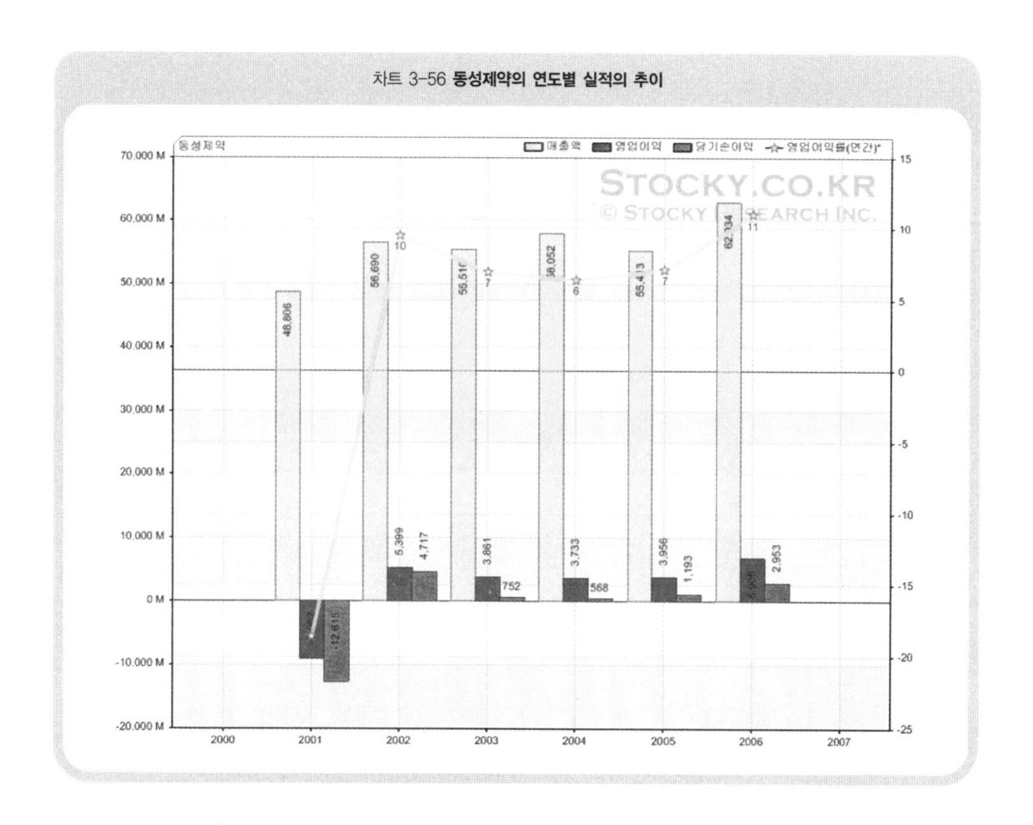

그러면 동성제약의 사업실적의 추세를 확인해보자.

연간 실적부터 알아보자. 염모제 중심의 매출구조라서 매출액의 변동이 크지 않았다. 2006년에 매출액이 약간 늘었지만 영업이익도 함께 늘면서 영업이익률이 높아졌다.

분기 실적의 추세도 확인해보자. 분기별 차트에서 2004년부터 영업이익이, 2005년부터는 순이익이 안정적으로 창출되는 모습을 볼 수 있다.

기업의 가치는 어떻게 변하고 있는지도 확인해보자. 2006년 말에 자본금이 늘면서 BPS가 줄었다. 주식수가 늘었기 때문이다. 그럼에도 불구하고 EPS는 3년째 증가하고 있다. ROE도 늘면서 전반적으로 기업가치가 늘어나

차트 3-57 **동성제약의 분기별 실적의 추이**

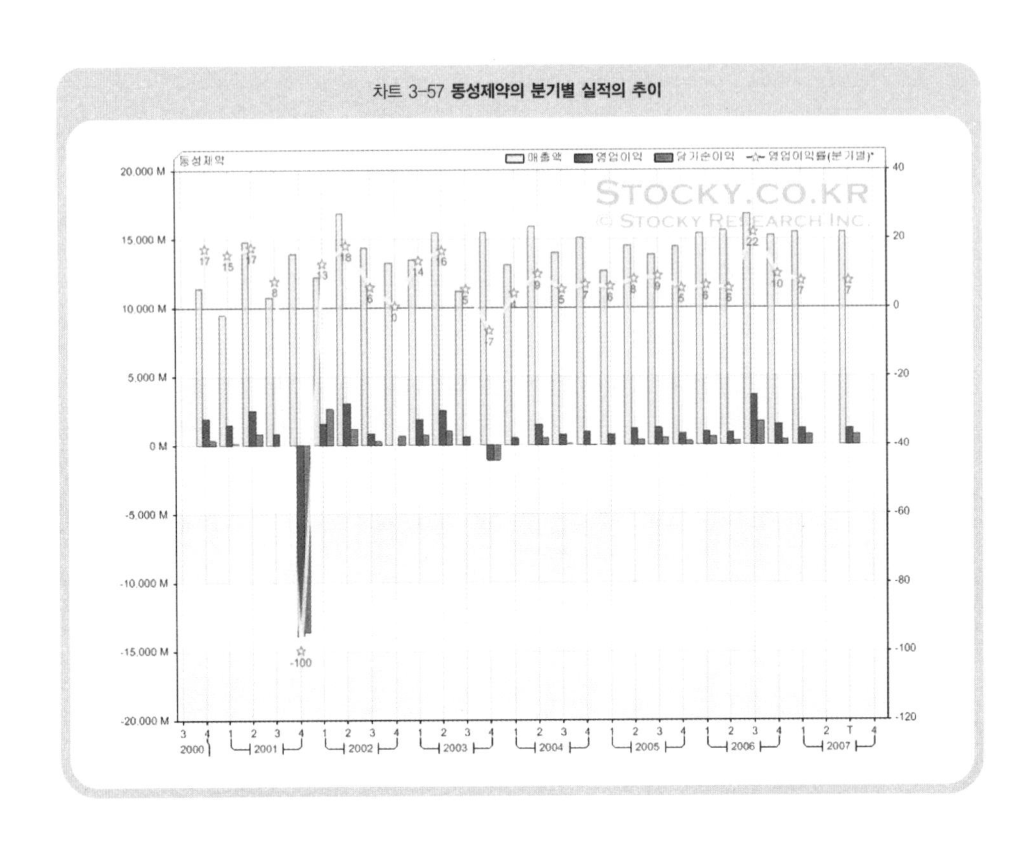

고 있는 상황이다.

이런 기업에 대해 투자자들은 어떤 평가를 내렸을까?

주가 차트부터 살펴보기로 하자. 2005년부터 EPS가 늘자 주가가 바로 따라붙었다. 그러나 2006년에는 소강상태에 빠졌다가, 2007년 강세장에서 주가가 폭등하고 있다. 5월부터 두 달 사이에 주가가 두 배나 뛰어올랐다.

당뇨병 치료제의 임상실험이 성공했다는 소식이 주가에 불을 지폈는데, 동성제약은 제약과 화장품 영역에서 적극적으로 신제품들을 개발하거나 출시하는 노력을 전개하고 있다.

주가의 흐름이 기업가치를 얼마나 반영했는지 파악해보자. 2007년 5월

차트 3-58 **동성제약의 기업가치의 추이**

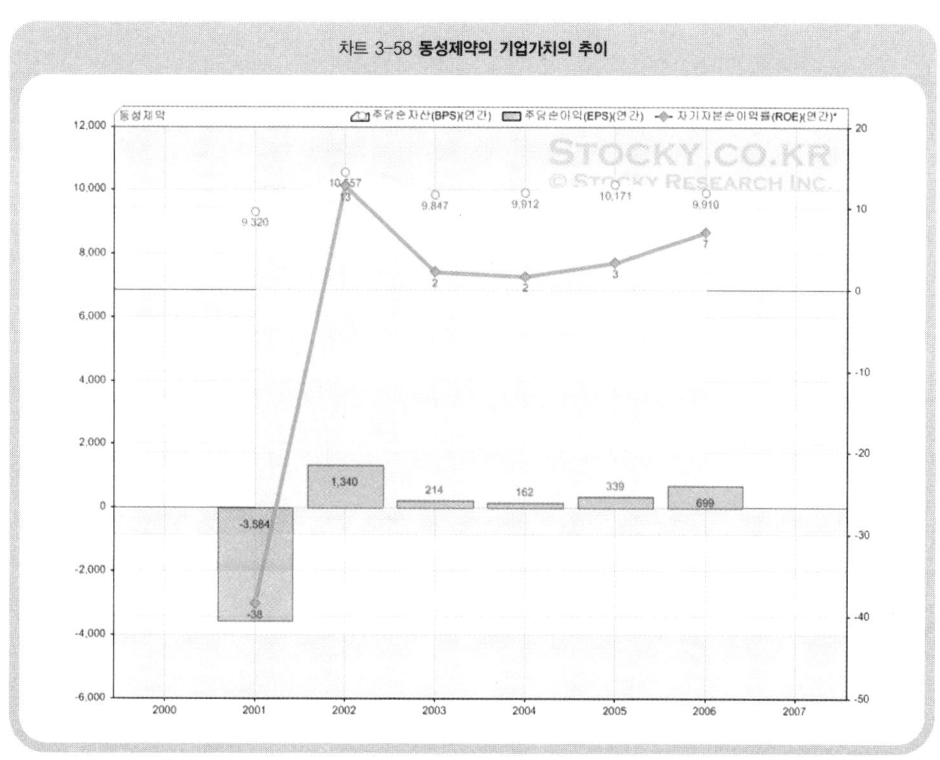

차트 3-59 **동성제약의 주가의 추이**

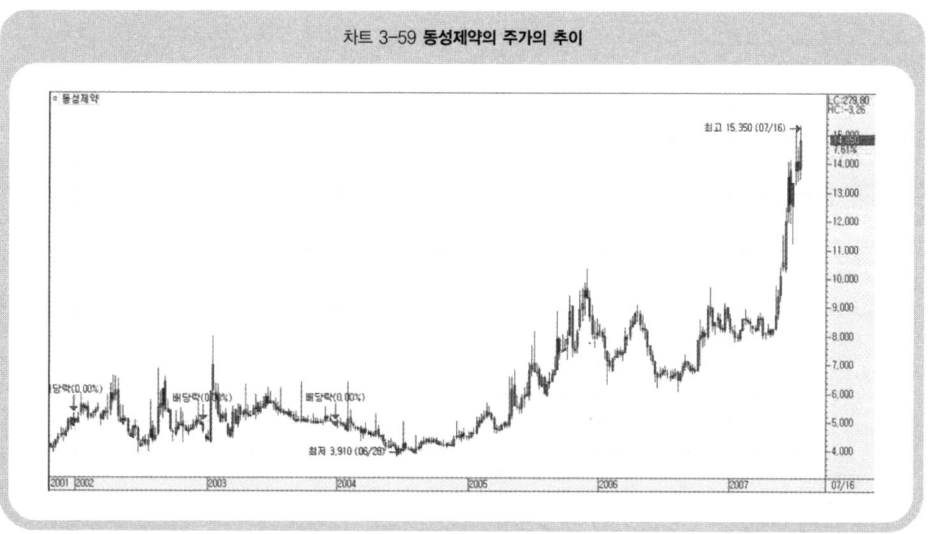

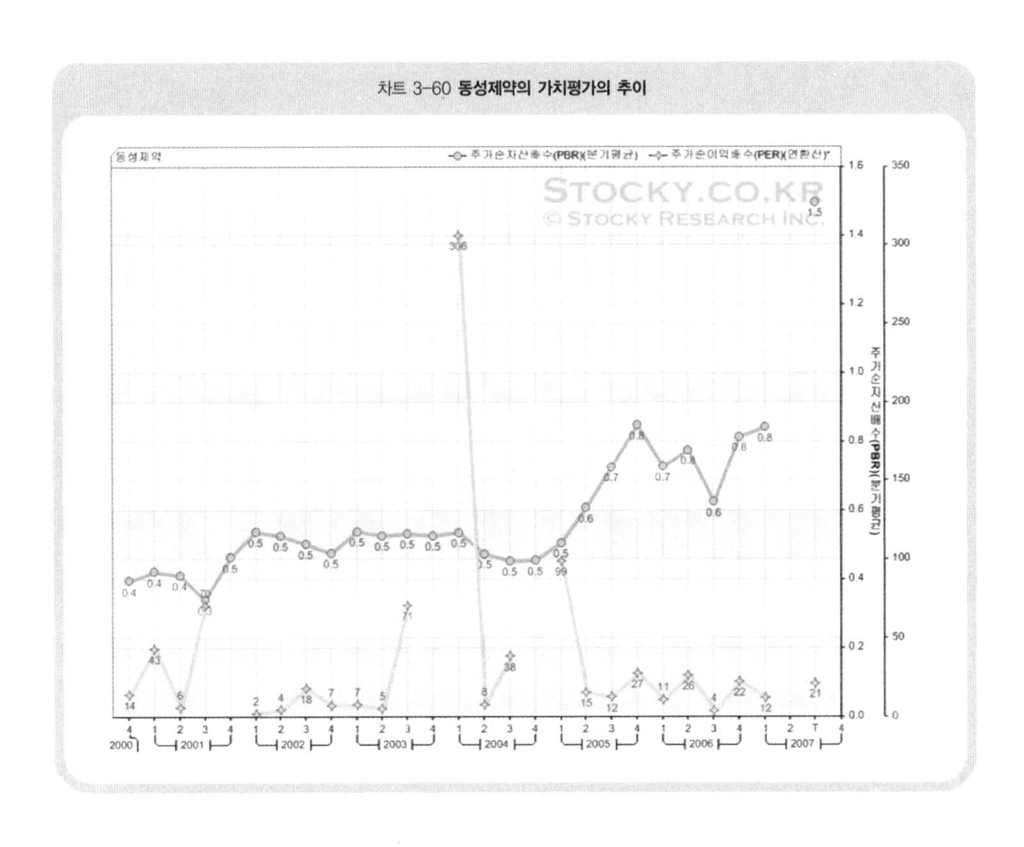

차트 3-60 **동성제약의 가치평가의 추이**

부터 주가가 폭등했지만 순자산가치를 많이 벗어나진 않았다. PBR은 시장 평균에 미치지 못하는 1.5배에 머물러 있다. PER의 수준은 낮지 않으나 아주 높은 것도 아니다.

중위권에 처져 있는 제약업체지만, 동성제약은 실적과 가치의 추세가 안정적이고, 염모제 시장에서 경쟁우위를 확립하고 있으며, 신제품 출시 등을 통해 매출 확대를 기하고 있어 기업가치가 장기적으로 확대되어 나갈 것으로 예상된다. 장기적인 투자를 검토해볼 필요가 있다고 판단된다.

계룡건설산업

1978년에 설립되어 대전시에 자리잡고 있는 계룡건설산업[013580]은 임직원 639명의 종합건설업체다. 대한건설협회가 발표한 2006년 시공능력 순위표에서 22위에 올라 있다.

1996년 거래소에 상장되었으며, 대주주로는 이인구가 21.49%, 이승찬이 14.21%, 이시구가 3.37% 등을 보유하고 있다. 오너그룹이 46.7%의 지분을 보유하고 있어 경영권이 안정되어 있다고 할 수 있다. 이인구, 이시구가 공동으로 대표이사를 맡고 있다.

차트 3-61 **계룡건설산업의 연도별 사업실적의 추이**

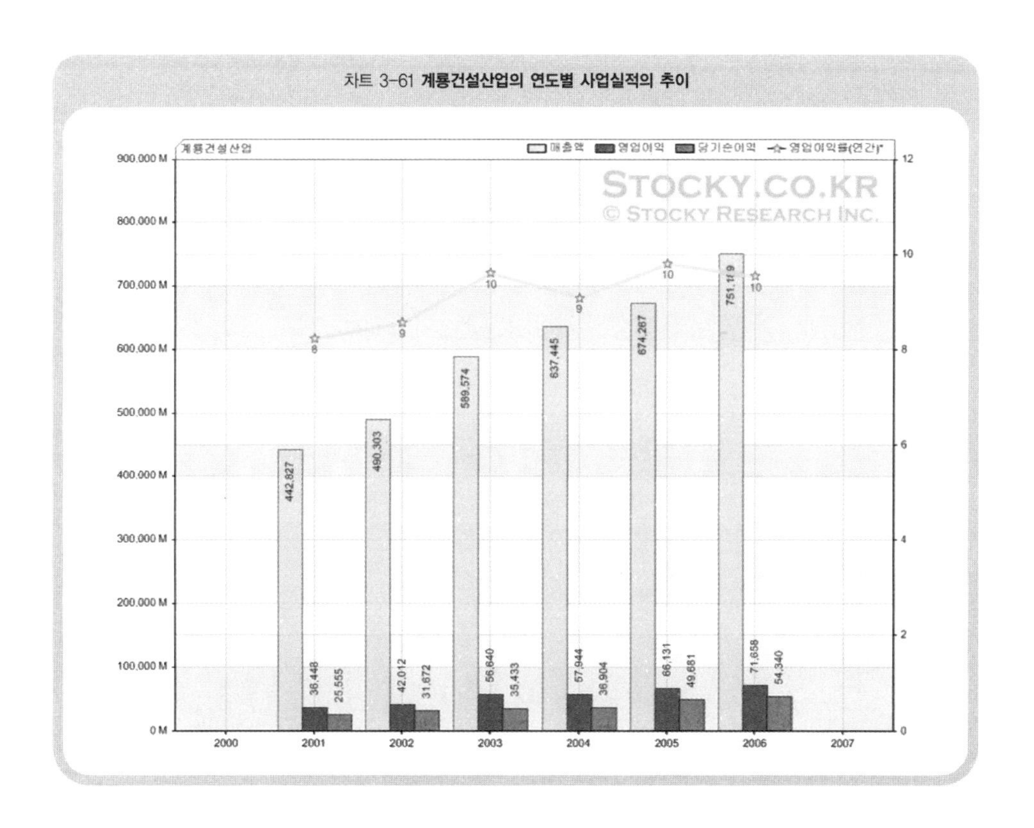

자회사로는 ㈜고속도로관리공단과 계룡산업㈜ 등이 있으며, 2005년에 각각 3,126억원과 347억원의 매출액을 기록하고 있다.

실적부터 살펴보자. 그래프 모양이 교과서적이다. 지난 6년 동안 매출액이 지속적으로 증가해왔으며 2006년도에는 7,519억원의 매출액을 기록하고 있다. 영업이익과 순이익도 지속적이고 확실하게 증가하고 있다. 2006년의 순이익은 543억원을 넘어서고 있다. 영업이익률이 꾸준히 10%대를 유지하고 있는데, 계룡건설이 원가 및 비용 관리능력, 영업능력 등에서 뛰어난 회사라는 것을 말해주고 있다.

분기별 실적도 확인해보자. 분기별 실적에서도 나무랄 데 없는 모습을

차트 3-62 **계룡건설산업의 분기별 실적의 추이**

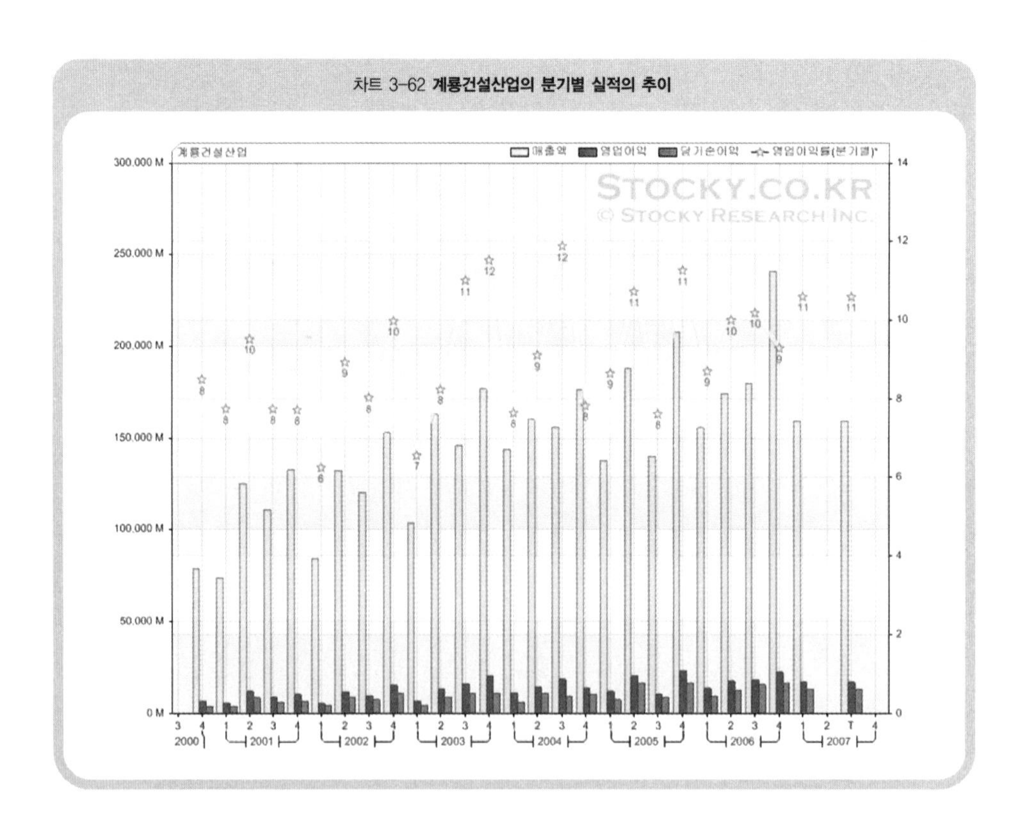

보여주고 있다. 경기의 영향에서 자유롭지 못한 건설업체들 중에서 이보다 더 좋은 모양새를 그리고 있는 회사를 찾을 수 있을까?

기업가치의 추세도 확인해보자. EPS가 꾸준히 증가하고, 이에 따라 BPS도 일직선으로 증가하고 있는 모습을 확인할 수 있다. EPS가 계속 증가하면서 6,000원대를 넘어섰는데, 건설업종 내에서 5위 안에 들어가는 금액이다. 특히 계룡건설산업은 50개 상장 건설사 중에서 상위 10%에 들어갈 수 있을 만큼 높은 ROE를 달성하고 있다.

오랜 기간 동안 안정적이면서도 높은 이익률을 달성하고 있다는 것은 경영진의 능력이 그만큼 뛰어나다는 것을 의미한다.

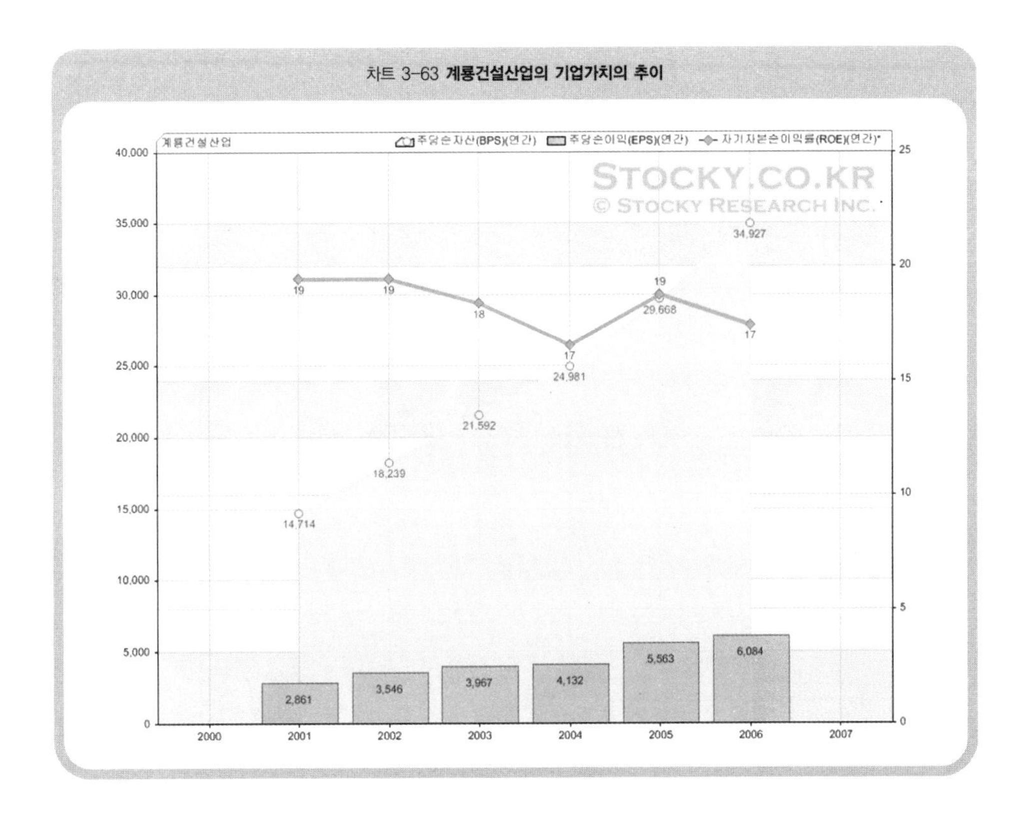

차트 3-63 **계룡건설산업의 기업가치의 추이**

차트 3-64 **계룡건설산업의 주가 추이**

차트 3-65 **계룡건설산업의 가치평가의 추이**

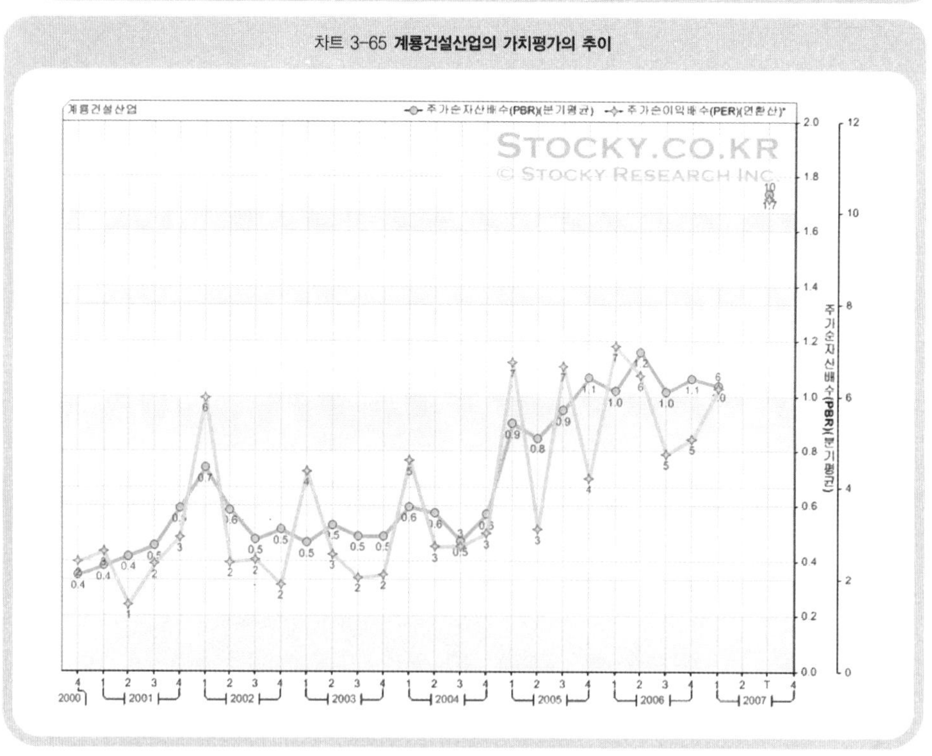

주가는 어떻게 움직였는지 확인해보자. 역시 기업가치의 증가에 발맞추어 주가도 지속적으로 상승해온 것을 확인할 수 있다. 특히 2007년 6월 중순부터 주가가 50% 이상 급등하고 있다.

2007년 7월 20일 PBR은 1.7배, PER은 10배를 기록하고 있다. 업종 평균보다 낮은 저평가 상태에 있다.

2001년부터 2006년까지 지난 5년 동안 BPS의 증가율은 연평균 19%에 이르고 있다. 계룡건설의 경영능력, 영업능력 등을 고려할 때 앞으로도 연평균 15% 이상의 BPS 증가율을 달성해나갈 것으로 예상된다. 따라서 계룡건설의 기업가치는 지속적으로 증가할 것이고, 이에 맞추어 주가도 지속적으로 높은 상승률을 기록할 것으로 판단된다. 장기적인 투자대상으로 적합한 기업이라고 평할 수 있다.

듀오백코리아

1987년에 설립된 듀오백코리아[073190]는 2004년에 코스닥 시장에 등록되었다. 정해창과 정관영이 대표이사를 맡고 있으며, 184명이 근무하고 있다.

사무용 · 학습용 의자 시장에서 가장 높은 시장점유율을 달성하고 있는 듀오백은 2006년에 412억원의 매출액을 기록했으며, 순이익은 68억원을 달성하고 있다.

대주주 구성을 보면, 정해창이 31.31%, 아들인 정관영이 14.72% 그리고 나머지 가족들이 6.91%를 보유하고 있어, 오너그룹이 총 52.94%를 보유하고 있다.

차트 3-66 **듀오백코리아의 연도별 실적의 추이**

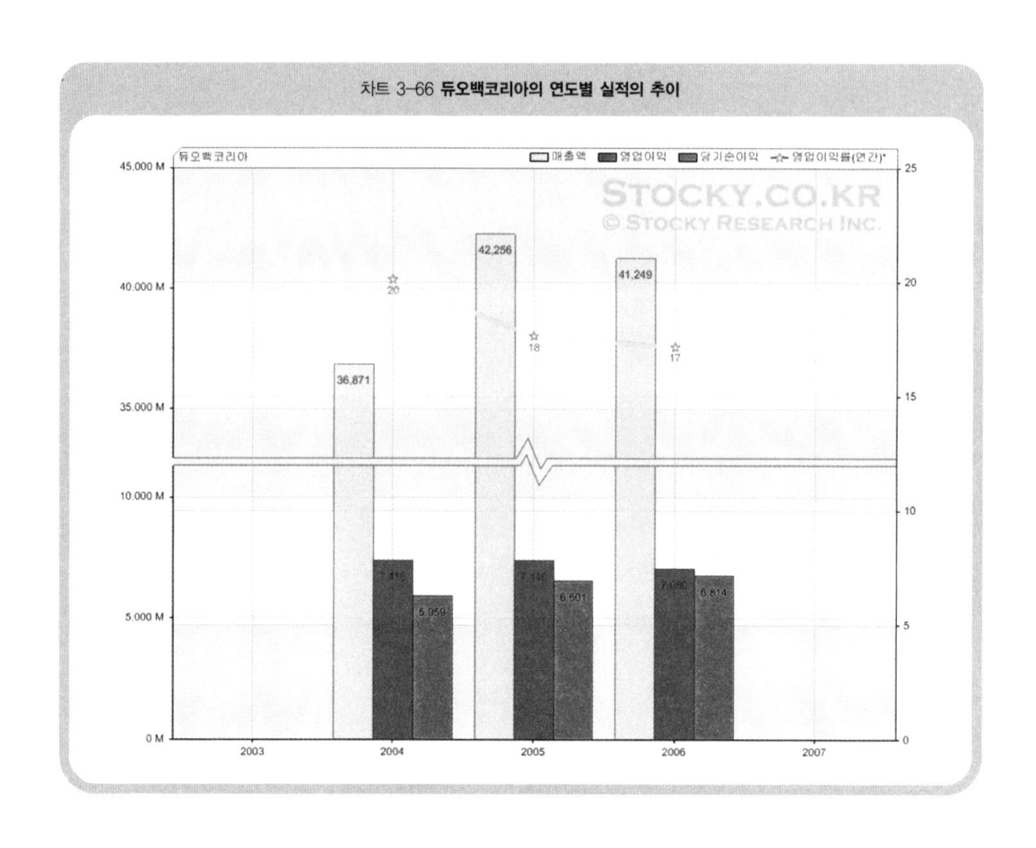

실적의 추세를 파악해보자. 매출액이나 영업이익상의 큰 변화는 없는 듯하다. 매출액은 늘었다가 다시 줄었다. 영업이익률이 점차 낮아지고 있지만, 여전히 17%라는 높은 수준을 유지하고 있다. 순이익은 조금씩 늘어나고 있다.

분기별 실적도 확인해보자. 매출과 수익의 흐름이 매우 안정적인 모습을 보이고 있지만, 2006년 1/4분기를 정점으로 영업이익률이 점차 하락하는 추세에 있다. 실적의 추세를 보면, 성장성보다는 안정성이 앞서는 기업인 것으로 판단된다.

기업가치의 추세도 확인해보자. EPS와 BPS가 나란히 증가하고 있다.

차트 3-67 **듀오백코리아의 분기별 실적의 추이**

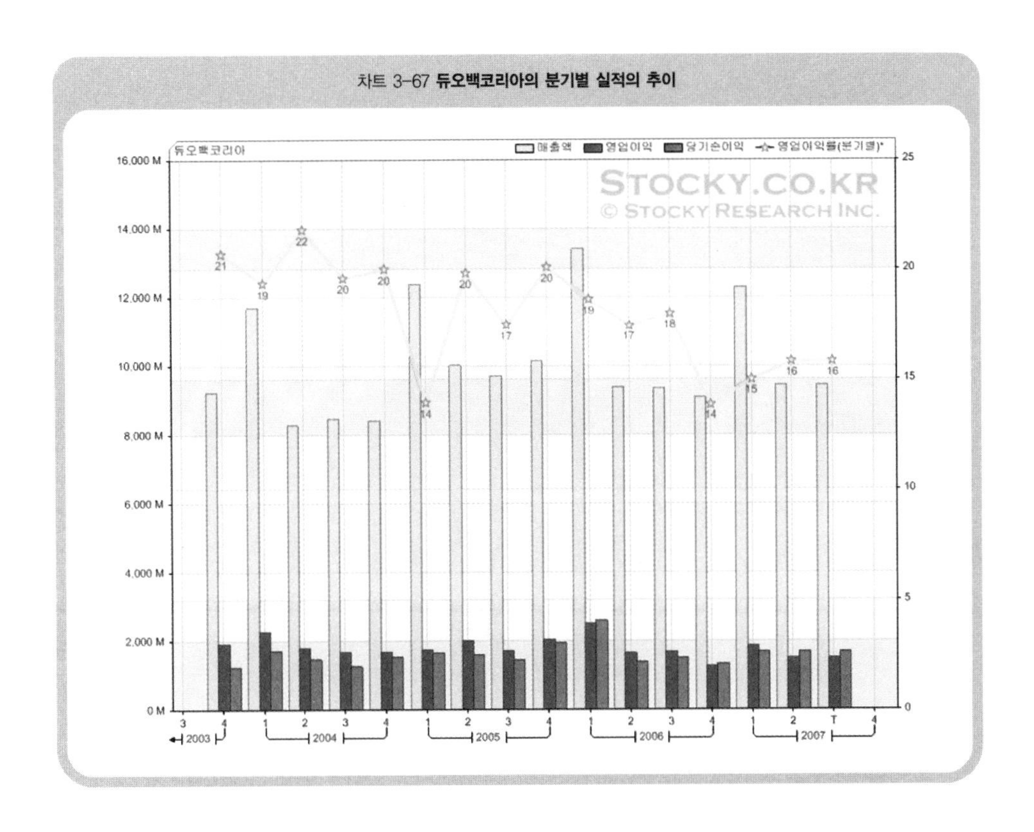

EPS보다 BPS의 증가 속도가 높아서 ROE가 조금씩 낮아지고 있다. 어쨌든 기업가치를 지속적으로 높이고 있는 회사라는 것을 알 수 있다.

주식시장의 평가는 어땠을까? 등록 직후 반년 가까이 공모가 아래로 추락했다가 바닥을 찍고 오르기 시작해 주가는 2년 만에 3배 가까이 상승했다. 그러나 다시 1년 넘게 조정을 받았다가 2007년 7월 들어서면서 드디어 상승기조로 돌아서고 있다.

이러한 주가의 흐름은 기업가치를 얼마나 반영하고 있을까? PBR이 1.2배까지 내려갔다가 다시 1.4배까지 오르고 있다. 그러나 여전히 시장 평균보다 낮은 상태에 있다. PER 역시 9배로 시장 평균에 미치지 못하고 있다.

차트 3-68 **듀오백코리아의 기업가치의 추이**

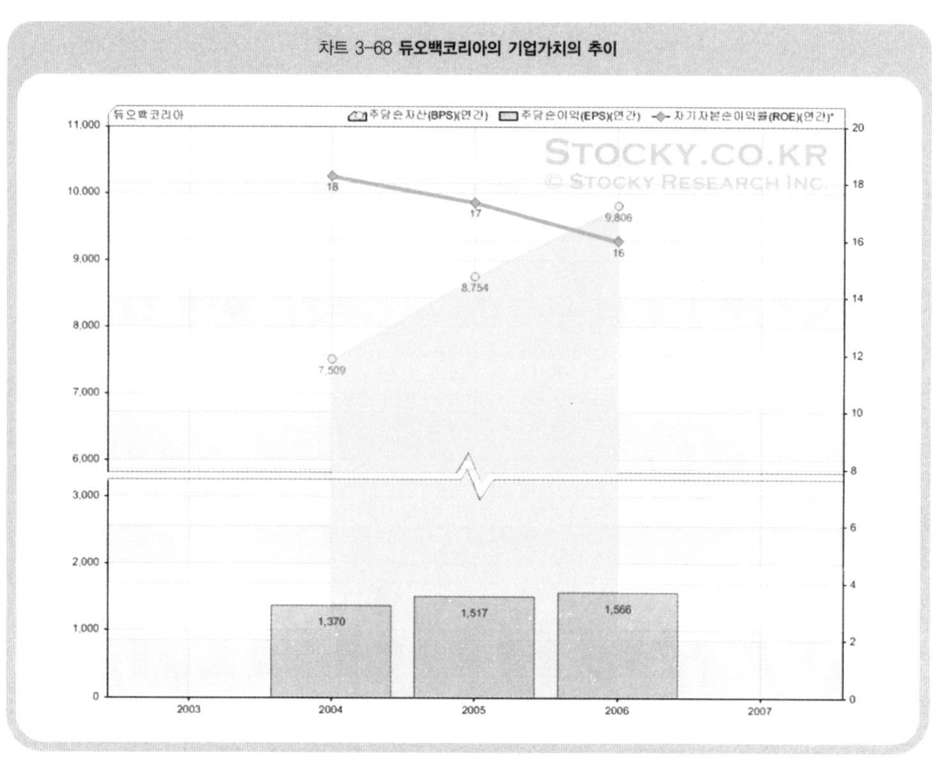

차트 3-69 **듀오백코리아의 주가 추이**

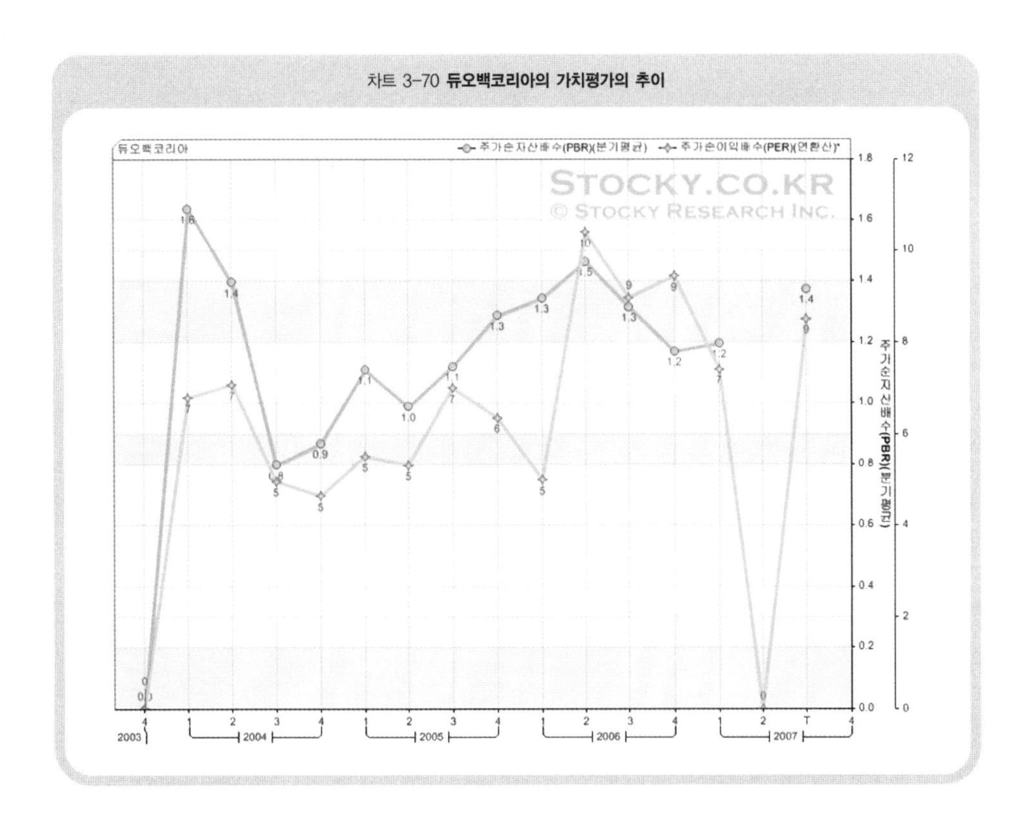

차트 3-70 **듀오백코리아의 가치평가의 추이**

확실한 브랜드, 높은 시장점유율, 안정적인 수익 창출능력, 지속적인 기업가치의 확대 등 듀오백코리아는 우량기업으로서 가져야 할 조건들을 두루 갖추고 있다. 단지 성장성이 약해 보이는 게 흠이다. 어쨌든 기업가치에 비해 주가는 저평가되어 있는 상태다.

세보엠이씨

1978년 설립되었고, 1996년 코스닥에 등록된 세보엠이씨[011560]는 건물 내 공조 및 냉난방 설비를 시공하는 업체다. 김종서, 김우영, 오명길 세 사람이 공동으로 대표이사를 맡고 있으며, 249명의 임직원이 근무하고 있다.

반도체 제조시설, 할인매장 등의 유통시설, 오피스텔 등의 사무시설에 대한 기계 설비 및 공조덕트기구 제조, 철물 및 플랜트 등의 설치부문에서 국내 톱을 달리고 있는 전문업체다. 국내 유수의 건설업체인 삼성, 현대, 대

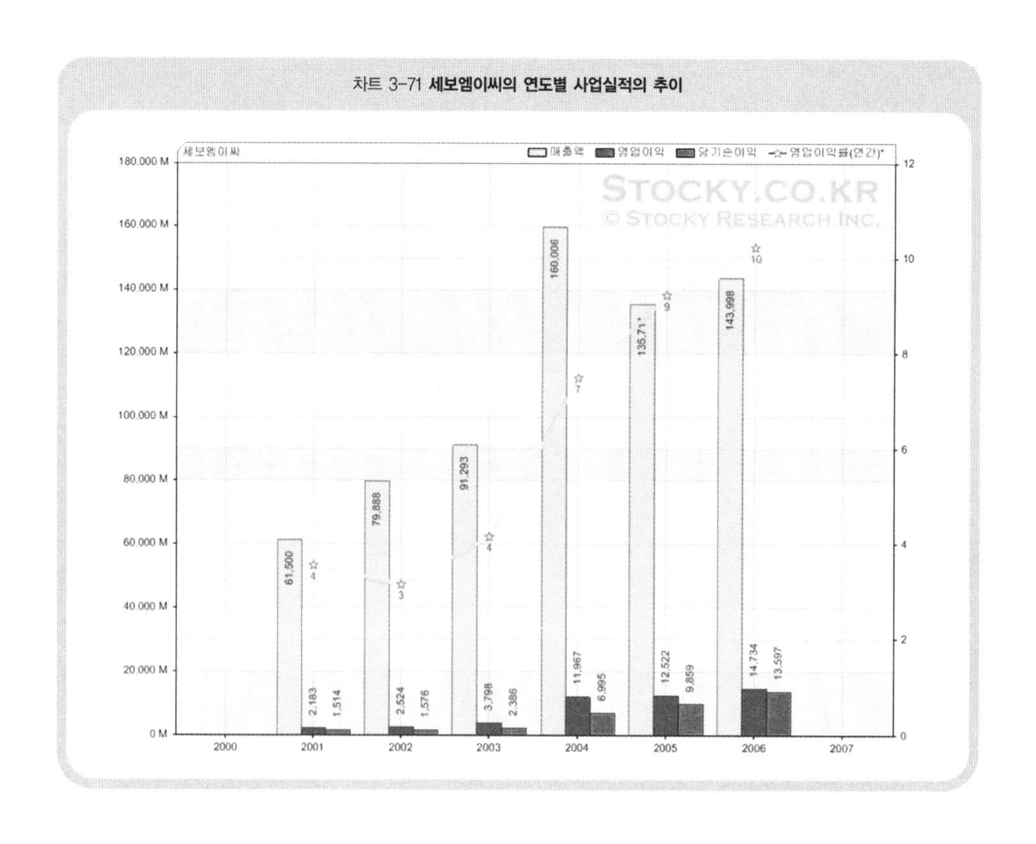

차트 3-71 **세보엠이씨의 연도별 사업실적의 추이**

우, 대림, SK, 동부, 코오롱, 두산중공업 등과 긴밀한 협력관계를 유지하여 2006년에 1,439억원의 매출액과 135억원의 순이익을 달성했다.

대주주 구성을 보면, 대표이사 김종서가 24.08%의 지분을 보유한 1대 주주고, 아들인 김우영이 5.2%, 김재영이 4.84%를 갖고 있어 세 사람이 35.22%라는 안정적인 지분을 보유하고 있다.

세보엠이씨의 사업실적을 확인해보자. 실적 차트를 보면, 매년 어김없이 매출과 이익을 늘리고 있는 것을 확인할 수 있는데, 특히 2004년에 매출액과 영업이익이 급증하면서 영업이익률을 단번에 7%대로 끌어올렸다. 영업이익률이 꾸준히 높아져 10%에 이르고 있다. 전반적으로 보면 매출과 이

차트 3-72 **세보엠이씨의 분기별 사업실적의 추이**

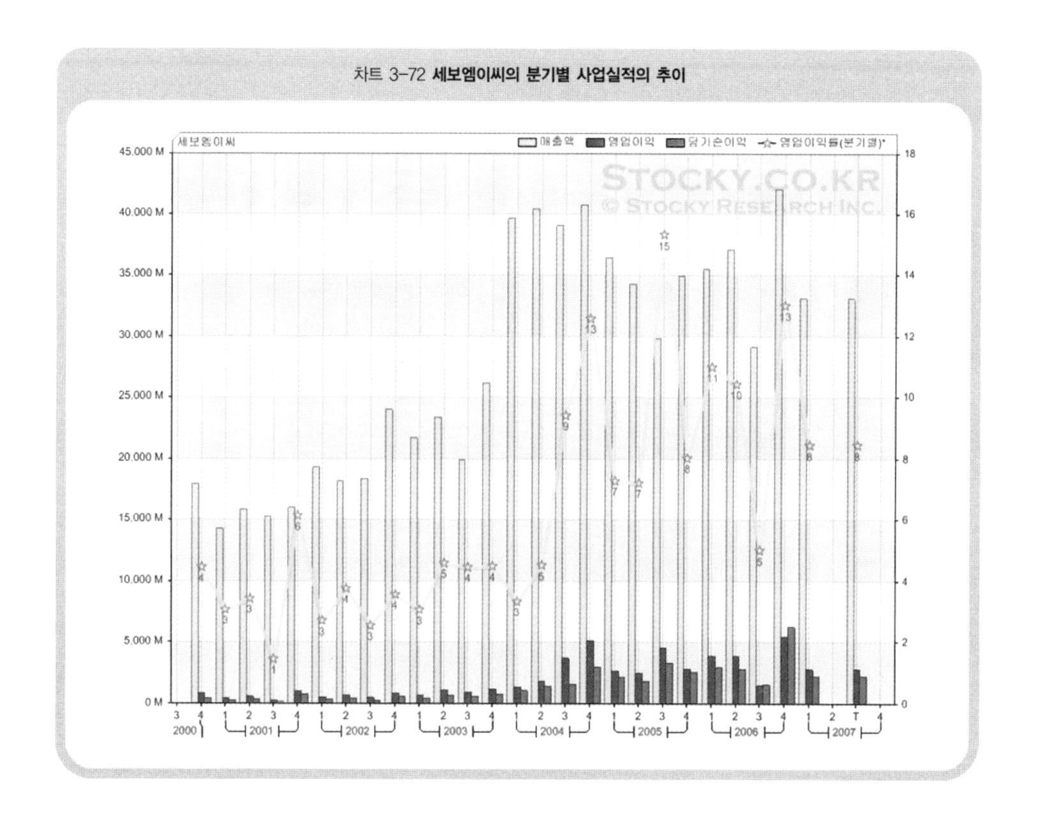

익, 이익률이 동반 상승하는 바람직한 기업상을 연출하고 있다.

최근 분기의 실적 추세도 확인해보자. 2007년 1/4분기에는 전년 동기보다 매출과 이익이 약간 줄어들었다. 바로 전 분기에 매출과 이익이 급등했기 때문에 주춤했던 것일까? 분기별 추세를 보아도 전체적으로 상승 추세에 있는 것을 알 수 있다.

기업가치의 추세도 확인해보자. EPS는 2004년 이후 제자리걸음이다. 2005년과 2006년에 무상증자를 실시해 주식수가 늘었기 때문이다. BPS도 마찬가지다. 자기자본은 지속적으로 증가했지만, BPS는 제자리걸음을 했다. 하지만 기존 주주 입장에서는 주식수가 늘었으니 기업가치가 증가한

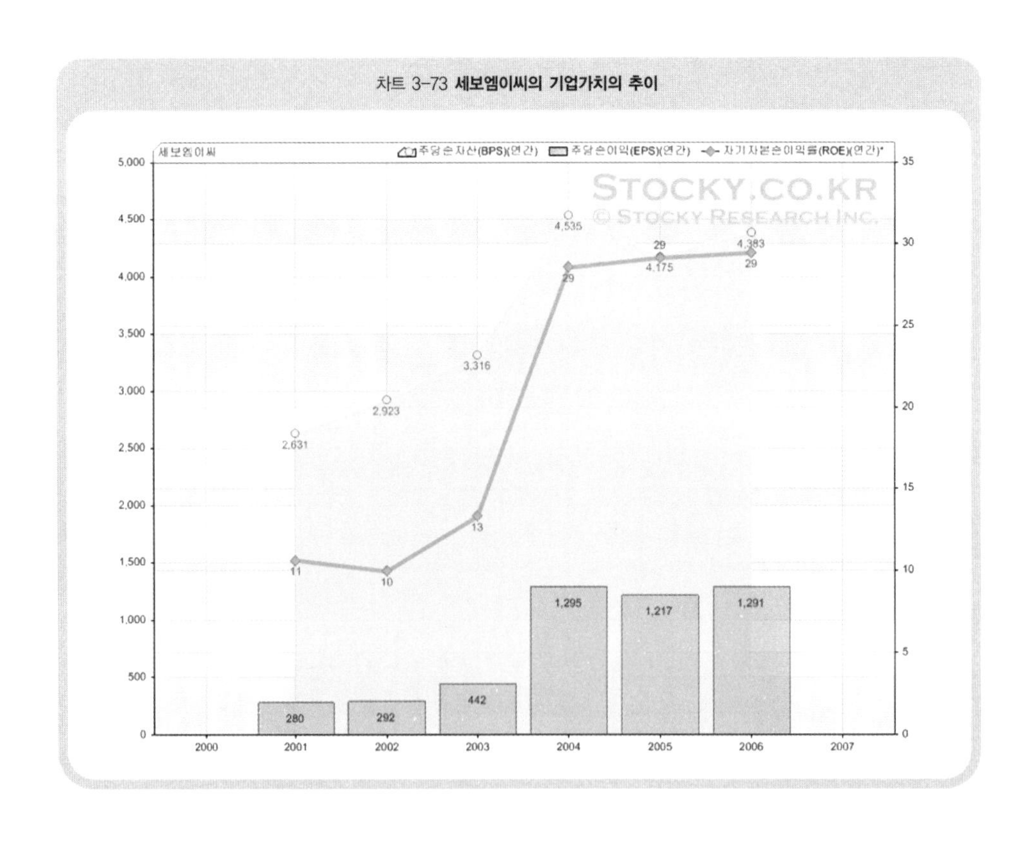

차트 3-73 **세보엠이씨의 기업가치의 추이**

혜택을 고스란히 돌려받은 셈이다.

2004년에 뛰어오른 ROE가 3년째 29%대에 머물러 있는 점은 주목할 만하다. 30% 가까운 ROE는 건설관련 업체로서는 최상위 그룹에 속하는 뛰어난 기록이다. 사업영역이 확대되고 있어 세보엠이씨의 기업가치는 계속 늘어날 것으로 예상된다.

주가는 어떻게 반응했는지 살펴보기로 하자. 실적은 2004년부터 뛰어올랐는데, 주가는 2005년부터 뛰어올랐다. 투자자들이 한발 늦게 우량기업을 발견한 것을 단번에 만회하려는 듯 한 해 동안 5배나 치솟는 폭등장세를 연출했다.

폭등의 여파로 2006년에는 출렁거렸지만 2007년 들어서자 다시 무서운 기세로 상승을 거듭하고 있다. 반년 만에 100% 넘게 뛰어오르는 결과를 보여주고 있다.

주가의 상승은 어디까지 계속될 수 있을까? 기업가치와 주가의 상관관

차트 3-74 **세보엠이씨의 주가 추이**

차트 3-75 **세보엠이씨의 가치평가의 추이**

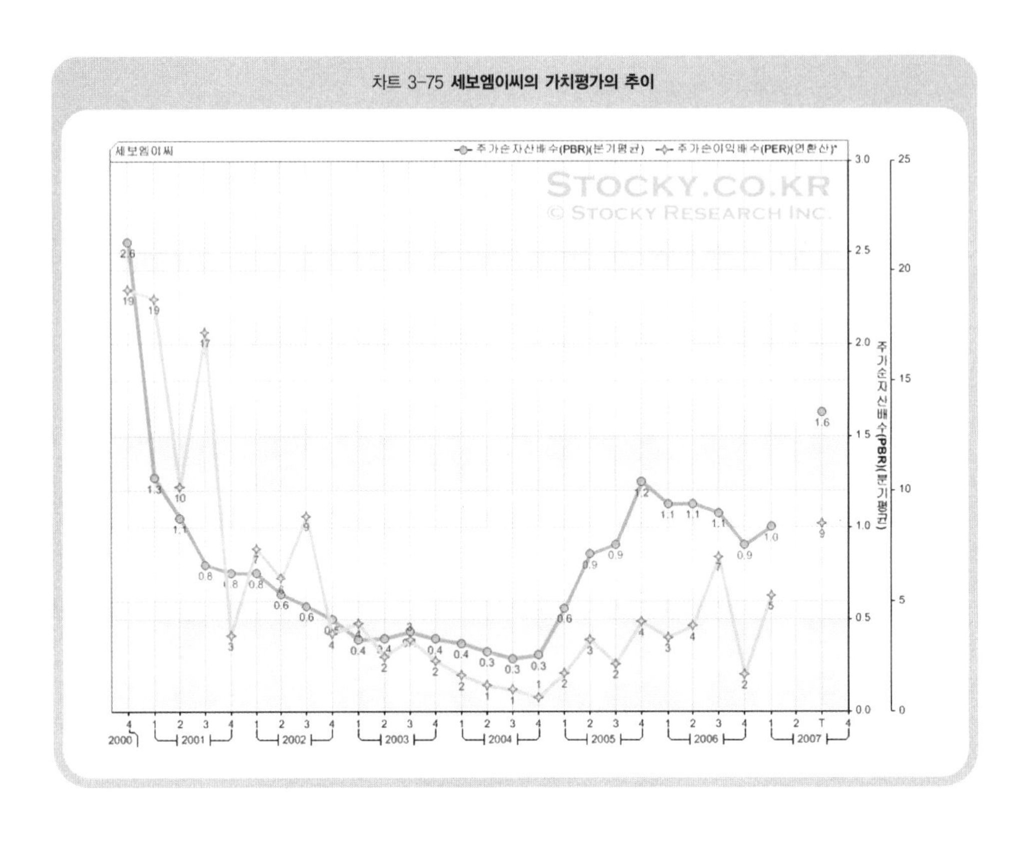

계를 체크해보자. 주가의 급등으로 PBR은 1.6배까지 오르고 있다. 그러나 시장 평균에 비해 낮은 상태다. PER도 9배 수준에 머물고 있어 평균보다 낮다.

공조 및 냉난방 설비 시장에서 경쟁우위를 확립하고 있고, 대형 건설사들과의 협력관계도 확대되고 있어 세보의 실적과 가치는 지속적으로 확대될 것으로 보인다. 따라서 현재의 PBR이나 PER 수준은 세보의 지분을 저렴하게 구입할 수 있는 좋은 기회라는 것을 말해주고 있다. 장기적인 투자대상 기업으로서 고려할 만한 기업이라고 판단된다.

디씨엠

1987년에 설립된 디씨엠[024090]은 1999년에 거래소 시장에 상장된 라미네이팅 강판 제조업체로서 경남 양산에 자리 잡고 있다. 대표이사는 정연택이고, 임직원은 95명이다.

라미네이팅 강판은 코일 강판이나 스테인리스 강판 등에 각종 필름을 부착한 것으로서, 주로 가전제품의 외형으로 사용되고 선박용 내장재나 건축 내외장재 등에도 쓰이는 고급 소재의 철강제품이다.

디씨엠은 라미네이팅 강판 전문업체로서, 가장 큰 시장인 가전제품 시

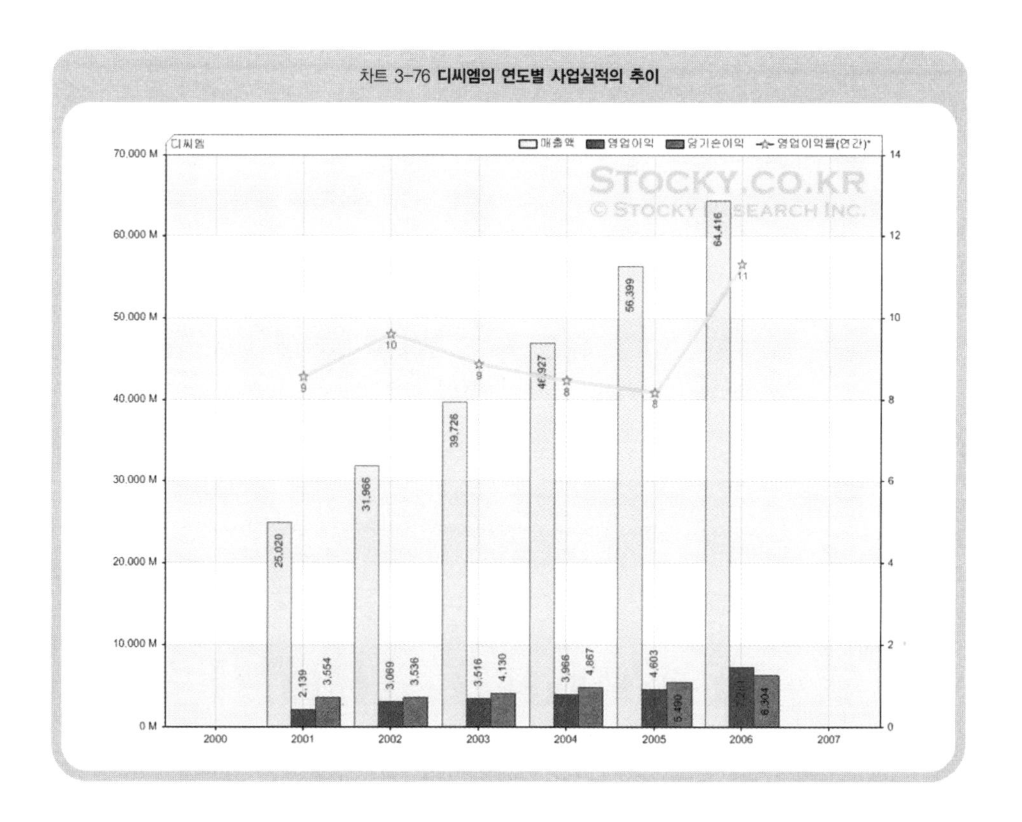

차트 3-76 디씨엠의 연도별 사업실적의 추이

장에서 50%가 넘는 높은 시장점유율을 기록하고 있다. 하지만 아직 중소기업이어서 2006년의 매출액은 644억원이며, 순이익은 63억원을 달성하고 있다.

대주주 구성을 보면, 대표이사인 정연택이 32.86%를 보유하고 있는데, 그 외 8명의 가족들이 13.96%를 갖고 있어 오너그룹이 46.72%의 안정적인 지분을 확보하고 있다.

사업 실적의 추세를 확인해보자. 실적 차트를 보면, 막대 그래프의 모양이 아주 깔끔하다. 시원스럽게 일직선으로 뻗어나가는 모습을 연출하고 있다. 장기간 이런 추세를 보이는 기업은 그리 많지 않다. 영업이익률은 8%에

차트 3-77 **디씨엠의 분기별 실적의 추이**

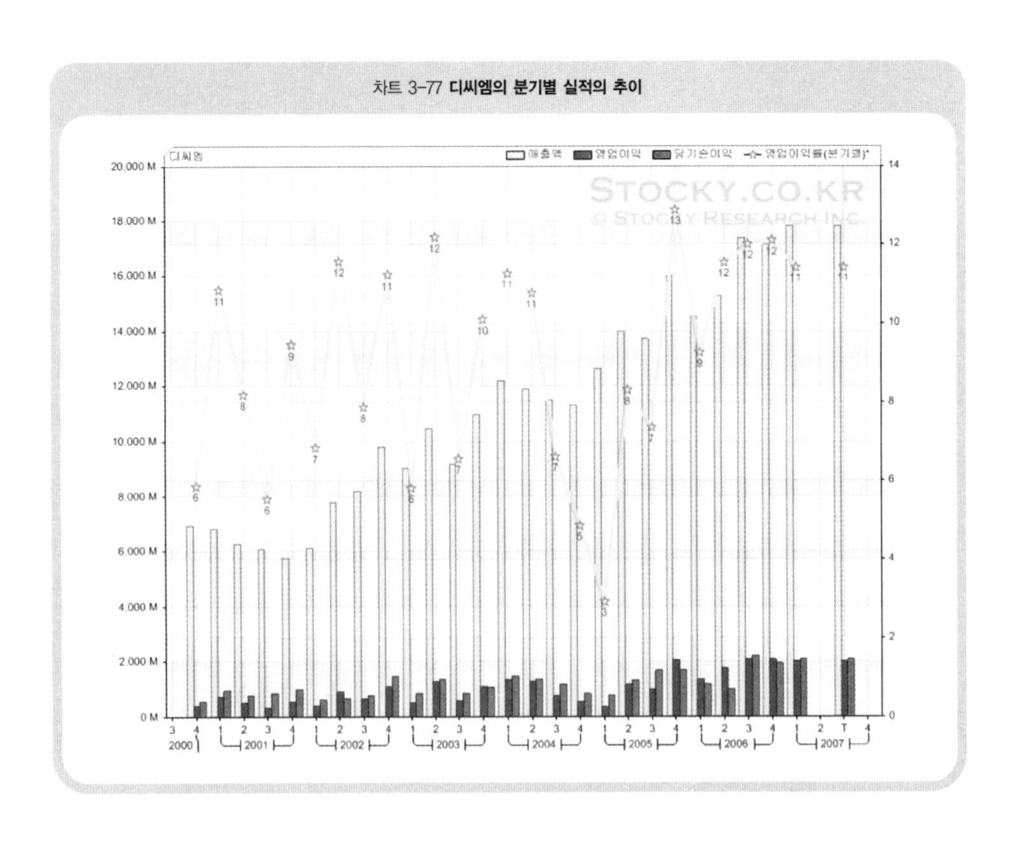

서 11%로 상승하고 있다. 실적 차트만 보고도 디씨엠이 뛰어난 경쟁력과 우수한 경영능력을 가진 기업이라는 것을 알 수 있다.

최근 분기의 실적도 확인해보자. 분기별 차트를 보면, 최근으로 올수록 실적의 성장률도 높아지고, 영업이익률도 높은 수준을 유지하고 있는 것을 확인할 수 있다. 사업 규모는 작아도 성장성은 빼어난 기업이다.

기업가치가 어떻게 확대되고 있는지도 확인해보자. 가치 차트를 통해 5년째 연속 EPS가 증가하고 있고, 지속적으로 BPS도 커지고 있는 것을 볼 수 있다. ROE도 7%에서 10%대로 높아지고 있다. 기업의 가치가 연 10% 이상씩 증가하고 있는 기업이라고 할 수 있다.

차트 3-78 **디씨엠의 기업가치의 추이**

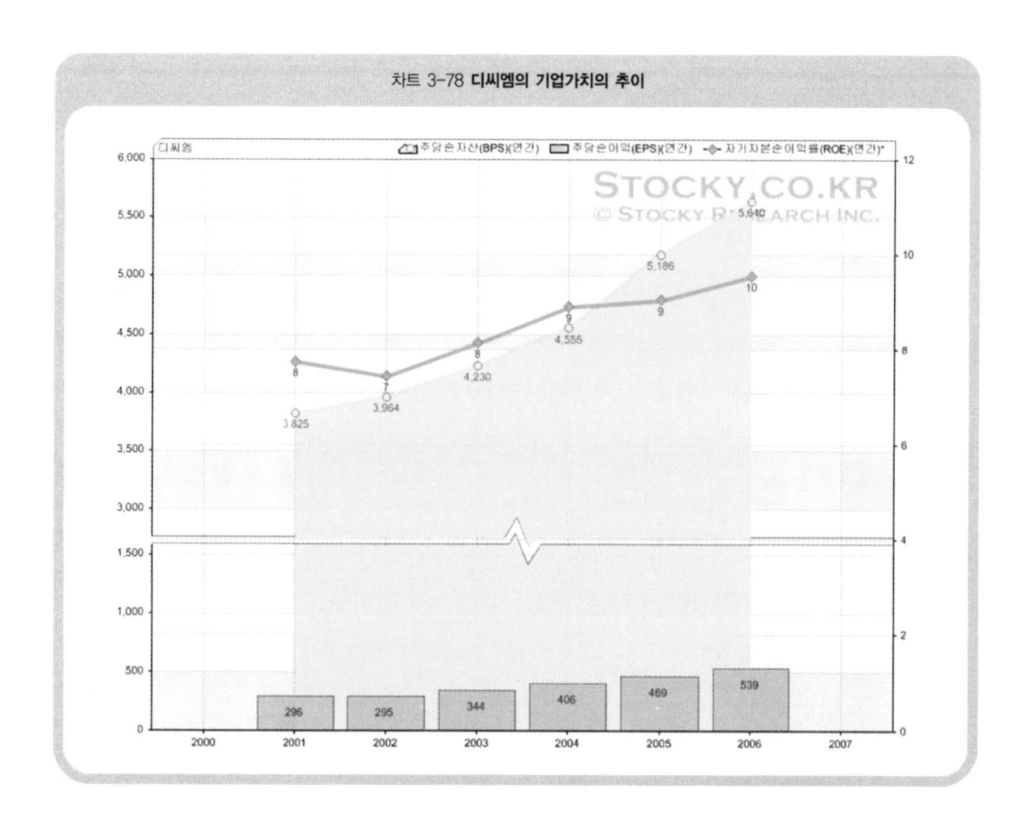

차트 3-79 **디씨엠의 주가 추이**

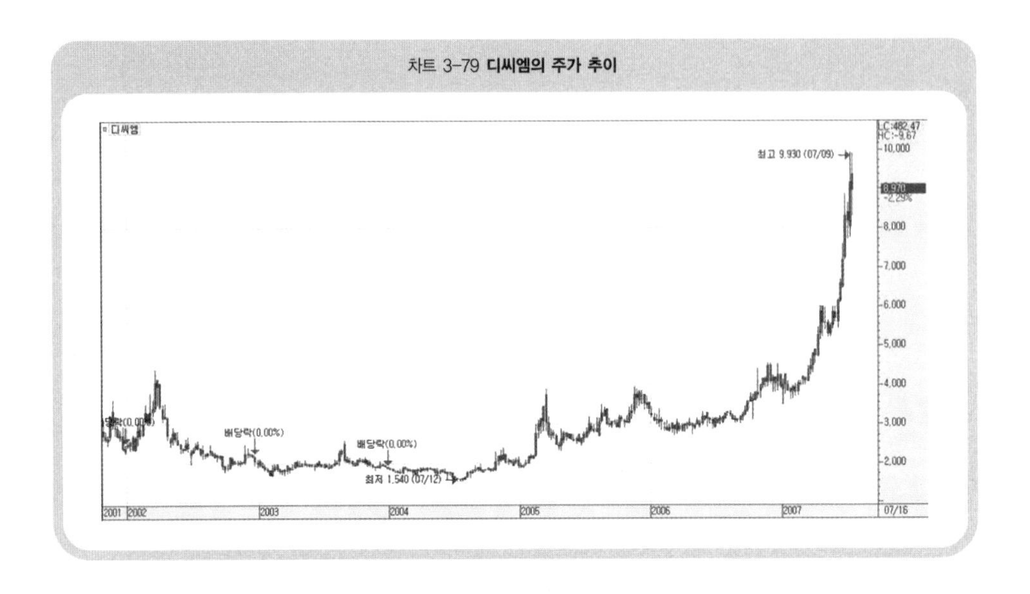

주가의 추이는 어땠을까? 역시 주가가 뒤쫓고 있다. 중소기업이라서 한동안 투자자들의 관심을 끌지 못했는데, 실적이 지속적으로 확대되자 2005년부터 투자자들의 관심이 몰리기 시작했다. 여러 증권사에서 저평가 우량주, 강소기업 등으로 추천되면서 2007년 들어 주가가 두 배 이상 폭등하고 있다.

주가의 추세를 기업의 가치와 비교해보면 어떨까? 2007년 들어 PBR이 폭등한 게 보인다. 하지만 아직 1.6배 수준에 머물러 있다. PER도 13배에 그쳐 아직은 시장 평균에 미치지 못하고 있다.

'저평가 상태'는 '지속적으로 자신의 가치를 높이고 있는 우수한 기업의 지분을 시세보다 저렴하게 살 수 있는 기회'라고 정의할 수 있다.

디씨엠의 실적이나 가치, 주가 등을 분석해볼 때 장기 보유를 목적으로 투자할 만한 기업이 아닐까 하는 생각이 든다.

차트 3-80 **디씨엠의 가치평가의 추이**

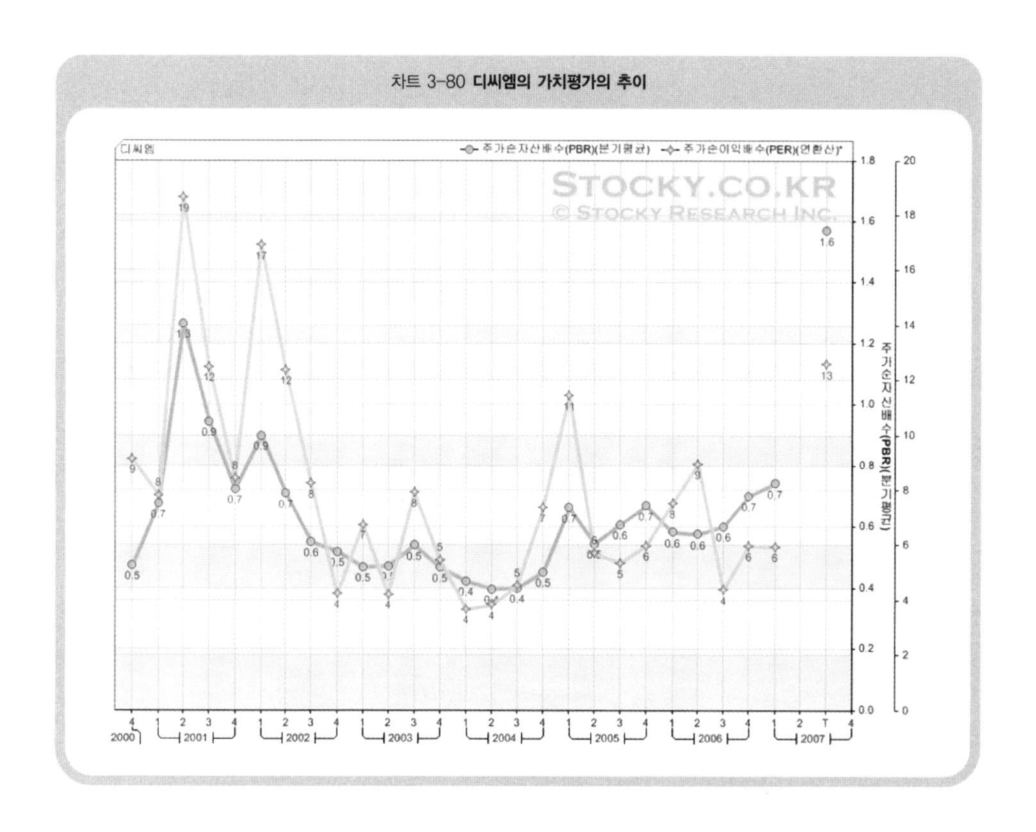

한국큐빅

1989년에 설립되어 2003년 코스닥에 등록된 한국큐빅[021650]은 경기도 안산시에 자리잡고 있는 Curl-Fit(수압전사 또는 Cubic Printing) 전문업체다. 대표이사는 오우택이고, 179명이 근무하고 있다.

컬핏은 플라스틱 등에 수압(水壓)을 이용하여 다양한 무늬와 칼라를 코팅하는 특수 표면처리 방법인데, 자동차 내장재, 가전제품 외장재 등에 사용되고 있다. 일본큐빅이 특허권을 보유하고 있는데, 국내에선 한국큐빅만이

차트 3-81 **한국큐빅의 연도별 사업실적의 추이**

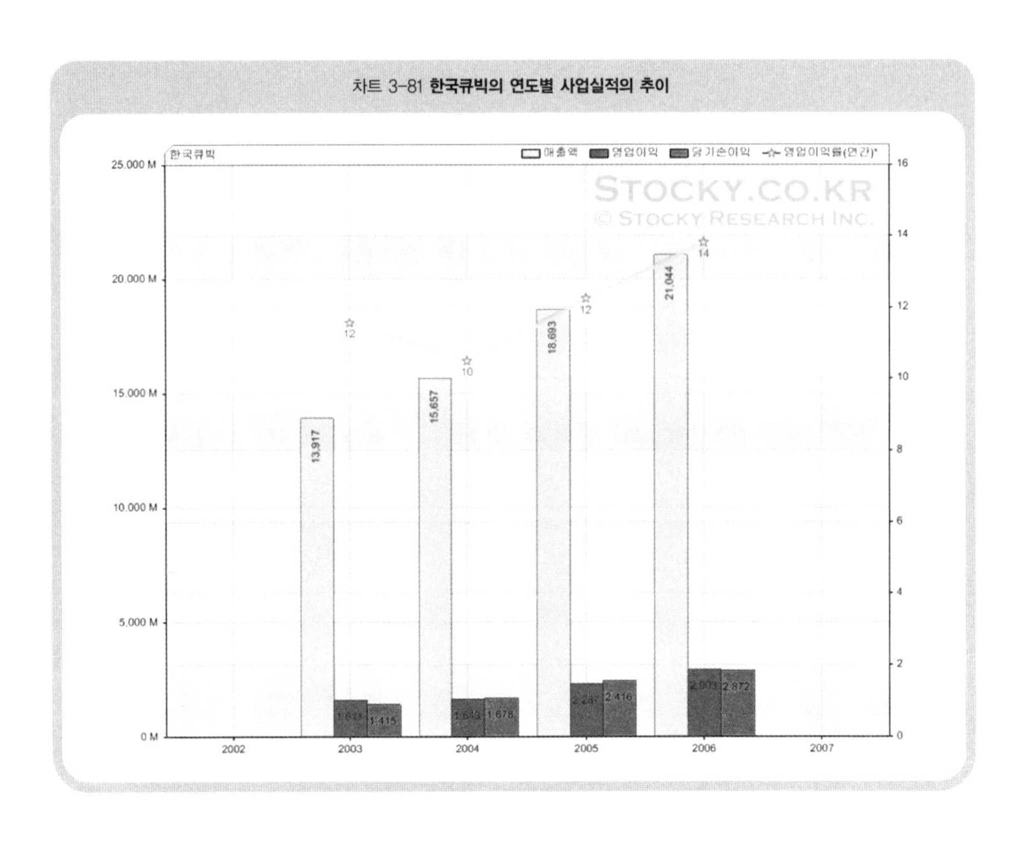

사용권을 행사하고 있다.

한국큐빅은 현대차, GM대우차, 르노삼성차, 쌍용차와 기아차 등의 일부 차종과 삼성전자, LG전자, 대우전자, 만도공조 등의 김치냉장고 및 에어컨 등에 컬핏을 공급하고 있다.

2006년에 210억원의 매출액을 거두었으며, 29억원 가까운 순이익을 올리고 있다.

대주주 구성을 보면, 1대 주주인 이재원이 19.76%, 그의 부인과 아들이 8.32%를 보유하고 있고, 특수관계인인 이중탁이 8.05%, 이중탁이 대표이사를 맡고 있는 삼영무역이 17.5%를 보유하고 있어 대주주 그룹이 총 68%

차트 3-82 한국큐빅의 분기별 사업실적의 추이

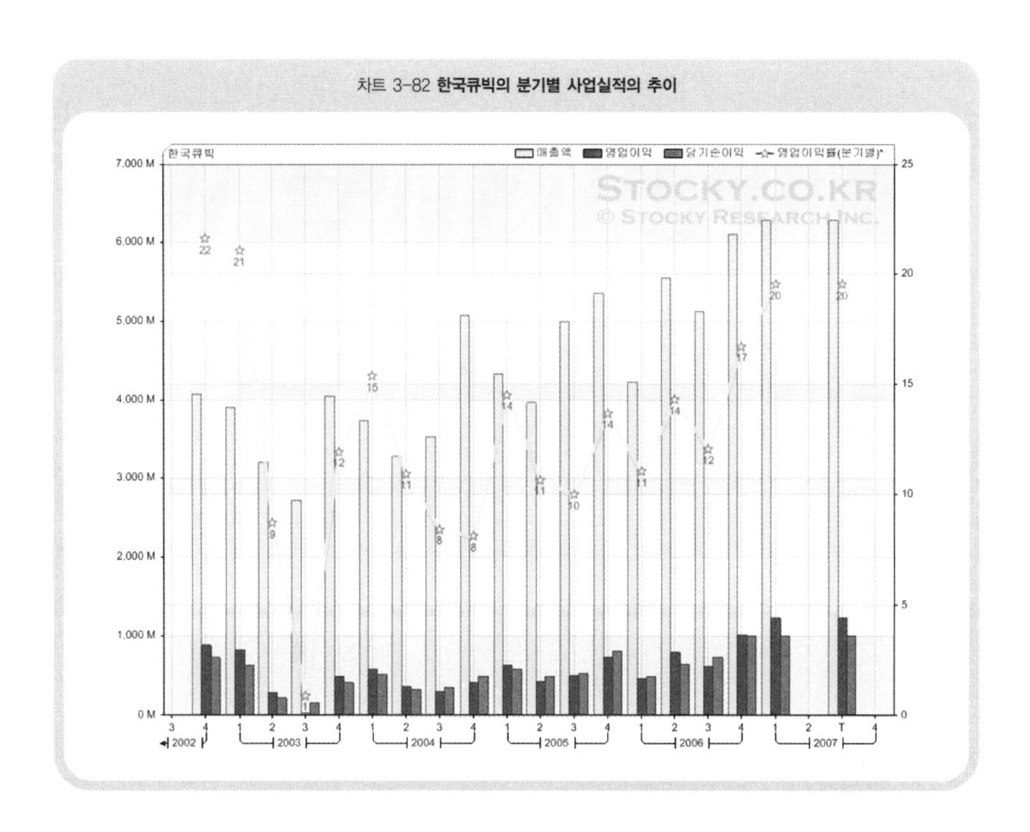

이상을 보유하고 있다.

사업실적의 추세를 확인해보자. 그래프가 보기에 좋다. 매출액과 영업이익이 지속적으로 증가하는 추세에 있다. 영업이익률도 지속적으로 높아져 14%에 이르고 있다.

분기별 실적 추세도 확인해보자. 분기별 차트를 보면, 분기별로도 매출액과 영업이익이 지속적으로 증가하고 있고, 영업이익률이 20%까지 오르고 있다.

첨단 기술로 개척한 고급 소재의 시장, 특허권에 의해 보호되는 독점적인 위상 등으로 인해 한국큐빅의 경쟁우위가 지속적으로 강화되고 있는 것

차트 3-83 **한국큐빅의 기업가치의 추이**

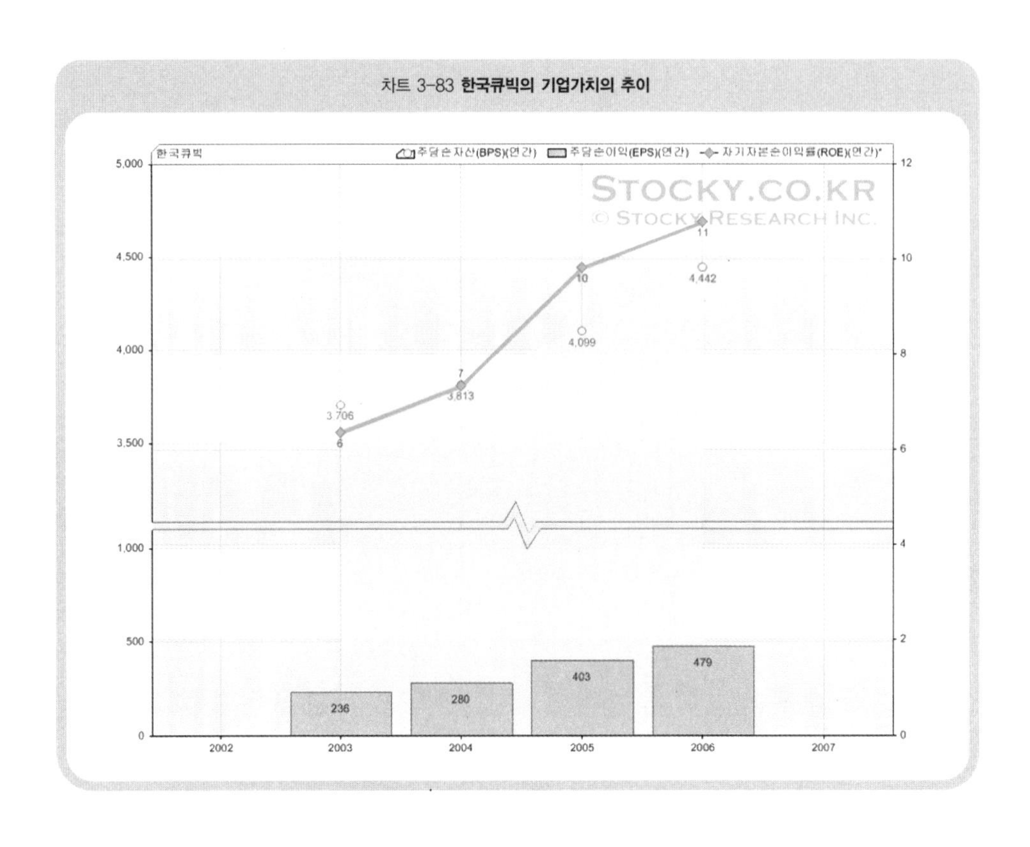

을 알 수 있다.

기업의 가치는 어떻게 증대되고 있는지 확인해보자. EPS가 지속적으로 확대되고 있다. 2003년으로부터 3년 만에 EPS가 100% 증가했다. BPS도 순조롭게 증가했는데, EPS의 증가속도가 더 빠르다보니 ROE가 6%에서 11%까지 높아지고 있다. 기업의 실적과 가치의 측면에서 흠잡을 데가 없는 기업인 것 같다.

주식시장에서의 평가는 어떠했을까? 2005년까지는 분기별 매출액이 40억원에 미치지 못했던 소기업이었기 때문에 투자자들의 관심을 많이 끌지 못했다. 실적의 상승 추세가 확인된 2005년부터 주가가 오르기 시작했다.

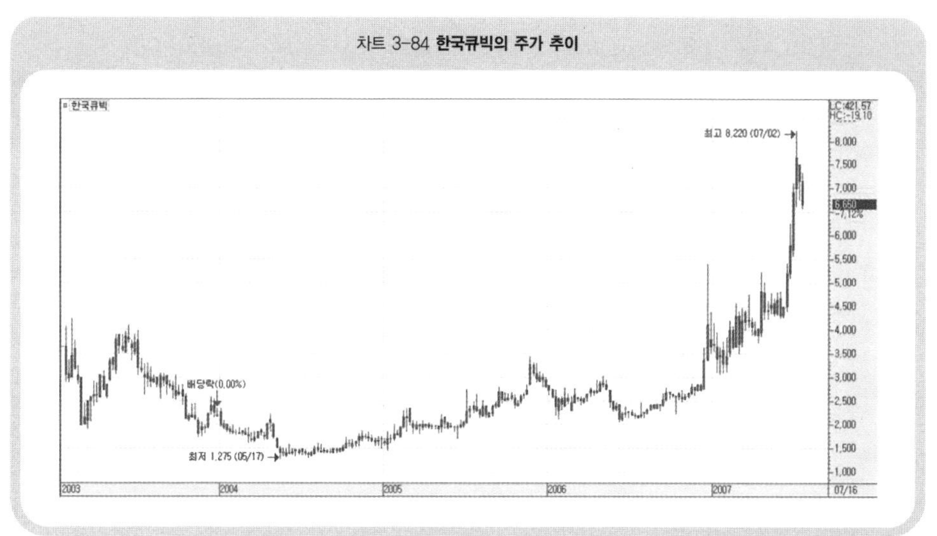

차트 3-84 **한국큐빅의 주가 추이**

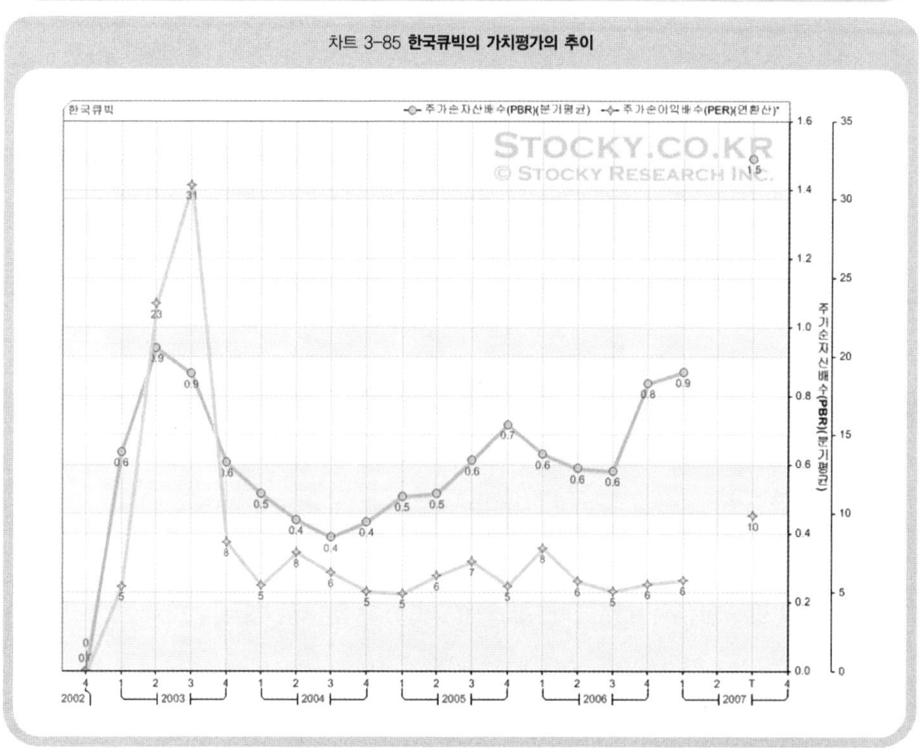

차트 3-85 **한국큐빅의 가치평가의 추이**

지속적인 실적 추세를 확인한 투자자들이 2007년 들어서면서 본격적으로 몰려들기 시작하면서 주가가 폭등하고 있다. 거의 수직에 가까운 그래프 모양을 그리고 있다.

주가가 기업가치에 비해 어느 정도의 속도를 내고 있는지 확인해보자. 가치평가 차트를 보면, 2007년 7월 20일에 PBR은 1.5배에 그치고 있고, PER은 10배에 머물러 있다. 오랫동안 저평가 상태에 있었다보니 주가가 급등했음에도 불구하고 아직도 고평가 상태로 넘어가지 못했다. 최근의 주가 흐름을 보면, 한국큐빅을 저렴하게 매수할 수 있는 시간이 그리 길게 남지 않았다는 판단이 든다.

한독약품

1954년에 설립된 한독약품[002390]은 1976년에 거래소에 상장된 중견 제약업체다. 대표이사는 김영진과 고양명이 맡고 있으며, 임직원 629명이 근무하고 있다.

훽스탈로 잘 알려진 한독약품은 2006년에 매출액 2,407억원에 이르고 있는 업종 내 상위권 업체다. 181억원에 달하는 순이익도 상위권에 포함되는 규모다.

2007년 1/4분기의 제품별 매출 구성을 보면 표 3-21과 같다.

대주주 구성을 살펴보면, 독일 훽스트사가 50%를 가진 대주주고, 김영진 대표이사 회장이 6.26%, 이환무 전무가 0.35%, 고양명 대표이사 사장이 0.01%를 보유하고 있어 본사 및 임원들이 총 56.62%의 지분을 소유하고 있다.

표 3-21 **한독약품의 제품별 매출 구성**

유형	제품	용도	매출액	비율
제품	아마릴	인슐린 비의존형 당뇨병	9,607	14.98%
	트리테이스	고혈압, 심부전, 심혈관질환	5,531	8.63%
	아마릴 엠	당뇨병	3,025	4.72%
	자트랄	양성 전립선 비대증	2,840	4.43%
	테베텐	본태성 고혈압	2,631	4.10%
	훼스탈	소화불량, 식욕감퇴	2,569	4.01%
	무노발	고혈압, 협심증 치료제	2,273	3.54%
	트리아핀	고혈압	1,780	2.78%
	테베텐플러스	고혈압	1,736	2.71%
	루리드	감염증	1,381	2.15%
	기타	-	15,189	23.69%
상품	시약 및 의료기기	진단/분석/검사	4,862	7.58%
	슈퍼팍트주사외	-	9,255	14.44%
용역	용역수수료 외	서비스제공/로얄티	1,002	1.56%
기타	건물임대	-	438	0.68%

한독약품의 연도별 사업실적을 살펴보면 차트 3-86과 같다.

매출액이 꾸준히 오르다가 2005년에 기세가 한풀 꺾였다. 영업이익은 2003년에 정점을 이루고 그 뒤로는 주춤거리고 있다. 영업이익률도 16%까지 올랐다가 12%로 내려와 있다. 매출과 이익을 다시 끌어올릴 새로운 성장동력이 필요해 보인다.

최근 분기의 실적을 점검해보자. 최근 3~4분기 동안 매출과 이익의 추세가 좋다. 영업이익률의 추세도 안정적인 편이다. 2005년에 둔화되었던 추

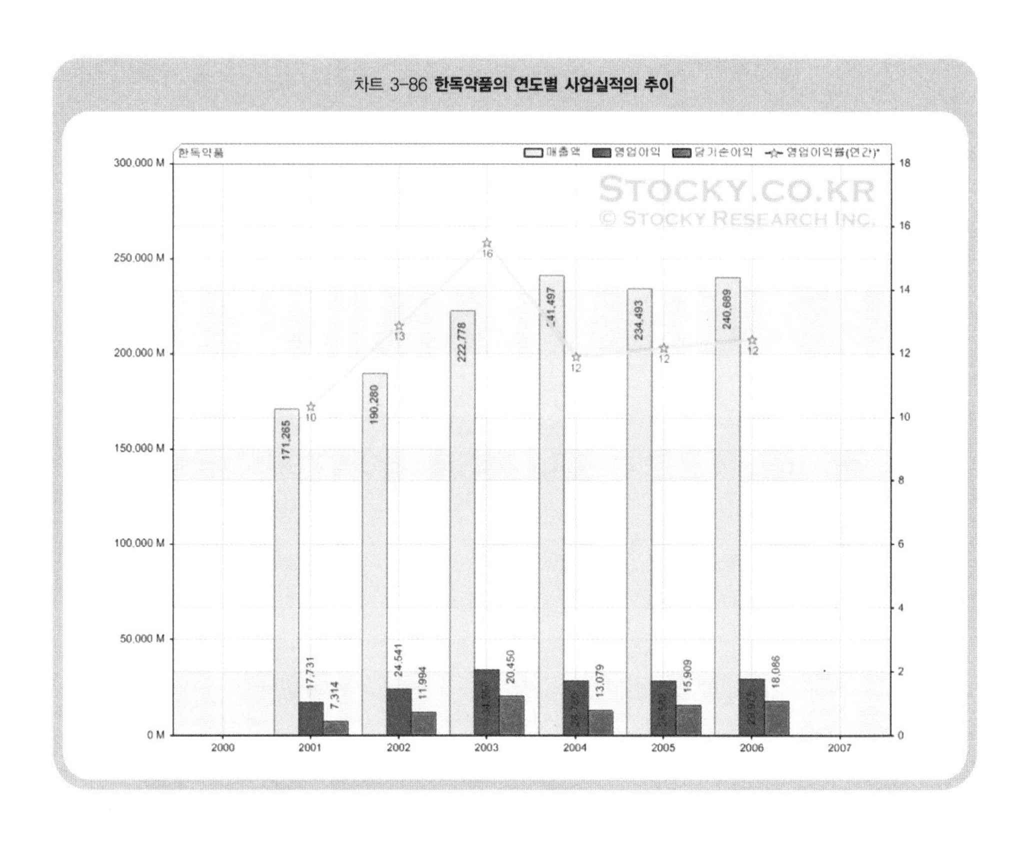

차트 3-86 **한독약품의 연도별 사업실적의 추이**

세가 최근에 다시 살아나고 있는 것 같다. 2007년이 기대된다.

실적이 기업가치에 어떤 영향을 미치고 있는지도 살펴보도록 하자.

2003년 5월에 1/10로 액면분할하여 주식수가 10배 늘었다. 그 결과 2003년 2/4분기에 EPS나 BPS가 1/10로 줄었으며, 그 이후의 추세를 보면 EPS도 다시 증가하고 BPS도 순조롭게 증가하고 있다. ROE는 10%를 웃도는 수준으로 회복되고 있다.

주가의 변동 추세를 확인해보자. 2003년부터 주가가 오르기 시작하여 2004년에는 급등세를 보이기도 했지만, 그 이후 꾸준한 흐름을 유지하다가 2007년 강세장에서 투자자들로부터 집중적인 관심을 받고 있다. 2007년 들

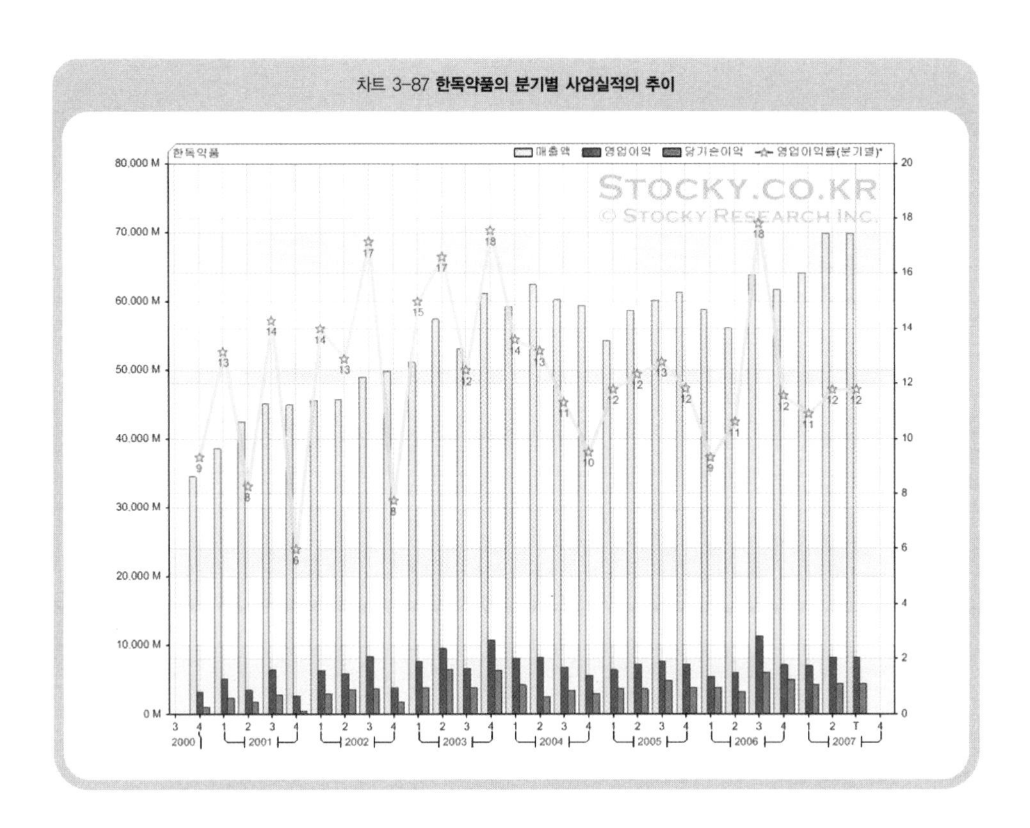

차트 3-87 **한독약품의 분기별 사업실적의 추이**

어서만 주가가 60% 이상 오르고 있다.

기업가치와 주가의 흐름을 비교해보자. 오랫동안 저평가되어 있었기 때문에 주가가 올랐음에도 불구하고 PBR은 1.4배, PER은 14배에 머물러 있다. 평균보다 낮게 평가되고 있는 셈이다.

한독약품은 업종 내 상위권에 속하는, 실적이 우수한 기업이다. 이런 기업이 평균을 하회하는 평가수준에 있다는 것은 좋은 기업의 지분을 저렴한 가격에 소유할 수 있는 좋은 기회라는 것을 의미한다. 따라서 장기적인 투자를 목적으로 삼는 사람이라면 적극적으로 검토할 필요가 있다고 판단된다.

차트 3-88 **한독약품의 기업가치의 추이**

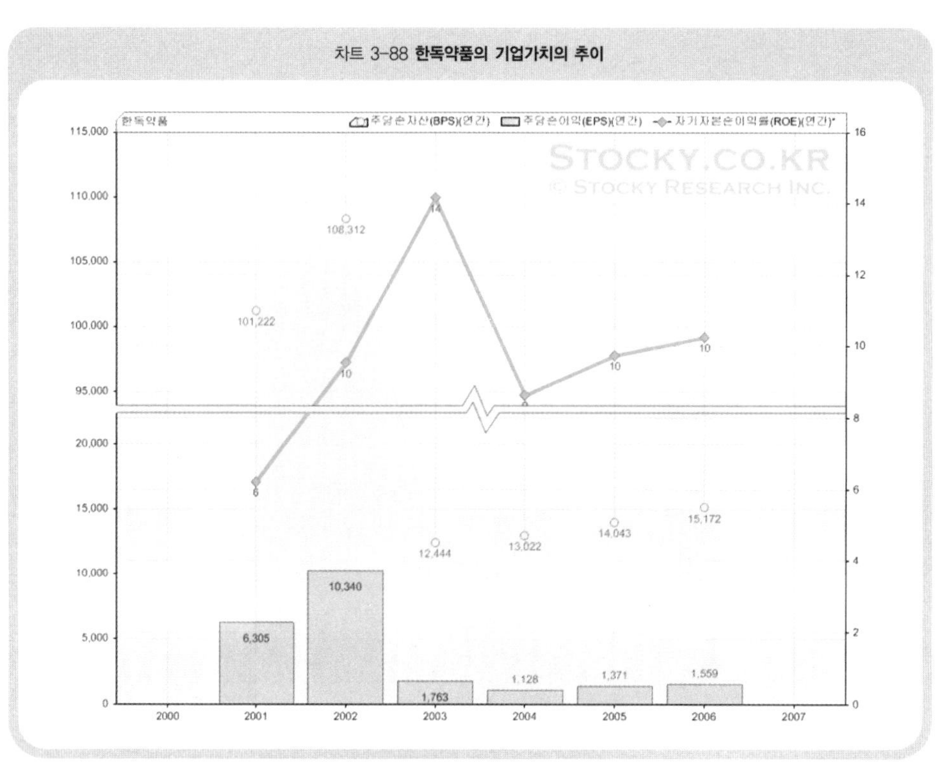

차트 3-89 **한독약품의 주가 추이**

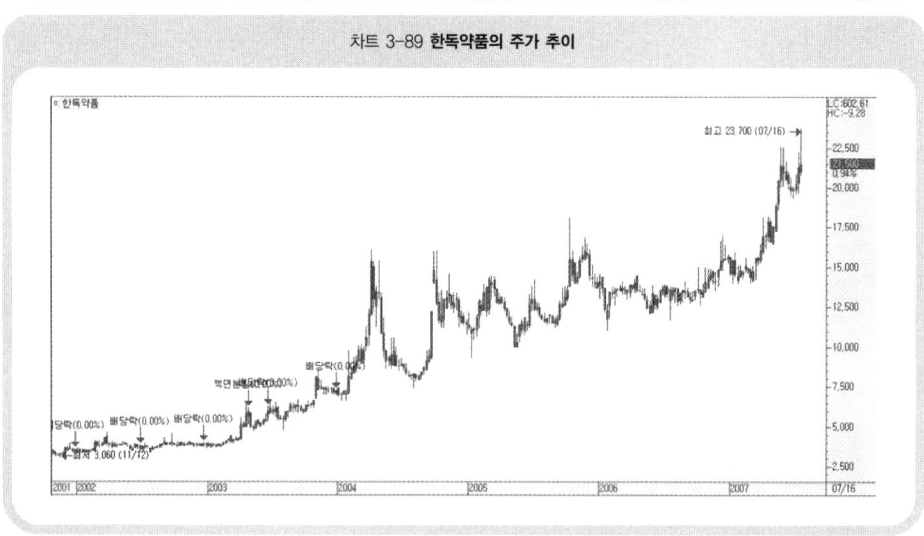

차트 3-90 **한독약품의 가치평가의 추이**

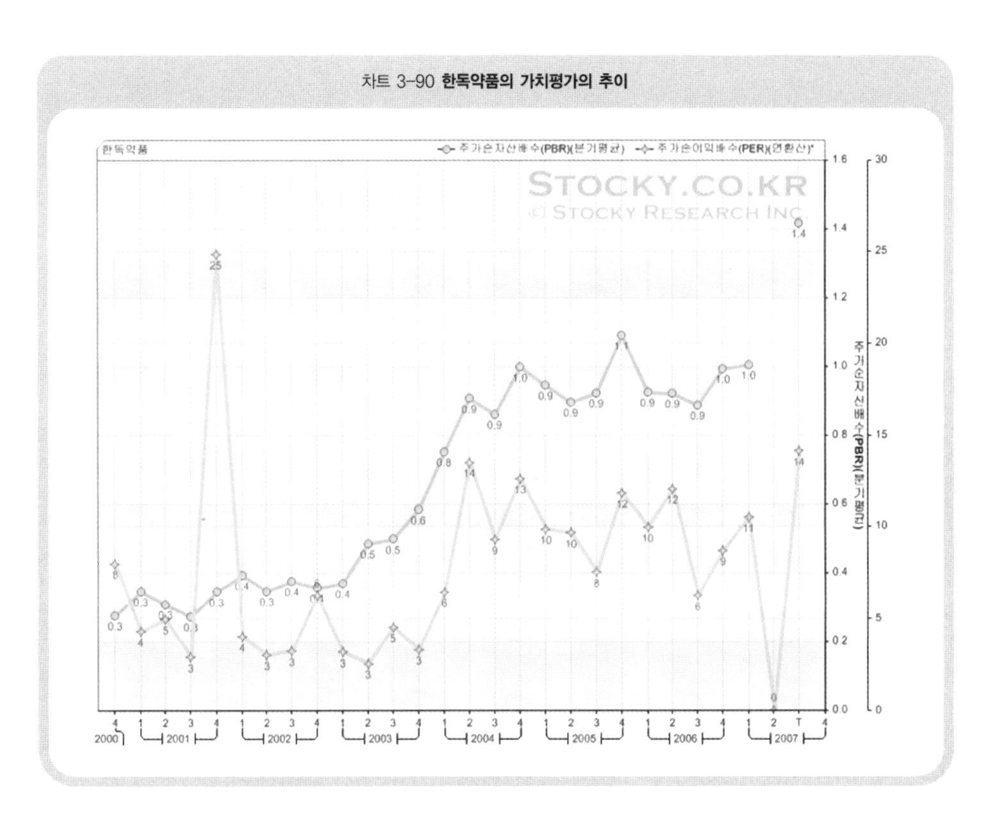

안국약품

1959년에 설립된 안국약품[001540]은 2000년에 코스닥에 등록된 중소 제약업체다. 어준선과 어진이 대표이사를 맡고 있으며, 317명의 임직원이 근무하고 있다.

토비콤 브랜드로 유명한 안국약품은 2006년에 611억원의 매출액을 올렸고, 82억원의 순이익을 거두었다.

2007년 1/4분기의 제품별 매출 구성을 살펴보면 표 3-22와 같다.

표 3-22 **안국약품의 제품별 매출 구성**

품목	구체적용도	매출액(비율)
푸로스판	진해거담제	7,242,756(42.8)
애니탈	종합소화제	1,085,799(6.4)
애니펜	소염진통제	1,932,570(11.4)
토비콤-s	시력개선제	675,620(3.9)
기타		5,977,407(35.5)

(단위: 천원)

차트 3-91 **안국약품의 연도별 사업실적의 추이**

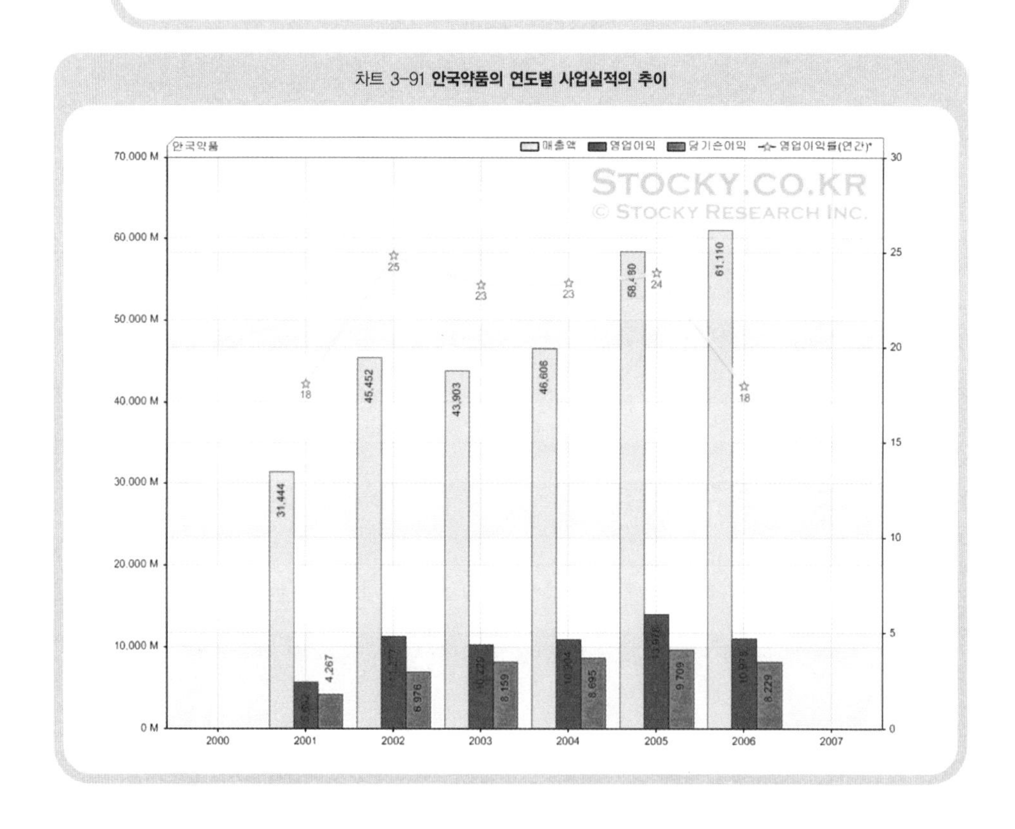

대주주 구성을 보면, 1대 주주인 어진선이 30.09%, 아들들인 어진이

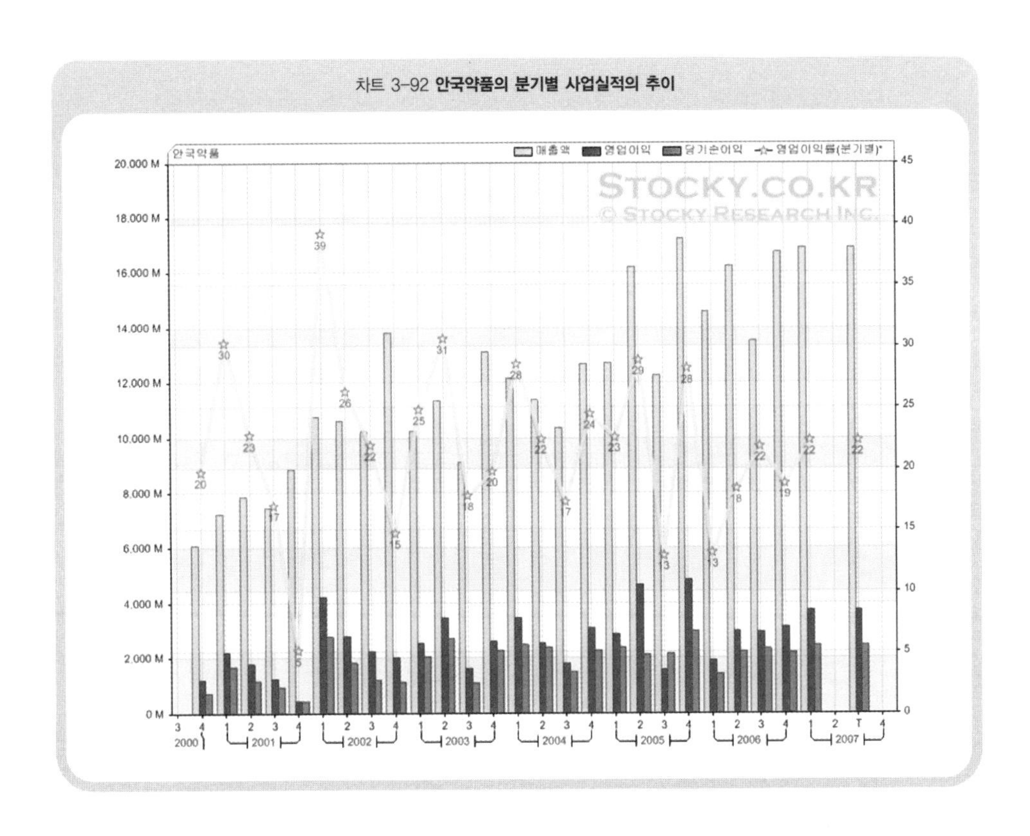

차트 3-92 **안국약품의 분기별 사업실적의 추이**

17%, 어광이 2.5%를 소유하여 오너그룹이 총 49.59%의 지분을 보유하고 있어 경영권은 안정되어 있다.

연도별 실적의 추세를 확인해보자. 매출액이나 영업이익은 전반적으로 상승기조를 띠고 있다. 2006년에 영업이익이 감소하면서 24%에 이르던 영업이익률이 18%로 낮추어지고 있다.

최근 분기의 실적도 확인해보자. 최근 4개 분기의 실적이 견조하다. 매출액의 추세도 좋고, 영업이익이 늘고 있다. 영업이익률도 20% 전후를 넘나들고 있다. 특히 2007년 1/4분기의 실적은 전년 동기에 비해 높은 증가율을 기록하고 있다.

차트 3-93 **안국약품의 기업가치의 추이**

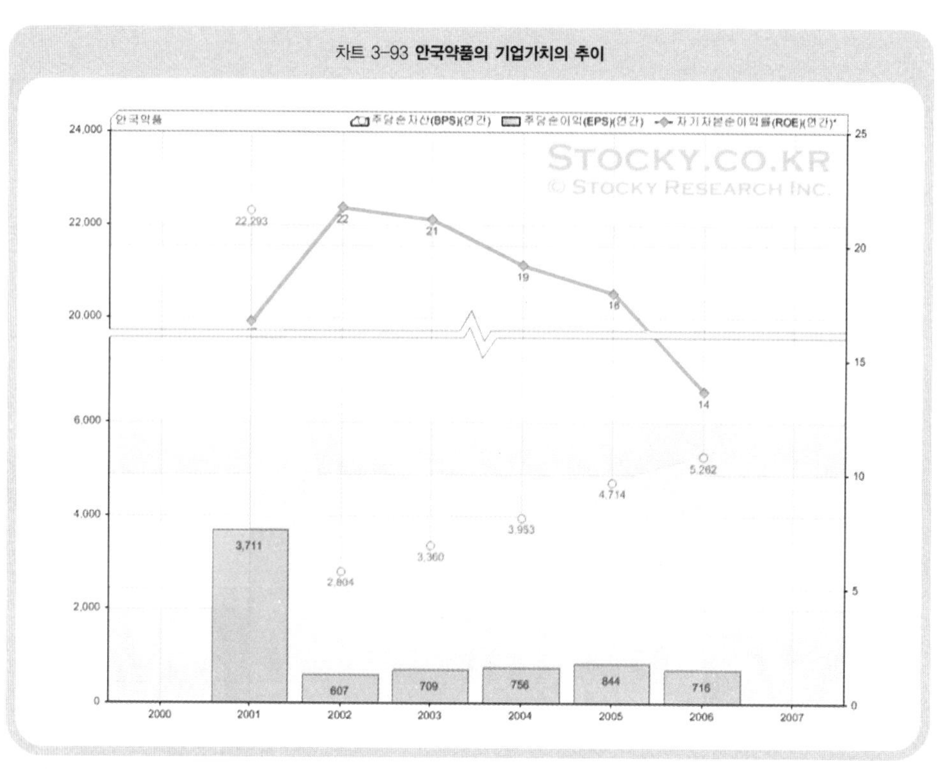

차트 3-94 **안국약품의 주가 추이**

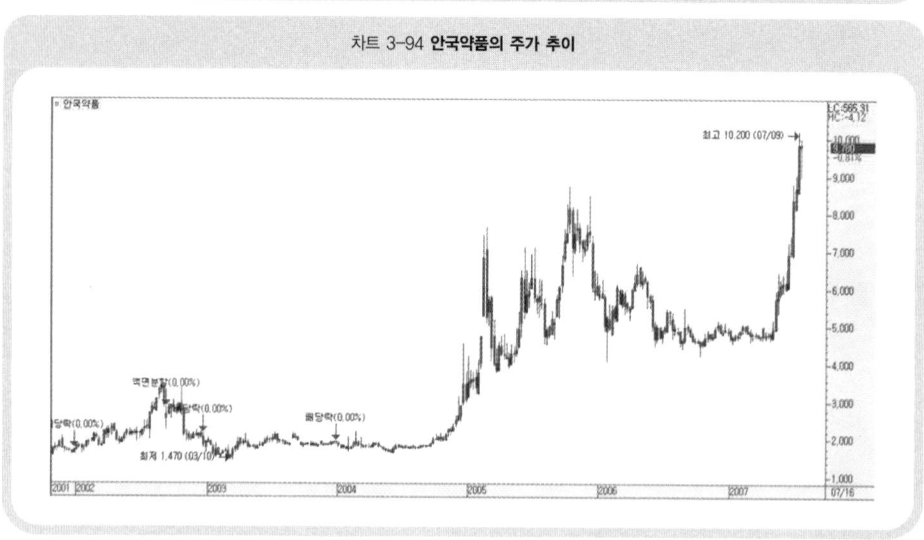

차트 3-95 **안국약품의 가치평가의 추이**

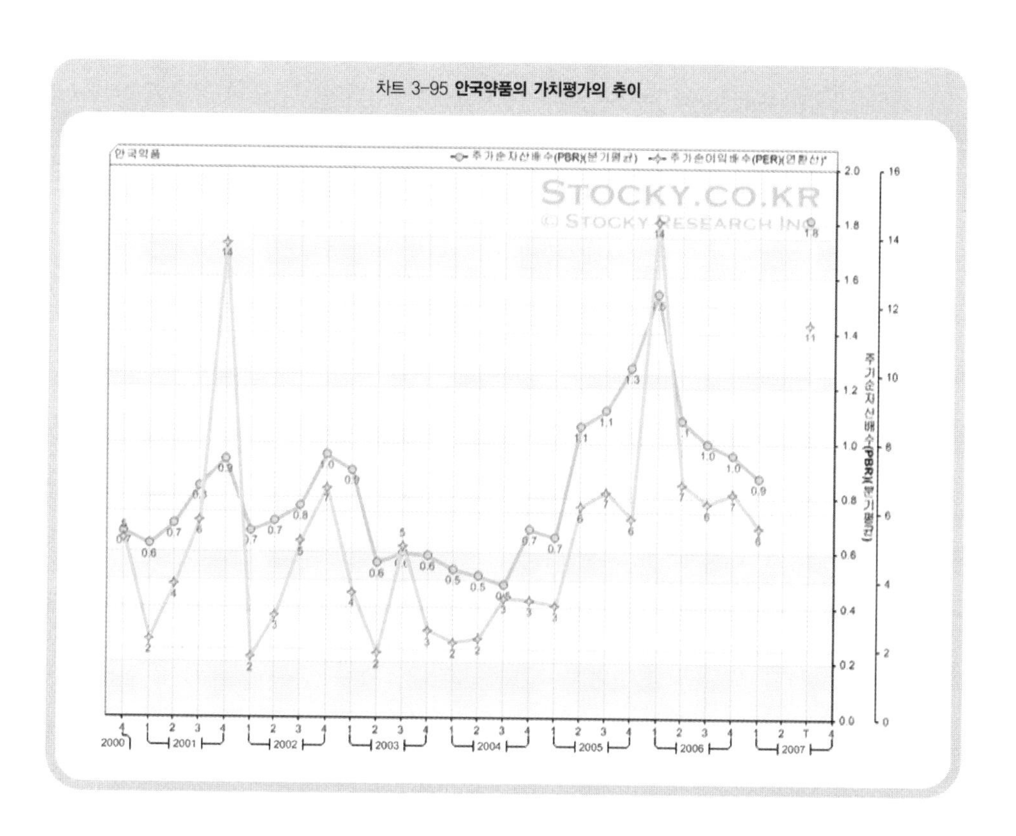

기업가치는 어떤 추세에 놓여 있을까? 2002년부터 EPS와 BPS가 지속적으로 늘어나고 있다. 단, 2006년에 EPS만 약간 감소했다. BPS 증가율보다 EPS 증가율이 낮았다보니 ROE는 22%에서 지속적으로 하락하여 14%로 떨어졌다. 주당순이익을 끌어올리는 일이 과제로 남는다.

주가의 움직임을 확인해보자. 2007년 들어서 주가의 상승세가 격렬하다. 반년 만에 100%나 뛰어오르고 있다. 6월 14일, 화이자가 제기한 고혈압 치료제 관련 특허침해 소송에서 승리하면서 불에 기름을 부은 격으로 주가가 수직으로 치솟았다.

이런 주가의 흐름이 가치의 흐름으로부터 얼마나 이격되고 있을까? 주가의 급등으로 PBR이 많이 뛰었다. 1.8배를 넘어서고 있다. 시장 평균에 접근하는 수준이다. PER은 11배를 기록했지만 시장 평균에는 미치지 못하고 있다. 아직은 고평가된 상태라고 말하긴 어렵다.

장기투자 대상으로서 진지하게 검토해볼 필요가 있는 기업이다.

일동제약

해방 전인 1941년에 설립된 일동제약[000230]은 1975년에 거래소에 상장되었으며, KOSPI 200 지수 종목으로 편입되었다. 이금기, 이정치, 설성화 세 사람이 대표이사를 맡고 있으며, 1,904명의 임직원이 근무하고 있다.

아로나민으로 유명한 일동제약은 2006년 2,275억원의 매출액과 195억원의 순이익을 달성했다. 업종 상위그룹에 속하는 규모다.

표 3-23 일동제약의 제품별 매출 구성

구체적 용도	주요 상표 등	매출액(비율)
활성비타민	아로나민류	31,190(12.0%)
항생제	후루마린	26,823(10.3%)
위궤양치료제	큐란	21,826(8.4%)
뇌순환대사개선제	사미온	16,356(6.3%)
활성유산균제	비오비타	7,421(2.9%)
항생제	후로목스	6,927(2.7%)
당뇨병치료제	파스틱	8,494(3.3%)
습윤드레싱제	메디폼	12,126(4.7%)
기타		128,251(49.4%)

2007년 1/4분기의 제품별 매출 구성을 살펴보면 표 3-23과 같다.

대주주 구성을 살펴보면, 윤원영 회장이 5.38% 그리고 부인과 자녀, 친척, 임원들로 구성된 14명의 특수관계인 지분까지 모두 합치면 총 18.09%를 보유하고 있다. 이들 중 대표이사 회장인 이금기가 5.14%의 지분으로 2대 주주에 오르고 있다.

주요 자회사로는 2006년에 834억원의 매출액을 기록한 일동후디스가 있으며, 일동제약이 33.33%의 지분을 보유하고 있다.

일동제약의 연간 실적의 추세를 확인해보자. 매출액, 영업이익, 순이익의 그래프 모양이 반듯하다. 기업활동의 표준을 보는 것 같은 느낌을 준다.

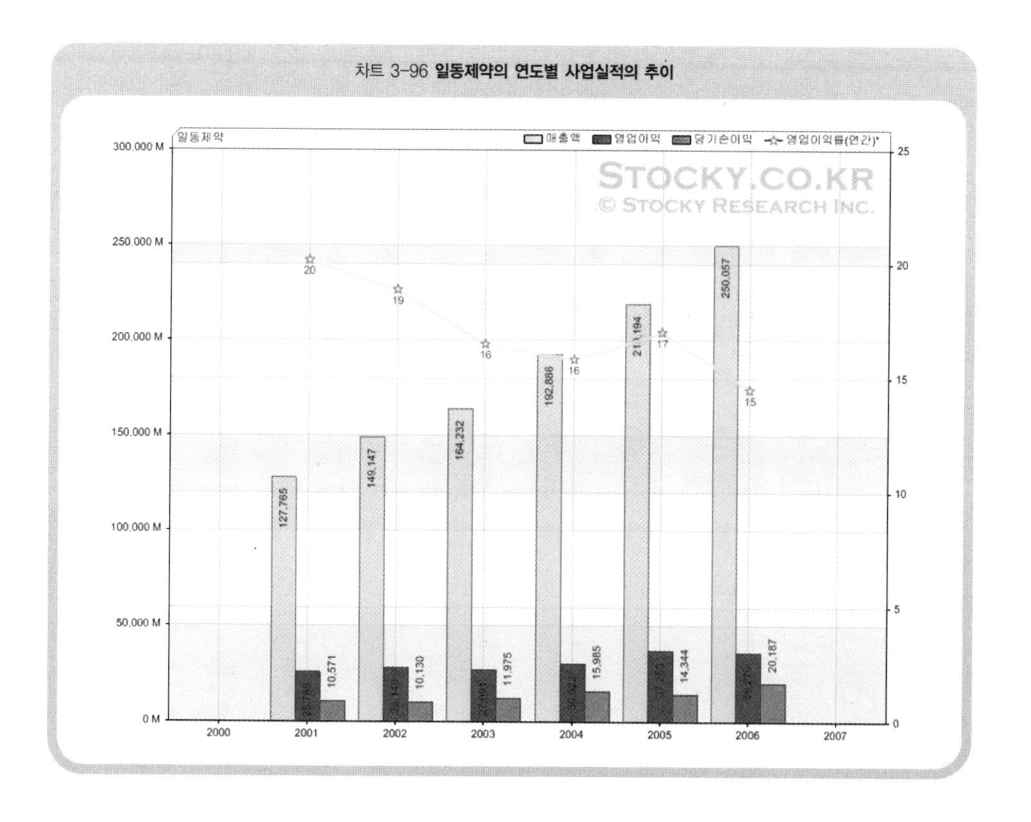

차트 3-96 **일동제약의 연도별 사업실적의 추이**

차트 3-97 **일동제약의 분기별 사업실적의 추이**

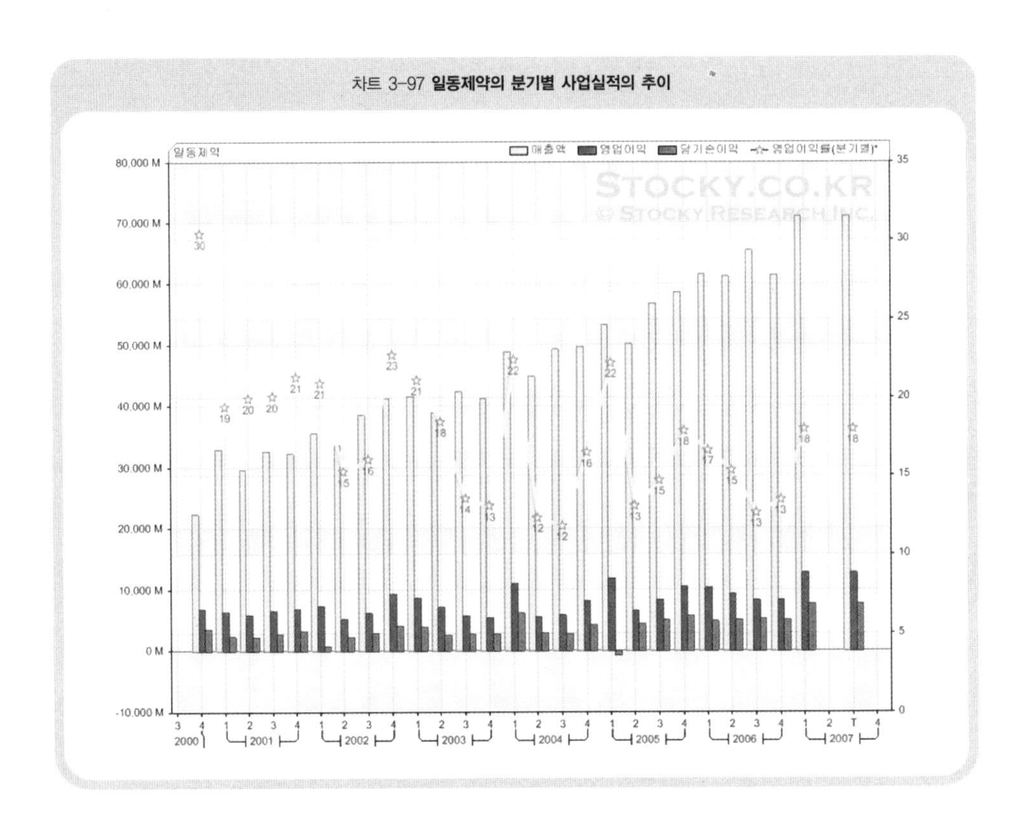

매출액 증가율에 비해 영업이익 증가율이 약간 뒤처져서 영업이익률이 20%에서 15%까지 내려온 것이 아쉬우나, 제조업체로서 15%의 영업이익률은 높은 편에 속하는 것이다.

최근 분기의 실적도 확인해보자. 분기별 추세도 아주 고른 편이다. 시장 경쟁력이 탄탄한 회사라는 것을 알 수 있다. 2007년 들어 1/4분기부터 좋은 출발을 하고 있다. 영업이익률도 끌어올리고 있다. 실적 성장에 대한 기대감을 갖게 만든다.

기업가치의 변화를 분석해보자.

EPS가 증가하다가 2005년에 잠깐 주춤했지만, 2006년에 곧바로 41%

차트 3-98 **일동제약의 기업가치의 추이**

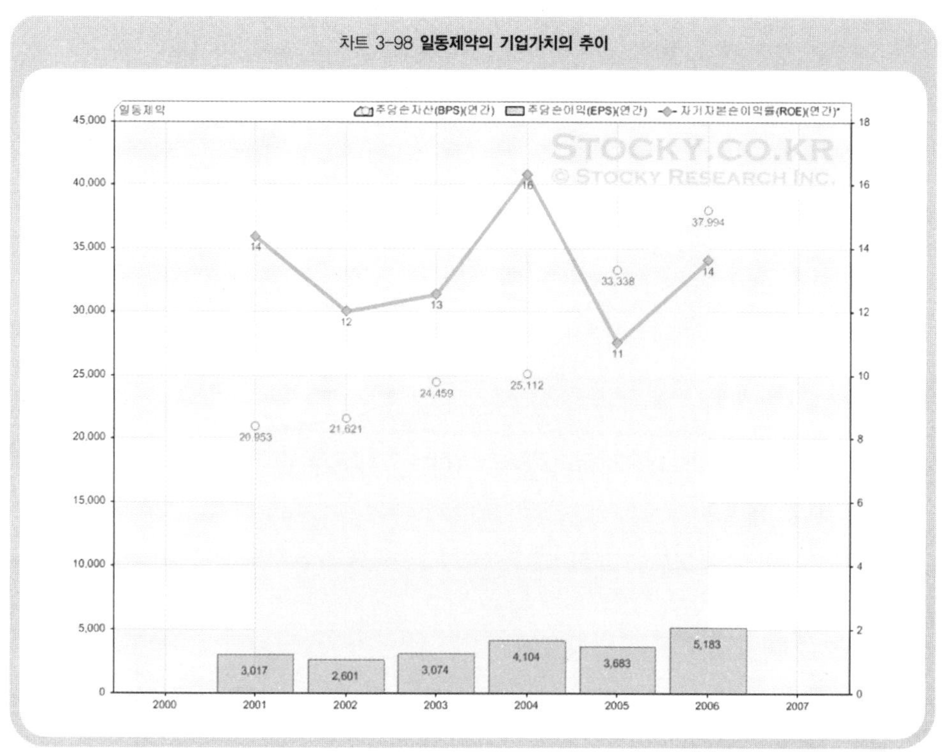

차트 3-99 **일동제약의 주가 추이**

가까이 증가했다. BPS도 지속적으로 확대되고 있다. ROE가 14% 정도를 유지하고 있는데, 자신의 가치를 매년 10% 이상 늘려가고 있는 기업이라고 할 수 있다.

꾸준히 자신의 가치를 늘리고 있는 회사에 대해 주가는 어떻게 반응했을까? 2004년 중반부터 주가가 뛰기 시작하여 2006년에 주춤했었지만 전체적으로는 지속적인 상승세를 유지하고 있다. 2004년부터 3년 동안 무려 600%나 올랐다. 장기투자자들에게 탁월한 투자수익률을 안겨준 기업인 셈이다.

기업가치와 비교해 얼마나 오른 것일까? 향후에 더 오를 여지가 있을

차트 3-100 일동제약의 가치평가의 추이

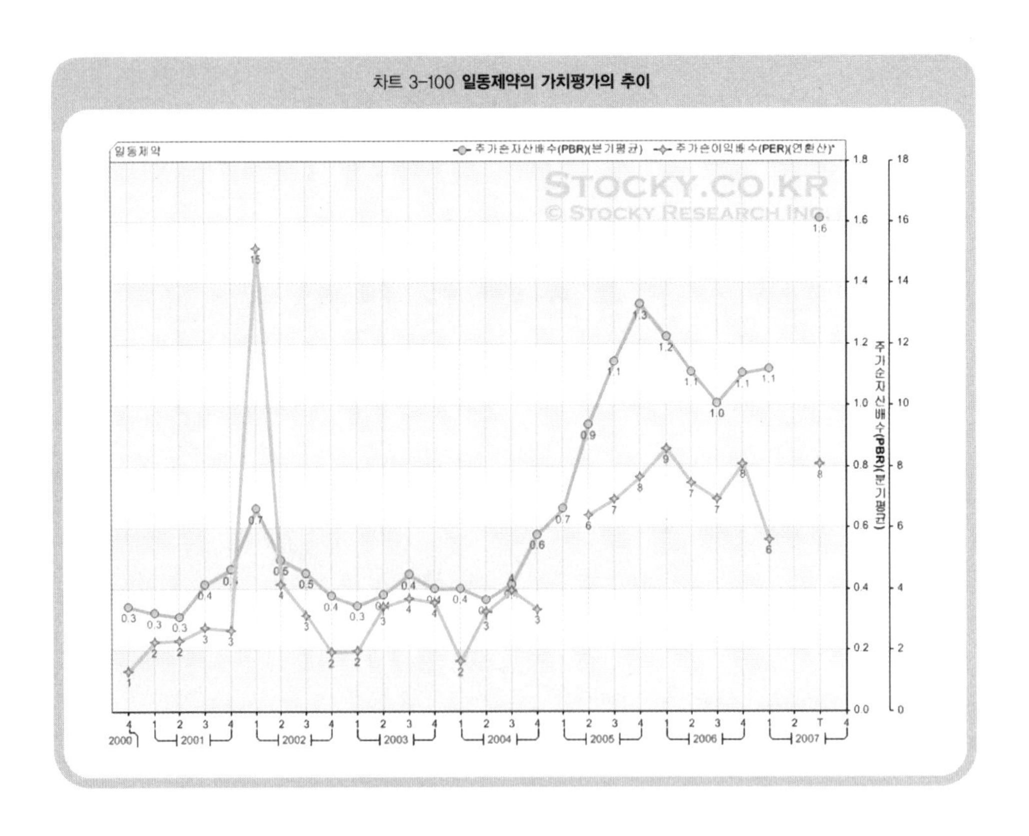

까? 주가가 올랐다지만, PBR은 1.6배, PER은 8배에 머물고 있다. 시장 평균보다 저평가된 상태다. 이는 실적의 추세가 좋고, 시장 내 경쟁력이 뛰어나고, 신제품 출시에 적극적인 기업의 주식을 순자산의 1.6배 정도에 구매할 수 있는 상황에 있다는 것을 뜻한다. 장기투자를 적극적으로 검토해보길 바란다.

한국신용정보

한신정이라는 이름으로 불리는 한국신용정보[034310]는 1986년에 설립되었고, 2004년에 거래소에 상장되었다. 대표이사는 이용희이고, 972명의 임직원이 근무하고 있다.

한신정은 기업신용 평가사업, 개인신용정보 제공사업, 채권 추심사업 등

표 3-24 **한국신용정보의 영역별 매출 구성**

품목	구체적 용도	매출액(비율)
회사채, 기업어음, ABS 등 신용평가	발행주체의 원리금 상환 확실성 평가 등	4,952(19.5%)
개인신용정보 및 솔루션 제공	개인신용정보 조회를 비롯한 CB서비스 및 솔루션 구축 등	4,783(18.8%)
채권 추심	채권 회수대행	11,797(46.5%)
리서치	서비스조사, 마케팅리서치	1,186(4.7%)
기업 분석 및 자문 사업		1,221(4.8%)
임대 등		1,437(5.7%)

을 주요 사업으로 전개하는 종합신용정보회사다. 2006년에 1,031억원의 매출액을 올렸고, 130억원의 순이익을 남겼다.

2007년 1/4분기의 매출액은 254억원인데, 사업영역별 매출 비중을 살펴보면 표 3-24와 같다.

대주주인 김광수가 28.83%, 관계사인 에스투비네트워크가 19.38% 그리고 일곱 명의 특수관계인이 2.56%를 보유하여, 대주주와 특수관계인들이 전부 50.77%를 확보하고 있다.

5개의 계열사를 갖고 있는데, 코스닥 등록사이자 2006년에 844억원의 매출을 기록한 한국전자금융, 마찬가지로 코스닥 등록사이자 524억원의 매

차트 3-101 **한국신용정보의 연도별 실적의 추이**

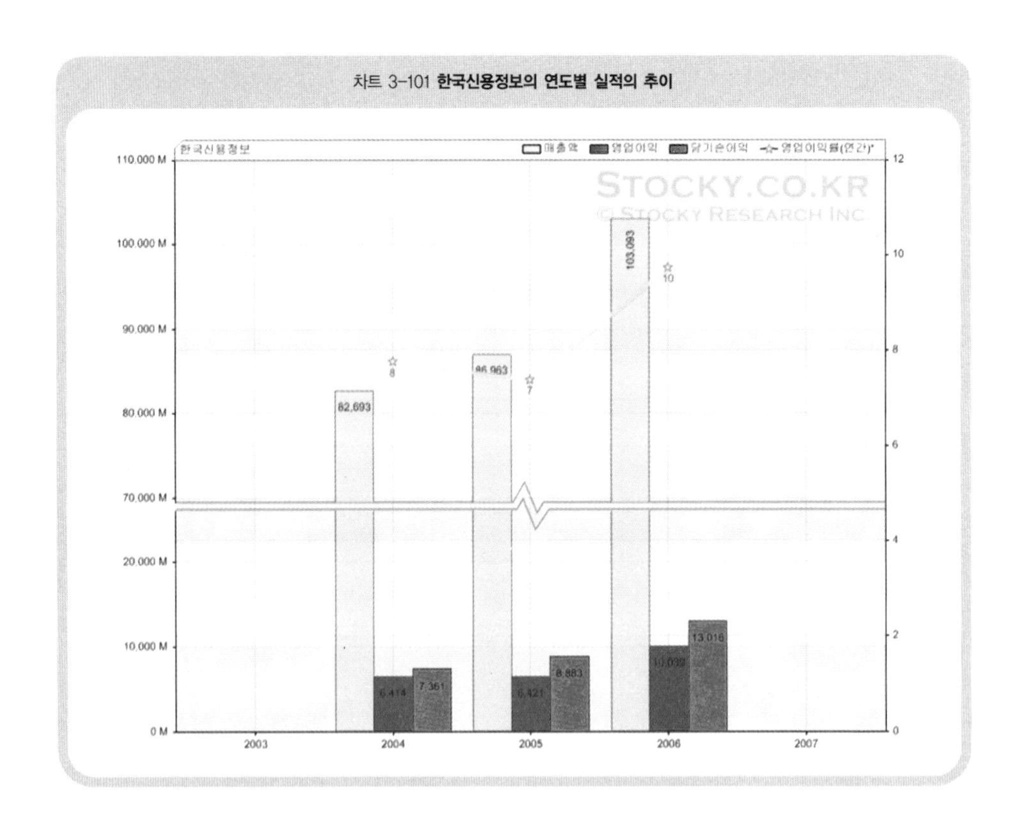

출을 올린 나이스정보통신 등을 거느리고 있다.

한신정의 연간 실적 추이부터 알아보자. 매출액과 순이익이 증가하고 있는 추세인데, 영업이익률은 10%에 달하고 있다. 매년 영업이익보다 순이익이 더 큰 것이 눈에 띄는데, 괜찮은 자회사들을 둔 덕에 지분법이익이 커서 2005년에 64억원, 2006년에는 93억원의 영업외수익을 거두었기 때문이다.

최근 분기의 추세도 확인해보자. 지난 3년의 추세를 보면, 2/4분기마다 영업이익이 뛰는 계절적인 특성이 있음을 알 수 있다. 2007년 1/4분기에는 전년 동기에 비해 높은 실적 증가율을 기록하고 있는데, 기존의 계절적인 특성을 감안할 때 2007년에는 호성적을 기대해볼 수 있겠다.

차트 3-102 **한국신용정보의 분기별 사업실적의 추이**

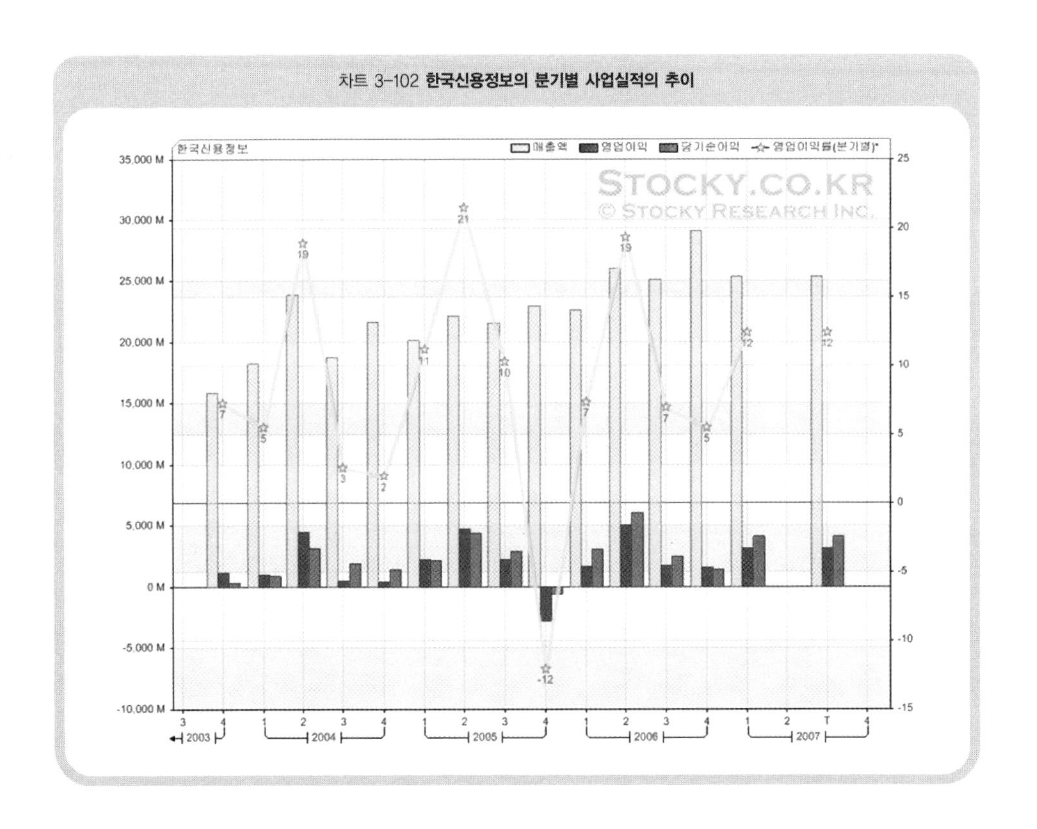

차트 3-103 **한국신용정보의 연도별 기업가치의 추이**

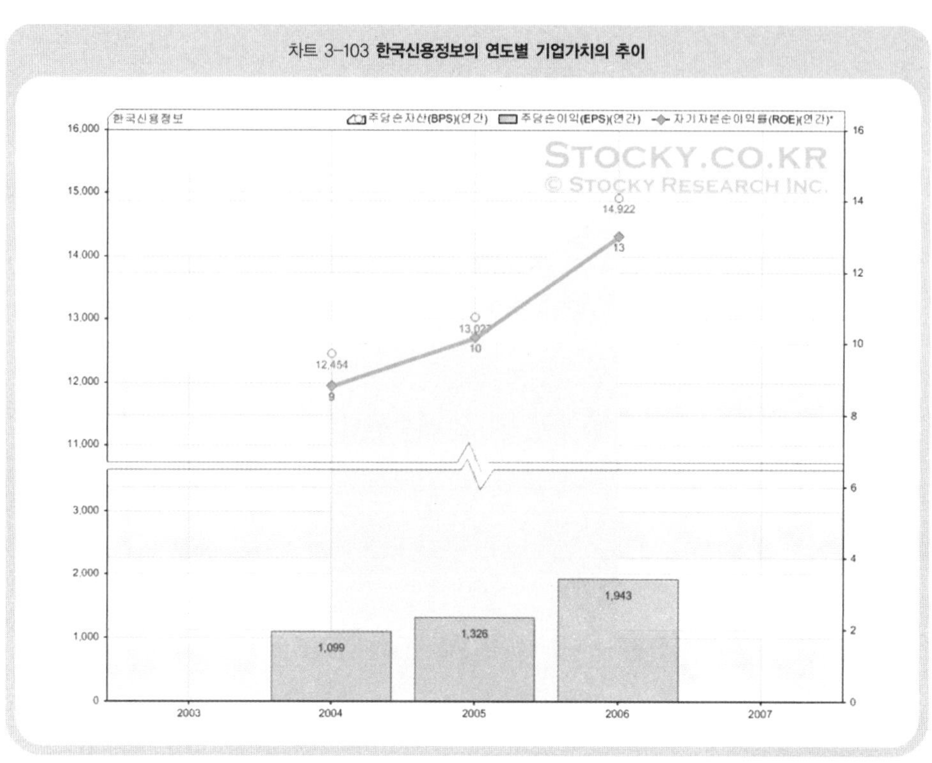

차트 3-104 **한국신용정보의 주가의 추이**

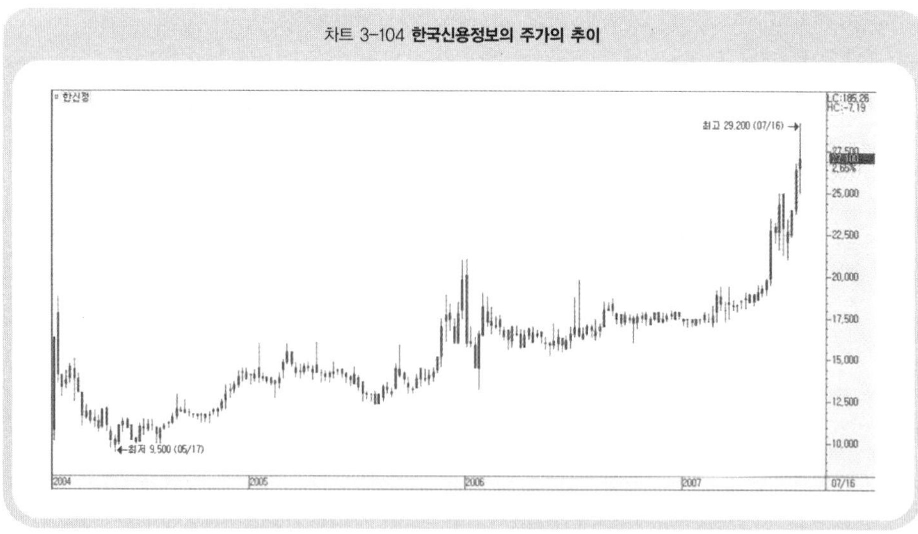

기업가치의 변화를 확인해보자. 준수한 실적을 거두었기 때문에 기업가치도 순조롭게 증가하고 있다. 특히 EPS의 증가속도가 높아서 ROE가 9%에서 13%까지 상승하고 있다. 기업가치의 성장률이 높은 회사임을 알 수 있다.

주가는 어떤 흐름을 보였을까?

주가 차트를 통해 주가가 장기간에 걸쳐 순조롭게 상승해온 것을 확인할 수 있다. 최근에는 가속도가 붙어 급등하는 양상을 보이고 있다.

이러한 주가의 흐름은 기업가치를 얼마나 반영하고 있는 것일까? 주가의 급등으로 1.3배에 머물던 PBR이 1.9배까지 상승했다. 평가치가 많이 올

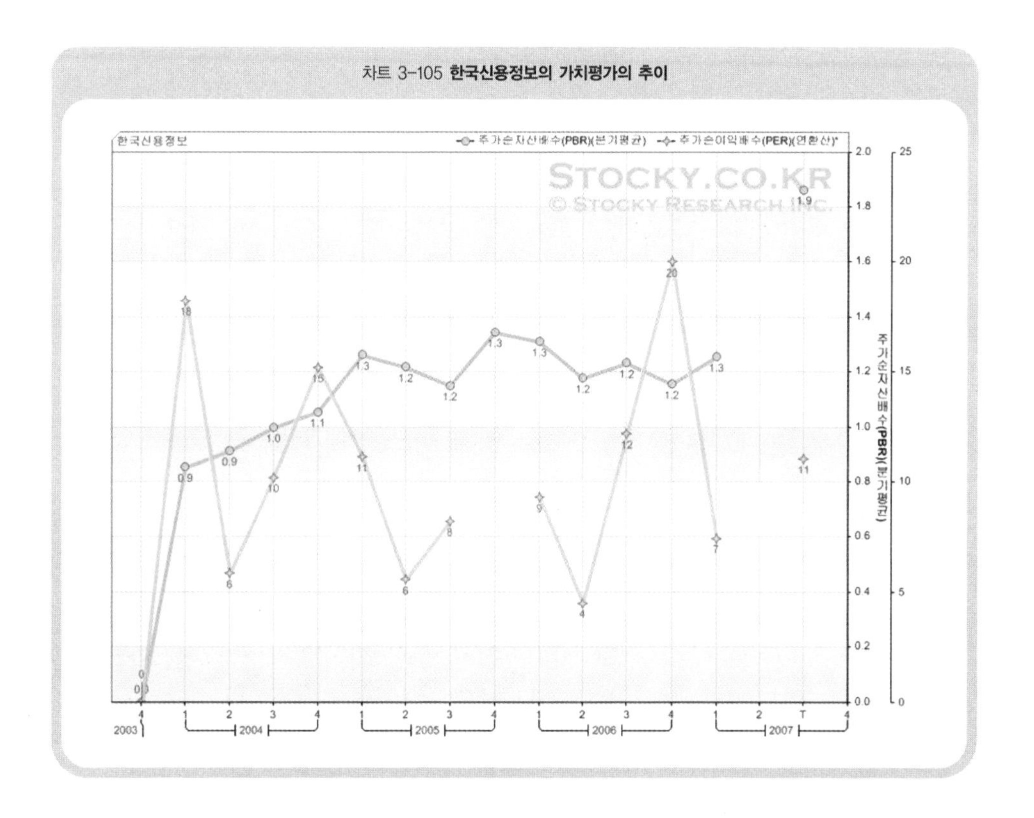

차트 3-105 **한국신용정보의 가치평가의 추이**

랐음에도 불구하고 시장 평균에는 약간 못 미치는 수준이다. PER은 EPS가 크다보니 11배에 머물러 있다. 평균보다 낮은 수준이다.

한국신용정보의 양호한 실적과 가치의 흐름으로 볼 때 여전히 주가는 저평가되어 있다고 판단된다. 장기투자를 위한 대상기업으로 상정해놓고, 사업전망 등을 세부적으로 검토할 필요가 있겠다.

퍼시스

1983년에 설립된 퍼시스[016800]는 1996년에 거래소에 상장되어 KOSPI 200 지수에 포함된 사무용 가구 제조업체다. 손동창, 양영일이 대표이사를 맡고 있으며, 263명의 임직원이 근무하고 있다.

사무용 가구 시장에는 소규모 업체들이 난립해 있어 시장점유율 집계가 어렵다. 유명 브랜드인 리바트, 코아스웰, 보르네오 등과 비교하면, 퍼시스가 50%의 시장점유율을 차지하며 업계 선두의 위상을 공고히 하고 있다.

2006년의 매출액은 2,075억원에 이르고 있으며, 순이익은 294억원에 달하고 있다.

대주주 구성을 보면, 대표이사 회장인 손동창이 21.05%, 사장인 양영일이 5.54%를 보유하고 있으며, 손동창의 친척들이 1.76%, 여러 계열사가 13.42%를 갖고 있다. 총 41.91%의 지분이 대주주의 손에 있는 셈이어서 경영권은 안정되어 있는 편이다.

연도별 사업실적의 추세를 확인해보자. 매출액이 3년째 증가하고 있으며, 영업이익도 따라 증가했으나, 2006년도에는 약간 줄어들었다. 영업이익률이 꾸준히 올라 16%에 도달하고 있어 시장 내 경쟁력이 강화되고 있는

차트 3-106 **퍼시스의 연도별 사업실적의 추이**

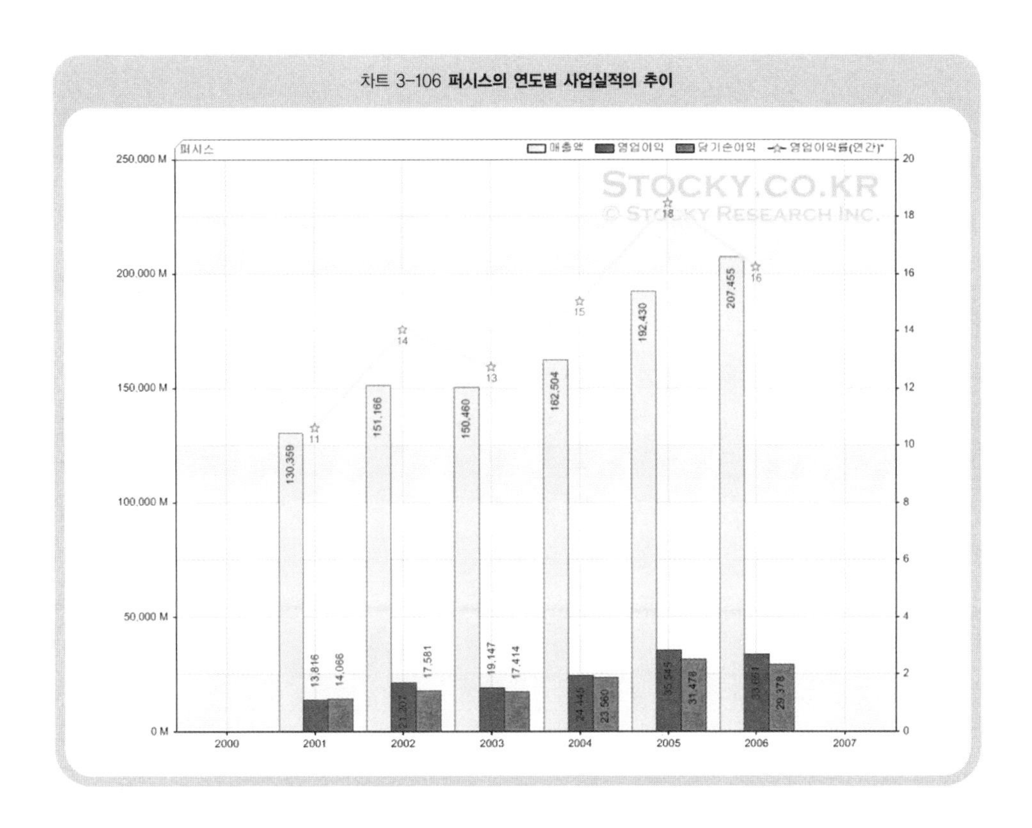

것으로 판단된다.

최근 분기의 실적도 확인해보자. 최근으로 올수록 실적이 탄탄해지는 모습을 확인할 수 있다. 분기별 매출액이 지속적으로 늘었으며, 영업이익률도 꾸준히 오르고 있다. 2007년 1/4분기에 매출액과 순이익이 전년 동기에 비해 증가하고 있다.

기업의 가치도 확대되고 있는지 살펴보자. 기업의 실질적인 가치를 나타내는 BPS가 꾸준히 증가하고 있다. EPS는 증가하다가 2006년에 잠깐 쉬어 가고 있다. 이로 인해 16%까지 뻗어가던 ROE가 14%로 내려서고 있다.

내구성 소비재 제조업체로서 영업이익률 16%, ROE 14%를 구현할 수

차트 3-107 **퍼시스의 분기별 사업실적의 추이**

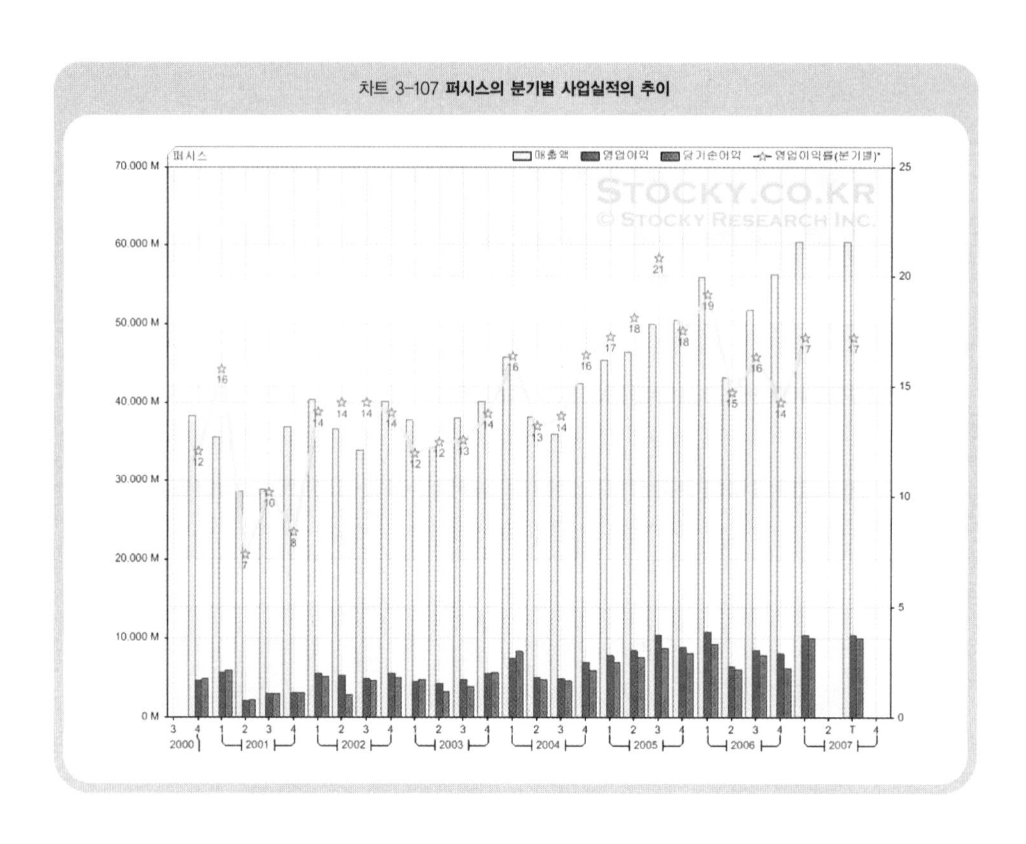

있는 기업은 흔치 않다. 시장 경쟁력이나 경영능력이 탁월한 기업이라고 평가할 수 있다.

주가는 어떻게 움직였을까?

2004년 말부터 1년 반 동안에 네 배나 올랐다. 대단한 상승세였다. 그러나 너무 가파른 상승세의 후유증이 컸는지 3만 6,000원에서 정점을 찍고 1년에 걸쳐 40% 정도 미끄러졌다가 2007년 강세장이 도래하자 다시 상승세로 돌아서고 있다.

이런 주가의 움직임이 기업의 가치를 얼마나 반영하고 있을까? 주가가 오름세에 있다고 하지만, PBR은 1.6배, PER은 9배에 불과하다. 시장 평균

차트 3-108 **퍼시스의 기업가치의 추이**

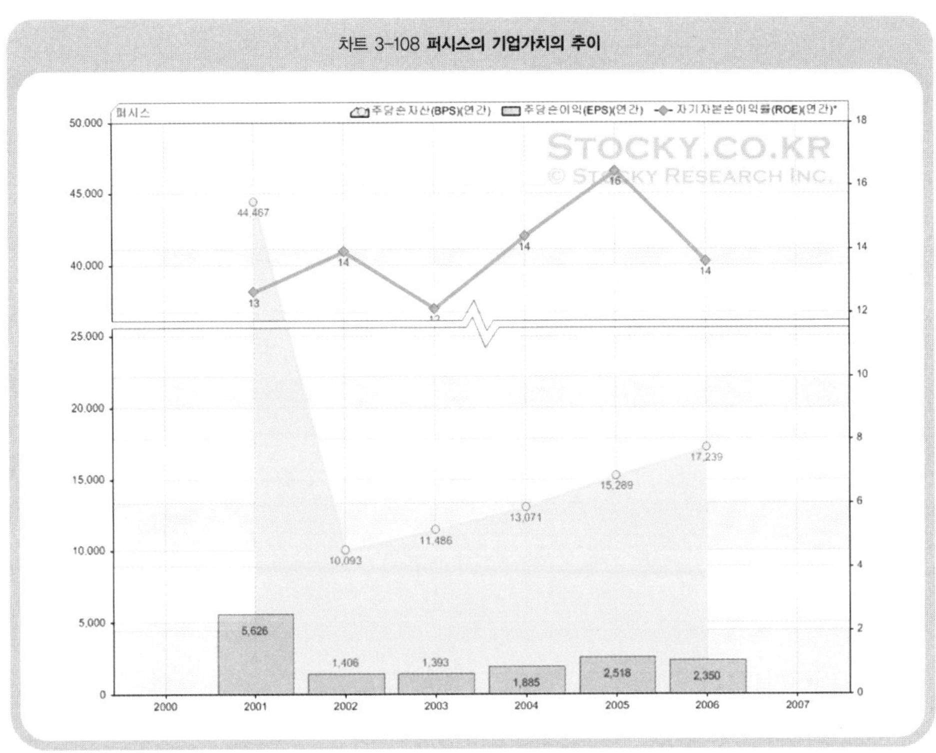

차트 3-109 **퍼시스의 주가 추이**

차트 3-110 **퍼시스의 가치평가의 추이**

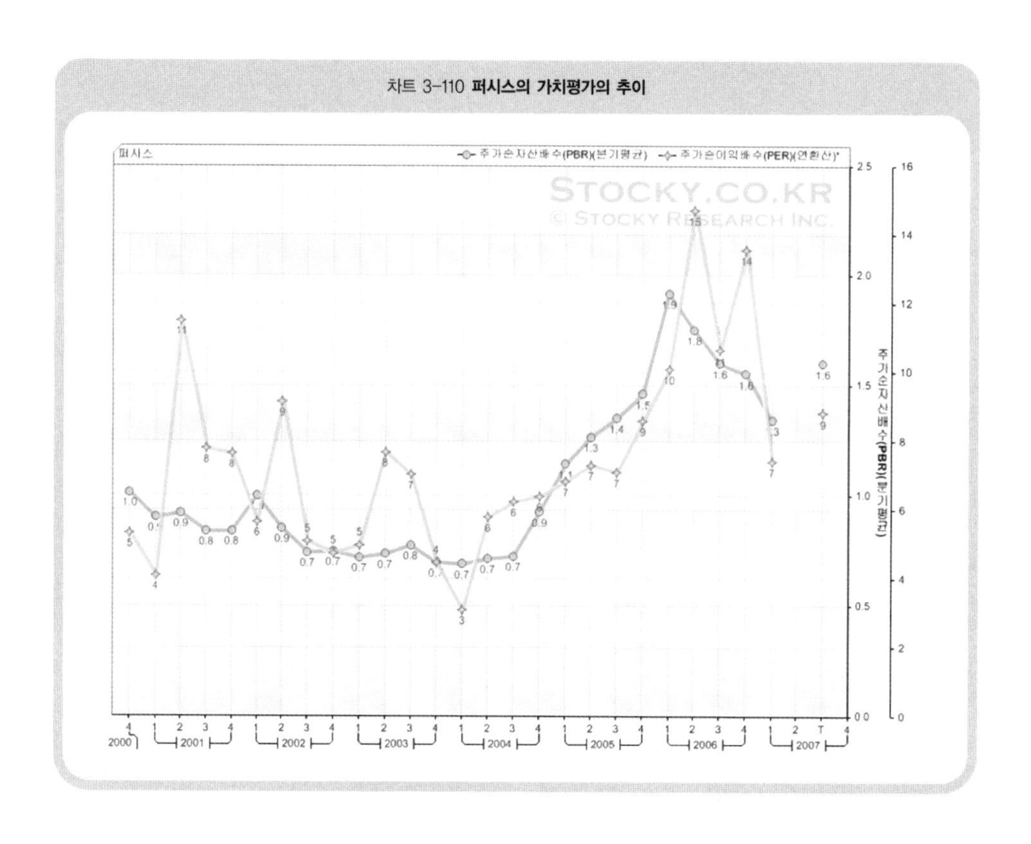

보다 낮게 평가되고 있는 상황이다.

장기투자를 목적으로 한다면, 우수한 기업의 지분을 저렴한 가격에 인수할 수 있는 좋은 기회가 아닌가 하는 생각이 든다.

바이오랜드

1995년에 설립된 바이오랜드[052260]는 2001년 코스닥에 등록된 기업으로서, 정찬복이 대표이사로 있고, 121명의 임직원이 근무하고 있는 중소

기업이다.

바이오랜드는 의약품 및 화장품의 원료를 주로 제조하여 태평양, 코리아나, 한국화장품, 참존 등에 납품하는 업체인데, 2006년에 272억원의 매출액과 50억원의 순이익을 올리고 있다.

2007년 1/4분기에 제품별 매출 비중을 살펴보면 다음과 같다.

대주주 구성을 보면, 이택선이 14.2%로 1대 주주고, 대표이사인 정찬복이 10.24%로 2대 주주를 이루고 있다. 부인 등의 여러 명의 특수관계인들이 19.65%의 지분을 보유하여 대주주 관련 지분은 총 44.09%에 달하고 있다.

바이오랜드의 사업실적의 추세를 확인해보자. 2003년부터 3년 동안의 매출액 증가율은 평균 47%에 달하고 있다. 놀라운 속도가 아닐 수 없다. 영

표 3-25 **바이오랜드의 제품별 매출 구성**

사업부문	품목	구체적 용도	매출액(비율)
생약물질 추출물	마치현 추출물 외	천연물을 이용하여 항염, 항산화, 항알러지 등에 효과가 있는 유용성분을 추출하여 피부노화방지, 미백, 수렴 기능이 있는 제품이다.	4,038,463 (49%)
원료 의약품	애엽 연조엑스 외	생약의 유용성분을 추출 분리정제 농축하여 의약품 원료로 사용함.	678,543 (8%)
미생물 배양제품	BIO HYASOL 외	생명공학적 기법을 사용하여 발효한 천연 보습제로써 그 효과가 우수하며 기존제품에 비해 안전성이 높다.	2,191,850 (27%)
기타	ARBUTIN 외	천연물에서 유래된 기능성 원료를 유기합성적인 방법으로 제조되며, 고순도의 품질이 장점이다.	1,348,975 (16%)

(단위: 천원)

차트 3-111 **바이오랜드의 연도별 사업실적의 추이**

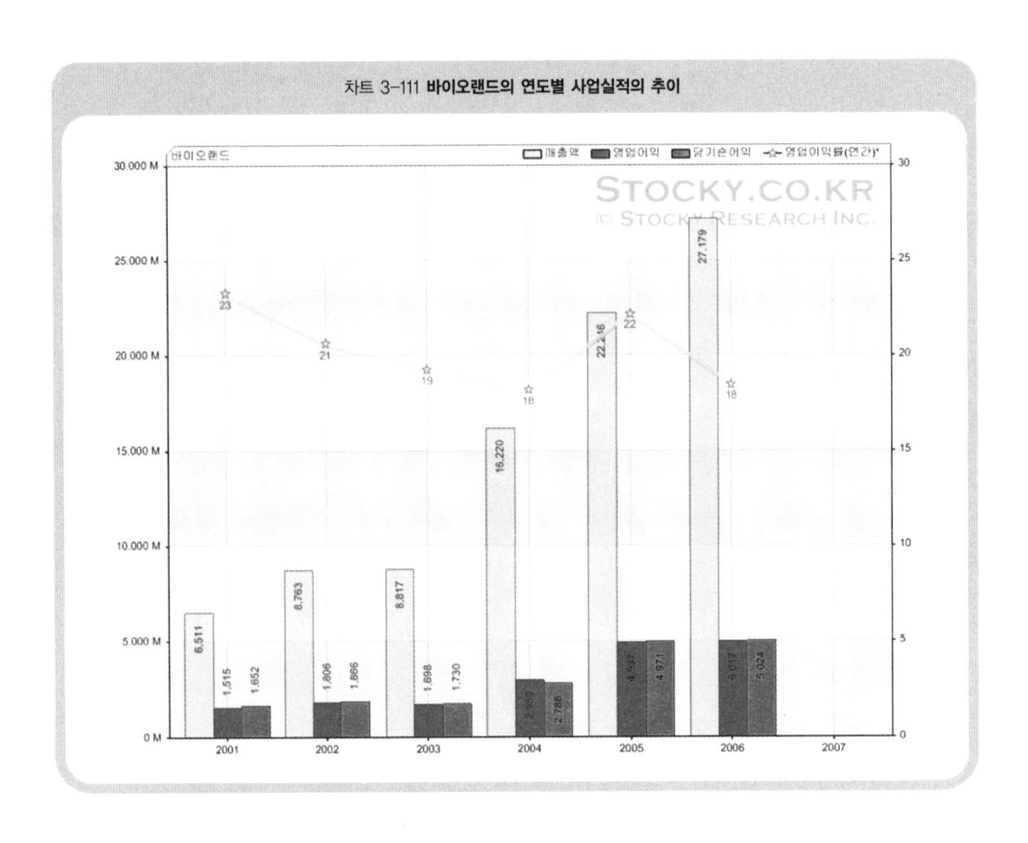

업이익은 2006년 들어 제자리걸음을 했다. 그럼에도 영업이익률은 18%라는 높은 수준에 머물고 있다.

최근 분기의 실적도 점검해보자. 바이오랜드의 분기별 실적을 보면, 지난 2년 연속 1/4분기에 최고의 실적을 올리는 양상을 되풀이하고 있다.

2007년에도 1/4분기에 매출액과 영업이익이 뛰어올랐는데, 영업이익은 전년 동기에 비해 줄어든 모양새다.

기업의 가치는 어떻게 확대되고 있는지 확인해보자. EPS는 늘어나다가 2006년에 멈칫했고, BPS는 지속적으로 증가하고 있다. ROE가 17%라는 높은 수준에 도달하고 있다. 가치의 성장성이 우수한 기업이라고 할

차트 3-112 **바이오랜드의 분기별 사업실적의 추이**

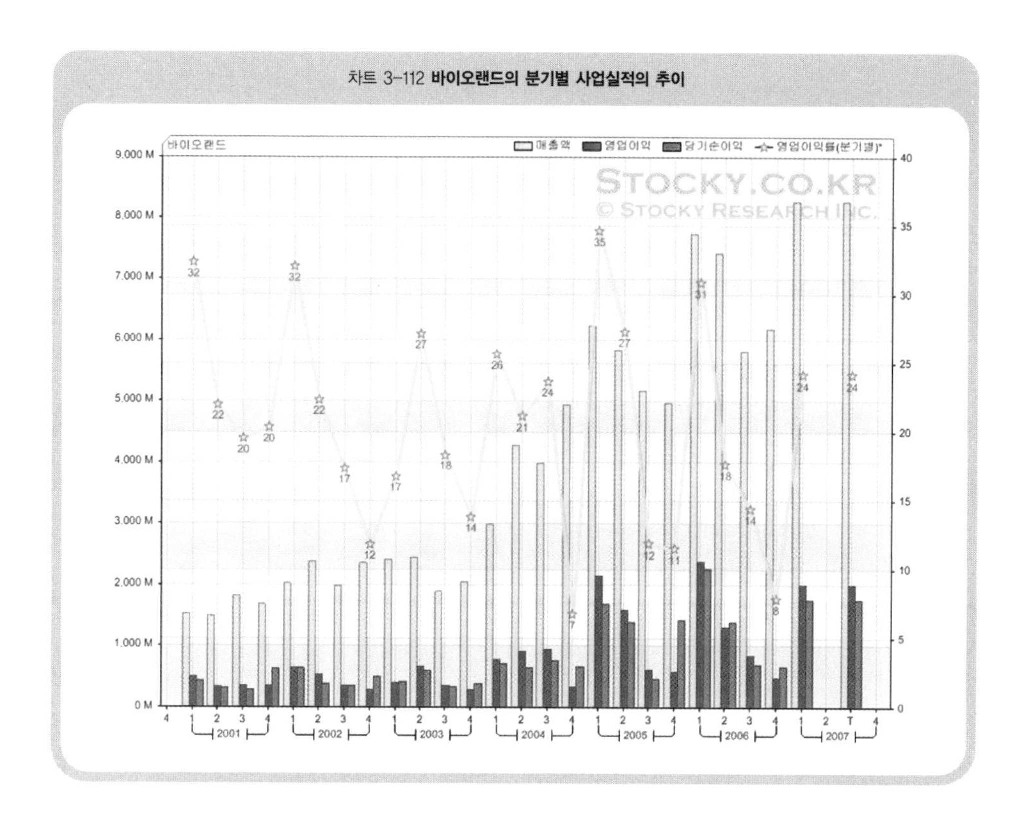

수 있다.

주가는 어떻게 움직였을까? 줄기세포 등으로 촉발된 바이오관련 테마의 폭풍에 휩쓸려 2005년 초반에 주가가 로켓처럼 치솟아 올랐다. 폭등 뒤에는 폭락이라고 했던가? 하늘 높은 줄 모르고 올랐던 주가는 폭포처럼 떨어져 내렸다. 다행히 실적이 좋은 기업이다보니 주가는 8,000원대에 안착했으며, 2년 넘게 지루한 공방전을 거듭하다가 2007년 7월 들어 주가가 오름세로 돌아서기 시작했다.

주가가 과연 기업의 가치를 얼마나 반영하고 있을까? 성장성이 있는 회사임에도 불구하고 아직 투자자들의 본격적인 관심을 받지 못하고 있는 것

차트 3-113 **바이오랜드의 기업가치의 추이**

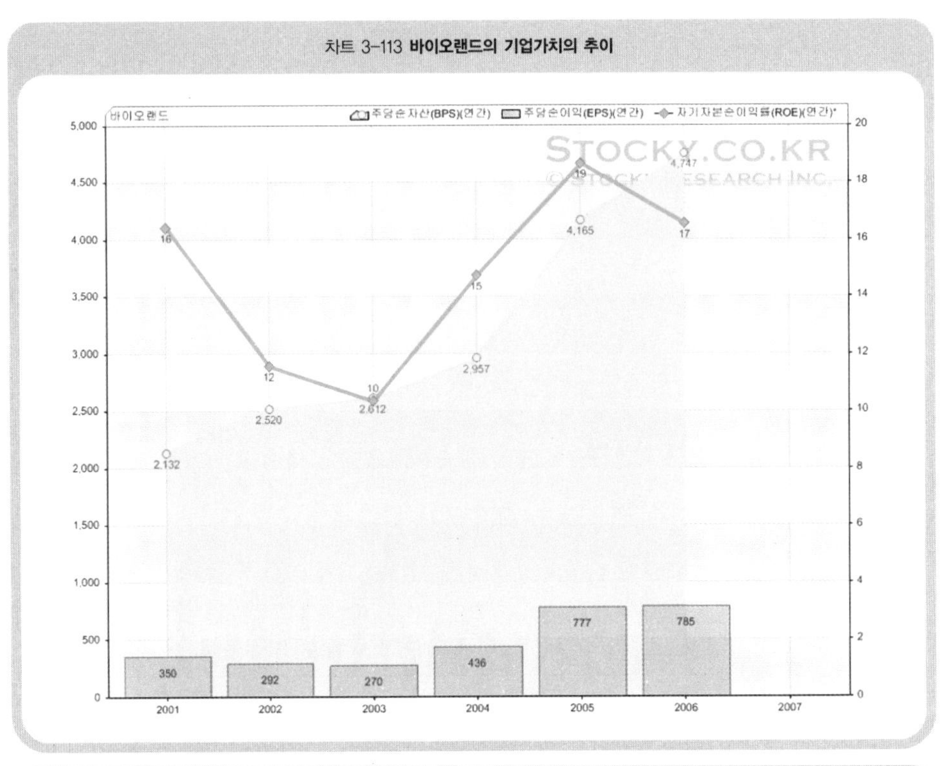

차트 3-114 **바이오랜드의 주가 추이**

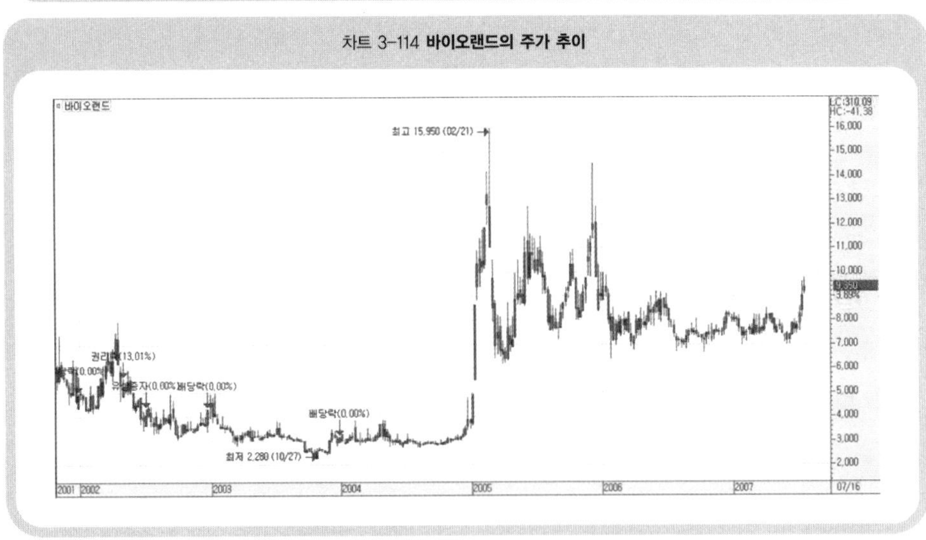

차트 3-115 **바이오랜드의 가치평가의 추이**

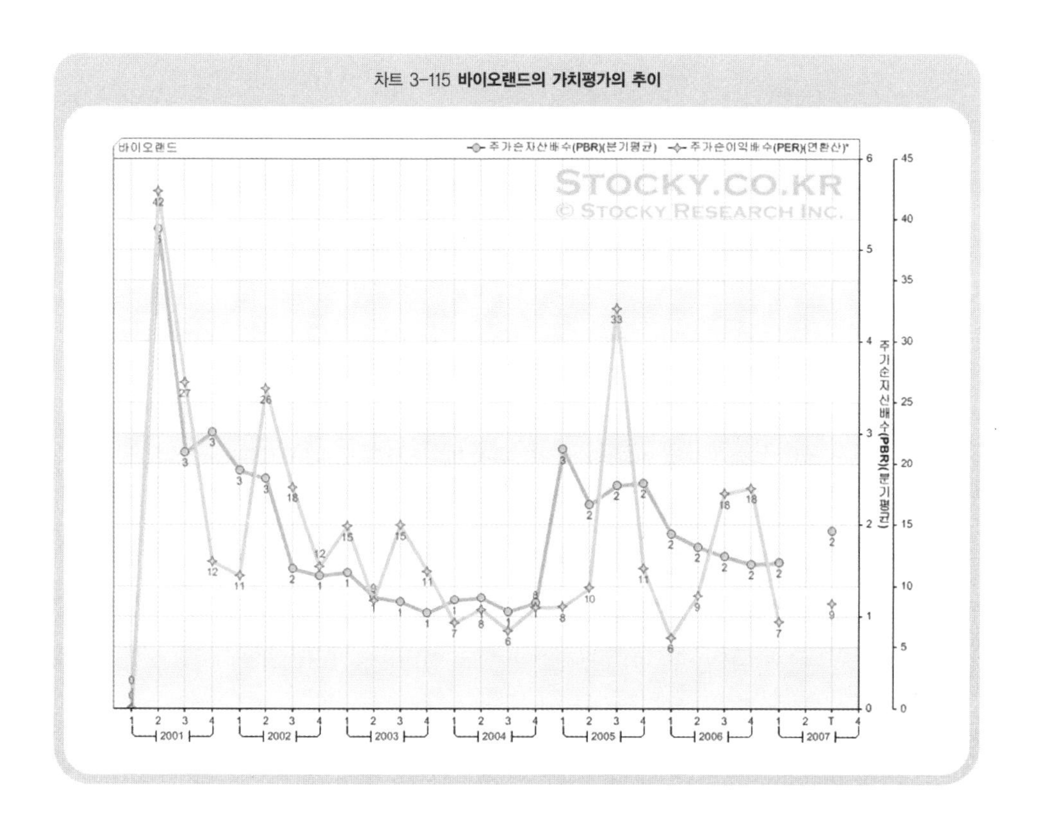

같다. 2007년 7월 20일 기준으로, PBR은 2배에 미치지 못하고 있으며, PER은 10배를 넘지 못하고 있다.

아직 사업의 규모가 크지 않은 중소기업이지만, 최근 들어 인공피부 제조나 진단시약 개발에도 뛰어드는 등 실적 확대에 대한 강한 의지를 보여주고 있다. 주가도 오랜 정체상태를 벗어날 조짐을 보이고 있어 중장기적인 전망 아래 투자를 검토해볼 필요가 있겠다.

근화제약

1958년에 설립된 근화제약[002250]은 1973년에 거래소에 상장된 제약 업체다. 장홍선과 배상진이 대표이사를 맡고 있으며, 319명의 임직원이 근무하고 있다.

2006년의 매출액은 624억원이며, 순이익은 107억원을 올리고 있다.

2007년 1/4분기의 제품별 매출 비중을 살펴보면 표 3-26과 같다.

대주주 구성을 보면, 대표이사인 장홍선이 35%로 1대 주주고, 장인주 등의 특수관계인들이 8.58%, 극동유화 등의 4개의 관계사가 9.14%, 합쳐서 총 52.72%의 지분을 대주주가 보유하고 있다.

그럼 근화제약의 연도별 사업실적을 확인해보자. 2004년부터 매출액이 증가하고 있고, 영업이익도 함께 증가하고 있다. 영업이익률은 22%로 상

표 3-26 **근화제약의 제품별 매출 구성**

품목	구체적 용도	주요상표 등	매출액(비율)
카리메트	고칼륨혈증 치료제	카리메트 산	1,752(11.9)
딜테란	고혈압 치료제	딜테란 캅셀	1,181(8.1)
썰타목스	페니실린계 항생제	썰타목스 정, 주사	1,126(7.7)
소말겐	소염 진통제	소말겐 정	1,076(7.3)
메치론	스테로이드계 소염제	메치론 정	790(5.4)
플루코나졸	항진균제	플루코나졸 캅셀	614(4.2)
후라질	항생제	후라질 주	583(4.0)
뉴렌	퇴행성질환 치료제	뉴렌 정	505(3.4)
기타	–	–	6,680(45.5)
상품 판매	–	–	363(2.5)

차트 3-116 **근화제약의 연도별 사업실적의 추이**

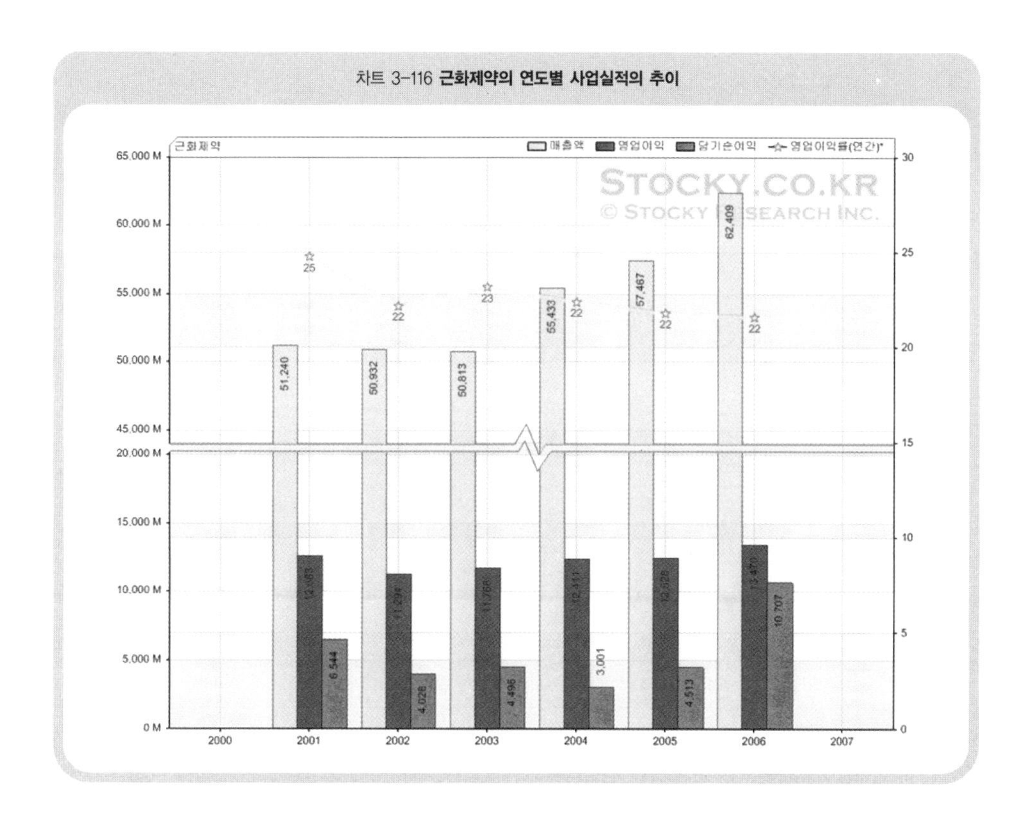

당히 높은 수준에 올라 있다. 최근 2년간 순이익이 빠른 속도로 늘어나고 있다.

최근 분기의 실적도 확인해보자.

차트에서 최근 다섯 분기의 실적이 탄탄한 상태임을 파악할 수 있다. 2007년 1/4분기의 영업이익은 전년 동기에 비해 증가했다. 2007년에도 좋은 실적이 예상된다.

기업가치의 변동도 확인해보자. 기업가치가 줄어들다가 2004년에 바닥을 치고 다시 늘고 있다. 8%까지 떨어졌던 ROE가 20%까지 올라간 것에 주목할 필요가 있다. 기업가치의 성장속도가 더 빨라지고 있다는 것을 의미

차트 3-117 **근화제약의 분기별 사업실적의 추이**

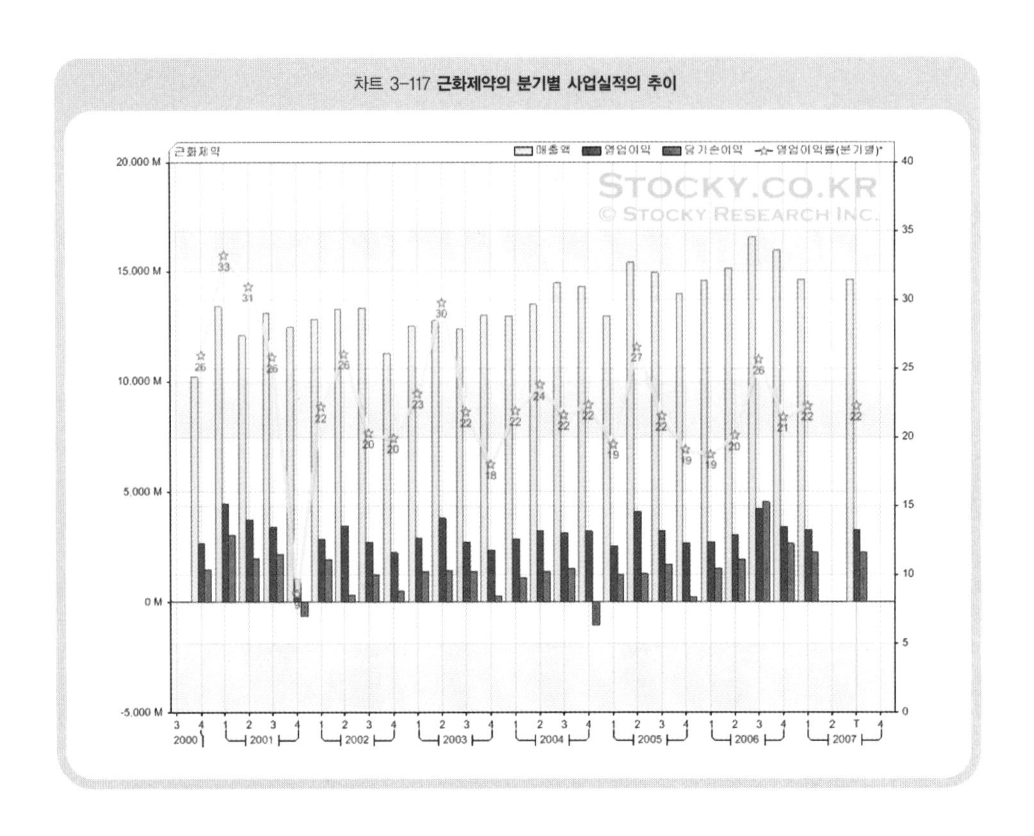

한다.

가치의 흐름에 이어 주가의 흐름도 살펴보자. 주가의 흐름이 가치의 흐름에 완전하게 연동되고 있는 모습을 관찰할 수 있다. 실적이 바닥을 친 2004년 중반 이후 3년 동안 주가는 355%나 추가 상승했다. 가치와 주가가 연동한 것으로 보아 주가는 기업가치를 많이 앞질러 가진 않았을 것으로 추정된다.

가치평가의 흐름을 확인해보자. 주가가 네 배씩 올랐음에도 불구하고, PBR은 2004년에 가장 낮았을 때의 0.6배보다 세 배쯤 오른 1.7배에 이르고 있다. 그러나 여전히 시장 평균보다는 낮은 수준에 머물러 있다. PER 역시

차트 3-118 **근화제약의 연도별 기업가치의 추이**

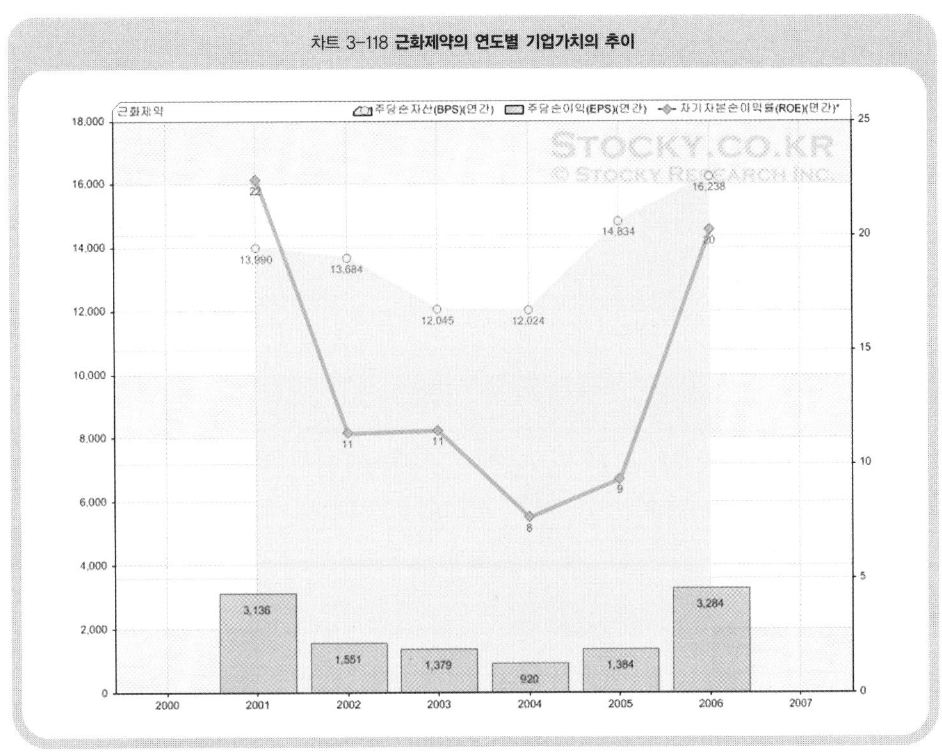

차트 3-119 **근화제약의 주가의 추이**

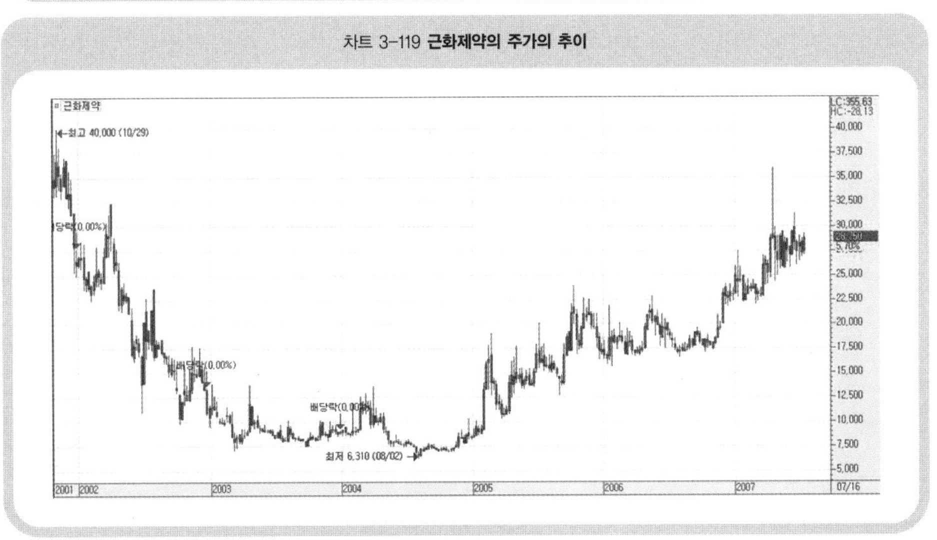

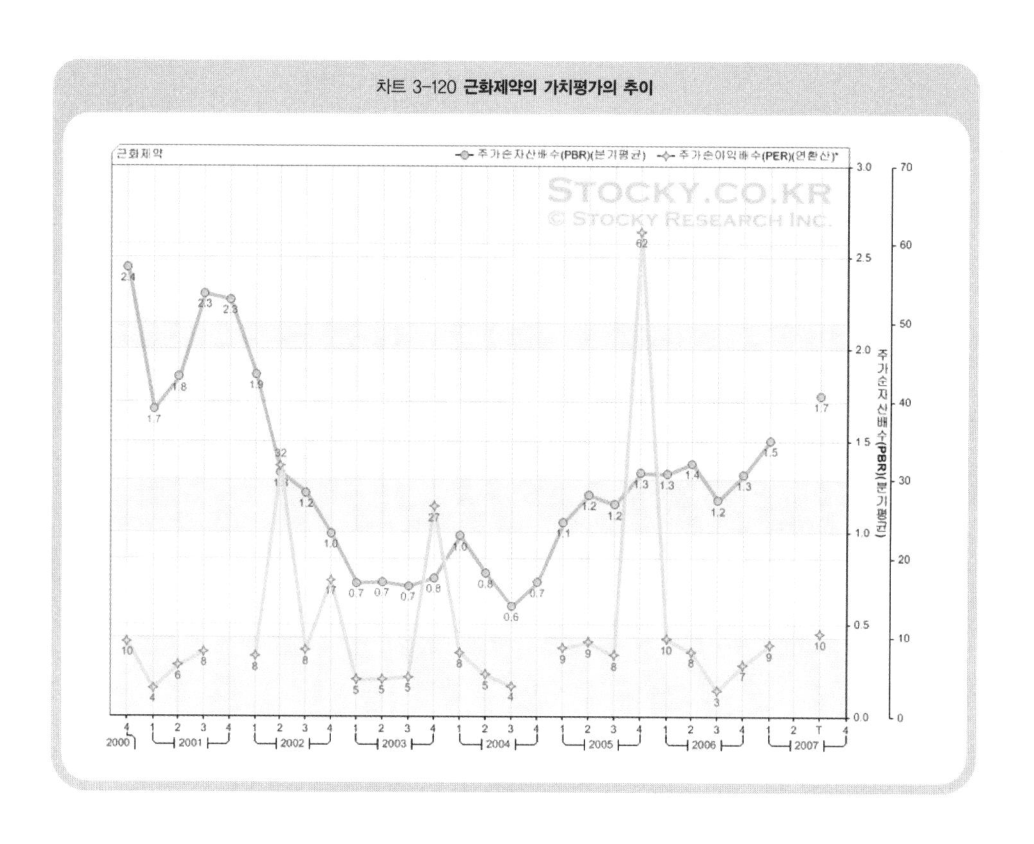

차트 3-120 **근화제약의 가치평가의 추이**

10배에 머물러 있다.

근화제약은 업종 상위기업은 아니지만 성장성이나 수익성이 우수한 기업인데, 주가는 아직 낮은 수준에 머물러 있다. 중장기적인 투자대상으로 검토할 필요가 있다고 판단된다.

한일화학공업

1972년에 설립된 한일화학공업[007770]은 1992년 코스닥에 등록되었고, 92명의 임직원이 근무하고 있는 아연화(Zinc Oxide) 전문 제조업체다.

한일화학은 타이어, 도료, 세라믹 등에 들어가는 원료인 아연화 시장에서 40%의 시장점유율을 차지하고 있는 1위 업체다.

2007년 986억원에 이르는 매출액을 달성했으며, 88억원의 순이익을 거두고 있다.

대주주 구성을 보면, 대표이사인 윤성진이 21.98%로 1대 주주고, 12.89%를 가진 외삼촌 한정근을 포함하여 6명의 가족들이 47.36%를 보유하고 있어 오너그룹이 총 69.34%라는 압도적인 지분을 소유하고 있다.

한일화학공업의 연도별 사업실적의 추세를 확인해보자.

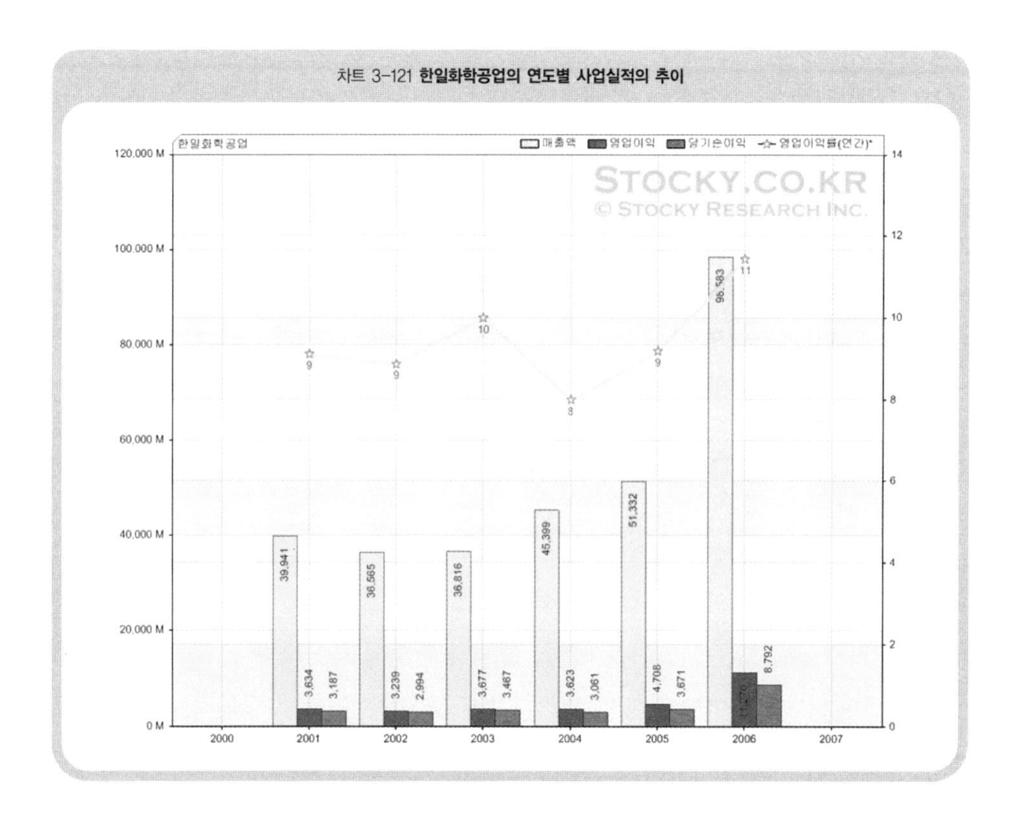

차트 3-121 **한일화학공업의 연도별 사업실적의 추이**

차트 3-122 **한일화학공업의 분기별 사업실적의 추이**

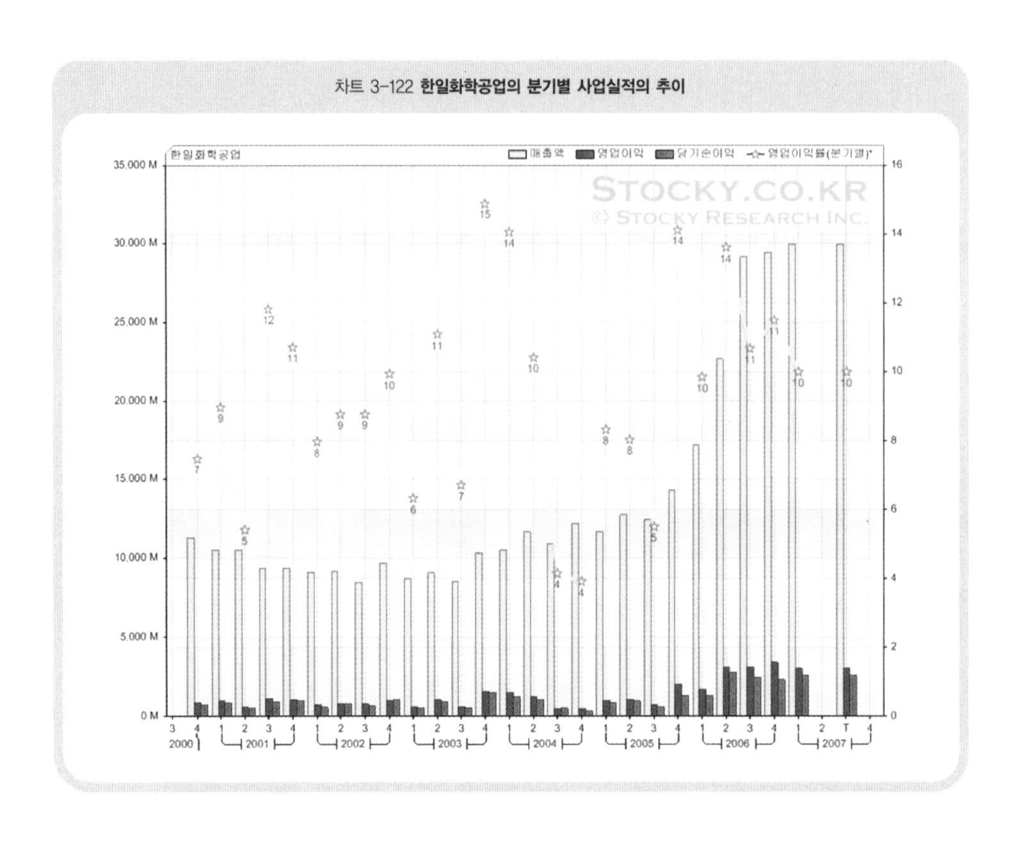

2004년부터 3년째 매출액과 영업이익이 증가하고 있다. 영업이익률도 8%에서 11%로 높아지고 있다. 실적이 순조롭게 확대되고 있는 기업이란 걸 알 수 있다.

최근 분기의 실적도 확인해보자. 분기별 실적의 추세도 양호하다. 특히 2006년 들어 매출액과 영업이익이 급속도로 증가하였다. 2007년 1/4분기의 실적은 전년 동기에 비해 놀라운 증가세를 기록하고 있다.

기업가치도 급속하게 확대되고 있는지 확인해보자. 2004년의 증자로 BPS나 EPS가 뚝 떨어졌지만, 기업가치의 증가 추세는 계속 이어지고 있으며, ROE는 20%까지 뛰어오르고 있다. 대단한 기세가 아닐 수 없다.

차트 3-123 **한일화학공업의 기업가치의 추이**

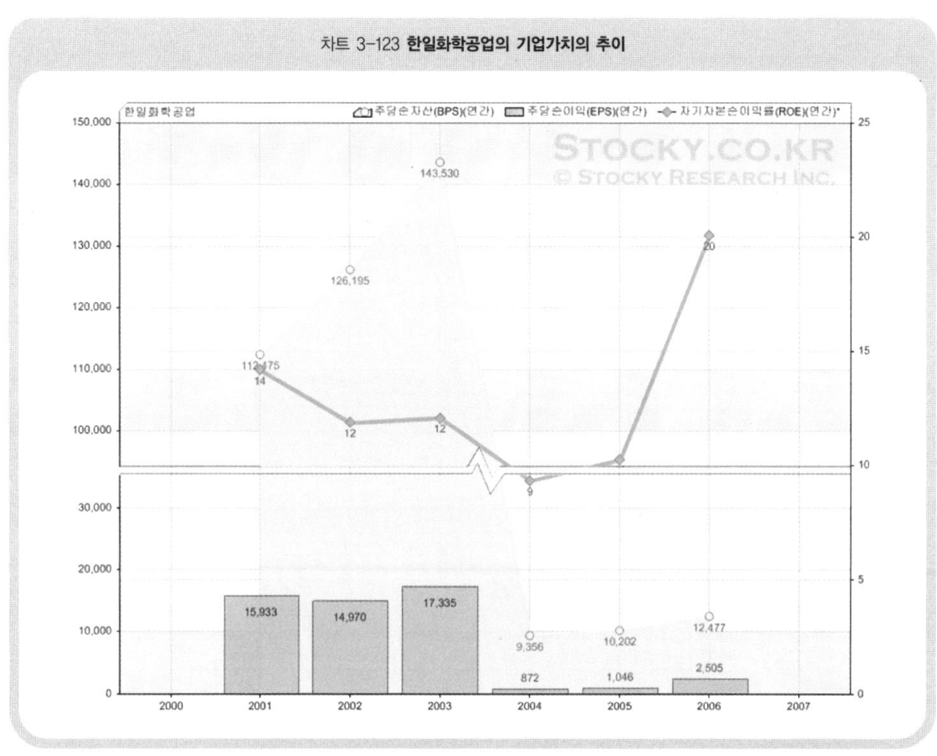

차트 3-124 **한일화학공업의 주가의 추이**

차트 3-125 **한일화학공업의 가치평가의 추이**

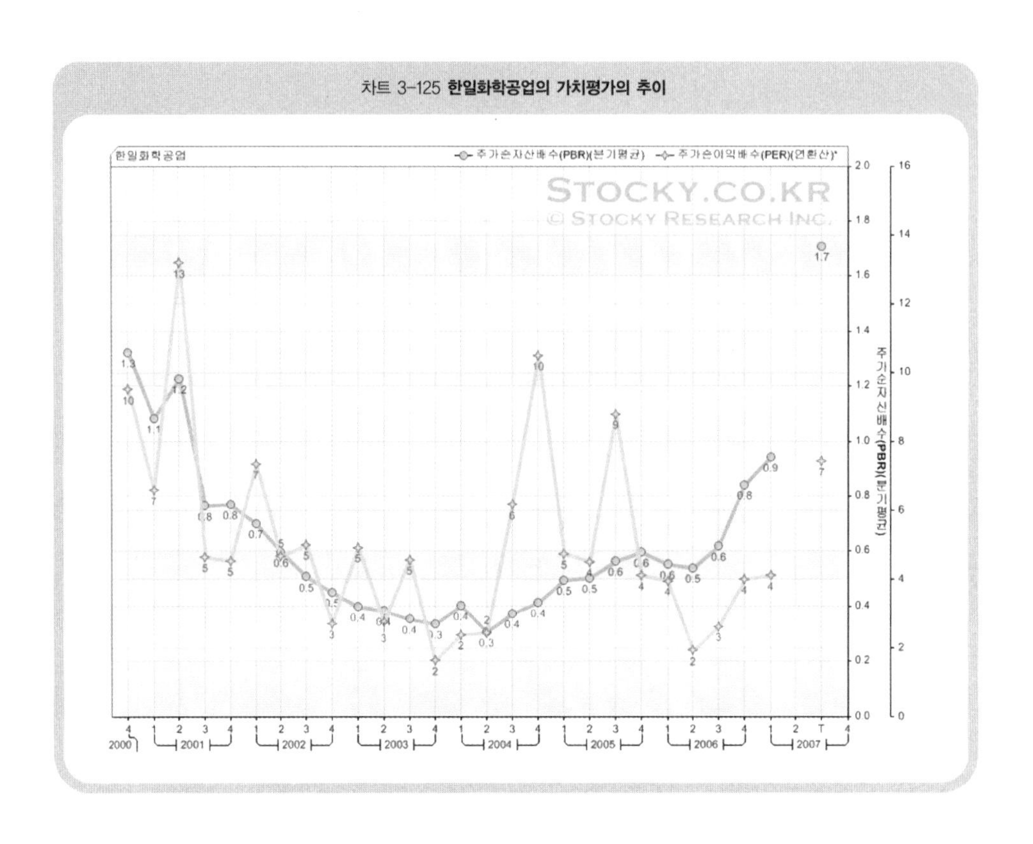

주식시장은 어떻게 반응했을까? 주가 차트를 보면, 주가가 사업실적의 추세를 그대로 따라가고 있음을 확인할 수 있다. 2007년 들어 상승속도가 가속되면서 주가가 2.5배까지 치솟고 있다.

주가의 흐름과 기업가치의 흐름을 비교해보자. 주가 급등으로 인해 PBR이 1.7배까지 뛰어올랐다. PER도 7배를 기록하고 있다. 하지만 시장 평균에는 미치지 못하고 있다. 저평가 상태다.

따라서 월등한 시장점유율, 뛰어난 수익성, 빠른 성장속도 등을 갖춘 우량한 기업의 지분을 저렴한 가격에 구입할 수 있는 기회로 인식할 필요가 있지 않을까 하는 생각이 든다.

아이디스

KAIST 출신들이 모여 1997년에 설립한 아이디스[054800]는 2001년에 코스닥에 등록되었으며, 대전에 자리 잡고 있는 보안감시용 디지털 비디오 저장장치 제조업체다. KAIST 박사인 김영달이 대표이사 사장을 맡고 있으며, 206명의 임직원이 근무하고 있다.

아이디스는 보안감시 목적의 DVR 제품을 생산하고 있는데, Stand-alone 타입과 PC 타입의 제품을 출시하고 있으며, 매출 비중은 67.6%대 29.2%다. 특히 매출의 78.9%를 수출을 통해 획득하고 있다.

차트 3-126 **아이디스의 연도별 사업실적의 추이**

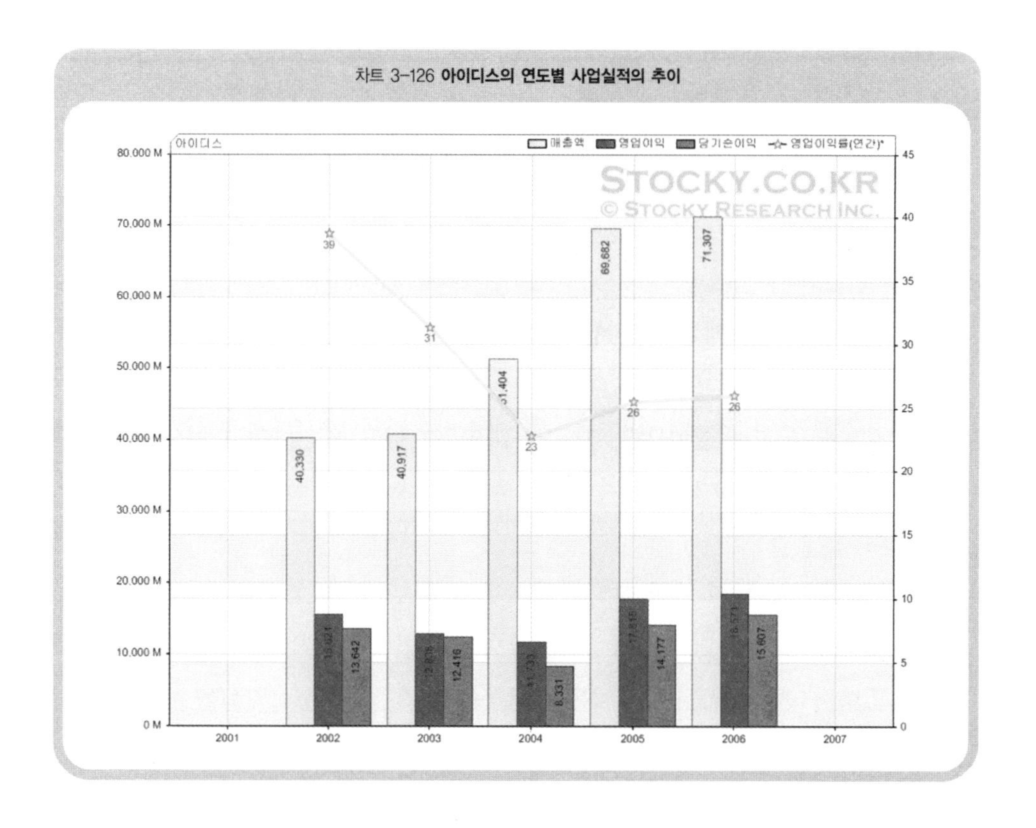

차트 3-127 **아이디스의 분기별 사업실적의 추이**

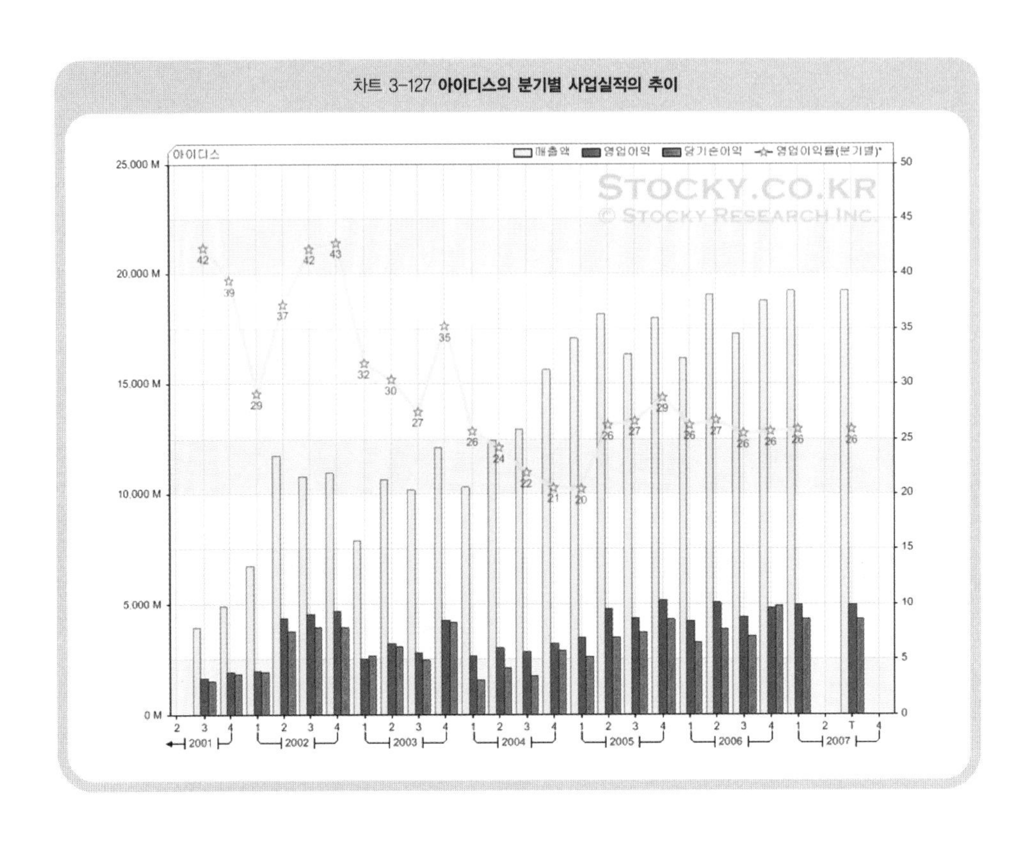

2006년의 매출액은 713억원이며, 순이익은 156억원을 거두어들이고 있다.

대주주 구성을 살펴보면, 사장인 김영달이 17.02%, 두 명의 이사들이 2.26%, 자사주로 9.28%의 지분을 보유하고 있어 경영권은 안정되어 있는 편이다.

아이디스의 연간 단위 실적의 추세를 살펴보자. 차트를 보면, 매출액은 빠르게 확대되다가 2006년에 둔화되었으며, 영업이익은 지속적으로 증가하고 있다. IT기기 제조업체로서는 이례적으로 26%의 영업이익률을 기록하고 있는데, 뛰어난 기술력, 확고한 시장 경쟁력 등으로부터 기인하는 것으

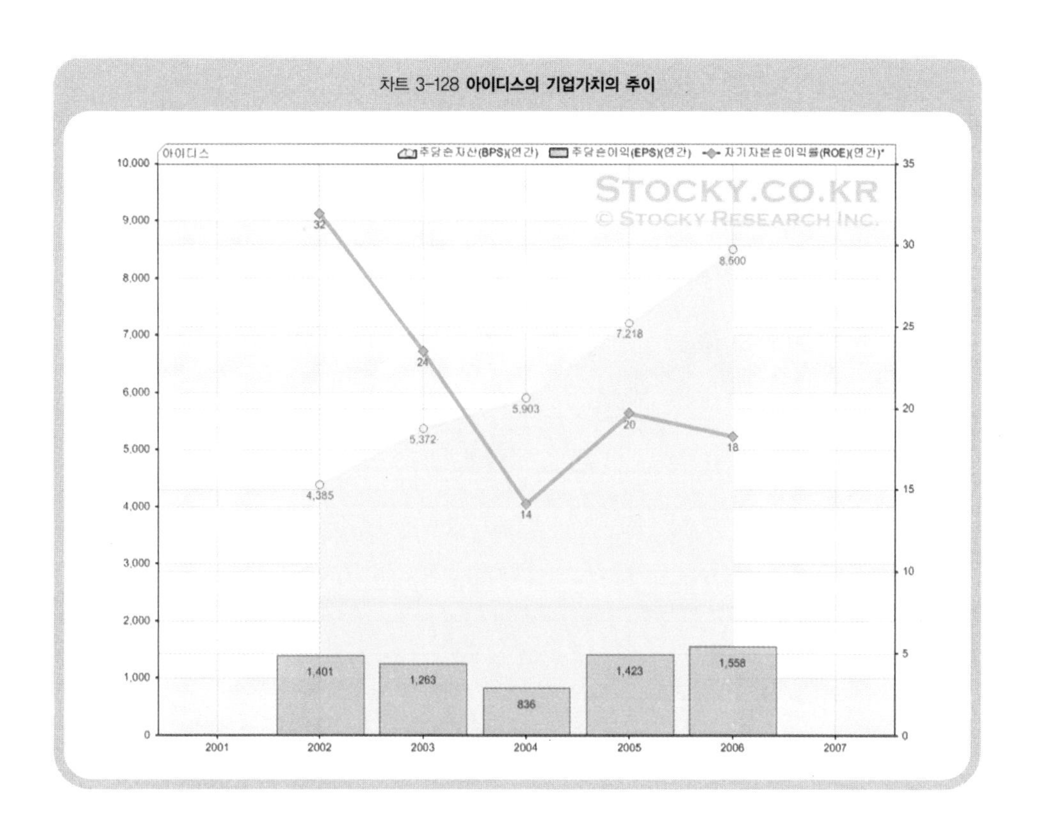

차트 3-128 **아이디스의 기업가치의 추이**

로 판단된다.

최근 분기의 실적 추세도 확인해보자.

분기별 실적에서도 탄탄한 추세를 잘 이어가고 있다. 최근 8개 분기 동안 영업이익률을 26% 이상 유지한 것을 보면, 사업역량이 뛰어난 회사임에 틀림없다.

기업의 가치도 확고하게 성장해왔는지 확인해보자. 가치 차트를 통해서 사업실적과 동일한 추세로 기업가치도 증가하고 있는 모습을 확인할 수 있다. ROE는 18%에 이르고 있는데, 기업가치의 성장 추세가 매우 빠르다는 것을 알 수 있다.

차트 3-129 **아이디스의 주가 추이**

차트 3-130 **아이디스의 가치평가의 추이**

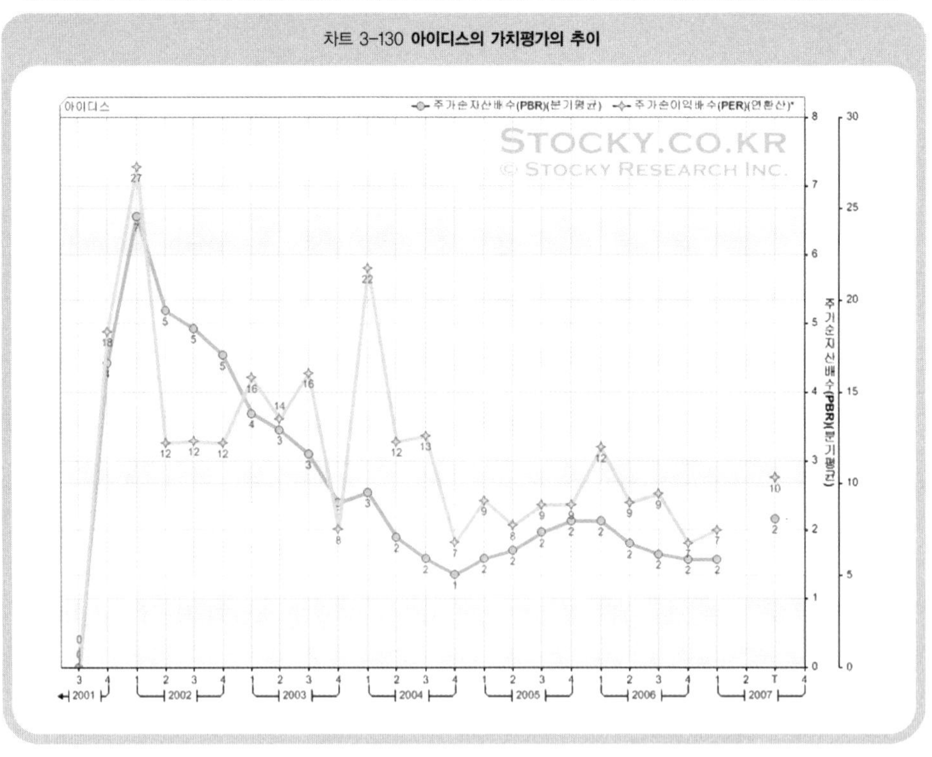

그런데 주가는 어떤 반응을 보였을까? 전체적으로는 EPS의 추세를 따라 주가가 움직인 것처럼 보인다. EPS가 2004년에 바닥을 찍었는데, 주가도 2004년에 최저를 기록했다. 2006년에 조정을 거친 후 2007년 들어서 주가가 상승세를 타고 있다.

기업가치와 주가의 상관관계를 더 살펴보기로 하자. 기업의 실제적인 가치에 대해 어느 정도의 값을 매기고 있는가를 나타내는 PBR은 2배 수준에 머물러 있다. 시장 평균에 가까운 수치다. PER은 10배에 그치고 있다. 시장 평균에 이르지 못하고 있다.

시장 내 지위도 강력하고, 기술력이 앞서고 있고, 성장성이나 수익성 모두 뛰어난 기업임에도 불구하고 투자자들의 관심을 사로잡지 못하는 이유는 무엇일까? 증권업계 내 미스터리 중의 하나다.

그래서 아이디스는 주가의 부양을 위해 최근 들어서 자사주 매입정책 등을 펼치고 있다.

한편 여러 DVR 제조업체들이 코스닥에 속속 합류하고 있어 하나의 소업종을 형성해가고 있다. DVR 업체들에 대한 투자자들의 관심이 커질 것으로 예상된다.

장기적인 주가 상승을 기대하면서 투자를 검토해볼 필요가 있다고 판단된다.

인탑스

1975년에 설립된 인탑스[049070]는 휴대폰 케이스 제조업체로서, 2002년에 코스닥에 등록되었다. 김재경, 황의창이 대표이사를 맡아 747명의 임

차트 3-131 **인탑스의 연도별 사업실적의 추이**

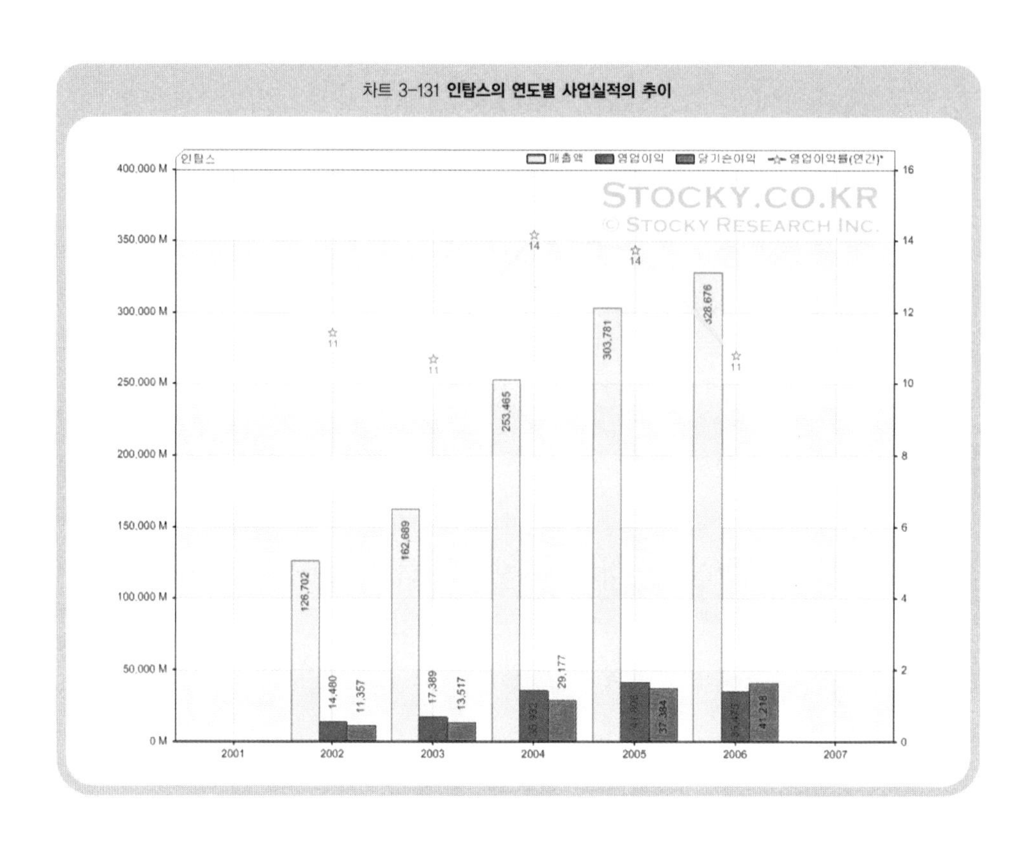

직원을 이끌고 있다.

인탑스는 삼성전자에 휴대폰 케이스를 납품하는, 국내 1위의 휴대폰 부품업체다. 2007년 1/4분기 기준으로 매출액 중 휴대폰 케이스 제품이 79.3%를 차지하고 있고, 프린터 케이스나 휴대폰 안테나 등의 제품이 나머지를 채우고 있다. 휴대폰 케이스의 매출은 내수 58%, 수출 42%로 나누어져 있다.

2006년의 매출액은 3,287억원에 이르고 있으며, 순이익은 412억원을 넘고 있다.

대주주의 구성은 단순하다. 대표이사인 김재경이 31.21%의 지분으로

차트 3-132 **인탑스의 분기별 사업실적의 추이**

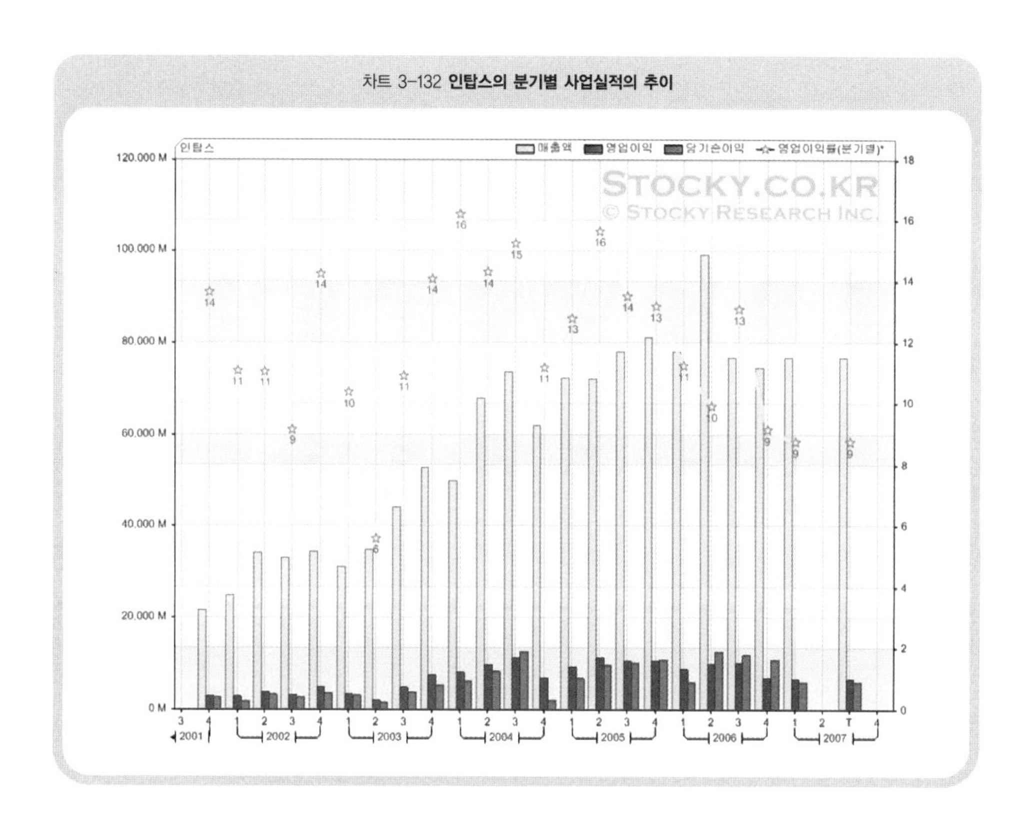

경영권을 소유하고 있다.

인탑스의 연도별 사업실적의 추세를 확인해보자.

매출액은 꾸준히 늘고 있으나 영업이익은 늘어나다가 2006년에 살짝 꺾였다. 그로 인해 14%까지 올라갔던 영업이익률이 11%로 내려서고 있다. 그러나 대기업의 납품업체로서 11%란 수치는 매우 높은 것이다.

최근 분기의 실적 추세도 확인해보자. 분기별 차트를 보면, 2006년 2/4분기를 정점으로 증가세가 약간 둔화되는 듯한 느낌이 든다. 3분기 연속으로 전년 동기보다 실적이 조금씩 줄고 있기 때문이다. 영업이익률도 연속 2분기째 10% 아래로 밀리고 있다. 2007년 2/4분기의 실적이 어떤 방향으로

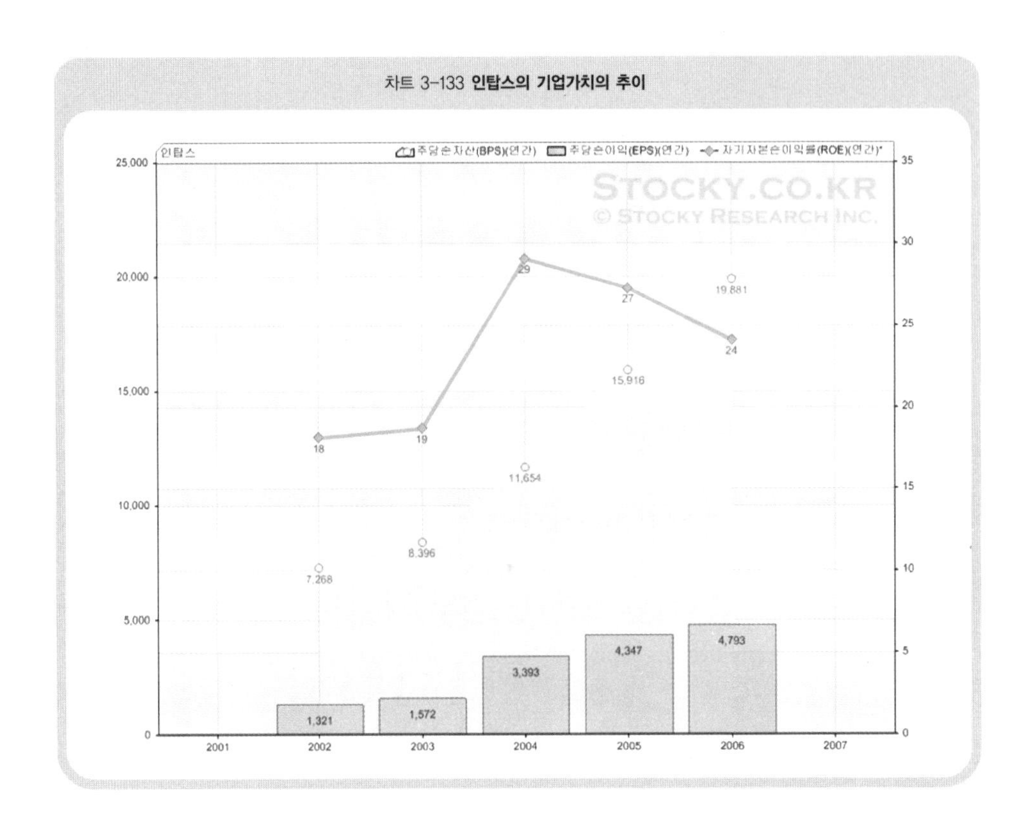

차트 3-133 **인탑스의 기업가치의 추이**

흐를지 자못 궁금하다.

기업가치의 변화도 살펴보도록 하자. 매년 EPS나 BPS가 지속적으로 증가하고 있는 모습을 쉽게 확인할 수 있다. 반듯한 모양새다. EPS의 증가율이 약간 줄어들면서 ROE는 조금씩 낮아지고 있으나 24%라는 높은 비율을 유지하고 있다. 제조업체로서 24%는 상위권에 속하는 뛰어난 기록인데, 인탑스가 탁월한 경영성과를 거두고 있다는 것을 방증하는 수치다.

주가는 어떻게 전개되어 왔을까? 주가 차트를 보면, 주가는 기업가치의 증가 추세를 좇아 지속적으로 상승하는 흐름 위에 있는 것을 알 수 있다. 단지 2006년에 큰 폭의 하락을 경험했는데, 이는 휴대폰 업황의 불황에 대한

차트 3-134 **인탑스의 주가의 추이**

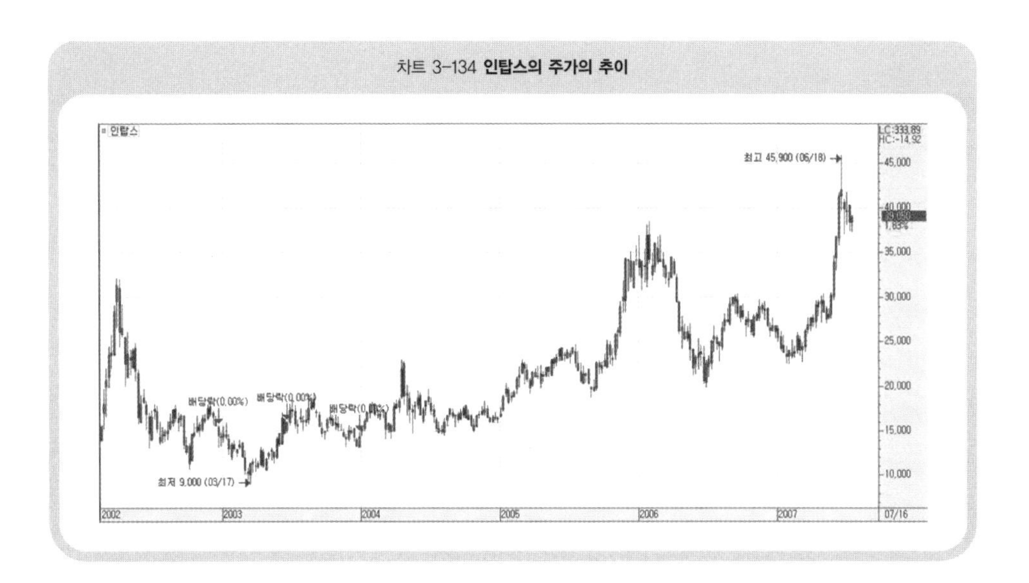

우려가 시장 내에 확산되었기 때문이다. 곧바로 2006년 2/4분기에 거둔 최고의 실적이 투자자들의 우려를 불식시켜 주가는 다시 반등했으나, 불황이라는 걸림돌을 넘어서진 못했다.

다행히 2007년 들어 삼성전자가 세계 2위의 자리로 복귀했고, 주식시장도 강세장이 연출되면서 인탑스의 주가는 잃어버린 시간을 만회하려는 듯 무서운 기세로 오르고 있다. 2007년 6월 중에는 연초 대비 두 배까지 오르기도 했다.

주가는 과연 기업가치를 얼마나 반영하고 있을까? 아직 높게 평가되는 것은 아닌 것 같다. PBR은 1.9배, PER은 14배까지 오르고 있지만, 시장 평균에는 조금 모자라는 수준이다.

휴대폰 부품업계 1위라는 강력한 사업기반을 확보하고 있고, 성장성이나 수익성 면에서 뛰어난 성과를 거두고 있는 인탑스는 향후에도 자신의 가치를 계속 확대시켜 나갈 기업이다. 따라서 시장 평균에 가까운 PBR이나

차트 3-135 **인탑스의 가치평가의 추이**

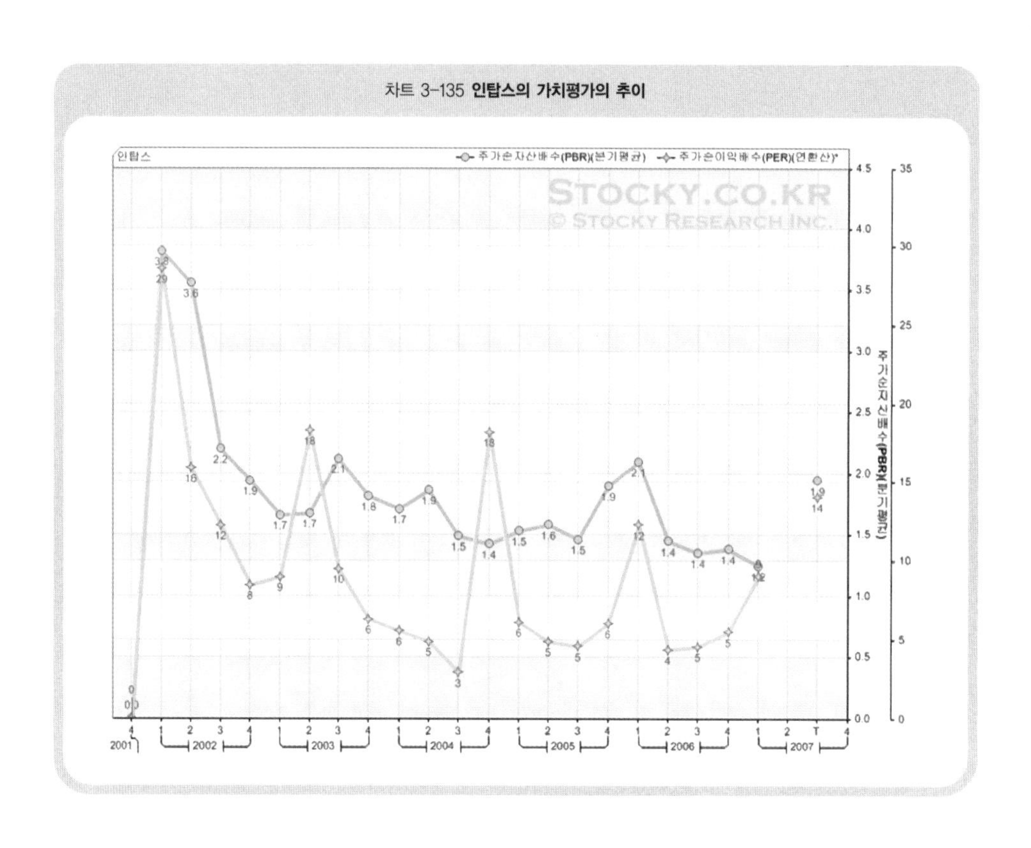

PER은 결코 비싸지 않은 수준이라고 평가할 수 있으며, 장기적인 전망을 갖고 투자해볼 만한 기업이라고 판단된다.

코텍

1987년에 설립된 코텍[052330]은 2001년에 코스닥에 등록된 산업용 특수모니터 제조업체다. 이한구가 대표이사를 맡고 있으며, 144명의 임직원이 근무하고 있다.

차트 3-136 **코텍의 연도별 사업실적의 추이**

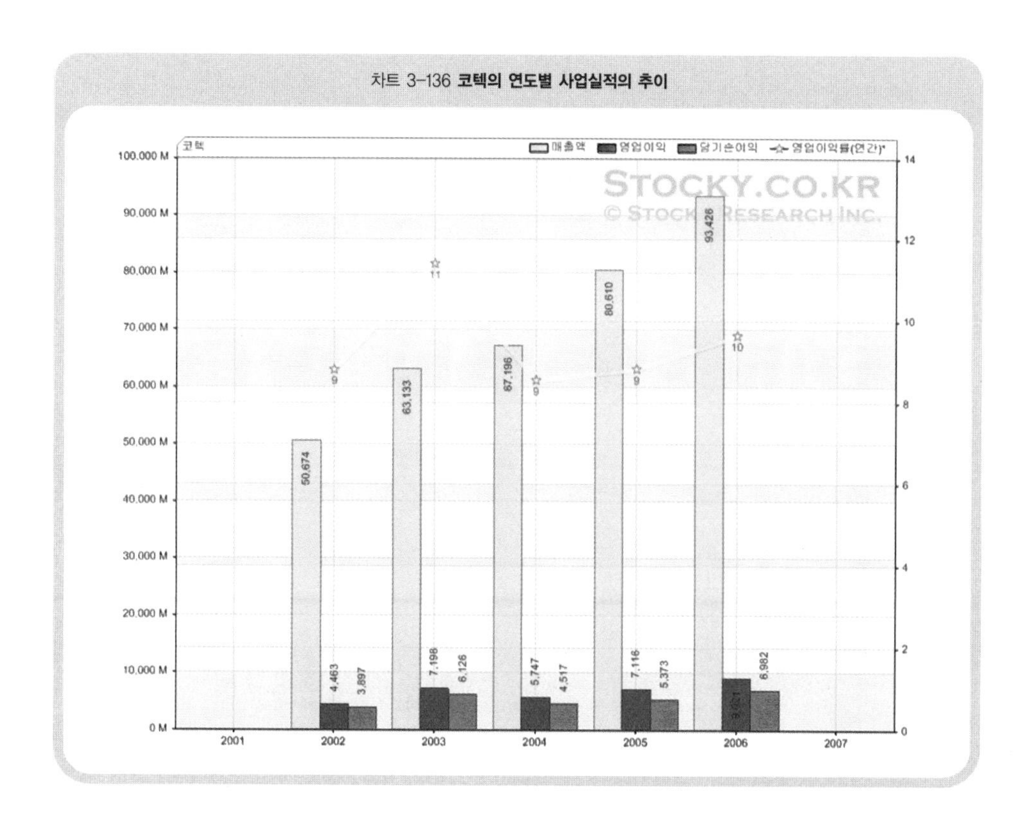

코텍은 주로 슬롯머신용, 아케이드게임용 비디오 모니터, 특히 LCD 모니터를 생산, 수출하고 있는데, 미국 카지노시장에서 49% 정도의 높은 시장점유율을 기록하고 있다. 그 결과 2006년의 매출액은 934억원을 기록했으며, 70억원 가까운 순이익을 올리고 있다.

대주주 구성을 보면, 대표이사인 이한구가 30.2%라는 안정적인 대주주 지분을 확보하고 있다.

그럼 코텍의 사업실적의 추세를 확인해보자. 매출액의 증가 추세는 한마디로 시원스럽다. 영업이익도 함께 늘고 있는데, 영업이익률이 10%에 가까운 비율을 유지하고 있다. 대상시장 내에서 과점적 지위에 올라 있는 코텍

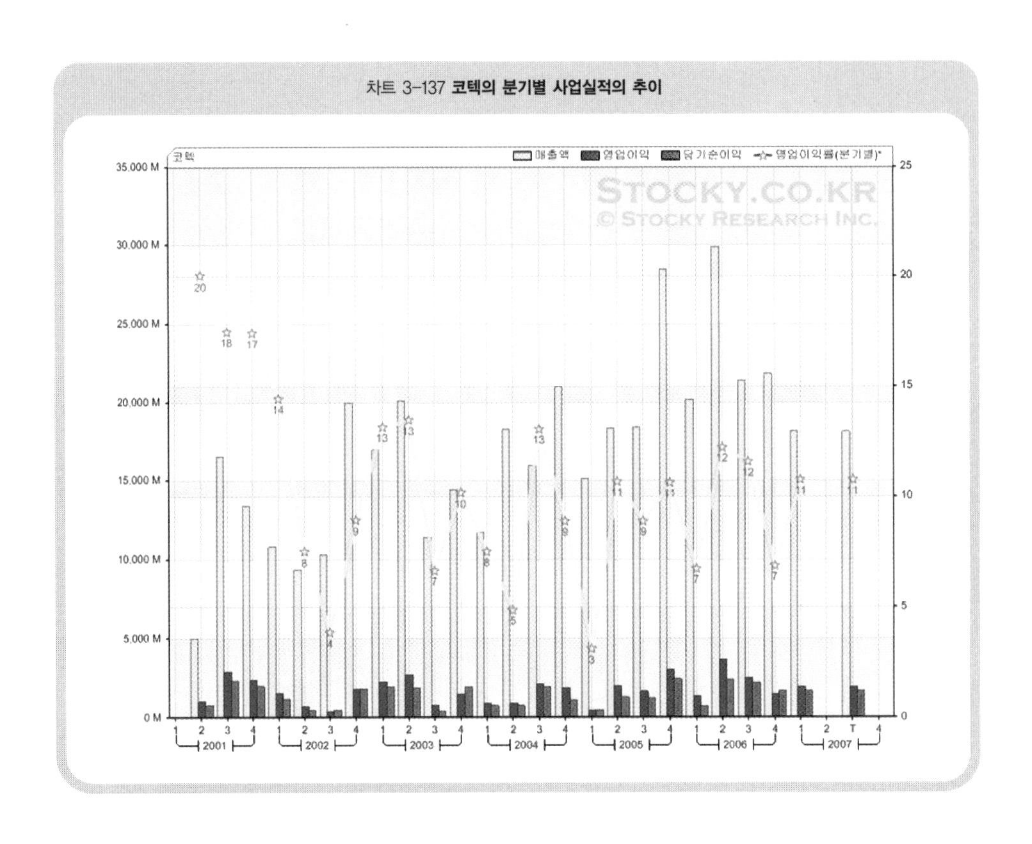

차트 3-137 **코텍의 분기별 사업실적의 추이**

의 경쟁우위가 반영된 결과라 할 수 있다.

최근 분기의 실적도 확인해보자. 분기별 실적을 보면 계절적인 특성이 나타나는데, 1분기에 저조했다가 2, 3, 4분기에 호전되는 양상이 되풀이되고 있다. 그런데 2007년 1/4분기에는 전년 동기에 비해 매출액은 줄었으나 영업이익은 증가하는 모습을 보이고 있다. 실적이 확대될 신호처럼 느껴진다.

기업가치의 추세도 살펴보도록 하자. 기업가치가 지속적으로 증가하는 모습이다. EPS도 2년 연속 증가하고 있다. ROE가 10%를 웃도는 수준을 꾸준히 유지하고 있다는 것은 우수한 경영능력을 발휘하고 있다는 것을 의미한다.

차트 3-138 **코텍의 기업가치의 추이**

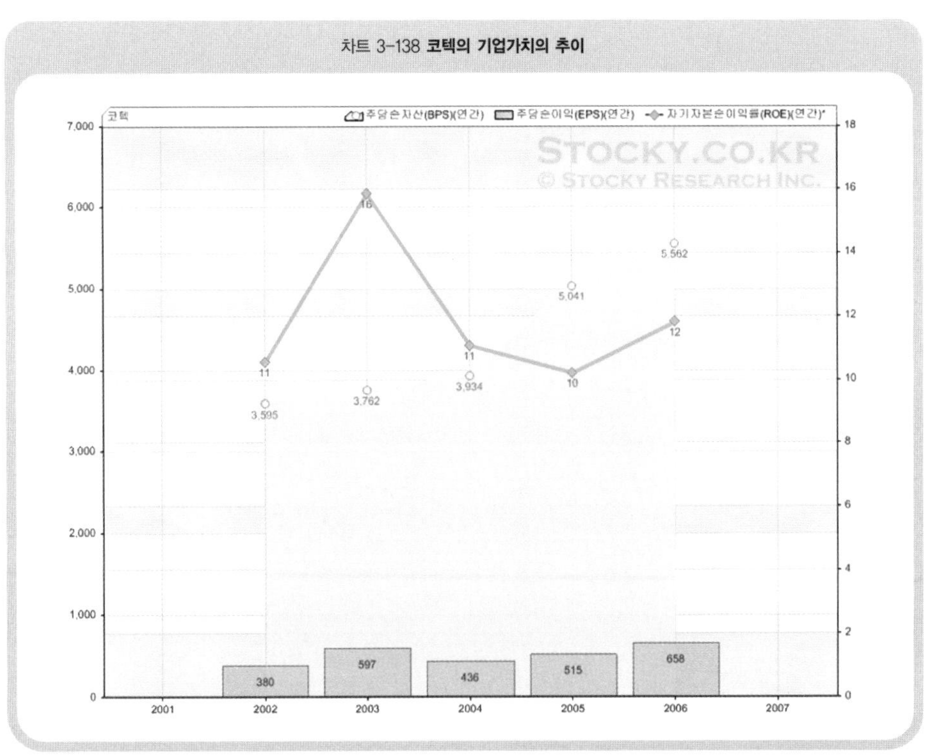

차트 3-139 **코텍의 주가의 추이**

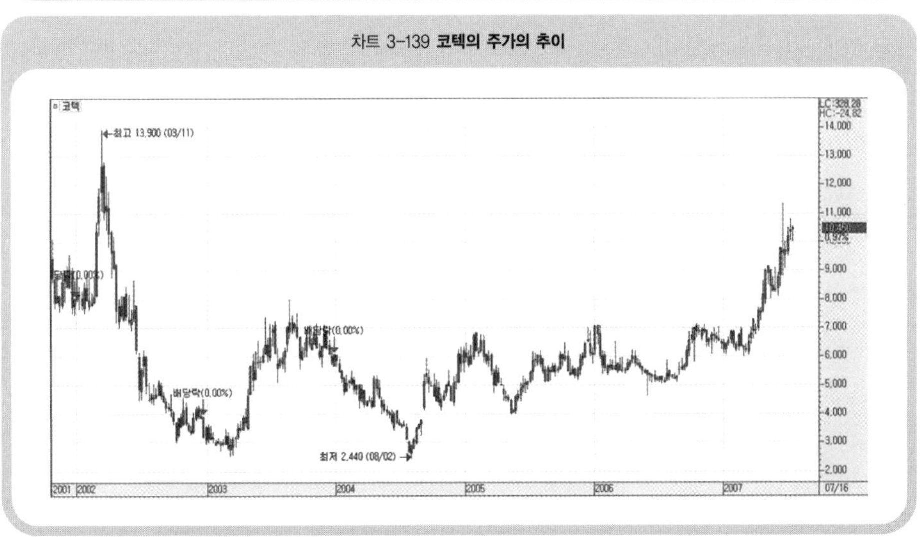

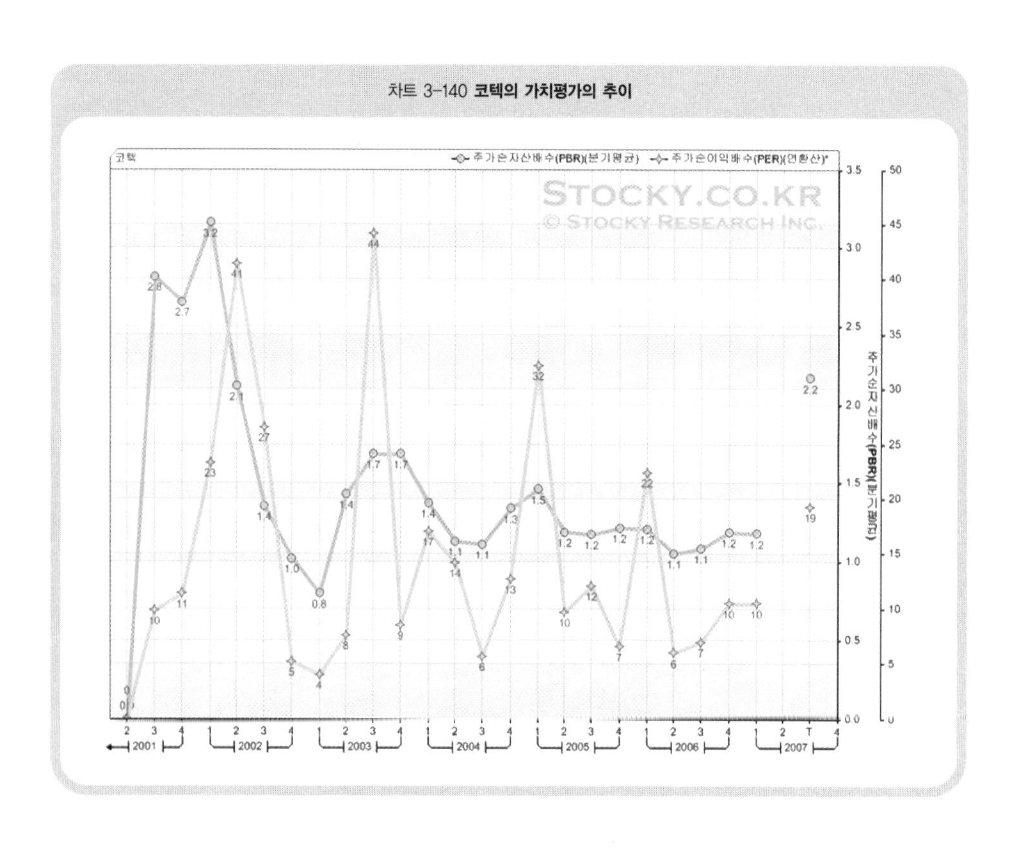

차트 3-140 **코텍의 가치평가의 추이**

주가는 어떠한 흐름에 있는지 확인해보자.

주가 차트를 보면, 공모 후의 급등락을 제외하고 2003년부터는 EPS의 흐름을 뒤쫓고 있는 모습을 관찰할 수 있다. 지속적으로 우수한 실적을 낸 기업이므로 2007년의 강세장에서 주가가 100% 가까이 폭등하고 있다.

주가의 흐름이 기업의 가치를 얼마나 반영하고 있을까? 1.2배 수준에 머물던 PBR이 2.2배까지 올랐고, PER도 19배까지 오르고 있다. 시장 평균을 넘어서고 있다. 고평가 상태로 뛰어오를 조짐이 나타나고 있다.

하지만 대상시장 내에서 경쟁우위를 확립하고 있는 데다 올해 후반부터 미국 등지에서 모니터 교체수요가 집중될 예정이어서, 코텍의 향후 실적이 대폭 확대될 것으로 예상되고 있다.

따라서 코텍은 고평가 상태로 접어들기 직전에 있는 회사라고 볼 수 있으며, 그런 시간조차 얼마 남지 않았다는 생각이 든다. 장기투자를 적극적으로 검토해볼 필요가 있겠다.

스타키안

연세대학교를 졸업했다.

금융포털을 표방한 '머니오케이'의 대표를 역임했으며, 현재는 상장기업 재무정보 사이트인 〈스타키 www.stocky.co.kr〉의 운영을 맡고 있다.

가치투자 전략과 이론을 국내에 접목시키고, 이를 창조적으로 발전시키는 것을 장기적인 과업으로 삼고 있으며, 중기적으로는 개인투자자를 위한 중소형 우량주를 발굴, 분석하는 일에 집중하고 있다. 이 책은 그러한 노력의 두 번째 결과물이며, 앞으로 의미 있는 결실들이 연이어 쏟아질 예정이다.

저자는 또한 투자 상담이나 교육 및 강연회 등을 통해 올바른 주식투자를 위한 활동을 계속적으로 펼쳐나갈 계획이다.

oobeedoo@stocky.co.kr

주식투자의 **황금지도**

초판 1쇄 발행 2007년 10월 25일 초판 2쇄 발행 2007년 11월 30일

지은이 스타키안 **펴낸이** 김태영

기획편집 3분사_ 부서장 노창현 **책임편집** 최수진
기획편집 3분사 노창현 최수진 고호장 강재인 김영혜
본문 디자인 장원석

상무 신화섭 **COO** 신민식
컨텐츠사업 노진선미 이유정 이화진
홍보마케팅분사_ 부분사장 정덕식 **영업관리** 김은실 이재희
마케팅 권대관 송재광 곽철식 박신용 김형준 이귀애 최진 정주열
인터넷사업 정은선 왕인정 김미애 정진
홍보 김현종 임태순 허형식 **광고** 정소연 김혜선 이세윤 이둘숙
본사_ 본사장 하인숙 **경영혁신** 김성자 **재무** 김도환 고은미 봉소아 최준용
제작 이재승 송현주 **HR기획** 송진혁 양세진

펴낸곳 (주)위즈덤하우스 **출판등록** 2000년 5월 23일 제13-1071호
주소 서울시 마포구 도화동 22번지 창강빌딩 15층 **전화** 704-3861 **팩스** 704-3891
홈페이지 www.wisdomhouse.co.kr
출력 · 인쇄 (주)미광원색사 **종이** 화인페이퍼 **제본** 신안제책

값 38,000원 ISBN 978-89-6086-062-9 03320

* 이 도서의 국립중앙도서관 출판시도서목록(CIP)은 e-CIP 홈페이지 (http://www.nl.go.kr/ecip)에서
이용하실 수 있습니다. (CIP제어번호: CIP 2007003177)

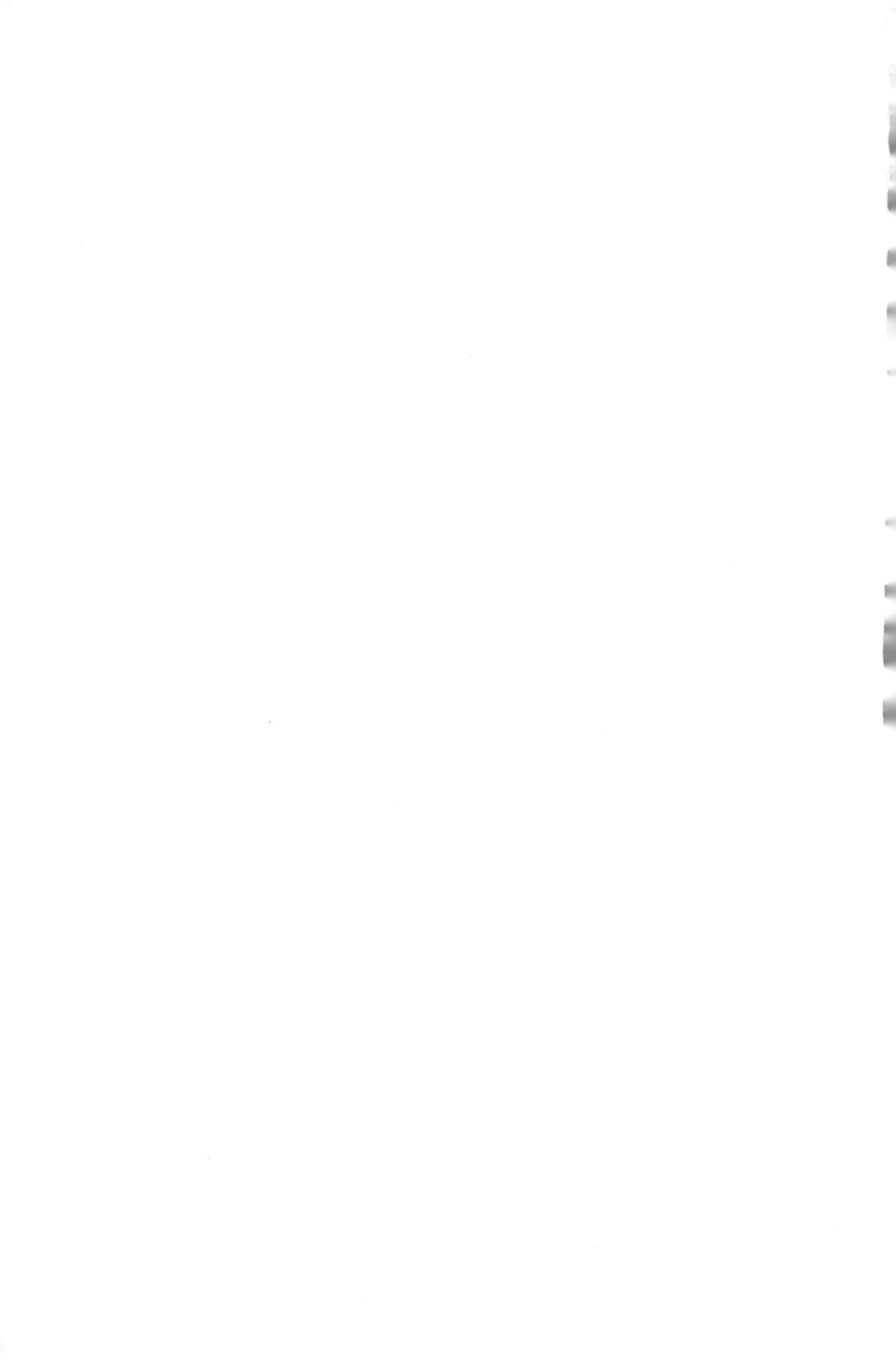